中國國家圖書館編

國家圖書館藏敦煌遺書

第七十八册　北敦〇五八〇一號——北敦〇五八五二號

北京圖書館出版社

圖書在版編目(CIP)數據

國家圖書館藏敦煌遺書・第七十八册/中國國家圖書館編;任繼愈主編. —北京:北京圖書館出版社,2008.1
ISBN 978-7-5013-3230-4

Ⅰ.國… Ⅱ.①中…②任… Ⅲ.敦煌學—文獻 Ⅳ.K870.6

中國版本圖書館 CIP 數據核字(2007)第 178562 號

書　　名　國家圖書館藏敦煌遺書・第七十八册
著　　者　中國國家圖書館編　任繼愈主編
責任編輯　徐　蜀　孫　彦
封面設計　李　璀

出　　版　北京圖書館出版社　(100034　北京西城區文津街 7 號)
發　　行　010-66139745　66151313　66175620　66126153
　　　　　66174391(傳真)　66126156(門市部)
E-mail　cbs@nlc.gov.cn(投稿)　btsfxb@nlc.gov.cn(郵購)
Website　www.nlcpress.com
經　　銷　新華書店
印　　刷　北京文津閣印務有限責任公司

開　　本　八開
印　　張　48.75
版　　次　2008 年 1 月第 1 版第 1 次印刷
印　　數　1-250 册(套)

書　　號　ISBN 978-7-5013-3230-4/K・1457
定　　價　990.00 圓

編輯委員會

主　　編　任繼愈
常務副主編　方廣錩
副 主 編　李際寧　張志清
編委（按姓氏筆畫排列）　王克芬　王姿怡　吴玉梅　胡新英　陳　穎　黄　霞（常務）　程佳羽　劉玉芬

出版委員會

主　任　詹福瑞
副主任　陳　力
委　員（按姓氏筆畫排列）　李　健　姜　紅　郭又陵　徐　蜀　孫　彦

攝製人員（按姓氏筆畫排列）

于向洋　王富生　王遂新　谷韶軍　張　軍　張紅兵　張　陽　曹　宏　郭春紅　楊　勇　嚴　平

原件修整人員（按姓氏筆畫排列）

朱振彬　杜偉生　李　英　胡玉清　胡秀菊　張　平　劉建明

目錄

金有陁羅尼經

如是我聞一時薄伽梵住如雞籌與八藥叉大將金剛

手俱　尒時天百施往世尊所到已頂礼佛

足退坐一面坐一面已天帝百施白佛言尊世我入戰

陣而闘時〻〻阿修羅幻惑呪術藥力墮於負處

而知已不惟然願世尊慈愍於我為令催伏阿修羅

衆幻惑呪術藥力故善說最勝大密之呪時薄伽

梵告天帝百施曰憍尸迦如是如是與阿修羅而

闘戰時實〻明呪秘密藥力而墮負處憍尸迦為

哀愍故令說明呪欲令幻惑明呪退散闘戰諍訟

悉皆消滅一切密呪及諸藥等而得斷除說於明呪

尒時薄伽梵說大金有明呪之日我今為說三无

數劫諸餘外道行者遍遊黑形而起惡思作諸障

BD05801 號　金有陀羅尼經

（4–1）

梵告天帝百施曰憍尸迦如是如是與阿修羅而

闘戰時實〻明呪秘密藥力而墮負處憍尸迦為

哀愍故令說明呪欲令幻惑明呪退散闘戰諍訟

悉皆消滅一切密呪及諸藥等而得斷除說於明呪

尒時薄伽梵說大金有明呪之日我今為說三无

數劫諸餘外道行者遍遊黑形而起惡思作諸障

㝵我從彼來所有幻惑一切明呪悉能降伏六度

圍滿斷除諸餘外道行者遍遊黑形諸剉惱亂因

明呪彼呪藥及一切諸魔用黨大明之呪憍尸迦汝當

攝受諸有情故受持最勝大秘密呪天帝白言如

是世尊唯然受教尒時世尊即說金有大明呪曰

埋也他唵　希你希你　希離希離　命離命離

希明離　希你你希你希囉　秘你　乾佐耶波鞋

晡鞋抱哆滿埋囉　阿地訖梨鞋　明鞋閉哆鞋閉哆

滿埋囉　阿地迦囉鞋　訶耶訶耶　訶婆諸婆親馱

親馱頞　耶頻耶　薄伽跋鞋　佐曳　秘佐曳　攢婆你

悉諦婆你　畔馱你　牟訶你　阿牟諦　伽爍鞋

馱羅你訖梨耶訖梨耶迦多　稌磨耶婆攢婆

也攢婆也　畔佐也　畔佐也　悉噉婆也　畔馱也　畔馱也

牟訶也　牟訶也　所有一切若天幻惑　若龍幻惑

若藥叉幻惑　若羅刹幻　若惑緊那羅幻惑若

乾闥婆幻惑　若阿修羅幻惑　若莫呼洛迦幻惑若

大腹行幻惑　若持明呪幻惑　若茂誠王幻惑若

仙幻惑　若持一切明呪幻惑　若羣生幻惑　若一切幻

惑　囉囉囉囉囉佐也　囉佐也　姤魔槻磨姤

姤磨囉婆囉婆囉婆耶　作割蘭單伽蘭他也　訶耶

訶耶　薩婆鞞哆　耆咄嚧雞　悉談婆也　婆伊悉

……盧而悉談婆也　婆盧悉羅

BD05801 號　金有陀羅尼經

（4–2）

大腹行幻惑 若持明呪幻惑 若成就王幻惑 若
仙幻惑 若持一切明呪幻惑 若群生幻惑 若一切幻
惑
囉囉囉囉囉佉也 囉佉也 姤魔覩磨姤
姤磨囉娑囉娑囉娑耶 作訶蘭單伽蘭他也 訶耶
訶耶 薩婆鞞哆耆咄嚧難 悉謨婆也 婆伊悉
謨婆也 秀返悉謨婆也 蘊南悉謨婆也 婆嚧悉難
謨婆也 惡㑊富悉謨婆也 靜乾哆梨 哆梨梨馱囉
羅推馱囉 寧波耆他也 訶悉羅 槃耆他也 波並
耶 若有於我能為惡殺諸賊嗔恚具極惡心鬪
諍極諍欲作一切无利益者 訶耶訶耶哆訶哆
訶婆佉波佉半佉也 半佉也 橫婆也 讚婆也
悉謨婆也 悉謨婆也 半馱也 半馱也 牟訶也牟
訶也磨訶牟訶休 薄伽跋羅薆訶 於一切怖畏
悗惱疾疫顛宗護我叭馱 婆訶 鳩尸迦 若善
子若善女人若王若王大臣能憶念此金有明呪者
彼无他怖畏於彼部黨他所敵軍不能侵擾亦非
天亦非龍亦非藥叉亦乾闥婆亦阿修羅亦非緊那羅
亦非莫呼洛迦亦非持明呪者亦非飛空毋者等亦不
非時而捨壽命明呪祕呪一切諸藥不能為害他
所敵軍不能侵害他所敵軍而不傷命刀不能
害水火毒藥明呪祕呪一切諸藥而不能侵還
著於彼自作教他隨喜造罪彼之處所 鳩尸迦
是故淨信苾芻苾芻尼烏波索迦烏波斯迦善
男子善女人等以此明呪呪水七遍自澆其身能
護於身若有欲令於一切怖畏一切嬈惱一切疾
疫一切明呪一切秘呪一切諸藥一切厭蠱而超過
者當念此金有明呪 若王若王大臣若欲催他
軍眾伏他軍眾亦當念此金有明呪若呪線七遍

護於身若有欲令於一切怖畏一切嬈惱一切疾
疫一切明呪一切秘呪一切諸藥一切厭蠱而超過
者當念此金有明呪若王若王大臣若欲催他
軍眾伏他軍眾亦當念此金有明呪若呪線七遍
作七結已繫於身上若呪水七遍能護自身
若有書寫於一切怖畏无鄣导陁羅尼惑能
受持惑繫脛下若置高幢入軍陣者善安得曉
以此明呪威神之力內族眷屬善安超過未成能
成若欲催伏諸明呪者於白線上呪七遍已作七
結者能繫催伏若欲催伏諸幻惑者取塚間土呪
七遍已而散擲者能催幻惑論議之時欲禁其
口取秦艽蘿呪七遍已而嚧嚼者一切言論悉
能對荅受持讀誦而稱讚者一切諸罪悉皆消
滅却往於彼造作之者及思惟所惑繫於繩及
水自護者於彼身上一切明呪祕呪諸藥不能為
害未成辯者悉能成辯彼所求事一切順從時
薄伽梵說是語已天帝百施聞佛所說信受奉
行

金有陁羅尼經一卷　　法照三界

BD05801 號背　勘記　　（1–1）

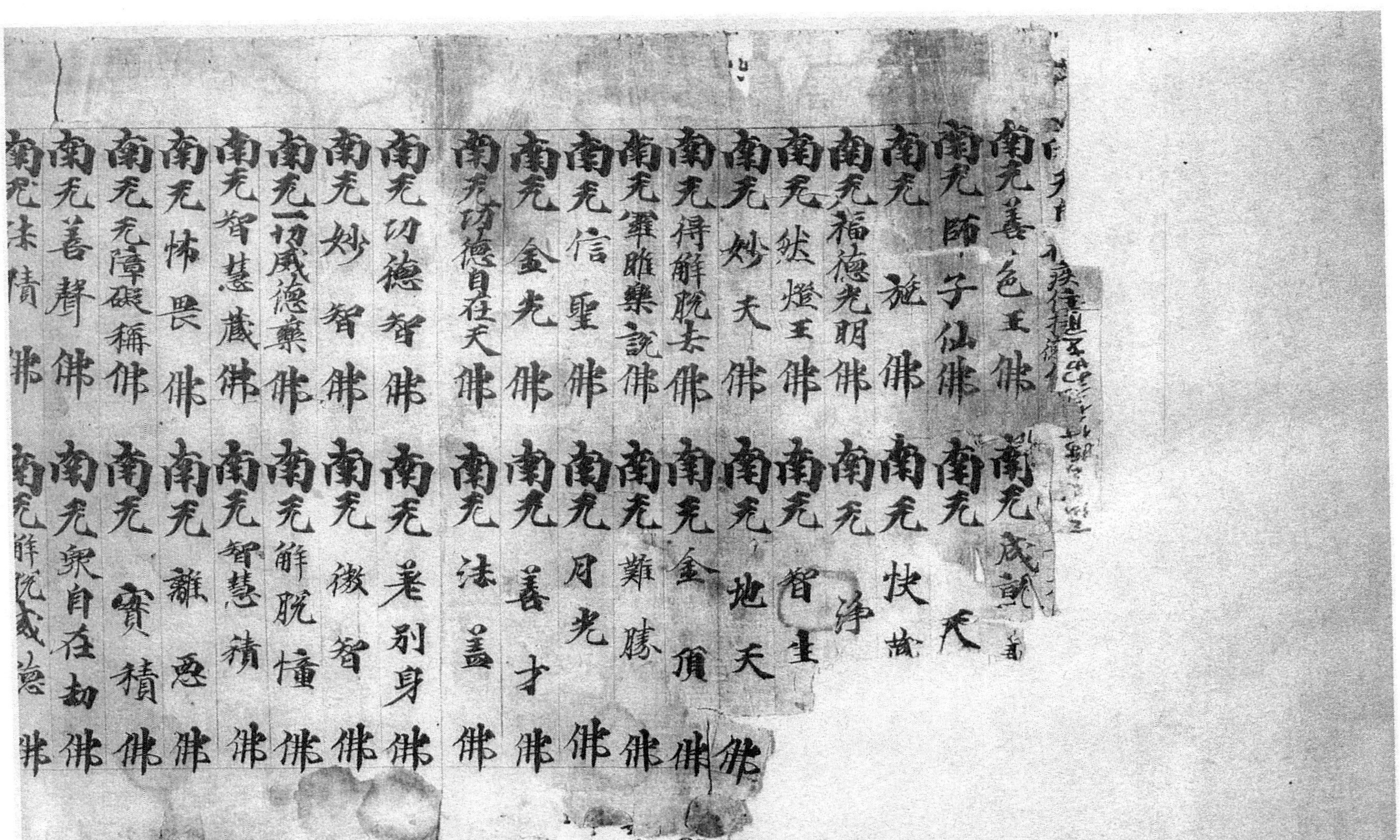

BD05802 號　佛名經（十六卷本）卷五　　（33–1）

南无妙智佛　南无微智佛
南无一切威德藥佛　南无解脱幢佛
南无智慧藏佛　南无智慧積佛
南无怖畏佛　南无離惡佛
南无无障礙稱佛　南无寶積佛
南无善聲佛　南无衆自在劫佛
南无法精佛　南无解脱威德佛
南无勝快佛　南无妙身佛
南无妙說佛　南无師子愛佛
南无合自在功德佛　南无師子鬘佛
南无法淺佛　南无安樂佛
南无不動佛　南无色威德佛
南无能覺王佛　南无善眼佛
南无堅固義佛　南无智光明佛
從此以上三千五百佛十二部經一切賢聖
南无香威德佛　南无无病脩佛
南无海覺佛　南无勝色佛
南无善步佛　南无孔稱佛
南无覺身佛　南无然燈日佛
南无智慧之佛　南无定身佛
南无威德光盡佛　南无功德乘佛
南无金乘佛　南无放結佛
南无法行佛　南无善住去佛
南无離慢佛　南无智藏佛

BD05802號　佛名經（十六卷本）卷五　（33–2）

南无威德光盡佛　南无功德乘佛
南无金乘佛　南无放結佛
南无法行佛　南无善住去佛
南无離慢佛　南无智藏佛
南无淨土佛　南无旃檀佛
南无无憂佛　南无清淨身幢佛
南无國土華佛　南无无量威德佛
南无天光明佛　南无智慧華佛
南无成就智佛　南无淨住佛
南无一味手佛　南无自在佛
南无无比說佛　南无勝說佛
南无福德威德佛　南无日佛
南无度世間知佛　南无得成就佛
南无法行佛　南无求安隱佛
南无色智佛　南无合掌光明佛
南无无創佛　南无瑠璃藏佛
南无華天佛　南无自然佛
南无善根光明佛　南无一切功德勝光明佛
南无寶勝佛　南无日月佛
南无降伏怨佛　南无无量光明佛
南无須摩那樹提光明佛　南无增上佛
南无樂智慧佛　南无功德自在佛
南无寂靜佛　南无功德積力佛
南无善眼佛　南无善聲佛

BD05802號　佛名經（十六卷本）卷五　（33–3）

南无須摩那樹提光明佛　南无增上佛
南无樂智慧佛　南无功德自在佛
南无寂靜佛　南无功德積力佛
南无善眼佛　南无善聲佛
南无善華佛　南无善住佛
南无功德威德聚佛　南无无邊智佛
南无无量聲佛　南无善光佛
南无善智慧佛　南无解脫義佛
南无思惟勝佛　南无勝聲身佛
南无快佛　南无勝行佛
南无寂靜義佛　南无善過佛
南无清淨行佛　南无華住佛
南无善光佛　南无常然燈佛
南无善量佛　南无衆自在佛
南无離畏佛　南无智怖佛
南无善逝樂說佛　南无勝眼佛
南无菩提月佛　南无寶光明佛
南无月佛　南无无畏佛
南无大鏡佛　南无梵聲佛
南无法行佛　南无求安隱佛
南无善聲佛　南无大智慧橋梁佛
南无善智慧佛　南无金剛仙佛
南无佛心佛　南无樹王佛
南无數聲佛　南无功德力佛
南无住勝佛　南无愛星佛

BD05802 號　佛名經（十六卷本）卷五　（33–4）

南无[illegible]佛　南无[illegible]
南无善聲佛　南无大智慧橋梁佛
南无善智慧佛　南无金剛仙佛
南无佛心佛　南无樹王佛
南无數聲佛　南无功德力佛
南无住勝佛　南无愛星佛
南无威德身佛　南无樹提味佛
南无妙鼓雲聲佛　南无愛眼佛
南无賢智佛　南无成就功德勝佛
從此以上三千六百佛十二部經一切賢聖
南无寂靜恥佛　南无法幢佛
南无虛空功德聲佛　南无功德差別佛
南无功德聲佛　南无威德佛
南无聖行佛　南无有智佛
南无樂說月佛　南无善滅佛
南无月面佛　南无日月无垢佛
南无集功德佛　南无華福德佛
南无幢樂說聖佛　南无恭敬愛佛
南无无量師子佛　南无自在王佛
南无无量信佛　南无平等思惟佛
南无不動寂靜佛　南无无垢光佛
南无平等佛　南无不動佛
南无不濁佛　南无不擾佛
南无善行佛　南无住善調智佛
南无說自在佛　南无大天佛
南无深意佛　南无[illegible]

BD05802 號　佛名經（十六卷本）卷五　（33–5）

南无平等佛　南无不動佛
南无不濁佛　南无不擾佛
南无善行佛　南无住善調智佛
南无説自在佛　南无大天佛
南无滌意佛　南无无量佛
南无法力佛　南无寶佛
南无供養華光佛　南
南无三界供養佛　南无應供佛
南无日藏佛　南无他供養佛
南无解脫幢佛　南无快結佛
南无甘露清淨佛　南无金剛仙佛
南无寶聚光明佛　南无快步佛
南无日清淨光明佛　南无功德積佛
南无阿樓那勝佛　南无師子去佛
南无勝上佛　南无華德佛
南无放光明佛　南无波頭摩智愛佛
南无快莊嚴佛　南无不空行佛
南无合創佛　南无幢光明幢佛
南无樂心佛　南无樂解脫佛
南无寶住持佛　南无枸峻莊嚴佛
南无雀聲佛　南无不属佛
南无斷愛根佛　南无月起佛
南无海勝佛　南无不動合去佛
南无樂功德然燈佛　南无教聲佛
南无地主佛　南无威德力佛

BD05802號　佛名經（十六卷本）卷五　（33-6）

南无雀聲佛　南无不属佛
南无斷愛根佛　南无月起佛
南无海勝佛　南无不動合去佛
南无樂功德然燈佛　南无教聲佛
南无地主佛　南无威德力佛
南无住智慧色佛　南无善月佛
南无覺華佛　南无善讚歎佛
南无善衆佛　南无力智威德力佛
南无然燈堅固佛　南无奮迅佛
南无天聲佛　南无寂靜佛
南无日面佛　南无樂解脫佛
南无界光明佛　南无住行佛
南无无垢佛　南无堅固起佛
南无樂智自在佛　南无香光明佛
南无廣光明佛　南无念自在佛
南无甘露器佛　南无无礙幢佛
南无求勝善提佛　南无住行佛
南无寶慚愧佛　南无法用佛
南无一切威德佛　南无大親佛
從此以上三千七百佛十二部經一切賢聖
南无寂靜行佛　南无甘露增上佛
南无弥留光佛　南无聖讚歎佛
南无善願果報佛　南无善得莊嚴佛
南无寶光明佛　南无寂靜功德步佛
南无功德海佛　南无種種色佛

BD05802號　佛名經（十六卷本）卷五　（33-7）

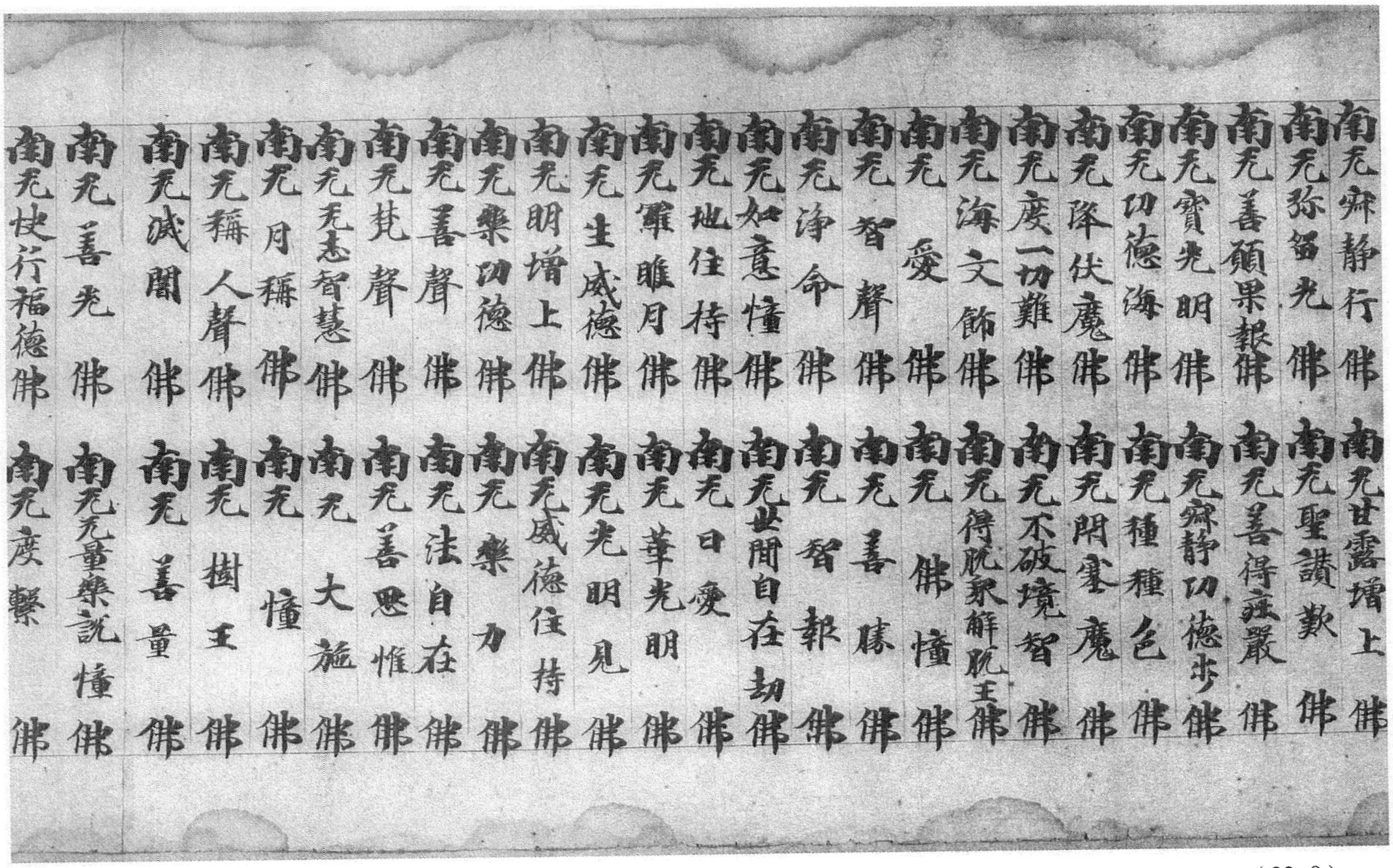

南无寂静行佛　南无甘露增上佛
南无弥留光佛　南无聖讚歎佛
南无善頌果報佛　南无善得莊嚴佛
南无寶光明佛　南无寂静功德步佛
南无功德海佛　南无種種色佛
南无降伏魔佛　南无閉塞魔佛
南无度一切難佛　南无不破境智佛
南无海文飾佛　南无得脫衆解脫王佛
南无愛佛　南无佛幢佛
南无智聲佛　南无善勝佛
南无淨命佛　南无智報佛
南无如意幢佛　南无世間自在劫佛
南无地住持佛　南无日愛佛
南无羅睺月佛　南无華光明佛
南无生威德佛　南无光明見佛
南无明增上佛　南无威德住持佛
南无樂功德佛　南无樂力佛
南无善聲佛　南无法自在佛
南无梵聲佛　南无善思惟佛
南无无志智慧佛　南无大施佛
南无月稱佛　南无幢佛
南无稱人聲佛　南无樹王佛
南无滅闇佛　南无善量佛
南无善光佛　南无无量樂說幢佛
南无快行福德佛　南无度繫佛

南无…稱…佛　南无…佛
南无稱人聲佛　南无樹王佛
南无滅闇佛　南无善量佛
南无善光佛　南无无量樂說幢佛
南无快行福德佛　南无度繫佛
南无无畏愛佛　南无世間愛佛
南无妙行佛　南无憂波羅華頭佛
南无无量樂說光明佛　南无住聖人佛
南无精進功德佛　南无堅甘露增上佛
南无高寶信佛　南无得功德佛
南无福德慧佛　南无大炎佛
南无无量威功德威德佛　南无師子步佛
南无不動信佛　南无過有佛
南无龍王聲佛　南无住持輪佛
南无勝色佛　南无世愛佛
南无法月佛　南无无量樂稱佛
南无雲幢佛　南无功德去佛
南无善逝佛　南无无量聲佛
南无虛空天佛　南无摩尼王佛
南无清淨行佛　南无然燈佛
南无寶乳聲佛　南无人自在王佛
南无羅睺護佛　南无无畏佛
南无師子慧佛　南无寶稱佛
南无辯義見佛　南无世間華佛
南无高步佛　南无等月王佛
…

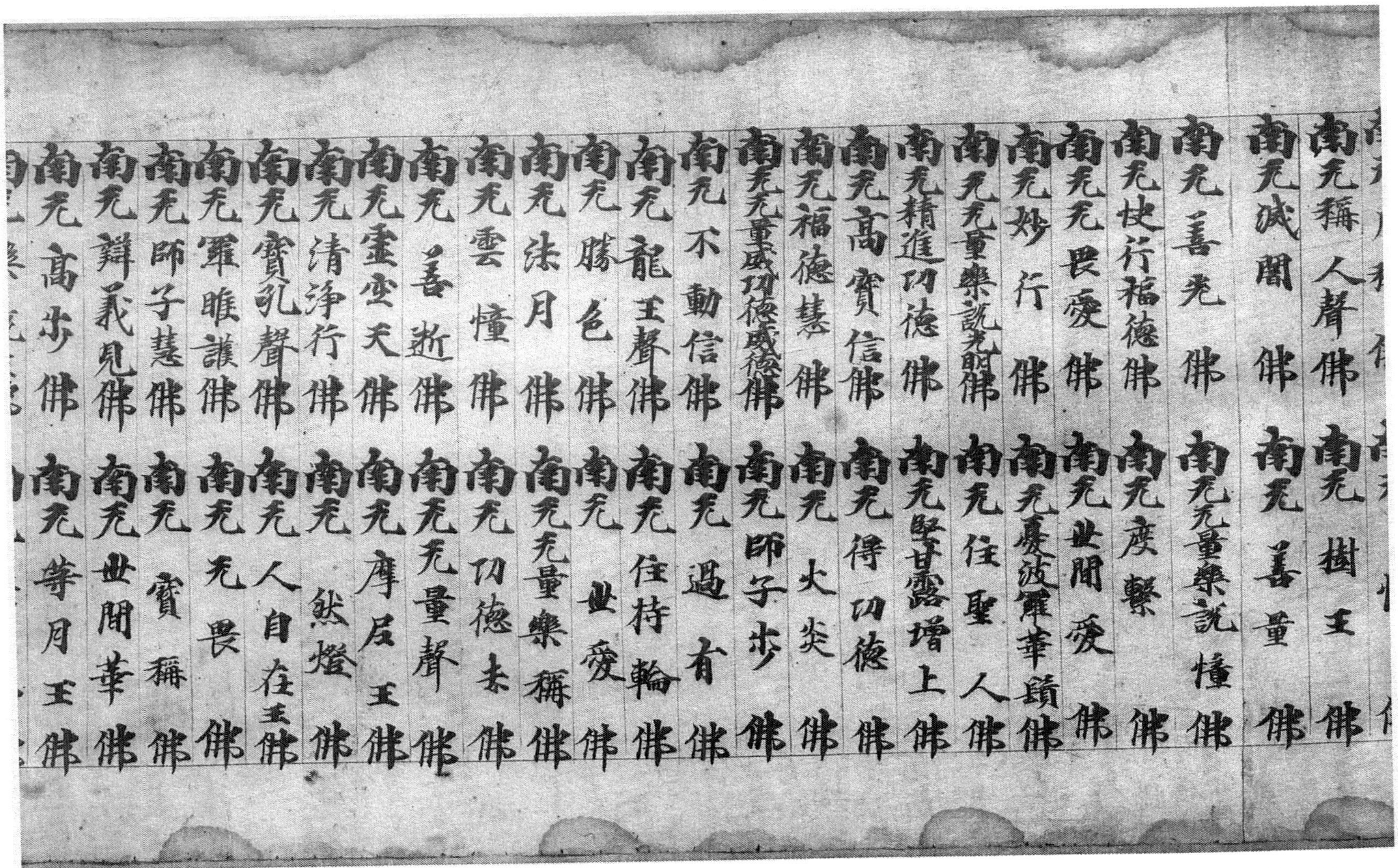

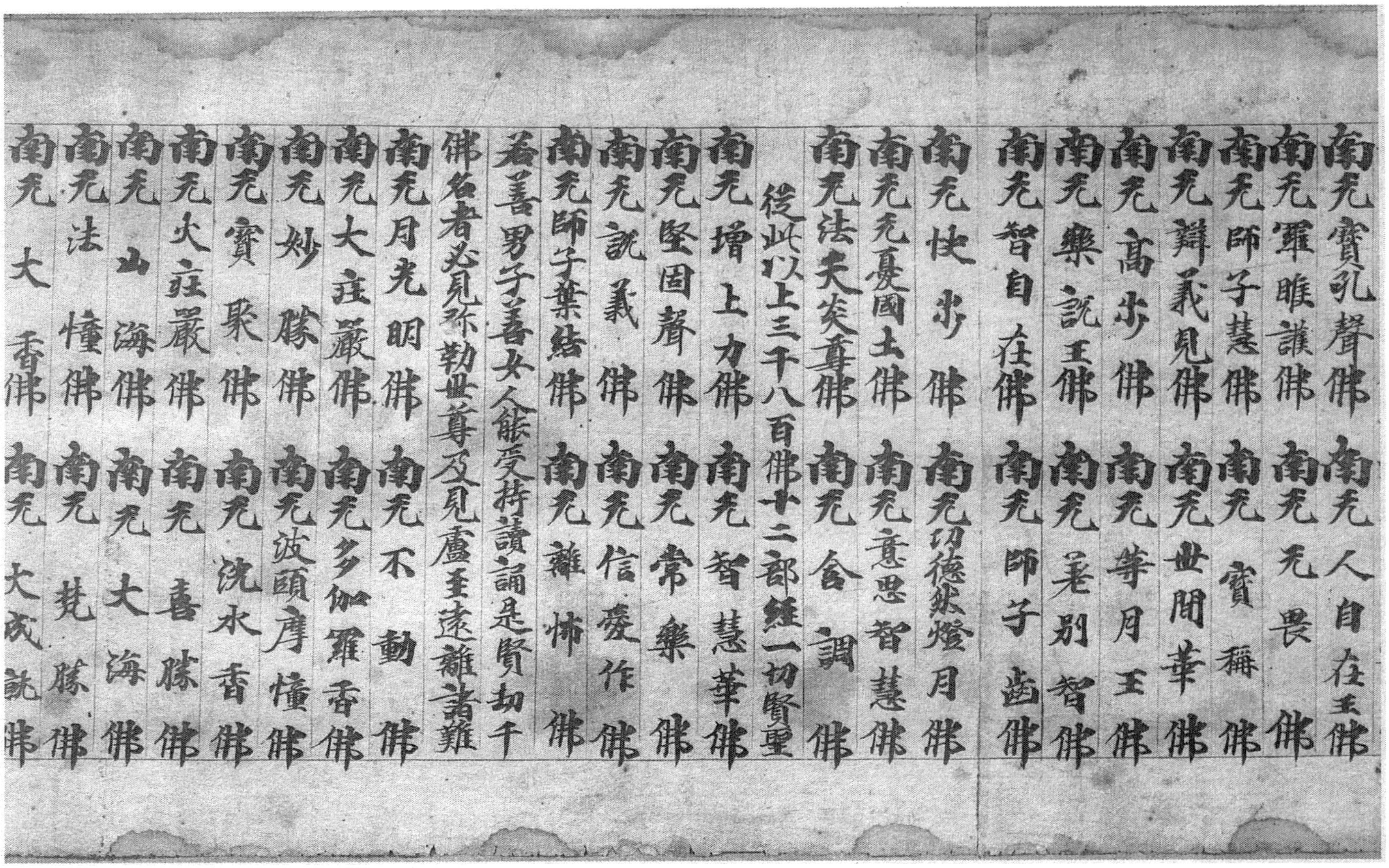

南无寶孔聲佛　南无人自在王佛
南无羅睺讃佛　南无无畏佛
南无師子慧佛　南无寶稱佛
南无辯義見佛　南无世間華佛
南无高步佛　南无等月王佛
南无樂說王佛　南无差別智佛
南无智自在佛　南无師子齒佛
南无快步佛　南无功德然燈月佛
南无无憂國土佛　南无意思智慧佛
南无法天奕尊佛　南无令調佛
從此以上三千八百佛十二部經一切賢聖
南无增上力佛　南无智慧華佛
南无堅固聲佛　南无常樂佛
南无說義佛　南无信愛作佛
南无師子葉結佛　南无離怖佛
若善男子善女人能受持讀誦是賢劫千
佛名者必見弥勒世尊及見盧舍遠離諸難
南无月光明佛　南无不動佛
南无大莊嚴佛　南无多伽羅香佛
南无妙勝佛　南无波頭摩幢佛
南无寶聚佛　南无洗水香佛
南无火莊嚴佛　南无喜勝佛
南无山海佛　南无大海佛
南无法幢佛　南无梵勝佛
南无大香佛　南无大成就佛

BD05802號　佛名經（十六卷本）卷五　（33–10）

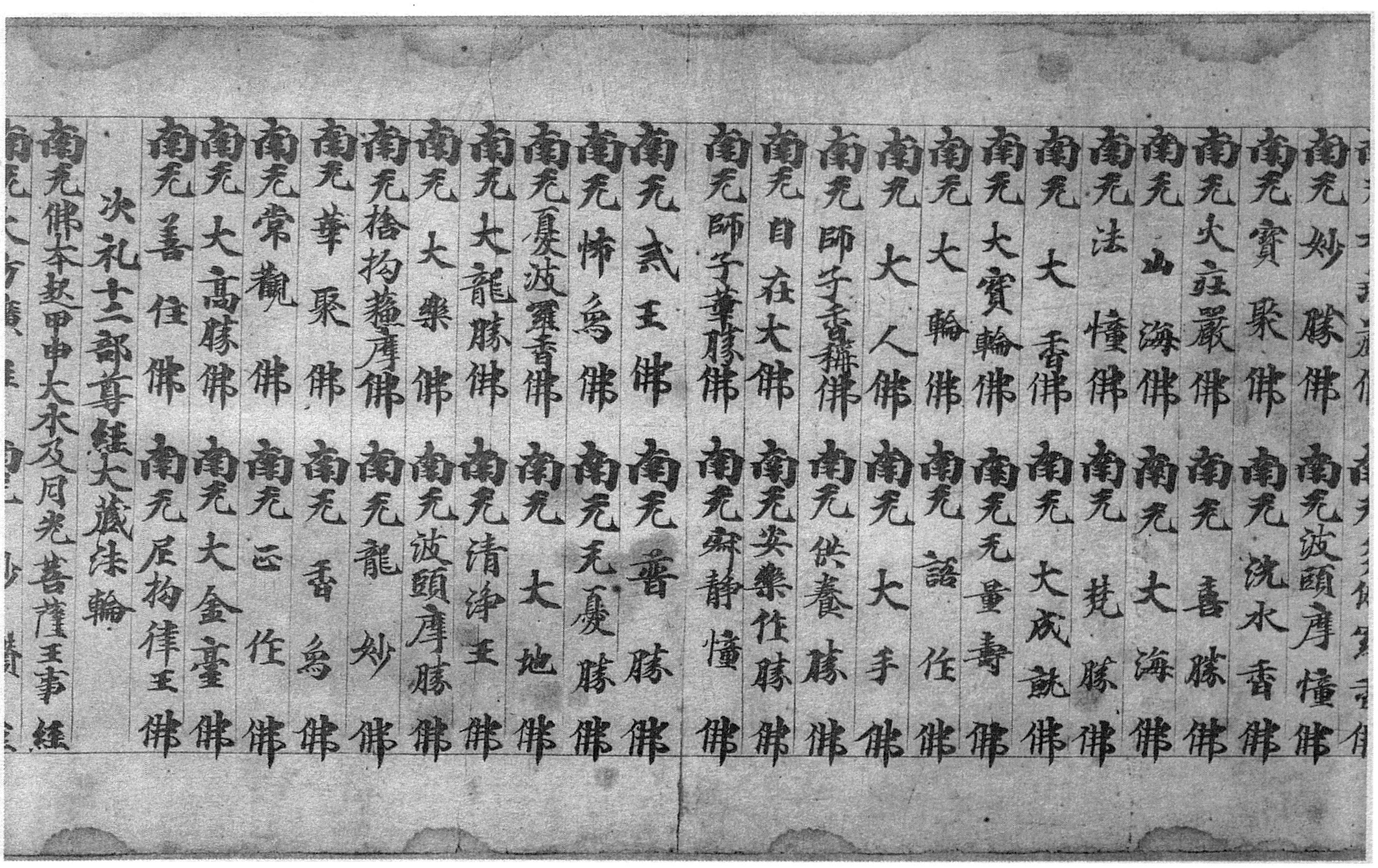

南无妙勝佛　南无波頭摩幢佛
南无寶聚佛　南无洗水香佛
南无火莊嚴佛　南无喜勝佛
南无山海佛　南无大海佛
南无法幢佛　南无梵勝佛
南无大香佛　南无大成就佛
南无大寶輪佛　南无无量壽佛
南无大輪佛　南无語住佛
南无大人佛　南无大手佛
南无師子香稱佛　南无供養勝佛
南无自在天佛　南无安樂住勝佛
南无師子華勝佛　南无寂靜幢佛
南无戒王佛　南无普勝佛
南无怖畏佛　南无无憂勝佛
南无无憂波羅香佛　南无大地佛
南无大龍勝佛　南无清淨王佛
南无大樂佛　南无波頭摩勝佛
南无捨拘蘇摩佛　南无龍妙佛
南无華聚佛　南无香烏佛
南无常觀佛　南无正住佛
南无大高勝佛　南无大金臺佛
南无善住佛　南无尼拘律王佛
次礼十二部尊經大藏法輪
南无佛本起甲申大永及月光菩薩王事經

BD05802號　佛名經（十六卷本）卷五　（33–11）

南无大高勝佛　南无大金臺佛
南无善住佛　南无尼拘律王佛
次礼十二部尊经大藏法輪
南无佛本𧗓甲中大本及月光菩薩王事经
南无大方廣经　南无妙讃经
南无大方廣筴篋藏经　南无菩薩本業经
南无波斯匿王十夢经　南无餓鬼報應经
南无摩訶僧祇经　南无龍施经
南无十誦律经　南无明識諦觀经
南无四分经　南无雲居屠经
南无弥沙塞律　南无十二門論
南无佛昇忉利天经　南无迦一比丘经
南无玉王经　南无遺教经
南无玉无返覆经　南无不思議光经
南无象腋经　南无須弥四域经
南无藥師瑠璃经　南无清淨毗尼经
南无金剛般若经　南无孝順经
次礼十方諸大菩薩
南无无垢藏菩薩
南无離垢藏菩薩
南无種種樂説莊嚴藏菩薩
南无大光明網藏菩薩
南无淨明威德王菩薩
南无大金山光明威德王藏菩薩

BD05802號　佛名經（十六卷本）卷五　（33–12）

南无種種樂説莊嚴藏菩薩
南无大光明網藏菩薩
南无淨明威德王菩薩
南无大金山光明威德王藏菩薩
南无金剛寶德相莊嚴藏菩薩
南无寶幢藏菩薩　南无宿王光明藏菩薩
南无虛空无礙妙音藏菩薩
南无陁羅尼功德持一切世間願藏菩薩
南无海莊嚴藏菩薩　南无須弥德藏菩薩
南无淨一切功德藏菩薩　南无如來藏菩薩
從此以上三千九百佛十二部经一切賢聖
南无佛德藏菩薩　南无觧脫月菩薩
南无金剛慧菩薩　南无法慧菩薩
南无師子慧菩薩　南无調慧菩薩
南无妙慧菩薩　南无月光菩薩
南无寶月菩薩　南无滿月菩薩
南无勇猛菩薩　南无无量勇菩薩
南无无邊勇菩薩　南无超三界菩薩
南无觀世音菩薩　南无大勢至菩薩
南无香烏菩薩　南无香上菩薩
南无香稽上菩薩　南无手藏菩薩
南无日藏菩薩　南无幢相菩薩
南无大幢相菩薩　南无離垢幢菩薩
南无无邊光菩薩　南无放光菩薩

BD05802號　佛名經（十六卷本）卷五　（33–13）

南无香稽上菩薩　南无手藏菩薩
南无日藏菩薩　南无幢相菩薩
南无大幢相菩薩　南无離垢幢菩薩
南无无邊光菩薩　南无放光菩薩
南无離垢光菩薩　南无喜王菩薩
南无常喜菩薩　南无寶首菩薩
南无虚空菩薩　南无離憍慢菩薩
南无須弥山菩薩　南无光德王菩薩
南无摠持自在王菩薩　南无摠持菩薩
歸命如是等十方无量无邊諸大菩薩
次礼聲聞緣覺一切賢聖
南无須摩辟支佛　南无輪那辟支佛
南无留閣辟支佛　南无憂波留閣辟支佛
南无弗沙辟支佛　南无牛齒辟支佛
南无漏盡辟支佛　南无最後身辟支佛
歸命如是等无量无邊辟支佛
礼三寶已次復懺悔
已懺悔身三口四竟次復懺悔佛法僧間所
諸障經中佛説人身難得佛法難聞衆僧
難值信心難生六根難具善友難得而今
相與宿殖善根得此人身六根完具又值
善友得聞正法於其中間復各不能盡心精
勤懇惻恐於未來長溺万苦无有出期是故
今日應復至到慚愧稽顙歸依佛

BD05802號　佛名經（十六卷本）卷五　（33–14）

難值信心難生六根難具善友難得而今
相與宿殖善根得此人身六根完具又值
善友得聞正法於其中間復各不能盡心精
勤懇惻恐於未來長溺万苦无有出期是故
今日應復至到慚愧稽顙歸依佛
南无東方滿月光明佛　南无南方自在王佛
南无西方无邊光佛　南无北方金剛王佛
南无東南方師子音佛　南无西南方香象遊戲佛
南无西北方須弥相佛　南无東北方寶聚高德佛
南无下方寶勇錄華佛　南无上方廣衆德佛
如是十方盡虚空界一切三寶
弟子等自從无始以來至於今日常以无明
覆心煩惱障意見佛形像不能盡心恭敬
輕蔑衆僧殘害善友破塔毀寺焚燒形像出
佛身血或自處華堂安置尊像卑猥之處
使煙薰日暴風吹雨露塵土汙坌雀鼠殘毀
共住共宿曾无礼敬或倮露像身初不嚴飾
或遮掩燈燭開閉殿宇障佛光明如是等
罪今日至誠皆悉懺悔
又復无始以來至於今日或於法間有障尔
淨手把捉經卷或臨經書非法俗語或安
置床頭坐起不敬或開閉箱篋虫噉朽爛
或首軸脫落部黨失次或謬脫漏誤紙墨破
裂自不脩習不肯流轉如是等罪今悉懺悔
或眠地聽經仰卧讀誦高聲語笑亂他法

BD05802號　佛名經（十六卷本）卷五　（33–15）

又復无始以來至於今日或於法服有障不
淨手把捉經卷或臨經書非法俗語或安
置床頭坐起不敬或開閉箱篋虫噉朽爛
或首軸脫落部黨失次或謗脫漏誤紙墨破
裂自不脩習不肯流轉如是等罪今悉懺悔
或眠地聽經仰卧讀誦高聲語咲亂他法
或邪解佛語僻說聖意非法說法法說非法
非犯說犯犯說非犯輕罪說重重罪說輕
抄前著後抄後著前前後著中中著前
後綺飾文辭安置己典或為利養名譽恭敬
為人說法无道德心求法師過而為論義
非理彈繫不為長解求出世法或輕慢佛語
尊重邪教毀呰大乘讚聲聞道如是等罪
无量无邊今日至到皆悉懺悔
又復无始以來至於今日或於僧間有障𢤱
害阿羅漢破和合僧害發无上菩提心人斷
滅佛種使聖道不行或罪脫人道鞭拷沙門
楚撻駈使苦言加謗或云破戒破於威儀或
勸他人捨於八正受行五法或假託形儀闚竊
賊住如是等罪今悉懺悔或保形離衣在經
像前不淨脚履蹈上殿塔或著屧屐入僧
伽藍涕唾堂房汙佛僧地乘車策馬排
突寺舍如是等於三寶間所起罪障无量
无邊今日至到向十方佛尊法聖衆皆悉
懺悔
願弟子等承是懺悔佛法僧間所有罪障

BD05802號　佛名經（十六卷本）卷五　（33-16）

像前不淨脚履蹈上殿塔或著屧屐入僧
伽藍涕唾堂房汙佛僧地乘車策馬排
突寺舍如是等於三寶間所起罪障无量
无邊今日至到向十方佛尊法聖衆皆悉
懺悔
願弟子等承是懺悔佛法僧間所有罪障
生生世世常值三寶尊仰恭敬无有猒足天
繒妙綵寶絞絡臺百伎樂珍異華香非
世所有常以供養若未成佛先往勸請開甘
露門若入涅槃願我常得最後供共衆
僧中有六和敬得自在力興隆三寶上弘佛
道下化衆生　礼拜
无慚愧以此罪故墮此地獄賓達聞之悲泣
而去
南无常光佛　南无月勝佛
南无栴檀行佛　南无日藏佛
南无勝藏佛　南无須弥力佛
南无如意藏佛　南无金剛王佛
南无難勝佛　南无大勝佛
南无善見佛　南无精進德佛
南无大海佛　南无著莎羅佛
南无宿勝佛　南无佛天佛
南无師子幢佛　南无甘露勝佛
南无无量勝佛　南无功德慧厚勝佛
南无華幢佛　南无首家佛

BD05802號　佛名經（十六卷本）卷五　（33-17）

南无善見佛　南无精進德佛
南无大海佛　南无著莎羅佛
南无宿勝佛　南无佛天佛
南无師子幢佛　南无甘露勝佛
南无无量勝佛　南无功德慧厚勝佛
南无華幢佛　南无首勝佛
南无精進勝佛　南无龍勝佛
南无勝成就佛　南无寶積佛
南无勝足佛　南无大師佛
南无普見佛　南无寶多羅佛
南无大念佛　南无斷一切衆生疑王佛
南无寶勝佛　南无普蓋佛
南无大蓋佛　南无妙勝佛
南无千供養佛　南无寶華步佛
南无衆勝佛　南无幢慧佛
從此以上四千佛十二部經一切賢聖
南无尼拘律王佛　南无上勝佛
南无普波頭摩佛　南无普勝佛
南无龍王護衆佛　南无舜滅佛
南无遠離垢佛　南无大乘佛
南无大供養佛　南无大將佛
南无善見佛　南无上勝佛
南无波頭摩勝佛　南无闍輪威德佛
南无則勝佛　南无能仁佛

BD05802 號　佛名經（十六卷本）卷五　（33–18）

南无遠離垢佛　南无大乘佛
南无大供養佛　南无大將佛
南无善見佛　南无上勝佛
南无波頭摩勝佛　南无闍輪威德佛
南无則勝佛　南无能仁佛
南无然燈佛　南无大威德佛
南无普至佛　南无荼敎勝佛
南无月面佛　南无旃檀香佛
南无弥留山佛　南无弥留劫佛
南无大面佛　南无无染佛
南无龍天佛　南无山聲自在王佛
南无須弥山佛　南无金藏佛
南无火光佛　南无樹提自在佛
南无地家佛　南无勝瑠璃金光明佛
南无月像佛　南无日聲佛
南无散華光明莊嚴佛
南无海山智慧奮迅通佛
南无金剛光佛　南无大香光佛
南无遠離瞋恨心佛
南无勝瑠璃仗智慧俱蘇摩佛
南无日光佛　南无月光佛
南无水月光佛　南无破无明闇佛
南无華贀色王佛　南无華通佛
南无得樂說佛　南无无畏王佛

BD05802 號　佛名經（十六卷本）卷五　（33–19）

南无日光佛　南无[illegible]光佛
南无水月光佛　南无破无明闇佛
南无華鬘色王佛　南无華通佛
南无得樂訖佛　南无无畏王佛
南无然明佛　南无師子意佛
南无精進堅固佛　南无不壞精進佛
南无堅固勇猛佛　南无人月佛
南无師子慧佛　南无閻浮上佛
南无釋迦牟尼佛　南无大勢佛
南无快聲佛　南无无量光佛
南无妙光佛　南无上首佛
南无上勝佛　南无樂訖佛
南无見寶佛　南无供養稱佛
南无師子慧佛　南无聲德佛
南无善香佛　南无電燈佛
南无波頭摩光佛　南无大燈佛
南无淨聲佛　南无破疑佛
南无无邊威德佛　南无賒尸面佛
南无无量名佛　南无妙威德佛
南无散疑佛　南无福德燈佛
南无善見佛　南无愛威德佛
南无不可降伏威德佛　南无无量藏佛
南无光明奮迅佛　南无廣稱佛
南无異幢佛　南无不可勝佛
南无威德王佛　南无堅固佛

BD05802 號　佛名經（十六卷本）卷五　（33–20）

南无善見佛　南无愛威德佛
南无不可降伏威德佛　南无无量藏佛
南无光明奮迅佛　南无廣稱佛
南无異幢佛　南无不可勝佛
南无威德王佛　南无堅固佛
南无妙稱佛　南无无量色佛
南无大信佛　南无妙聲佛
南无不動步佛　南无无量莊嚴佛
南无威德王聚光明佛　南无住智慧佛
南无金堅佛　南无愛鮮脫佛
從此以上四千一百佛十二部經一切賢聖
南无能與无畏佛　南无甘露藏佛
南无香觀佛　南无大須佛
南无山威德佛　南无天供養佛
南无光明勝佛　南无訖重佛
南无莊嚴光明佛　南无師子奮迅佛
南无異見佛　南无遍見佛
南无甘露步佛　南无月光明佛
南无稱供養佛　南无護根佛
南无清淨聲佛　南无障礙輪佛
南无甘露聲佛　南无離生佛
南无空威德佛　南无切德王佛
南无无量色佛　南无大力佛
南无黠慧莊嚴佛　南无見无障礙佛
南无師子香佛　南无普見佛

BD05802 號　佛名經（十六卷本）卷五　（33–21）

南无甘露聲佛 南无雜生佛
南无空威德佛 南无一切德王佛
南无无量色佛 南无大力佛
南无黠慧莊嚴佛 南无見无礙佛
南无師子香佛 南无普見佛
南无普德佛 南无善見佛
南无善色佛 南无慧稱佛
南无解脫奮迅佛 南无一切德莊嚴佛
南无大香光佛 一
南无畢竟智佛 南无智高佛
南无快色佛 南无寶聲佛
南无大聲佛 南无善見佛
南无无量威德佛 南无妙思惟佛
南无愛稱佛 南无一切德華佛
南无俱蘓摩炎佛 南无難降伏佛
南无妙聲吼佛 南无善見佛
南无衆生可敬佛 南无大明佛
南无无比步佛 南无清淨智佛
南无快聲佛 南无大照佛
南无月照佛 南无智化佛
南无一切德莊嚴佛 南无福德光明佛
南无智作佛 南无斷有見佛
南无見愛佛 南无无量光佛
南无勝聲佛 南无種種日佛
南无式步佛 南无天面佛

BD05802 號　佛名經（十六卷本）卷五　（33–22）

南无月照佛 南无智化佛
南无一切德莊嚴佛 南无福德光明佛
南无智作佛 南无斷有見佛
南无見愛佛 南无无量光佛
南无勝聲佛 南无種種日佛
南无式步佛 南无天面佛
南无放蓋佛 南无波婆婆佛
南无星宿佛 南无覺慧佛
南无增上師子種種鳥吼聲佛
南无寶莊嚴佛 南无妙光佛
南无不動智佛 南无善威德佛
南无鳥吼佛 南无梵聲佛
南无龍吼佛 南无勢自在佛
南无世間自在王佛 一
南无无量命佛 南无然燈佛
南无无垢蓋佛 南无寶光明佛
南无天威德面佛 南无然燈佛
南无明勝王佛 南无普照佛
南无智慧奮迅王佛 南无可量華佛
南无下華佛 南无嚴勝散華佛
南无盧舍那智慧莊嚴奮迅王佛
南无无量華佛 南无无量衆上首王佛
南无月摩尼光覆佛 南无无垢威德佛
南无勝成就佛 南无安隱德佛
南无高行佛 南无歡喜佛

BD05802 號　佛名經（十六卷本）卷五　（33–23）

南无盧舍那智慧莊嚴奮迅王佛
南无无量華佛　南无无量衆上首王佛
南无月摩尼光藏佛　南无无垢威德佛
南无勝威就佛　南无安隱德佛
南无高行佛　南无歡喜佛
南无堅固佛
從此以上四千二百佛十二部經一切賢聖
南无善眼佛　南无善意佛
南无六十二同名尸棄佛
南无善生佛　南无淨聖佛
南无梵勝佛　南无善見佛
南无上勝佛　南无无上脩佛
南无妙勝佛　南无寂靜命佛
南无不厭足法佛　南无得一切德佛
南无陽炎佛　南无稱上佛
南无吉妙佛　南无星宿佛
南无子見佛　南无量命佛
南无見義佛　南无高山佛
南无金聖佛　南无一切處自在佛
南无自在幢佛　南无淨聲佛
南无妙聲佛　南无人聲佛
南无寶上佛　南无寶炎佛
南无大寶佛　南无八十億那由他佛
南无同名釋迦牟尼佛　南无八十千同名然燈佛

南无自在幢佛　南无淨聲佛
南无妙聲佛　南无人聲佛
南无寶上佛　南无寶炎佛
南无大寶佛　南无八十億那由他佛
南无同名釋迦牟尼佛　南无八十千同名然燈佛
南无一万八千同名娑羅王佛
南无九万同名尼拘神王佛
南无五千同名頭摩王佛
南无无同佛名佛　南无一切德王光明佛
南无智勝上王佛　南无无垢智成王佛
南无閻浮檀須彌山王佛
南无无量光明勝王佛
南无常放光明王佛　南无自在王佛
南无師子受多王佛　南无无垢稱王佛
南无寶杖一切德王光佛　南无无盡智慧佛
南无寶幢佛　南无光明輪藏佛
南无奮迅來敬稱佛　南无高勝山王佛
南无雲護佛　南无師子奮迅王佛
南无護妙法幢寶佛　南无寶輪威德佛
南无勝光明一切德佛　南无无量國土佛
南无有德佛　南无十方清淨佛
南无善智慧佛　南无勝廣佛
南无大莊嚴佛　南无勝心佛
南无心智佛　南无華藏佛
南无大力佛　南无常釋智慧佛

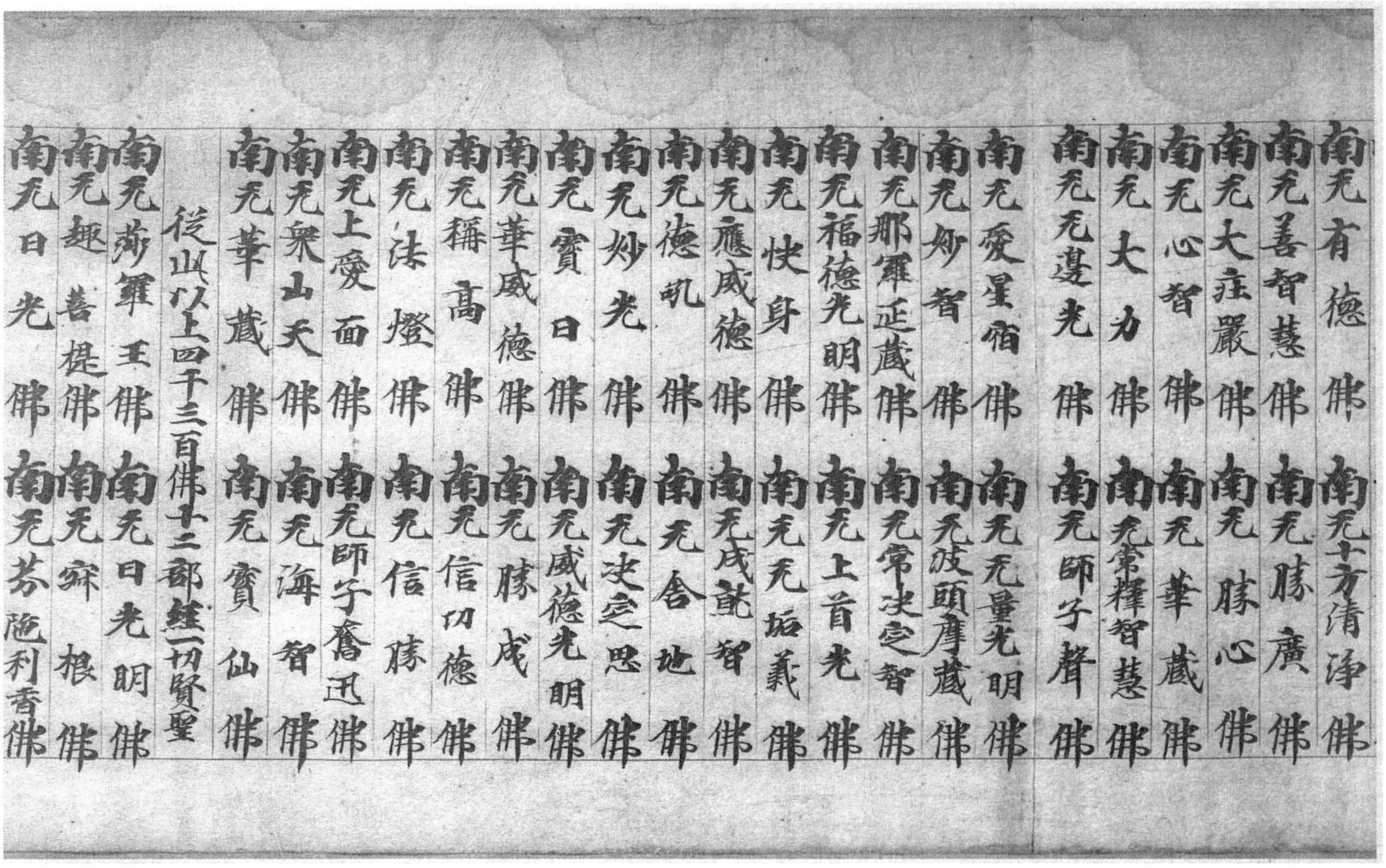
南无有德佛 南无十方清淨佛
南无善智慧佛 南无勝廣佛
南无大莊嚴佛 南无勝心佛
南无心智佛 南无華藏佛
南无大力佛 南无常釋智慧佛
南无无邊光佛 南无師子聲佛
南无愛星宿佛 南无无量光明佛
南无妙智佛 南无波頭摩藏佛
南无那羅延藏佛 南无常決定智佛
南无福德光明佛 南无上首光佛
南无快身佛 南无无垢義佛
南无應威德佛 南无成就智佛
南无德軌佛 南无舍地佛
南无妙光佛 南无決定思佛
南无寶日佛 南无威德光明佛
南无華威德佛 南无勝成佛
南无稱高佛 南无信功德佛
南无法燈佛 南无信勝佛
南无上愛面佛 南无師子奮迅佛
南无衆山天佛 南无海智佛
南无華藏佛 南无寶仙佛
從此以上四千三百佛十二部經一切賢聖
南无旃羅王佛 南无日光明佛
南无趣菩提佛 南无寂根佛
南无日光佛 南无芬陁利香佛

BD05802 號　佛名經（十六卷本）卷五　（33–26）

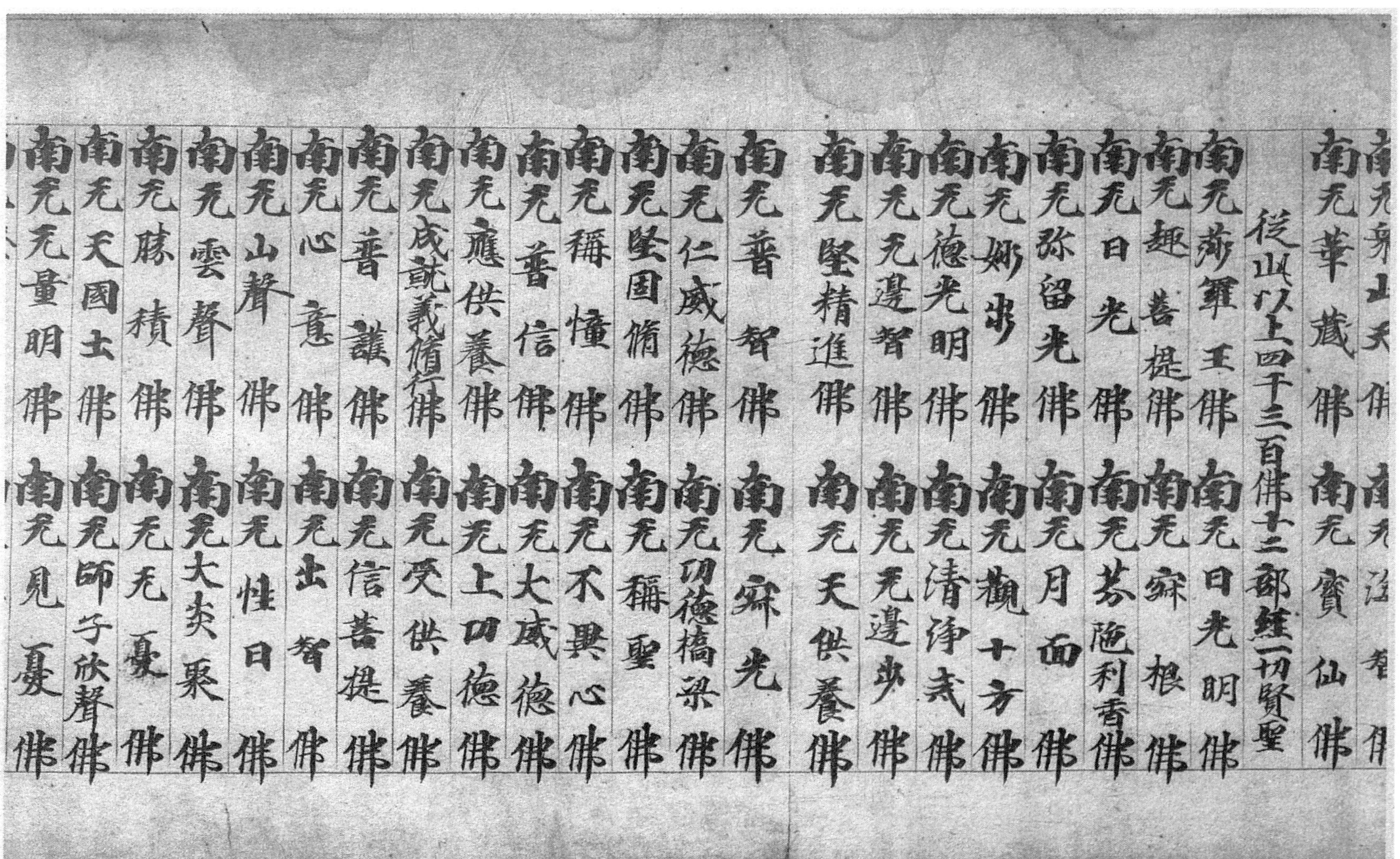
南无衆山天佛 南无海智佛
南无華藏佛 南无寶仙佛
從此以上四千三百佛十二部經一切賢聖
南无旃羅王佛 南无日光明佛
南无趣菩提佛 南无寂根佛
南无日光佛 南无芬陁利香佛
南无弥留光佛 南无月面佛
南无妙步佛 南无觀十方佛
南无德光明佛 南无清淨戒佛
南无无邊智佛 南无无邊步佛
南无堅精進佛 南无天供養佛
南无普智佛 南无寂光佛
南无仁威德佛 南无功德橋梁佛
南无堅固脩佛 南无稱聖佛
南无稱幢佛 南无不異心佛
南无普信佛 南无大威德佛
南无應供養佛 南无上功德佛
南无成就義脩行佛 南无受供養佛
南无普護佛 南无信菩提佛
南无心意佛 南无出智佛
南无山聲佛 南无性日佛
南无雲聲佛 南无大炎聚佛
南无勝積佛 南无无憂佛
南无天國土佛 南无師子欣聲佛
南无无量明佛 南无見憂佛

BD05802 號　佛名經（十六卷本）卷五　（33–27）

南无山聲佛 南无性日佛
南无雲聲佛 南无大炎聚佛
南无勝積佛 南无无憂佛
南无天國土佛 南无師子欣聲佛
南无无量明佛 南无見憂佛
南无燈王佛 南无勝高佛
南无十方聞名佛 南无愛見佛
南无月高佛 南无能與无畏佛
南无星宿王佛 南无月天佛
南无光明日佛 南无大稱佛
南无真聲佛 南无愛説佛
南无稱上佛 南无天王佛
南无甘露明佛 南无樂聲佛
南无心意佛 南无地住佛
南无寐過佛 南无多羅王佛
南无无畏佛 南无清淨智佛
南无能破疑佛 南无慈勝佛
南无勝上佛 南无種種日佛
南无普見佛 南无見月佛
南无降伏魔佛 南无大首佛
南无師子奮迅王佛 南无威德光佛
南无普護佛 南无成就義威德佛
南无光明日佛 南无見聚佛
南无清淨意佛 南无香山佛
次礼十二部尊經大藏法輪

BD05802號　佛名經（十六卷本）卷五

南无降伏魔佛 南无大首佛
南无師子奮迅王佛 南无威德光佛
南无普護佛 南无成就義威德佛
南无光明日佛 南无見聚佛
南无清淨意佛 南无香山佛
次礼十二部尊經大藏法輪
南无法社經 南无憂波離經
南无吳本起經 南无離无三昧經
南无罵王經 南无大比丘清淨經
南无長龍樹自緣經 南无須大拏四功德經
南无須大拏四功德八室釋經
南无神九呪經 南无人民求願經
南无達章女經 南无七女經
南无自度經 南无至心經
南无四願經 南无三昧經
南无應行經 南无陽經
從此以上四千四百佛十二部經一切賢聖
南无小道地經 南无阿難念彌勒經
南无法出乞王經 南无梵志所問事經
南无憂填王經 南无佛臨涅槃金剛
力士哀戀經 南无寶雲經
南无百字論經 南无七佛八菩薩呪經
次礼十方諸大菩薩
南无滅衆生病菩薩 南无療一切衆生病菩薩
南无歡喜菩薩 南无嚴意菩薩

BD05802號　佛名經（十六卷本）卷五

力士哀戀經　南无寶雲經
南无百字論經　南无七佛八菩薩咒經
次礼十方諸大菩薩
南无滅衆生病菩薩　南无療一切衆生病菩薩
南无歡喜菩薩　南无嚴意菩薩
南无常歡菩薩　南无普照菩薩
南无月明菩薩　南无寶慧菩薩
南无轉女身菩薩　南无雷音菩薩
南无不虛見菩薩　南无一切法自在菩薩
南无普賢菩薩　南无文殊師利菩薩
南无普正法菩薩　南无普化菩薩
南无普慧菩薩　南无普眼菩薩
南无普光菩薩　南无普觀察菩薩
南无普照菩薩　南无普幢菩薩
南无普覺菩薩　南无棄諸蓋菩薩
南无普明菩薩　南无離憂菩薩
南无義意菩薩　南无寶勝菩薩
南无華上菩薩　南无德喜菩薩
南无善住意菩薩　南无跋陀波羅菩薩
南无罽那耶伽菩薩　南无導師菩薩
南无那羅達菩薩　南无星得菩薩
南无水天菩薩　南无主天菩薩
南无大意菩薩　南无益意菩薩
歸命如是等无量无邊菩薩

BD05802號　佛名經（十六卷本）卷五　（33–30）

南无罽那耶伽菩薩　南无導師菩薩
南无那羅達菩薩　南无星得菩薩
南无水天菩薩　南无主天菩薩
南无大意菩薩　南无益意菩薩
歸命如是等无量无邊菩薩
次礼聲聞緣覺一切賢聖
南无舍利弗　南无大目揵連
南无大迦葉　南无須菩提
南无富樓那　南无摩訶迦旃延
南无阿那律　南无優波離
南无羅睺羅　南无阿難
礼三寶已次復懺悔
如上所說已懺悔於三寶間輕重諸罪其
餘諸惡今當次第更復懺悔經中佛說
有二種健兒一者自不作罪二者作已能悔又
云有二種白法能為衆生滅除衆障一者慚
二者愧慚者自不作惡愧者不令他作有慚
愧者可名為人若不慚愧者與諸禽獸不相
異也是故弟子今日慚愧歸依佛
南无東方寶莊嚴佛　南无南方栴檀德佛
南无西方梵音王佛　南无北方寶智作佛
南无東南方師子相佛　南无西南方寶蓋照空佛
南无西北方歡喜進佛　南无東北方摩尼清淨佛
南无下方寶香勝王佛　南无上方大名稱佛
如是十方盡虛空界一切三寶

BD05802號　佛名經（十六卷本）卷五　（33–31）

南无東方一寶莊嚴佛　南无南方栴檀德佛
南无西方梵音王佛　南无北方寶智住佛
南无東南方師子相佛　南无西南方寶蓋照空佛
南无西北方歡喜進佛　南无東北方摩尼清淨佛
南无下方寶香勝王佛　南无上方大名稱佛
如是十方盡虛空界一切三寶
弟子等无始以來至於今日或信邪到見宰
煞眾生解奏魑魅魍魎鬼神希延年筭不
能得或妄言見鬼假稱神語如是等罪今
日慚愧皆悉懺悔　又復无始以來至於今
日或行動憍誕自高自大或恃種姓輕慢一
切以貴輕賤用强陵弱或飲酒鬪亂不避親疏
惛醉終日不識尊卑如是等罪今悉懺悔
或貪嗜飲食无有期度或食生鱠或噉五辛
薰穢經像排突清眾縱心肆意不知限極踈
遠善人狎近惡友如是等罪今悉懺悔
或貢高矯假偃蹇自用跋扈抵突尊長不
識人情自是非他希望僥倖如是等罪今悉
懺悔或臨財无讓不廉不恥屠肉沽酒欺誑
自活或出入息利計時賣日聚積慨剋貪求
不厭受人供養不慚不愧或无戒德虛納信施
如是等罪今悉懺悔　或捶提奴僕婢妾驅
使僮吏不問飢渴不問寒暑或撥徹橋梁柱
絕行路如是等罪今悉懺悔　或放逸自恣
无記散亂樗蒱圍碁羣會屯聚飲酒食肉更相

BD05802號　佛名經（十六卷本）卷五　（33–32）

如是等罪今悉懺悔　或捶提奴僕婢妾驅
使僮吏不問飢渴不問寒暑或撥徹橋梁柱
絕行路如是等罪今悉懺悔　或放逸自恣
无記散亂樗蒱圍碁羣會屯聚飲酒食肉更相
僥賤无趣談話論說天下從年竟歲空喪天
日初中後夜禪誦不修懈怠墮懶尸臥
終日於六念處心不繫理見他勝事便生嫉
妬心懷悕毒倫起煩惱致使諸惡猛風吹罪
薪火常以熾然无有休息三業微善一切
俱焚善法既盡為一闡提墮大地獄无有出
期是故弟子等今日至到稽顙向十方一切三
寶懺悔上來所有一切眾罪若輕若重若
麁若細若自作若教他作若隨喜作若以勢
力逼迫令作如是乃至讚歎行惡法者今日
至誠發露懺悔願皆消滅願弟子承是懺
悔一切諸惡所生功德生生世世慈和忠孝謙
卑忍辱知廉識恥先意問訊脩良貞謹清
潔義讓遠離惡友常遇善緣守攝六根
儆護三業捍勞忍苦心不退沒立菩提志
荷負眾生

佛說佛名經卷第五

BD05802號　佛名經（十六卷本）卷五　（33–33）

BD05802 號背　乙巳年八月盈德納柴歷（擬）　（4–1）

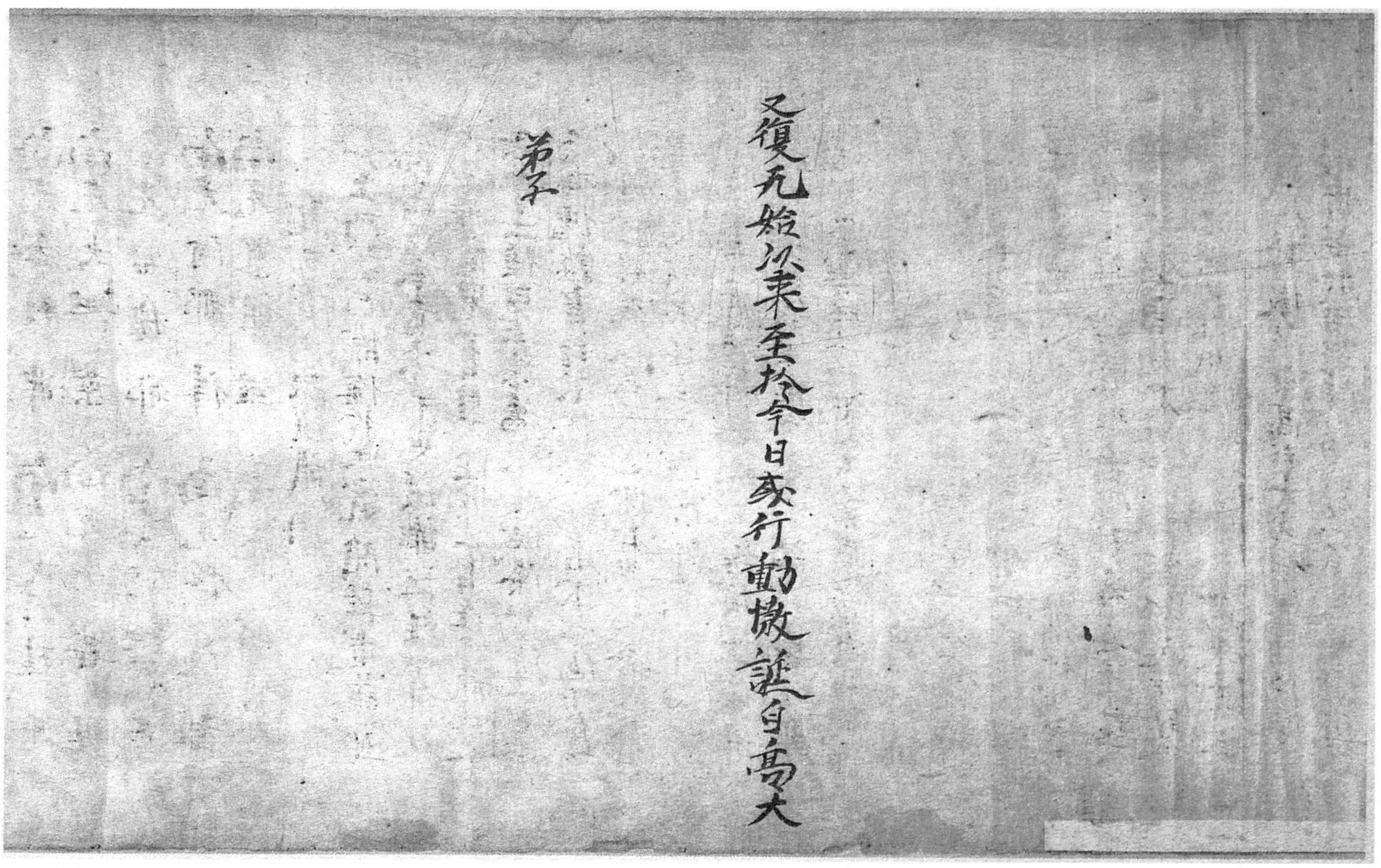
又復无始以來至於今日或行動擻誕自高大
弟子

BD05802 號背　雜寫　（4–2）

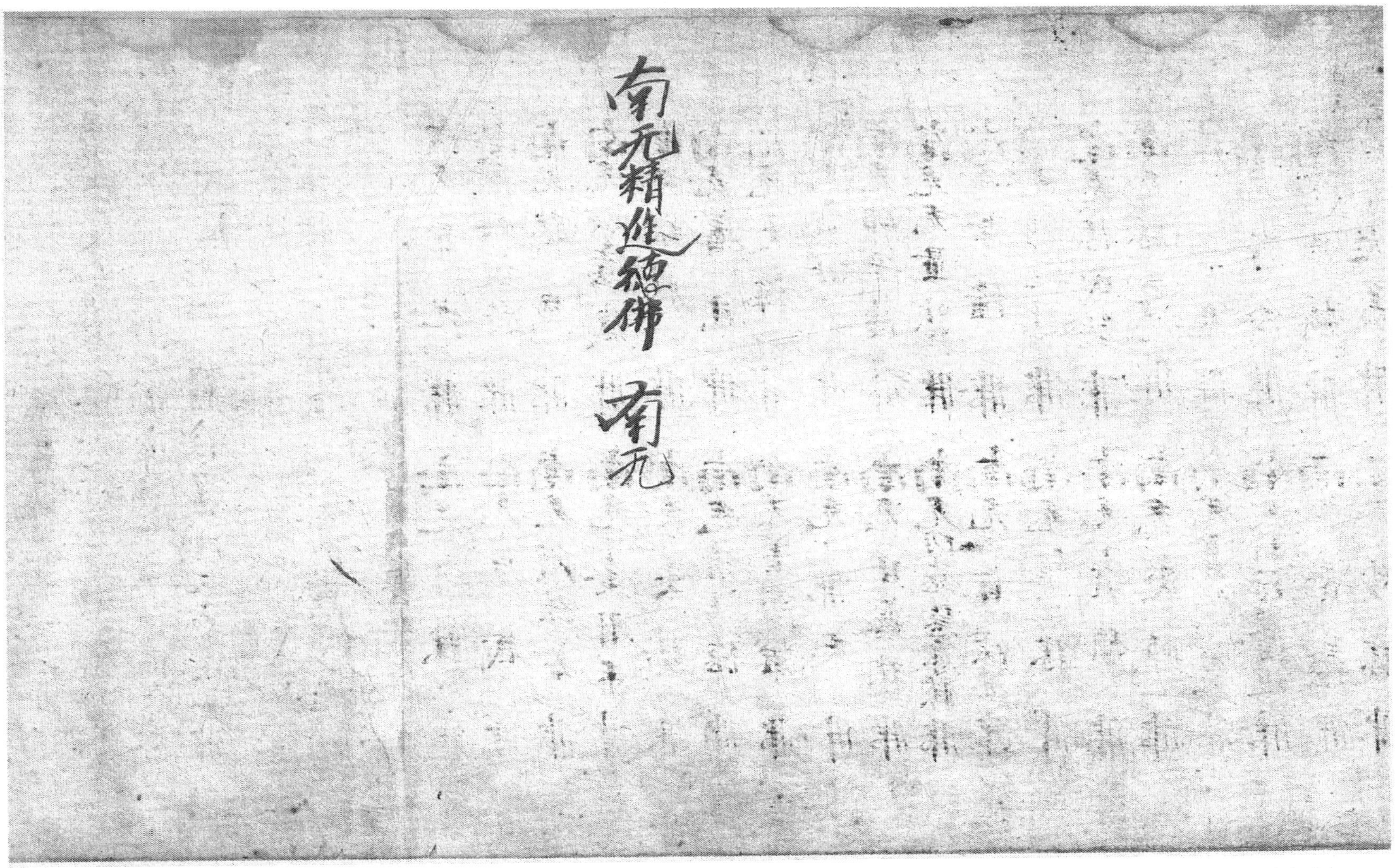
南无精進德佛 南无

BD05802號背　雜寫　（4–3）

夫欲礼懺必須先敬三寶所以

BD05802號背　雜寫　（4–4）

不並隨一立之難大乘云若一有情多識俱轉如何說彼是一有情大乘
反難云若立有情依識多少汝无心位應非有情又云唯依取蘊立有情
也　五趣者五者是數趣者謂由所趣善惡業於此五處受異熟異即
帶數釋也或六趣者開脩羅爲六若依小乘非中攝有勝有劣勝者
鬼趣劣者畜生攝若依大乘伽論即天趣攝有說開令六依善惡業爲
能趣所感異熟爲所趣即中有業煩惱爲能趣外器世間名趣資具內
異熟果名爲所趣即以所歸名爲所趣然於三界說有五趣唯欲界有四趣
全三界各一天趣一分歸舍論云人傍生具四地獄及諸天中有唯化生鬼通胎化
二問五趣四生如何相攝答四生攝五趣非趣攝四生攝者何所謂中有問章卑
中邊可知无有處不答俱舍云无色界无處由生有四種依同分及命令心等指
續釋曰无色都无處无所无色法无有方所過去未來无色不住方
所理決然故但異生熟有四云无色界此四非由處有上下但由生故勝劣
有殊於得定處命終即於是處生故問无色依何而住答依衆同分及
命根令心等指續漂者喻善趣隱者喻惡趣循還者即往來周遍之義
也謂生死遞遷如寒暑更代不息也滯者病瀬也又逝也往也淺水流沙上
曰滯斷常空有之見者通內外道之執紛者亂也糺者繩索也　前明
法有體依他門中假安立爲有　明人法二空依遍計門言空也隨病說
藥病息藥亡者病有謂空有之見藥謂二空之智對空說有對有
空有之病若除二空之藥斯遣故言亡矣　執藥成病者若住有无之教
生執著心即爲病矣悟病成藥者了空有之法无執取之心二見不生即

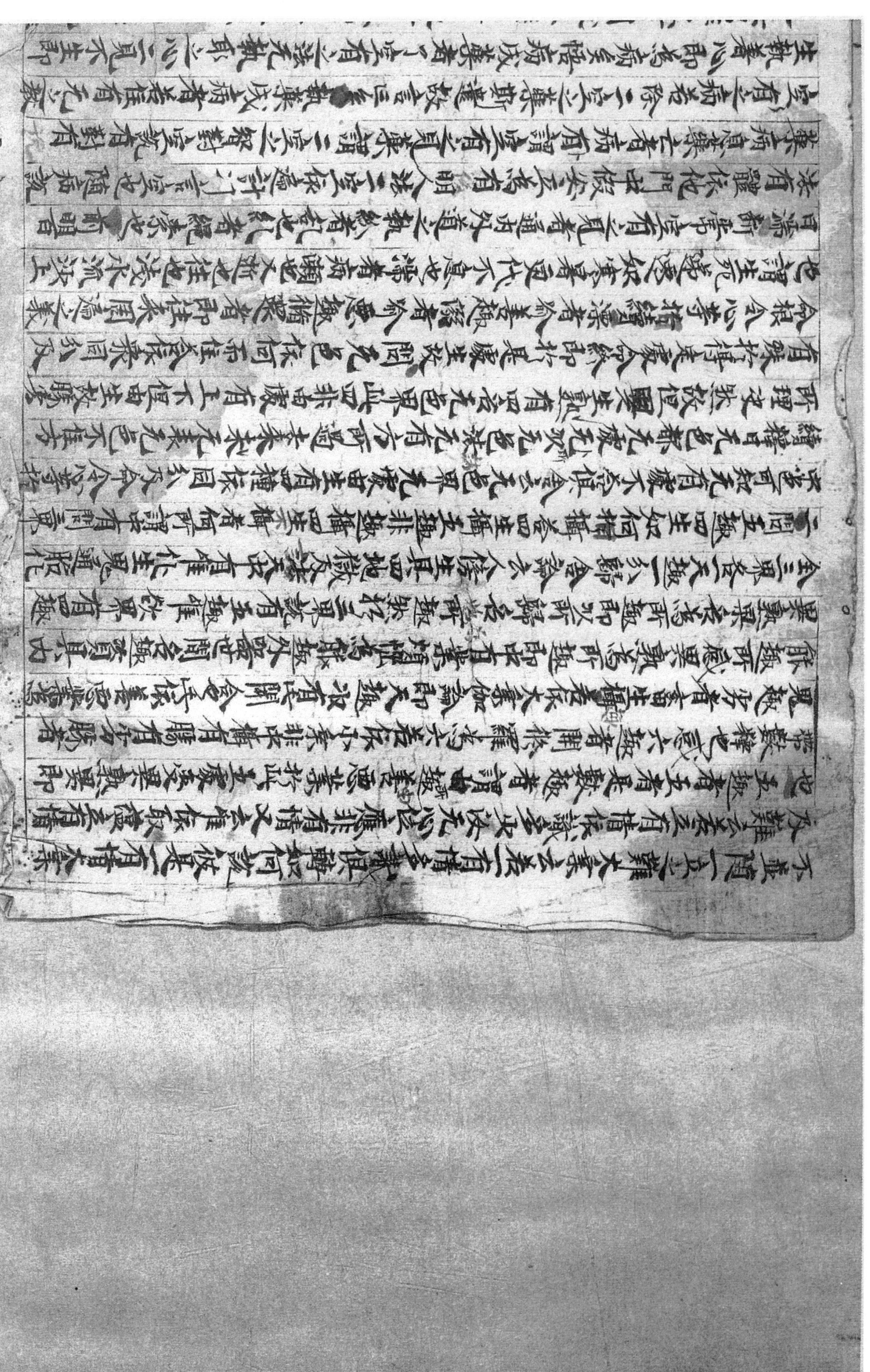

也謂生死遷逝如寒暑更代不息也湍者病瀨也又逝也往也淺水流沙上
曰湍漸常空有之見者通內外道之執紛者亂也糺者繩索也前明旨
法有體依他門中假安立為有明人法二空依遍計門言空也隨病說
藥病息藥亡者病有謂空有之見藥謂二空之智對空說有對有
空有之病若除二空之藥斯遣故言亡執藥茂病者若住有无之教
生執著心即為病矣悟病茂藥者了空有之法无執取之心二見不生即
是藥也非空者圓成性非有者遍計性即有者依緣生也即空者无自性
也故無去從緣生故名之為有无自性故名之為无有非者有家異說故世
親以賴胃表失陳那以吼丟顯能也四句有二謂外道小乘四句皆執有
等性其體定一謂數論離有法外有別有性廿五諦是有法能有性故名法謂
性各別故為執有法与有等性其體定異謂勝論師三執有法与有等性亦
一亦異具如色法与彼色性亦一亦異言同一異无別體故一義差別故異
四執有法与有等性非一非異如即命等非一非異語同異故若非一執同勝論
失若非異執同數論失故是同異故外道小乘所說四句即是表詮且如彼
宗說青等時名義相攝空招繫屬大乘四句遮詮所攝青等自相不
可說故但遮黃等說名為青然彼青等皆有二相一自相二共相自相
唯是見量所得非言所說共相是彼其比量所知一切名言唯能遮詮是故
大乘所說四句遮詮所攝[redacted]說諸法自相理不可言是故如來亦不能
說　外道迷妄四句皆虛大乘真實四句皆是並回詮顯言等者
也乃伏難難意云若並四句言語道斷能詮之教豈得存乎故此
通云然以之教顯發深理故假言說方得悟解以說者无說相而說聽者
亦无聽相而聽故維摩云其說法者无說无示其聽法者无聞无得喻
如幻事為幻人說諸等　般若云如來所說法者其於言說中無二無一義
諦數演時故皆不可取聽聞時故非非法者分別性故非法者无我性
故即顯離二執而說離二見而聽法前文三行疏是讃法弟子聚勝子
瑜伽中云瑜伽者云相應謂觀行者所起法與因果相應與理相應與理
相應心境相應釋題目中云本事分中略錄名數等者瑜伽論始終總
有五分一本地分略廣分別十七地義者一五識身相應地二意識身相應
地三有尋有伺地四无尋唯伺地五无尋无伺地六三摩呬多地七非三摩呬多地八有心地九无
心地十聞所成地十一思所成地十二修所成地十三聲聞地十四緣覺地十五菩薩地十六
有餘依地十七无餘依地二攝決擇分十七地中深密之義　三攝釋分略攝
釋諸經儀則四攝異門分略攝經中所有眾名差別之義五攝事分略攝

BD05803號　大乘百法明門論疏（擬）

（11–2）

BD05803號　大乘百法明門論疏（擬）　（11–3）

四雖無分別體非是智二乃至五雖即是智而有分別離二種相故名無分別
故云遠也而言大乘者無著論對法十一各有七義名雖有別義即無異
無著云一法大性彼云境大性緣被廣大教法為境故二心大性彼云行大性即由淨
心行二利行故三信解大性彼云智大性信解與智俱了無我故四淨心大性彼
名精進大性即由精進脩練令心淨故五資糧大性彼名方便善巧大性由大性悲
般若而為輔翼與無住涅槃為資糧故六時大性彼名業大性窮生死際盡
未來時為一切事名業大性七果報大性彼名證大性為佛己百卌不共功德名
果報大也數者案此方黃帝算法物有廿三數謂從一至百千萬億兆京垓
秭壤溝澗正載從壤已去有十三等數於其下者一一變之中者萬萬變之上者
倍倍變之花嚴經第卌五阿僧祇品用上數法故洛叉億也俱胝兆也那由他溝
也三辨論宗體中體者謂能詮教體聲即名句文即不相應三法上
假立此皆非實唯識如為假有故攝假從實方虛空山林及大海皆表內
所保分別不在外又云法非見聞覺知若以見聞覺知非求法求法門去來[illegible]
河南洛陽人俗陳氏潁川陳仲弓之後鴻臚卿之年齊緣竹馬之遊通玄墻
仞千尋風神朗月京洛名德咸用器之但以隨歷之運四郊多壘碩德高
僧亦如西蜀三藏以武德之歲即為問道忘心來未久半滿洞微二乘[illegible]
莫不嘉駭戒具云畢遍四毗尼儀已擇淋妙式晨年歎消武德[illegible]文軌
俯同汾汶伺交途經鄭郢于時漢陽王以盤石之寄鎮荊楚先聞高譽
殷請數揚奚相邀存天皇寺講攝大乘及阿毗曇等論江左僧欽風雲
若壬乃公卿親詣法遂三藏祈敬通質妙盡理源王公碩來得未曾有
其時大德智琰等並江漢英靈解窮三藏既觀妙辯法而嘆曰豈期以妻
榆木光德過太陽祈魏乎遂以從心之年師之九禮三藏自是身後閱鑒

歸投九五探賾旨于八藏常慨詮傳業理昧訪者以如意之寶不全雪山之
偈猶半遂杖錫西域履險若夷既至畫五明解窮三藏然後於小乘及
道各構異論誹毀大乘因造制惡見論制十八部小乘破九十五種
外道並造會中論融會瑜伽中論之後旨以靜大乘之紀綱于時中
印試日王總印五度諸國內外博綜才藝俊越觀乎斯論歎而法日
雖有顯大權耶之殊蓋缺彰截大夏之[illegible]人吾方九旬大施可因此會
定其臧否遂散馳眾傳告方里令論者畢萃大眾咸集即以何邊二
論大十餘頌日書于大施場門云其有能破一語當截舌謝之日日浮鼓命
之凡一十八日莫敢當者于時戒日王等內外莫不駭但在彼一十七年遊覽

BD05803號　大乘百法明門論疏（擬）

（11–4）

外道并造會中〻論匪會瑜伽中論之後首以靜大乘之紀綱于時中
帀試日王惣（領）帀五度諸国內外博綜才藝俊越觀乎斯論歎而注日
雖有題大權耶之殊並然義我大夏之英人吾方九旬大執可因此會
定其臧否遂散馳衆傳告方里令論者畢其大衆咸集即以何達（注）二
論六十餘頌日書于大衆場門云其有能破一語當截舌謝之日〻標鼓命
之九一十八日莫敢當者于時戒日王等內外莫不駭悟在彼一十七年遊攬
百有餘国以貞觀十九年迴見帝於雒陽帝大[illegible]悅即命所司將本六百五
十七部勑於西京弘福寺翻之仍勑[illegible]左僕射房玄齡并李沙門惠明等
五十餘人助光化廿二年已譯之經聞（奏）太宗[illegible]以悟達之懷而為聖教序
天文約發觀日月而揚麗又為文得皇后教造大慈恩寺東西兩宮大出
幡像勑九部集京城諸寺奇妙幡花寶車衆伎送所將經至慈恩寺（云）
三攝相歸成中唯識為體者然此內識有境有心〻起必託內境生但識
三〻唯不二〻唯境〻三界虛妄者唯就世間有漏法說故楞伽云由自心執
著心似外境轉以彼境非有是故說唯心但依執心虛妄現故深密經云
我說識所緣等者此依一切有无之法以弁唯識即依識之所緣有无
境界說也又識變相雖无量種而能變識類別唯三長行釋云變謂
識體轉似二分相見俱依自證起故攝相見末歸識本故所說理俗觀等
皆門此攝或說內識轉似外境相見俱依自證起故者內識〻頭能變見
分轉似外境即是相分似我似法是依他起意云由內見分變似相分依彼
分相諸聖教中假說我法轉謂轉變依自體上變成二分似謂相似由分
別故似外所執我法相現故知似者是相似義感可非實故說似二〻見謂
似二〻皆似由識所變見相二分自相道理非實二取故云似也所以者何
相見俱依自證起故〻說識體轉似二分若无自體皆不生故本末相對
四明唯識義唯法宗中不過五種一唯境（引阿毗達摩經三見傍生天人隨其所應等事心異故許義非真實）
二教唯識由自心執著及花嚴深密等三理唯識是諸識轉變分別
所分別由此彼皆无故一切唯四行唯識并損位觀影唯是空心等五
果唯識如來无垢識是淨无漏界解脫一切障圓鏡智相應攝是
五種惣（攝）一切唯識皆盡然諸教中就義隨機相境唯識種〻異故說或依
所執以弁（由息心執著）或依所有漏（花嚴三界）或依所執（彼隨識所變）或依指事以弁（生等）界傍三
以假從實門准若廿宗名句文三離聲實若大乘以假實別論名句
文三与聲別名等是門蘊法處法界所攝各不同也以名句等依聲上
屈曲假立離聲无體其猶分總等依真假立此亦如是唯識弟二六云名詮

BD05803號　大乘百法明門論疏（擬）　（11–5）

果唯識如來無垢識是淨無漏界解脫一切障圓鏡智相應等是
五種總一切唯識皆盡然諸教中就義隨攝相境唯識種種異故說或依
所執以弁（由息執著）或依所有漏（花嚴三界）或依所執（彼隨識所變）或依指事以弁（生等）果修三
以假從實門准若廿宗名句文三離聲實若大乘以假實別論名句
文三與聲別名等是門蘊法處法界所攝各不同也以名句等依聲上
屈曲假立離聲無體其猶念等依嗔假立此亦如是唯識第二云名詮
自體（性）句詮差別文即是字為二所依此三離聲雖無實體然假實
異亦不即聲由此詞無異辭境差者法即名句文詞即音聲故三差別
法無異詞即詞無異若三名句等皆實有體應如色等非實能詮
等即等取香味觸等以皆是實離聲體故此破廿宗汝實名等應
非能詮是宗中法因云以離聲實有體故同喻云猶如色等合量云
色等有實體由此亦能詮名等若有體同彼色等 能詮名等詮義
飛色等故名者歸起義所詮故娑等三義隨名合義隨者如其所作
即性相應名者為此義立如衣須應合者隨造誦轉令義合故句者表
章義文賦云日月星辰天之文也江河岳瀆地之文也
詩書禮集人之文也又云語亦異能詮人天共了執能詮異語天愛九餘
此二義一云貧劫愚人呼為天愛以天愍教而得存故二毗伽羅論云與愚
癡人作三種名一名提婆此云天也以呼為天者如喚奴為君等令彼善故
二名涅槃婆此云光明是愚人實是黑闇呼為光明者喚無智人名為智者
三名鉢剌底此云世主梵王之名喚愚人為世主如喚呼奴為曹主四三法
之體門者即蘊處界名等諸法 離此三皆意識之境也廿婆多此云
有毗婆沙此云廣解經部宗以經為量不取律論假實二聲為體
五法數出體門又大唐三藏開為八門漸略相前二門分為二一攝妄歸
真二真妄善別三攝相歸識四識相善別五以假從實六假實善別
後之二門即三法之體門法數之體門中有三初法數之體者且明外
道數論教聲詩為性 者彼造（從惠為）勝（生然生惠故此執聲為實） 聲德為性（三論餘故）（造勝異 吾勝論也）
聲論諸師用聲為體（聲論有二謂聲生聲顯初執聲常無常次體用俱常待緣發） 順世外道四大為體（諸法皆以大為性故）
廿宗七十五法來之為五一色法二心法有謂心王三心所有法有四十六一大地
法有遍行相境各有五二大善地有十無癡三大煩惱有五 懈怠無明掉
舉放逸不善大地法有二無慚無愧五小煩惱地法有十忿恨覆惱嫉慳誑
諂害憍六亂數有九謂貪嗔癡慢疑惛沉睡眠惡作失念四不相應

聲論諸師用聲為體　聲論有二謂聲生聲顯彼執聲是常……故名勝論也
廿宗七十五法未之為五一色法二心法有謂心王三心所有法有四十六一大地
法有遍行相境各有五二大善地有十无癡三大煩惱有五　懈怠无明掉
舉放逸不善大地法有二无慚无愧五小煩惱地法有十忿恨覆惱嫉慳諂
誑害憍六亂數有九謂貪嗔癡尋伺惛沉睡眠惡作失念四不相應
行有十四　得名句文无想定滅　五无為有三謂虛空擇滅非擇滅　薩婆多雜
心俱舍婆沙等所說亦同或說音聲或說名等此方先德有三解一音聲
二為正義以是善故名句文身是教之法非正教體是无記故有說名
等發智論云十二部經以何為性答名身句身次第安住有說音聲及
名句文以為自體性諸論說故今依婆沙正義以聲為體彼論一百
廿六云仏教云何答謂諸言詞評論語音語路語表是謂仏教
如來說者語業為體仏語名何法答謂名身句身文身次第
行列次第安住次第連合此即總顯仏教作用依經部宗
以聲為體順正理師破云汝亦應立名句文身即聲即聲為體攝
論无性釋中亦亦諸契　句語為自性亦亦應理然依經部有此三
釋一云十二處中為性雖无別名等性故一云通用聲處法處為性如
得經部有釋者三藏解云但以契經為也量者名為經部故彼宗有
此釋經部師者其本即譬喻師也仏者世百後一年中北天竺怛叉翅羅
國有鳩摩羅多論師此云童公造九百論時五天竺有五大德師出喻　如日
出明導世間名日出論以似於日故名譬喻師或說此師造喻鬘論集
奇事名譬喻師　部之種族經部以所說為宗當時猶未有經部
四百年中出今依大乘總有百法等者且心有八心所有五十一色法有十一種
不相應有廿四无為有六　維摩經云仏以一音等者謂以梵音中說
法諸衆生隨已之音各得解也　如花嚴云有一女人名為善中若發
一音即与百千樂合彼女人者无心思重合与樂合仏亦是如也
又女主衆生難化者冊云調伏有三種一卑濡語二卑麤言三卑麤
細二語隨應云法而教導之此界要以音聲名句聞重習力方能入
法与諸亦同者也若餘土中有以香味觸等以為仏事即諦名經云文
殊与諸大衆詣維摩詰舍舍利弗心念時既至此諸大衆當俏何食諦
名仁者為食來耶為法來耶　舍利弗言我為法來非為食也於是諦

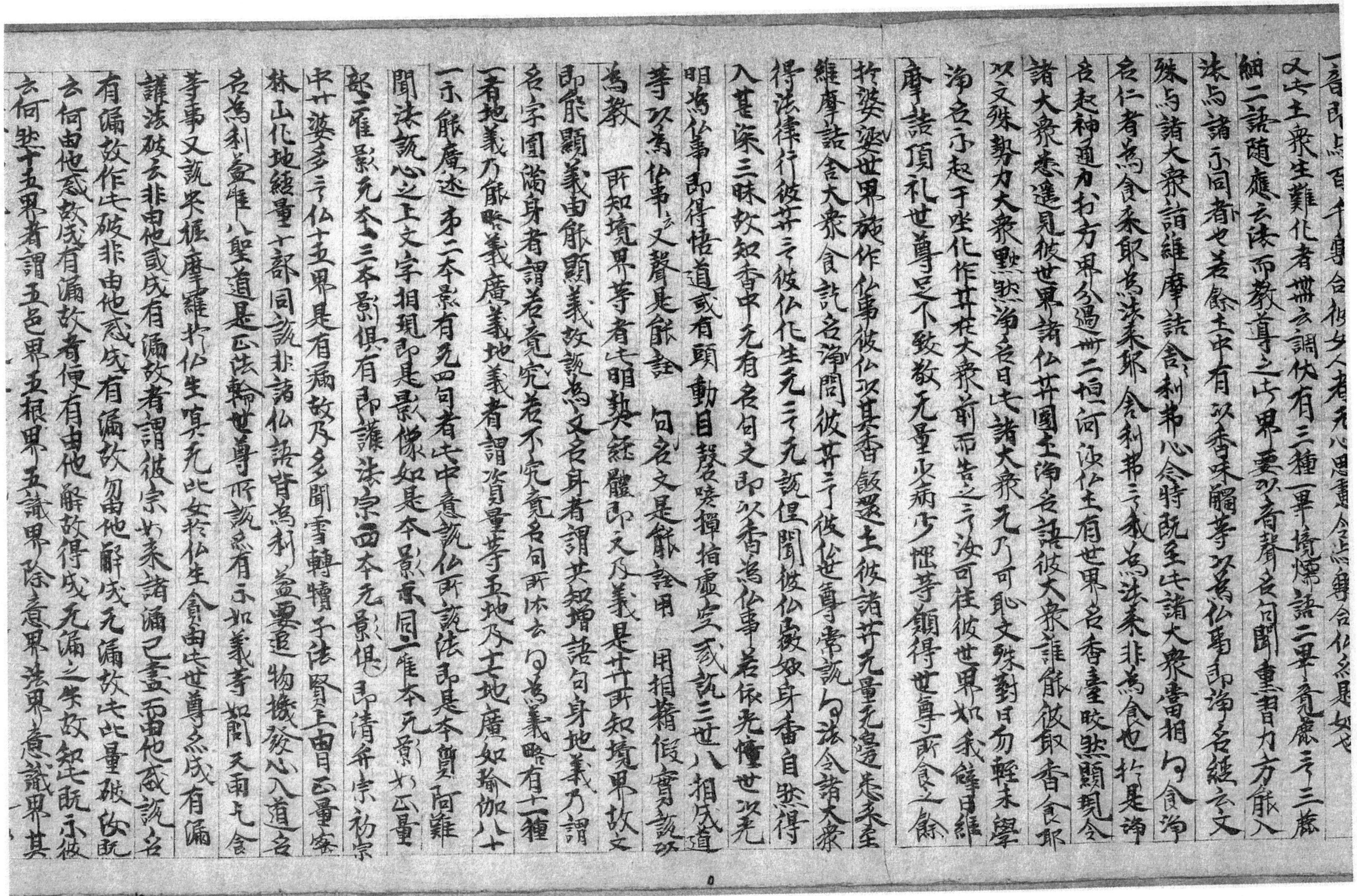

（11–8）

BD05803號　大乘百法明門論疏（擬）

以

[illegible]
等事。又說史祇摩羅於仏生嗔，无比女於仏生貪，由此世尊亦成有漏
讓法破云：非由他感成有漏故者，謂彼宗如来諸漏已盡，而由他感說名
有漏，故作此破：非由他感成有漏故，留由他許成无漏，故此比量破。彼既
云何由他感故成有漏故者，便有由他許故得成无漏之失，故知此既示彼
云何勢十五界者，謂五色界、五根界、五識界，除意界、法界、意識界，其
大衆部、一說部、出世部、雞胤部、說假部、制多山部、西山部、法藏部、飲光部十部同說仏一
切皆為利益。所言成實无不如義，非唯八聖道是正法輪，所說諸
法皆法輪，故摧伏轉動說名轉，故仏轉動在他身中，摧他身无知惑故。
㝵故為轉。又問慶喜：天雨不耶？園中聞故，高聲大聲為令阿難審諦
事。仏亦知尚問天雨，況汝未圓智而不審耶？亦除餘增慢故。仏知尚問
況餘不知，由是多義故問天雨，顯仏慈悲，令他入道。白比丘等乞食易耶，
令生喜心踊躍脩道，彼賀曰歎意。脩行亦令未来習於此事，隨順世
俗。又如經云：煞害於父母王及二多聞，此即利益者，貪愛為母，及業為父，
有取識為見戒二取為二多聞，内六處為国人，外六處為隨，行能誅斷，此名
為清淨。及世惠云轉顯深義，非害生母等。何必不如云故仏說三藏皆
轉法輪非　利益三多　說仏五音者，謂苦觀身空者，觀受无常者，觀
心无我者，觀法寂靜　二有影无分者，即龍軍論師，即是舊翻三身
論主　立諸法云：諸菩仏增上力故，合於所者識中文義相生，亦非仏菩自說
說法，即玄諦三藏、清辨、龍軍論等　立法故，掌珍偈云：真性有為空，如幻
緣生故，无為无有實，起似空花故。偈初二句破依他，後之二句破立圓成二邊
中道俱　立也。此中有宗、因、喻。真實性是有法，有為是法，即此及有法和合為
宗，因云緣生故，同喻云猶如幻等。无為是有法，无有實是法，因云不起
故，同喻云如空花合云如幻夲　起幻法无有實真性夲　起同彼幻法无
有實　問若　說者云：今亦有云說等文，彼增上生故作是說，譬如天等
增上緣力令於夢中得呪論等，西方有婆羅門生一已來祠祀天神，
欲求聰明道術，令悟一切義理皆悉解了，於三年五年相續　祈天神
鬼之，即於夢中教其論呪，便聰明世間呪術无　解了。今說經者亦尔，
天神慚愧，令得論呪，曾不對面親教，諸仏大悲，本願緣力，令彼識上
文義相生，非仏親說，即上增力如此方高僧觀音經，无人說，夢中
教也。自心成熟故，非仏說也。此意說所有切德絶相撥如是淨法界无

有實句若說者云令亦有云說等云彼增上生故作是說歷盡
增上緣力令於夢中得呪論等西方有婆羅門生已來祠祀天神
欲求聰明道術令悔一切義理皆悉解了於三年五年相續　祈天神
鬼之即於夢中教其論呪便聰明世間呪術无　解了今說經者亦依
天神慚愧令得論呪曾不對面親教諸仏大悲本願緣力令彼識上
文義相生非仏親說即上增力如七方高主觀著經无人說夢中
教也自心成熟故非仏說也七意說所有功德絕相殊妙是淨法界无
分　智非色聲等帶相之法也　第三句中本質俱有親光三了據仏利
他後智中有五種思擇安立思擇中亦為衆生說三乘依七住為本質
教也衆生識上文義相生雖　親得然似彼相分明顯現影像教也
一向无漏一相示現之教通漏无漏衆生尋彼景像悟解　同種善
別故通有漏也今親光同護法无著等宗教有質影仏慈悲力名質
教文衆生識上善根熟力能於　彼教即影像生兩相感擊增上緣
力名為說法由七二十唯識偈云展轉增上力識成決定即其義也釋云謂
餘相續善別力故令餘相續善別識生彼七手為增上緣故謂仏
与衆生俱有五蘊相續一期報體云餘者本願說者是聽者之餘聽
者是說者之餘故　白法之餘相續也由彼說者本願緣力識之上作
三乘五乘常无常善別為說故令　者善根力故說識心之上亦作
三乘五乘常无常等善　解生也故云彼七手為增緣故者七中　但
是增上緣望彼質教亦有所緣緣謂令彼識上文義相生即影像教也
所覆所託名所緣緣也所慮者影教所說者質教也要託本質影
方生故一切如來具有三身等功德由離分別名不說法豈不化生名不
說也或能聞者識變似彼等者即仏為增上緣故衆生能　之識
似仏文義相生故名本願影俱有也　三身義略以三門分別一弁名二生
三開合發立餘　法苑廣明　第一弁名者仏地　說自性法身受用
變化差別轉故金光明　第二三身品說如來有三種身一化身二者應
身三者法身如是三身攝受阿耨菩提仏地論說百法即是初花性身
體　變故唯識云是一切法平等實性无性亦非假所立故名自非於
餘身合集成故是所依心故名為身自性即身持善釋法謂善別諸
功德義性謂本體義之體故名為法无性釋云法性即身故名法身
法即是諸有為依止是彼聽體法之性故為法性无性釋云或是諸法所
依止故愛任識云大功德法所依止故今地論乃云又是等諸所依上故名

BD05803號　大乘百法明門論疏（擬）

（11–10）

三門合辯之餘　法苑廣明　第一弁名者佛地　說自性法身、受用
變化差別轉故金光明　第二三身品說如來有三種身一化身二應
身三者法身　如是三身攝受阿耨菩提佛地論說百法即是初自性身
體　變故唯識云是一切法平等實性无性云非假所立故名自非於
餘身合集成故是所依止故名爲身自性即身持業釋法謂差別諸
切德義性謂本體義之體故名爲法无性釋云法性即身故名法身
法即是諸有爲德此是彼軌體法之性故爲法性无性釋云或是諸法所
依止故處唯識云大功德法所依止故佛地論亦云无畏等諸所依止故名
爲法性是依主釋身有三義唯此文大體依聚義總說名身法性即身是
持等受用即是自受用能令自受用種大法樂故自受用身自受法
樂他受用身令他受樂唯識云自受用身恒自受樂他受用身爲
十地衆現通說法決衆疑網令他受樂合此二類種名受用身自
受身即是持業釋受用即身故他受用身是依主釋受之身故
金光明經云亦名應身但說他受用　說自受用門名爲應身應宜
現身名身故如彼　說爲諸菩薩得通達　復說於眞諦乃至能是身
身現十八種頂背圓光是名應身自受用身彼經　說是法身攝
故若准地佛論變化即是後變化身示現種種變化事故轉攝舊名
名變无而現有曰化變亦化果是相違釋變化即身是持業釋總名
三身是帶數釋也

BD05803號　大乘百法明門論疏（擬）

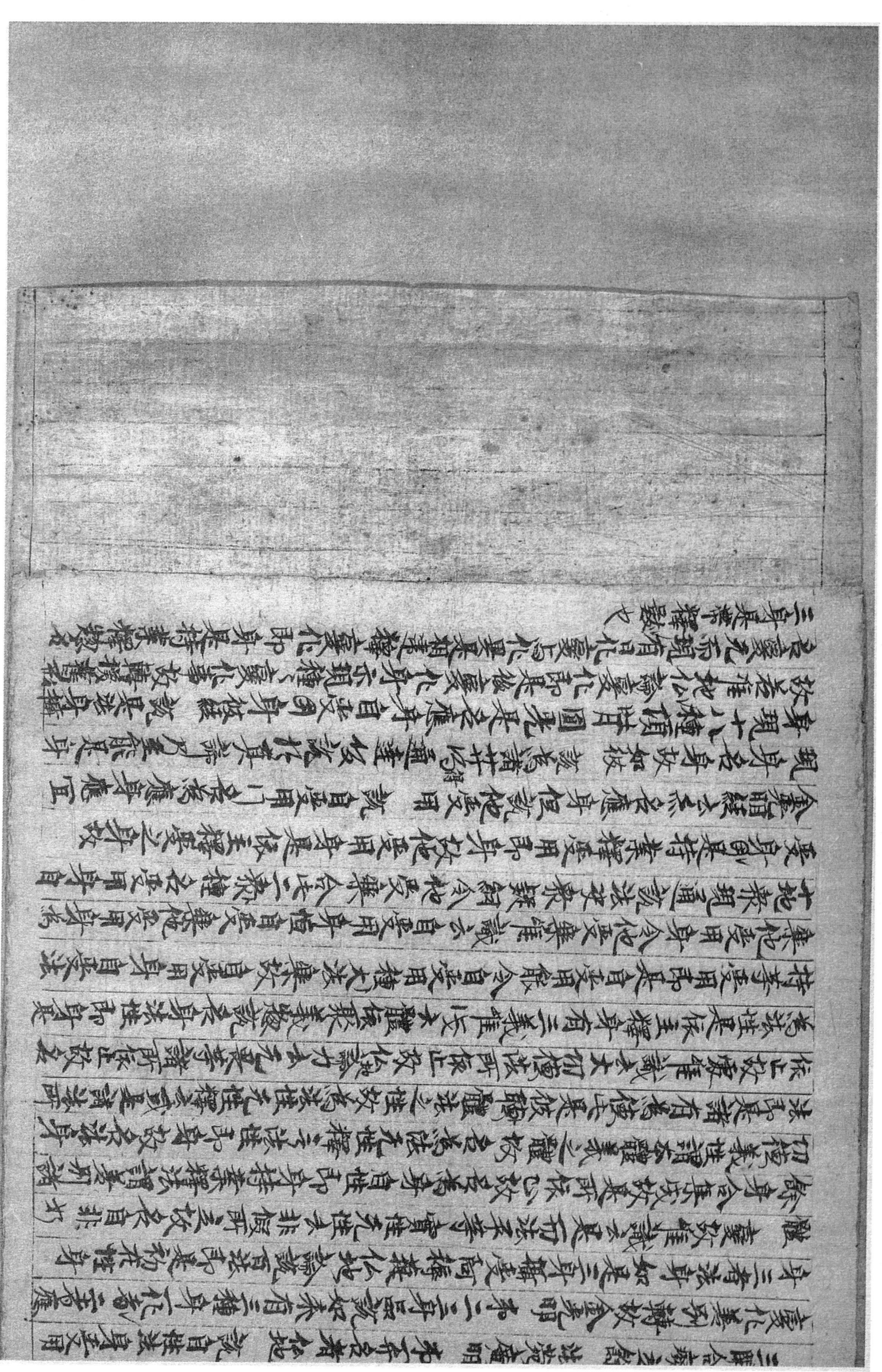

BD05803號背　勘記

（8-1）

BD05803號背　勘記

（8–2）

BD05803號背　勘記

（8–3）

BD05803號背 勘記

（8–4）

BD05803號背　勘記

（8–5）

BD05803號背　勘記

（8–6）

（8–7）

BD05803號背　勘記　（8–8）

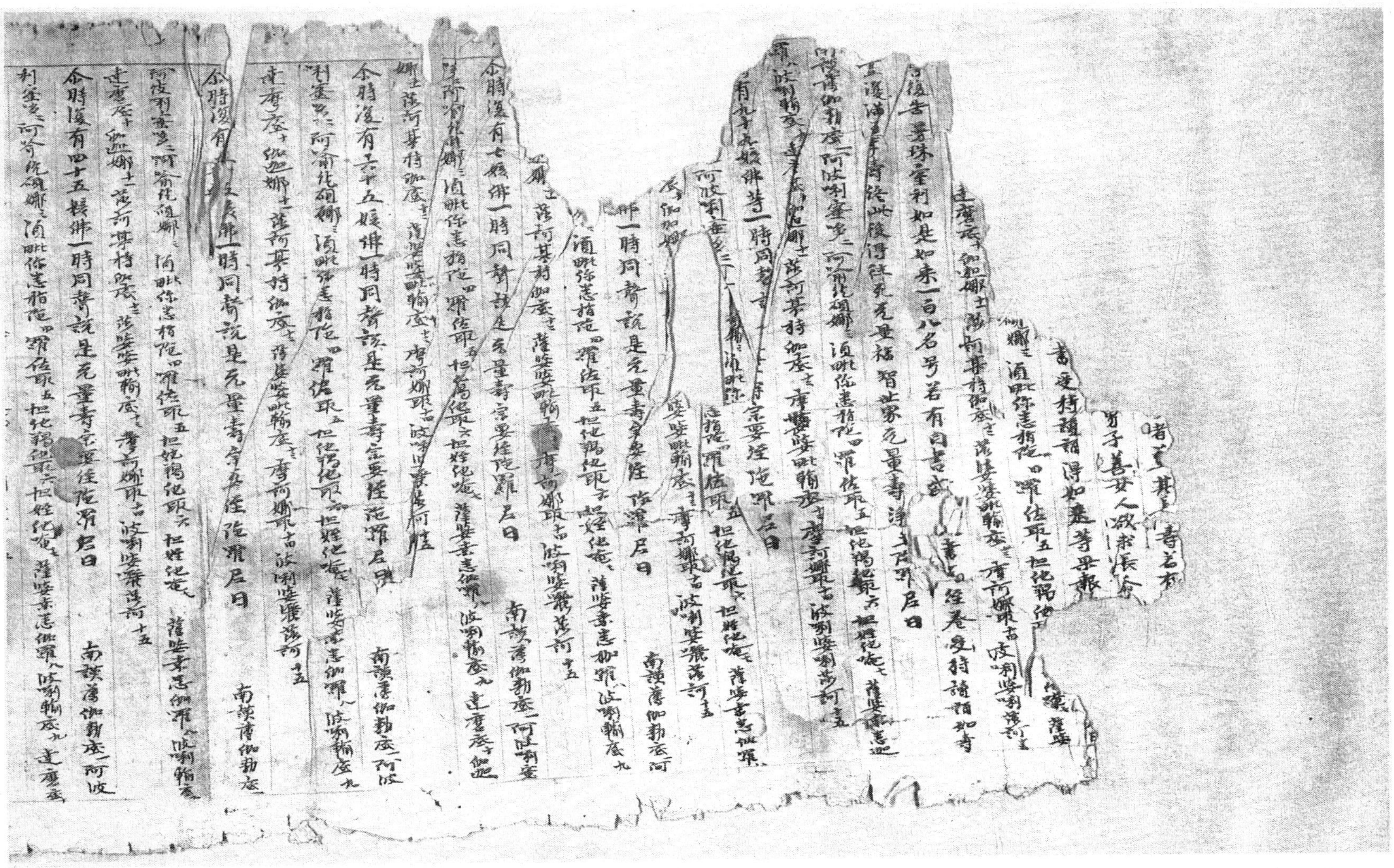

BD05804 號　無量壽宗要經　　（5–1）

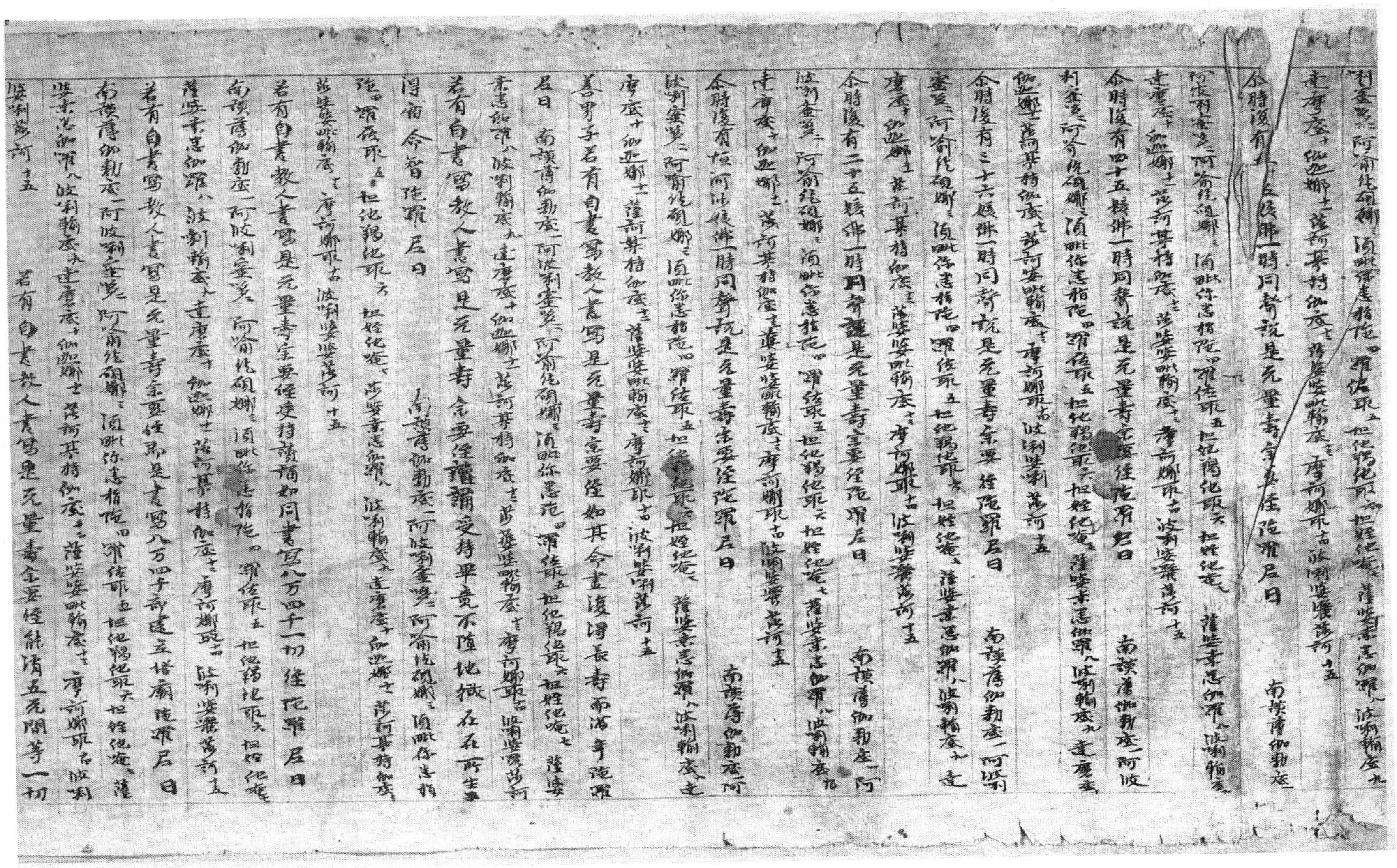

BD05804 號　無量壽宗要經　　（5–2）

南謨薄伽勃底一阿波唎蜜哆二阿喻紇硯娜三須毗你悉指陀四囉佐耶五怛他羯他耶六怛姪他唵七
薩婆桑悉迦囉八波唎輸底九達磨底十伽迦娜十一莎訶莽持伽底十二摩訶娜耶十四波唎婆羅莎訶十五
若有自書寫教人書寫是无量壽宗要經即是書寫八万四千部建立塔廟陀羅尼曰
南謨薄伽勃底一阿波唎蜜哆二阿喻紇硯娜三須毗你悉指陀四囉佐耶五怛他羯他耶六怛姪他唵七薩
婆桑悉迦囉八波唎輸底九達磨底十伽迦娜十一莎訶莽持伽底十二薩婆婆毗輸底十三摩訶娜耶十四波唎
婆羅莎訶十五　若有自書教人書寫是无量壽宗要經能消五无間等一切
重罪陀羅尼曰　南謨薄伽勃底一阿波唎蜜哆二阿喻紇硯娜三須毗你悉指陀四囉佐耶五
怛他羯他耶六怛姪他唵七薩婆桑悉迦囉八波唎輸底九達磨底十伽迦娜十一莎訶莽持伽底十二薩婆
婆毗輸底十三摩訶娜耶十四波唎婆羅莎訶十五
若有自書寫教人書寫是无量壽宗要經受持讀誦設有重罪猶如須彌盡能消滅
陀羅尼曰　南謨薄伽勃底一阿波唎蜜哆二阿喻紇硯娜三須毗你悉指陀四囉佐耶五怛他羯他耶六
怛姪他唵七薩婆桑悉迦囉八波唎輸底九達磨底十伽迦娜十一莎訶莽持伽底十二薩婆婆毗輸底十三摩訶
娜耶十四波唎婆羅莎訶十五　若有自書寫教人書寫是无量壽宗要經受持
讀誦若魔魔之眷屬夜叉羅剎不得其便終无枉死陀羅尼曰
南謨薄伽勃底一阿波唎蜜哆二阿喻紇硯娜三須毗你悉指陀四囉佐耶五怛他羯他耶六怛姪他唵七
薩婆桑悉迦囉八波唎輸底九達磨底十伽迦娜十一莎訶莽持伽底十二薩婆婆毗輸底十三摩訶娜耶十四
波唎婆羅莎訶十五　若有自書教人書寫是无量壽宗要經受持讀誦當命終
時有九十九殑伽佛現其人前爲千佛授手能遊一切佛剎莫於此經生於疑惑陀羅尼曰
南謨薄伽勃底一阿波唎蜜哆二阿喻紇硯娜三須毗你悉指陀四囉佐耶五怛他羯他耶六怛姪他唵七薩婆桑
悉迦囉八波唎輸底九達磨底十伽迦娜十一莎訶莽持伽底十二薩婆婆毗輸底十三摩訶娜耶十四波唎婆羅莎訶十五
若有自書寫教人書是无量壽宗要經受持讀誦常得四天大王隨其衛護陀羅尼曰
南謨薄伽勃底一阿波唎蜜哆二阿喻紇硯娜三須毗你悉指陀四囉佐耶五怛他羯他耶六怛姪他唵七薩婆桑悉迦
囉八波唎輸底九達磨底十伽迦娜十一莎訶莽持伽底十二薩婆婆毗輸底十三摩訶娜耶十四波唎婆羅莎訶十五
若有自書教人書寫是无量壽宗要經受持讀誦當得往生西方極樂世界阿彌陀淨土陀
羅尼曰　南謨薄伽勃底一阿波唎輸多二阿喻紇硯娜三須毗你悉指陀四囉佐耶五怛他羯他耶六怛姪
他唵七薩婆桑悉迦囉八波唎輸底九達磨底十伽迦娜十一莎訶莽持伽底十二薩婆婆毗輸底十三摩訶娜耶十四波唎
婆羅莎訶十五　若有方所自書寫使人書寫是无量壽經典之處則爲是塔皆應恭敬
作禮若是畜生或爲鳥獸得聞是經如是等類皆當不久得成一切種智陀羅尼曰
南謨薄伽勃底一阿波唎蜜哆二阿喻紇硯娜三須毗你悉指陀四囉佐耶五怛他羯他耶六怛姪他唵七薩婆桑悉
迦囉八波唎輸底九達磨底十伽迦娜十一莎訶莽持伽底十二薩婆婆毗輸底十三摩訶娜耶十四波唎婆羅莎訶十五
若有於是无量壽經自書寫使人書畢竟不受女人之身陀羅尼曰

BD05804號　無量壽宗要經　　（5–3）

若有自書教人書寫是无量壽宗要經受持讀誦當得往生西方極樂世界阿彌陀淨土陀
羅尼曰　南謨薄伽勃底一阿波唎輸多二阿喻紇硯娜三須毗你悉指陀四囉佐耶五怛他羯他耶六怛姪
他唵七薩婆桑悉迦囉八波唎輸底九達磨底十伽迦娜十一莎訶莽持伽底十二薩婆婆毗輸底十三摩訶娜耶十四波唎
婆羅莎訶十五　若有方所自書寫使人書寫是无量壽經典之處則爲是塔皆應恭敬
作禮若是畜生或爲鳥獸得聞是經如是等類皆當不久得成一切種智陀羅尼曰
南謨薄伽勃底一阿波唎蜜哆二阿喻紇硯娜三須毗你悉指陀四囉佐耶五怛他羯他耶六怛姪他唵七薩婆桑悉
迦囉八波唎輸底九達磨底十伽迦娜十一莎訶莽持伽底十二薩婆婆毗輸底十三摩訶娜耶十四波唎婆羅莎訶十五
若有於是无量壽經自書寫使人書畢竟不受女人之身陀羅尼曰
南謨薄伽勃底一阿波唎蜜哆二阿喻紇硯娜三須毗你悉指陀四囉佐耶五怛他羯他耶六怛姪他唵七薩婆桑悉
迦囉八波唎輸底九達磨底十伽迦娜十一莎訶莽持伽底十二薩婆婆毗輸底十三摩訶娜耶十四波唎婆羅莎訶十五
若有能於是經少分能惠施者等於三千大千世界滿中七寶布施陀羅尼曰
南謨薄伽勃底一阿波唎蜜哆二阿喻紇硯娜三須毗你悉指陀四囉佐耶五怛他羯他耶六怛姪他唵七薩婆桑悉伽
囉八波唎輸底九達磨底十伽迦娜十一莎訶莽持伽底十二薩婆婆毗輸底十三摩訶娜耶十四波唎婆羅莎訶十五
若有供養是經者則是供養一切諸經等无有異陀羅尼曰
南謨薄伽勃底一阿波唎蜜哆二阿喻紇硯娜三須毗你悉指陀四囉佐耶五怛他羯他耶六怛姪他唵七薩
婆桑悉迦囉八波唎輸底九達磨底十伽迦娜十一莎訶莽持伽底十二薩婆婆毗輸底十三摩訶娜耶十四波唎婆
羅莎訶十五　如是毗婆尸佛尸弃佛毗舍浮佛拘留孫佛俱那含牟尼佛迦葉佛
若有人以七寶供養如是七佛其福有限書寫受持是无量壽經典所有功德不可限
量陀羅尼曰　南謨薄伽勃底一阿波唎蜜哆二阿喻紇硯娜三須毗你悉指陀四囉佐耶五怛他羯
他耶六怛姪他唵七薩婆桑悉伽囉八波唎輸底九達磨底十伽迦娜十一莎訶莽持伽底十二薩婆婆毗輸底十三
摩訶娜耶十四波唎婆羅莎訶十五　若有七寶等於須彌以用布施其福上能知
其限量是无量壽經典其福不可知數陀羅尼曰　南謨薄伽勃底一阿波唎
蜜哆二阿喻紇硯娜三須毗你悉指陀四囉佐耶五怛他羯他耶六怛姪他唵七薩婆桑悉伽囉八波唎輸底九
達磨底十伽迦娜十一莎訶莽持伽底十二薩婆婆毗輸底十三摩訶娜耶十四波波婆羅莎訶十五
如四大海水可知滴數是无量壽經典所生果報不可數量陀羅尼曰　南謨薄伽勃底一
阿波唎蜜哆二阿喻紇硯娜三須毗你悉指陀四囉佐耶五怛他羯他耶六怛姪他唵七薩婆桑悉迦囉八波唎輸
底九達磨底十伽迦娜十一莎訶莽持伽底十二薩婆婆毗輸底十三摩訶娜耶十四波唎婆羅莎訶十五
若有人自書使人書寫是无量壽經典又能讀持供養即如恭敬供養一切十方佛土
如來无有別異陀羅尼曰　南謨薄伽勃底一阿波唎蜜哆二阿喻紇硯娜三須毗你悉指
陀四囉佐耶五怛他羯他耶六怛姪他唵七薩婆桑悉迦囉八波唎輸底九達磨底十伽迦娜十一莎訶莽持伽底十二薩婆
婆毗輸底十三摩訶娜耶十四波唎婆羅莎訶十五

BD05804號　無量壽宗要經　　（5–4）

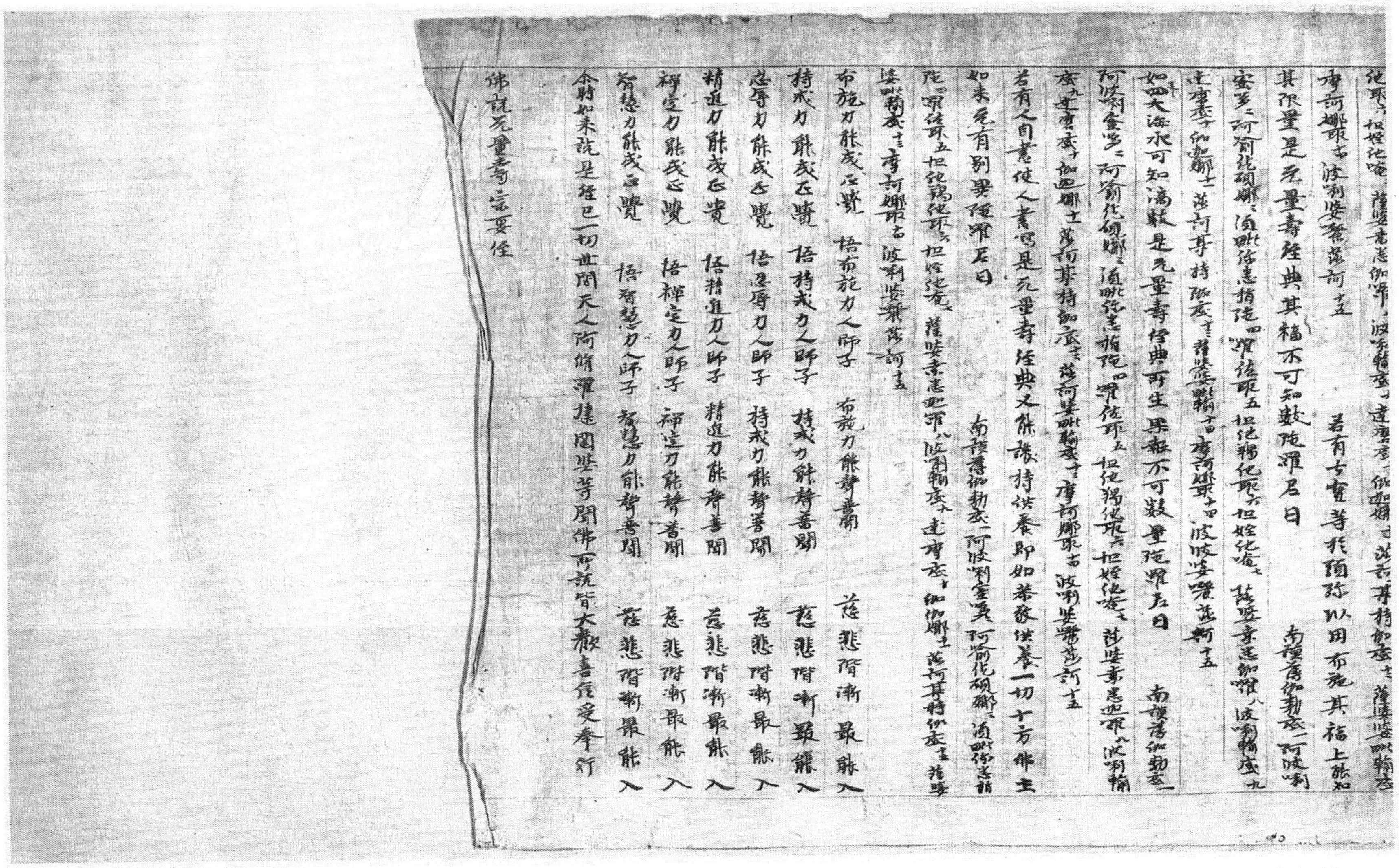

他耶六 怛姪他唵七 薩婆桑悉迦囉八 波唎輸底九 達磨底十 伽迦娜十一 娑訶娑謨伽底十二 薩婆婆毗輸底十三
摩訶娜耶十四 波唎婆嚟莎訶十五　若有七寶等於須彌以用布施其福上能知
其限量是无量壽經典其福不可知數陀羅尼曰　南謨薄伽勃底一 阿波唎
蜜多二 阿喻紇硯那三 須毗你悉指陀四 囉佐耶五 怛他羯他耶六 怛姪他唵七 薩婆桑悉迦囉八 波唎輸底九
達磨底十 伽迦娜十一 娑訶娑謨伽底十二 薩婆婆毗輸底十三 摩訶娜耶十四 波婆婆嚟莎訶十五
如四大海水可知滴數是无量壽經典所生果報不可數量陀羅尼曰　南謨薄伽勃底一
阿波唎蜜多二 阿喻紇硯那三 須毗你悉指陀四 囉佐耶五 怛他羯他耶六 怛姪他唵七 薩婆桑悉迦囉八 波唎輸
底九 達磨底十 伽迦娜十一 娑訶娑謨伽底十二 薩婆婆毗輸底十三 摩訶娜耶十四 波唎婆嚟莎訶十五
若有人自書使人書寫是无量壽經典受持讀誦供養即如恭敬供養一切十方佛土
如來无有別異陀羅尼曰　南謨薄伽勃底一 阿波唎蜜多二 阿喻紇硯那三 須毗你悉指
陀四 囉佐耶五 怛他羯他耶六 怛姪他唵七 薩婆桑悉迦囉八 波唎輸底九 達磨底十 伽迦娜十一 娑訶娑謨伽底十二 薩婆
婆毗輸底十三 摩訶娜耶十四 波唎婆嚟莎訶十五
布施力能成正覺　悟布施力人師子　布施力能聲善聞　慈悲階漸最能入
持戒力能成正覺　悟持戒力人師子　持戒力能聲善聞　慈悲階漸最能入
忍辱力能成正覺　悟忍辱力人師子　持戒力能聲善聞　慈悲階漸最能入
精進力能成正覺　悟精進力人師子　精進力能聲善聞　慈悲階漸最能入
禪定力能成正覺　悟禪定力人師子　禪定力能聲善聞　慈悲階漸最能入
智慧力能成正覺　悟智慧力人師子　智慧力能聲善聞　慈悲階漸最能入
爾時如來說是經已一切世間天人阿脩羅揵闥婆等聞佛所說皆大歡喜信受奉行
佛說无量壽宗要經

BD05804 號　無量壽宗要經　（5–5）

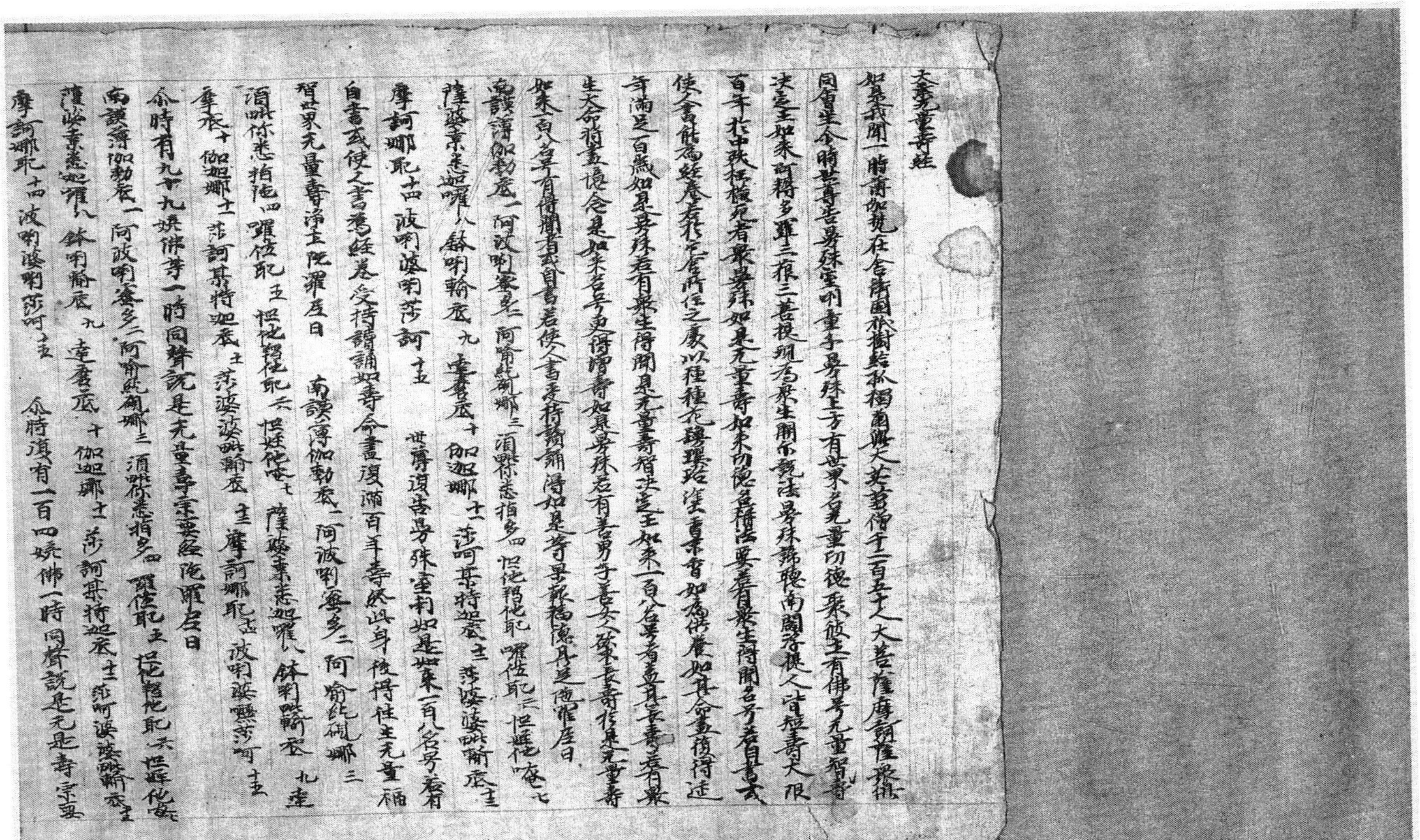

大乘无量壽經
如是我聞一時薄伽梵在舍衛國祇樹給孤獨園與大苾芻僧千二百五十人大菩薩摩訶薩衆俱
同會坐爾時世尊告曼殊室利童子曼殊上方有世界名无量功德聚彼土有佛號无量智
決定王如來阿羅訶三藐三菩提現爲衆生開示說法曼殊聽南閻浮提人皆短壽大限
百年於中夭枉橫死者衆曼殊如是无量壽如來功德名稱法要若有衆生得聞名号若自書或
使人書能爲經卷或於舍宅所住之處以種種花鬘瓔珞塗香末香而爲供養如其命盡復得延
年滿足百歲如是曼殊若有衆生得聞是无量壽智決定王如來一百八名号者益其長壽若有衆
生大命將盡憶念是如來名号更得增壽如是曼殊若有善男子善女人欲求長壽於是无量壽
如來一百八名号有得聞者或自書若使人書受持讀誦得如是等果報福德具足陀羅尼曰
南謨薄伽勃底一 阿波唎蜜多二 阿喻紇硯那三 須毗你悉指多四 怛他羯他耶 囉佐耶六 怛姪他唵七
薩婆桑悉迦囉八 鉢唎輸底九 達磨底十 伽迦娜十一 莎訶娑謨伽底十二 莎婆婆毗輸底十三
摩訶娜耶十四 波唎婆嚟莎訶十五　世尊復告曼殊室利如是如來一百八名号若有
自書或使人書爲經卷受持讀誦如壽命盡復滿百年壽終此身後得往生无量福
智世界无量壽淨土陀羅尼曰　南謨薄伽勃底一 阿波唎蜜多二 阿喻紇硯那三
須毗你悉指陀四 囉佐耶五 怛他羯他耶六 怛姪他唵七 薩婆桑悉迦囉八 鉢唎輸底九 達
摩底十 伽迦娜十一 莎訶娑謨伽底十二 莎婆婆毗輸底十三 摩訶娜耶十四 波唎婆嚟莎訶十五
爾時有九十九俱胝佛等一時同聲說是无量壽宗要經陀羅尼曰
南謨薄伽勃底一 阿波唎蜜多二 阿喻紇硯那三 須毗你悉指多四 囉佐耶五 怛他羯他耶六 怛姪他唵七
薩婆桑悉迦囉八 鉢唎輸底九 達摩底十 伽迦娜十一 莎訶娑謨伽底十二 莎婆婆毗輸底十三
摩訶娜耶十四 波唎婆嚟莎訶十五　爾時復有一百四俱胝佛一時同聲說是无量壽宗要

BD05805 號　無量壽宗要經　（6–1）

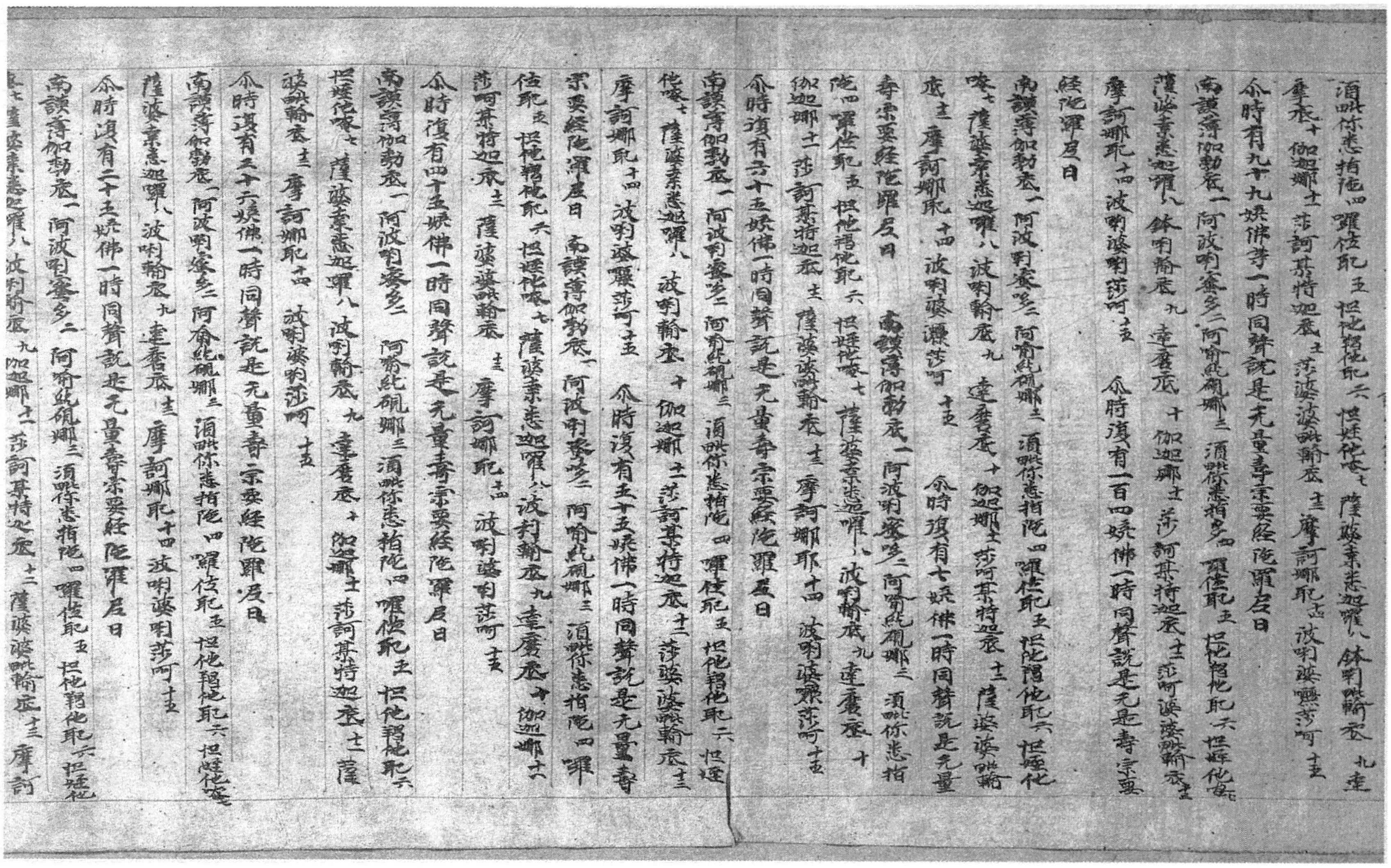

須毗你悉指陀四 囉佐耶五 怛他揭他耶六 怛姪他唵七 薩婆桑悉迦囉八 鉢唎輸底九 達
摩底十 伽迦娜十一 莎訶三木特伽底十二 莎婆婆毗輸底十三 摩訶娜耶十四 波唎婆嚩莎訶十五
尒時有九十九姟佛一時同聲說是无量壽宗要經陀羅尼曰
南謨薄伽勃底一 阿波唎蜜多二 阿喻紇硯娜三 須毗你悉指多四 囉佐耶五 怛他揭他耶六 怛姪他唵七
薩婆桑悉迦唎八 鉢唎輸底九 達磨底十 伽迦娜十一 莎訶三木特伽底十二 莎婆婆毗輸底十三
摩訶娜耶十四 波唎婆唎莎訶十五 尒時復有一百四姟佛一時同聲說是无量壽宗要
經陀羅尼曰
南謨薄伽勃底一 阿波唎蜜哆二 阿喻紇硯娜三 須毗你悉指陀四 囉佐耶五 怛他揭他耶六 怛姪他
唵七 薩婆桑悉迦唎八 波唎輸底九 達磨底十 伽迦娜十一 莎訶三木特伽底十二 薩婆婆毗輸
底十三 摩訶娜耶十四 波唎婆嚩莎訶十五 尒時復有七姟佛一時同聲說是无量
壽宗要經陀羅尼曰 南謨薄伽勃底一 阿波唎蜜哆二 阿喻紇硯娜三 須毗你悉指
陀四 囉佐耶五 怛他揭他耶六 怛姪他唵七 薩婆桑悉迦唎八 波唎輸底九 達磨底十
伽迦娜十一 莎訶三木特伽底十二 薩婆婆毗輸底十三 摩訶娜耶十四 波唎婆嚩莎訶十五
尒時復有六十五姟佛一時同聲說是无量壽宗要經陀羅尼曰
南謨薄伽勃底一 阿波唎蜜哆二 阿喻紇硯娜三 須毗你悉指陀四 囉佐耶五 怛他揭他耶六 怛姪
他唵七 薩婆桑悉迦囉八 波唎輸底九 達磨底十 伽迦娜十一 莎訶三木特伽底十二 莎婆婆毗輸底十三
摩訶娜耶十四 波唎婆嚩莎訶十五 尒時復有五十五姟佛一時同聲說是无量壽
宗要經陀羅尼曰 南謨薄伽勃底一 阿波唎蜜哆二 阿喻紇硯娜三 須毗你悉指陀四 囉
佐耶五 怛他揭他耶六 怛姪他唵七 薩婆桑悉迦囉八 波唎輸底九 達磨底十 伽迦娜十一
莎訶三木特伽底十二 薩婆婆毗輸底十三 摩訶娜耶十四 波唎婆嚩莎訶十五
尒時復有四十五姟佛一時同聲說是无量壽宗要經陀羅尼曰
南謨薄伽勃底一 阿波唎蜜多二 阿喻紇硯娜三 須毗你悉指陀四 囉佐耶五 怛他揭他耶六
怛姪他唵七 薩婆桑悉迦囉八 波唎輸底九 達磨底十 伽迦娜十一 莎訶三木特伽底十二 薩
婆婆毗輸底十三 摩訶娜耶十四 波唎婆嚩莎訶十五
尒時復有三十六姟佛一時同聲說是无量壽宗要經陀羅尼曰
南謨薄伽勃底一 阿波唎蜜多二 阿喻紇硯娜三 須毗你悉指陀四 囉佐耶五 怛他揭他耶六 怛姪他唵
薩婆桑悉迦囉八 波唎輸底九 達磨底十 摩訶娜耶十四 波唎婆唎莎訶十五
尒時復有二十五姟佛一時同聲說是无量壽宗要經陀羅尼曰
南謨薄伽勃底一 阿波唎蜜多二 阿喻紇硯娜三 須毗你悉指陀四 囉佐耶五 怛他揭他耶六 怛姪他
唵七 薩婆桑悉迦囉八 波唎輸底九 伽迦娜十一 莎訶三木特伽底十二 薩婆婆毗輸底十三 摩訶

BD05805 號　無量壽宗要經　（6–2）

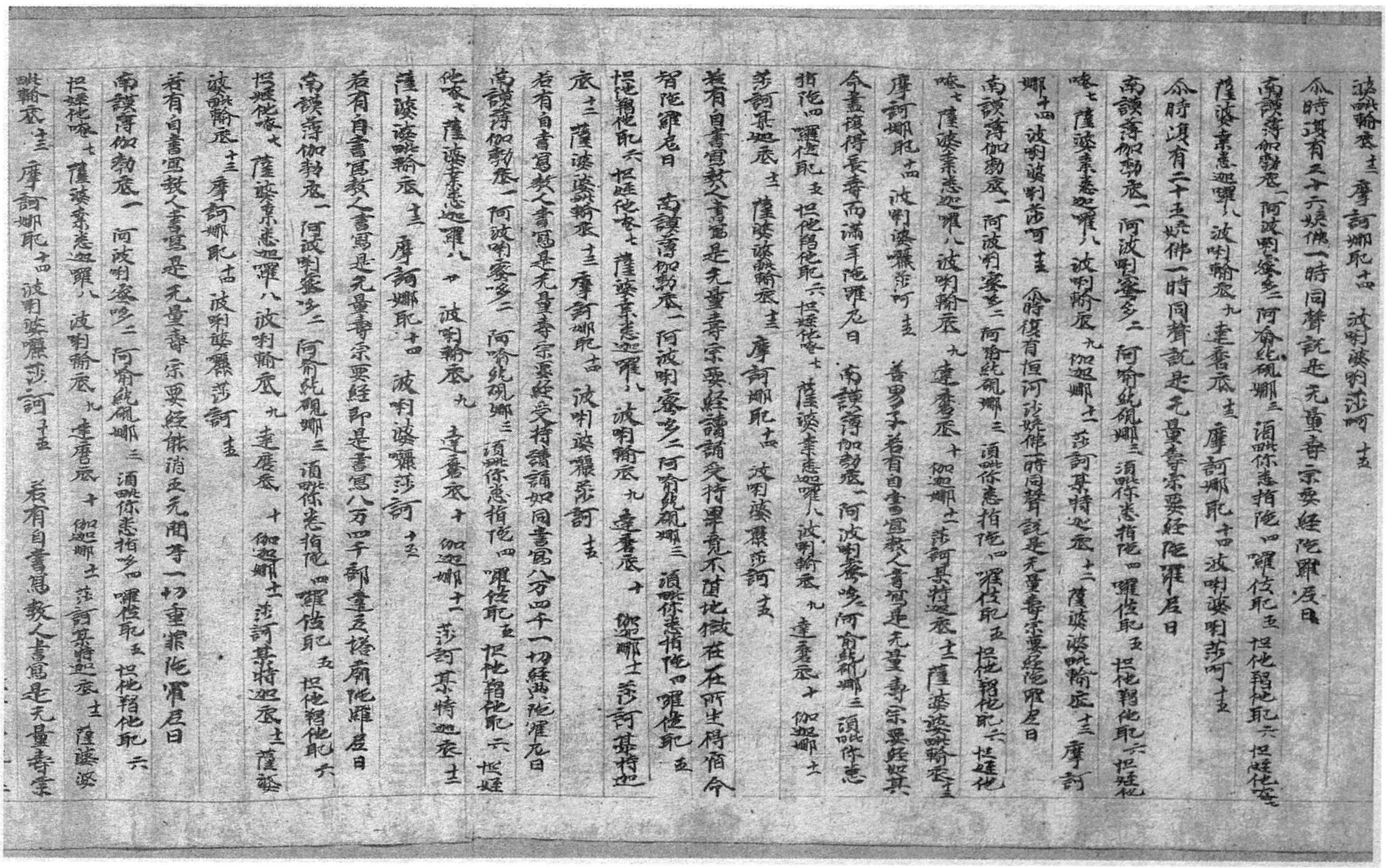

婆毗輸底十三 摩訶娜耶十四 波唎婆唎莎訶十五
尒時復有三十六姟佛一時同聲說是无量壽宗要經陀羅尼曰
南謨薄伽勃底一 阿波唎蜜多二 阿喻紇硯娜三 須毗你悉指陀四 囉佐耶五 怛他揭他耶六 怛姪他唵七
薩婆桑悉迦囉八 波唎輸底九 達磨底十 摩訶娜耶十四 波唎婆唎莎訶十五
尒時復有二十五姟佛一時同聲說是无量壽宗要經陀羅尼曰
南謨薄伽勃底一 阿波唎蜜多二 阿喻紇硯娜三 須毗你悉指陀四 囉佐耶五 怛他揭他耶六 怛姪他
唵七 薩婆桑悉迦唎八 波唎輸底九 伽迦娜十一 莎訶三木特伽底十二 薩婆婆毗輸底十三 摩訶
娜耶十四 波唎婆唎莎訶十五 尒時復有恒河沙姟佛一時同聲說是无量壽宗要經陀羅尼曰
南謨薄伽勃底一 阿波唎蜜多二 阿喻紇硯娜三 須毗你悉指陀四 囉佐耶五 怛他揭他耶六 怛姪他
唵七 薩婆桑悉迦唎八 波唎輸底九 達磨底十 伽迦娜十一 莎訶三木特伽底十二 薩婆婆毗輸底十三
摩訶娜耶十四 波唎婆嚩莎訶十五 善男子若有自書寫教人書寫是无量壽宗要經如其
命盡復得長壽而滿年陀羅尼曰 南謨薄伽勃底一 阿波唎蜜哆二 阿喻紇硯娜三 須毗你悉
指陀四 囉佐耶五 怛他揭他耶六 怛姪他唵七 薩婆桑悉迦唎八 波唎輸底九 達磨底十 伽迦娜十一
莎訶三木迦底十二 薩婆婆毗輸底十三 摩訶娜耶十四 波唎婆嚩莎訶十五
若有自書寫教人書寫是无量壽宗要經讀誦受持畢竟不墮地獄在在所生得宿命
智陀羅尼曰 南謨薄伽勃底一 阿波唎蜜哆二 阿喻紇硯娜三 須毗你悉指陀四 囉佐耶五
怛他揭他耶六 怛姪他唵七 薩婆桑悉迦囉八 波唎輸底九 達磨底十 伽迦娜十一 莎訶三木特伽
底十二 薩婆婆毗輸底十三 摩訶娜耶十四 波唎婆嚩莎訶十五
若有自書寫教人書寫是无量壽宗要經受持讀誦如同書寫八万四千一切經典陀羅尼曰
南謨薄伽勃底一 阿波唎蜜哆二 阿喻紇硯娜三 須毗你悉指陀四 囉佐耶五 怛他揭他耶六 怛姪
他唵七 薩婆桑悉迦囉八 波唎輸底九 達磨底十 伽迦娜十一 莎訶三木特伽底十二
薩婆婆毗輸底十三 摩訶娜耶十四 波唎婆嚩莎訶十五
若有自書寫教人書寫是无量壽宗要經即是書寫八万四千部建立塔廟陀羅尼曰
南謨薄伽勃底一 阿波唎蜜哆二 阿喻紇硯娜三 須毗你悉指陀四 囉佐耶五 怛他揭他耶六
怛姪他唵七 薩婆桑悉迦囉八 波唎輸底九 達磨底十 伽迦娜十一 莎訶三木特伽底十二 薩婆
婆毗輸底十三 摩訶娜耶十四 波唎婆嚩莎訶十五
若有自書寫教人書寫是无量壽宗要經能消五无間等一切重罪陀羅尼曰
南謨薄伽勃底一 阿波唎蜜哆二 阿喻紇硯娜三 須毗你悉指多四 囉佐耶五 怛他揭他耶六
怛姪他唵七 薩婆桑悉迦囉八 波唎輸底九 達磨底十 伽迦娜十一 莎訶三木特伽底十二 薩婆婆
毗輸底十三 摩訶娜耶十四 波唎婆嚩莎訶十五 若有自書寫教人書寫是无量壽宗

BD05805 號　無量壽宗要經　（6–3）

波唎輸底十三 摩訶娜耶十四 波唎婆羅莎訶十五
若有自書寫教人書寫是无量壽宗要經能消五无間等一切重罪陀羅尼曰
南謨薄伽勃底一 阿波唎蜜哆二 阿喻紇硯娜三 須毗你志指多四 囉佐耶五 怛他羯他耶六
怛姪他唵七 薩婆桑悉迦羅八 波唎輸底九 達摩底十 伽迦娜十一 莎訶某特迦底十二 薩婆婆
毗輸底十三 摩訶娜耶十四 波唎婆羅莎訶十五 若有自書寫教人書寫是无量壽宗
要經受持讀誦設有重罪猶如須弥盡能除滅陀羅尼曰 南謨薄伽勃底一 阿波唎蜜多二
阿喻紇硯娜三 須毗你志指多四 囉佐耶五 怛他羯他耶六 怛姪他唵七 薩婆桑悉迦羅八
波唎輸底九 達摩底十 伽迦娜十一 莎訶某特迦底十二 薩婆婆毗輸底十三 摩訶娜耶十四
波唎婆羅莎訶十五 若有自書寫教人書寫是无量壽宗要經受持讀誦若
魔々之眷屬夜叉羅刹不得其便終无枉死陀羅尼曰
南謨薄伽勃底一 阿波唎蜜多二 阿喻紇硯娜三 須毗你志指多四 囉佐耶五 怛他羯他耶六
怛姪他唵七 薩婆桑悉迦羅八 波唎輸底九 達摩底十 伽迦娜十一 莎訶某特迦底十二
薩婆婆毗輸底十三 摩訶娜耶十四 波唎婆羅莎訶十五 若有自書寫教人書寫是无量壽
宗要經受持讀誦當命終時有九十九俱胝佛現其人前來千佛授手能遊一切佛剎莫於此經
生於疑惑陀羅尼曰 南謨薄伽勃底一 阿波唎蜜多二 阿喻紇硯娜三 須毗你志指多四 囉佐耶五 怛他羯
他耶六 怛姪他唵七 薩婆桑悉迦羅八 波唎輸底九 達摩底十 伽迦娜十一 莎訶某特迦底
薩婆婆毗輸底十三 摩訶娜耶十四 波唎婆羅莎訶十五
若有自書寫教人書寫是无量壽宗要經受持讀誦常得四天王大隨其衛護陀
羅尼曰 南謨薄伽勃底一 阿波唎蜜哆二 阿喻紇硯娜三 須毗你志指多四 囉佐耶五
怛他羯他耶六 怛姪他唵七 薩婆桑悉迦羅八 波唎輸底九 達摩底十 伽迦娜十一 莎訶某特迦
底十二 薩婆婆毗輸底十三 摩訶娜耶十四 波唎婆羅莎訶十五 若有自書寫教人書寫
是无量壽宗要經受持讀誦當得往生西方極樂世界阿弥陀淨土陀羅尼曰
南謨薄伽勃底一 阿波唎蜜多二 阿喻紇硯娜三 須毗你志指陀四 囉佐耶五 怛他羯他耶六
怛姪他唵七 薩婆桑悉迦羅八 波唎輸底九 達摩底十 伽迦娜十一 莎訶某特迦底十二
薩婆婆毗輸底十三 摩訶娜耶十四 波唎婆羅莎訶十五 若有自方所自書寫使人
書寫是无量壽經典之處則為是塔皆應恭敬任礼若是畜生或為鳥獸得聞是
經如是等類皆當不久得成一切種智陀羅尼曰 南謨薄伽勃底一 阿波唎蜜哆
阿喻紇硯娜三 須毗你志指陀四 囉佐耶五 怛他羯他耶六 怛姪他唵七 薩婆桑悉迦羅八
波唎輸底九 達摩底十 伽迦娜十一 莎訶某持迦底十二 薩婆婆毗輸底十三 摩訶娜耶十四

BD05805號　無量壽宗要經

（6-4）

怛姪他唵七 薩婆桑悉迦羅八 波唎輸底九 達摩底十 伽迦娜十一 莎訶某持迦底十二
薩婆婆毗輸底十三 摩訶娜耶十四 波唎婆羅莎訶十五 若有自方所自書寫使人
書寫是无量壽經典之處則為是塔皆應恭敬任礼若是畜生或為鳥獸得聞是
經如是等類皆當不久得成一切種智陀羅尼曰 南謨薄伽勃底一 阿波唎蜜哆二
阿喻紇硯娜三 須毗你志指陀四 囉佐耶五 怛他羯他耶六 怛姪他唵七 薩婆桑悉迦羅八
波唎輸底九 達摩底十 伽迦娜十一 莎訶某持迦底十二 薩婆婆毗輸底十三 摩訶娜耶十四
波唎婆羅莎訶十五 若有於是无量壽經自書寫若使人書畢竟不受女人之身陀羅尼曰
南謨薄伽勃底一 阿波蜜哆二 阿喻紇硯娜三 須毗你志指陀四 囉佐耶五 怛他羯他耶六 怛姪他
唵七 薩婆桑悉迦羅八 波唎輸底九 達摩底十 伽迦娜十一 莎訶某持迦底十二 薩婆婆毗輸底十三
摩訶娜耶十四 波唎婆羅莎訶十五 若有能於是經少分能惠施者等於三千大千
世界滿中七寶布施陀羅尼曰 南謨薄伽勃底一 阿波唎蜜多二 阿喻紇硯娜三 須毗你
志指陀四 囉佐耶五 怛他羯他耶六 怛姪他唵七 薩婆桑悉迦羅八 波唎輸底九 達摩底十
伽迦娜十一 莎訶某持迦底十二 薩婆婆毗輸底十三 摩訶娜耶十四 波唎婆羅莎訶十五
若有能供養是經者則是供養一切諸經等无有異陀羅尼曰
南謨薄伽勃底一 阿波唎蜜多二 阿喻紇硯娜三 須毗你志指陀四 囉佐耶五 怛他羯他耶六
怛姪他唵七 薩婆桑悉迦羅八 波唎輸底九 達摩底十 伽迦娜十一 莎訶某持迦底十二 薩婆
婆毗輸底十三 摩訶娜耶十四 波唎婆羅莎訶十五 如是毗婆尸佛尸棄佛毗舍浮佛俱
留孫佛俱那含牟尼佛迦葉佛釋迦牟尼佛 若有人以七寶供養如是七佛其福
有限書寫受持是无量壽經典所有功德不可限量陀羅尼曰
南謨薄伽勃底一 阿波唎蜜多二 阿喻紇硯娜三 須毗你志指陀四 怛姪他唵七 薩婆桑悉迦
羅八 波唎輸底九 達摩底十 伽迦娜十一 莎訶某持迦底十二 薩婆婆毗輸底十三 摩訶娜耶十四
波唎婆羅莎訶十五 若有七寶等於須弥以用布施其福上能知其限
量是无量壽經典其福不可知數陀羅尼曰 南謨薄伽勃底一 阿波唎蜜哆二 阿喻紇硯娜三
須毗你志指陀四 囉佐耶五 怛他羯他耶六 怛姪他唵七 薩婆桑悉迦羅八 波唎輸九 達摩底十
伽迦娜十一 莎訶某持迦底十二 薩婆婆毗輸底十三 摩訶娜耶十四 波唎婆羅莎訶十五
如是四大海水可知滴數是无量壽經典所生果報不可數量陀羅尼曰
南謨薄伽勃底一 阿波唎蜜多二 阿喻紇硯娜三 須毗你志指陀四 囉佐耶五 怛他羯他耶六 怛姪他唵七
薩婆桑悉迦羅八 波唎輸底九 達摩底十 伽迦娜十一 莎訶某持迦底十二 薩婆婆毗輸底十三 摩訶娜
耶十四 波唎婆羅莎訶十五 若有自書使人書寫是无量壽經典受持讀誦供養即如
恭敬供養一切十方佛土如來无有別異陀羅尼 南謨薄伽勃底一 阿波唎蜜哆二 阿喻

BD05805號　無量壽宗要經

（6-5）

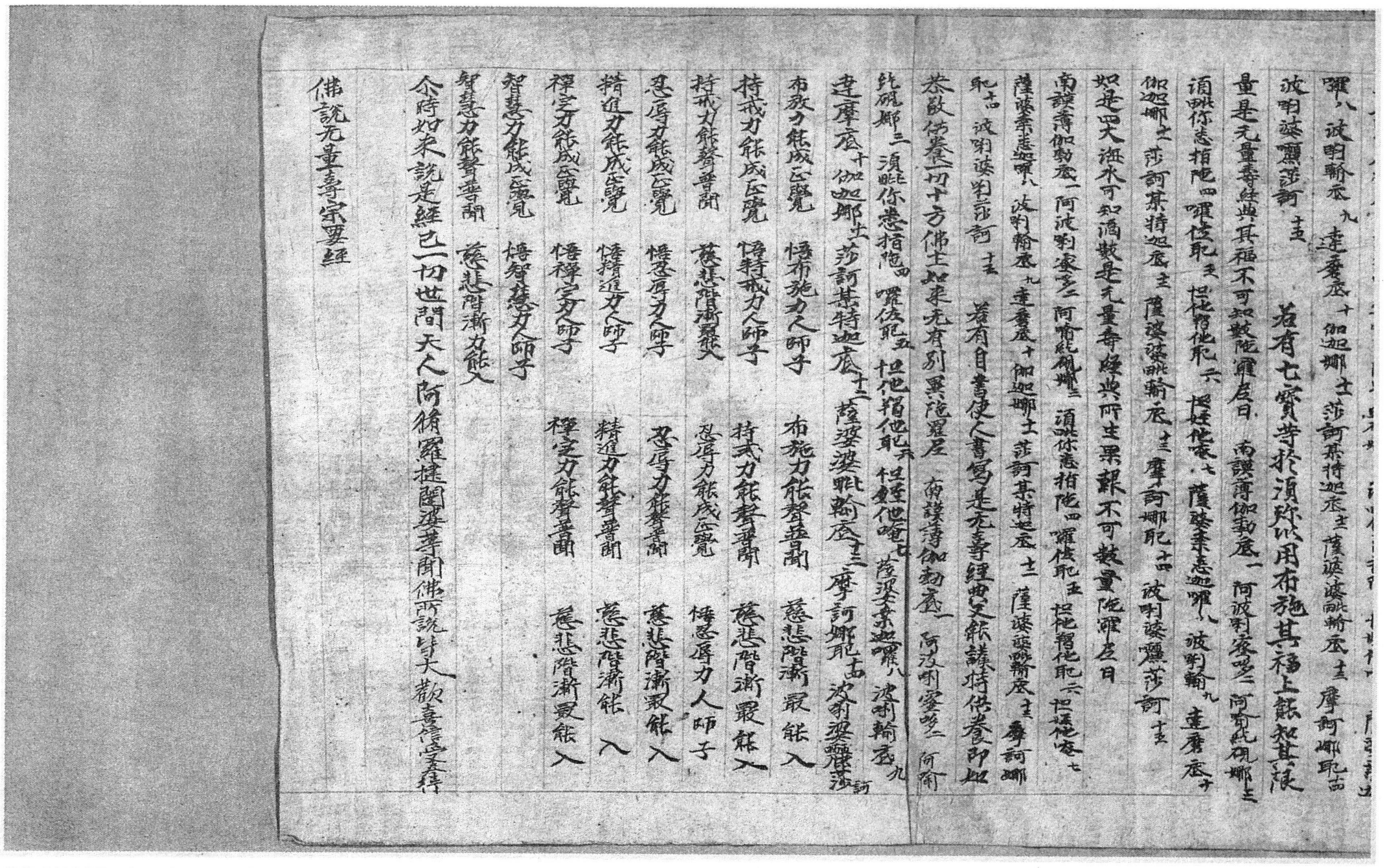

囉八 波唎輸底九 達摩底十 伽迦娜十一 莎訶某特迦底十二 薩婆婆毗輸底十三 摩訶娜耶十四
波唎婆囇莎訶十五 若有七寶等於須弥以用布施其福上能知其限
量是无量壽經典其福不可知數陁羅尼曰 南謨薄伽勃底一 阿波唎蜜多二 阿喻紇硯娜三
須毗你悉指陁四 囉佐耶五 怛他羯他耶六 怛姪他唵七 薩婆桑悉迦囉八 波唎輸九 達摩底十
伽迦娜十一 莎訶某特迦底十二 薩婆婆毗輸底十三 摩訶娜耶十四 波唎婆囇莎訶十五
如是四大海水可知滴數是无量壽經典所生果報不可數量陁羅尼曰
南謨薄伽勃底一 阿波唎蜜多二 阿喻紇硯娜三 須毗你悉指陁四 囉佐耶五 怛他羯他耶六 怛姪他唵七
薩婆桑悉迦囉八 波唎輸底九 達摩底十 伽迦娜十一 莎訶某特迦底十二 薩婆婆毗輸底十三 摩訶娜
耶十四 波唎婆囇莎訶十五 若有自書使人書寫是无量壽經典受持讀誦供養即如
恭敬供養一切十方佛土如來无有別異陁羅尼 南謨薄伽勃底一 阿波唎蜜多二 阿喻
紇硯娜三 須毗你悉指陁四 囉佐耶五 怛他羯他耶六 怛姪他唵七 薩婆桑悉迦囉八 波唎輸底九
達摩底十 伽迦娜十一 莎訶某特迦底十二 薩婆婆毗輸底十三 摩訶娜耶十四 波唎婆囇莎訶十五
布施力能成正覺 悟布施力人師子 布施力能聲普聞 慈悲階漸最能入
持戒力能成正覺 悟持戒力人師子 持戒力能聲普聞 慈悲階漸最能入
持戒力能聲普聞 慈悲階漸最能入 忍辱力能成正覺 悟忍辱力人師子
忍辱力能成正覺 悟忍辱力人師子 忍辱力能聲普聞 慈悲階漸最能入
精進力能成正覺 悟精進力人師子 精進力能聲普聞 慈悲階漸能入
禪定力能成正覺 悟禪定力人師子 禪定力能聲普聞 慈悲階漸最能入
智慧力能成正覺 悟智慧力人師子
智慧力能聲普聞 慈悲階漸力能入
尒時如來說是經已一切世間天人阿脩羅揵闥婆等聞佛所說皆大歡喜信受奉行
佛說无量壽宗要經

BD05805 號　無量壽宗要經　（6–6）

永安

BD05805 號背　勘記　（1–1）

其時有色……
而是酪味本无今有雖本无今有非不
如是卆子雖復過去故得名有以是義故過
去名有云何復名未來……譬如有人種殖胡
麻有人問言何故種……未有油
胡麻熟已収子熬之擣押然後乃得出油當
知是人非虛妄也以是義故名未來
復名過去有耶善男子譬如有人私屛罵王
逕歷年歲王乃聞之……已即問何故見罵荅
言大王我不罵也何……王言罵
者我身二俱存在云何言滅以是因緣喪失
身命善男子是二實无而果不滅是……
有云何復名未來有耶譬如有人往陶師所
問有瓶不荅言有瓶而是陶師實未有瓶以
有泥故故言有瓶……語也乳中
有酪衆生佛性亦復如是……應當觀
察時節形色是故我說一切衆生悉有
實不虛妄師子吼言一切衆生无佛性者……
……

BD05806 號　大般涅槃經（北本　思溪本）卷二八　　（12–1）

問有瓶不荅言有瓶而是陶師實未有瓶以
有泥故故言有瓶……語也乳中
有酪衆生佛性亦復如是……應當觀
察時節形色是故我說一切衆生悉有
實不虛妄師子吼言一切衆生无佛性者……
何而得阿耨多羅三藐三菩提以正因故故令
衆生得阿耨多羅三藐三……何等正因所
謂佛性世尊若尼拘陀……樹者何
故名爲尼拘陀子而不名爲佉陀羅子世尊
如瞿曇姓不得稱爲阿堀耶姓阿堀耶姓亦
復不得稱瞿曇姓尼拘陀子亦復如是不得稱
爲佉陀羅子佉陀羅子……得稱爲尼拘陀子
猶如世尊不得捨離……生佛性
亦復如是以是義故當知衆生悉有佛性
佛言善男子若言子中有尼拘陀者是義不
然如其有者何故不見善男子如世間物有
因緣故不可得見云……遠不可見如
空中鳥迹不可見如人眼……故不見如根
敗者亂想故不見如心不專一細故不見如
小微塵鄣故不見如雲表星多故不見如稻
聚中麻相似故不見如豆在豆聚尼拘陀
樹不同如是八種因緣……有者何故不見
若言細鄣故不見者是……何以故樹

BD05806 號　大般涅槃經（北本　思溪本）卷二八　　（12–2）

□中鳥迹不可見如人眼□□故不見如相
敗者訖想故不見如心不專一細故不見如
小微塵鄣故不見如雲表星多故不見如稲
聚中麻相似故不見如豆在豆聚层拘陁
樹不同如是八種因□□有者何故不見
若言細鄣故不見者是□□何以故樹
相麁故若言性細云何增長若言鄣故不可
見者常應不見本无麁相今則見麁當知
是麁本无其性本无見性今則可見當知是
見亦本无性子亦如□□□□樹今則有之
當有何咎師子吼言如佛□□□二種因一
者正因二者了因层拘陁子以地水糞作了
因故令細得麁佛言善男子若本有者何須
了因若本无性了何所了若层拘陁中本无
麁相以了因故乃至麁□□不生佉陁羅
樹二俱无故善男子若細不□者麁應可見
辟如一塵則不可見多塵和合則應可見如
是子中麁應可見何以故是中已有芽莖華
葉一一葉中有无量子一一子中有无量樹
是故名麁有是麁故故□□見善男子若层
拘陁子有层拘陁性而生□□眼見是子為
火所燒如是燒性亦應本有若本有者樹不
應生若一切法本有生滅何故先生後滅不
一時耶以是義故當知无性師子吼菩薩言

BD05806號　大般涅槃經（北本　思溪本）卷二八　（12–3）

葉一一葉中有无量子一一子中有无量樹
是故名麁有是麁故故□□見善男子若层
拘陁子有层拘陁性而生□□眼見是子為
火所燒如是燒性亦應本有若本有者樹不
應生若一切法本有生滅何故先生後滅不
一時耶以是義故當知无性師子吼菩薩言
世尊若层拘陁子本无樹性而生樹者是子
何故不出於油二俱无故善男子如是子中亦能
出油雖无本性因緣故有師子吼言何故不
名胡麻油耶善男子非胡麻故善男子如火
緣生火水緣生水雖俱從緣不能相有层拘陁
子及胡麻油亦復如是雖□□緣各不相生
层拘陁子性能治冷胡麻油者性能治風善
男子辟如苷蔗因緣故生石蜜黑蜜雖俱一
緣色根各異石蜜治熱黑蜜治冷師子吼
菩薩言世尊如其乳中无有酪性麻无油性
层拘陁子无有樹性□□性一切衆生无
佛性者如佛先說一切衆生悉有佛性是故
應得阿耨多羅三藐三菩提者是義不然何
以故人天无性以无性故人可作天天可作人
以業因緣不以性故菩□□訶薩以業緣故
得阿耨多羅三藐三菩提若諸衆生有佛性
者何因緣故一闡提等斷諸善根墮于地獄
若菩提心是佛性者一闡提等不應能斷若

BD05806號　大般涅槃經（北本　思溪本）卷二八　（12–4）

以故人天无性以无性故人可作天天可作人
以業因緣不以性故菩薩摩訶薩以業緣故
得阿耨多羅三藐三菩提若諸衆生有佛性
者何因緣故一闡提等斷諸善根墮于地獄
若菩提心是佛性者一闡提等不應能斷若
可斷者云何得言佛性是常若非常者不名
佛性若諸衆生有佛[illegible]何故名爲初發
心耶云何而言是毗跋致阿毗跋致毗跋致
者當知是人无有佛性世尊菩薩摩訶薩
一心趣向阿耨多羅三藐三菩提大慈大悲
見生老死煩惱過患觀大涅槃无生老死煩
惱諸過信於三寶及業果報受持禁戒如是等
法名爲佛性若離是法有佛性者何須是法
而作因緣世尊如乳不假緣必當成酪生穌
不尒要待因緣所謂人功水瓶攢繩衆生亦
尒有佛性者應離因緣得阿耨多羅三藐三
菩提若定有者行人何故見三惡苦生老病
死而生退心亦復不須脩六波羅蜜即應得
成阿耨多羅三藐三菩提如乳非緣而得成
酪然非不因六波羅蜜而得成於阿耨多羅
三藐三菩提以是義故當知衆生悉无佛性
如佛先說僧寶是常如其常者則非无常非
无常者云何而得阿耨多羅三藐三菩提僧

BD05806號　大般涅槃經（北本　思溪本）卷二八　（12–5）

成阿耨多羅三藐三菩提如乳非緣而得成
酪然非不因六波羅蜜而得成於阿耨多羅
三藐三菩提以是義故當知衆生悉无佛性
如佛先說僧寶是常如其常者則非无常非
无常者云何而得阿耨多羅三藐三菩提僧
若常者云何復言一切衆生悉有佛性世尊
若使衆生從本已來无菩提心亦无阿耨多
羅三藐三菩提後方有者衆生佛性亦應如
是本无後有以是義故一切衆生必无佛性
佛言善哉善哉善男子汝已久知佛性之義
爲衆生故作如是問一切衆生實有佛性汝
言衆生若有佛性不應而有初發心者善男
子心非佛性何以故心是无常佛性常故汝
言何故有退心者實无退心心若有退終不
能得阿耨多羅三藐三菩提以遲得故名之
爲退此菩提心實非佛性何以故一闡提等
斷於善根墮地獄故若菩提心是佛性者一
闡提輩則不得名一闡提也菩提之心亦不
得名爲无常也是故定知菩提之心實非佛
性善男子汝言衆生若有佛性不應假緣如
乳成酪者是義不然何以故若言五緣成於
生穌當知佛性亦復如是譬如衆石有金有
銀有銅有鐵俱稟四大一名一實而其所出

BD05806號　大般涅槃經（北本　思溪本）卷二八　（12–6）

得名為无常也是故定知菩提之心實非佛
性善男子汝言衆生若有佛性不應假緣如
乳成酪者是義不然何以故若言五緣成於
生穌當知佛性亦復如是譬如衆石有金有
銀有銅有鐵俱稟四大一名一實而其所出
各各不同要假衆因緣衆生福德爐冶人功
然後出生是故當知本无金性衆生佛性不
名為佛以諸功德因緣和合得見佛性然後
得佛汝言衆生悉有佛性何故不見者是義
不然何以故以諸因緣未和合故善男子以
是義故我說二因正因緣因正因者名為佛
性緣因者發菩提心以二因緣得阿耨多羅
三藐三菩提如石出金善男子汝言僧常一
切衆生无佛性者善男子僧名和合和合有
二一者世和合二者苐一義和合世和合者
名聲聞僧義和合者名菩薩僧世僧无常
佛性是常如佛性常義僧亦尒復次有僧謂
法和合法和合者謂十二部經十二部經常
是故我說法僧是常善男子僧名和合和合
者名十二因緣十二緣中亦有佛性十二緣常
佛性亦尒是故我說僧有佛性又復僧者諸
佛和合是故我說僧有佛性善男子汝言衆
生若有佛性云何有退有不退者諦聽諦聽

BD05806 號　大般涅槃經（北本　思溪本）卷二八　（12–7）

是故我說法僧是常善男子僧名和合和合
者名十二因緣十二緣中亦有佛性十二緣常
佛性亦尒是故我說僧有佛性又復僧者諸
佛和合是故我說僧有佛性善男子汝言衆
生若有佛性云何有退有不退者諦聽諦聽
我當為汝分別解說善男子菩薩摩訶薩有
十三法則便退轉何等十三一者心不信二
者不作心三者疑心四者悋惜身財五者於
涅槃中生大怖畏云何乃令衆生永滅六者
心不堪忍七者心不調柔八者愁惱九者不
樂十者放逸十一者自輕己身十二者自見
煩惱无能壞者十三者不樂進趣菩提之法
善男子是名十三法令諸菩薩退轉菩提復
有六法壞菩提心何等為六一者悋法二者
於諸衆生起不善心三者親近惡友四者不
懃精進五者自大憍慢六者營務世業如
是六法則能破壞菩提之心善男子有人得
聞諸佛世尊是人天師於衆生中最上无比
勝於聲聞辟支佛等法眼明了見法无导能
度衆生於大苦海聞已即復發大誓願如其
世間有如是人我亦當得以是因緣發阿耨
多羅三藐三菩提心或復為他之所教誨發
菩提心或聞菩薩阿僧祇劫脩行苦行然

BD05806 號　大般涅槃經（北本　思溪本）卷二八　（12–8）

度衆生於大苦海聞已即復發大誓願如其
世間有如是人我亦當得以是因緣發阿耨
多羅三藐三菩提心或復為他之所教誨發
菩提心或聞菩薩阿僧祇劫脩行苦行然
後乃得阿耨多羅三藐三菩提聞已思惟我
今不堪如是苦行云何能得阿耨多羅三藐
三菩提是故有退善男子復有五法退菩
提心何等為五一者樂在外道出家二者不
脩大慈之心三者好求法師過罪四者常樂
處在生死五者不喜受持讀誦書寫解說
十二部經是名五法退菩提心復有二法退
菩提心何等為二一者貪樂五欲二者不能
恭敬尊重三寶以如是等衆因緣故退菩提
心云何復名不退之心有人聞佛能度衆生
生老病死不從師諮自然脩習得阿耨多羅
三藐三菩提若菩提道是可得者我當脩習
必令得之以是因緣發菩提心所作功德若
多若少悉以迴向阿耨多羅三藐三菩提作
是誓願願我常得親近諸佛及佛弟子常聞
深法五情完具若遇苦難不失是心復願諸
佛及諸弟子常於我所生歡喜心具五善根
若諸衆生斫伐我身斬截手足頭目支體當
於是人生大慈心深自欣慶如是諸人為我

BD05806號　大般涅槃經（北本　思溪本）卷二八　　（12–9）

是誓願願我常得親近諸佛及佛弟子常聞
深法五情完具若遇苦難不失是心復願諸
佛及諸弟子常於我所生歡喜心具五善根
若諸衆生斫伐我身斬截手足頭目支體當
於是人生大慈心深自欣慶如是諸人為我
增長菩提因緣若无是者我當何緣而得成
就阿耨多羅三藐三菩提復發是願莫令我
得无根二根女人之身不繫屬他不遇惡主
不屬惡王不生惡國若得好身種姓真正多
饒財寶不生憍慢令我常聞十二部經受持
讀誦書寫解說若為衆生有所演說願令受
者敬信无疑常於我所不生惡心寧當少聞
多解義味不願多聞於義不了願作心師不
師於心身口意業不與惡交能施一切衆生
安樂身戒心慧不動如山為欲受持无上正
法於身命財不生慳悋不淨之物不為福業
正命自活心无邪諂受恩常念小恩大報善
知世中所有事藝善解衆生方俗之言讀誦
書寫十二部經不生懈怠懶墮之心若諸衆
生不樂聽聞方便引接令彼樂聞言常柔濡
口不宣惡不和合衆能令和合有憂怖者
令離憂怖飢饉之世令得豐足疫病之世作
大醫王病藥所須財寶自在令疾病者悉
得除愈刀兵之劫有大力勢斷其殘害令无

BD05806號　大般涅槃經（北本　思溪本）卷二八　　（12–10）

善順十二部經不生怖畏之心若諸衆
生不樂聽聞方便引接令彼樂聞言常柔濡
口不宣惡不和合衆能令和合有憂怖者
令離憂怖飢饉之世令得豐足疫病之世作
大醫王病藥所須財寶自在令疾病者悉
得除愈刀兵之劫有大力勢斷其殘害令无
遺餘能斷衆生種種怖畏所謂若死閉繫打
擲水火王賊貧窮破戒惡名惡道如是等畏
悉當斷之父母師長深生恭敬怨憎之中生
大慈心常脩六念空三昧門十二因緣生滅
等觀出息入息天行梵行及以聖行金剛三
昧首楞嚴定无三寶處令我自得寂靜之心
若其身心受大苦時莫失无上菩提之心莫
以聲聞辟支佛心而生知足无三寶處常在
外道法中出家為破邪見不習其道得法自
在得心自在於有為法了了見過令我怖畏
二乘道果如惜命者怖畏捨身為衆生故樂
處三惡如諸衆生樂忉利天為一一人於无
量劫受地獄苦心不生悔見他得利不生妬
心常生歡喜如自得樂若值三寶當以衣服
飲食臥具房舍醫藥燈明華香伎樂幡蓋七
寶供養若受佛戒堅固護持終不生於毀犯
之想若聞菩薩難行苦行其心歡喜不生悔
恨自識往世宿命之事終不造作貪瞋癡業

BD05806 號　大般涅槃經（北本　思溪本）卷二八　（12–11）

處三惡如諸衆生樂忉利天為一一人於无
量劫受地獄苦心不生悔見他得利不生妬
心常生歡喜如自得樂若值三寶當以衣服
飲食臥具房舍醫藥燈明華香伎樂幡蓋七
寶供養若受佛戒堅固護持終不生於毀犯
之想若聞菩薩難行苦行其心歡喜不生悔
恨自識往世宿命之事終不造作貪瞋癡業
不為果報而習因緣於現在樂不生貪著善
男子若有能發如是願者是名菩薩終不退
失菩提之心亦名施主能見如來明了佛性
能調衆生度脫生死善能護持无上正法能
得具足六波羅蜜善男子以是義故不退之
心不名佛性

大般涅槃經卷第廿八

BD05806 號　大般涅槃經（北本　思溪本）卷二八　（12–12）

敷座而□
起偏袒右肩右□
希有世尊如來
菩薩世尊善男子□三藐三
菩提心應云何住□何降伏其□佛言善哉
善哉須菩提如汝所說如來善護念諸菩薩
善付囑諸菩薩汝今諦聽當為汝說善男子
善女人發阿耨多羅三藐三菩提心應如是住
如是降伏其心唯然世尊願樂欲聞
佛告須菩提諸菩薩摩訶薩應如是降伏其
心所有一切眾生之類若卵生若胎生若濕
生若化生若有色若无色若有想若无想若
非有想若非无想我皆令入无餘涅槃而滅
度之如是滅度无量无數无邊眾生實无眾
生得滅度者何以故須菩提若菩薩有我相
人相眾生相壽者相即非菩薩
復次須菩提菩薩於法應无所住行於布施
所謂不住色布施不住聲香味觸法布施須
菩提菩薩應如是布施不住於相何以故若

BD05807 號　金剛般若波羅蜜經　（13–1）

度之如是滅度无量无數无邊眾生實无眾
生得滅度者何以故須菩提若菩薩有我相
人相眾生相壽者相即非菩薩
復次須菩提菩薩於法應无所住行於布施
所謂不住色布施不住聲香味觸法布施須
菩提菩薩應如是布施不住於相何以故若
菩薩不住相布施其福德不可思量須菩提
於意云何東方虛空可思量不不也世尊須
菩提南西北方四維上下虛空可思量不不
也世尊須菩提菩薩无住相布施福德亦復
如是不可思量須菩提菩薩但應如所教住
須菩提於意云何可以身相見如來不不也世
尊不可以身相得見如來何以故如來所說
身相即非身相佛告須菩提凡所有相皆
是虛妄若見諸相非相則見如來
須菩提白佛言世尊頗有眾生得聞如是言
說章句生實信不佛告須菩提莫作是說如
來滅後後五百歲有持戒脩福者於此章
句能生信心以此為實當知是人不於一佛二
佛三四五佛而種善根已於无量千万佛所
種諸善根聞是章句乃至一念生淨信者須
菩提如來悉知悉見是諸眾生得如是无量
福德何以故是諸眾生无復我相人相眾生
相壽者相无法相亦无非法相何以故是諸
眾生若心取相則為著我人眾生壽者若取
法相即著我人眾生壽者何以故若取非法
相即著我人眾生壽者是故不應取法不應
取非法以是義故如來常說汝等比丘知我

BD05807 號　金剛般若波羅蜜經　（13–2）

相壽者相无法相亦无非法相何以故是諸
衆生若心取相則為著我人衆生壽者若取
法相即著我人衆生壽者何以故若取非法
相即著我人衆生壽者是故不應取法不應
取非法以是義故如来常說汝等比丘知我
說法如筏喻者法尚應捨何況非法
須菩提於意云何如来得阿耨多羅三藐三
菩提耶如来有所說法耶須菩提言如我解
佛所說義无有定法名阿耨多羅三藐三菩
提亦无有定法如来可說何以故如来所說
法皆不可取不可說非法非非法所以者何
一切賢聖皆以无為法而有差別
須菩提於意云何若人滿三千大千世界七
寶以用布施是人所得福德寧為多不須
菩提言甚多世尊何以故是福德即非福德性
是故如来說福德多若復有人於此經中受
持乃至四句偈等為他人說其福勝彼何以
故須菩提一切諸佛及諸佛阿耨多羅三藐三菩提
法皆從此經出須菩提所謂佛法者即非佛法
須菩提於意云何須陁洹能作是念我得須
陁洹果不須菩提言不也世尊何以故須陁
洹名為入流而无所入不入色聲香味觸法
是名須陁洹須菩提於意云何斯陁含能
作是念我得斯陁含果不須菩提言不也世
尊何以故斯陁含名一往来而實无往来是
名斯陁含須菩提於意云何阿那含能作是
念我得阿那含果不須菩提言不也世尊何
以故阿那含名為不来而實无来是故名阿那

BD05807 號　金剛般若波羅蜜經　（13–3）

是名須陁洹須菩提於意云何斯陁含能
作是念我得斯陁含果不須菩提言不也世
尊何以故斯陁含名一往来而實无往来是
名斯陁含須菩提於意云何阿那含能作是
念我得阿那含果不須菩提言不也世尊何
以故阿那含名為不来而實无来是故名阿那
含須菩提於意云何阿羅漢能作是念我
得阿羅漢道不須菩提言不也世尊何以故實
无有法名阿羅漢世尊若阿羅漢作是念我
得阿羅漢道即為著我人衆生壽者世尊
佛說我得无諍三昧人中最為第一是第一離
欲阿羅漢我不作是念我是離欲阿羅漢世
尊我若作是念我得阿羅漢道世尊則不說
須菩提是樂阿蘭那行者以須菩提實无所
行而名須菩提是樂阿蘭那行佛告須菩
提於意云何如来昔在然燈佛所於法有
所得不世尊如来在然燈佛所於法實无所
得須菩提於意云何菩薩莊嚴佛土不不
也世尊何以故莊嚴佛土者則非莊嚴是名莊
嚴是故須菩提諸菩薩摩訶薩應如是生清
淨心不應住色生心不應住聲香味觸法生心
應无所住而生其心須菩提譬如有人身如
須弥山王於意云何是身為大不須菩提言
甚大世尊何以故佛說非身是名大身
須菩提如恒河中所有沙數如是沙等恒河
於意云何是諸恒河沙寧為多不須菩提言
甚多世尊但諸恒河尚多无數何況其沙須

BD05807 號　金剛般若波羅蜜經　（13–4）

須弥山王於意云何是身為大不須菩提言
甚大世尊何以故佛說非身是名大身
須菩提如恒河中所有沙數如是沙等恒河
於意云何是諸恒河沙寧為多不須菩提言
甚多世尊但諸恒河尚多无數何況其沙須
菩提我今實言告汝若有善男子善女人以
七寶滿尒所恒河沙數三千大千世界以用
布施得福多不須菩提言甚多世尊佛告
須菩提若善男子善女人於此經中乃至受
持四句偈等為他人說而此福德勝前福德復
次須菩提隨說是經乃至四句偈等當知
此處一切世間天人阿脩羅皆應供養如佛
塔廟何況有人盡能受持讀誦須菩提當
知是人成就最上苐一希有之法若是經典所
在之處則為有佛若尊重弟子
尒時須菩提白佛言世尊當何名此經我等
云何奉持佛告須菩提是經名為金剛般若
波羅蜜以是名字汝當奉持所以者何須
菩提佛說般若波羅蜜則非般若波羅蜜須
菩提於意云何如來有所說法不須菩提白佛
言世尊如來无所說須菩提於意云何三千
大千世界所有微塵是為多不須菩提言甚
多世尊須菩提諸微塵如來說非微塵是
名微塵如來說世界非世界是名世界須菩
提於意云何可以三十二相見如來不不也世
尊不可以三十二相得見如來何以故如來
說三十二相即是非相是名三十二相
須菩提若有善男子善女人以恒河沙等身

BD05807 號　金剛般若波羅蜜經

（13–5）

多世尊須菩提諸微塵如來說非微塵是
名微塵如來說世界非世界是名世界須菩
提於意云何可以三十二相見如來不不也世
尊不可以三十二相得見如來何以故如來
說三十二相即是非相是名三十二相
須菩提若有善男子善女人以恒河沙等身
命布施若復有人於此經中乃至受持四句
偈等為他人說其福甚多
尒時須菩提聞說是經深解義趣涕淚悲泣
而白佛言希有世尊佛說如是甚深經典我
從昔來所得慧眼未曾得聞如是之經世尊
若復有人得聞是經信心清淨則生實相當
知是人成就苐一希有功德世尊是實相者
則是非相是故如來說名實相世尊我今得
聞如是經典信解受持不足為難若當來世
後五百歲其有衆生得聞是經信解受持是
人則為苐一希有何以故此人无我相人相衆生
相壽者相所以者何我相即是非相人相
衆生相壽者相即是非相何以故離一切諸
相則名諸佛佛告須菩提如是如是若復有
人得聞是經不驚不怖不畏當知是人甚為
希有何以故須菩提如來說苐一波羅蜜非苐一
波羅蜜是名苐一波羅蜜
須菩提忍辱波羅蜜如來說非忍辱波羅蜜
何以故須菩提如我昔為歌利王割截身體
我於尒時无我相无人相无衆生相无壽者
相何以故我於往昔節節支解時若有我相
人相衆生相壽者相應生瞋恨須菩提又念

BD05807 號　金剛般若波羅蜜經

（13–6）

波羅蜜是名第一波羅蜜
須菩提忍辱波羅蜜如來說非忍辱波羅蜜
何以故須菩提如我昔為歌利王割截身體
我於尒時无我相无人相无衆生相无壽者
相何以故我於往昔節節支解時若有我相
人相衆生相壽者相應生瞋恨須菩提又念
過去於五百世作忍辱仙人於尒所世无我
相无人相无衆生相无壽者相是故須菩提
菩薩應離一切相發阿耨多羅三藐三菩提
心不應住色生心不應住聲香味觸法生心
應生无所住心若心有住則為非住是故佛
說菩薩心不應住色布施須菩提菩薩為
利益一切衆生應如是布施如來說一切諸相
即是非相又說一切衆生則非衆生須菩提
如來是真語者實語者如語者不誑語者不
異語者須菩提如來所得法此法无實无虛
須菩提若菩薩心住於法而行布施如人入
闇則无所見若菩薩心不住法而行布施如
人有目日光明照見種種色
須菩提當來之世若有善男子善女人能於此
經受持讀誦則為如來以佛智慧悉知是人
悉見是人皆得成就无量无邊功德
須菩提若有善男子善女人初日分以恒河沙
等身布施中日分復以恒河沙等身布施後
日分亦以恒河沙等身布施如是无量百千
万億劫以身布施若復有人聞此經典信心
不逆其福勝彼何况書寫受持讀誦為人解
說須菩提以要言之是經有不可思議不可

等身布施中日分復以恒河沙等身布施後
日分亦以恒河沙等身布施如是无量百千
万億劫以身布施若復有人聞此經典信心
不逆其福勝彼何况書寫受持讀誦為人解
說須菩提以要言之是經有不可思議不可
稱量无邊功德如來為發大乘者說為發最
上乘者說若有人能受持讀誦廣為人說如
來悉知是人悉見是人皆得成就不可量不可
稱无有邊不可思議功德如是人等則為荷
擔如來阿耨多羅三藐三菩提何以故須菩
提若樂小法者著我見人見衆生見壽者見
則於此經不能聽受讀誦為人解說須菩提
在在處處若有此經一切世間天人阿脩羅
所應供養當知此處則為是塔皆應恭敬
作禮圍遶以諸華香而散其處
復次須菩提善男子善女人受持讀誦此經
若為人輕賤是人先世罪業應墮惡道以今
世人輕賤故先世罪業則為消滅當得阿耨
多羅三藐三菩提須菩提我念過去无量阿
僧祇劫於然燈佛前得值八百四千万億那
由他諸佛悉皆供養承事无空過者若復
有人於後末世能受持讀誦此經所得功德
於我所供養諸佛功德百分不及一千万億分
乃至筭數譬喻所不能及須菩提若善男
子善女人於後末世有受持讀誦此經所得功
德我若具說者或有人聞心則狂亂狐疑不信須
菩提當知是經義不可思議果報亦不可思議
尒時須菩提白佛言世尊善男子善女人發

於我所供養諸佛功德百分不及一千万億分
乃至筭數譬喻所不能及須菩提若善男
子善女人於後末世有受持讀誦此經所得功
德我若具說者或有人聞心則狂亂狐疑不信須
菩提當知是經義不可思議果報亦不可思議
尒時須菩提白佛言世尊善男子善女人發
阿耨多羅三藐三菩提心云何應住云何降
伏其心佛告須菩提善男子善女人發阿耨多
羅三藐三菩提心者當生如是心我應滅度一
切衆生滅度一切衆生已而无有一衆生實
滅度者何以故若菩薩有我相人相衆生相
壽者相則非菩薩所以者何須菩提實无
有法發阿耨多羅三藐三菩提者
須菩提於意云何如來於然燈佛所有法得
阿耨多羅三藐三菩提不不也世尊如我解
佛所說義佛於然燈佛所无有法得阿耨多
羅三藐三菩提佛言如是如是須菩提實无
有法如來得阿耨多羅三藐三菩提須菩提
若有法如來得阿耨多羅三藐三菩提者然
燈佛則不與我受記汝於來世當得作佛号
釋迦牟尼以實无有法得阿耨多羅三藐三
菩提是故然燈佛與我受記作是言汝於來世
當得作佛号釋迦牟尼何以故如來者即諸
法如義若有人言如來得阿耨多羅三藐三
菩提須菩提實无有法佛得阿耨多羅三藐
三菩提須菩提如來所得阿耨多羅三藐三
菩提於是中无實无虛是故如來說一切法皆是
佛法須菩提所言一切法者即非一切法是故名一切法

BD05807 號　金剛般若波羅蜜經　（13–9）

法如義若有人言如來得阿耨多羅三藐三
菩提須菩提實无有法佛得阿耨多羅三藐
三菩提須菩提如來所得阿耨多羅三藐三
菩提於是中无實无虛是故如來說一切法皆是
佛法須菩提所言一切法者即非一切法是故名一切法
須菩提譬如人身長大須菩提言世尊如來
說人身長大則為非大身是名大身
須菩提菩薩亦如是若作是言我當滅度无
量衆生則不名菩薩何以故須菩提實无有
法名為菩薩是故佛說一切法无我无人无衆
生无壽者須菩提若菩薩作是言我當莊
嚴佛土是不名菩薩何以故如來說莊嚴佛
土者即非莊嚴是名莊嚴須菩提若菩薩通
達无我法者如來說名真是菩薩
須菩提於意云何如來有肉眼不如是世尊
如來有肉眼須菩提於意云何如來有天眼
不如是世尊如來有天眼須菩提於意云何
如來有慧眼不如是世尊如來有慧眼須菩
提於意云何如來有法眼不如是世尊如來
有法眼須菩提於意云何如來有佛眼不如
是世尊如來有佛眼須菩提於意云何恒河
中所有沙佛說是沙不如是世尊如來說是
沙須菩提於意云何如一恒河中所有沙有
如是等恒河是諸恒河所有沙數佛世界如
是寧為多不甚多世尊佛告須菩提尒所國
土中所有衆生若干種心如來悉知何以故
如來說諸心皆為非心是名為心所以者何
須菩提過去心不可得現在心不可得未來

BD05807 號　金剛般若波羅蜜經　（13–10）

中所有沙佛說是沙不如是世尊如來說是
沙須菩提於意云何如一恒河中所有沙有
如是等恒河是諸恒河所有沙數佛世界如
是寧為多不甚多世尊佛告須菩提尒所國
土中所有衆生若干種心如來悉知何以故
如來說諸心皆為非心是名為心所以者何
須菩提過去心不可得現在心不可得未來
心不可得須菩提於意云何若有人滿三千
大千世界七寶以用布施是人以是因緣得福
多不如是世尊此人以是因緣得福甚多
須菩提若福德有實如來不說得福德多
以福德无故如來說得福德多
須菩提於意云何佛可以具足色身見不不
也世尊如來不應以具足色身見何以故如
來說具足色身即非具足色身是名具足色
身須菩提於意云何如來可以具足諸相見
不不也世尊如來不應以具足諸相見何以故
如來說諸相具足即非具足是名諸相具足
須菩提汝勿謂如來作是念我當有所說
法莫作是念何以故若有人言如來有所說法
即為謗佛不能解我所說故須菩提說法者
无法可說是名說法
須菩提白佛言世尊佛得阿耨多羅三藐三
菩提為无所得耶如是如是須菩提我於阿
耨多羅三藐三菩提乃至无有少法可得是
名阿耨多羅三藐三菩提復次須菩提是法
平等无有高下是名阿耨多羅三藐三菩提
以无我无人无衆生无壽者脩一切善法則得

BD05807號　金剛般若波羅蜜經　（13–11）

須菩提白佛言世尊佛得阿耨多羅三藐三
菩提為无所得耶如是如是須菩提我於阿
耨多羅三藐三菩提乃至无有少法可得是
名阿耨多羅三藐三菩提復次須菩提是法
平等无有高下是名阿耨多羅三藐三菩提
以无我无人无衆生无壽者脩一切善法則得
阿耨多羅三藐三菩提須菩提所言善法
者如來說非善法是名善法
須菩提若三千大千世界中所有諸須弥山
王如是等七寶聚有人持用布施若人以此
般若波羅蜜經乃至四句偈等受持讀誦為
他人說於前福德百分不及一百千万億分乃
至筭數譬喻所不能及
須菩提於意云何汝等勿謂如來作是念我
當度衆生須菩提莫作是念何以故實无有
衆生如來度者若有衆生如來度者如來則
有我人衆生壽者須菩提如來說有我者則
非有我而凡夫之人以為有我須菩提凡夫者
如來說則非凡夫
須菩提於意云何可以三十二相觀如來不須
菩提言如是如是以三十二相觀如來佛言須
菩提若以三十二相觀如來者轉輪聖王則是
如來須菩提白佛言世尊如我解佛所說義
不應以三十二相觀如來尒時世尊而說偈言
若以色見我　以音聲求我　是人行邪道　不能見如來
須菩提汝若作是念如來不以具足相故得
阿耨多羅三藐三菩提須菩提莫作是念如
來不以具足相故得阿耨多羅三藐三菩提

BD05807號　金剛般若波羅蜜經　（13–12）

汝等勿謂如来作是念我
當度衆生須菩提莫作是念何以故實无有
衆生如来度者若有衆生如来度者如来則
有我人衆生壽者須菩提如来說有我者則
非有我而凡夫之人以為有我須菩提凡夫者
如来說則非凡夫
須菩提於意云何可以三十二相觀如来不須
菩提言如是如是以三十二相觀如来佛言須
菩提若以三十二相觀如来者轉輪聖王則是
如来須菩提白佛言世尊如我解佛所說義
不應以三十二相觀如来尒時世尊而說偈言
若以色見我　以音聲求我　是人行邪道　不能見如来
須菩提汝若作是念如来不以具是相故得
阿耨多羅三藐三菩提須菩提莫作是念如
来不以具是相故得阿耨多羅三藐三菩提
須菩提汝若作是念發阿耨多羅三藐三菩
提者說諸法斷滅相莫作是念何以故發阿耨
多羅三藐三菩提者於法不說斷滅相須菩
提若菩薩以滿恒河沙等世界七寶布施若
復有人知一切法无我得成於忍此菩薩

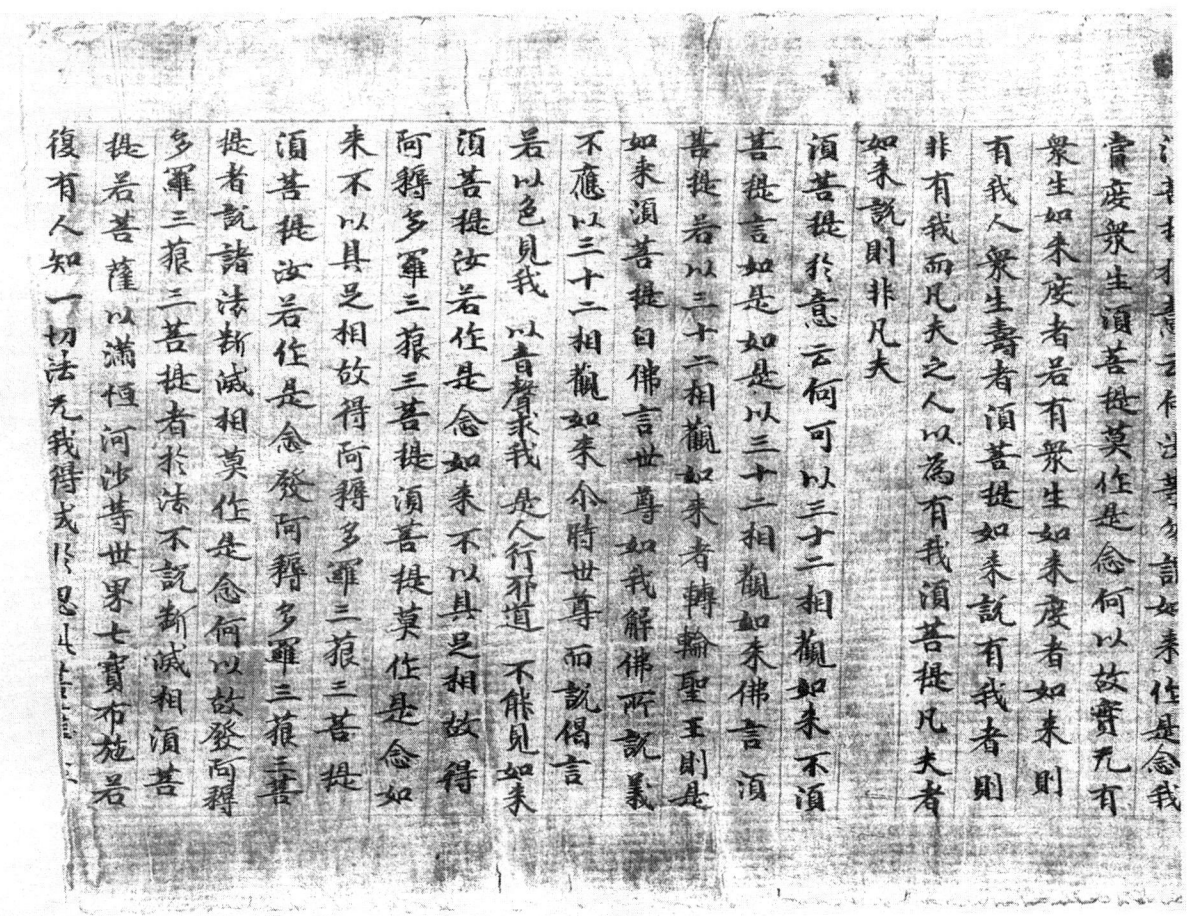

BD05807號　金剛般若波羅蜜經　（13–13）

此律藏付囑

弟付囑阿難滅

毱多已上五七

後毱多有五弟子各覽，

見獮？為五

所

付囑優

有異別

一薩婆多即十誦律主是也 二曇無德即四分

律主是也 三名弥沙塞即 分律主是也 四名

婆麁富那即僧祇律主也是 五名迦葉惟亦名

迦毗律ゝ本未弘於漢地也 今此四分律主即

曇无德部是 此是梵語唐言是法護部也

得戒有十種者 一自然得戒維仙是 二自權得

戒維大迦葉也 三見諦得戒為五俱倫等五比丘

四善來得戒為耶舍等 五三語得戒為仏未制戒

但受三歸即得具足 六問答得戒為須陁耶

弥沙年始七歲 仏問其義一ゝ具答稱可聖心便

教具足 七八敬得戒為大愛道從阿難聞八敬

法已歡喜頂受便教具足 八敬者 白羯磨授

儭請安目 八遣使得戒為半迦尸尼有其難緣

沙彌年始七歲，佛問其義，一一具答，稱可聖心，便
教具足。七、八敬得戒，為大愛道從阿難聞八敬
法已，歡喜頂受，教具足。八敬者[illegible]
儭請安目。八、遣使得戒，為半迦尸尼有其難緣，
差使乞戒，即得具足。九、羯磨得戒，謂十僧作法。
十、邊方五人授大戒者。已前九種，局佛在世；羯磨
一法，教通凡聖，被及僧尼，説羅現未須知作法。
問：羯磨授戒，具足幾緣得名如法？答：依僧祇律，
具足六緣：一、年滿廿；二、衣鉢具；三、身無遮難；
四、結界成就；四、界內盡集，無其別衆；五、羯磨
稱文，無有非法相；六、十僧滿足，如法清淨。備此六
緣，得名如法；六中闕一，不成。問：界有幾種？答：有二種：
一者作法界，二者自然界。就作法界中，有三差別：
一者攝僧界，二者攝衣界，三者攝
食界。僧界之中，又有二種：一者界，二者界
場，三者小界。就大界之內，又有三種：一者人法二同界，
二法食二同界，三法同食別界。若就自然界中，
者文有四別。[illegible]有幾種
七十法，有一百卅四種羯磨：白羯磨有卅九法，白二羯磨有五
十法，白四羯磨卅八法。此三羯磨，攝一切羯磨皆
盡。明五篇法者：一波羅夷篇，
二僧伽婆尸沙篇，
三波逸提篇，四名波羅提提舍尼篇，
五名式叉迦羅尼篇。
過若犯此戒[illegible]懺悔，故云向彼悔也。

盡明五篇法者 一波羅夷篇
二僧伽婆尸沙篇
三波逸提篇 四名波羅提提舍尼篇
五名式叉迦羅尼篇
此明七聚法 一波羅夷聚 二僧伽婆尸沙聚
三偷蘭遮聚
四波逸提聚 五波羅提提舍尼聚 六突吉羅聚
七惡說聚
三衣六物者 一安多會
二名鬱多羅僧 三者僧伽梨
授衣文 大德一心念我比丘某甲鬱多羅僧七條衣授兩長
一短割截成條葉衣持 捨衣文 大德一心念我
某甲此僧伽梨是我三衣數先授持今捨 四尼
五鉢多羅
不得用餘物作也 六針筒 授藥法 藥有四種
一時藥於中有二
藥法 二授
授法者云大德一心念我比丘某甲今 三授七日藥法
為熱病冷病因緣此七日藥為宿服故今於大德邊授
餘二藥爲病患因緣須服者臨事類此唯改授文同上
四授盡形藥法 安居法從

藥法 謂八種漿菴羅棗蕤蓮蒲桃甕安石留奄羅菓蕎汁作漿 / 飲名乃病緣聽清水味淨加此受法得飲无病緣不得飲也 二榎七日藥法
仏言蘇油生蜜石蜜有病因緣 / 應知榎法聽七日服之也 榎法者云大德一心念我比丘某甲今
為熱病冷病因緣此七日藥為病服故今於大德邊榎 說三
餘二藥為病患因緣須服者臨事類此唯改榎文同上
四榎盡形藥法 仏言一切鹹苦辛不堪為食者乃至灰土大小便等 / 此為有病緣聽盡形服亦須手榎加其口法須服之 安居法從
始至終揔有四法 謂人有五眾是法有四對念妄界也時有 / 三摩中後數有二作法界自然界之也 對首安居法
云大德一心念我比丘某甲依 某伽藍某聚落 / 隨事稱之也 前三月夏安
安居房舍破脩治故 三說莫放逸 / 答云示 問菩薩戒中煞先婬後
何故聲聞戒中婬先煞後 答菩薩大悲以為本是以
煞戒為初 聲聞以梵行為基是婬戒為首也 問婬戒
具幾緣成犯 答具四緣成犯 一前境是女人 二興染
心 三起方便 四與境合便犯 問盜戒具八緣成犯
答具六緣成犯 一有主物 二主相 三有盜心 四重物
五興方便 六離本處便犯 問煞戒具幾緣成犯
答具五緣成犯 一前境是人 二人之相 三興煞心 四起方便
五斷命根 問大妄語具幾緣成犯 答八緣成犯 一前境
是人 二人之想 三事虛 四知是虛事 五誑他心 六自言
已得 七言辭了了 八前人知解便犯 問僧有幾種 答
有四種 一者四人僧 除授戒自恣出罪 / 餘一切羯磨得作 二者五人僧 除中國受戒出 / 罪餘法得作 三者
十人僧 除出罪 / 餘法作 四者廿人僧 一切羯磨得 / 作況復更多 四依法 一糞掃衣 二常
乞食 三樹下坐 四食腐爛藥 糞掃衣有十種
一牛嚼衣 二鼠嚙衣 三火燒衣 四水衣 五王衣
六神廟衣 為鳥銜風吹離處者是 七冢衣 八嫁間衣
九產衣 十往還衣 僧物隨事差名凡有六種 一者
常住常住 謂眾僧廚庫寺舍園田僕使畜等體通十方不可分用 / 是常住者常在此處不可易動四方僧來即於此處受用從物為名故稱常住常住
卅

乞食 三樹下坐 四食腐爛藥 糞掃衣有十種
一牛嚼衣 二鼠嚙衣 三火燒衣 四水衣 五受王衣
六神廟衣 為鳥銜風次離處者是 七求衣 八塚間衣
九產衣 十往還衣 僧物隨事立名凡有六種 一者
常住常住（謂眾僧廚庫寺舍園田僕使畜等體通十方不可分用言常住者常在此處不可易動四方僧來即於此處受用從物為名故稱常住）
（任僧之也）二現前現前僧物（謂亡僧五眾物作羯磨了及有施現前大眾物法事聲斷有之守護名現前現前物也） 四者十方現
前（如亡僧五眾衣物未羯磨前集十方現前僧為盜亡物從十方僧結罪也） 五者招提僧物（謂檀越施園田與現前僧自量
私防四方僧來元安置處俗之見已就此房邊更施園田達立僧房與四方僧往來所須由此房能招引四方僧故言招提僧物既造房僧迴己房及園田施四方僧亦名招提
僧物） 六者僧隨物（謂僧團中有亡武處已死作隨出賣得物從隨得物故名僧隨物也） 妄語有四種（一波羅夷妄語 二僧
殘妄語 三波逸提妄語 四阿毗汲羅妄語之也） 口有威儀語（一者常作法語 二常作正直實語 三常作和合語 四常作柔軟語也） 慢有五
種（一慢躰 二慢法 三慢家 四慢處 五慢讚也） 四分義者何云 答四者數也分者段也 世尊
在世四處昇座說此律終故名四分（六分者十誦示示） 又云梵本四夾故
名四分（此四分律六釋之中且明一二四分即律持業釋律即四分是帶數釋也） 今於律本從初至僧戒
未名為初分 從尼戒終至揵說二揵度為第二分 從安居
揵度至房舍揵度已前名第三分 從房揵度至律本終
名為第四分 持戒得十利（一攝取於僧 二令僧歡喜 三令僧安樂 四者未信者令信 五已信者令增長 六難調者令調順 七慚
愧者得安樂 八斷現在有漏 九斷未來有漏 十正令法久住） 十二頭陀法（此云抖擻 大分不同 小乘抖擻四事也 大乘抖擻共心也 頭名少欲 陀名知足 抖擻煩惱離共）
（任著故曰頭陀也） 一持糞掃衣 二持三衣 三持隨衣 四常乞食 五一揣
食 六一坐食 七不作餘食法 八樹下坐 九塚間坐 十
露地坐 十一隨處坐 十二常坐不臥 此十二者 持衣有三
食法有四 處所有五 行人於食處所心無染著積緣進道
更不思須 檀越施物凡有八種 一施比丘僧物（准屬比丘現前人分） 二
施比丘尼物（現前比丘尼數人分之） 三施四方僧物得施物來者皆得作
羯磨分 亦不得與尼同作羯磨 若施招提僧不須作法 五者
界內僧得施物 准屬住處僧入界皆得 但取施主意也

食法有四　處所有五行人於食處所心無染著積緣進道
更不思須　檀越施物凡有八種　一施比丘僧物唯屬此比丘現前人分　二
施比丘尼物現前比丘尼數人分之　三施四方僧物得施物來者皆得作
羯磨分亦不得与尼同作羯磨若施招提僧不須作法者
界內僧得施物唯屬住處僧入界皆得但取施主意定
六施同羯磨僧得施物唯屬一處同作法者分之　七施稱
名字僧得施物若言施禪師律師法師呪願師老病僧
等不問難類八部中一僧得施物從上坐行之隨取者与
隨檀越所有捨施依此八法分之若充足分上座應問於何等
施若不依此法者則不得施僧之物福若不依此八法而受者
則輕損信施違犯處深應老五德分之好惡相參令不
見者擲擣餘之不得亂語利養雖消貧富不在此莫
生嫌恨蓋人重行也　出家之人不得迴施入已若欲迴者其
罪甚重應如法施如法受　如法求如法与　如法用如法住
問律儀有幾種　答四種　一靜慮律儀是色界尸羅　二无
漏律儀為无漏身中所起尸羅　三斷律儀為斷煩惱名
斷律儀　四別斷解脫律儀為界尸羅為別別防非名別
解脫律儀　問律以何為宗以何為體　答以戒為宗諸說
不同依東塔疏以戒為宗　律以何為體者　答合是諸業為
體任意取捨色十一中以法為體　答依經部中以不應為體
依有部以色為體俱處攝也是法　問比丘有幾種　答有八種
一名字比丘二相似比丘三自稱比丘四乞求比丘五著割截衣比
丘六破結使比丘七善來比丘八羯磨比丘　問何名安喜
答有五義是菩有五處之也　一者體性柔爽二者香氣上騰三滋潤餅
[illegible]四方補除[illegible]同　[illegible]目圓[illegible]　[illegible]

（11–6）

依有部以色爲體俱蘊攝也 問比丘有幾種 答有八種
一名字比丘 二相似比丘 三自稱比丘 四乞求比丘 五著割截衣比
丘 六破結使比丘 七善來比丘 八羯磨比丘 問何名苾蒭
答有五義（是草有五義之也） 一者體性柔軟 二者香氣上騰 三滋潤餘
草 四蔓延旁布 五冬夏不凋 客舊相遇法 昔大師在日
親爲教主 客苾蒭至自唱善來 又復西方寺衆多爲制
法 凡見新來 无問客舊及弟子門人舊人 即須迎前唱
莎揭多 譯曰善來 客乃尋聲即云窣莎揭哆 譯曰極
善來 如不説者 一違寺制 二准律有犯 无問大小悉
皆如此 即爲取瓶鉢 樹在壁牙 隨處安坐 令其自
息 幼向屏處 尊乃旁前 卑則致上 而熟搦其踹 後乃
遍身 尊乃撫下而頻按 皆下至膝 不至足 齊年之類
无問上下 然既解及勞 澡手濯足 次就尊所申其礼
敬 但言一礼 跪而按足 尊乃展其右手 撫其肩背
務別非經久 手撫不爲 師乃問其安不 弟子随事見
答 然後退坐一邊 恭敬而坐 實无三法 然西方軌則
多坐小枯 復露足 革屣既无 斯事軌足之禮 不
行經玩 而人來至 仏所頂礼雙足 退坐一面 即其
儀矣 然後精審其時 惟茶給湯飲 如兼濁澤 此定不
開 杏湯之流 體是稠濁 准依道理 全無飲限 律云 足
淨濾色 如黃荻 此謂西國師弟子門徒客舊相
遇逢迎之礼 豈有冒寒觸熱 新來或遍體
汗流 或手足皆凍 放却衣襆 急事和南 方情狀
慈芒深 乖軌式 師乃三之開問 餘事誠哉太急
將爲紹隆 言和南者 梵語畔睇 或云畔憚 南譯爲

猋淨濾色，如黄荻此，謂西國師弟子門徒舊相
遇逢迎三礼，豈有冒塞，創至觸熱，新來或遍體
汗流，或手足皆凍，放却衣襆，急事和南，方情状
忿芒，諜乖軌式，師乃三之開問餘事，誠教太急
將為鉅隆，言和南者，梵語畔睇，或云畔憚南，譯為
敬礼，但為探語不真，喚和南矣，不能移舊語，且道
和南的取正音，應云畔睇，又道行眾礼拜非儀，合掌低
頭口云畔睇，故経云：或復但合掌，乃至小低頭，即是致
敬也。南人不審，依希合度，向使改不審，為畔睇，斯
乃全同律教矣。問：比丘有幾種義，名曰比丘？答：四
義故（一名乞士，二言怖魔，三破煩惱，四名淨持戒）。問：捨戒有幾種？依俱舍論有五
種（一命終捨，二斷善根捨，三二形生捨，四作法捨，五夜捨之）。問：羯磨是何義？（羯磨是梵語，唐言辯事，能辯前事，故曰辯事也）
羯磨所作事有幾種？答：總攝束為三種（一情過事名情事，為結界等；二非情事，為受戒等；三情非情事，為等）
問：戒律毗尼波羅提木叉有何着別？（律者法也，非法无以循戒儀，故名為律；毗尼名調伏；波羅提木叉者名解脫；戒者為是遮止義，止一切惡不善，故名為戒也）問：略說戒
有幾種，緩急如何？答：有三種（一羯磨說戒，二對首說戒，三心念說戒；略說有五十種七種，從緩向急；有七略，從急向緩有）
（十五種略）問：安居是何義？答：九旬修道，標此住，故曰安居。有
三義故（一元事遊行，妨修道業；二損傷物命，違慈悲深；三所為非法，故招世傳）。問：自恣有幾種？答：三
種（一時自恣，二德益自恣，三識却自恣）。問：自恣是何義？答：九旬修道，精鍊身心，人多迷己，不自見過，內彰私隱，外顯有瑕，
出身口就於他人，故曰自恣也。問：世部小乘此律何部所攝？答：法密部所攝
（大眾一說一出世雞胤多聞說假制多西山北山主會歷轉名雪山一切有犢子法上賢胄正量密林化地法藏飲光経量之也）問：戒律之所
防三業之中，何不防意業也？（答：所防戒不同，何解脫戒，以是也。法但防身口，故近者約急而論，大乘戒也）
（又贊聞，乃方不防意也，但防身口故也）問：十三周篇何故九初作便犯，四戒三諫方犯？
（答：謂犯戒緣不同，有傍倚者須僧從諫，故復四戒僧諫也；倚傍相似，故須僧諫；前九戒无倚傍，故初作即犯故）問：汙家犯何罪？答：

BD05808號　小抄

（11–8）

大衆一說一出世雞胤多聞說假制多西山北山上座雪山一切有
犢子法上賢胄正量密林化地法藏飲光經量之也 問戒律之所
防三業之中何不防意業也 答所防戒不同不辭既戒以是也法但防身口故近者為定而論大乘戒也
又聲聞之分不防意也 但防身口故也 問十三同篇何故九初作便犯四戒三諫方犯
答謂犯戒緣不同有僧傍者須僧設諫故後四戒雖上 僧傍相似故須僧諫前九戒无僧傍故初作即犯故 問汙家犯何罪 答
為僧諫得殘罪 直作未諫結罪不同自擿花等得提罪
汙家惡行等得吉羅罪 問汙家戒緣何事犯 所說言傍
僧有愛有恚等違僧故犯殘 問惡性所諫事云何
為言說相似不了是非 言佛是我家法是我家諸大德
莫諫我廣造諸罪須僧諫也 問卅九十既是同篇
何以分為二門 答卅因過起貪心續生故捨物方懺
故為一門九十作即直懺更不別捨財物故分二門
問卅捨墮具幾義名捨 答具三義故一捨財二捨相續
貪心三捨以歸至无過具此三義故入捨墮 問七滅諍
何篇所攝 答七滅諍是第五篇吉羅所攝此七藥
各具幾滅前四諍 言諍用二藥 然一現前二多人語
覓諍用三藥 憶念不癡罪處所 犯諍用二藥 自言
持草覆地事諍通用七藥一切滅之 問七滅諍幾通
凡聖局義云何 答憶念毗尼唯聖不作不犯罪處所唯
凡亦作不犯不癡等而作不犯為通凡聖 問七滅諍有
幾殊諍幾不殊諍 答自言草覆地亦滅諍滅罪 憶念 不
癡等但滅諍不滅罪 問四諍之相云何 答言諍十八法
道理是非紛紜來往故云言諍 覓諍者覓彼前人所犯
之罪兩情不知故也 犯諍者如犯他人犯罪前人擿地一
古擿或云不擿或犯提或犯吉兩情紛競故也 事諍者
忽前三諍中所有羯磨非如法兩人共事是自也 問何以四

又亦作不犯不棄等而作不犯名通凡聖　問七滅諍有

幾弥諍幾不弥諍　答自言草覆地亦滅諍滅罪憶念不

棄等但滅諍不滅罪　問四諍之相云何　答言諍十八法

道理是非紛紜來往故云言諍　覓諍者覓彼前人所犯

之罪兩情不知故也　犯諍者如祥他人犯罪前人撫地一

云撫或云不撫或犯提或犯吉兩情紛競故也事諍者

揔前三諍中所有羯磨非如兩人共諍是相也　問何以四

篇結數無學何以不結　答戒數殺細文中略故指在下明

但言應當學　問五篇七聚差別如何　答果入五篇在義通因果者入七聚也　問

蘭羅如何不入篇攝　答蘭羅即體義通因果故不入篇也　問五篇七聚如何

寬狹　答七聚通因果故寬　六七二聚各局身口故狹　五篇唯果无因故狹　第六通含身口故寬　問夏有四月何故結

三月　有二義　一開人不逮之流故留前月通不及前安居人用　二增償前安居勞一月後一月償前安居者受五利也　問比丘

捿具已持幾種衣　答有三種衣一三衣二畜長衣三檽衣　重何者十利　一攝取於僧　二令僧歡喜　三令僧安樂　四未信者令信

五已信者令增長　六難調者令調　七慚愧者安樂　八斷現在有漏　九斷未來有漏　十令正法久住之也　問何名五德　一知時不以非時　二增益不至損減

三自心不已填恚　四柔耎不以麁獷　五真實不以虛誑　問離三衣与離餘衣有何差別　答離三衣得提餘

衣得吉　三衣是出家人道眼標識天人歸仰故離衣得提餘衣非正道服離衣得吉　問比丘何故制畜三衣五衣其意

如何　答所制三衣者智度論云用以蓋形不多不少但蒙三衣不同白衣多求故多畜種種衣不同外道裸形无恥故是以佛弟子捨於二邊處中道故畜三衣层制畜五衣爲貴

賤亂故　如祇梓　問八淨物者云何　一田宅二種植三貯畜穀米四奴婢人民五畜養群畜六貯畜金銀寶物七象牙金銀莊鍱

大床八而鐵銅等器八種錢汙云不淨　問比丘与尼戒何故多少不同　答論其制戒約境過非丈夫煩惱輕微欲漏復少层

翻是以爲多　沙弥层十戒同何也　但是加行方便未論位不同制　問發戒有幾種境　答有種謂情非情別

上至非想下至阿鼻也非一切草木等撫地壞生類也經云衆

生无邊戒亦无邊　草木大地无邊戒亦无邊　問追人羯磨有幾

種　答有七一呵責　依止　遮不至白衣家　不見　不懺　惡邪不

捨　問何名持犯　答曰二義故持有二種一止二作　犯亦有二種　止持

者順教作名曰止持　順教而作名曰作持　教令修善不作故名

麁獷 五真實不退塵禄 衣得吉 三衣是出家人道服標識天人歸仰 故離衣得提 餘衣非正道服離則得吉 陀離三衣与離餘衣犯罪有何差別 得提 餘

問比丘何故制畜三衣 五衣其意

如何 答所制三衣者智度論云用以蓋形不多不少但要三衣不同白衣多求故多畜種々衣不 同外道裸形无恥故是以仏弟子捨於二邊處中道故畜三衣 尼制畜五衣為貪

賑乳故 以衹枝處有衣也 問八淨物者云何 一田宅二種植 三貯畜穀米 利 四奴婢人民 五畜養 群畜 六貯畜金銀寶物 七象牙金銀刻鏤

大乘八切鐵銅等與入 問比丘与尼戒何故多少不同 答論其制戒約境過非丈 夫煩惱輕微欲漏復少尼

種識汙云 不淨 翻是以為多 沙彌尼十戒同何也

但是加行方便未滿位不關備 問發戒有幾種境 答有種謂情非情別

上至非想下至阿鼻也 非一切草木等擬地壤生類也 經云衆

生无邊戒亦邊 草木大地无邊戒亦无邊 問治人羯磨有幾

種 答有七 一訶嘖 依止 遮不至白衣家 不見 不懺 惡耶不

捨 問何名持犯 答曰二義故持有二種 一止二作 犯亦有二種止持

者順教作名曰止持 順教而作名曰作持 教令修善不作故名

止犯 違教而作名曰作犯 問二不定有幾 答有約處有二 謂

屏及露 約法中即有四種 謂犯不定 舉罪不定 自言不

定 治罪不定 於此屏露二處各有四不定 問制戒有幾意

答別々翻意多少不同 具釋通意有二種 一將來非法之滅將

來幾綱 三格生十利功德 唯多論云 問何謂眦尼五善 一序

謂制戒由序 二制比丘戒本 三重制戒 比丘尼戒本 四修多羅 謂

諸揵度 五隨相修多羅增一眦尼等 問諸比丘結戒不要具幾緣

戒結制 答具八緣 大比丘二漏過起 三嫌 世 白仏 四仏在世 五舉衆

六對衆撿問 七犯者自言 八□□□□□□□方成結戒

BD05808號背　墨斑

（1–1）

小劫諸佛之法乃現在前成阿耨多羅三藐
三菩提其佛未出家時有十六子其第一者
名曰智積諸子各有種種珍異玩好之具聞
父得成阿耨多羅三藐三菩提皆捨所珍往
詣佛所諸母涕泣而隨送之其祖轉輪聖王
與一百大臣及餘百千万億人民皆共圍遶
隨至道場咸欲親近大通智勝如来供養恭
敬尊重讚歎到已頭面礼足遶佛畢已一心
合掌瞻仰世尊以偈頌曰

大威德世尊　為度衆生故　於无量億歲　尒乃得成佛
諸願已具足　善哉吉无上　世尊甚希有　一坐十小劫
身體及手足　靜然安不動　其心常憺怕　未曾有散亂
究竟永寂滅　安住无漏法　今者見世尊　安隱成佛道
我等得善利　稱慶大歡喜　衆生常苦惱　盲瞑无導師
不識苦盡道　不知求解脫　長夜增惡趣　減損諸天衆
從冥入於冥　永不聞佛名　今佛得最上　安隱无漏法
我等及天人　為得最大利　是故咸稽首　歸命无上尊

尒時十六王子偈讚佛已勸請世尊轉於法
輪咸作是言世尊說法多所安隱憐愍饒益
諸天人民重說偈言

世雄无等倫　百福自莊嚴　得无上智慧　願為世間說

BD05809號　妙法蓮華經卷三　（15–1）

從冥入於冥　永不聞佛名　今佛得最上　安隱无漏法
我等及天人　為得最大利　是故咸稽首　歸命无上尊
尒時十六王子偈讚佛已勸請世尊轉於法
輪咸作是言世尊說法多所安隱憐愍饒益
諸天人民重說偈言
世雄无等倫　百福自莊嚴　得无上智慧　願為世間說
度脫於我等　及諸衆生類　為分別顯示　令得是智慧
若我等得佛　衆生亦復然
世尊知衆生　深心之所念　亦知所行道　又知智慧力
欲樂及脩福　宿命所行業　世尊悉已知　當轉无上輪

佛告諸比丘大通智勝佛得阿耨多羅三藐
三菩提時十方各五百万億諸佛世界六種
震動其國中間幽冥之處日月威光所不能
照而皆大明其中衆生各得相見咸作是言
此中云何忽生衆生又其國界諸天宮殿乃
至梵宮六種震動大光普照遍滿世界勝諸
天光
尒時東方五百万億諸國土中梵天宮殿光
明照耀倍於常明諸梵天王各作是念今者
宮殿光明昔所未有以何因緣而現此相是
時諸梵天王即各相詣共議此事而彼衆中
有一大梵天王名救一切為諸梵衆而說偈
言

我等諸宮殿　光明昔未有　此是何因緣　宜各共求之
為大德天生　為佛出世間　而此大光明　遍照於十方

尒時五百万億國土諸梵天王與宮殿俱各

BD05809號　妙法蓮華經卷三　（15–2）

宮殿光明昔所未有以何因緣而現此相是
時諸梵天王即各相詣共議此事而彼衆中
有一大梵天王名救一切為諸梵衆而說偈
言
我等諸宮殿　光明昔未有　此是何因緣　宜各共求之
為大德天生　為佛出世間　而此大光明　遍照於十方
尒時五百万億國土諸梵天王與宮殿俱各
以衣裓盛諸天華共詣西方推尋是相見大
通智勝如來處于道場菩提樹下坐師子座
諸天龍王乾闥婆緊那羅摩睺羅伽人非人
等恭敬圍遶及見十六王子請佛轉法輪即
時諸梵天王頭面礼佛遶百千匝即以天華
而散佛上其所散華如須弥山并以供養佛
菩提樹其菩提樹高十由旬華供養已各以
宮殿奉上彼佛而作是言唯見哀愍饒益我
等所獻宮殿願垂納處時諸梵天王即於佛
前一心同聲以偈頌曰
世尊甚希有　難可得值遇　具无量功德　能救護一切
天人之大師　哀愍於世間　十方諸衆生　普皆蒙饒益
我等所從來　五百万億國　捨深禪定樂　為供養佛故
我等先世福　宮殿甚嚴飾　今以奉世尊　唯願哀納受
尒時諸梵天王偈讚佛已各作是言唯願世
尊轉於法輪度脫衆生開涅槃道時諸梵天
王一心同聲而說偈言
世雄兩足尊　唯願演說法　以大慈悲力　度苦惱衆生
尒時大通智勝如來默然許之又諸比丘衆

BD05809號　妙法蓮華經卷三　（15–3）

我等先世福　宮殿甚嚴飾　今以奉世尊　唯願哀納受
尒時諸梵天王偈讚佛已各作是言唯願世
尊轉於法輪度脫衆生開涅槃道時諸梵天
王一心同聲而說偈言
世雄兩足尊　唯願演說法　以大慈悲力　度苦惱衆生
尒時大通智勝如來默然許之又諸比丘衆
南方五百万億國土諸大梵王各自見宮殿
光明照曜昔所未有歡喜踊躍生希有心即
各相詣共議此事而彼衆中有一大梵天王
名曰大悲為諸梵衆而說偈言
是事何因緣　而現如此相　我等諸宮殿　光明昔未有
為大德天生　為佛出世間　未曾見此相　當共一心求
過千万億土　尋光共推之　多是佛出世　度脫苦衆生
尒時五百万億諸梵天王與宮殿俱各以衣
裓盛諸天華共詣西北方推尋是相見大通
智勝如來處于道場菩提樹下坐師子座諸
天龍王乾闥婆緊那羅摩睺羅伽人非人等
恭敬圍遶及見十六王子請佛轉法輪時諸
梵天王頭面礼佛遶百千匝即以天華而散
佛上所散之華如須弥山并以供養佛菩提
樹華供養已各以宮殿奉上彼佛而作是言
唯見哀愍饒益我等所獻宮殿願垂納處
時諸梵天王即於佛前一心同聲以偈頌曰
聖主天中王　迦陵頻伽聲　哀愍衆生者　我等今敬礼
世尊甚希有　久遠乃一現　一百八十劫　空過无有佛
三惡道充滿　諸天衆減少　今佛出於世　為衆生作眼

BD05809號　妙法蓮華經卷三　（15–4）

唯見哀愍饒益我等所獻宮殿願垂納處尒
時諸梵天王即於佛前一心同聲以偈頌曰
聖主天中王　迦陵頻伽聲　哀愍眾生者　我等今敬禮
世尊甚希有　久遠乃一現　一百八十劫　空過无有佛
三惡道充滿　諸天眾減少　今佛出於世　為眾生作眼
世間所歸趣　救護於一切　為眾生之父　哀愍饒益者
我等宿福慶　今得值世尊
尒時諸梵天王偈讚佛已各作是言唯願世
尊哀愍一切轉於法輪度脫眾生時諸梵天
王一心同聲而說偈言
大聖轉法輪　顯示諸法相　度苦惱眾生　令得大歡喜
眾生聞此法　得道若生天　諸惡道減少　忍善者增益
尒時大通智勝如來黙然許之又諸比丘南
方五百万億國土諸大梵王各自見宮殿光
明照曜昔所未有歡喜踊躍生希有心即各
相詣共議此事以何因緣我等宮殿有此光
曜而彼眾中有一大梵天王名曰妙法為諸
梵眾而說偈言
我等諸宮殿　光明甚威曜　此非无因緣　是相宜求之
過於百千劫　未曾見是相　為大德天生　為佛出世間
尒時五百万億諸梵天王與宮殿俱各以衣
祴盛諸天華共詣北方推尋是相見大通智
勝如來處于道場菩提樹下坐師子座諸天
龍王乾闥婆緊那羅摩睺羅伽人非人等恭
敬圍遶及見十六王子請佛轉法輪時諸梵

BD05809 號　妙法蓮華經卷三　（15–5）

過於百千劫　未曾見是相　為大德
尒時五百万億諸梵天王與宮殿俱各以衣
祴盛諸天華共詣北方推尋是相見大通智
勝如來處于道場菩提樹下坐師子座諸天
龍王乾闥婆緊那羅摩睺羅伽人非人等恭
敬圍遶及見十六王子請佛轉法輪時諸梵
天王頭面礼佛遶百千帀即以天華而散佛
上所散之華如須弥山并以供養佛菩提樹
華供養已各以宮殿奉上彼佛而作是言唯
見哀愍饒益我等所獻宮殿願垂納受尒時
諸梵天王即於佛前一心同聲以偈頌曰
世尊甚難見　破諸煩惱者　過百三十劫　今乃得一見
諸飢渴眾生　以法雨充滿　昔所未曾覩　无量智慧者
如優曇波羅　今日乃值遇
我等諸宮殿　蒙光故嚴飾　世尊大慈悲　唯願垂納受
尒時諸梵天王偈讚佛已各作是言唯願世
尊轉於法輪令一切世間諸天魔梵沙門婆
羅門皆獲安隱而得度脫時諸梵天王一心
同聲以偈頌曰
唯願天人尊　轉无上法輪　擊于大法鼓　而吹大法螺
普雨大法雨　度无量眾生　我等咸歸請　當演深遠音
尒時大通智勝如來黙然許之西南方乃至
下方亦復如是
尒時上方五百万億國土諸大梵王皆悉自
覩所止宮殿光明威曜昔所未有歡喜踊躍
生希有心即各相詣共議此事以何因緣我

BD05809 號　妙法蓮華經卷三　（15–6）

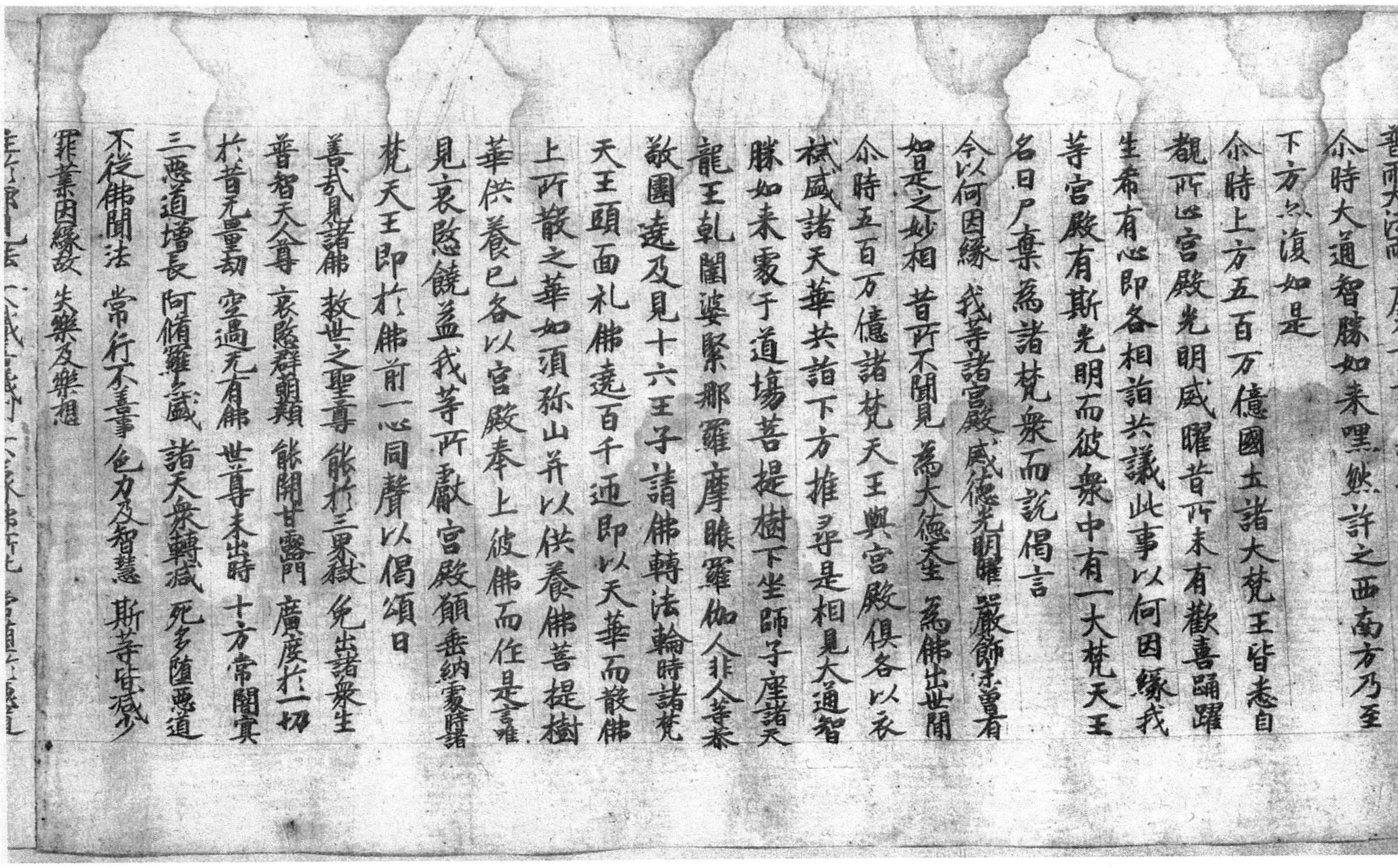

普雨大法雨　度無量衆生　…
尒時大通智勝如来嘿然許之西南方乃至
下方亦復如是
尒時上方五百万億國土諸大梵王皆悉自
覩所止宮殿光明威曜昔所未有歡喜踊躍
生希有心即各相詣共議此事以何因緣我
等宮殿有斯光明而彼衆中有一大梵天王
名曰尸棄為諸梵衆而說偈言
今以何因緣　我等諸宮殿　威德光明曜　嚴飾未曾有
如是之妙相　昔所未聞見　為大德天生　為佛出世間
尒時五百万億諸梵天王與宮殿俱各以衣
裓盛諸天華共詣下方推尋是相見大通智
勝如来處于道場菩提樹下坐師子座諸天
龍王乾闥婆緊那羅摩睺羅伽人非人等恭
敬圍遶及見十六王子請佛轉法輪時諸梵
天王頭面礼佛遶百千匝即以天華而散佛
上所散之華如須弥山并以供養佛菩提樹
華供養已各以宮殿奉上彼佛而作是言唯
見哀愍饒益我等所獻宮殿願垂納處時諸
梵天王即於佛前一心同聲以偈頌曰
善哉見諸佛　救世之聖尊　能於三界獄　勉出諸衆生
普智天人尊　哀愍群萠類　能開甘露門　廣度於一切
於昔无量劫　空過无有佛　世尊未出時　十方常闇冥
三惡道增長　阿修羅亦盛　諸天衆轉減　死多墮惡道
不從佛聞法　常行不善事　色力及智慧　斯等皆減少
罪業因緣故　失樂及樂想

BD05809號　妙法蓮華經卷三　（15–7）

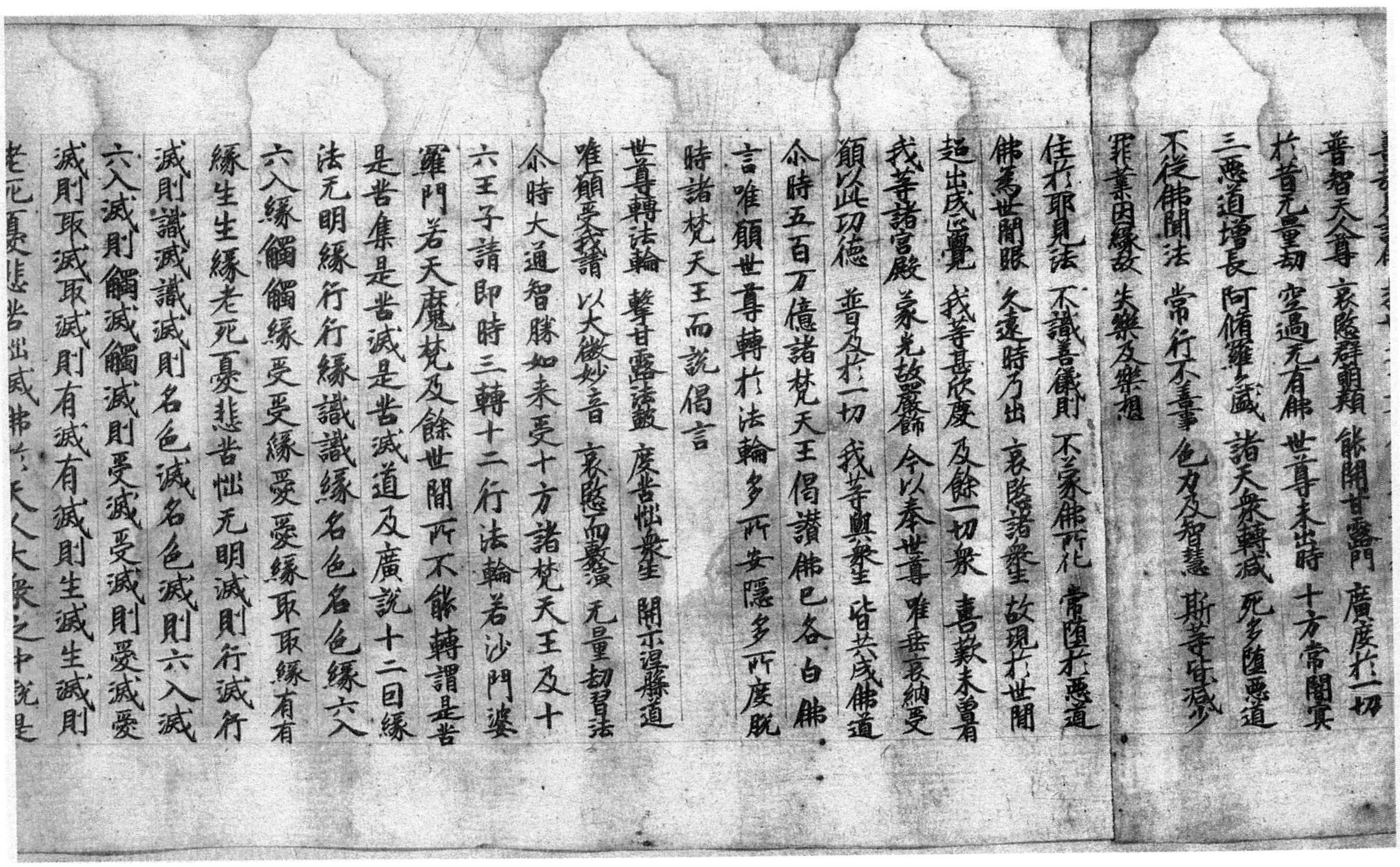

普智天人尊　哀愍群萠類　能開甘露門　廣度於一切
於昔无量劫　空過无有佛　世尊未出時　十方常闇冥
三惡道增長　阿修羅亦盛　諸天衆轉減　死多墮惡道
不從佛聞法　常行不善事　色力及智慧　斯等皆減少
罪業因緣故　失樂及樂想
住於邪見法　不識善儀則　不蒙佛所化　常墮於惡道
佛為世間眼　久遠時乃出　哀愍諸衆生　故現於世間
超出成正覺　我等甚欣慶　及餘一切衆　喜歎未曾有
我等諸宮殿　蒙光故嚴飾　今以奉世尊　唯垂哀納受
願以此功德　普及於一切　我等與衆生　皆共成佛道
尒時五百万億諸梵天王偈讚佛已各白佛
言唯願世尊轉於法輪多所安隱多所度脫
時諸梵天王而說偈言
世尊轉法輪　擊甘露法鼓　度苦惱衆生　開示涅槃道
唯願受我請　以大微妙音　哀愍而敷演　无量劫習法
尒時大通智勝如来受十方諸梵天王及十
六王子請即時三轉十二行法輪若沙門婆
羅門若天魔梵及餘世間所不能轉謂是苦
是苦集是苦滅是苦滅道及廣說十二因緣
法无明緣行行緣識識緣名色名色緣六入
六入緣觸觸緣受受緣愛愛緣取取緣有有
緣生生緣老死憂悲苦惱无明滅則行滅行
滅則識滅識滅則名色滅名色滅則六入滅
六入滅則觸滅觸滅則受滅受滅則愛滅愛
滅則取滅取滅則有滅有滅則生滅生滅則
老死憂悲苦惱滅佛於天人大衆之中說是

BD05809號　妙法蓮華經卷三　（15–8）

緣生生緣老死憂悲苦惱无明滅則行滅行
滅則識滅識滅則名色滅名色滅則六入滅
六入滅則觸滅觸滅則受滅受滅則愛滅愛
滅則取滅取滅則有滅有滅則生滅生滅則
老死憂悲苦惱滅佛於天人大衆之中說是
法時六百万億那由他人以不受一切法故而
於諸漏心得解脫皆得深妙禪定三明
通具八解脫第二第三第四說法時千万億
恒河沙那由他等衆生亦以不受一切法故而
於諸漏心得解脫從是已後諸聲聞衆无
量无邊不可稱數尒時十六王子皆以童子
出家而爲沙弥諸根通利智慧明了已曾供養
百千万億諸佛淨脩梵行求阿耨多羅三
藐三菩提俱白佛言世尊是諸无量千万億
大德聲聞皆已成就世尊亦當爲我等說阿
耨多羅三藐三菩提法我等聞已皆共脩學
世尊我等志願如來知見深心所念佛自證
知尒時轉輪聖王所將衆中八万億人見十
六王子出家亦求出家王即聽許尒時彼佛
受沙弥請過二万劫已乃於四衆之中說是
大乘經名妙法蓮華教菩薩法佛所護念說
是經已十六沙弥爲阿耨多羅三藐三菩提
故皆共受持諷誦通利說是經時十六菩薩
沙弥皆悉信受聲聞衆中亦有信解其餘衆
生千万億種皆生疑惑佛說是經於八千劫
未曾休廢說此經已即入靜室住於禪定八

BD05809號　妙法蓮華經卷三　（15-9）

是經已十六沙弥爲阿耨多羅三藐三菩提
故皆共受持諷誦通利說是經時十六菩薩
沙弥皆悉信受聲聞衆中亦有信解其餘衆
生千万億種皆生疑惑佛說是經於八千劫
未曾休廢說此經已即入靜室住於禪定八
万四千劫是時十六菩薩沙弥知佛入室寂
然禪定各昇法座亦於八万四千劫爲四部
衆廣說分別妙法蓮華經一一皆度六百万億
那由他恒河沙等衆生示教利令發阿耨
多羅三藐三菩提心
大通智勝佛過八万四千劫已從三昧起往
詣法座安詳而坐普告大衆是十六菩薩沙
弥甚爲希有諸根通利智慧明了已曾供養
无量千万億數諸佛於諸佛所常脩梵行受
持佛智開示衆生令入其中汝等皆當數數
親近而供養之所以者何若聲聞辟支佛及
諸菩薩能信是十六菩薩所說經法受持不
毀者是人皆當得阿耨多羅三藐三菩提如
來之慧佛告諸比丘是十六菩薩常樂說是
妙法蓮華經一一菩薩所化六百万億那由他
恒河沙等衆生世世所生與菩薩俱從其聞
法悉皆信解以此因緣得值四万億諸佛世
尊于今不盡諸比丘我今語汝彼佛弟子十
六沙弥今皆得阿耨多羅三藐三菩提於十
方國土現在說法有无量百千万億菩薩聲
聞以爲眷屬其二沙弥東方作佛一名阿閦

BD05809號　妙法蓮華經卷三　（15-10）

[illegible]
法悉皆信解以此因緣得值四万億諸佛世
尊于今不盡諸比丘我今語汝彼佛弟子
六沙弥今皆得阿耨多羅三藐三菩提於十
方國土現在說法有无量百千万億菩薩聲
聞以為眷屬其二沙弥東方作佛一名阿閦
在歡喜國二名須弥頂東南方二佛一名師
子音二名師子相南方二佛一名虛空住二
名常滅西南方二佛一名帝相二名梵相西
方二佛一名阿弥陁二名度一切世間苦惱
西北方二佛一名多摩羅跋栴檀香神通二
名須弥相北方二佛一名雲自在二名雲自
在王東北方佛名壞一切世間怖畏第十六
我釋迦牟尼佛於娑婆國土成阿耨多羅三
藐三菩提諸比丘我等為沙弥時各各教化
无量百千万億恒河沙等衆生從我聞法為
阿耨多羅三藐三菩提此諸衆生于今有住
聲聞地者我常教化阿耨多羅三藐三菩提
是諸人等應以是法漸入佛道所以者何如
來智慧難信難解尒時所化无量恒河沙等
衆生者汝等諸比丘及我滅度後未來世中
聲聞弟子是也我滅度後復有弟子不聞是
經不知不覺菩薩所行自於所得功德生滅
度想當入涅槃我於餘國作佛更有異名是
人雖生滅度之想入於涅槃而於彼土求佛
智慧得聞是經唯以佛乘而得滅度更无餘
乘除諸如來方便說法諸比丘若如來自知

BD05809 號　妙法蓮華經卷三　　　　（15–11）

經不知不覺菩薩所行自於所得功德生滅
度想當入涅槃我於餘國作佛更有異名是
人雖生滅度之想入於涅槃而於彼土求佛
智慧得聞是經唯以佛乘而得滅度更无餘
乘除諸如來方便說法諸比丘若如來自知
涅槃時到衆又清淨信解堅固了達空法深
入禪定便集諸菩薩及聲聞衆為說是經世
間无有二乘而得滅度唯一佛乘得滅度耳
比丘當知如來方便深入衆生之性知其志
樂小法深著五欲為是等故說於涅槃是人
若聞則便信受譬如五百由旬嶮難惡道曠
絕无人怖畏之處若有多衆欲過此道至珎
寶處有一導師聦慧明達善知嶮道通塞之
相將導衆人欲過此難所將人衆中路懈退
白導師言我等疲極而復怖畏不能復進前
路猶遠今欲退還導師多諸方便而作是念
此等可愍云何捨大珎寶而欲退還作是念
已以方便力於嶮道中過三百由旬化作一
城告衆人言汝等勿怖莫得退還今見大城
可於中止隨意所作若入是城快得安隱若
能前至寶所亦可得去是時疲極之衆心大
歡喜歎未曾有我等今者免斯惡道快得安
隱於是衆人前入化城生已度想生安隱想
尒時導師知此人衆即得止息无復疲惓即
滅化城語衆人言汝等去來寶處在近向者
大城我所化作為止息耳諸比丘如來亦復

BD05809 號　妙法蓮華經卷三　　　　（15–12）

歡喜嘆未曾有我等今者免斯惡道快得安
隱於是衆人前入化城生已度想生安隱想
尒時導師知此人衆既得止息无復疲惓即
滅化城語衆人言汝等去來寶處在近向者
大城我所化作爲止息耳諸比丘如來亦復
如是今爲汝等作大導師知諸生死煩惱惡
道嶮難長遠應去應度若衆生但聞一佛乘
者則不欲見佛不欲親近便作是念佛道長遠
久受勤苦乃可得成佛知是心怯弱下劣
以方便力而於中道爲止息故說二涅槃若
衆生住於二地如來尒時即便爲說汝等所
作未辦汝所住地近於佛慧當觀察籌量所
得涅槃非真實也但是如來方便之力於一
佛乘分別說三如彼導師爲止息故化作大城
既知息已而告之言寶處在近此城非實
我化作耳尒時世尊欲重宣此義而說偈言
大通智勝佛　十劫坐道場　佛法不現前　不得成佛道
諸天神龍王　阿脩羅衆等　常雨於天華　以供養彼佛
諸天擊天鼓　并作衆伎樂　香風吹萎華　更雨新好者
過十小劫已　乃得成佛道　諸天及世人　心皆懷踊躍
彼佛十六子　皆與其眷屬　千万億圍遶　俱行至佛所
頭面礼佛足　而請轉法輪　聖師子法雨　充我及一切
世尊甚難值　久遠時一現　爲覺悟羣生　震動於一切
東方諸世界　五百万億國　梵宮殿光曜　昔所未曾有
諸梵見此相　尋來至佛所　散華以供養　并奉上宮殿
請佛轉法輪　以偈而讚歎　佛知時未至　受請嘿然坐

BD05809號　妙法蓮華經卷三　（15–13）

彼佛十六
頭面礼佛足　而請轉法輪　聖師子法雨　充我及一切
世尊甚難值　久遠時一現　爲覺悟羣生　震動於一切
東方諸世界　五百万億國　梵宮殿光曜　昔所未曾有
諸梵見此相　尋來至佛所　散華以供養　并奉上宮殿
請佛轉法輪　以偈而讚歎　佛知時未至　受請嘿然坐
三方及四維　上下亦復尒　散華奉宮殿　請佛轉法輪
世尊甚難值　願以大慈悲　廣開甘露門　轉无上法輪
无量慧世尊　受彼衆人請　爲宣種種法　四諦十二緣
无明至老死　皆從生緣有　如是衆過患　汝等應當知
宣暢是法時　六百万億姟　得盡諸苦際　皆成阿羅漢
第二說法時　千万恒沙衆　於諸法不受　亦得阿羅漢
從是後得道　其數无有量　万億劫筭數　不能得其邊
時十六王子　出家作沙弥　皆共請彼佛　演說大乘法
我等及營從　皆當成佛道　願得如世尊　慧眼第一淨
佛知童子心　宿世之所行　以无量因緣　種種諸譬喻
說六波羅蜜　及諸神通事　分別真實法　菩薩所行道
說是法華經　如恒河沙偈　彼佛說經已　靜室入禪定
一心一處坐　八万四千劫
是諸沙弥等　知佛禪未出　爲无量億衆　說佛无上慧
各各坐法座　說是大乘經　於佛宴寂後　宣揚助法化
一一沙弥等　所度諸衆生　有六百万億　恒河沙等衆
彼佛滅度後　是諸聞法者　在在諸佛土　常與師俱生
是十六沙弥　具足行佛道　今現在十方　各得成正覺
尒時聞法者　各在諸佛所　其有住聲聞　漸教以佛道
我在十六數　曾亦爲汝說　是故以方便　引汝趣佛慧
以是本因緣　今說法華經　令汝入佛道　慎勿懷驚懼

BD05809號　妙法蓮華經卷三　（15–14）

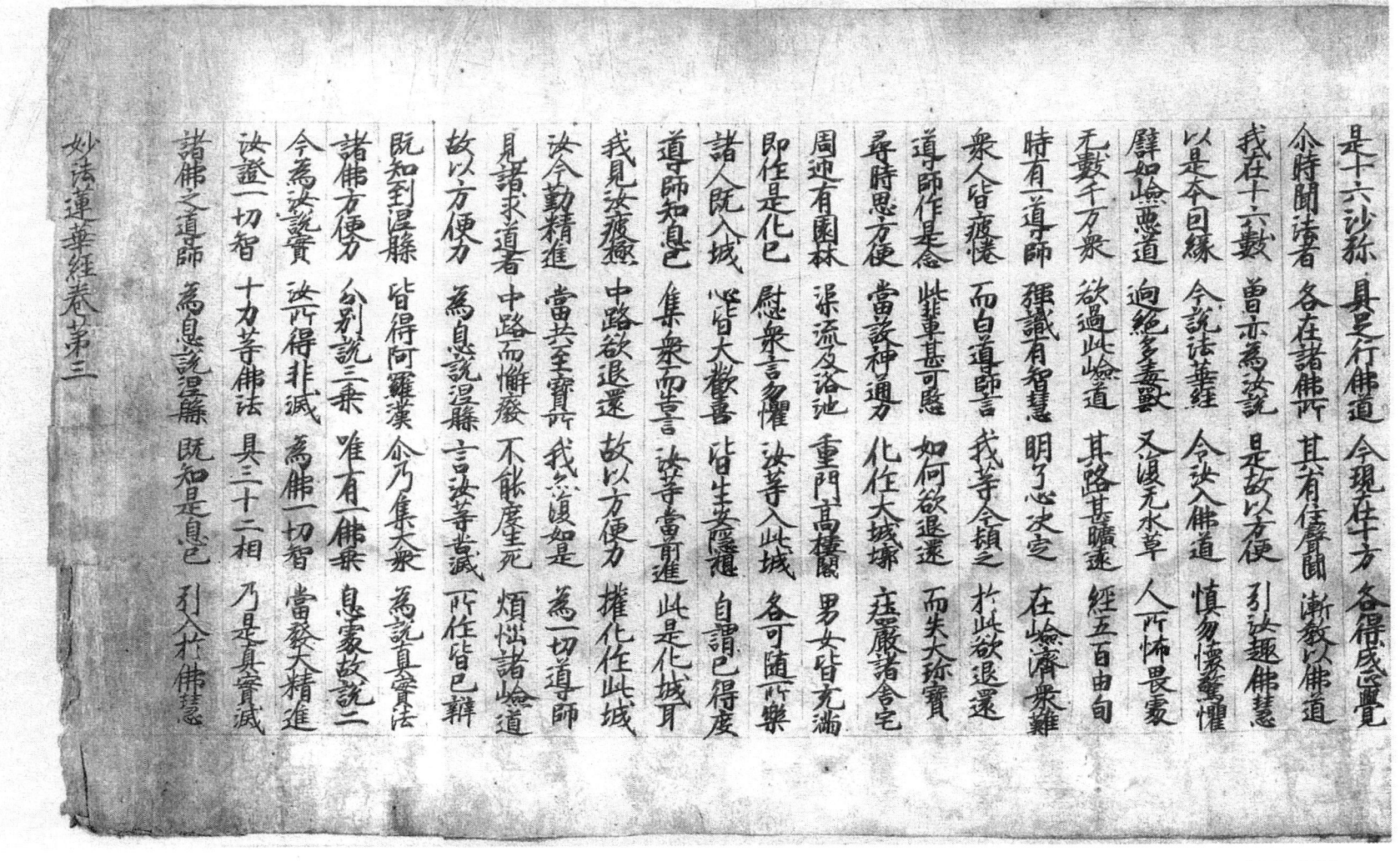

是十六沙彌　具足行佛道　今現在十方　各得成正覺
尒時聞法者　各在諸佛所　其有住聲聞　漸教以佛道
我在十六數　曾亦為汝說　是故以方便　引汝趣佛慧
以是本因緣　今說法華經　令汝入佛道　慎勿懷驚懼
譬如險惡道　迥絕多毒獸　又復无水草　人所怖畏處
无數千万衆　欲過此險道　其路甚曠遠　經五百由旬
時有一導師　強識有智慧　明了心決定　在險濟衆難
衆人皆疲惓　而白導師言　我等今頓乏　於此欲退還
導師作是念　此輩甚可愍　如何欲退還　而失大珍寶
尋時思方便　當設神通力　化作大城郭　莊嚴諸舍宅
周匝有園林　渠流及浴池　重門高樓閣　男女皆充滿
即作是化已　慰衆言勿懼　汝等入此城　各可隨所樂
諸人既入城　心皆大歡喜　皆生安隱想　自謂已得度
導師知息已　集衆而告言　汝等當前進　此是化城耳
我見汝疲極　中路欲退還　故以方便力　權化作此城
汝今勤精進　當共至寶所　我亦復如是　為一切導師
見諸求道者　中路而懈廢　不能度生死　煩惱諸險道
故以方便力　為息說涅槃　言汝等苦滅　所作皆已辦
既知到涅槃　皆得阿羅漢　尒乃集大衆　為說真實法
諸佛方便力　分別說三乘　唯有一佛乘　息處故說二
今為汝說實　汝所得非滅　為佛一切智　當發大精進
汝證一切智　十力等佛法　具三十二相　乃是真實滅
諸佛之導師　為息說涅槃　既知是息已　引入於佛慧

妙法蓮華經卷苐三

BD05809號　妙法蓮華經卷三　（15–15）

為本一切斷事鬪
妄為本迦葉菩薩白佛
經中說一切善法不放
義云何佛言善男子若
言了因不放逸是如
具因戒復有說子為生
尒迦葉菩薩言世尊如
七品佛是根本是義云
衆生初知卅七品佛是
根本世尊云何明觸名
戒時說明為慧戒說為
親近善友是名為觸觀
名為觸因聞正法身口意淨是
業淨獲得正命是名為觸因正
戒因淨根戒樂寂靜處因樂寂靜[illegible]善[illegible]惟
因善思惟得如法住因如法住得卅七品[illegible]
壞无量諸惡煩惱是名為觸善男子受名攝
取衆生受時能作善惡是故名受為攝取也
善男子受因緣故生諸煩惱卅七品能破壞
之是故以受為攝取也因善思惟能破煩惱
是故名增何以故懃脩習故得如是等卅七
品善觀能破諸惡煩惱惡煩惱念是故以念

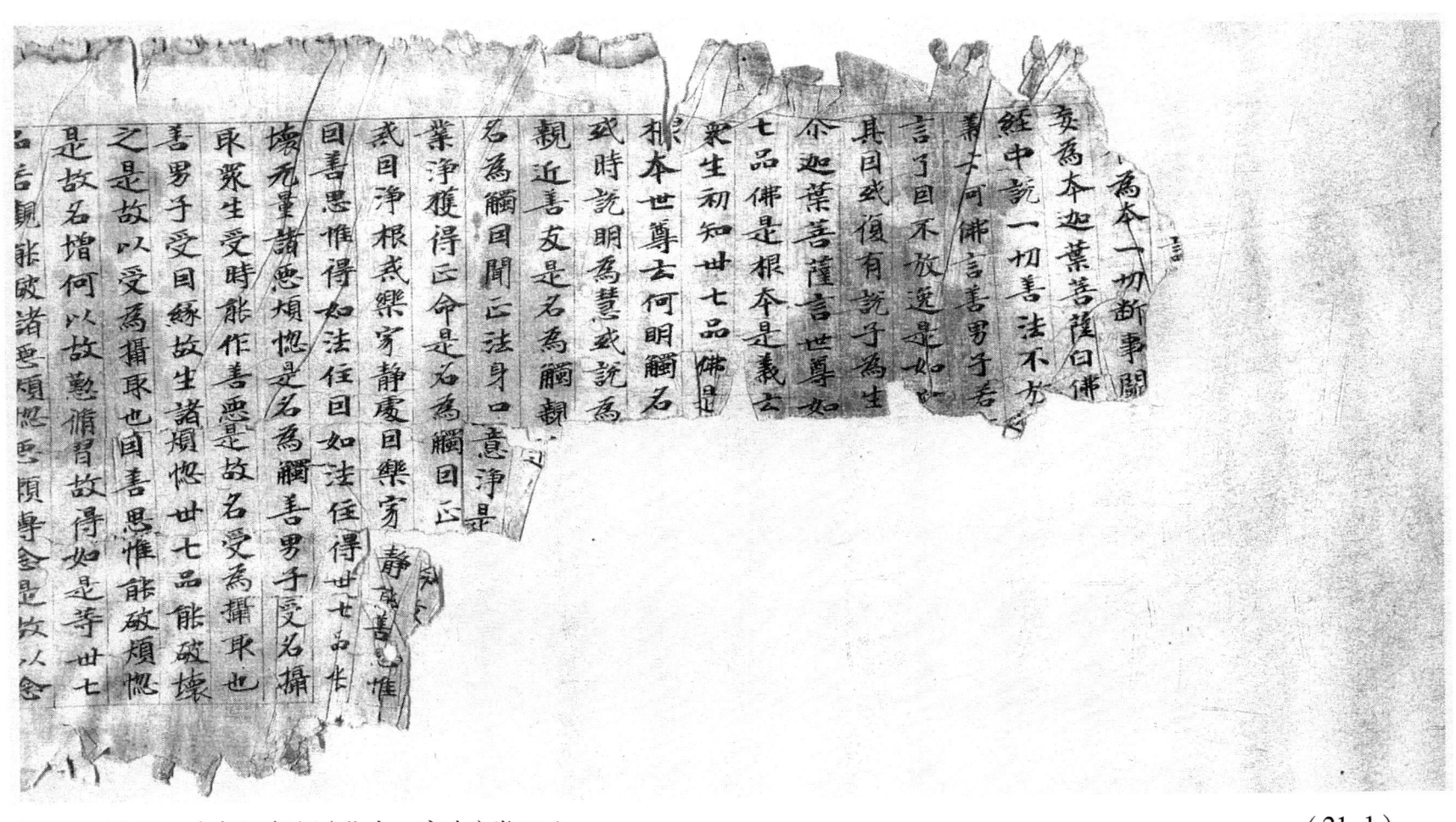

BD05810號　大般涅槃經（北本　宮本）卷三八　（21–1）

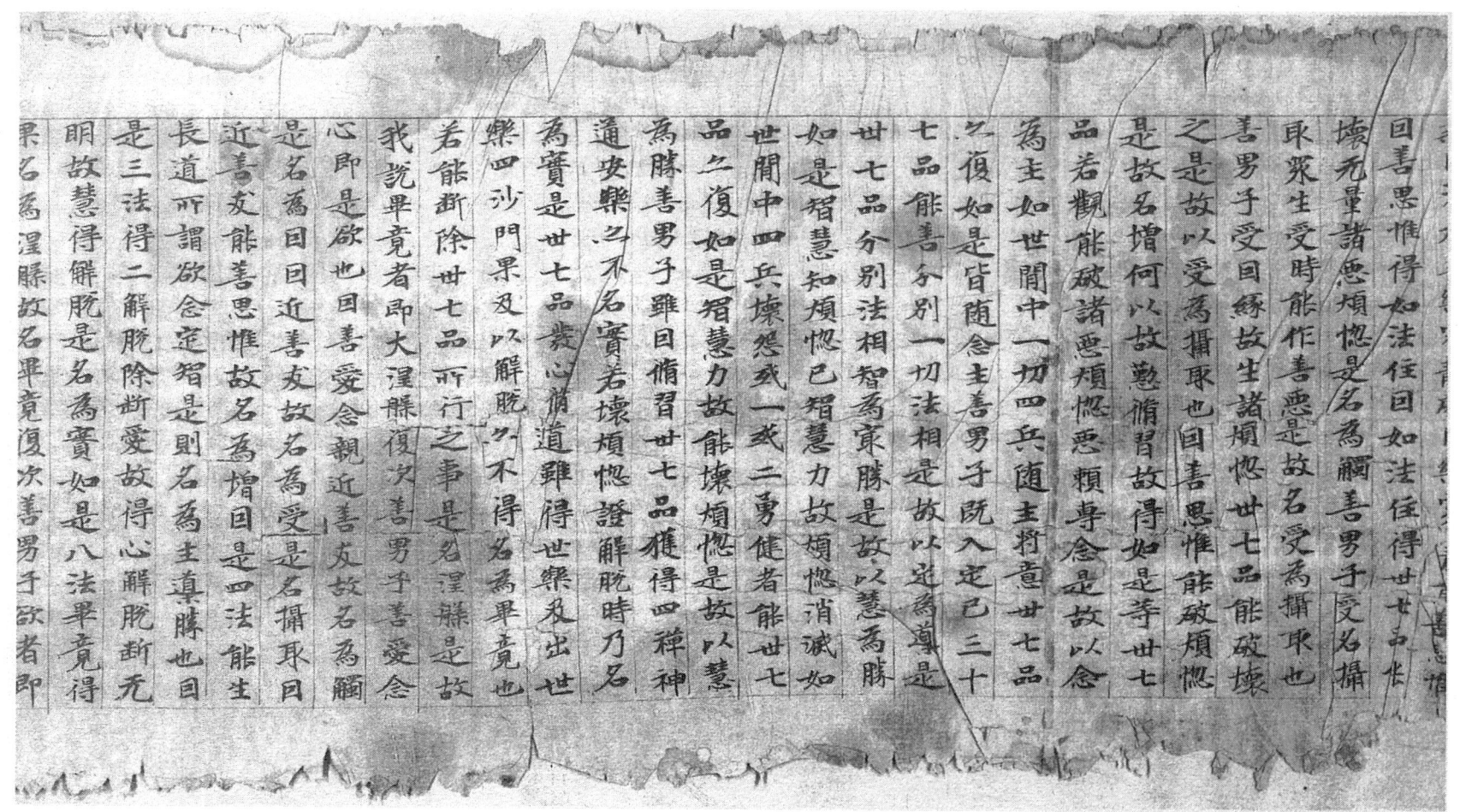

因善思惟得如法住因如法住得卅七品能
壞无量諸惡煩惱是名為觸善男子受名攝
取衆生受時能作善惡是故名受為攝取也
善男子受因緣故生諸煩惱卅七品能破壞
之是故以受為攝取也因善思惟能破煩惱
是故名增何以故懃脩習故得如是等卅七
品若觀能破諸惡煩惱惡賴尊念是故以念
為主如世間中一切四兵隨主將意卅七品
亦復如是皆隨念主善男子既入定已三十
七品能善分別一切法相是故以定為導是
卅七品分別法相智為最勝是故以慧為勝
如是智慧知煩惱已智慧力故煩惱消滅如
世間中四兵壞怨或一或二勇健者能卅七
品亦復如是智慧力故能壞煩惱是故以慧
為勝善男子雖因脩習卅七品獲得四禪神
通安樂亦不名實若壞煩惱證解脫時乃名
為實是卅七品發心脩道雖得世樂及出世
樂四沙門果及以解脫亦不得名為畢竟也
若能斷除卅七品所行之事是名涅槃是故
我說畢竟者即大涅槃復次善男子善愛念
心即是欲也因善愛念親近善友故名為觸
是名為因因近善友故名為受是名攝取因
近善友能善思惟故名為增因是四法能生
長道所謂欲念定智是則名為主導勝也因
是三法得二解脫除斷愛故得心解脫斷无
明故慧得解脫是名為實如是八法畢竟得
果名為涅槃故名畢竟復次善男子欲者即

BD05810 號　大般涅槃經（北本　宮本）卷三八　（21–2）

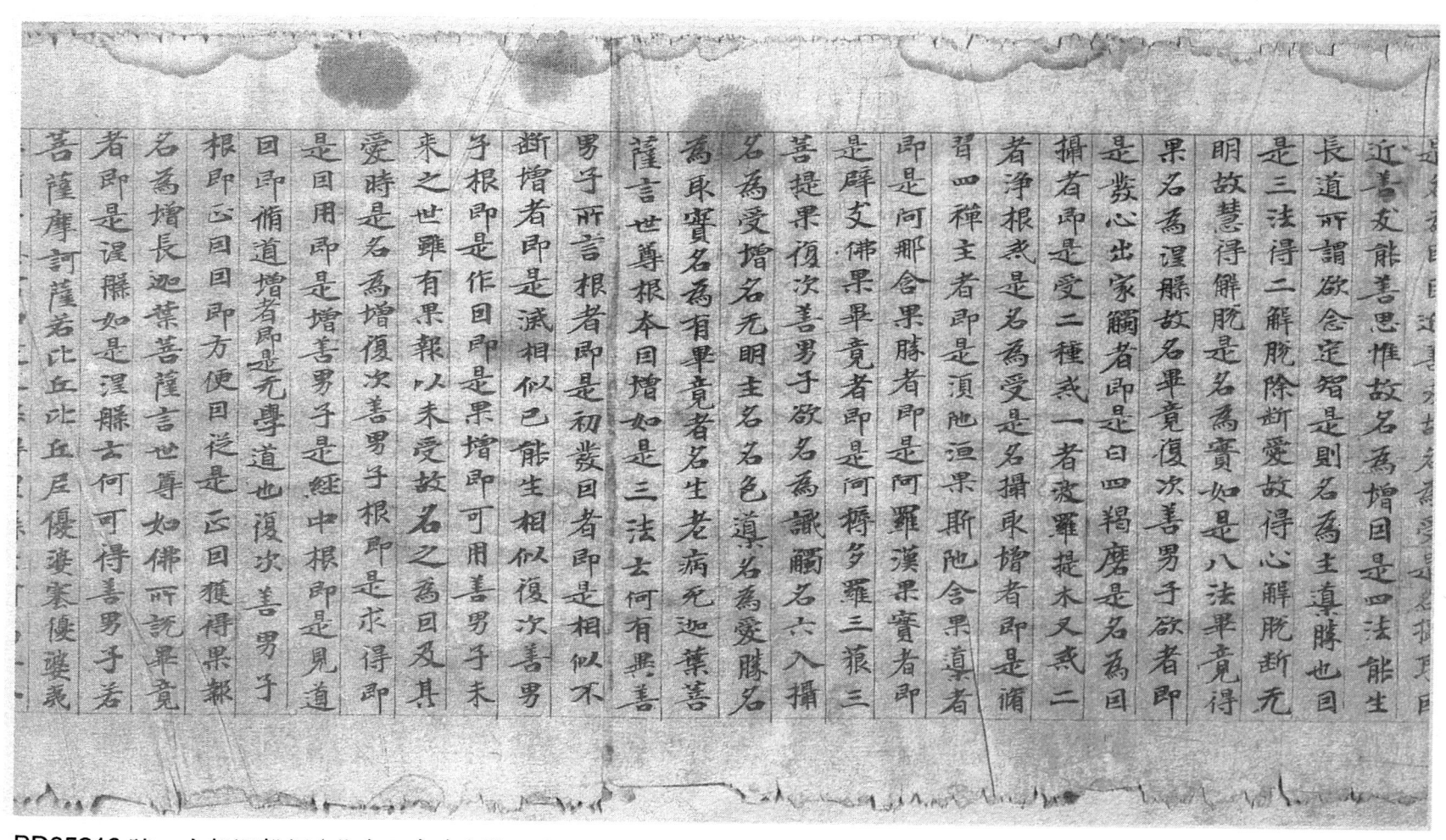

近善友能善思惟故名為增因是四法能生
長道所謂欲念定智是則名為主導勝也因
是三法得二解脫除斷愛故得心解脫斷无
明故慧得解脫是名為實如是八法畢竟得
果名為涅槃故名畢竟復次善男子欲者即
是發心出家觸者即是白四羯磨是名為因
攝者即是受二種戒一者波羅提木叉戒二
者淨根戒是名為受是名攝取增者即是脩
習四禪主者即是須陁洹果斯陁含果導者
即是阿那含果勝者即是阿羅漢果實者即
是辟支佛果畢竟者即是阿耨多羅三藐三
菩提果復次善男子欲名為識觸名六入攝
名為愛增名无明主名名色導名為愛勝名
為取實名為有畢竟者名生老病死迦葉菩
薩言世尊根本因增如是三法云何有異善
男子所言根者即是初發因者即是相似不
斷增者即是滅相似已能生相似復次善男
子根即是作因即是果增即可用善男子未
來之世雖有果報以未受故名之為因及其
受時是名為增復次善男子根即是求得即
是因用即是增善男子是經中根即是見道
因即脩道增者即是无學道也復次善男子
根即正因因即方便因從是正因獲得果報
名為增長迦葉菩薩言世尊如佛所說畢竟
者即是涅槃如是涅槃云何可得善男子若
菩薩摩訶薩若比丘比丘尼優婆塞優婆夷

BD05810 號　大般涅槃經（北本　宮本）卷三八　（21–3）

因即脩道增者即是无學道也復次善男子
根即正因因即方便因從是正因獲得果報
名為增長迦葉菩薩言世尊如佛所說畢竟
者即是涅槃如是涅槃云何可得善男子若
菩薩摩訶薩若比丘比丘尼優婆塞優婆夷
能脩十想當知是人能得涅槃云何為十一
者无常想二者苦想三者无我想四者猒
離食想五者一切世間不可樂想六者死想
七者多過罪想八者離想九者滅想十者无
愛想善男子菩薩摩訶薩比丘比丘尼優婆
塞優婆夷脩習如是十種想者是人畢竟定
得涅槃不隨他心自能分別善不善等是名
真實稱比丘義乃至得稱優婆夷義迦葉菩
薩言世尊云何名為菩薩乃至優婆夷等脩
无常想善男子菩薩二種一初發心二已行
道无常想者亦復二種一麁二細初發心菩
薩觀无常想時作是思惟世間之物凡有二
種一內二外如是內物无常變異我見生時
小時大時壯時老時死時是諸時節各各不
同是故當知內物无常復作是念我見眾生
或有肥鮮具足色力去來進止自在无㝵或
見病苦色力毀悴顏貌羸損不得自在或見
財富庫藏盈溢或見貧窮觸事斯乏或見成
就无量功德或見具足无量惡法是故定知
內法无常復觀外法子時牙時莖時葉時華
時菓時如是諸時各各不同如是外法或有

BD05810號　大般涅槃經（北本　宮本）卷三八　（21–4）

見病苦色力毀悴顏貌羸損不得自在或見
財富庫藏盈溢或見貧窮觸事斯乏或見成
就无量功德或見具足无量惡法是故定知
內法无常復觀外法子時牙時莖時葉時華
時菓時如是諸時各各不同如是外法或有
具足或不具足是故當知一切外物定是无
常既觀見法是无常已復觀聞法我聞諸天
具足成就極妙快樂神通自在亦有五相是
故當知即是无常復聞劫初有諸眾生各各
具足上妙功德身光自然不假日月无常力
故光滅德損復聞昔有轉輪聖王統四天下
成就七寶得大自在亦不能壞无常之相復
觀大地往昔之時安處布置无量眾生間无
空處如車輪許具足生長一切妙藥藂林樹
木菓實滋茂眾生薄福令此大地无復勢力
所生之物遂成虛耗是故當知內外之法一
切无常是即名為麁无常也既觀麁已次觀
細者云何名細菩薩摩訶薩觀於一切內外
之物乃至微塵在未來時已是无常何以故
具足成就破壞相故若未來色非无常者不
得言色有十時差別云何十時一者膜時二
者泡時三者疱時四者宍團時五者枝時六
者嬰孩時七者童子時八者少年時九者盛
壯時十者衰老時菩薩觀膜若非无常不應
至泡乃至盛壯非无常者終不至老若是諸
時非念念滅終不漸長應當一時成就具足
无是事故是故當知定有念念微細无常復

BD05810號　大般涅槃經（北本　宮本）卷三八　（21–5）

者泡時三者皰時四者肉團時五者枝時六
者嬰孩時七者童子時八者少年時九者盛
壯時十者衰老時菩薩觀膜若非无常不應
至泡乃至盛壯非无常者終不至老若是諸
時非念念滅終不漸長應當一時成就具足
无是事故是故當知定有念念微細无常復
見有人諸根具足顏色煒曄後見枯悴復作
是念是人定有念念无常復觀四大及四威
儀復觀內外各二苦因飢渴寒熱復觀是四
若无念念微細无常之不得說如是四苦若
有菩薩能作是念是名菩薩觀細无常如內
外色心法之亦何以故行六處故行六處時
或生善心或生瞋心或生愛心或生念心展
轉異生不得一種是故當知一切色法及非
色法悉是无常
善男子菩薩若能於一念中見一切法生滅
无常是名菩薩具无常想善男子智者脩習
无常想已遠離常慢常倒想倒次脩苦想何
因緣故有如是苦深知是苦因於无常因无
常故受生老病死生老病死因緣故名為无
常无常因緣故受內外苦飢渴寒熱鞭打罵
辱如是等苦皆因无常復次智者深觀此身
即无常器是器即苦以器苦故所受盛法之
復是苦善男子智者復觀生即是苦滅即是
苦苦生滅故即是无常非我我所脩无我想
智者復觀苦即无常无常即苦若苦无常智
者云何說言有我苦非是我无常之亦如是

BD05810 號　大般涅槃經（北本　宮本）卷三八　　（21–6）

辱如是等苦皆因无常復次智者深觀此身
即无常器是器即苦以器苦故所受盛法之
復是苦善男子智者復觀生即是苦滅即是
苦苦生滅故即是无常非我我所脩无我想
智者復觀苦即无常无常即苦若苦无常智
者云何說言有我苦非是我无常之亦如是
五陰之苦无常衆生云何說言有我復次觀
一切法有異和合不從一和合生一切法之
非一法是一切和合果一切和合皆无自性
之无一性之无異性之无物性之无自在諸
法若有如是等相智者云何說言有我復作
是念一切法中无有一法能為作者若使一
法不能作者衆法和合之不能作一切諸法
性終不能獨生獨滅和合故滅和合故生是
法生已衆生倒想言是和合從和合生衆生
倒想无有真實云何而有真實我耶是故智
者觀於无我又復諦觀何因緣故衆生說我
是我若有應一應多我若一者云何而有剎
利婆羅門毗舍首陁人天地獄餓鬼畜生大
小老莊是故知我非是一也我若多者云何
說言衆生我者是一是遍无有邊際若一若
多二俱无我智者如是觀无我已次復觀於
猒離食想作是念言若一切法无常苦无我
云何為食起身口意三種惡業若有衆生為
貪食故起身口意三種惡業所得財物衆皆
共之後受苦果无共分者善男子智者復觀
一切衆生為飲食故身心受苦若從衆苦而

BD05810 號　大般涅槃經（北本　宮本）卷三八　　（21–7）

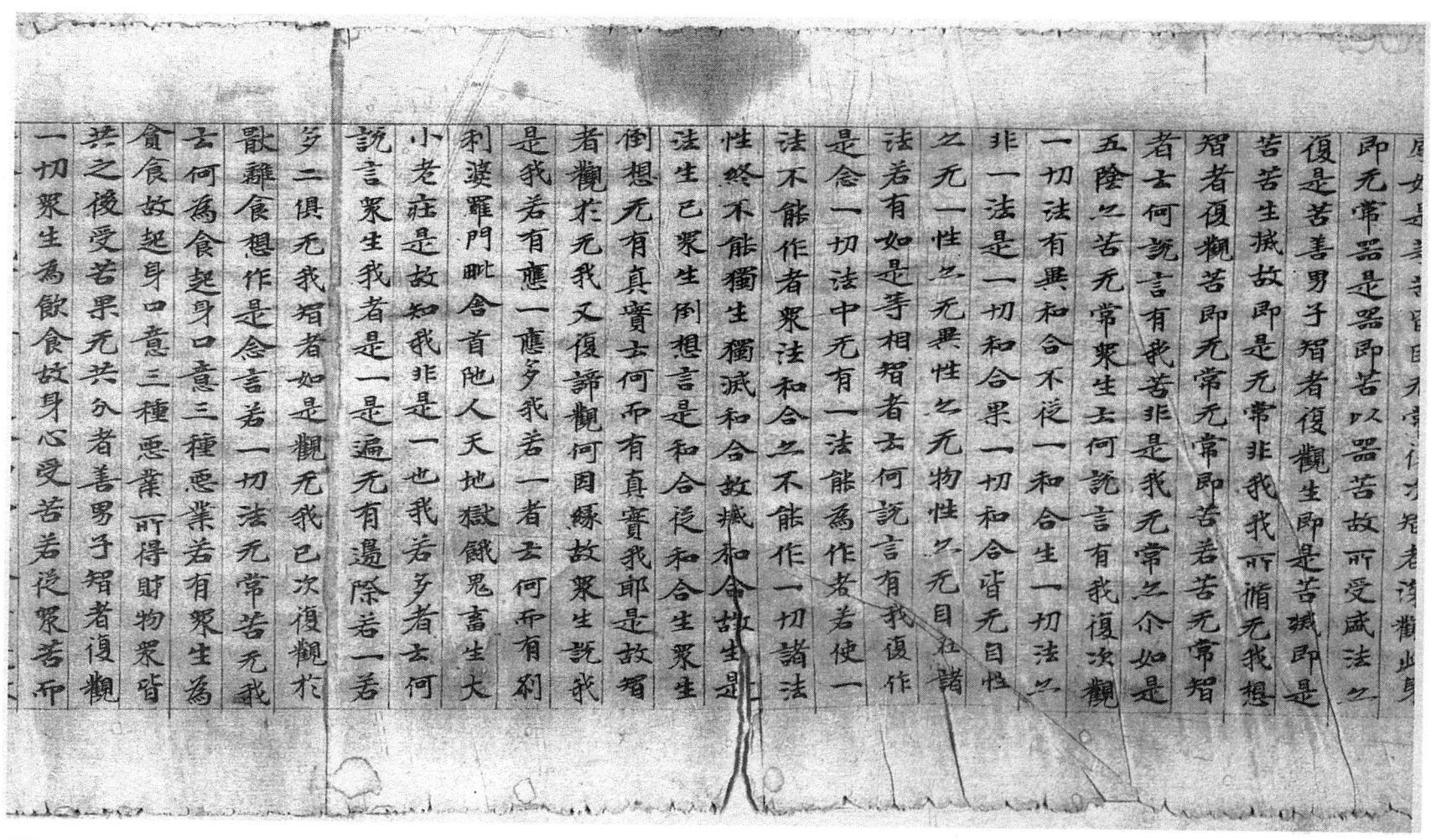

猒離食想作是念言若一切法无常苦无我
云何為食起身口意三種惡業若有衆生為
貪食故起身口意三種惡業所得財物衆皆
共之後受苦果无共分者善男子智者復觀
一切衆生為飲食故身心受苦若從衆苦而
得食者我當云何於是食中而生貪著是故
於食不生貪心復次智者當觀因於飲食身
得增長我今出家受戒脩道為欲捨身今貪此
食云何當得捨此身也如是觀已雖復受食
猶如曠野食其子宍其心猒惡都不甘樂深
觀揣食有如是過次觀觸食如被剥牛為无
量虫之所唼食次觀思食如大火聚識食猶
如三百鑽矛善男子智者如是觀四食已於
食終不生貪樂想若猶生貪當觀不淨何以
故為離食愛故於一切食若能分別不淨之
想隨諸不淨令与相似如是觀已若得好食
及以惡食受時猶如塗癰瘡藥終不生於貪
愛之心善男子智者若能如是觀者是名成
就猒離食想迦葉菩薩言世尊智者觀食
作不淨想為是實觀虛解觀耶若是實觀所
觀之食實非不淨若是虛解是法云何名為
善想佛言善男子如是想者亦是實觀亦是
虛解能壞貪食故名為實非虫見虫故名虛
解善男子一切有漏皆名為虛亦能得實善
男子若有比丘發心乞食豫作是念我當乞
食願得好者莫得麤惡願必多得莫令尠少
亦願速得莫令遲晚如是比丘不名於食得

善想佛言善男子如是想者亦是實觀亦是
虛解能壞貪食故名為實非虫見虫故名虛
解善男子一切有漏皆名為虛亦能得實善
男子若有比丘發心乞食豫作是念我當乞
食願得好者莫得麤惡願必多得莫令尠少
亦願速得莫令遲晚如是比丘不名於食得
猒離想所脩善法日夜衰耗不善之法漸當
增長善男子若有比丘欲乞食時先當願言
令諸乞者悉得飽滿其施食者得无量福我
若得食為療毒身脩習善法利益施主作是
願時所脩善法日夜增長不善之法漸當消
滅善男子若有比丘能如是脩當知是人不
空食於國中信施善男子智者具足如是四
想能脩世間不可樂想作是念言一切世間
无處不有生老病死而我此身无處不生若
世間中无有一處當得離於生老病死我當
云何樂於世間一切世間无有進得而不退
失是故世間定是无常若是无常云何智人
而樂於世一一衆生周遍逕歷一切世間具
受苦樂雖復得受梵天之身乃至非想非非
想天命終還墮三惡道中雖為四王乃至他
化自在天身命終生於畜生道中或為師子
乕兕犲狼鳥馬牛驢次觀轉輪聖王之身統
四天下豪貴自在福盡貧困衣食不供智者
深觀如是事已生於世間不可樂想智者復
觀世間有法所謂舍宅衣服飲食臥具醫藥
香華瓔珞種種伎樂財物寶貨如是等事皆

化自在天身命終生於畜生道中或為師子
虎兕豺狼象馬牛驢次觀轉輪聖王之身統
四天下豪貴自在福盡貧困衣食不供智者
深觀如是事已生於世間不可樂想智者復
觀世間有法所謂舍宅衣服飲食卧具醫藥
香華瓔珞種種伎樂財物寶貨如是等事皆
為離苦而是等物悉即是苦云何以苦欲離
於苦善男子智者如是觀已於世間物不生
愛樂而作樂想善男子譬如有人身嬰重病
雖有種種音樂倡伎香華瓔珞終不於中生
貪愛樂智者觀已亦復如是善男子智者深
觀一切世間非歸依處非解脫處非寂靜處
非不愛處非彼岸處非是常樂我淨之法若
我貪樂如是世間我當云何得離是法如人
不樂處闇而求光明還復歸闇闇即世間明
即出世若我樂世增長黑闇遠離光明闇即
无明光即智明是智明因即是世間不可樂
想一切貪結唯是繫縛然我今者貪於智明
不樂世間智者深觀如是法已具足世間不
可樂想善男子有智之人已脩世間不可樂
想次脩死想觀是壽命常為无量怨讎所遶
念念損減无有增長猶山瀑水不得停住亦
如朝露勢不久停如囚趣市步步近死如牽
牛羊詣於屠所迦葉菩薩言世尊云何智者
觀念念滅善男子譬如四人皆善射術聚在
一處各射一方俱作是念我等四箭俱發俱

BD05810號　大般涅槃經（北本　宮本）卷三八　（21–10）

念念損減无有增長猶山瀑水不得停住亦
如朝露勢不久停如囚趣市步步近死如牽
牛羊詣於屠所迦葉菩薩言世尊云何智者
觀念念滅善男子譬如四人皆善射術聚在
一處各射一方俱作是念我等四箭俱發俱
墮復有一人作是念言如是四箭及其未墮
我能一時以手接取善男子如是之人可說
疾不迦葉菩薩言如是世尊佛言善男子地
行鬼疾復速是人有飛行鬼復速地行四天
王疾復速飛行日月神天復速四王行堅疾
天復速日月眾生壽命復速堅疾善男子一
息一眴眾生壽命四百生滅智者若能觀命
如是是名能觀念念滅也善男子智者觀命
繫屬死王我若能離如是死王則能永斷无
常壽命復次智者觀是壽命猶如河岸臨峻
大樹亦如有人作大逆罪及其受戮无憐惜者
如師子王大飢困時亦如毒蛇吸大風時猶
如渴馬護惜水時如大惡鬼瞋恚發時眾生
死王亦復如是善男子智者若能作如是觀
是則名為脩習死想善男子智者復觀我今
出家設得壽命七日七夜我當於中精懃脩
道護持禁戒說法教化利益眾生是名智者
脩於死想復以七日七夜為多若得六日五
日四日三日二日一日一夜時乃至出息入息
之頃我當於中精懃脩道護持禁戒說法教
化利益眾生是名智者善脩死想智者具足

BD05810號　大般涅槃經（北本　宮本）卷三八　（21–11）

道護持禁戒說法教化利益衆生是名智者
脩於无想復以七日七夜爲多若得六日五
日四日三日二日一日一夜時乃至出息入息
之頃我當於中精懃脩道護持禁戒說法教
化利益衆生是名智者善脩无想智者具足
如上六想即七想因何等名七一者常脩想
二者樂脩想三者无瞋想四者无妬想五者
善願想六者无憍想七者三昧自在想善男
子若有比丘具是七想是名沙門名婆羅門
是名寂靜是名淨潔是名解脫是名智者是
名正見名到彼岸名大醫王是大商主是名
善解如來秘密之知諸佛七種之語名正見
智斷七語中所生疑因善男子若人具足如
上六想當知是人能呵三界遠離三界撥除
三界於三界中不生愛著是名智者具足十
想若有比丘具之十想則得稱可沙門之想
尒時迦葉菩薩即於佛前以偈讚佛

憐愍世間大醫王　身及智慧俱寂靜
无我法中有真我　是故敬礼无上尊
發心畢竟二不別　如是二心先心難
自未得度先度他　是故我礼初發心
初發已爲人天師　勝出聲聞及緣覺
如是發心過三界　是故得名最无上
世救要求然後得　如來无請而爲師
佛隨世間如犢子　是故得名大悲牛
如來功德滿十方　凡下无智不能讚
我今讚嘆慈悲心　爲報身口二種業

BD05810號　大般涅槃經（北本　宮本）卷三八　（21-12）

如是發心過三界　是故得名最无上
世救要求然後得　如來无請而爲師
佛隨世間如犢子　是故得名大悲牛
如來功德滿十方　凡下无智不能讚
我今讚嘆慈悲心　爲報身口二種業
世間常樂自利益　如來衆不爲是事
能斷衆生世果報　是故我礼自他利
世間逐親作益厚　如來利益无怨親
佛无是相如世人　是故其心等无二
世間說異作業異　如來如說業无差
凡所脩行斷諸行　是故得名爲如來
先已了知煩惱過　示現處之爲衆生
久於世間得解脫　樂處生死慈悲故
雖現天身及人身　慈悲隨逐如犢子
如來即是衆生母　慈悲即是小犢子
自受衆苦念衆生　悲念悲心不悔疲
憐愍心盛不覺苦　故我稽首拔苦者
如來雖作无量福　身口意業恒清淨
常爲衆生不爲已　是故我礼清淨業
如來受苦不覺苦　見衆受苦如己苦
雖爲衆生處地獄　不生苦想及悔心
一切衆生受異苦　悉是如來一人苦
覺已其心轉堅固　故能懃脩无上道
佛具一味大慈心　悲念衆生如子想
衆生不知佛能救　故謗如來及法僧
世間雖具衆苦惱　二有无量諸過惡
如是衆苦及罪過　佛初發心已能壞

BD05810號　大般涅槃經（北本　宮本）卷三八　（21-13）

覺已其心轉堅固　故能勤脩无上道
佛具一味大慈心　悲念衆生如子想
衆生不知佛能救　故謗如來及法僧
世間雖具衆苦惱　亦有无量諸過惡
如是衆苦及罪過　佛初發心已能壞
唯有諸佛能讚佛　除佛无能讚嘆者
我今唯以一法讚　所謂慈心遊世間
如來慈是大法聚　是慈亦能度衆生
即是无上真解脫　解脫即是大涅槃

大般涅槃經憍陳如品第十三

尒時世尊告憍陳如色是无常因滅是色獲
得解脫常住之色受想行識亦是无常因滅
是識獲得解脫常住之識憍陳如色即是苦
因滅是色獲得解脫安樂之色受想行識亦
復如是憍陳如色即是空因滅空色獲得解
脫非空之色受想行識亦復如是憍陳如色
是无我因滅是色獲得解脫真我之色受想
行識亦復如是憍陳如色是不淨因滅是色
獲得解脫清淨之色受想行識亦復如是憍
陳如色是生老病死之相因滅是色獲得解
脫非生老病死相之色受想行識亦復如是
憍陳如色是无明因因滅是色獲得解脫非
无明因色受想行識亦復如是憍陳如乃至色
是生因因滅是色獲得解脫非生因色受想
行識亦復如是憍陳如色者即是四顛倒因
因滅是色獲得解脫非四倒因色受想行識
亦復如是憍陳如色是无量惡法之因所謂

BD05810號　大般涅槃經（北本　宮本）卷三八　（21-14）

无明因色受想行識亦復如是憍陳如乃至色
是生因因滅是色獲得解脫非生因色受想
行識亦復如是憍陳如色者即是四顛倒因
因滅是色獲得解脫非四倒因色受想行識
亦復如是憍陳如色是无量惡法之因所謂
男女等身食愛欲愛貪瞋嫉妬惡心慳心揣
食識食思食觸食卵生胎生濕生化生五欲
五蓋如是等法皆因於色因滅色故獲得解
脫无如是等无量惡色受想行識亦復如是
憍陳如色即是縛因滅縛色獲得解脫无縛
之色受想行識亦復如是憍陳如色即是流
因滅流色獲得解脫非流之色受想行識亦
復如是憍陳如色非歸依因滅是色獲得解
脫歸依之色受想行識亦復如是憍陳如色
是瘡疣因滅是色獲得解脫无瘡疣色受想
行識亦復如是憍陳如色非寂靜因滅是色
獲得涅槃寂靜之色受想行識亦復如是憍
陳如若有人能如是知者是名沙門名婆羅
門具足沙門婆羅門法憍陳如若離佛法无
有沙門无婆羅門亦无沙門婆羅門法一切
外道虛假詐稱都无實行雖復作相言有是
二實无是處何以故若无沙門婆羅門法云
何而言有沙門婆羅門我常於此大衆之中
作師子吼汝等亦當在大衆中作師子吼尒
時外道有无量人聞是語已心生瞋惡瞿曇
今說我等衆中无有沙門及婆羅門亦无沙
門婆羅門法我當云何廣設方便語瞿曇言

BD05810號　大般涅槃經（北本　宮本）卷三八　（21-15）

何而言有沙門婆羅門我常於此大衆之中
作師子吼汝等亦當在大衆中作師子吼尒
時外道有无量人聞是語已心生瞋惡瞿曇
今說我等衆中无有沙門及婆羅門亦无沙
門婆羅門法我當云何廣設方便語瞿曇言
我等衆中亦有沙門有沙門法有婆羅門有
婆羅門法時彼衆中有一梵志唱如是言諸
仁者瞿曇之言如狂无異何可撿挍世間狂
人或歌或儛或哭或笑或罵或讚於怨親所
不能分別沙門瞿曇亦復如是或說我生淨
飯王家或言不生或言生已行至七步或說不
行或說從小習學世事或說我是一切智人
或時處宮受樂生子或時猒患呵嘖惡賊或
時觀脩苦行六年或時呵嘖外道苦行或言
從彼欝頭藍弗阿羅邏等稟承未聞或時說
其无所知晚或時說言菩提樹下得阿耨多
羅三藐三菩提或時說言我不至樹无所尅
獲或時說言我今此身即是涅槃或言身滅
乃是涅槃瞿曇所說如狂无異何故以此而
愁憒耶諸婆羅門即便答言大士我等今者
何得不愁沙門瞿曇先出家已說无常苦空
无我等我諸弟子聞生恐怖云何衆生无常
苦空无我不淨不受其語今者瞿曇復來至
此娑羅林中為諸大衆說有常樂我淨之法
我諸弟子聞是說已悉捨我去受瞿曇語以
是因緣生大愁苦
尒時復有一婆羅門作如是言諸仁者諦聽

苦空无我不淨不受其語今者瞿曇復來至
此娑羅林中為諸大衆說有常樂我淨之法
我諸弟子聞是說已悉捨我去受瞿曇語以
是因緣生大愁苦
尒時復有一婆羅門作如是言諸仁者諦聽
諦聽瞿曇沙門名脩慈悲是言虛妄非真實
也若有慈悲云何教我諸弟子等自受其法
慈悲果者隨順他意今違我願云何言有若
有說言沙門瞿曇不為世間八法所染是亦
虛妄若言瞿曇少欲知足今者云何奪我等
利若言種性是上族者是亦虛妄何以故從
昔已來不見不聞大師子王殘害小鼠若使
瞿曇是上種姓如何今者惱乱我等若言瞿
曇具大勢力是亦虛妄何以故從昔已來亦
不見聞金翅鳥王与烏共諍若言力大復以
何事与我共鬪若言瞿曇具他心智是亦虛
妄何以故若具此智以何因緣不知我心諸
仁者我昔曾從先舊智人聞說是事過百年
已世間當有一姟幻出即是瞿曇如是妖惑
今於此處娑羅林中將滅不久汝等今者不
應愁惱尒時復有一尼揵子答言仁者我今
愁苦不為自身弟子供養但為世間癡闇无
明不識福田及非福田棄捨先舊智婆羅門供
養年少以為愁耳瞿曇沙門大知呪術因呪
術力能令一身作无量身令无量身還作一
身或以自身作男女像牛羊象馬我力能滅

愁苦不爲自身弟子供養但爲世間癡闇无
明不識福田及非福田棄捨先舊智婆羅門供
養年少以爲愁耳瞿曇沙門大知呪術因呪
術力能令一身作无量身令无量身還作一
身或以自身作男女像牛羊象馬我力能滅
如是呪術瞿曇沙門呪術既滅汝等當還多
得供養受於安樂尒時復有一婆羅門作如
是言諸仁者瞿曇沙門成就具足无量功德
是故汝等不應与諍大衆荅言癡人云何說
言沙門瞿曇具大功德具生七日母便命終
是可得名福德相耶婆羅門言罵時不瞋打
時不報當知即是大福德相具身具足三十二
相八十種好无量神通是故當知是福德相
心无憍慢先意問訊言語柔濡初无麤獷年
志俱盛心不卒暴王國多財无所愛戀捨之
出家如棄涕唾是故我說沙門瞿曇成就具
之无量功德大衆荅言善哉仁者瞿曇沙門
實如所說成就无量神通變化我不与彼捔
試是事瞿曇沙門受性柔濡不堪苦行生長
深宮不綜外事唯可濡語不知伎藝書籍論
議請共詳辯正法之要彼若勝我我當給事
我若勝彼彼當事我尒時多有无量外道和
合共往摩伽陁王阿闍世所王見便問諸仁
何來汝等各各循習聖道是出家人捨離財
貨及在家事然我國人皆共供養敬心瞻視
无相犯觸何故和合而來至此諸仁者汝等

我若勝彼彼當事我尒時多有无量外道和
合共往摩伽陁王阿闍世所王見便問諸仁
何來汝等各各循習聖道是出家人捨離財
貨及在家事然我國人皆共供養敬心瞻視
无相犯觸何故和合而來至此諸仁者汝等
各受異法異戒出家不同亦復各各自隨戒
法出家循道何因緣故今者一心而共和合
猶如葉落旋風所吹聚在一處說何因緣而
來至此我常擁護出家之人乃至不惜身之
与命尒時一切諸外道衆咸作是言大王諦
聽大王今者是大法橋是大法礪是大法稱
即是一切功德之器一切功德真實之性正
法道路即是種子之良田也一切國土之根
本也一切國土之大明鏡一切諸天之形像
也一切國人之父母也大王一切世間功德
寶藏即是王身何以故名功德藏王斷國事
不擇怨親其心平等如地水火風是故名王
爲功德藏大王現在衆生雖復壽短王之功
德如昔長壽安樂時王亦如頂生善見忍辱
那睺沙王耶耶帝王尸毗王一叉鳩王如是
等王具足善法大王今者亦復如是大王以
王因緣國土安樂人民熾盛是故一切出家
之人慕樂此國持戒精懃循習正道大王我
經中說若出家人隨所住國持戒精懃循習
正道其王亦有循善之分大王一切盜賊王
已整理出家之人都无畏懼今者唯有一大惡
人瞿曇沙門王未撿挍我等甚畏其人自恃

王曰[illegible]國土安樂人民熾盛是故一切出家
之人慕樂此國持戒精懃循習正道大王我
經中說若出家人隨所住國持戒精懃循習
正道其王亦有循善之分大王一切盜賊王
已㤪理出家之人都无畏懼今者唯有一大惡
人瞿曇沙門王未撿挍我等甚畏其人目恃
豪族種性身色具足又因過去布施之報多
得供養恃此衆事生大憍慠或因呪術而生
憍慠以是因緣不能苦行受畜細濡衣服卧
具是故一切世間惡人為利養故往集其所
而為眷屬不能循苦呪術力故調伏迦葉及
舍利弗目揵連等今復來至我所住處娑
羅林中宣說是身常樂我淨誘我弟子大
王瞿曇先說无常无樂无我无淨我能忍
之今乃宣說常樂我淨我實不忍唯願大王
聽我与彼瞿曇論議王即荅言諸大士汝等
今者為誰教導而令其心狂乱不定如水濤
波旋火之輪猨猴擲樹是事可耻智人若聞
則生憐愍愚人聞之則生嗤咲汝等所說非
出家相汝若風病黄水患者吾悉有藥能療
治之如其鬼病家兄耆婆善能去之汝等今
者欲以手抓抱須弥山欲以口齧齧金剛
諸大士辟如愚人見師子王飢時睡眠而欲
悟之如人以指置毒虵口如欲以手觸灰覆
火汝等今者亦復如是善男子辟如野狐作
師子吼猶如蚊子共金翅鳥捔行遲疾如兔
渡海欲盡其底汝等今者亦復如是汝若夢

BD05810號　大般涅槃經（北本　宮本）卷三八　（21–20）

悟之如人以指置毒虵口如欲以手觸灰覆
火汝等今者亦復如是善男子辟如野狐作
師子吼猶如蚊子共金翅鳥捔行遲疾如兔
渡海欲盡其底汝等今者亦復如是汝若夢
見勝瞿曇者是夢狂惑未之可信諸大士汝
等今者興建是意猶如飛蛾投於火聚汝隨
我語不須更說汝雖讃我平等如稱勿令外
人復聞是語
尒時外道復作是言大士瞿曇沙門所作幻
術到汝邊耶乃令大王心疑不信是等聖人
大王不應輕蔑如是大士大王是月增減大
海鹹味摩羅延山如是等事誰之所作豈非
我等婆羅門耶大王不聞阿竭多仙十二年
中恒河之水停耳中耶大王不聞瞿曇仙人
大現神通十二年中變作釋身并令釋身作
羖羊形作千女根在釋身耶大王不聞耆兔
仙人一日之中歃四海水令大地乾耶大王
不聞婆藪仙人為自在天作三眼耶大王不
聞羅羅仙人變迦羅富城作鹵土耶大王婆
羅門中有如是等大力諸仙現可撿挍大王
云何見輕蔑耶王言諸仁者若不見信故欲
為者如來正覺今者近在娑羅林中汝等可往
隨意問難如來亦當為汝分別稱汝意荅

大般涅槃經卷第卅八

BD05810號　大般涅槃經（北本　宮本）卷三八　（21–21）

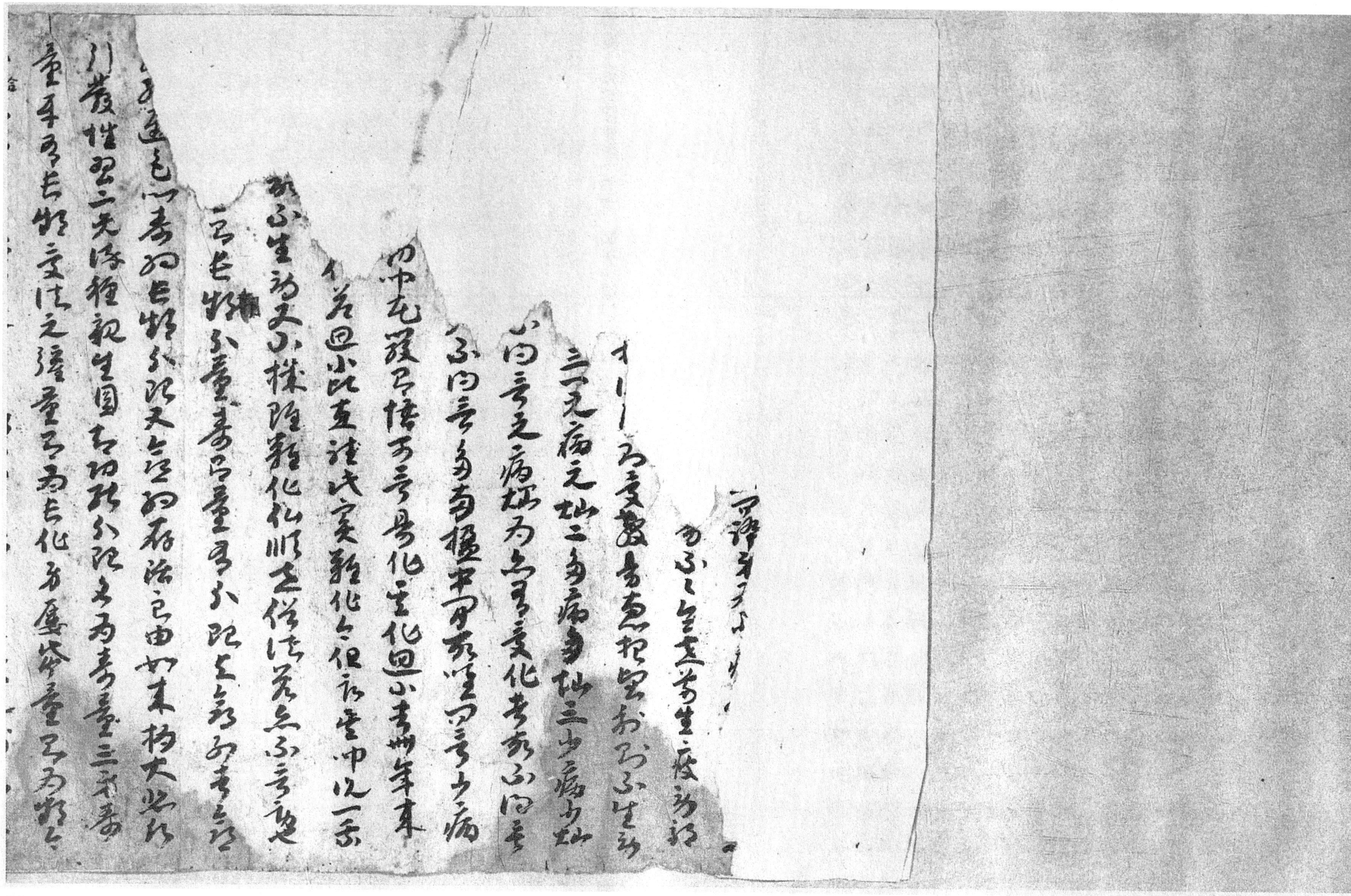

BD05811號　法華經疏（擬）

（42–1）

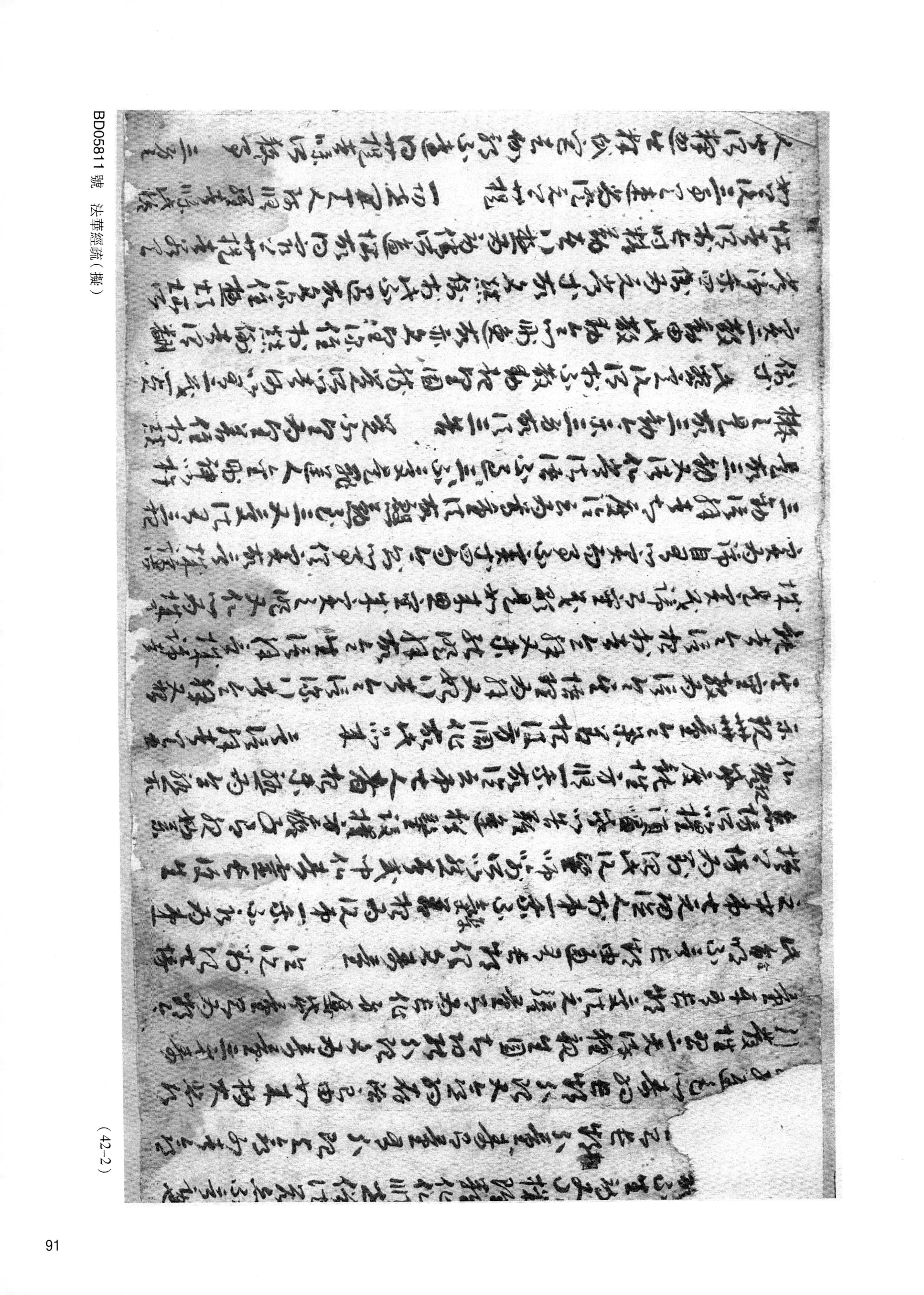

[illegible]

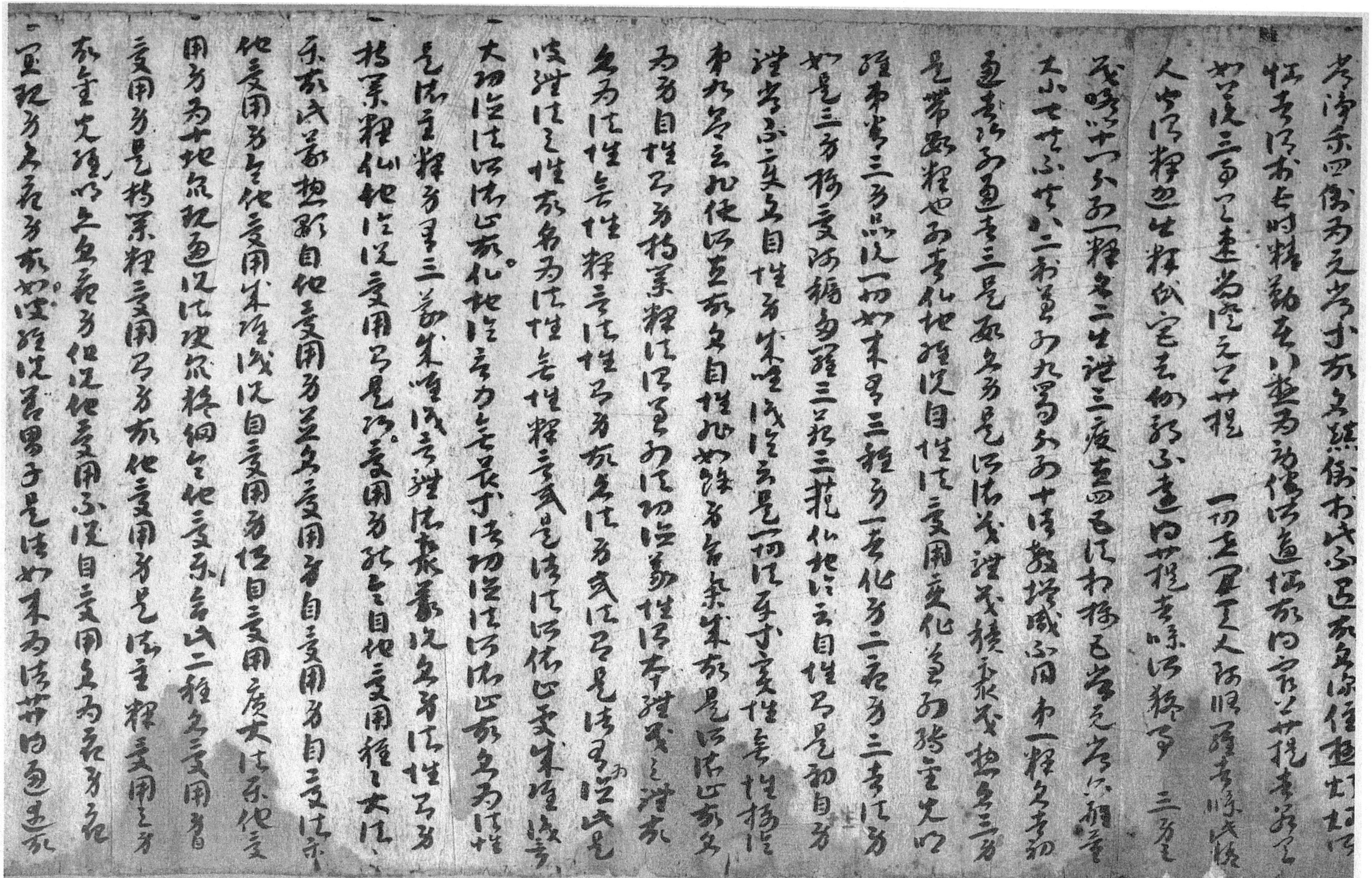

BD05811號　法華經疏（擬）

（42–3）

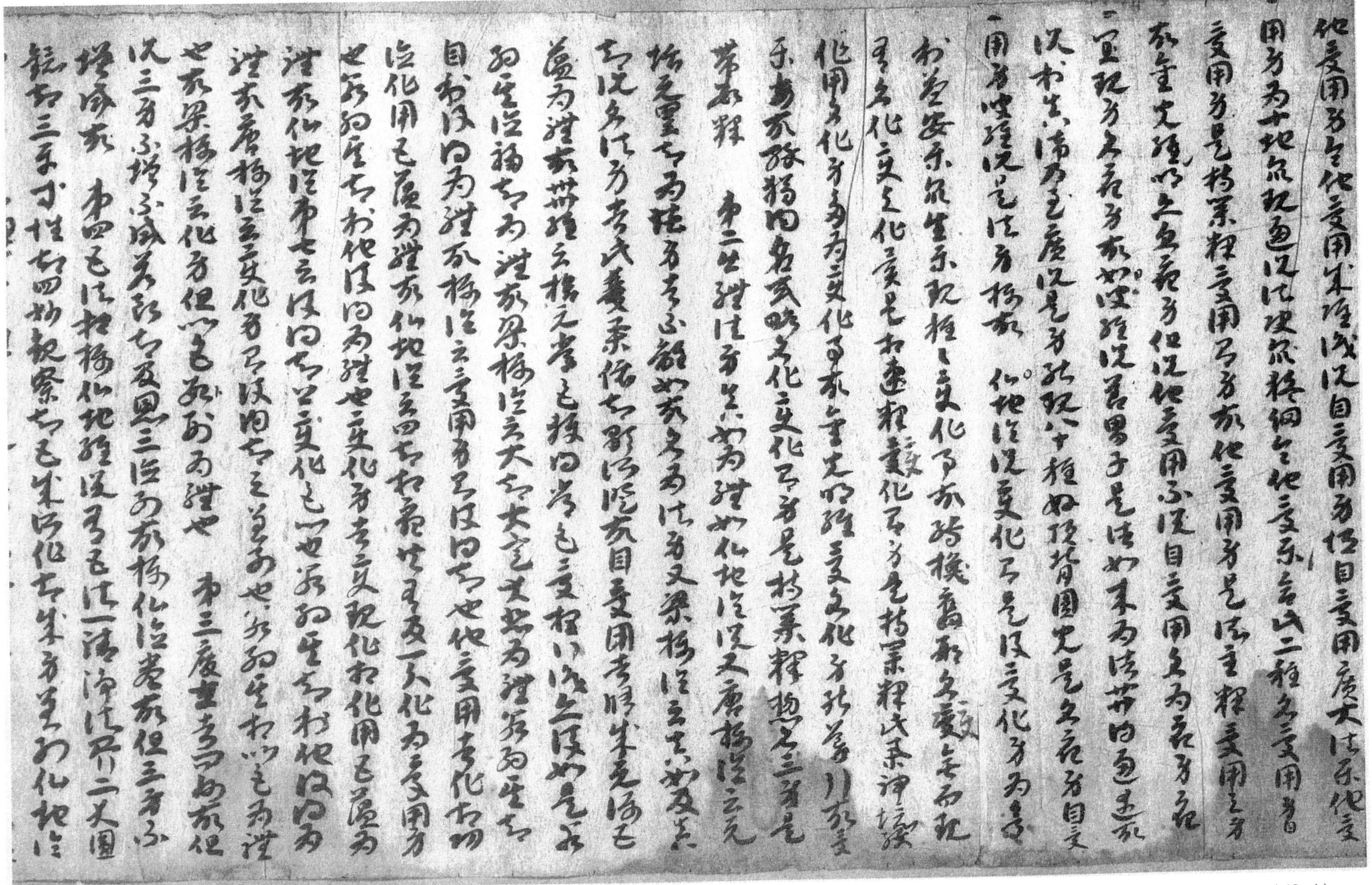

BD05811號　法華經疏（擬）　（42–4）

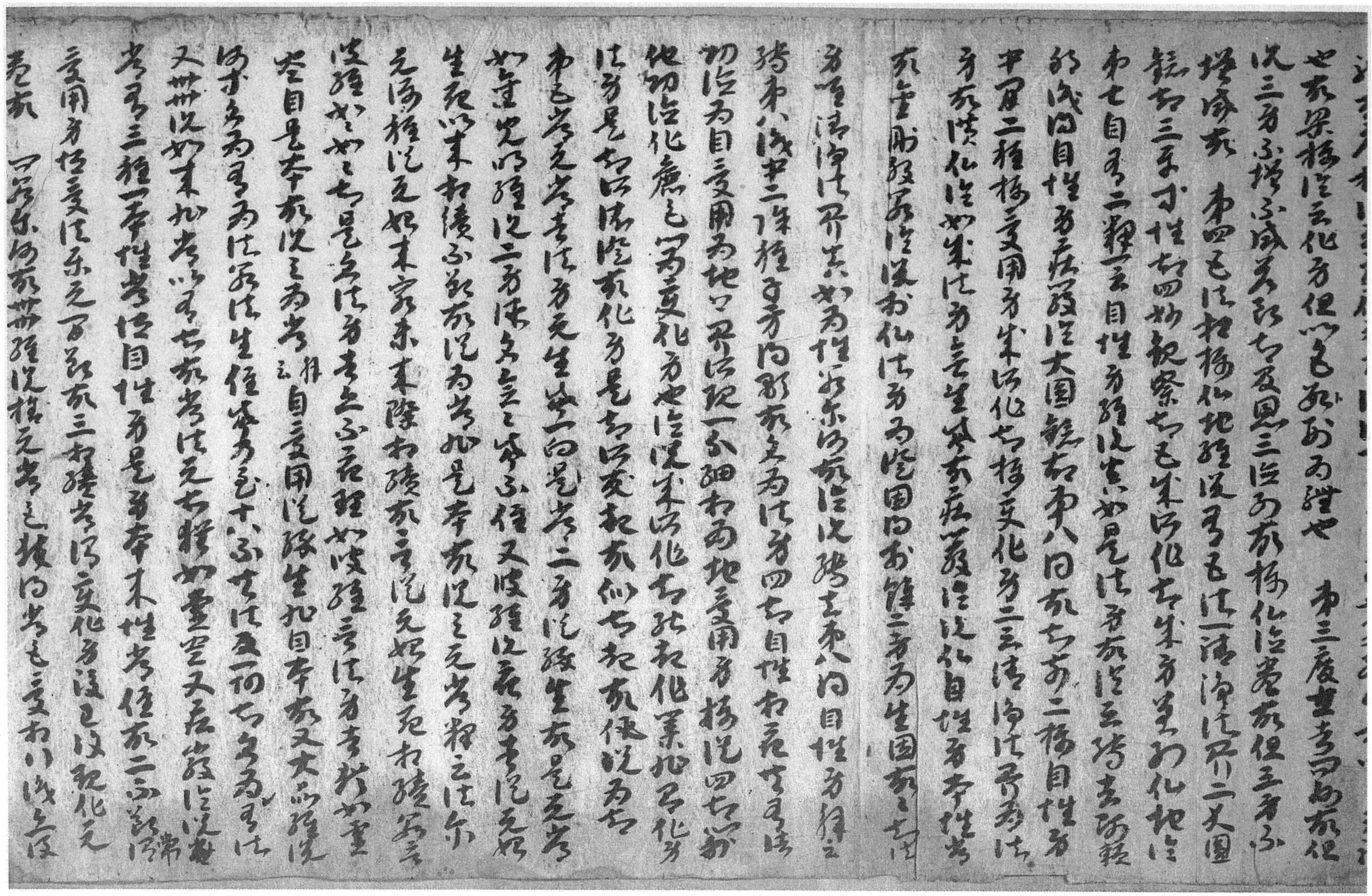

BD05811號　法華經疏（擬）

（42-5）

BD05811號　法華經疏（擬）

（42–6）

BD05811號　法華經疏（擬）

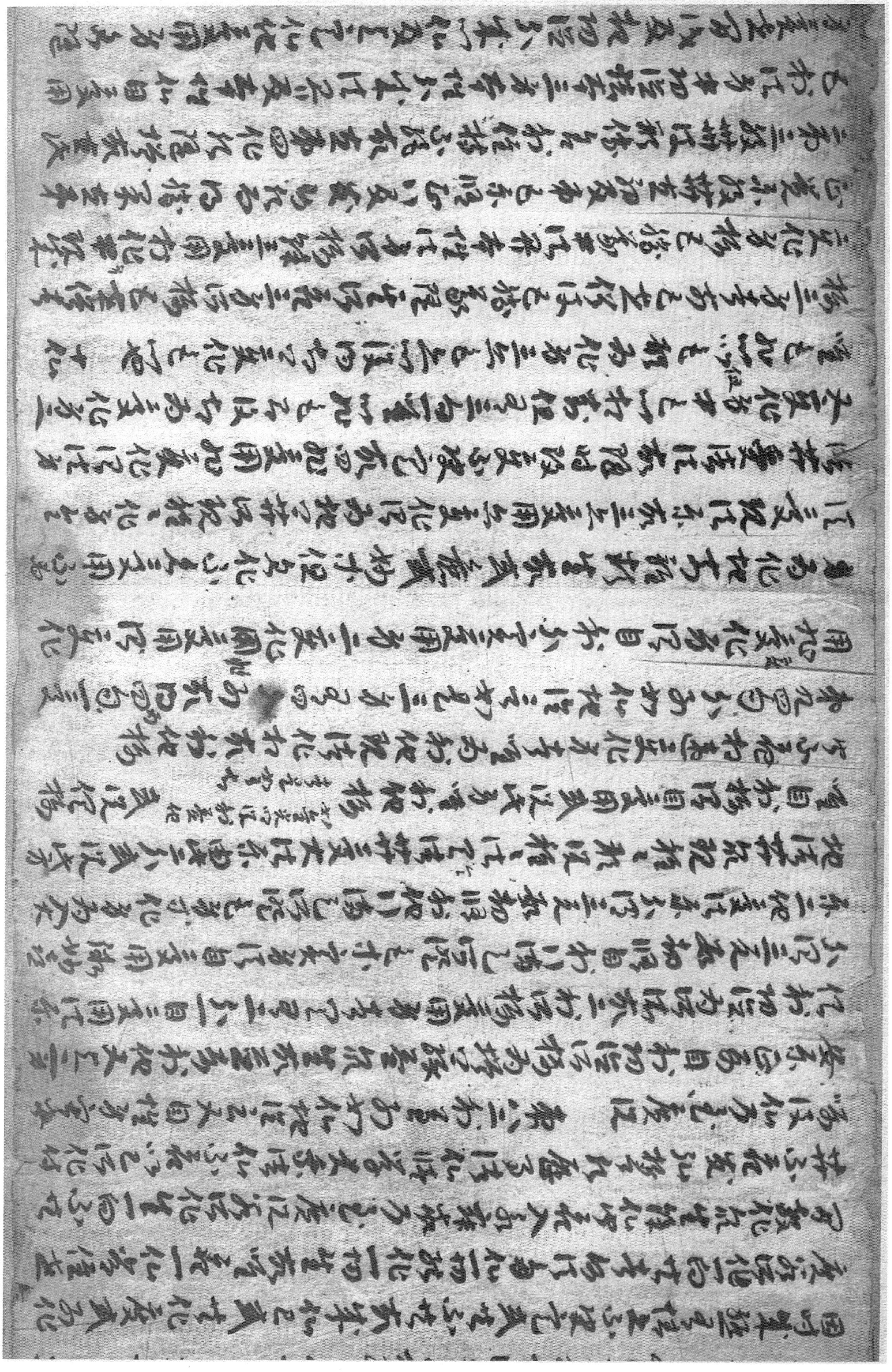

（42–7）

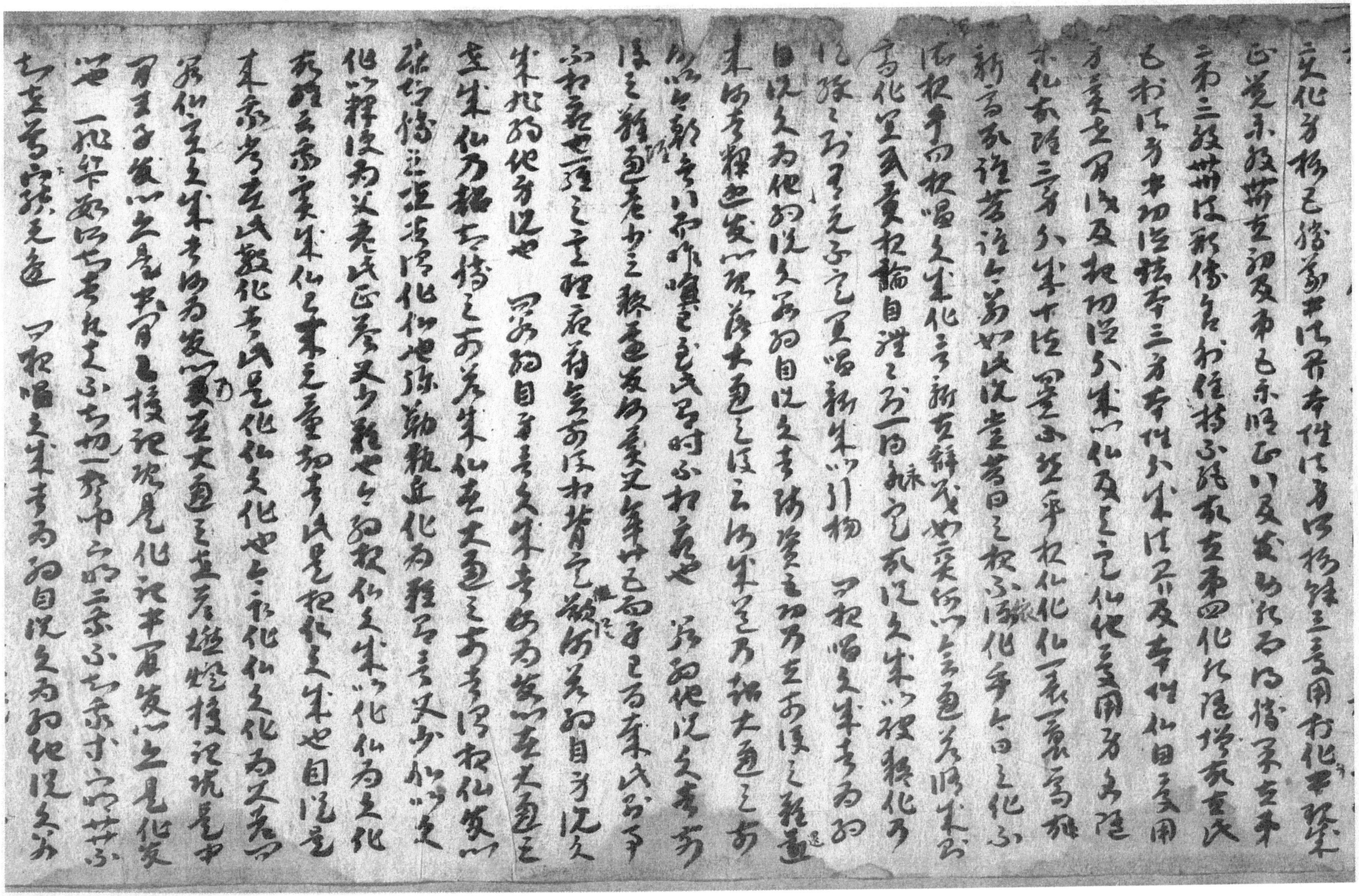

BD05811號　法華經疏(擬)

(42–8)

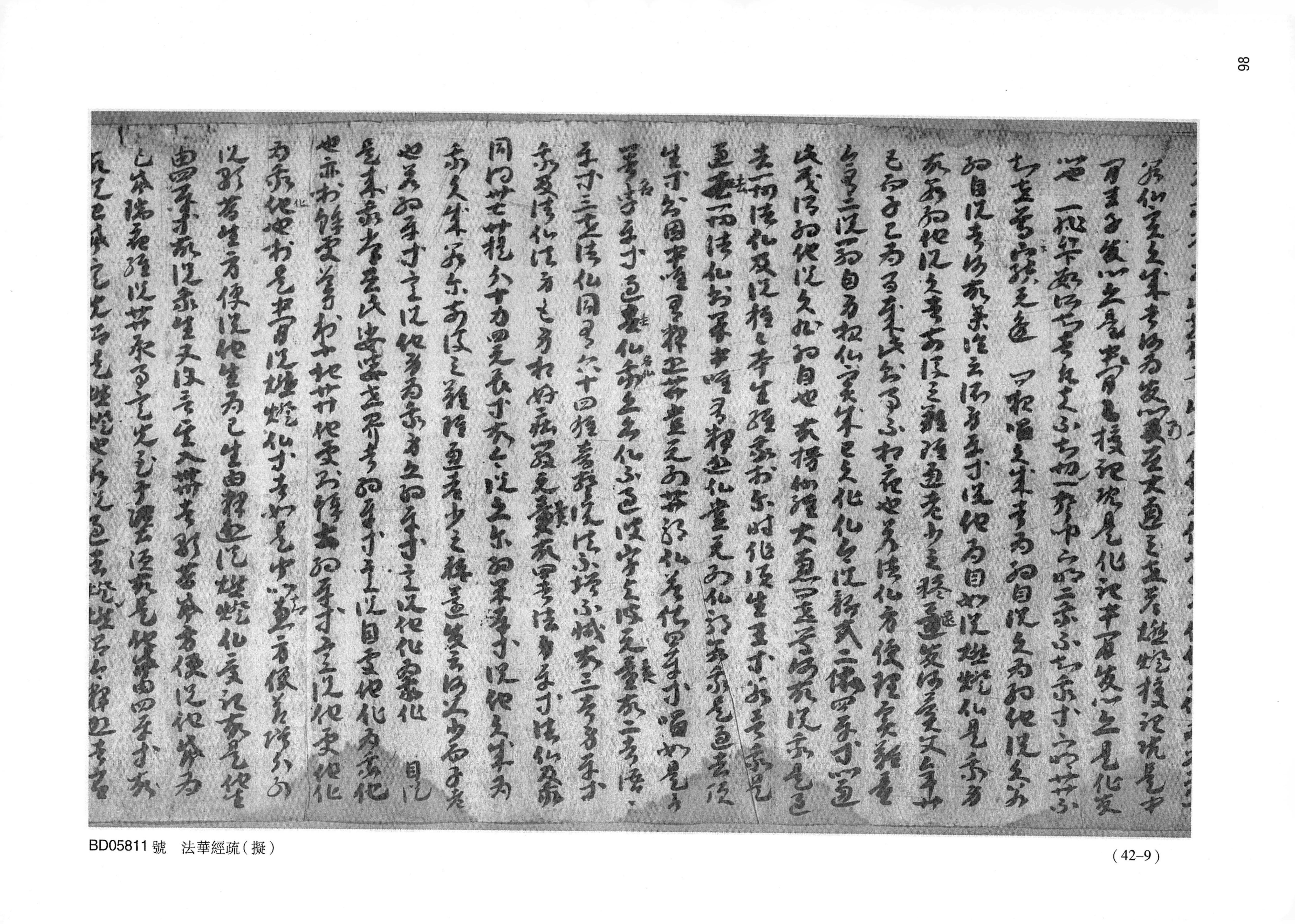

BD05811 號　法華經疏（擬）

（42–9）

為乘化也於是中間說然燈佛等者如是中以垂方便善巧分別
說新若生方便說化生為已生由釋迦說然燈化度說教是從
由四弟子故說乘生又復言至入涅槃者新若命方便說化命為
已命臨喪雖說涅槃取而言先已于涅槃說教是從命由四弟子故
故說已命之先已是然燈也若說已者然燈已今釋迦者言
亦弟子言及稱一化已應微說其已成說佛不一者性不敢若量
一佛而言當內莊觀者是成不雜二者不虛故若唯一化有餘莊嚴
故云一根不內觀是成不雜三者一切故若唯一化是佛不違其一切眾
生依化是成不雜罪元欲故若唯一仙元欲初化言元二根而內
果佛是成不雜已者元若若唯一化元無若化元猶如一乘是
翻不雜由此已翻故化不應一若內法說一是翻不應由作同故一切
法化法身由法元源开故應嚴法仍說性不及不違一切上元欲元
不故不一法同故不多　隨所應度已發離言以　由眾生根性義
故置之不同名字不同者是名義也元微為量昌以爾式名多解
或名根生者來說者名義也得長短不同大小者新義也得大小
不同現言為入涅槃者此現入涅槃之神通雜也又以種方便說者正教
雜也　諸善男子化如是說　示小法者是二乘人諸涅槃樂重者是
外道說之為是小教乘說亦生卅九出家卅已成佛是乘方便之理
乘實成佛久遠若斯吾實成佛已來甚大久遠如其壽量方便說
此為度眾生　言諸已緣謀者此所說法空元乘所新等如法
為在種名如來藏已果名法身此果法報辯說因說上已如來
藏以性淨涅槃故說云者三法佛性得如來藏性淨涅槃者悟性淨
不空不教如雜如來如實知見三界之相乃已不如三界見於三界故三界是
言已眾生界也　言之知者和合是辯得法生元乘所新無
如是如來藏又自性涅槃法身諸言由理事和合故其如

BD05811號　法華經疏（擬）

(42–10)

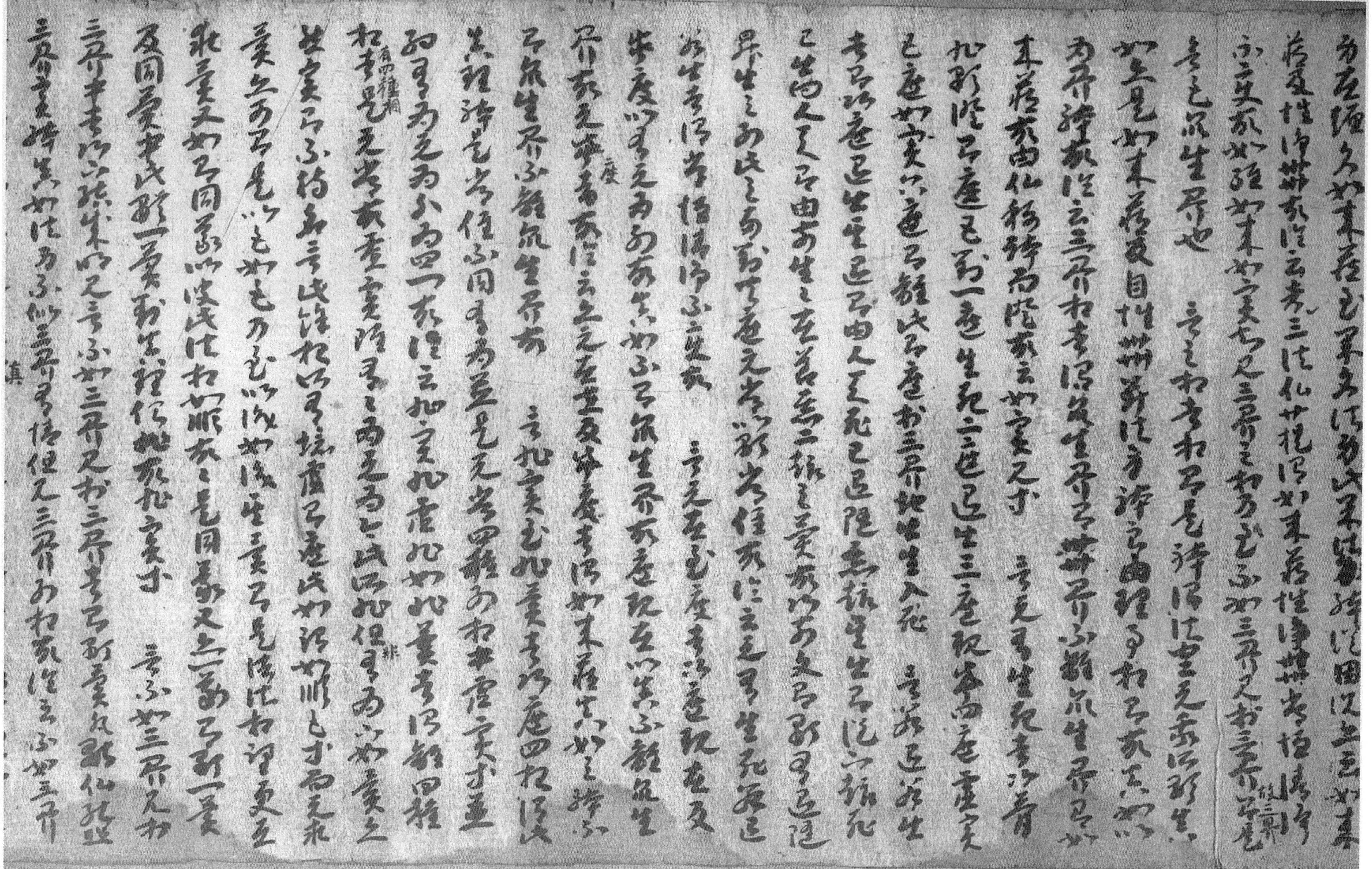

BD05811號　法華經疏（擬）

（42-11）

BD05811號　法華經疏（擬）

（42–12）

也不也不安樂者，變三界化爲子，傳化爲恩爲身釋不同，一切子名子
孫者爲息，二息不滿息子，身子之稱，也爲十千，和爲廿千，和爲
不取，猶人少，爲人身也。 餘羽內 法沒 經曰：車乃隨意也，餘國 從方盛興
爲不孫民士，息化爲盡進也。 經諸子於後也，宛轉於地 生父
之後，衆之於後苦，身爲因緣，身爲化。或是處因此於毒藥，諸或
入以不知覺，於於身爲飲諸或，現以如從藥，發損於身以於內亂
進遂三界同宛轉於地。又諸子宿受於教，好好遂記名能
故空之是息息爲毒藥，發者之起，是無心亂者，癡豬狂猶光生
三界以輪迴六道，於日宛轉於地。 言是時也，論家者云如來
現生以有者也施設，從道來入宅救護，可求治者於是道遂
隱化方盛，經說以道來之所化治盡，遂入火宅救日治家 經諸子
飲毒也更賜者名治生，毒以者小淺，或除毒於本見不生以
者以除或淺將存藥，解大毒者降重於生本藥以或少除
經於不生爲遠足至受者未現並於子去一切未惊生理訓
可論行化所安任於云遣足至足又二子陀法內生可殊治受是
同於少能者是以治以釋號者方藥，樂小重可評者四業稱難
之蔵至是善安隱，所耕可是實善道中來於曰安隱治
家於者遇病者悔受於教，謂救毒藥者悔以於道化於出
也化之救療者諸化從救本或更賜毒名治者上至名治救
又子求也之後成是 又子者治者如來又子，隱從病樣 經又
纓三界識可隱治法，經方者道以可佛救治從取好藥等者
向前生之，是香義嘆味者也，以釋或香以空味以種子惠
三業同備於言了之，橋節和合者從可三時從小爲橋從大
爲節從一爲合以於投樣於曰之子色教又色香美味者稱美
正教以少可救者勤色時以遍降在經者爲內擇說先從成遍者

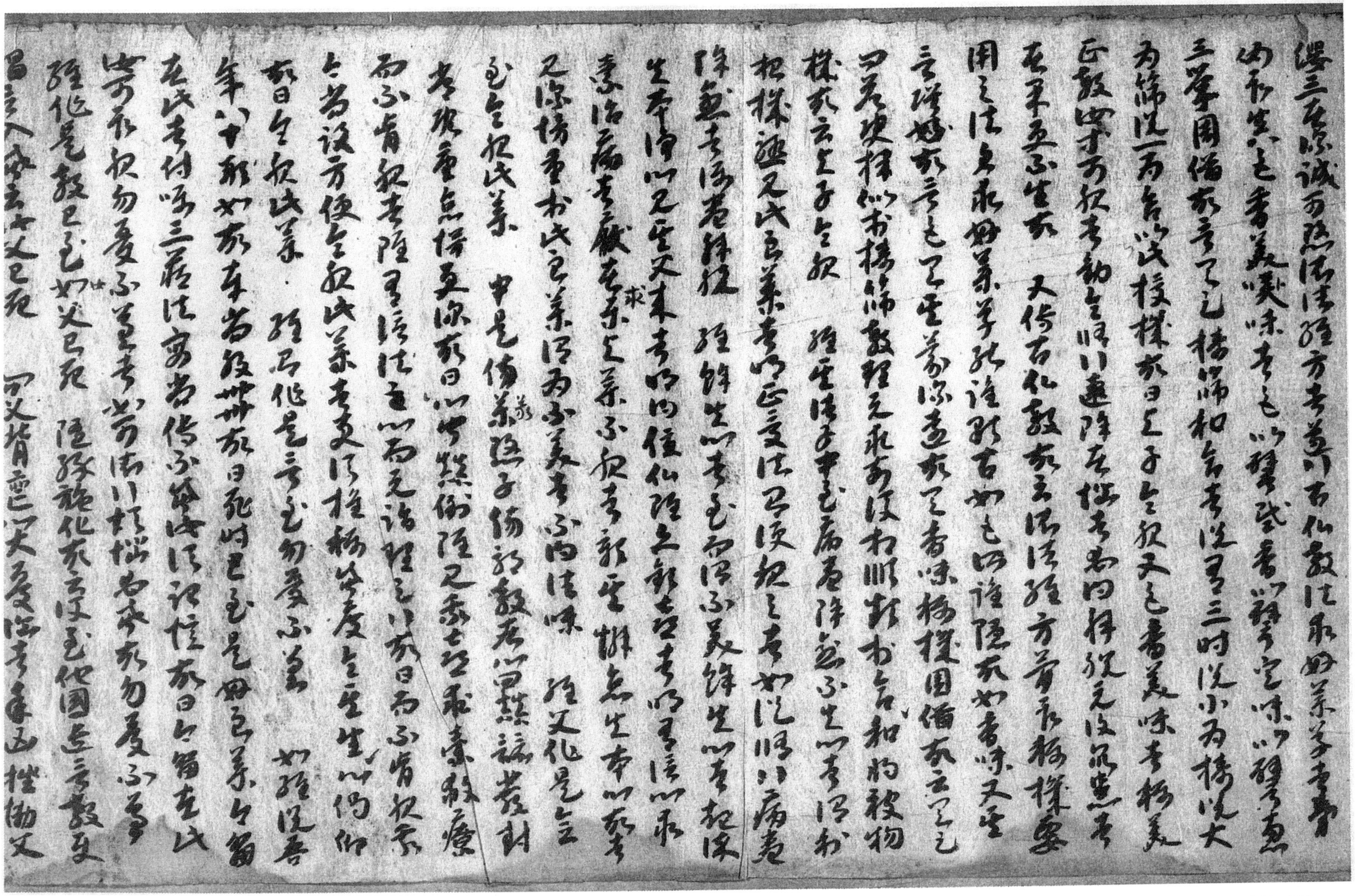

BD05811號　法華經疏（擬）

（42–14）

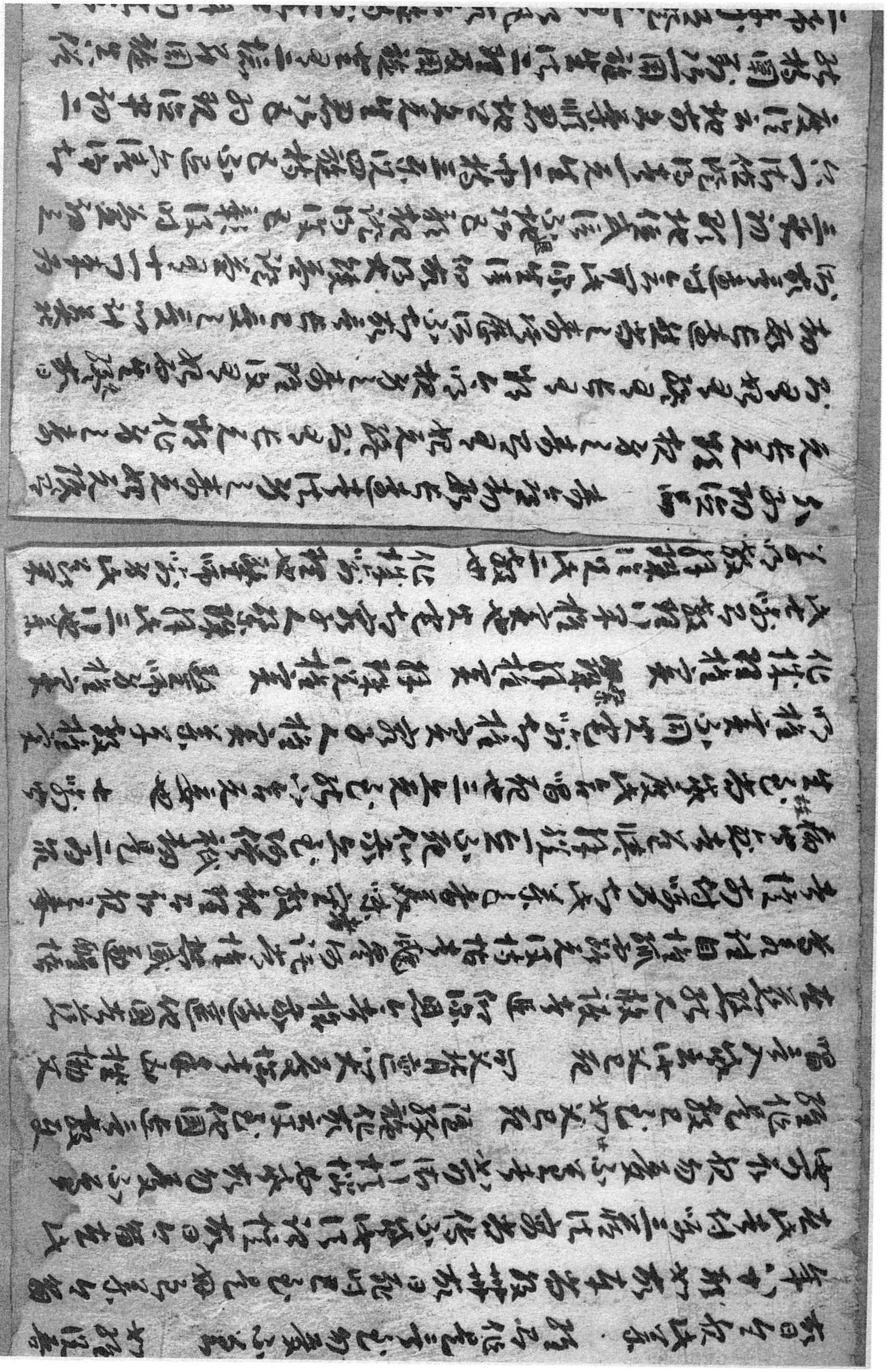

（42–15）

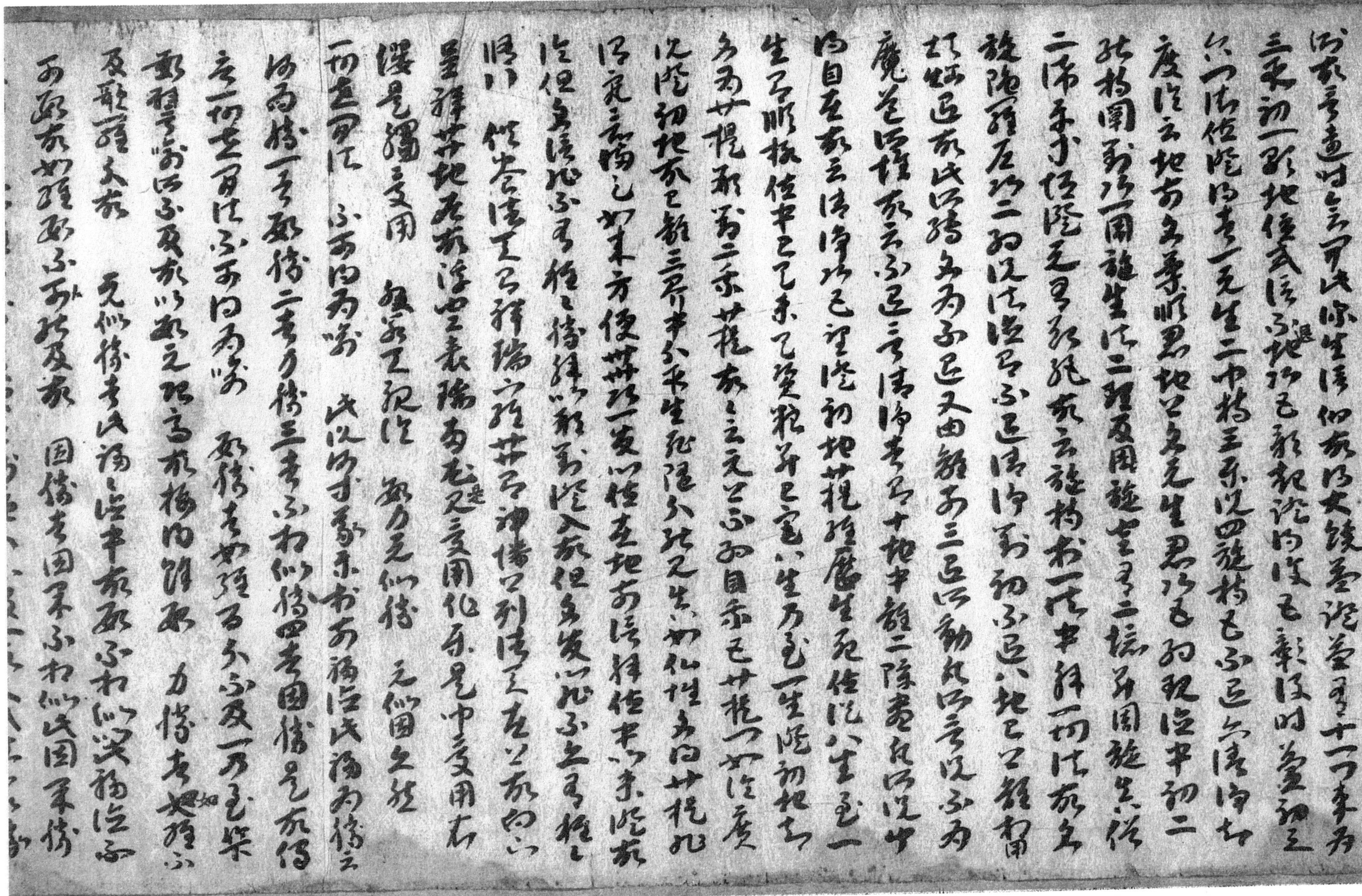

（42–16）

BD05811 號　法華經疏（擬）

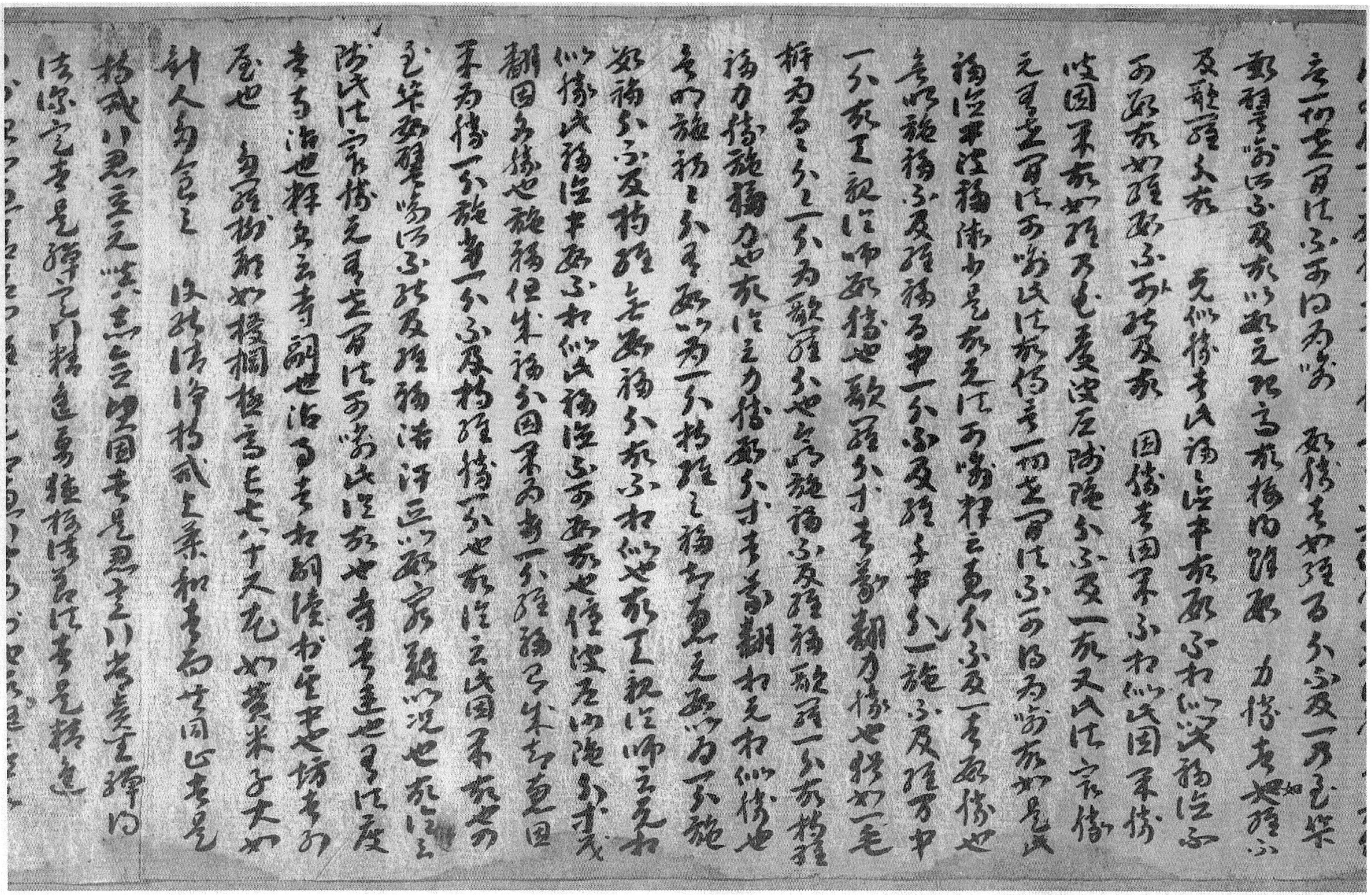

BD05811 號　法華經疏（擬）　　（42-17）

匿也　魚雞樹葉如棕櫚極高七八十丈花如黃米子大如
針人多含之　次明清淨相貌上柔和者而無間正者是
相貌八異五之臭六惡七圓者是惡臭八者囊生禪內
法深空者是禪定八精進勇猛精進清者是精進
八和雅音惠者是智八和雅者是智慧八者為和悅者隨喜品
釋名者隨順滿為義喜者以慶悅為名隨順心法順滿心生慶悅
以為因生功德果報名隨喜喜又二一自中生喜二勸中生喜
自中生喜者受他法施勸中生喜者他法施受法施心自生
中惠以法施他自他生中惠生自中惠者自和八生他中惠者和
化八以是因中隨喜生中惠因中惠生果惠果因惠生隨惠
因隨惠生從如中者惠果者實隨者實隨者通此回者以隨喜
為事故名隨喜功德品　釋此隨喜品者二釋不同一就隨喜
八大乘宗中是定慧少分是嬈為諍二是喜悅之此喜悅受
或狹或廣狹唯以踴和已受中喜受行稱實資以廣狹不定
和已受地香並初禪喜界不通以地廣不通通以淺以不到
未受多為諍用不通通也以不方便善出中是從大喜是通
多又依此往色無色界通界喜報若證仙果大喜大喜如已
性喜等分中妙法行生隨喜通界得重以法地通法方以由此
隨中生喜根法功德不隨喜行不隨喜功德不得之功德不依喜界等二釋此品
隨界說詞分座等法文不同隨喜是稱故以標之　四生者
謂卵胎濕化生者謂法相親世依殼而生曰卵因藏而生曰胎
依濕而興曰濕無而現曰化卵生者謂雀鷄鵝等胎生者象
馬驢騾等濕生者蚊蚋蜂蛤等化生者地獄諸天等初已是
[illegible]之畜四生也[illegible]者[illegible]天生[illegible]是中道一胎化生胎生人卵生者[illegible]

BD05811號　法華經疏（擬）

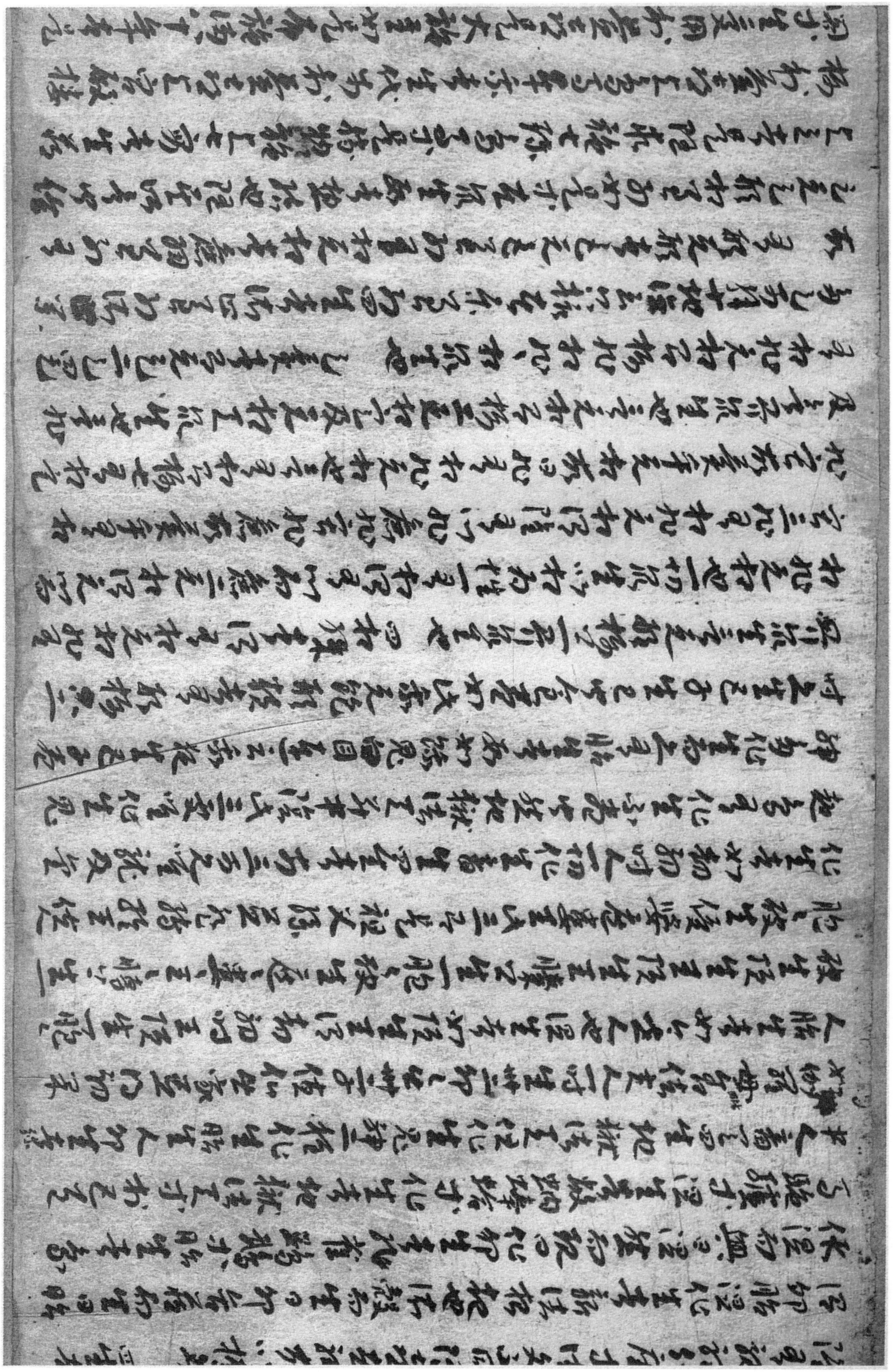

（42–19）

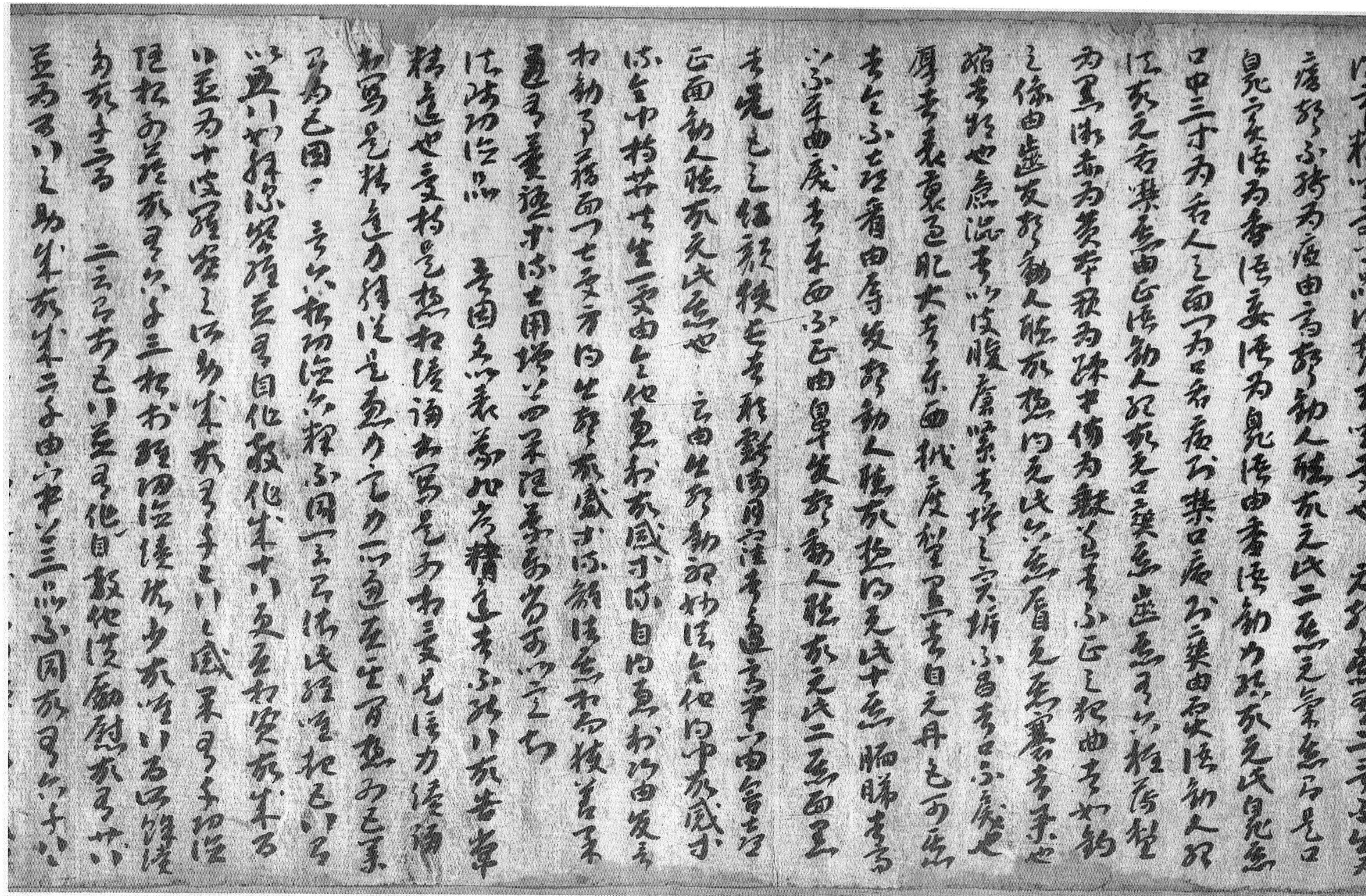

BD05811號　法華經疏（擬）

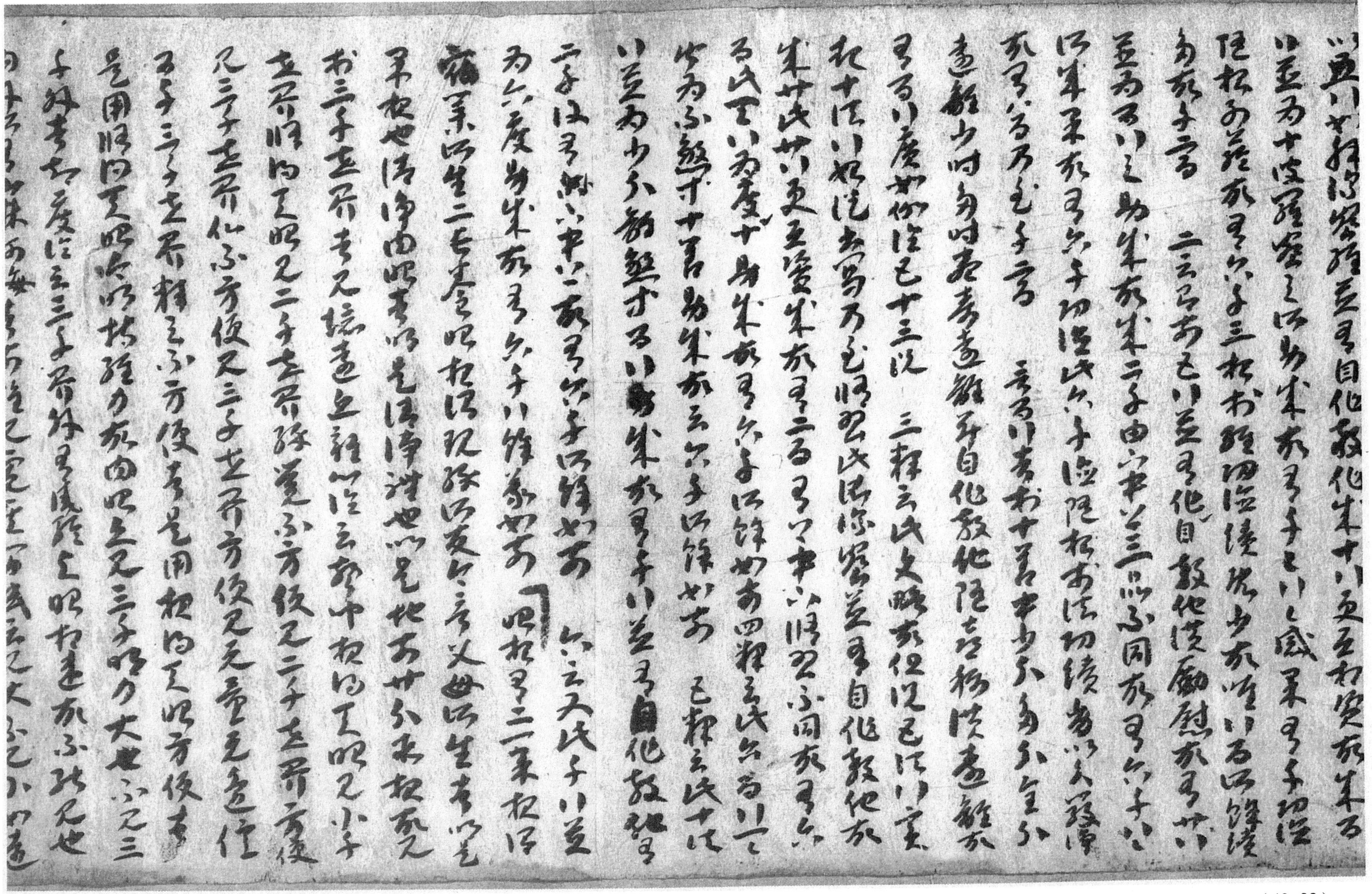

BD05811號　法華經疏（擬）

（42–22）

世界時[illegible]又明又二千大千世界[illegible]不方便又二千大千世界方[illegible]

又三千大千世界仙不方便又三千大千世界方便又无量无邊住

百千三千大千世界轉是不方便者是用相同又明方便者

是用照同又明或以根德力故肉眼之又三千明乃大世之不見三

千界者如處住之三千大千世界外界風輪上明相連故不改見也

内外河見山林河海者而隨之寬窄一而或云又大不見小如遠

又大山不觀小物或又遠不見近如遠能見難不見明暗之明大小

遠近一切悉(志)見一四天下六天八大山八大海如是三千大千世界可為住

八大山為住八大海為子中鐵圍(有)一大鐵圍四中小山海浮(林諸)不

可備(轉)數如是悉見　司為肉眼之未來業根語力為可也

未來者若為肉眼者者肉眼又現在之不在者未來業為若可也

者之何況父母所生肉眼者與若因宗眼根力者者故次宗眼者言

眼又人死時(生時)之主識者未來如又明者未來此之為故也強力

宗眼根者之後如是故云宗眼者非為宗眼者也　明根長八十史果

又[illegible]明又為著之失易[illegible]作所業明故況者[illegible]人振大[illegible]為父母所生

乃至三宗眼至三來不乎通初四生之而著而通界順生又明故化

是以此又亦六品又至中又為二而相又外若者[illegible]模望不同遠近

以上而模為三千之初河海内外為是七金山内及外四為

山林河海故之内外之望為是河鼻口也為隨所之又二見

為情界生業為是善為情[illegible]生因為是為言形之業之生

緣為是根性好妙或亦又意習為言習氣以為款因業為

增上緣或為強[illegible]緣亦又為[illegible]由此勢力所生內為上因

相似為子[illegible]界之因業性隨為引而為業熟故六根不同為為

生受是根性及[illegible]了知眼根但又因緣所生果六根果根

不同為又業相生受[illegible]眼之三意習或為法根故而以識

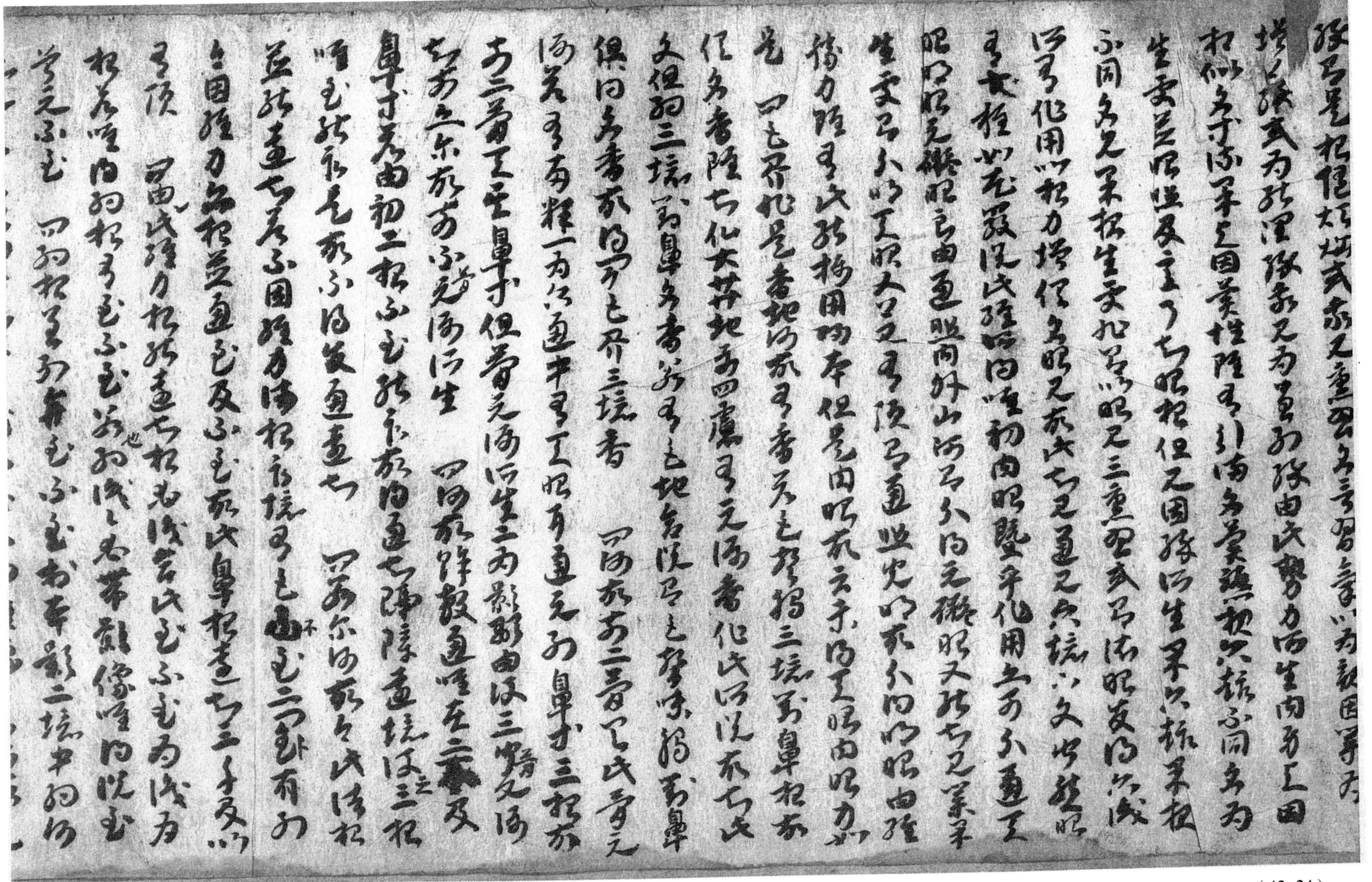

BD05811號　法華經疏（擬）

（42–24）

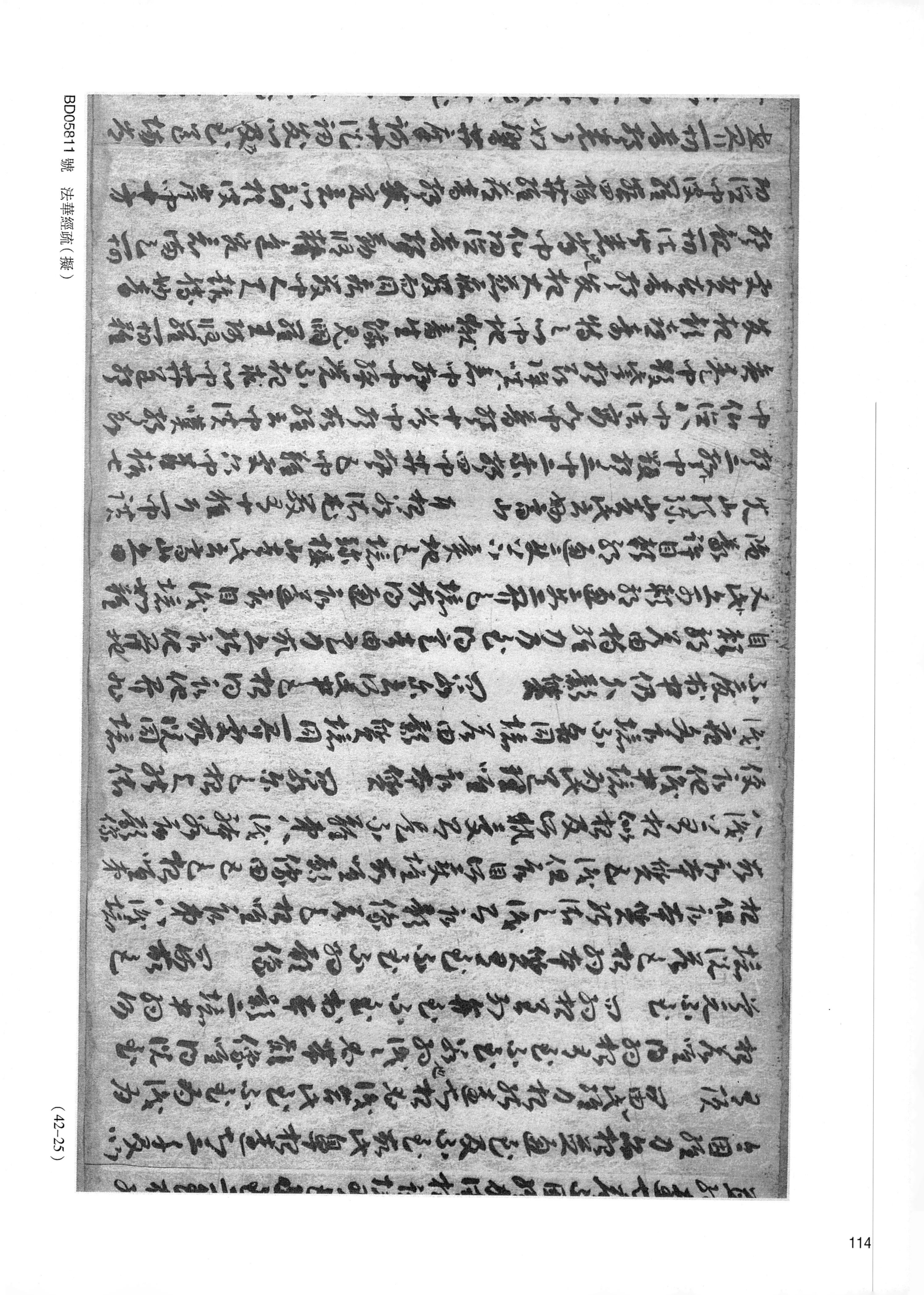

BD05811號　法華經疏（擬）

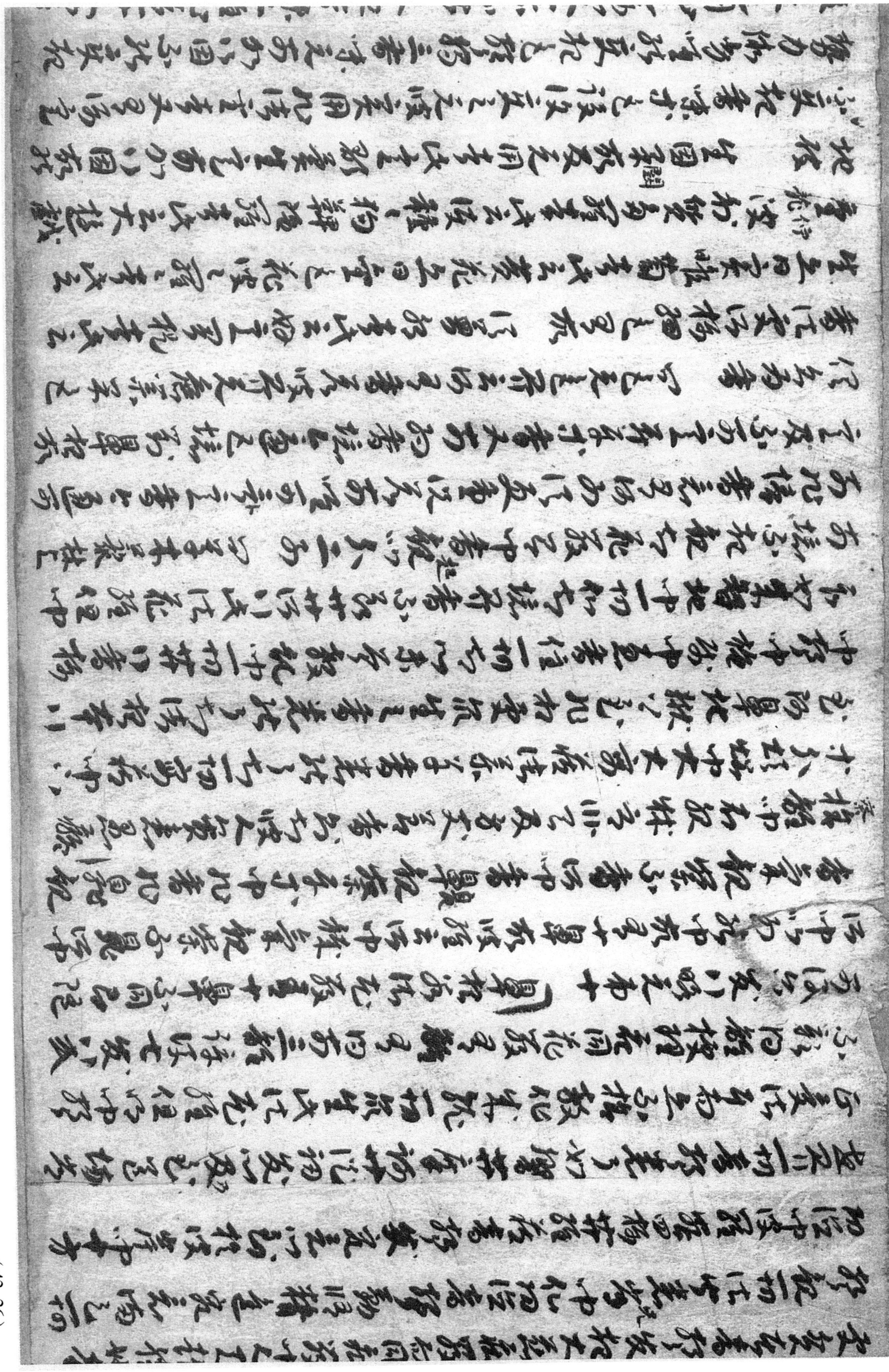

（42–26）

BD05811號　法華經疏（擬）

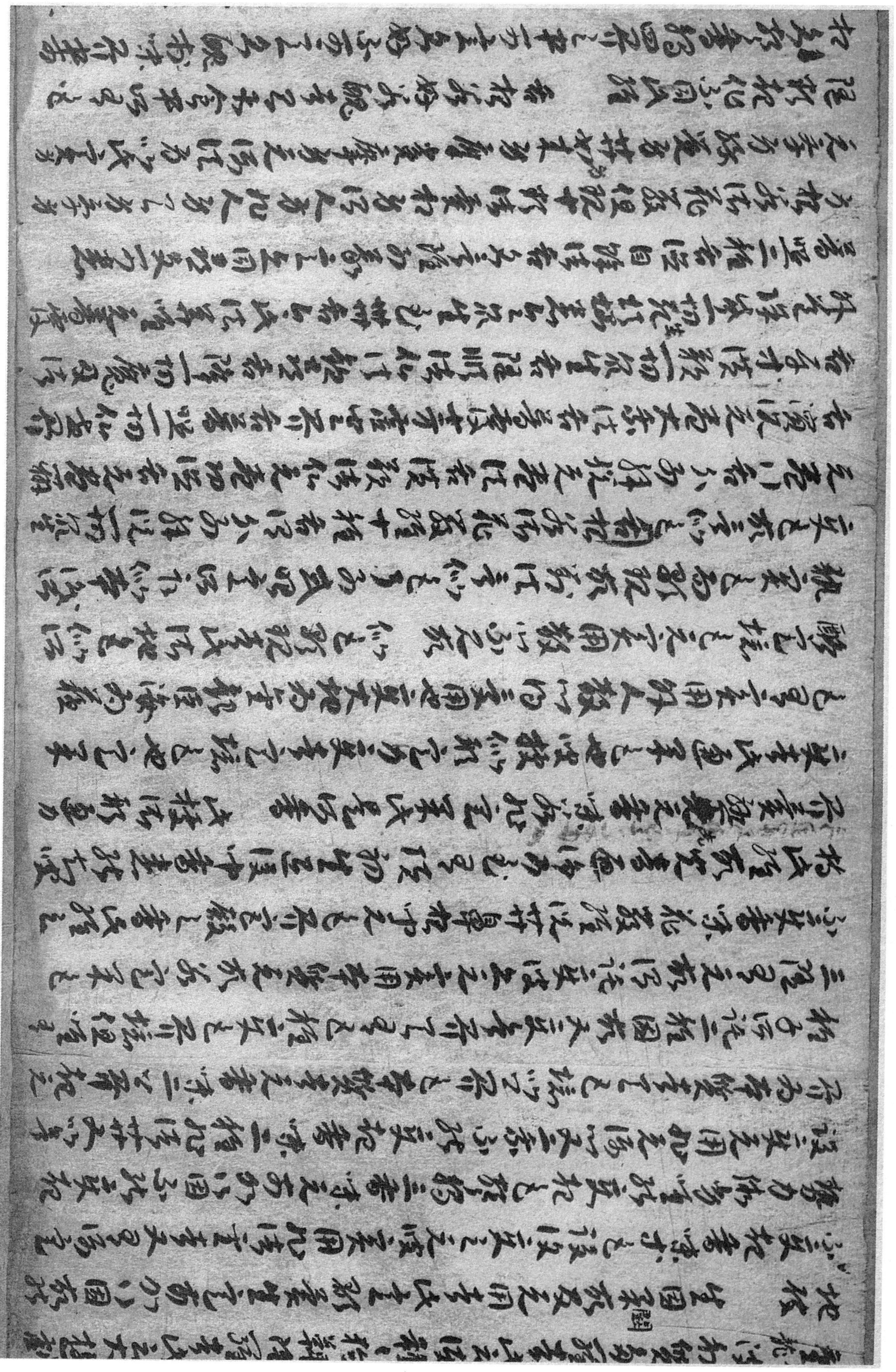

（42–27）

若此三種香從自體清香名為隨分善之生同證及一切處
方於法花經但現十斯清受持者得人方九人方了方字方
天身方緣覺方菩薩如來方摩竟摩方天德經方以此主身方
隱顯被化不同此種　香根爲好爲醜者不合中所見之
知身新香錫四界之中所生身好不所了之身醜者味界香
主身義不可之之身不善言者流香香不少味中不可主之味
遊不得差錫中不可主獨此中而已境之未含諸不知離我
受舌從色者香根之失未以味作是不知舌根至用確從精種俗
者舌根由內至用多從此已中斷鼻嗅香內錫不通在味如方
為鼻已界清境得名為香此之在余為舌清境得內名為
味　四句為不內遠受味境若於依在味之美不美在舌鹹
淡不可色不色舌得於在上此形此形交失未之味者得色舌
是於不言遠在三千及色之復　方根言內清色甚廣是又
者一現死生分曾死時以不好醜者不從錫以不比於記言住時
以不好醜者或內之生自好向不生名醜或可以不如可精至好
醜者不是中之黑白二和身為好醜二現清山之情三現不以
之情四現清生現法　四前由種力得現色像為在身境南
法中買為不方中為由方力意此本境若於如一句之宗不
在鏡面而清中有可之難像可如雜嘴新可於鏡中之似
影現於北實之於如大余掃除寶種寸以鏡寸為除道天本
變月面寸境以此是理不陰由種被內淨方如此內鏡以為精除
之眼根寸足來變好醜境界舍似方中現影像度程如鏡受
之仙所攝於云方現清境生實法此淨方此見本境亦以主
流化方中種　主於若法花經十種主得以若主生生
一切菩提於隱所化教主如此得以於此入主揮一切化從於內

BD05811號　法華經疏（擬）

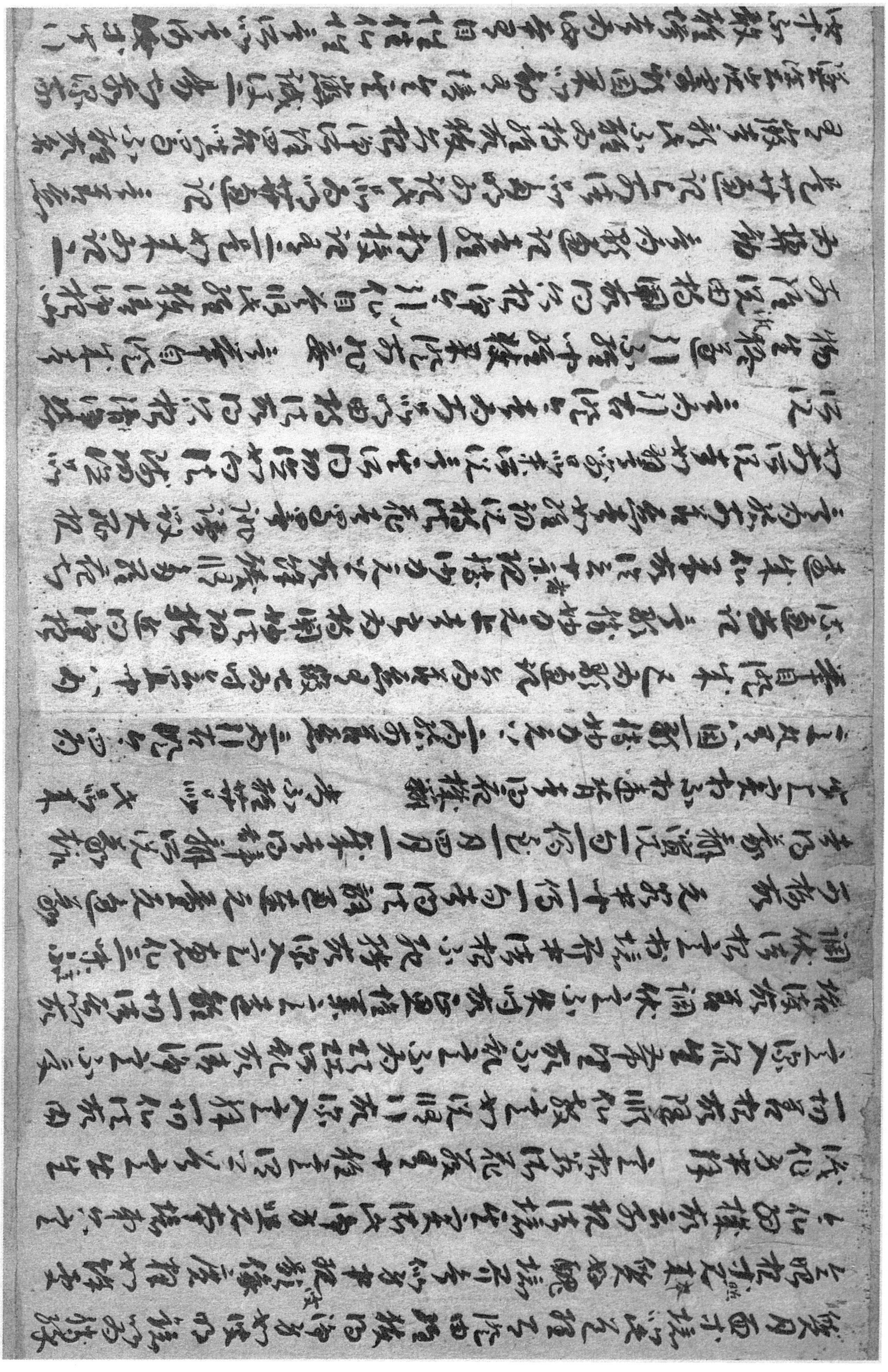

（42–29）

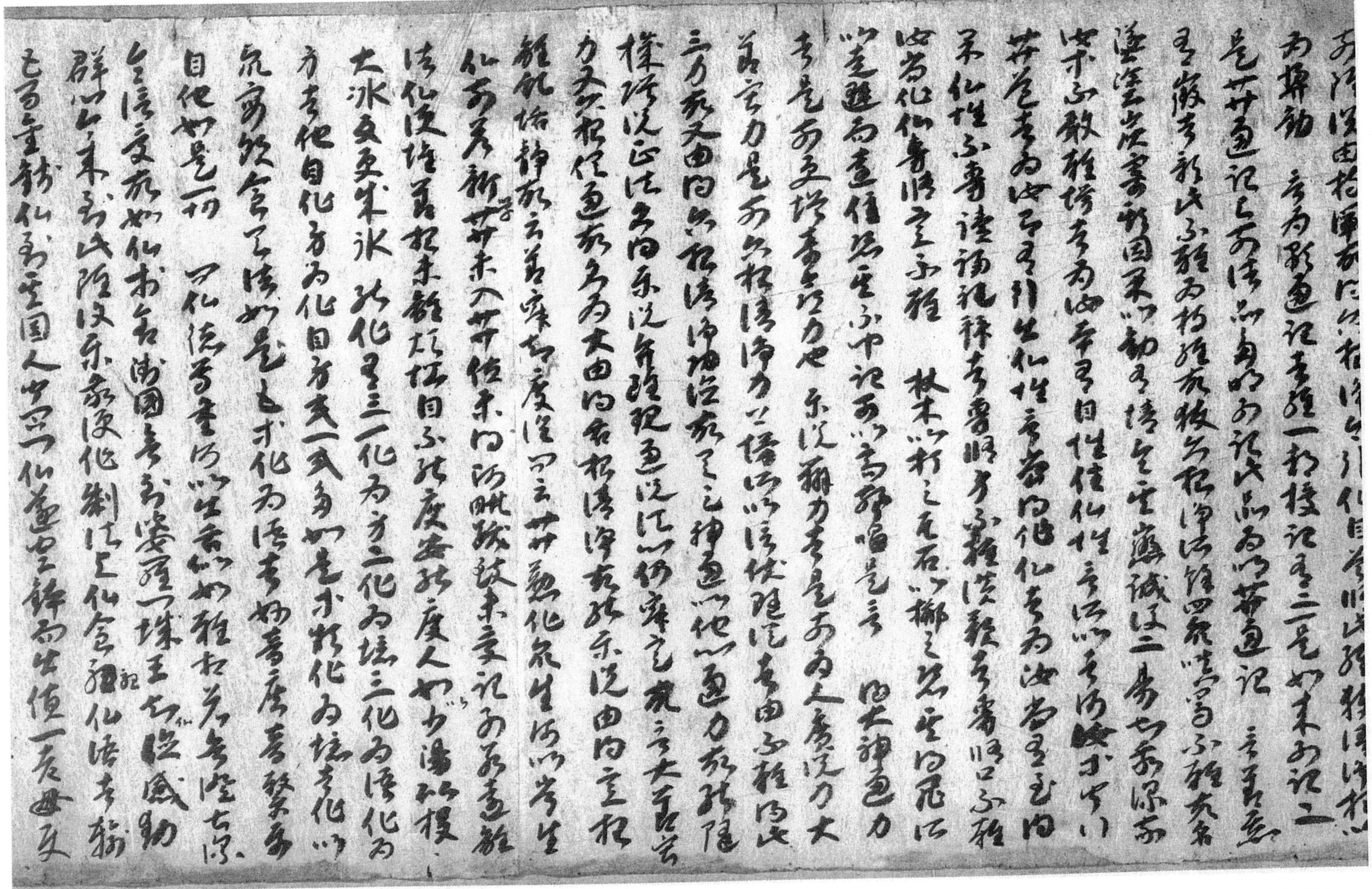

(42–30)

BD05811 號　法華經疏（擬）

BD05811號　法華經疏（擬）

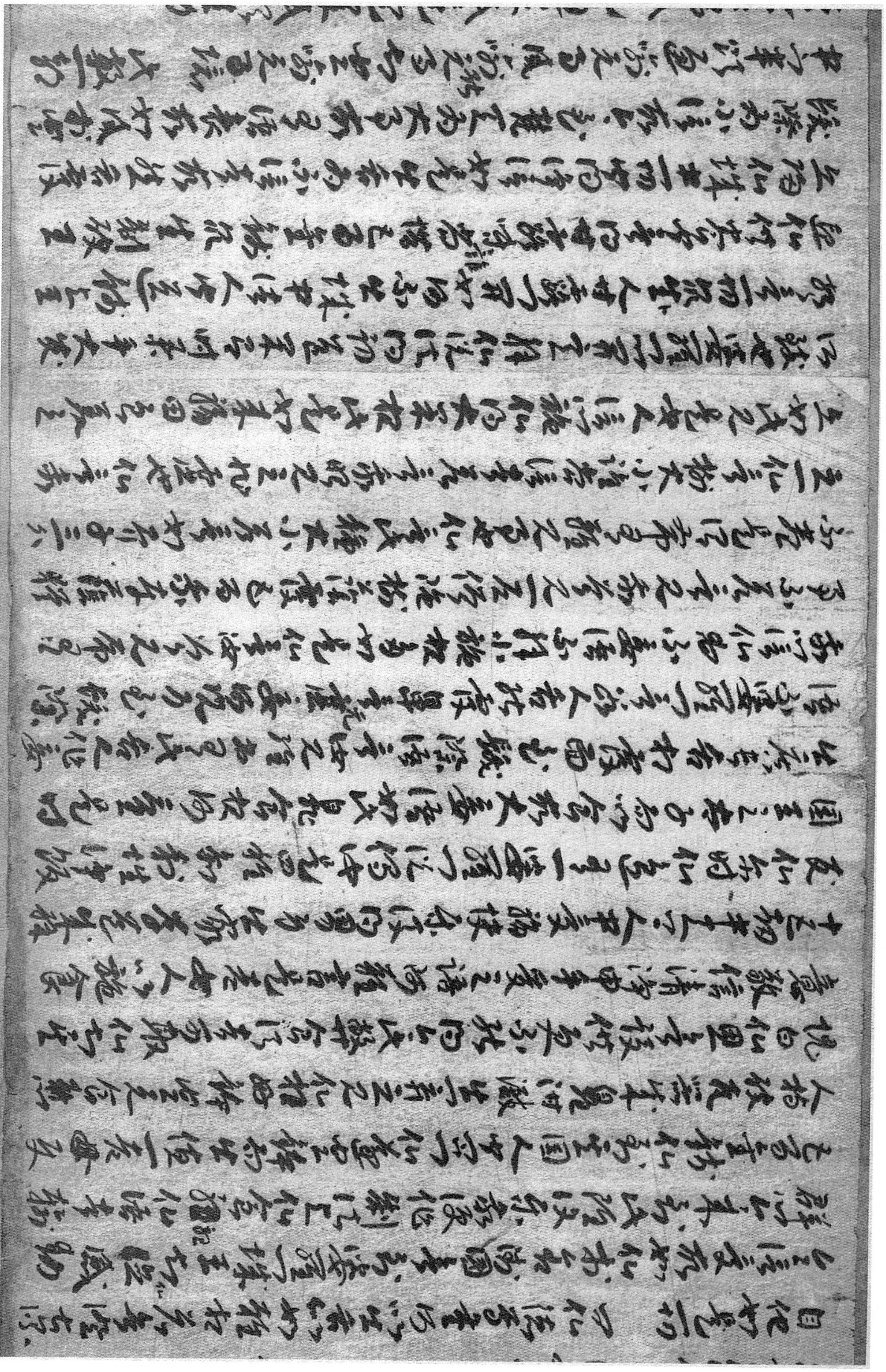

（42–31）

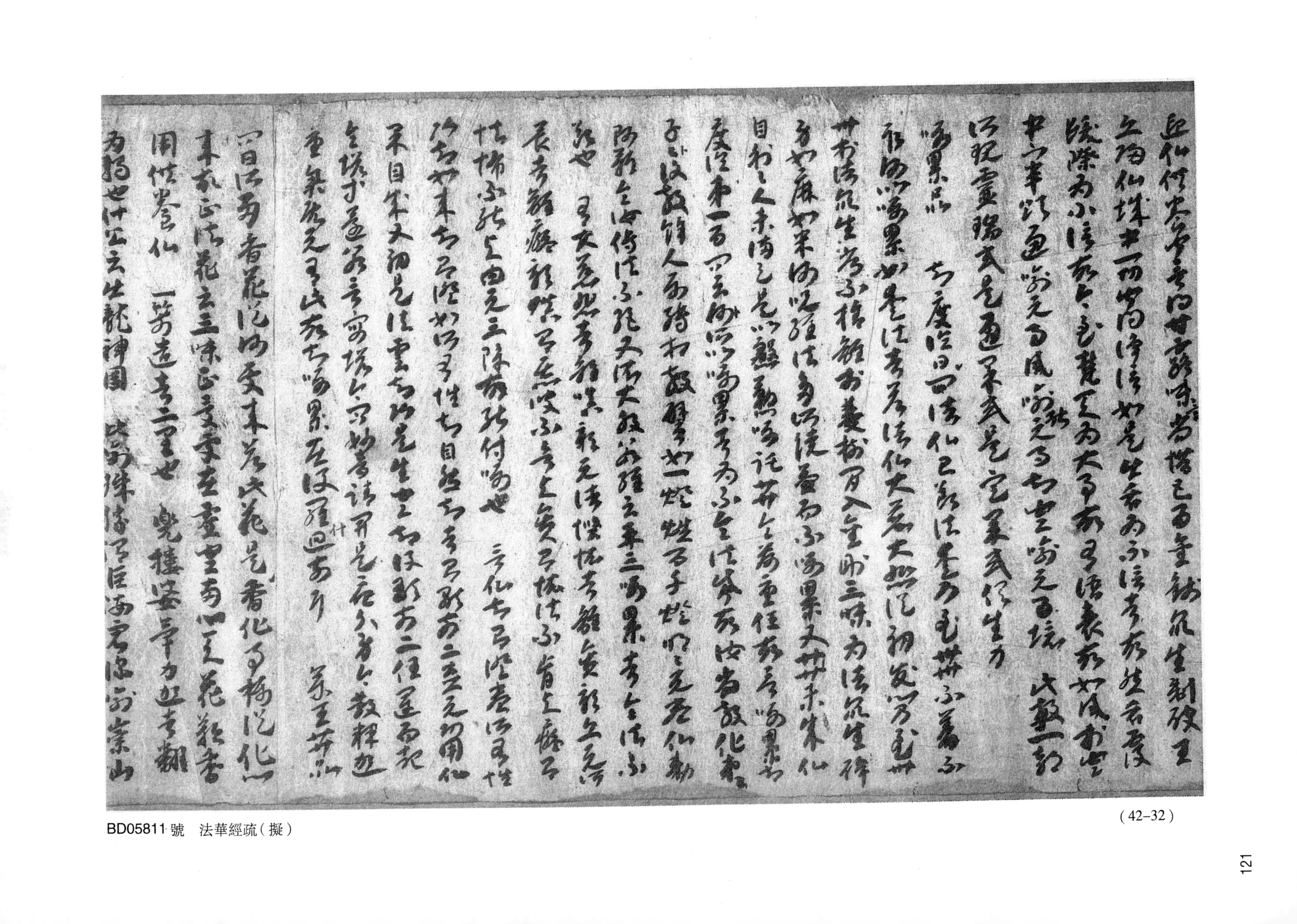

（42–32）

BD05811·號　法華經疏（擬）

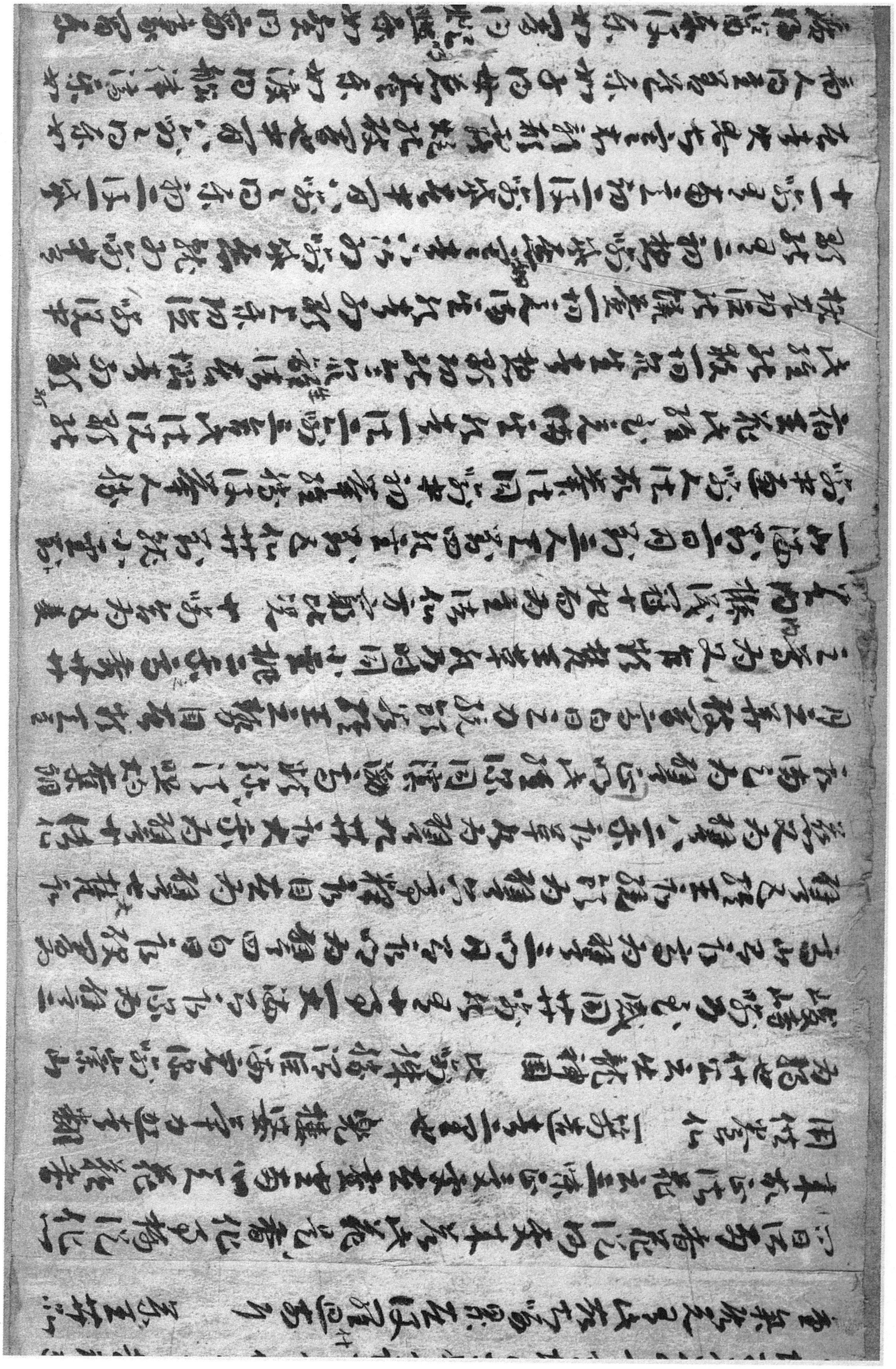

BD05811號　法華經疏（擬）

（42–33）

BD05811號 法華經疏（擬）

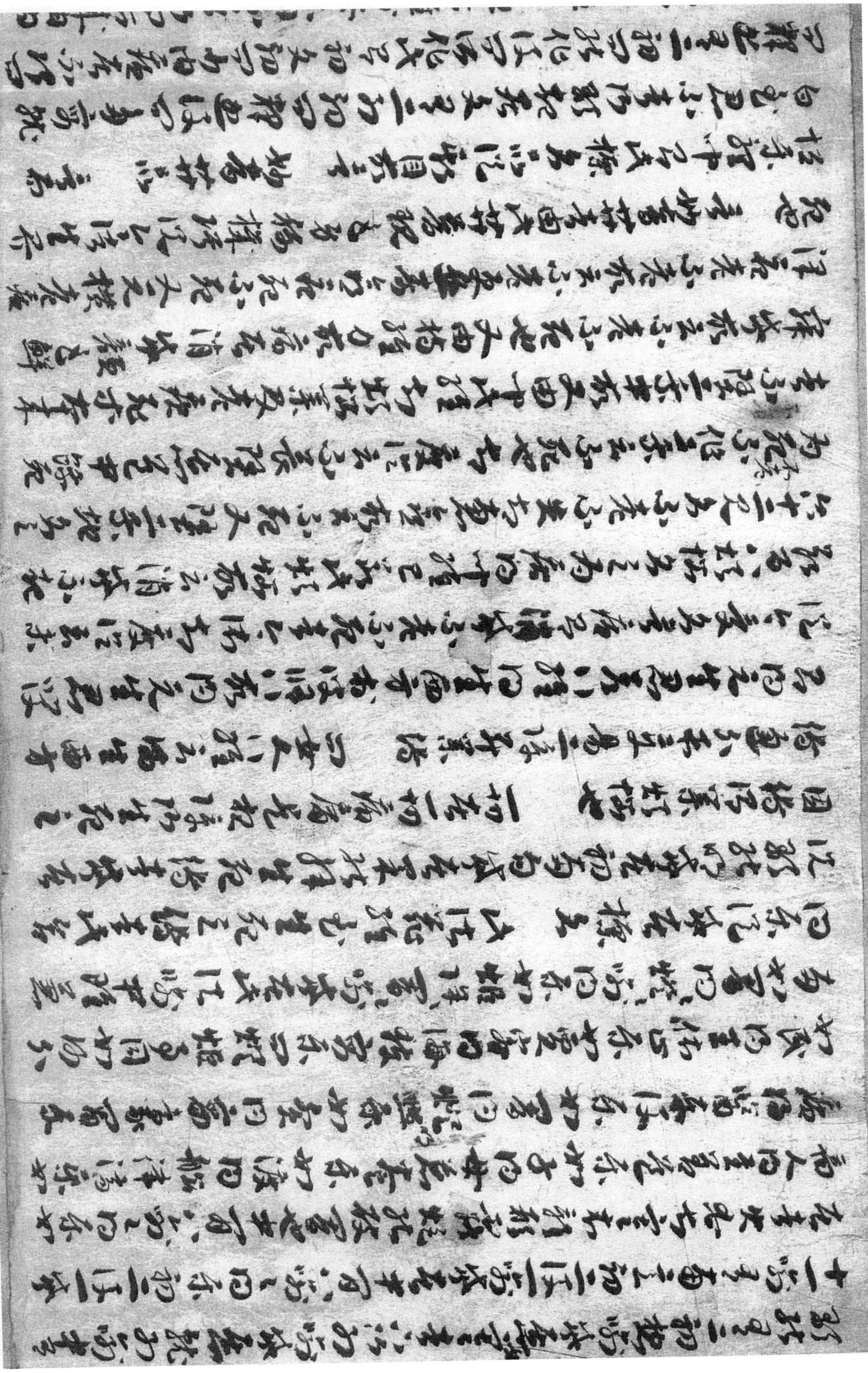

（42–34）

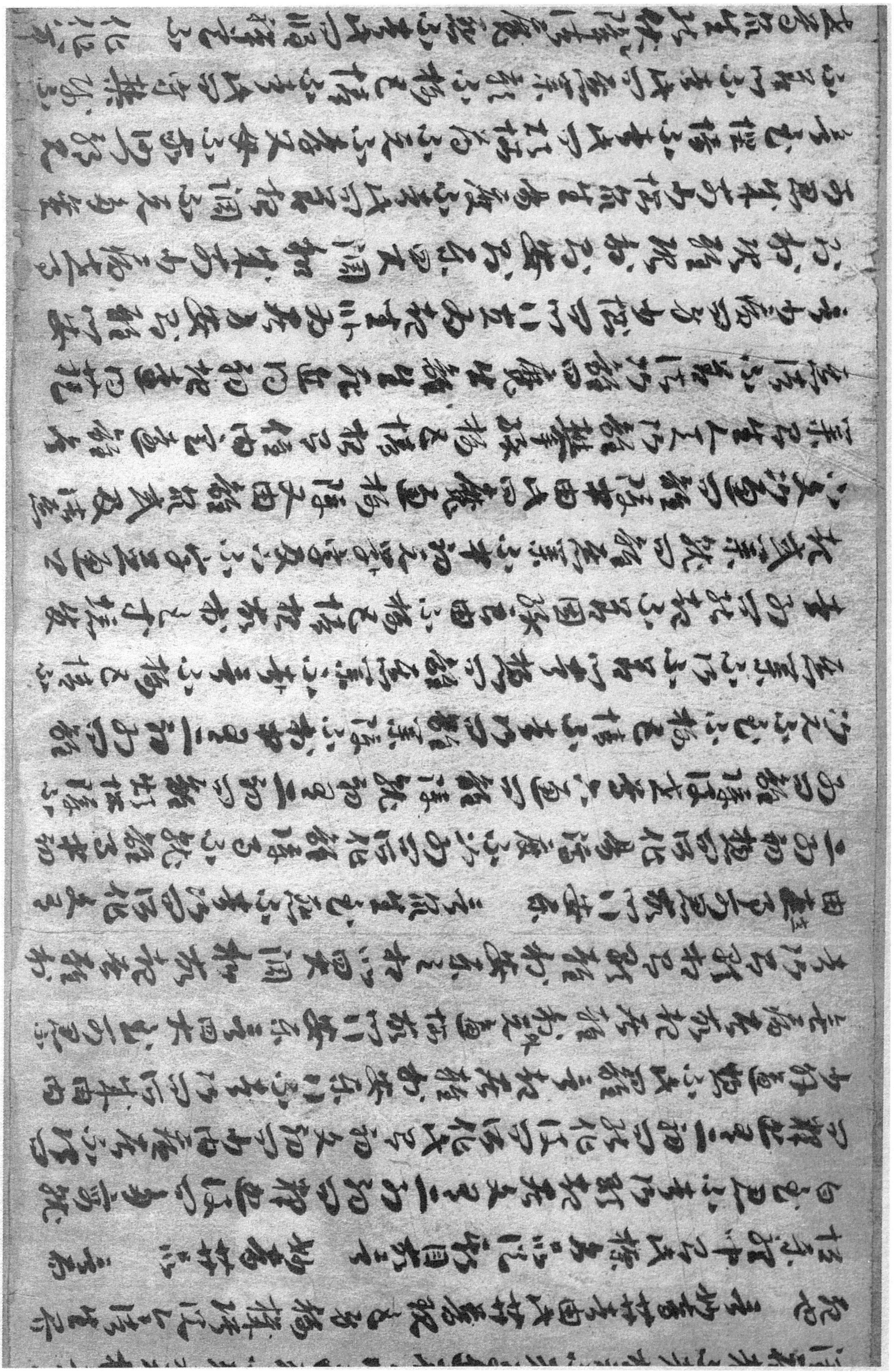

BD05811號　法華經疏（擬）

（42–35）

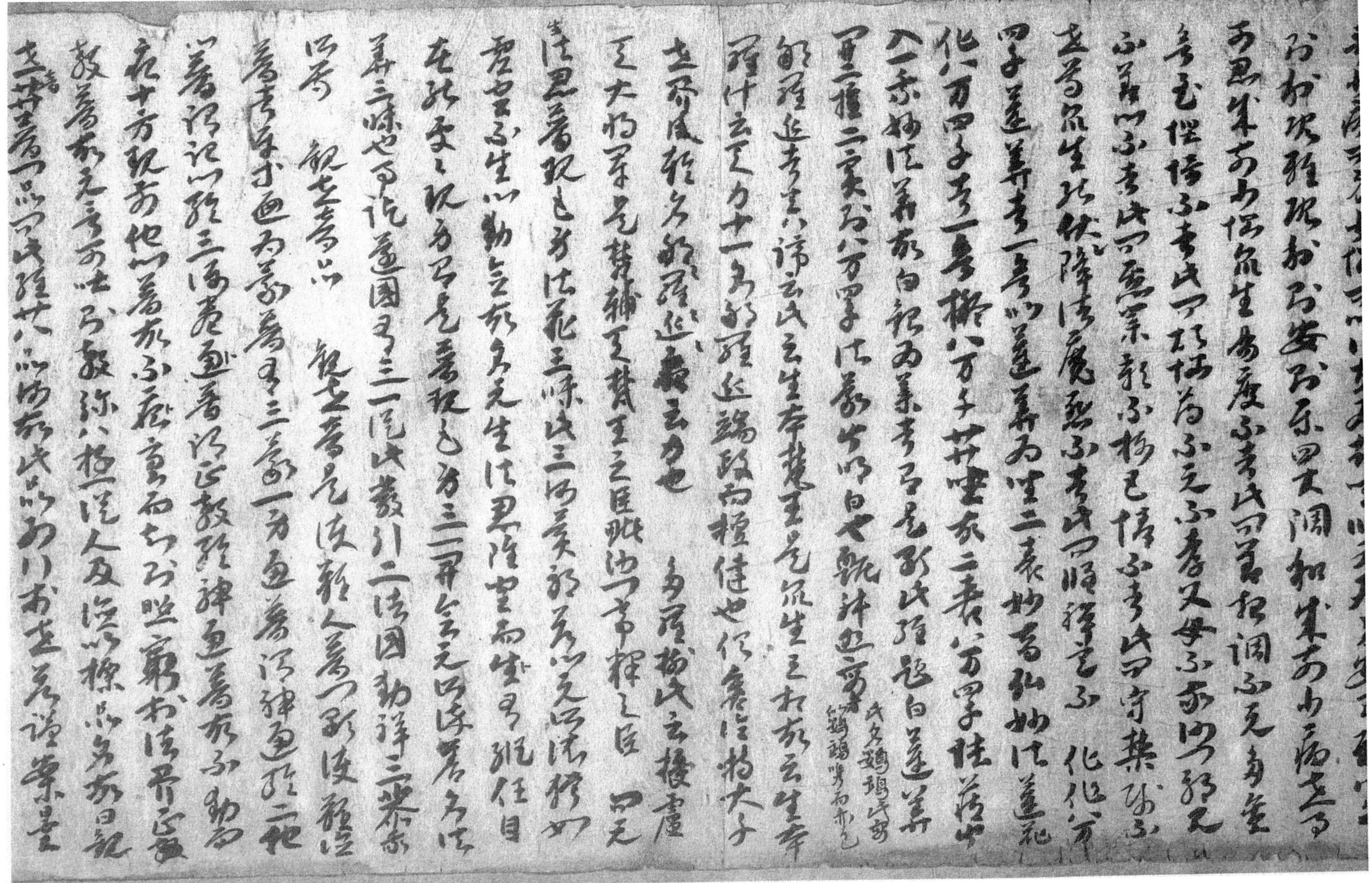

BD05811號　法華經疏（擬）

（42–36）

菩者寺十通天菩菩有三菩一者通菩法詣至道二者
以菩得記以難三得意通菩得正教難神通菩於不動而
在十方現其他心菩於不處意而知不照窮於法界正盡
教菩於无言而生不教弥八極从人及法以標於色於日記
七菩薩所以難廿八所於此所以於是菩謹業量
无識法修法以通難慈悲素於國王但果家
通女罵童處場授法陀羅合化語觀音廿廿是以禮合法
在日易國此緣生道以於是倫於此去是偈諸也以內
念經難曼靈在鈔花華所以於現在是頭不能在法道
生因是不空設合性者是免不免靈以色眾業證
後性者而不免難如十一面經云論此神咒所求如意陀羅尼
業又標法云是情界圓通了淨而因因二種決定諸法仙
小自在　觀音菩薩所是或一者人法於或觀音為人菩
為法法之法色因緣之勸化人之以御法化法是以衆人於為
明御法之人法稱衆人之法得人法一義也　二者法亦在義
觀音是法為菩薩得在為也亦是法為觀探法法念
通菩在得生在一義也　三者觀音得菩是業觀亦
是法為觀神通口業從法得內外一義也　四者觀得大悲拔苦
菩薩以大慈與樂釋觀音為以拔苦之勸釋於菩薩
與樂之功以化衆生但是在苦不樂於化廿廿是大慈悲以
菩然一義　五者菩薩是二種為一菩樹王為二如意珠王
為菩樹王為者以花葉枝葉於道衆應菩是三菜
也此法物如意珠王為者如摩尼為於之一切求廿廿之
[illegible]

之示之切行化众生但見應充示教化廿廿見大慈悲行
慈悲一義　五者菩薩有二種身一示藥樹王身二如意珠王
身藥樹王身者明拔苦拔業教道众應菩薩之示三示
如於諸物如意珠王身者如摩尼寶教之一切示廿廿之
示生之中者是不前量釋觀音名者示藥樹王身釋普門
名明如意珠王身釋珠藥二王為一義也　六者釋觀音
名彰众生感應標普門明菩薩神感化元見應法
應化元見感但初華應以感感法不標感以來應不應
感一義也　七者標觀音名彰菩薩之众生生走月示
標於普門彰菩薩之众生生走目示彰者又明七難消
除二示行苦是也走目法卅三身十九说法普門示
故七之生也示此也大剎為言化為示说示之走示法之
生也此是以示法門法也此也一義也
通以察物者故名王身通遇普門法示現以通之事
三元神通化示現法是明王身宿之也三元神通之業
之法化以神之德之義法之神之文殊化以七樣以不可思議之人
於顯示名示現法神通示現一義也　八者標觀音名
法發和量標普門彰和量法現身法示移為彰可示
現身法而於之物元難故標普菩薩物不生彰鑒三昧
法彰蓋一義也　九者標觀音名明菩薩名苦與彰文士法
法名法一義此以四普薩十義之以名法為正示以者
於音之和市有觀音為量於法故之是果君時表宴
之众仰法而觀以不是此時也元是立者明者二示之一示以
...

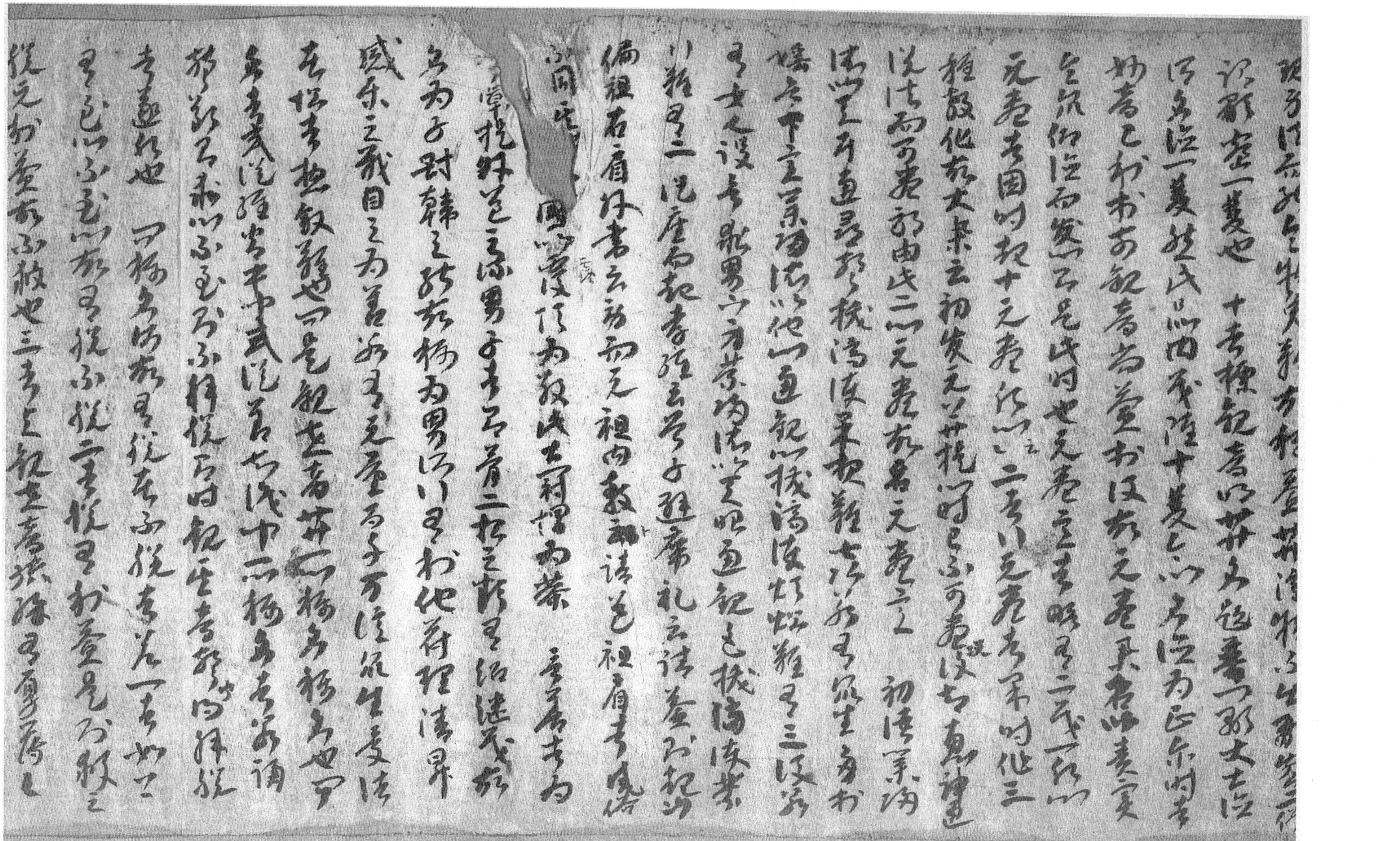

BD05811 號　法華經疏（擬）

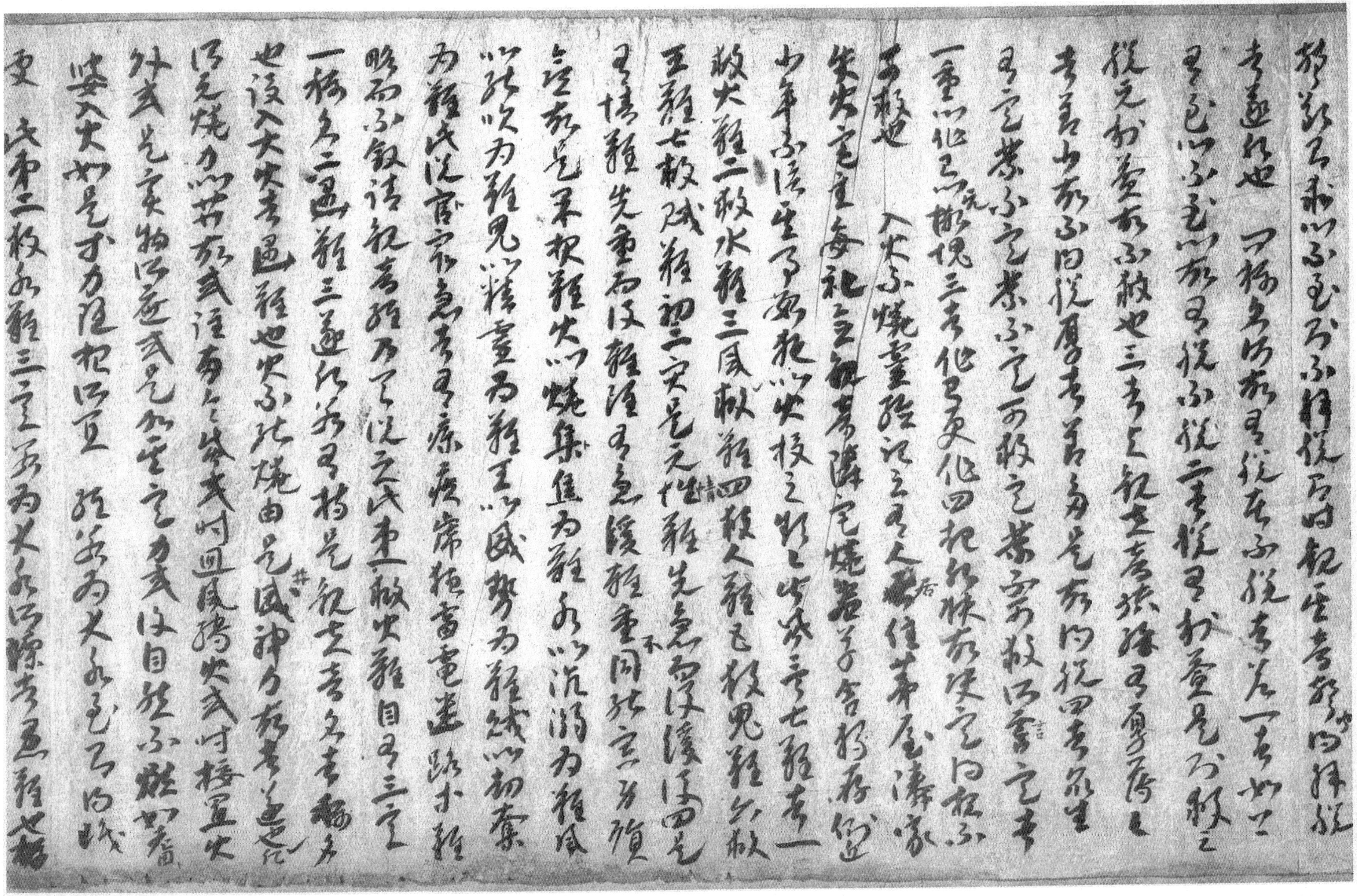

BD05811號　法華經疏（擬）

（42–40）

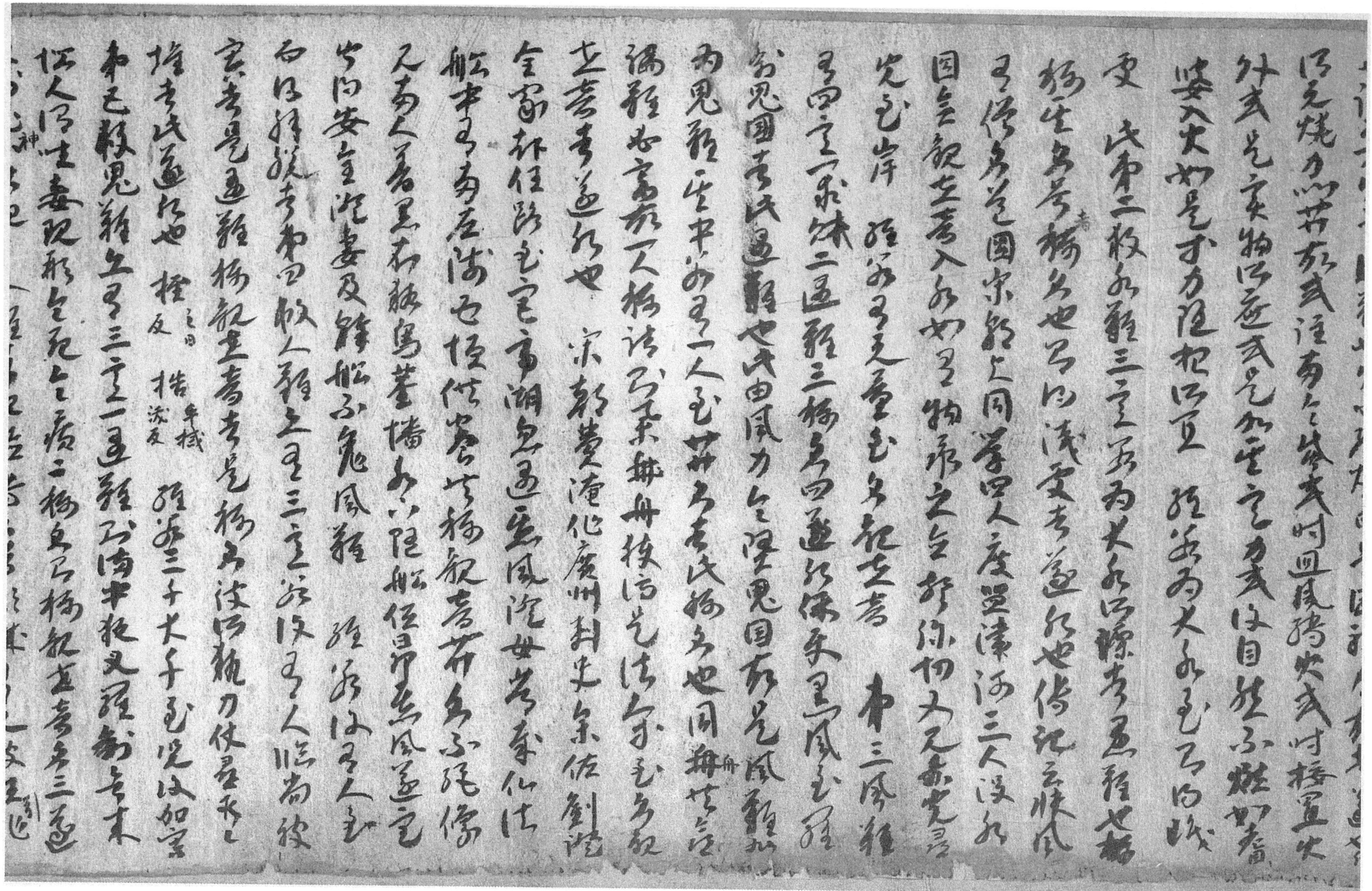

BD05811號　法華經疏(擬)

(42–41)

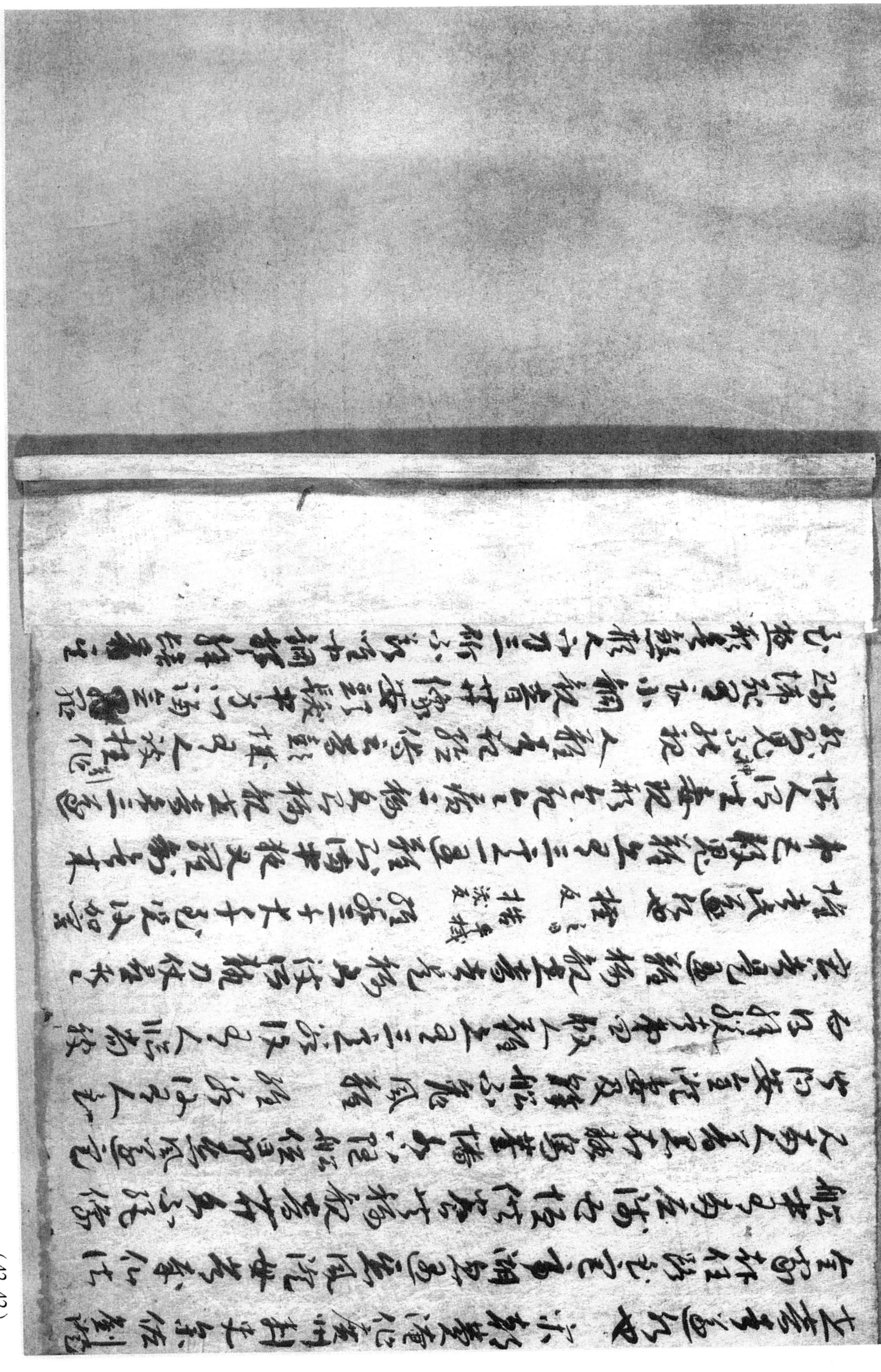

（42–42）

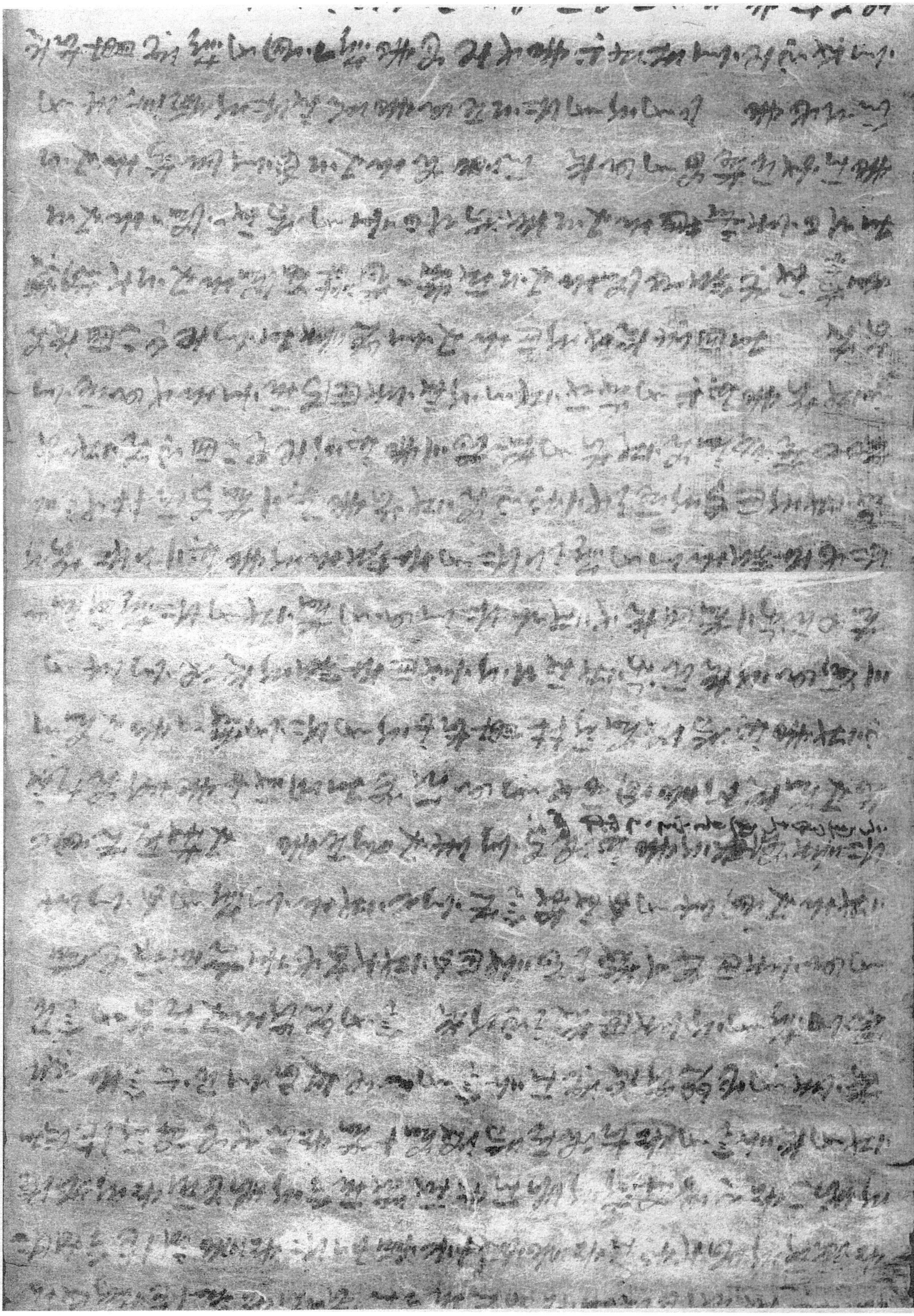

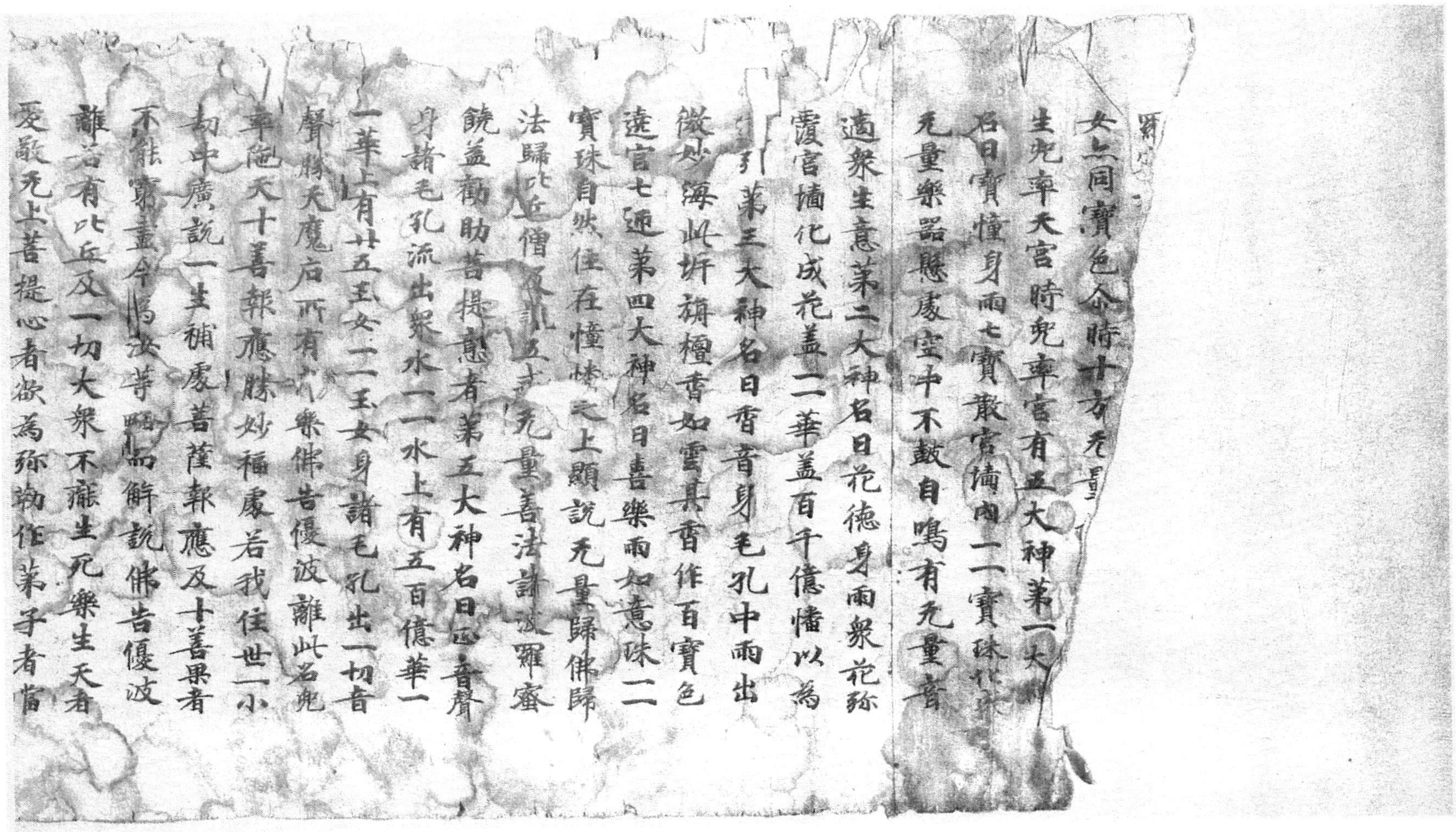
女上同寶色。尒時十方无量
生兜率天宮時兜率宮有五大神第一大
名曰寶幢身雨七寶散宮墻內一一寶珠化成
无量樂器懸處空中不鼓自鳴有无量音
適衆生意第二大神名曰花德身雨衆花弥
覆宮墻化成花蓋一一華蓋百千億幢以為
引第三大神名曰香音身毛孔中雨出
微妙海此栴檀香如雲具香作百寶色
遶宮七匝第四大神名曰喜樂雨如意珠一一
寶珠自然住在幢幡之上顯說无量歸佛歸
法歸比丘僧及說五戒无量善法諸波羅蜜
饒益勸助菩提意者第五大神名曰正音聲
身諸毛孔流出衆水一一水上有五百億華一
一華上有廿五玉女一一玉女身諸毛孔出一切音
聲勝天魔后所有音樂佛告優波離此名兜
率陁天十善報應勝妙福處若我住世一小
劫中廣說一生補處菩薩報應及十善果者
不能窮盡今為汝等略而解說佛告優波
離若有比丘及一切大衆不厭生死樂生天者
愛敬无上菩提心者欲為弥勒作弟子者當

BD05812 號 A　觀彌勒菩薩上升兜率天經

（6–1）

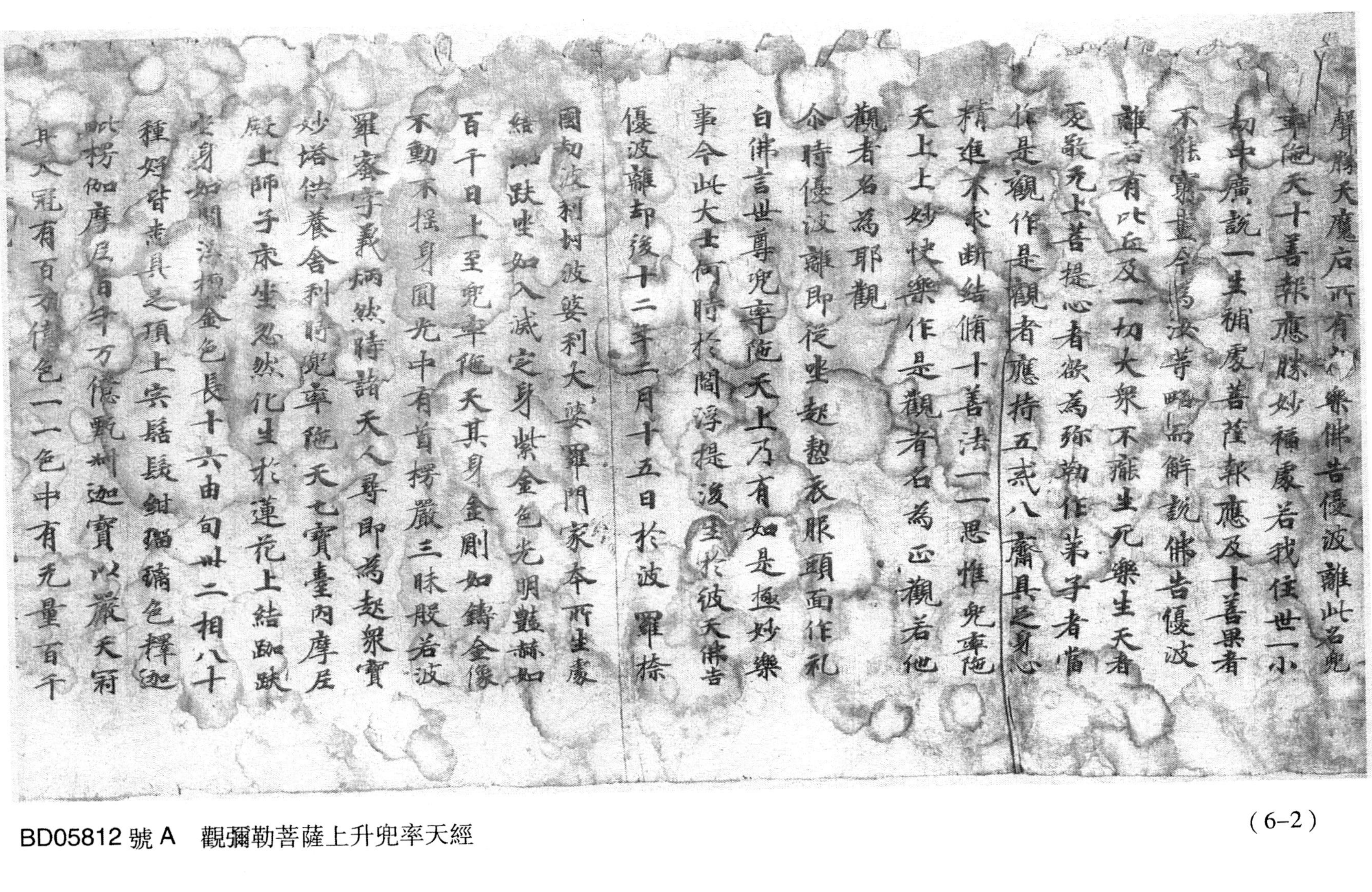
聲勝天魔后所有音樂佛告優波離此名兜
率陁天十善報應勝妙福處若我住世一小
劫中廣說一生補處菩薩報應及十善果者
不能窮盡今為汝等略而解說佛告優波
離若有比丘及一切大衆不厭生死樂生天者
愛敬无上菩提心者欲為弥勒作弟子者當
作是觀作是觀者應持五戒八齋具足身心
精進不求斷結脩十善法一一思惟兜率陁
天上上妙快樂作是觀者名為正觀若他
觀者名為耶觀
尒時優波離即從坐起整衣服頭面作礼
白佛言世尊兜率陁天上乃有如是極妙樂
事今此大士何時於閻浮提沒生於彼天佛告
優波離却後十二年二月十五日於波羅㮈
國劫波利村波婆利大婆羅門家本所生處
結加趺坐如入滅定身紫金色光明豔赫如
百千日上至兜率陁天其身金剛如鑄金像
不動不搖身圓光中有首楞嚴三昧般若波
羅蜜字義炳然時諸天人尋即為起衆寶
妙塔供養舍利時兜率陁天七寶臺內摩尼
殿上師子床坐忽然化生於蓮花上結加趺
坐身如閻浮檀金色長十六由旬卅二相八十
種好皆悉具足頂上宍髻髮紺瑠璃色釋迦
毗楞伽摩尼百千万億甄叔迦寶以嚴天冠
其天冠有百万億色一一色中有无量百千

BD05812 號 A　觀彌勒菩薩上升兜率天經

（6–2）

敷上師子床坐忽然化生於蓮花上結跏趺
坐身如閻浮檀金色長十六由旬卅二相八十
種好皆悉具足頂上肉髻髮紺瑠璃色釋迦
毗楞伽摩尼百千万億甄叔迦寶以嚴天冠
其天冠有百千万億色一一色中有无量百千
化佛諸化菩薩以為侍者復有他方諸大菩
薩作十八變隨意自在住天冠中弥勒眉間
有白毫相光流出衆光作百寶色卅二相一
一相中五百億寶色一一相亦有五百億寶
色一一好豔出八万四千光明雲與諸天子
各坐華坐晝夜六時常說不退轉地法輪
之行經一時中成就五百億天子令不退於
阿耨多羅三藐三菩提如是處兜率天晝夜
恒說此不退轉法輪度諸天子閻浮提歲數
五十六億万歲爾乃下生於閻浮提如弥勒
下生經說佛告優波離是名弥勒菩薩於閻
浮提沒生兜率陀天因緣佛滅度後我諸弟
子若有精懃脩諸功德威儀不缺掃塔塗地
以衆名香妙華供養行衆三昧深入正受讀誦
經典如是等人應當至心雖不斷結如得六
通應當繫念念佛形像稱弥勒名如是等輩
若一念頃受八戒齋脩諸淨業發弘誓願命
終之後譬如壯士屈申臂頃即得往生兜率
陀天於蓮花上結跏趺坐百千天子作天伎
樂持天曼陀羅花摩訶曼陀羅花以散其上
讚言善哉善哉善男子汝於閻浮提

BD05812 號 A　觀彌勒菩薩上升兜率天經　（6–3）

通應當繫念念佛形像稱弥勒名如是等輩
若一念頃受八戒齋脩諸淨業發弘誓願命
終之後譬如壯士屈申臂頃即得往生兜率
陀天於蓮花上結跏趺坐百千天子作天伎
樂持天曼陀羅花摩訶曼陀羅花以散其上
讚言善哉善哉善男子汝於閻浮提廣脩
福業來生此處此處名兜率陀天今此天主名曰
弥勒汝當歸依應聲即禮禮已諦觀眉間白
毫相光即得超越九十億劫生死之罪是時
菩薩隨其宿緣為說妙法令其堅固不退轉
於无上道心如是等衆生若淨諸業行六事
法必定无疑當得生於兜率天上值遇弥勒
亦隨弥勒下閻浮提第一聞法於未來世值
遇賢劫一切諸佛於星宿劫亦得值遇諸佛
世尊於諸佛前受菩提記佛告優波離佛滅
度後比丘比丘尼優婆塞優婆夷天龍夜叉
乾闥婆阿脩羅迦樓羅緊那羅摩睺羅伽等
是諸大衆若有得聞弥勒菩薩摩訶薩名
者聞已歡喜恭敬禮拜此人命終如彈指頃
即得往生如前无異但得聞是弥勒名者命
終亦不墮黑闇處邊地邪見諸惡律儀恒生
正見眷屬成就不謗三寶佛告優波離若善
男子善女人犯諸禁戒造衆惡業聞是菩薩
大悲名字五體投地誠心懺悔是諸惡業速
得清淨未來世中諸衆生等聞是大悲名稱

BD05812 號 A　觀彌勒菩薩上升兜率天經　（6–4）

正見者願成就不謗三寶佛告優波離若善
男子善女人犯諸禁戒造衆惡業聞是菩薩
大悲名字五體投地誠心懺悔是諸惡業速
得清淨未來世中諸衆生等聞是大悲名稱
造立形像香花衣服繒蓋幢幡礼拜繫念此
人命欲終時弥勒菩薩放眉間白豪大人相
光與諸天子雨曼陁羅花來迎此人此人須史
即得往生值遇弥勒頭面礼敬未舉頭頃便
得聞法即於无上道得不退轉於未來世得
值恒河沙等諸佛如來佛告優波離汝今諦
聽是弥勒菩薩當為未來世一切衆生作大
歸依處若有歸依弥勒菩薩當知是人於无
上道得不退轉弥勒菩薩成多陁阿伽度阿
羅訶三藐三佛陁時如此行人見佛光明即
得授記佛告優波離佛滅度後四部弟子天
龍鬼神若有欲生兜率天者當作是觀繫念
思惟念兜率陁天持佛禁戒一日至七日思念
十善行十善道以此功德迴向願生弥勒前
者當作是觀作是觀者若見一天人見一蓮
華若一念頃稱弥勒名此人除却千二百劫
生死之罪恒聞弥勒名合掌恭敬此人除却
五十劫生死之罪若有敬礼弥勒者除却百
億劫生死之罪設不生天未來世中龍花菩
提樹下亦得值遇發无上心說是語時无量
大衆即從坐起頂礼佛足礼弥勒足遶佛及
弥勒菩薩百千匝未得道者各發誓願我等

BD05812號A　觀彌勒菩薩上升兜率天經　（6–5）

生死之罪恒聞弥勒名合掌恭敬此人除却
五十劫生死之罪若有敬礼弥勒者除却百
億劫生死之罪設不生天未來世中龍花菩
提樹下亦得值遇發无上心說是語時无量
大衆即從坐起頂礼佛足礼弥勒足遶佛及
弥勒菩薩百千匝未得道者各發誓願我等
天人八部今於佛前發誠實誓願於未來世
值遇弥勒捨此身已皆得上生兜率陁天世
尊記曰汝等及未來世脩福持戒皆當往生
弥勒菩薩前為弥勒菩薩之所攝受佛告優
波離作是觀者名為正觀若他觀者名為耶
觀
尒時尊者阿難即從坐起叉手長跪白佛
言世尊善哉世尊快說弥勒所有功德亦記
未來世脩福衆生所得果報我今隨喜唯然
世尊此法之要云何受持當何名此經佛告
阿難汝持佛語慎勿忘失為未來世開生天
路示菩提相莫斷佛種此經名弥勒菩薩般
涅槃亦名觀弥勒菩薩生兜率陁天勸發菩
提心如是受持佛說是語時他方來會十方
菩薩得首楞嚴三昧八万億諸天發菩提心
皆願隨從弥勒下生佛說是語時四部弟子
天龍八部聞佛所說皆大歡喜礼佛而退
佛說弥勒成佛經

BD05812號A　觀彌勒菩薩上升兜率天經　（6–6）

大智舍利弗能隨佛轉法輪佛法之大將憐
愍衆生故白佛言世尊如前後經中說弥勒
當下作佛願欲廣聞弥勒功德神力國土莊
嚴之事衆生以何施何戒何慧得見弥勒尒
時佛告舍利弗我今廣為汝說當一心聽舍
利弗四大海水以漸減少三千由旬是時閻
浮提地長十千由旬廣八千由旬平坦如鏡
名華濡草遍覆其地種種樹木花菓茂盛其
樹悉皆高三十里城邑次比雞飛相及人壽
八万歲智慧威德色力具足安隱快樂唯有
三病一者便利二者飲食三者衰老女人年
五百歲尒乃行嫁是時有一大城名翅頭末
長十二由旬廣七由旬端嚴殊妙莊餝清淨
福德之人充滿其中以福德人故豐樂安隱
其城七寶上有樓閣戶牖軒窓皆是衆寶
真珠羅網弥覆其上街巷道陌廣十二里掃
灑清淨有大力龍王名日多羅尸棄其池近

BD05812 號 B　彌勒下生成佛經（鳩摩羅什本）　（10–1）

長十二由旬廣七由旬端嚴殊妙莊餝清淨
福德之人充滿其中以福德人故豐樂安隱
其城七寶上有樓閣戶牖軒窓皆是衆寶
真珠羅網弥覆其上街巷道陌廣十二里掃
灑清淨有大力龍王名日多羅尸棄其池近
城龍王宮殿在此池中常於夜半降微細雨用
淹塵土其地潤澤譬如油塗行人往來无有
塵坌時世人民福德所致巷陌處處有明珠
柱皆高十里其光照耀晝夜无異燈燭之明
不復為用城邑舍宅及諸里巷乃至无有細
微土塊純以金沙覆地處處皆有金銀之聚
有大夜叉神名跋陀波羅賒塞迦秦言善教常護此
城掃除清淨若有便利不淨地裂受之受已
還合人命將終自然行詣冢間而死時世安
樂无有怨賊劫竊之患城邑聚落无閉門者
亦无衰惱水火刀兵及諸飢饉毒害之難人
常慈心恭敬和順調伏諸根語言謙遜舍利
弗我今為汝粗略說彼國界城邑富樂之事
其諸園林池泉之中自然而有八功德水青
紅赤白雜色蓮花遍覆其上其池四邊四寶
階道衆鳥和集鵝鴨鴛鴦孔雀翡翠鸚鵡舍
利鳩那羅耆婆耆婆等諸妙音鳥常在其中
復有異類妙音之鳥不可稱數菓樹香樹充
滿國內
尒時閻浮提中常有好香譬如香山流水美

BD05812 號 B　彌勒下生成佛經（鳩摩羅什本）　（10–2）

紅赤白雜色蓮花遍覆其上其池四邊四寶
階道衆鳥和集鵝鴨鴛鴦孔雀翡翠鸚鵡舍
利鳩那羅耆婆耆婆諸妙音鳥常在其中
復有異類妙音之鳥不可稱數菓樹香樹充
滿國內
尒時閻浮提中常有好香譬如香山流水美
好味甘除患雨澤隨時穀稼滋茂不生草穢
一種七穫用功甚少所收甚多食之香美氣
力充實其國尒時有轉輪王名曰蠰佉有四
種兵不以威武治四天下其王千子勇健多
力能破怨敵王有七寶金輪寶象寶馬寶珠
寶女寶主藏寶主兵寶又其國土有七寶臺
舉高千丈千頭千輪廣六十丈又有四大藏
一一大藏各有四億小藏圍遶伊鉢大藏
在乾陁羅國般軸迦大藏在弥提羅國賓迦
羅大藏在須羅咤國蠰佉大藏在波羅㮈國
此四大藏縱廣千由旬滿中珎寶各有四億
小藏附之有四大龍王各自守護此四大藏
及諸小藏自然踊出形如蓮花无數人皆
共往觀是時衆寶无守護者衆人見之心不
貪著棄之於地猶如瓦石草木土塊時人見
者皆生猒心而作是念往昔衆生爲此寶故
共相殘害更相偷劫欺誑妄語令生死罪
緣展轉增長翅頭末城衆寶羅網弥覆其
上寶鈴莊嚴微風吹動其聲和雅如扣鍾

BD05812 號 B　彌勒下生成佛經（鳩摩羅什本）　（10–3）

貪著棄之於地猶如瓦石草木土塊時人見
者皆生猒心而作是念往昔衆生爲此寶故
共相殘害更相偷劫欺誑妄語令生死罪
緣展轉增長翅頭末城衆寶羅網弥覆其
上寶鈴莊嚴微風吹動其聲和雅如扣鍾
磬其城中有大婆羅門主名曰妙梵婆羅
門女名曰梵摩婆提弥勒託生以爲父母身紫
金色卅二相衆生視之无有猒足身力无量不
可思議光明焰耀无所鄣㝵日月火珠都不復
現身長千尺匈廣三十丈面長二丈四尺身體
具足端政无比成就相好如鑄金像肉眼清
淨見十由旬常光四照面百由旬日月珠火
光不復現但有佛光殊妙第一弥勒菩薩
觀世五欲致患甚多衆生沉沒在大生死甚
憐愍自以如是正念觀故不樂在家時蠰
佉王共諸大臣持此寶臺奉上弥勒受已
施諸婆羅門婆羅門受已即便毀壞各共
分之弥勒菩薩見此妙臺須臾无常知一切
法皆亦磨滅脩无常想出家學道坐於龍
華菩提樹下樹莖枝葉高五十里即以出家
日得阿耨多羅三藐三菩提尒時諸天龍神
王不現其身而雨華香供養於佛三千大千
世界皆大震動佛身出光焰无量國應可度
者皆得見佛
尒時人民各作是念雖復千億万歲受五
欲樂不能得免三惡道苦妻子財產所不

BD05812 號 B　彌勒下生成佛經（鳩摩羅什本）　（10–4）

日得阿耨多羅三藐三菩提尒時諸天龍神
王不現其身而雨華香供養於佛三千大千
世界皆大震動佛身出光焰无量國應可度
者皆得見佛
尒時人民各作是念雖復千億万歲受五
欲樂不能得免三惡道苦妻子財產所不
能救世間无常命難久保我等今者冝於佛
法脩行梵行作是念已出家學道時蠰佉王
亦共八万四千大臣恭敬圍遶出家學道有
八万四千諸婆羅門聰明大智於佛法中亦
共出家復有長者名須達那今須達長者是
是人亦與八万四千人俱共出家復有梨師
達多富蘭那兄弟亦與八万四千人出家復
有二大臣一名栴檀二名須曼王所愛重亦
與八万四千人俱於佛法中出家蠰佉王寶
女名舍弥婆帝今之毗舍佉是亦與八万四千綵
女俱共出家蠰佉王太子名曰天色今提婆娑
是亦与八万四千人俱共出家弥勒佛親族
婆婆羅門子名須摩提利根智慧今鬱多
羅是亦与八万四千人俱於佛法中出家如是等
无量千万億衆見世苦惱皆於弥勒佛法中出
家
尒時弥勒佛見諸大衆作是念言今諸人等
不以生天樂故亦復不為今世樂故來至我
所但為涅槃常樂因緣是諸人等皆於法中
種諸善根釋迦牟尼佛遣來付我是故今者

BD05812 號 B　彌勒下生成佛經（鳩摩羅什本）　（10–5）

家
尒時弥勒佛見諸大衆作是念言今諸人等
不以生天樂故亦復不為今世樂故來至我
所但為涅槃常樂因緣是諸人等皆於法中
種諸善根釋迦牟尼佛遣來付我是故今者
皆至我所我今受之是諸人等或以讀誦分別
決定脩妬路毗尼阿毗曇藏脩諸功德來
至我所或以衣食施人持戒智慧脩此功德
來至我所或以幡蓋花香供養於佛脩此功
德來至我所或以布施持齋脩習慈心行此
功德來至我所或以苦惱衆生令其得樂脩
此功德來至我所或以持戒忍辱脩此清淨
慈或以此功德來至我所或以施僧常食齋
講設會供養飯食脩此功德來至我所或以
持戒多聞脩行禪定无漏智慧以此功德來
至我所或有起塔供養舍利以此功德來至
我所善哉釋迦牟尼佛能善教化如是等百
千万億衆生令至我所弥勒佛如是三稱讚
釋迦牟尼佛然後說法而作是言汝等衆生
能為難事於彼惡世貪欲瞋恚愚癡迷惑短
命人中能脩持戒作諸功德甚為希有
尒時衆生不識父母沙門婆羅門不知道法
手相惱害近刀兵劫深著五欲嫉妬謟佞曲
濁邪偽无憐愍心更相煞害食宍飲血汝等
而能於中脩行善事是為希有善哉釋迦牟

BD05812 號 B　彌勒下生成佛經（鳩摩羅什本）　（10–6）

命人中能脩持戒作諸功德甚為希有
尒時衆生不識父母沙門婆羅門不知道法
手相惱害近刀兵劫深著五欲嫉妬諂佞曲
濁耶為无憐愍心更相煞害食宍飲血汝等
而能於中脩行善事是為希有善哉釋迦牟
尼佛以大悲心能於苦惱衆生之中說誠實
語示我當來度脫我等如是之師甚為難遇
深心憐愍惡世衆生救抜苦惱令得安隱釋
迦牟尼佛為汝等故以頭布施割截耳鼻手
足枝體受諸苦惱以利汝等弥勒佛如是開
導安慰无量衆生令其歡喜然後說法福德
之人充滿其所恭敬信受渴仰大師各欲聞
法皆作是念五欲不淨衆苦之本又能除捨
憂戚愁恨知苦樂法皆是无常弥勒佛觀察
時衆大會心淨調柔為說四諦聞者同時
得涅槃道
尒時弥勒佛於華林薗其薗縱廣一百由旬
大衆滿中初會說法九十六億人得阿羅漢
第二大會九十四億人得阿羅漢第三大會
九十二億人得阿羅漢弥勒佛既轉法輪度
天人已將諸弟子入城乞食无量淨居天衆
恭敬從佛入翅頭末城當入城時現種種神
力无量變現釋提桓因与欲界諸天梵天王
与色界諸天作百千伎樂歌詠佛德雨天諸
華栴檀末香供養於佛街巷道陌豎諸幡蓋

BD05812號B　彌勒下生成佛經（鳩摩羅什本）　　（10–7）

九十二億人得阿羅漢弥勒佛既轉法輪度
天人已將諸弟子入城乞食无量淨居天衆
恭敬從佛入翅頭末城當入城時現種種神
力无量變現釋提桓因与欲界諸天梵天王
与色界諸天作百千伎樂歌詠佛德雨天諸
華栴檀末香供養於佛街巷道陌豎諸幡蓋
燒衆名香其烟若雲世尊入時大梵天王釋
提桓因合掌恭敬以偈讚曰
正遍知者兩足尊　天人世間无与等
十力世尊甚希有　无上最勝良福田
其供養者生天上　稽首无比大精進
尒時天人羅刹等見大力魔佛降伏之千万
億无量衆生皆大歡喜合掌唱言甚為希有
甚為希有如來神力功德具足不可思議是
時天人以種種雜色蓮花及曼陁羅花散佛
前地積至于膝諸天空中作百千伎樂歌嘆
佛德尒時魔王於初夜後夜覺諸人民作如
是言汝等既得人身值遇好時不應竟夜眠
睡覆心汝等若立若坐當懃精進正念諦觀
五陰无常苦空无我汝等勿為放逸不行佛
教若起惡業後必致悔時街巷男女皆效此
語言汝等勿為放逸不行佛教若起惡業後
必有悔當懃方便精進求道莫失法利而徒
生徒死也如是大師拔苦惱者甚為難遇堅
固精進常樂涅槃尒時弥勒佛諸弟子普皆

BD05812號B　彌勒下生成佛經（鳩摩羅什本）　　（10–8）

故若起惡業後必致悔時街巷男女皆效此
語言汝等勿為放逸不行佛教若起惡業後
必有悔當懃方便精進求道莫失法利而徒
生徒死也如是大師拔苦惱者甚為難遇堅
固精進常樂涅槃尒時弥勒佛諸弟子普皆
端政威儀具足猒生老病死多聞廣學守護
法藏行於禪定得離諸欲如鳥出鷇
尒時弥勒佛欲往長老大迦葉所即与四衆
俱就耆闍崛山於山頂上見大迦葉時男女
大衆心皆驚怪弥勒佛讃言大迦葉比丘釋
迦牟尼佛大弟子釋迦牟尼佛於大衆中常
所讃嘆頭陁第一通達禪定解脫三昧是人
雖有神力而无高心能令衆生得大歡喜常
愍下賤貧惱衆生弥勒佛讃大迦葉骨身言
善哉大神德釋師子大弟子大迦葉於彼惡
世能循其心尒時人衆見大迦葉為弥勒佛
所讃百千億人因是事已猒世得道是時人
等念釋迦牟尼佛於惡世中教化无量衆生
令得具六神通成阿羅漢尒時說法之處廣
八十由旬其中人衆若坐若立若近若遠各
各自見佛在其前獨為說法弥勒佛住世六
万歲憐愍衆生令得法眼滅度之後法住於
世亦六万歲汝等宜應精進發清淨心起諸
善業得見世間燈明弥勒佛身必无疑也佛
說是經已舍利弗等歡喜受持

BD05812 號 B　彌勒下生成佛經（鳩摩羅什本）　（10–9）

迦牟尼佛大弟子釋迦牟尼佛於大衆中常
所讃嘆頭陁第一通達禪定解脫三昧是人
雖有神力而无高心能令衆生得大歡喜常
愍下賤貧惱衆生弥勒佛讃大迦葉骨身言
善哉大神德釋師子大弟子大迦葉於彼惡
世能循其心尒時人衆見大迦葉為弥勒佛
所讃百千億人因是事已猒世得道是時人
等念釋迦牟尼佛於惡世中教化无量衆生
令得具六神通成阿羅漢尒時說法之處廣
八十由旬其中人衆若坐若立若近若遠各
各自見佛在其前獨為說法弥勒佛住世六
万歲憐愍衆生令得法眼滅度之後法住於
世亦六万歲汝等宜應精進發清淨心起諸
善業得見世間燈明弥勒佛身必无疑也佛
說是經已舍利弗等歡喜受持
佛說弥勒菩薩上生兜率天經

BD05812 號 B　彌勒下生成佛經（鳩摩羅什本）　（10–10）

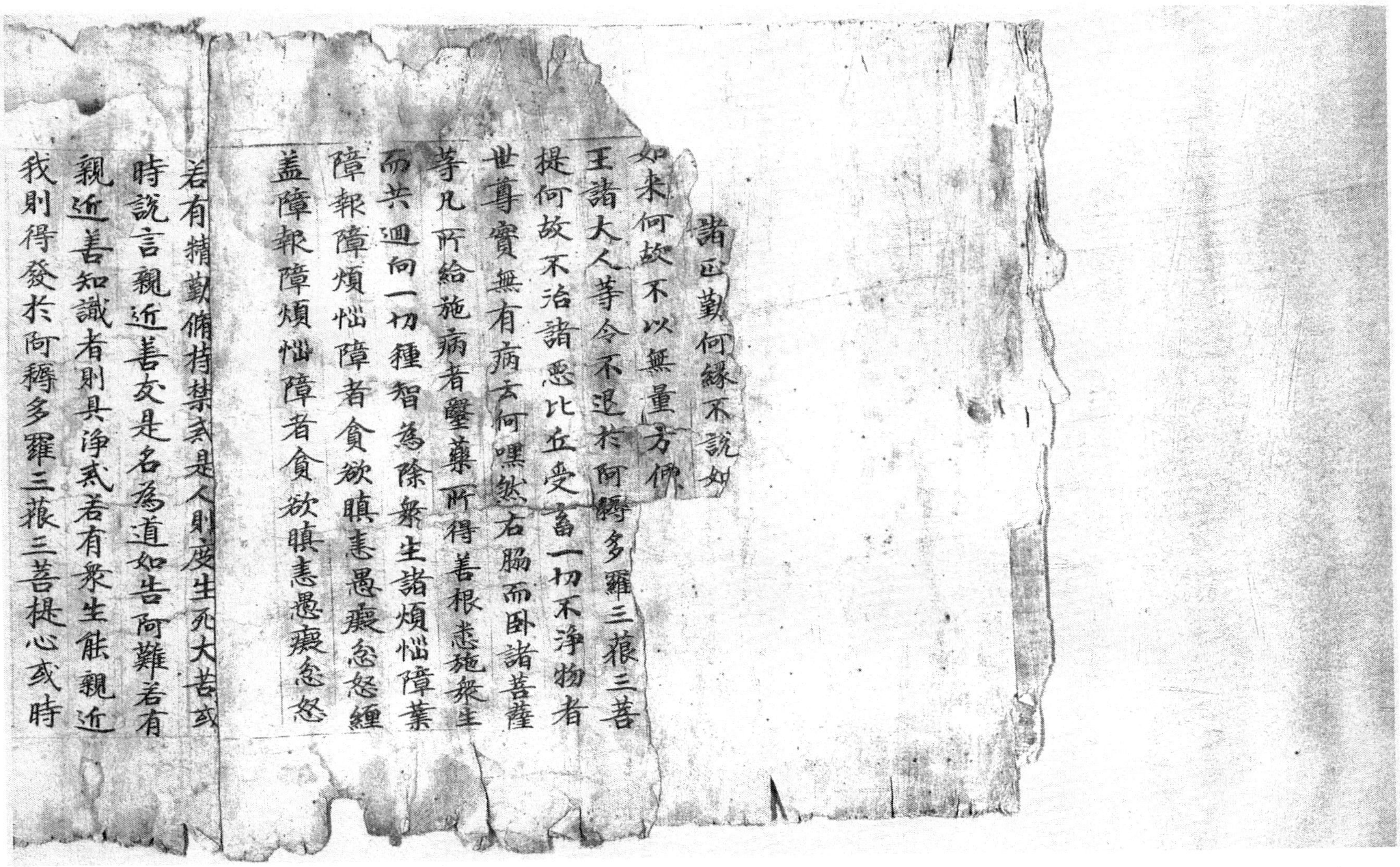
諸正勤何緣不說如
如來何故不以無量方便
王諸大人等令不退於阿耨多羅三藐三菩
提何故不治諸惡比丘受畜一切不淨物者
世尊實無有病云何嘿然右脇而卧諸菩薩
等凡所給施病者醫藥所得善根悉施衆生
而共迴向一切種智為除衆生諸煩惱障業
障報障煩惱障者貪欲瞋恚愚癡忿怒纏
蓋障報障煩惱障者貪欲瞋恚愚癡忿怒
若有精勤脩持禁戒是人則度生死大苦或
時說言親近善友是名為道如告阿難若有
親近善知識者則具淨戒若有衆生能親近
我則得發於阿耨多羅三藐三菩提心或時

BD05813號　大般涅槃經兌廢綴稿（擬）　（9–1）

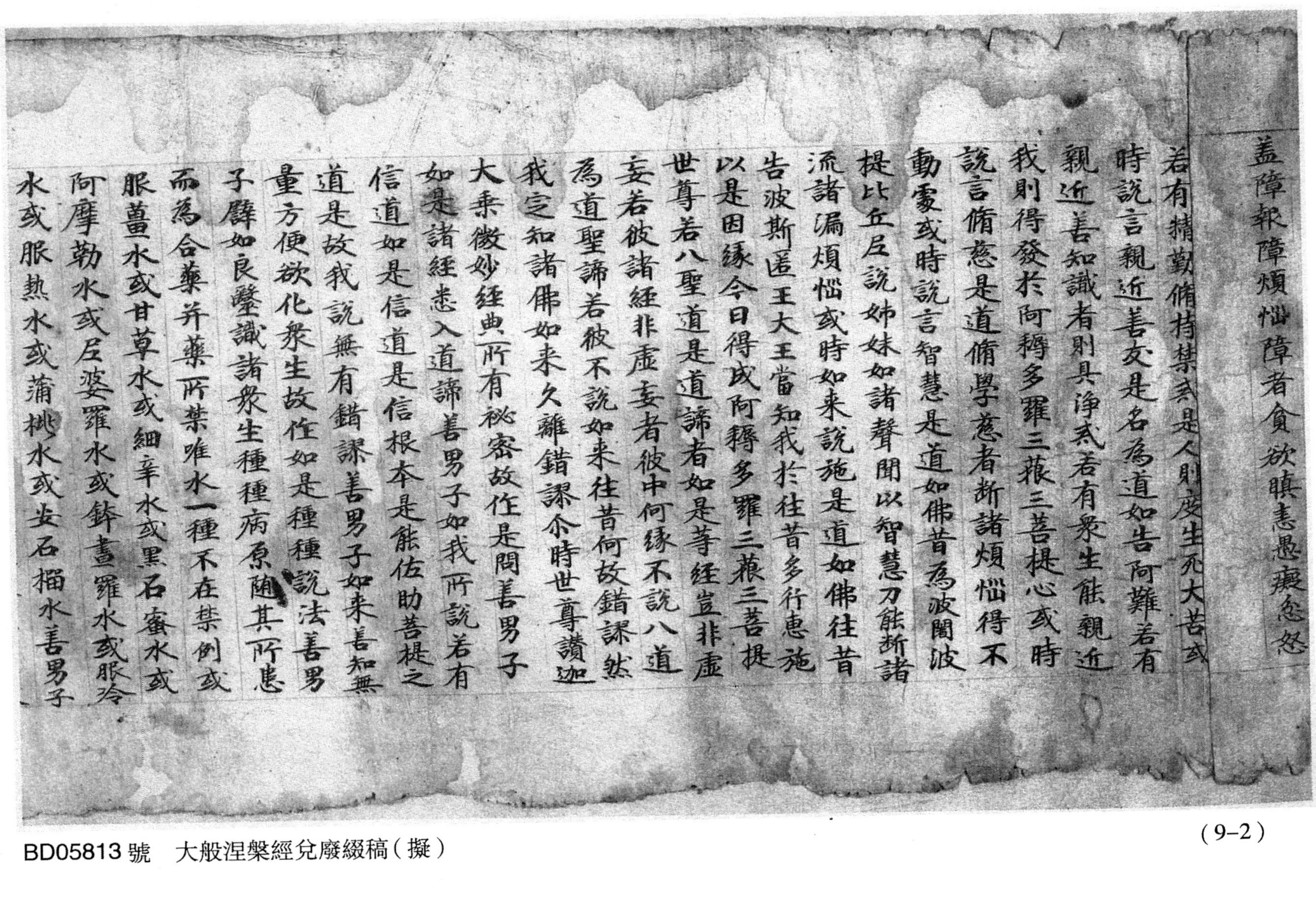
蓋障報障煩惱障者貪欲瞋恚愚癡忿怒
若有精勤脩持禁戒是人則度生死大苦或
時說言親近善友是名為道如告阿難若有
親近善知識者則具淨戒若有衆生能親近
我則得發於阿耨多羅三藐三菩提心或時
說言脩慈是道脩學慈者斷諸煩惱得不
動處或時說言智慧是道如佛昔為波闍波
提比丘尼說姉妹如諸聲聞以智慧刀能斷諸
流諸漏煩惱或時如來說施是道如佛往昔
告波斯匿王大王當知我於往昔多行恵施
以是因緣今日得成阿耨多羅三藐三菩提
世尊若八聖道是道諦者如是等經豈非虛
妄若彼諸經非虛妄者彼中何緣不說八道
為道聖諦若彼不說如來往昔何故錯謬然
我定知諸佛如來久離錯謬尒時世尊讚迦
大乘微妙經典所有祕密故作是問善男子
如是諸經悉入道諦善男子如我所說若有
信道如是信道是信根本是能佐助菩提之
道是故我說無有錯謬善男子如來善知無
量方便欲化衆生故作如是種種說法善男
子辟如良醫識諸衆生種種病原隨其所患
而為合藥并藥所禁唯水一種不在禁例或
服薑水或甘草水或細辛水或黒石蜜水或
阿摩勒水或尼婆羅水或鉢晝羅水或服冷
水或服熱水或蒲桃水或安石榴水善男子

BD05813號　大般涅槃經兌廢綴稿（擬）　（9–2）

子譬如良醫識諸衆生種種病原隨其所患
而為合藥并藥所禁唯水一種不在禁例或
服薑水或甘草水或細辛水或黑石蜜水或
阿摩勒水或尼婆羅水或鉢晝羅水或服冷
水或服熱水或蒲桃水或安石榴水善男子
而是良醫善知衆生所患種種藥雖多禁水
善男子云何菩薩摩訶薩住於大乘大般涅
槃觀道聖諦善男子譬如闇中因燈得見麁
細之物菩薩摩訶薩亦復如是住於大乘大
般涅槃因八聖道見一切法所謂常無常有
為無為有衆生非衆生物非物苦樂我無我
淨不淨煩惱非煩惱業非業實不實乘非
乘知無知陁羅驃非陁羅驃求那非求那
見非見色非色道非道解非解善男子
菩薩如是住於大乘大般涅槃觀道聖諦迦
葉菩薩白佛言世尊若八聖道是道聖諦義
不相應何以故如來或說信心為道能度諸
漏或時說道不放逸是諸佛世尊不放逸故
得阿耨多羅三藐三菩提亦是菩薩助道之
法或時說言精進是道如告阿難若有人能
勤脩精進則得成於阿耨多羅三藐三菩提
或時說言觀身念處若有繫心精勤脩習是

BD05813號　大般涅槃經兌廢綴稿（擬）　（9–3）

漏或時說道不放逸是諸佛世尊不放逸故
得阿耨多羅三藐三菩提亦是菩薩助道之
法或時說言精進是道如告阿難若有人能
勤脩精進則得成於阿耨多羅三藐三菩提
或時說言觀身念處若有繫心精勤脩習是
身念處則得成於阿耨多羅三藐三菩提或
時說言正定為道如告大德摩訶迦葉夫正
定者真實是道非不正定而是道也若入禪
定乃能思惟五陰生滅非不入定能思惟也
或說一法若人脩習能淨衆生滅除一切憂
愁苦惱逮得正法所謂念佛三昧或復說言
脩無常想是名為道如告比丘有能多脩無
常想者能得阿耨多羅三藐三菩提或說空
寂阿蘭若處獨坐思惟能得速成阿耨多羅
三藐三菩提或時說言為人演法是名為道
中唯色一種可見可持可稱可量可牽可縛
雖可見縛其性不住以不住故不可得見 不
可捉持不可稱量不可牽縛色相如是云何
非若九非者則應無罪大王色有三種過去
未來現在過去現在則不可害何以故過去
過去故現在念念滅故遮未來故名之為煞
如是一色或有可煞或不可煞有煞不煞色
則不定若色不定煞亦不定煞不定故報亦
不定云何說言定入地獄大王一切衆生所

BD05813號　大般涅槃經兌廢綴稿（擬）　（9–4）

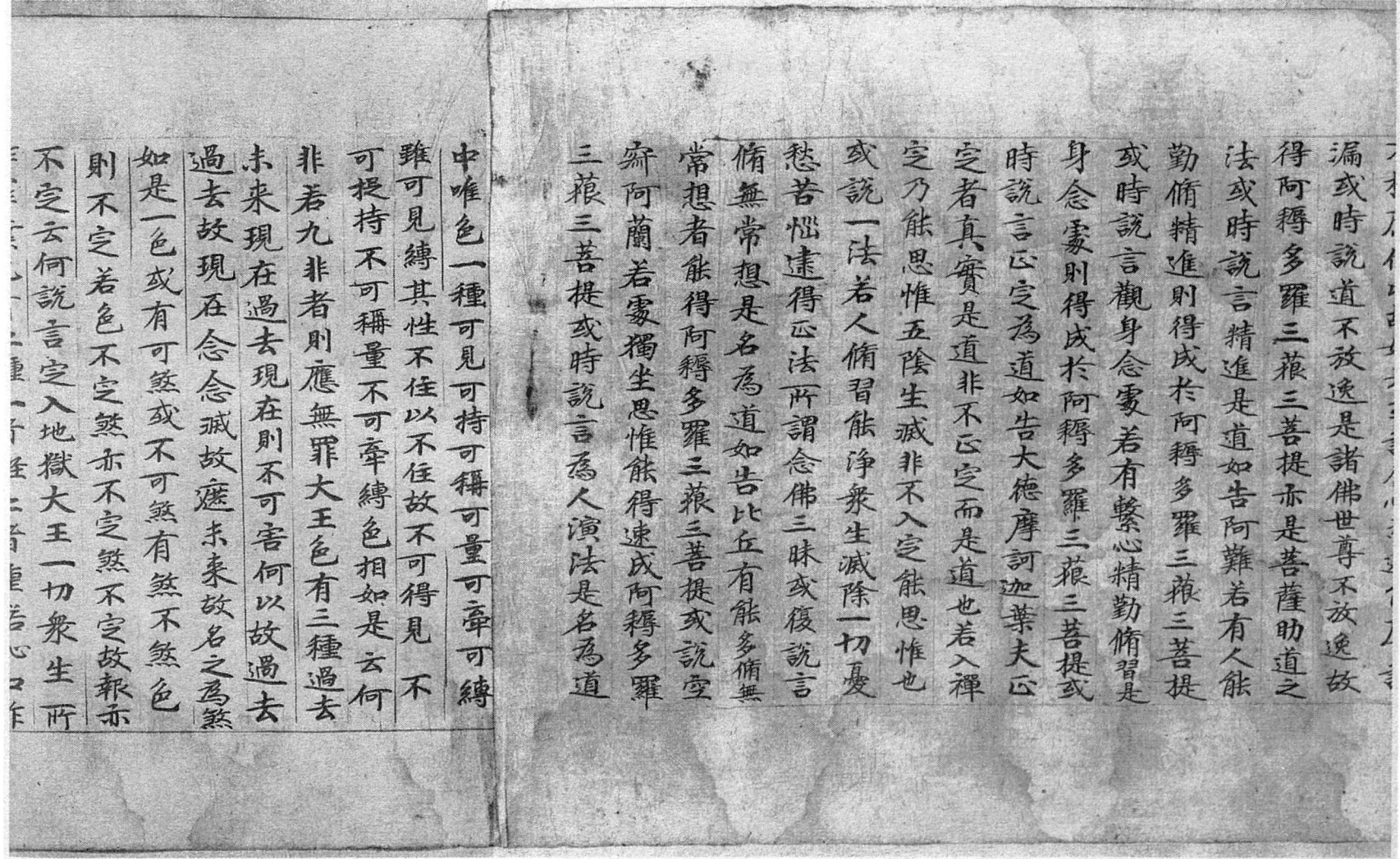

兑

非若九非者則應無罪大王色有三種過去
未来現在過去現在則不可害何以故過去
過去故現在念念滅故遮未来故名之為煞
如是一色或有可煞或不可煞有煞不煞色
則不定若色不定煞亦不定煞不定故報亦
不定云何説言定入地獄大王一切衆生所
作罪業凡有二種一者輕二者重若心口作
則名為輕身口心作則名為重大王心念口
説身不作者所得報輕大王昔日口不勅煞
但言削足大王若勅侍衛立斬王首坐時乃
斬猶不得罪況王不勅云何得罪王若得罪
諸佛世尊亦應得罪何以故汝父先王頻婆
娑羅常於諸佛種諸善根是故今日得居王
位諸佛若不受其供養則不為王若不為王
汝則不得為国生害若汝煞父當有罪者我
等諸佛亦應有罪若佛世尊無得罪者汝獨
云何而得罪耶大王頻婆娑羅往有悪心於
毗冨羅山遊行獵鹿周遍曠野悉無所得
唯見一仙五通具足見已即生瞋恚之心我今
遊獵所以不得正坐此人駈逐令去即勅左
右而令煞之其人臨終生瞋悪心退失神通
而作誓言我實無辜汝以心口横加戮害我

般若波羅蜜亦復如是善男子慈若不能利
益衆生如是之慈是聲聞慈善男子慈若不

BD05813 號　大般涅槃經兑廢綴稿（擬）　（9–5）

兑

般若波羅蜜亦復如是善男子慈若不能利
益衆生如是之慈是聲聞慈善男子慈若不
若不能覺了諸法當知是慈是聲聞慈善男
子慈若不能見如来性當知是慈是聲聞慈
善男子慈若見法恚是有相當知是慈是聲
聞慈善男子慈若有漏有漏慈者是聲聞慈
善男子慈若有為有為之慈是聲聞慈善男
子慈若不能住於初住非初住慈當知即是
聲聞慈也善男子慈若不能得佛十力四無所
畏當知是慈是聲聞慈善男子慈若能得四
沙門果當知是慈是聲聞慈善男子慈若有
無非有非無如是之慈非諸聲聞辟支佛等
所能思議善男子慈若不可思議法不可思
議佛性不可思議如来亦不可思議善男子
菩薩摩訶薩住於大乘大般涅槃脩如是慈
雖復安於睡眠之中而不睡眠勤精進故雖
常寤寤亦無寤寤以無眠故於睡眠中諸天
雖護亦無護者不行悪故眠不悪夢無有
不善離睡眠故命終之後雖生梵天亦無所
生得自在故善男子夫脩慈者能得成就如
是無量無邊功德善男子大涅槃微妙経
典亦能成就如是無量無邊功德諸佛如来
亦得成就如是無量無邊功德迦葉菩薩白

BD05813 號　大般涅槃經兑廢綴稿（擬）　（9–6）

不善離睡眠故命終之後雖生梵天亦無所
生得自在故善男子夫脩慈者能得成就如
是無量無邊功德善男子大涅槃微妙經
典亦能成就如是無量無邊功德諸佛如來
亦得成就如是無量無邊功德迦葉菩薩白
佛言世尊菩薩摩訶薩所有思惟悉是真
實聲聞緣覺非真實者一切衆生何故不以善

訶薩於如是事亦知見覺菩薩如是知見覺
已若言不知不見不覺是為虛妄虛妄之法
則為是罪以是罪故墮於地獄善男子若男
若女若沙門若婆羅門說言無道菩提涅槃
當知是輩名一闡提魔之眷屬名為謗法如
是謗法名謗諸佛如是之人不名世間不名
非世間尒時迦葉聞是事已即以偈頌而讚
大慈愍衆生　故令我歸依　善拔衆毒箭　故稱大醫王
世醫所療治　雖差還復生　如來所治者　畢竟不復發
世尊甘露藥　以施諸衆生　衆生既服已　不死亦不生
如來今為我　演說大涅槃　衆生聞祕藏　即得不生滅
迦葉菩薩說是偈已即白佛言世尊如佛所
說一切世間不知見覺菩薩悉能知見覺者
若使菩薩是世間者不得說言世間不知不
見不覺而是菩薩能知見覺若非世間有何
異相佛言善男子言菩薩者亦是世間亦非

BD05813 號　大般涅槃經兑廢綴稿（擬）　（9-7）

兑

如來今為我　演說大涅槃　衆生聞祕藏　即得不生滅
迦葉菩薩說是偈已即白佛言世尊如佛所
說一切世間不知見覺菩薩悉能知見覺者
若使菩薩是世間者不得說言世間不知不
見不覺而是菩薩能知見覺若非世間有何
異相佛言善男子言菩薩者亦是世間亦非
世間不知見覺者名為世間知見覺者不名
世間汝言有何異者我今當說善男子若男
若女若有初聞是涅槃經即生敬信發阿耨
多羅三藐三菩提心者是則名為世間菩薩一
切世間不知見覺如是菩薩亦同世間不知
見覺菩薩聞是涅槃經已知有世間不知見
覺應是菩薩所知見覺知是事已即自思惟
我當云何方便脩習得知見覺復復念言唯
當深心脩持淨戒善男子菩薩尒時以是因

者名不顛倒遍知者於四顛倒無不通達又
復正者名為苦行遍知者知因苦行定有苦
果又復正者名世間中遍知者畢竟定知脩
習中道得阿耨多羅三藐三菩提又復正者
名為可數可量可稱遍知者不可數不可量
不可稱是故号佛為正遍知善男子聲聞緣
覺亦有遍知亦不遍知何以故遍知者名五
遍知云何不遍知善男子假使二乘於無
量劫觀一色陰不能盡知以是義故聲聞緣

BD05813 號　大般涅槃經兑廢綴稿（擬）　（9-8）

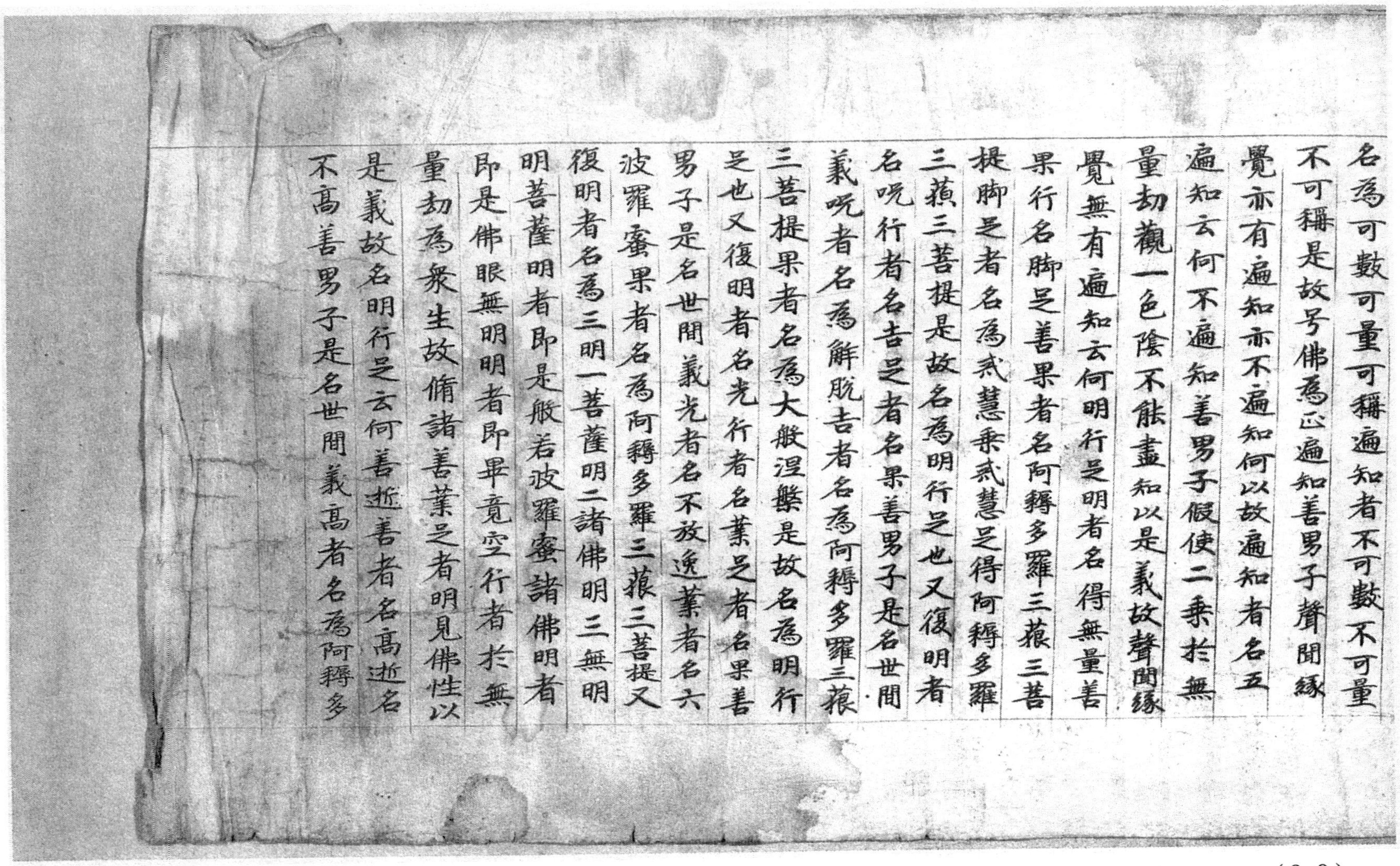

BD05813 號　大般涅槃經兌廢綴稿（擬）　（9–9）

BD05813 號背　勘記、雜寫　（3–1）

BD05813號背　雜寫　　（3–2）

BD05813號背　雜寫　　（3–3）

如來名号
二魚解脫甚深十
時閻浮提中有二
種人一者深信大乘方等二者毀呰不生信
樂時長者子作是思 我今當入池水之
中為是諸魚說深妙法思惟是已即便入水作
如是言南无過去寶勝如來應供正遍知明
行足善逝世間解无上士調御丈夫天人師佛
世尊寶勝如來本往昔時行菩薩道作是
誓願若有衆生於十方界臨命終時聞我名
者當令是輩即命終已尋得上生三十三天尒
時流水復為是魚解說如是甚深妙法所謂
無明緣行行緣識識緣名色名色緣六入六
入緣觸觸緣受受緣愛愛緣取取緣有有
緣生生緣老死憂悲苦聚善女天尒時流水
長者子及其二子說是法已即共還家是長
者子復於後時賓客聚會醉酒而卧尒時其
地卒大震動時十千魚同日命終即命終已

BD05814號　金光明經卷四　（19–1）

無明緣行行緣識識緣名色名色緣六入六
入緣觸觸緣受受緣愛愛緣取取緣有有
緣生生緣老死憂悲苦聚善女天尒時流水
長者子及其二子說是法已即共還家是長
者子復於後時賓客聚會醉酒而卧尒時其
地卒大震動時十千魚同日命終即命終已
生忉利天既生天已作是思惟我等以何善業
因緣得生於此忉利天中復相謂言我等先
於閻浮提內墮畜生中受於魚身流水長者
與我等水及以飲食復為我等解說甚深
十二因緣并稱寶勝如來名号以是因緣令我
等輩得生此天是故我等今當往至長者
子所報恩供養尒時十千天子從忉利天下閻
浮提至流水長者子大醫王家時長者子
在樓屋上露卧睡眠是十千天子以十千真
珠天妙瓔珞置其頭邊復以十千置其足邊
復以十千置右脇邊復以十千置左脇邊雨
曼陁羅華摩訶曼陁羅華積至于膝種種
天樂出妙音聲閻浮提中有睡眠者皆悉覺
悟流水長者子亦從睡悟是十千天子於上
空中飛騰遊行天自在光王國內處處皆雨天
妙蓮華是諸天子復至本處空澤池所復雨
天華便從此沒還忉利宮隨意自在受天五
欲時閻浮提過是夜已天自在光王問諸大臣
今夜何緣示現如是淨妙瑞相有大光明大
臣荅言大王當知忉利諸天於流水長者子

BD05814號　金光明經卷四　（19–2）

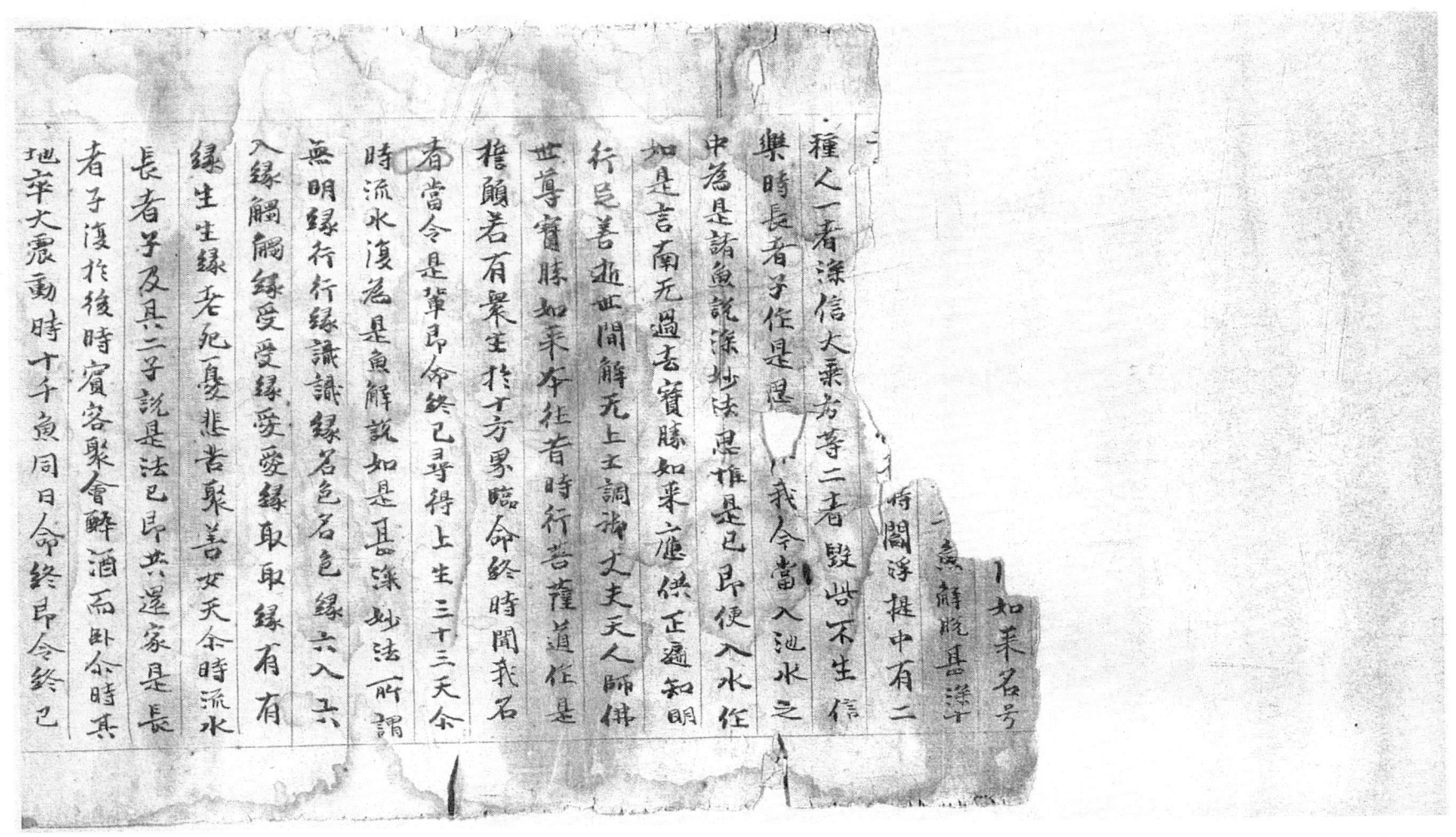

天華便從此沒還忉利宮隨意自在受天五
欲時閻浮提遍是夜已天自在光王問諸大臣
今夜何緣示現如是淨妙瑞相有大光明大
臣答言大王當知忉利諸天於流水長者子
家雨四十千真珠瓔珞及不可計曼陁羅華
王即告臣卿可往至彼長者家善言誘喚
令使來大臣受勅即至其家宣王教令喚
是長者是時長者尋至王所王問長者何
緣示現如是瑞相長者子言我必定知是十千魚
其命已終時大王言今可遣人審實是事
尒時流水尋遣其子至彼池所看是諸魚死
活定實尒時其子聞是語已向於彼池既至池
已見其池中多有摩訶曼陁羅華積聚成積
其中諸魚悉皆命終見已即還白其父言彼
諸魚等悉已命終尒時流水知是事已復往
王所作如是言是十千魚悉皆命終王聞是
已心生歡喜尒時世尊告道場菩提樹神善
女天欲知尒時流水長者子今我身是長
子水空羅睺羅是次子水藏今阿難是時十
千魚者今十千天子是是故我今為其
受阿耨多羅三藐三菩提記尒時樹神現
半身者今汝身是
金光明經捨身品第十七
尒時道場菩提樹神復白佛言世尊我聞世
尊過去脩行菩薩道時具受無量一百千苦

BD05814號　金光明經卷四　（19–3）

受阿耨多羅三藐三菩提記尒時樹神現
半身者今汝身是
金光明經捨身品第十七
尒時道場菩提樹神復白佛言世尊我聞世
尊過去脩行菩薩道時具受無量一百千苦
行捐捨身命肉血骨髓唯願世尊少說往
昔苦行因緣為利衆生受諸快樂尒時世尊即現
神足神足力故令此大地六種震動於大講堂
衆會之中有七寶塔從地踊出衆寶羅
網弥滿其上尒時大衆見是事已生希有心
尒時世尊即從坐起礼拜是僧恭敬圍繞還
就本處尒時道場菩提樹神白佛言世尊如
來世雄出現於世常為一切之所恭敬於諸衆生
最勝最尊何因緣故礼拜是塔佛言善女
天我本脩行菩薩道時我身舍利安此
是塔因由是身令我早成阿耨多羅三藐三
菩提尒時佛告尊者阿難汝可開塔取中舍利示
此大衆是舍利者乃是無量六波羅蜜功德
所勳尒時阿難聞佛教勅即往塔所礼拜供
養開其塔戶見其塔中有七寶函以手開函
見其舍利色妙紅白而白佛言世尊是中舍
利其色紅白佛告阿難汝可持來此是大王
真身舍利尒時阿難即舉寶函還至佛所
持以上佛尒時佛告一切大衆汝等今可礼是
舍利此舍利者是戒定慧之所勳脩甚難可
得最上福田尒時大衆聞是語已心懷歡喜

BD05814號　金光明經卷四　（19–4）

利其色紅白佛告阿難汝可持來此是大王
真身舍利尒時阿難即舉寶函還至佛所
持以上佛尒時佛告一切大衆汝等今可礼是
舍利此舍利者是戒定慧之所熏脩甚難可
得最上福田尒時大衆聞是語已心懷歡喜
即從坐起合掌恭敬頂礼菩薩大士舍利
尒時世尊欲爲大衆斷疑網故說是舍利往昔
因緣阿難過去之世有王名曰摩訶羅陁脩行善
法善治國土無有怨敵時有三子端正微
妙形色殊特威德第一第一太子名曰摩訶
波那羅次子名曰摩訶提婆小子名曰摩
訶薩埵是三王子於諸園林遊戲觀看次第
漸到一大竹林憩駕止息第一王子作如是
言我今於日心甚怖懷於是林中將無衰損第
二王子復作是言我於今日不自惜身但離
所愛心憂愁耳第三王子復作是言我於
今日獨無怖懷亦無愁惱山中空寂神仙所讚
是處閑靜能令行人安隱受樂時諸王子說
是語已轉復前行見有一虎適產七日而
有七子圍繞周匝飢餓窮悴身體羸損命
將欲絕第一王子見是虎已作如是言怪哉
此虎產來七日子圍繞不得求食若爲飢逼
必還噉子第三王子言此虎經常所食何物
第一王子言此虎唯食新熱肉血第三王子
言君等誰能與此虎食第二王子言此虎飢

持欲絕第一王子見是虎已作如是言怪哉
此虎產來七日子圍繞不得求食若爲飢逼
必還噉子第三王子言此虎經常所食何物
第一王子言此虎唯食新熱肉血第三王子
言君等誰能與此虎食第二王子言此虎飢
餓身體羸瘦窮困頓乏餘命無幾不容餘
處爲其求食設餘求者命必不濟誰能爲此
不惜身命第一王子言一切難捨不過己身第
三王子言我等今者以貪惜故於此身命不
能放捨智慧薄少故於是事而生驚怖若
諸大士欲利益他生大悲心爲衆生者捨此身
命不足爲難時諸王子心大愁憂久住視之目
未曾捨作是觀已尋便離去尒時第三王
子作是念言我今捨身時已到矣何以故我
從昔來多棄是身都無所爲亦常愛護處之
屋宅又復供給衣服飲食卧具醫藥象馬車
乘隨時將養令無所乏而不知恩反生怨害
然復不免無常敗壞復次是身不堅無所利
益可惡如賊猶若行廁我於今日當使此身
作无上業於生死海中作大橋梁復次若捨此
身則捨無量癰疽癩疾百千怖畏是身
唯有大小便利是身不堅如水上沫是身不
淨多諸虫戶是身不淨筋纏血塗皮骨髓腦共
相連持如是觀察甚可患厭是故我今應當
捨離以求寂滅无上涅槃永離憂患无常變
[illegible]無量禪定智慧功德

身則捨無量癰疽瘺疾百千怖畏是身
唯有大小便利是身不堅如水上沫是身不
淨多諸虫戶是身不淨筋纏血塗皮骨髓腦共
相連持如是觀察甚可患厭是故我今應當
捨離以求寂滅无上涅槃永離憂患无常變
異生死休息無諸塵累無量禪定智慧功德
具足成就微妙法身百福莊嚴諸佛所讚證
成如是無上法身與諸衆生無量法樂是時王
子勇猛堪任作是大願以上大悲動修其心
慮其二兄心懷怖懼共為留難
即便語言兄等今者可與眷屬還其所止尒
時王子摩訶薩埵還至虎所脫身衣裳置
竹枝上作是誓言我今為利諸衆生故證於
最勝无上道故大悲不動捨難捨故為求菩
提智所讚故欲度三有諸衆生故欲滅生死
怖畏惱熱故是時王子作是誓已即自投身
臥餓虎前是時王子以大慈力故虎無能為
王子復作如是念言虎今羸瘦身無勢力不能
得我身血肉食即起求刀周遍求之了不能
得即以乾竹刺頸出血於高山上投身虎前
是時大地六種震動日無精光羅睺羅阿脩羅
王捉持鄣蔽又雨新華種種妙香時虛空有
諸餘天見是事已心生歡喜嘆未曾有讚
言善哉善哉大士汝今真行是大悲者
為衆生故能捨難捨於諸學人第一勇健汝
已為得諸佛所讚常樂住處不久當證無惱

BD05814號　金光明經卷四　（19-7）

是時大地六種震動日無精光羅睺羅阿脩羅
王捉持鄣蔽又雨新華種種妙香時虛空有
諸餘天見是事已心生歡喜嘆未曾有讚
言善哉善哉大士汝今真行是大悲者
為衆生故能捨難捨於諸學人第一勇健汝
已為得諸佛所讚常樂住處不久當證無惱
無熱清淨涅槃是虎尒時見血流出汙王子
身即便䑛血噉食其肉唯留餘骨尒時
第一王子見地大動為第二王子而說偈言
震動大地　及以大海　日無精光　如有覆蔽
於上虛空　雨於華香　必是我弟　捨所愛身
第二王為　復說偈言
彼虎産來　已經七日　七子圍遶　窮無飲食
氣力羸損　命不云遠　小弟大悲　知其窮悴
懼不堪任　還食其子　必定捨身　以救彼命
時二王子心大愁怖涕泣悲歎容顏憔悴復共
相將還至虎所見弟所著被服衣裳皆悉
在一竹枝之上骸骨髮抓布散很藉流血處
處遍汙其地見已悶絕不自勝持投身骨
上良久乃穌即起舉手號天而哭我弟幼稚才
能過人特為父母之所愛念奄忽捨身以飴
餓虎我今還宮父母設問當云何荅我寧在
此併命一處不忍見是骸骨髮抓何心捨離還
見父母妻子眷屬朋友知識時二王子悲號
懊惱漸捨而去時小王子所將侍從各散
諸方互相謂言今者我天為何所在尒時王

BD05814號　金光明經卷四　（19-8）

餓虎我今還宮父母設問當云何答我寧在
此併命一處不忍見是骸骨髮抓何心捨離還
見父母妻子眷屬朋友知識時二王子悲號
懊惱漸捨而去時小王子所將侍從各散
諸方互相謂言今者我天為何所在尒時王
妃於睡中夢乳被割牙齒墮落得三鴿鶵
一為鷹食尒時王妃大地動時即便驚悟心
大悲怖而說偈言
今日何故　大地大水　一切皆動　物不安所
日無精光　如有覆蔽　我心憂苦　目瞤瞤動
如我今者　所見瑞相　必有災異　不祥苦惱
於是王妃說是偈已時有青衣在外已聞王
子消息心驚惶怖尋即入內啓白王妃作如是
言向者在外聞諸侍從推覓王子不知所在
王妃聞已生大憂惱涕泣滿目至大王所我
於向者傳聞外人失我最小所愛之子大王
聞已而復悶絕悲哽苦惱收淚而言　如何今
日失我心中所愛重者　尒時世尊欲重宣
此義而說偈言
我於往昔　無量劫中　捨所重身　以求菩提
若為國王　及作王子　常捨難捨　以求菩提
我念宿命　有大國王　其王名曰　摩訶陁羅
是王有子　能大布施　其子名曰　摩訶薩埵
復有二兄　長者名曰　大波那羅　次名大天
三人同遊　至一空山　見新產虎　飢窮無食

BD05814號　金光明經卷四　（19–9）

我於往昔　無量劫中　捨所重身　以求菩提
若為國王　及作王子　常捨難捨　以求菩提
我念宿命　有大國王　其王名曰　摩訶陁羅
是王有子　能大布施　其子名曰　摩訶薩埵
復有二兄　長者名曰　大波那羅　次名大天
三人同遊　至一空山　見新產虎　飢窮無食
時勝大士　生大悲心　我今當捨　所重之身
此虎或為　飢餓所逼　儻能還食　自所生子
即上高山　自投虎前　為令虎子　得全性命
是時大地　及諸大山　皆悉震動　驚諸虫狩
虎狼師子　四散馳走　世間皆闇　無有光明
是時二兄　故在竹林　心懷憂惱　愁苦涕泣
漸漸推求　遂至虎所　見虎虎子　血汙其口
又見骸骨　髮毛抓齒　處處迸血　狼藉在地
以灰塵土　自塗坌身　忘失正念　生狂癡心
所將侍從　覩見是事　亦生悲慟　失聲號哭
手以冷水　共相噴灑　然後穌息　失聲號哭
是時王子　當捨身時　正值後宮　妃后婇女
眷屬五百　共相娛樂　王妃是時　兩乳汁出
一切支節　痛如針刺　心生愁惱　以喪愛子
於是王妃　疾至王所　其聲微細　悲泣而言
大王今當　諦聽諦聽　憂悲盛火　今來燒我
我今兩乳　俱時汁出　身體苦切　如被針刺
我見如是　不祥瑞相　恐更不復　見所愛子
今以身命　奉上大王　願速遣人　求覓我子
夢三鴿鶵　在我懷抱　其最小者　可適我心

BD05814號　金光明經卷四　（19–10）

大王今當　諦聽諦聽　憂悲盛火　今來燒我
我今兩乳　俱時汁出　身體苦切　如被針刺
我見如是　不祥瑞相　恐更不復　見所愛子
今以身命　奉上大王　願速遣人　求覓我子
夢三鴿鶵　在我懷抱　其最小者　可適我心
有鷹飛來　奪我而去　夢是事已　即生憂惱
我今愁怖　恐命不濟　願速遣人　推求我子
是時王妃　說是語已　即時悶絕　而復躃地
王聞是語　復生憂惱　以不得見　所愛子故
其王大臣　及諸眷屬　悉皆聚集　在王左右
哀哭悲號　聲動天地　尒時城內　所有人民
聞是聲已　驚愕而出　各相謂言　今是王子
為活來耶　為已死亡　如是大王　常出軟語
為眾所愛　今難可見　已有諸人　入林推求
不久自當　得定消息　諸人尒時　慞惶如是
而復悲號　哀動神祇
尒時大王　即從坐起　以水灑妃　良久乃穌
還得正念　微聲問王　我子今者　為死活耶
尒時王妃　念其子故　倍復懊惱　心无暫捨
可惜我子　形色端正　如何一旦　捨我終亡
云何我身　不先莬沒　而見如是　諸苦惱事
善子妙色　猶淨蓮華　推懷汝身　使令分離
將非是我　昔日怨讎　挾本業緣　而煞汝耶
我子面目　淨如滿月　不啚一旦　遇斯禍對
寧使我身　破碎如塵　不令我子　喪失身命

善子妙色　猶淨蓮華　推懷汝身　使令分離
將非是我　昔日怨讎　挾本業緣　而煞汝耶
我子面目　淨如滿月　不啚一旦　遇斯禍對
寧使我身　破碎如塵　不令我子　喪失身命
我所見夢　已為得報　值我無情　能堪是苦
如我所夢　牙齒墮落　二乳一時　汁自流出
必定是我　失所愛子　夢三鴿鶵　鷹奪一去
三子之中　必定失一　尒時大王　即告其妃
我今當遣　大臣使者　周遍東西　推求覓子
汝今且可　莫大憂愁　大王如是　慰喻妃已
即使嚴駕　出其宮殿　心生愁惱　憂苦所切
雖在大眾　顏貌憔悴　即出其城　覓所愛子
尒時亦有　無量諸人　哀號動地　尋從王後
是時大王　既出城已　四向顧望　求覓其子
煩寃心亂　靡知所在　最後遙見　有一信來
頭蒙塵土　血汙其衣　灰粪塗身　悲號而至
尒時大王　摩訶羅陁　見是使已　倍生懊惱
舉手號叫　仰天而哭　先所遣臣　尋復來至
既至王所　作如是言　願王莫愁　諸子猶在
不久當至　令王得見　須臾之頃
見王愁苦　顏貌憔悴　身所著衣　垢膩塵汙
大王當知　一子已終　二子雖存　哀悴無賴
第三王子　見虎新產　飢窮七日　恐還食子
見是虎已　深生悲心　發大誓願　當度眾生
於未來世　證成菩提　即上高處　投身餓虎

見王悲苦　顏貌燋悴　身所著衣　猶膩塵汙
大王當知　一子已終　二子雖存　衰悴無賴
第三王子　見虎新產　飢窮七日　還食其子
見是虎已　深生悲心　發大誓願　當度眾生
於末來世　證成菩提　即上高巖　投身餓虎
虎飢所逼　便起噉食　一切血肉　已為都盡
唯有骸骨　狼藉在地　是時大王　聞臣語已
轉復悶絕　失念躃地　憂悲盛火　熾然其身
諸臣眷屬　亦復如是　以水灑王　良久乃穌
復起舉手　號天而哭　復有臣來　而白王言
向於林中　見王二子　愁憂苦毒　悲號涕泣
迷悶失志　自投於地　臣即以水　灑其身上
良久之頃　乃還蘇息　望見四方　大火熾然
扶持暫起　尋復躃地　舉手悲哀　號天而哭
互復讚嘆　其弟功德　是時大王　以離愛子
其心悶迷　氣息惙然　憂惱涕泣　善復思惟
是最小子　我所愛重　無常大鬼　奄便吞食
其餘二子　今雖存在　而為憂火　之所焚燒
或能為是　喪失命根　我宜速往　至彼林中
迎載諸子　急還宮殿　其母在後　憂苦逼切
心肝分裂　或能失命　若見二子　飲喻其心
可使終保　餘年壽命　尒時大王　駕乘名象
與諸侍從　欲至彼林　即於中路　見其二子
號天扣地　稱弟名字　時王即前　抱持二子
悲號涕泣　隨路還宮　速令二子　覲見其母
佛告樹神　汝今當知　尒時王子　摩訶薩埵

BD05814號　金光明經卷四　（19–13）

心肝分裂　或能失命　若見二子　飲喻其心
可使終保　餘年壽命　尒時大王　駕乘名象
與諸侍從　欲至彼林　即於中路　見其二子
號天扣地　稱弟名字　時王即前　抱持二子
悲號涕泣　隨路還宮　速令二子　覲見其母
佛告樹神　汝今當知　尒時王子　摩訶薩埵
捨身飼虎　今我身是　尒時大王　摩訶羅陁
於今父王　輸頭檀是　尒時王妃　今摩耶是
第一王子　今弥勒是　第二王子　今調達是
尒時虎者　今瞿夷是　時虎七子　今五比丘
及舍利弗　目揵連是
尒時大王摩訶羅陁及其妃后悲號涕泣悉
皆脫身諸服瓔珞與諸大眾往至竹林中收
其舍利即於此處起七寶塔是時王子摩訶
薩埵臨捨命時作是誓願願我舍利於未來
世過筭數劫常為眾生而作佛事說是經時
無量阿僧祇天及人發阿耨多羅三藐三
菩提心樹神是名禮塔往昔因緣尒時佛神
力故是七寶塔即沒不現

金光明經讚佛品第十八

尒時無量百千万億諸菩薩眾從此世界
至金寶蓋山王如來國土到彼土已五體投
地為佛作礼却一面立向佛合掌異口同音
而讚嘆曰
如來之身　金色微妙　其明照曜　如金山王
身淨柔軟　如金蓮華　无量妙相　以自莊嚴

BD05814號　金光明經卷四　（19–14）

至金寶蓋山王如來國土到彼土已五體投
地爲佛作礼却一面立向佛合掌異口同音
而讚嘆曰
如來之身 金色微妙 其明照曜 如金山王
身淨柔軟 如金蓮華 无量妙相 以自莊嚴
隨形之好 光飾其體 淨潔無比 如紫金色
圓足無垢 如淨滿月 其音清徹 妙如梵聲
師子吼聲 大雷震聲 六種清淨 微妙音聲
迦陵頻伽 孔雀之聲 清淨無垢 威德具足
百福相好 莊嚴其身 光明遠照 无有齊限
智慧寂滅 無諸愛習 世尊成就 無量功德
譬如大海 須弥寶山 爲諸衆生 生慈悲心
於未來世 能興快樂 如來所說 第一深義
能令衆生 寂滅苦樂 能與衆生 無量快樂
能演無上 甘露妙法 能開無上 甘露法門
能入一切 無患寂定 能令衆生 悉得解脫
度於三有 無量苦海 安住正道 無諸憂苦
如來世尊 功德智慧 大慈悲力 精進方便
如是無量 不可稱計 我等今者 不能說喻
諸天世人 於无量劫 盡思度量 不能得知
如來所有 功德智慧 無量大海 一渧少分
我今略讚 如來功德 百千億分 不能宣一
若我功德 得聚集者 迴與衆生 證無上道
尒時信相菩薩即於此會從坐而起偏袒
右肩右膝著地合掌向佛而說讚言
世尊百福 相好微妙 功德千數 莊嚴其身

我今略讚 如來功德 百千億分 不能宣一
若我功德 得聚集者 迴與衆生 證無上道
尒時信相菩薩即於此會從坐而起偏袒
右肩右膝著地合掌向佛而說讚言
世尊百福 相好微妙 功德千數 莊嚴其身
色淨遠照 視之無厭 如日千光 彌滿虛空
光明熾盛 無量无邊 猶如無數 珎寶大聚
其明五色 青紅赤白 琉璃頗梨 如融真金
光明赫奕 通徹諸山 悉能遠照 無量佛土
能滅衆生 無量苦惱 又與衆生 上妙快樂
諸根清淨 微妙第一 衆生見者 無有厭足
髮紺柔軟 猶孔雀項 如諸蜂王 集在蓮華
清淨大悲 功德莊嚴 無量三昧 及以大慈
如是功德 悉以聚集 相好妙色 嚴飾其身
種種功德 助成菩提
如來悉能 調伏衆生 令心柔軟 受諸快樂
種種深妙 功德莊嚴 亦爲十方 諸佛所讚
其光遠照 遍於諸方 猶如日明 充滿虛空
功德成就 如須弥山 在在示現 於諸世界
齒白齊整 猶如珂雪 其德如日 處空明顯
眉間豪相 右旋婉轉 光明流出 如琉璃珠
其色微妙 如日處空
尒時道場菩提樹神復說讚曰
南无清淨 无上正覺 甚深妙法 隨順覺了
遠離一切 非法非道 獨拔而出 成佛正覺
聖有非本 本性清淨

其色微妙　如日處空
尒時道場菩提樹神復說讚曰
南无清淨　无上正覺　甚深妙法　隨順覺了
遠離一切　非法非道　獨拔而出　成佛正覺
智有非有　本性清淨
希有希有　如來功德　希有希有　如來大海
希有希有　如須弥山　希有希有　佛無邊行
希有希有　佛出於世　如優曇華　時一現耳
希有如來　無量大悲　釋迦牟尼　為人中日
為欲利益　諸衆生故　宣說如是　妙寶経典
善哉如來　諸根寂滅　而復進入　善寂大城
無垢清淨　甚深三昧　入於諸佛　所行之處
一切聲聞　身皆空寂　兩足世尊　行處亦空
如是一切　无量諸法　推本性相　亦皆空寂
一切衆生　性相亦空　狂愚心故　不能覺知
我常念佛　樂見世尊　常作誓願　不離佛日
我常於地　長跪合掌　其心戀慕　欲見於佛
我常脩行　寂上大悲　哀泣雨淚　欲見於佛
我常渴仰　欲見於佛　為是事故　憂火燒然
唯願世尊　賜我慈悲　清冷法水　以滅是火
世尊慈愍　悲心無量　願使我身　常得見佛
世尊常護　一切人天　是故我今　渴仰欲見
聲聞之身　猶如虛空　炎幻響化　如水中月
衆生之性　如夢所見　如來行處　淨如琉璃
入於無上　甘露法處　能與衆生　無量快樂
如來行處　微妙甚深　一切衆生　無能知者

BD05814號　金光明經卷四　（19–17）

世尊慈愍　悲心無量　願使我身　常得見佛
世尊常護　一切人天　是故我今　渴仰欲見
聲聞之身　猶如虛空　炎幻響化　如水中月
衆生之性　如夢所見　如來行處　淨如琉璃
入於無上　甘露法處　能與衆生　無量快樂
如來行處　微妙甚深　一切衆生　無能知者
五通神仙　及諸聲聞　一切緣覺　亦不能知
我今不疑　佛所行處　唯願慈悲　為我現身
尒時世尊　從三昧起　以微妙音　而讚嘆言
善哉善哉　樹神善女　汝於今日　快說是言

金光明経囑累品第十九

尒時釋迦牟尼佛從三昧起現大神力以右
手摩諸大菩薩摩訶薩頂與諸天王及龍
王二十八部散脂鬼神大將軍等而作是言
我於無量百千万億恒河沙劫脩集金光明
微妙經典汝等當受持讀誦廣宣此法復
於閻浮提內無令斷絶若有善男子善
女人於未來世中有受持讀誦此經典者汝等
諸天常當擁護當知是人於未來世無量百千
人天之中常受快樂於未來世值遇諸佛疾
得證成阿耨多羅三藐三菩提
尒時諸大菩薩及天龍王二十八部散脂大
將等即從座起到於佛前五體投地俱發聲
言如世尊勅當具奉行如是三白如世尊
勅當具奉行於是散脂大將軍而白佛言
如世尊若後未來世中有受持是經若自

BD05814號　金光明經卷四　（19–18）

人天之中常受快樂於未來世值遇諸佛疾
得證成阿耨多羅三藐三菩提
尒時諸大菩薩及天龍王二十八部散脂大
將等即從座起到於佛前五體投地俱發聲
言如世尊勑當具奉行如是三白如世尊
勑當具奉行於是散脂大將軍而白佛言
如世尊若後未來世中有受持是經若自
寫若使人寫我當與此二十八部諸鬼神等常
當隨侍擁衛隱蔽其身是說法者皆悉
消滅諸惡令得安隱離不有慮
尒時釋迦牟尼佛現大神力十方無量世界皆
六種震動是時諸佛皆大歡喜囑累是經
故讚美持法者現無量神力於是無量無
邊阿僧祇菩薩摩訶薩大衆及信相菩薩
薩金光金藏常悲法上等及四天大王十千
天子與道場菩提樹神堅牢等及一切世間
天人阿脩羅等聞佛所說皆發無上菩提
之道踊躍歡喜作禮而去

金光金経卷苐四

BD05814號　金光明經卷四

（19–19）

□行究竟果住意□第四依處□□光相□事說胎卵濕化生
□善趣惡趣事我皆令入無餘生死涅槃事實無眾生得
滅度者是昇進事若有我相是非菩薩□□□方便
事如人入闇是惡行事如人有目是善行事忍辱仙人是苦行事
阿耨菩提是宗行事若以色見我以音聲求我是人行邪道
□□行事不以卅二相見如來是正行事我從昔來未曾
□得聞者是昇進行事莫住色念是進退隨行事
丈夫之人貪著其事離諸行事應無所住而生其心是清
淨行事須陀洹名不入五塵是自利行事受持此經為他
人演說是利他行事□□我相事者□□□度者
令離敬事也說是已數坐而坐者是示現事也教住度脫一
切眾生修行不住相布施降伏邪相疑心是教道事也
善哉善哉如汝所說是讚勵事也此經有不可思議無邊功
德是慶賀事也慶彼聞經獲多福故依附者是阿羅漢
□應重傳應離相傳時如彼度者至彼岸是捨棄時

BD05815號　金剛經疏（擬）

（27–1）

切眾生修行不住於布施降伏於於疑心並教導之事也
善善哉以下問訊讚勵事也此經有不可思議无邊功
德菩薩慶賀之事也慶彼問經獲多福故依時者菩提阿羅漢
所應重傳應難於傳時如彼度者至彼岸菩薩捨機時
入菩提道去善根令成熟時又菩薩小乘果滿應向大時堪受
大記當成佛時補特伽羅依義者菩提　菩薩為
問領者總說此三句依處義五過患義者但心為住者所
謂者皆是此之過患也六勝利義者能解教傳離一切
自作如來度眾生者菩提問此經之勝利也七住福田相受
天人供菩薩此經中所對除義八不住一切而行布施者菩薩
所能對除也以下阿羅漢常受他施不集資糧令教行
施集資糧故九略義者達空无於也十廣義者賊度所
眾生也依前六問顯後十義總攝文義　體諸小
論師更有異釋非甚深勝略不具難也更經體決當
釋義釋此一經略開五義一於列法門二善知攝起三依名
釋義四釋通疑難五依文解釋於列法門者三世十方
諸佛說法莫不攝在十二部中未知此經是何部攝若知
部攝須識法相當略示相然後明攝十二部者一梵云修
多羅此云契經契時根義名是經故若依通於一切契經
始從如是終至奉行一切皆名修多羅故若攝別於長行略
說所應說法為與餘部相差別故二梵云祇夜此名應頌或

部攝須識法相當略示相然後明攝十二部者一梵云修
多羅此云契經契時根義即是經故若依通相一切契經
始從如是終至奉行一切皆名修多羅若攝別相長行略
說所應說法為与餘部相差別故二梵云祇夜此名應頌或
為後來應聞前法重不重隨故有變詞或以頌文更說前
義應攝之頌故名應頌或長行廣難可受持為令易持
具說故名應頌三梵云和伽羅那此名記別分明記別諸法性相
或記弟子死生差別及記大人當得作佛名受記經四梵云伽陀
此名諷頌謂無長行直以頌說可以諷詠故名諷頌經五梵
云憂陀那此名自說謂無請者不依外事為護法故自有
所說名自說經六梵云尼陀那此名緣起或因為制立學處
因請說法因事教誡總名緣起經七梵云阿波陀那此名喻
起謂因寄譬制諸學處或以喻說令義明了總名喻起
經八梵云伊帝曰多伽此名本事唯除如來自說本生說
餘一切過去眾生所修行事皆名本事經九梵云闍陀伽
此名本生但是自說本所生經皆名本生經十梵云毗佛略
此名方廣謂說六度四攝無量等諸大乘法廣故多於
極高大故時長遠故方廣經十一梵云阿浮陀達磨此名
希法謂奇事希有說法皆名希法經十二梵云優波提
舍此名論議或於自問於還自答或餘人問於來為答或以
來問其弟子答研究決擇諸法性相皆論議經令此經中
具為十二多羅不云可差先曰可以十二相見以未不

極是大故明長遠故方廣經十一梵云阿浮陀達磨唐此名
希法謂奇事未曾說法皆名希法經十二梵云優波提
舍此名論議或佛自問佛還自答或餘人問如來為答或如
來問其弟子答研究決擇諸法性相皆論議經今此經中
具有十二分略多宜不定可悉先問可以三十二相見如來不
佛答難言若以三十二相見如來者轉輪聖王即是如來此
後頌說若以色見我故知此頌是祇夜經懸記後五百
歲有持戒修福能信是經又云發心不說斷滅是記別經
一切有為法如夢幻泡等不因長問直以頌說是伽陀經部
問四果能作念不問於無如有法得不不待發請皆自說經
因善現問說經修行降伏心等並緣起經東方虛空可
思量不有為以幻說夢泡等皆譬喻經先世罪業是為清
滅我從昔來所得慧眼皆本事經說然燈佛為我受記
於五百世作忍辱仙皆本生經我當滅度一切眾生實无眾
生得滅度者廣大第一是方廣經不住相施從來未說不
可知見於今始聞能信是經第一希有是希法須陀洹人能
作念不也世尊雖名入流而无所入沙數國土若干種心
如來悉知何以故如來說諸心非心為心三世之心不可得等
問答研覈是論議經故知此經具十二部已定法門次下
第二辨經緣起諸經緣起略有六種一依說二依聽三依時
四依處五依事六依數言依說者者有二謂本說者及
傳說者根本說者是如來出世轉法輪故然諸外道
各自稱佛彼聽法眾至生佛想未審何義簡擇那人

BD05815 號　金剛經疏（擬）　（27–4）

問答研覈是論議經故知此經是十二部已定訖次下
第二辨經緣起論經緣起略有六種一依說二依聽三依時
四依處五依眾六依數言依說者有二謂本說者及
傳說者根本說者即是如來出世轉法輪故並諸外道
各自稱作彼聽法眾亦生作想未審何義簡擇外人
能勸菩薩以四事簡一善自調伏三業无失成就十八不共法故
二善調伏他起三輪化作四記說更語呵責慈讚行故三
有大悲心能為眾生常往世間忍一切苦攝眾生故四財教
供養不以為善法行供養方生喜心為度眾生今出家
不見眾生世間法故依本願力現種種身隨物機宜說
種種法无功用故恒相續故言傳法者謂大菩薩利根二乘
下及凡夫其四相者一者自証二者証他三者能通問答四者
善解因緣自証相者寧入猛火不犯禁戒寧以利刀自
割其舌不說非法寧无常寧於長劫墮阿鼻獄不
說眾生身无作性証他相者為以此義為眾生說令因得
者成是解行能通問答者設有小理橫問者必以正理開曉彼
心善解因緣者量器授藥斷類說以因法器為說法因念報
於自心不斷三寶以大悲心讚于大乘辟以幻士為幻人說
當達是意而為說法言依聽者有多有三乘種或
定不定不定種性為說大乘三乘定性各說本乘若入
病死為說菩薩苦際若小乘也若入于福實供養笑求
勝法為說緣覺是中乘也若於子勝種種行求无盡

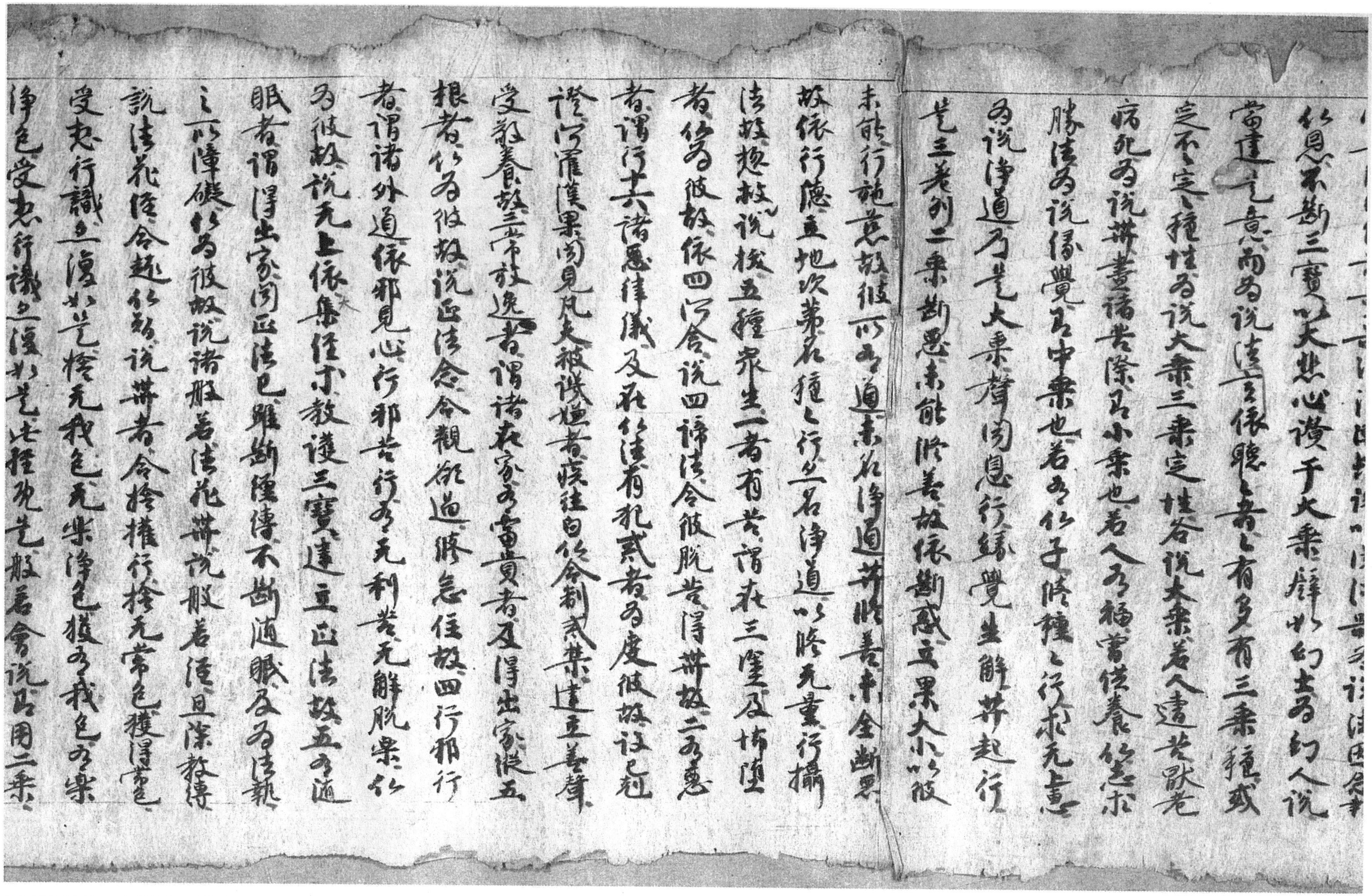

於見心不斷三寶以大悲心讚于大乘辟如幻士為幻人說
當達之意而為說法之依聽之者有多有三乘種或
定不定種性為說大乘三乘定性各說大乘若人遠世厭老
病死為說涅槃盡諸苦際名小乘也若人為福業供養佛法求
勝法為說緣覺名中乘也若為佛子修種種行求無上慧
為說淨道名覺大乘聲聞息行緣覺生解菩薩起行
覺三義列二乘斷惡未能修善故依斷惑立果大小以彼
未能行施慈故彼以為道未名淨道菩薩修善亦全斷惡
故依行德立地次第名種種行名淨道以修無量行攝
法故總攝故說校五種眾生一者有苦謂在三塗及墮
者等為彼故依四諦令說四諦法令彼脫苦得涅槃故二為惠
者謂行十六諸惡律儀及在俗法有犯戒者為度彼故說已起
證阿羅漢果聞見凡夫被識纏者疾往白佛令剃戒禁遠立善聲
受教養故三常教逸者謂諸在家為富貴者及得出家從五
根者以為彼故說正法念令觀欲過修急任故四行邪行
者謂諸外道依邪見心行邪苦行為無利苦無解脫果以
為彼故說無上依集任寸教護三寶達立正法故五為隨
眠者謂得出家聞正法已雖斷纏傳不斷隨眠及為法執
之所障礙以為彼故說諸般若法花菩薩說般若隨且除教傳
說法花法令趣佛故說菩薩者令捨權行捨無常色獲得常色
受想行識五陰以覺捨無我色無樂淨色獲為我色為樂
淨色受想行識五陰以覺也但說般若會說只用二乘

BD05815號　金剛經疏（擬）　　（27–6）

眼者謂得出家同正法已雖斷煙傳不斷通眼及為法執
之所障礙佛為彼故說諸般若法花涅槃深教傳
訊法花經令趣佛智說菩薩者令捨權行捨無常色獲得常色
受想行識亦復於是捨無我色無樂淨色獲於我色於樂
淨色受想行識亦復於是此經說此般若會說所用二乘
於通眼者為諸菩薩已曉五度無般若者為聽法者起發此經
十地論云於根無欲不是法器於欲無根亦非法器根欲具
者方堪受法根謂智慧欲謂信樂佛為種種器演說種
法故說聽者為起法緣雖十輪經說十信行人菩薩瓔珞說九十
乘四五乘等餘文已敘於此時之言依時者謂依五溫攝授
於住想說為時於業出現轉正法輪入般若皆須應時金光
明說諸佛所作必不待時亦不過時承前大德說有一時
二時三時四五時於花嚴述已備敘破此般若是第
二時說以待聲聞出苦盡故此是了義非不了義解深密
經名了義者唯為發趣大乘者故於行舍等而為發趣小
乘者說不同發趣一切乘者被機不遍名不了義非謂此經
於義不了又二乘人名不了義以不能了此經義前若亦云何
為二乘說令彼聞已信佛語入聲聞不敢違佛教故法花亦
云舍利弗等信佛語故得入此經不求此經非己智分以要言
之於二時亦於來說經一為菩薩悉須救拔時二有求有欲
須救種時令此經者是諸聲聞離苦惡已亦求証時若於無
餘亦求欲者說菩薩空實無衆生得滅度故若於此相亦求
願者說度衆生者為大悲智靈悉得無住受故說

（27–7）

BD05815號　金剛經疏（擬）

云舍利弗寸信仏語故得入此經不示此經小已弱文以要言
之於二時各以來說經一分者分惡須救拔時二有求有欲
須救拯時舍此經者是諸聲聞離苦惡已分求欲時若於无
餘分求欲者說無空寶无衆生得藏度故若於廿提分求
願者說度衆生之者乃大悲之弘之處修得无住受故說
无住而生其心意无所住而行布施此則說於无一時已出
世故依聞者說分狂之時是世間故无異有之單不可任時
而善因時云依處出淨出穢土此亦淨說土中无无苦故說
說般若与餘度俱不復別部說般若故於三界中依下界說上界法
若能來聽故於寶義者三界外說何衆漢求已出界故如大
牛車門外与故雖復見在聞得提中已離除者乃名界外由斯
可言淨土中說以說心淨仏土淨故在舍衛國祇樹給孤獨園
者梵云舍衛此名聞物勝物多出此城表聲遠聞豐國欲表
此經亦分斯義一切諸仏所辯廿提從此經出此經義妙遠聞
界外於彼嘉聲遠振諸國言祇樹者祇陀太子之所施也給
孤獨園者給孤獨園者給孤長者之所買也君臣合德共立僧
坊欲表此經分於是義給孤獨者乃是於未來大富長者所如
來故言孤獨者乃是聲聞不養衆生於窮子故於未來時
買得空地先已為說无漏樹林分於太子施仏林樹於未來今日
施聲聞法其由長者施孤獨財故於此處說金剛經者依
事者若為頓悟菩薩說經唯依悲智化衆生事仏花嚴經
乃其教也唯說大悲大願現身現土神通雖未住仏事故
若為趣寂聲聞說者唯依知苦斷集證滅修道自解脫

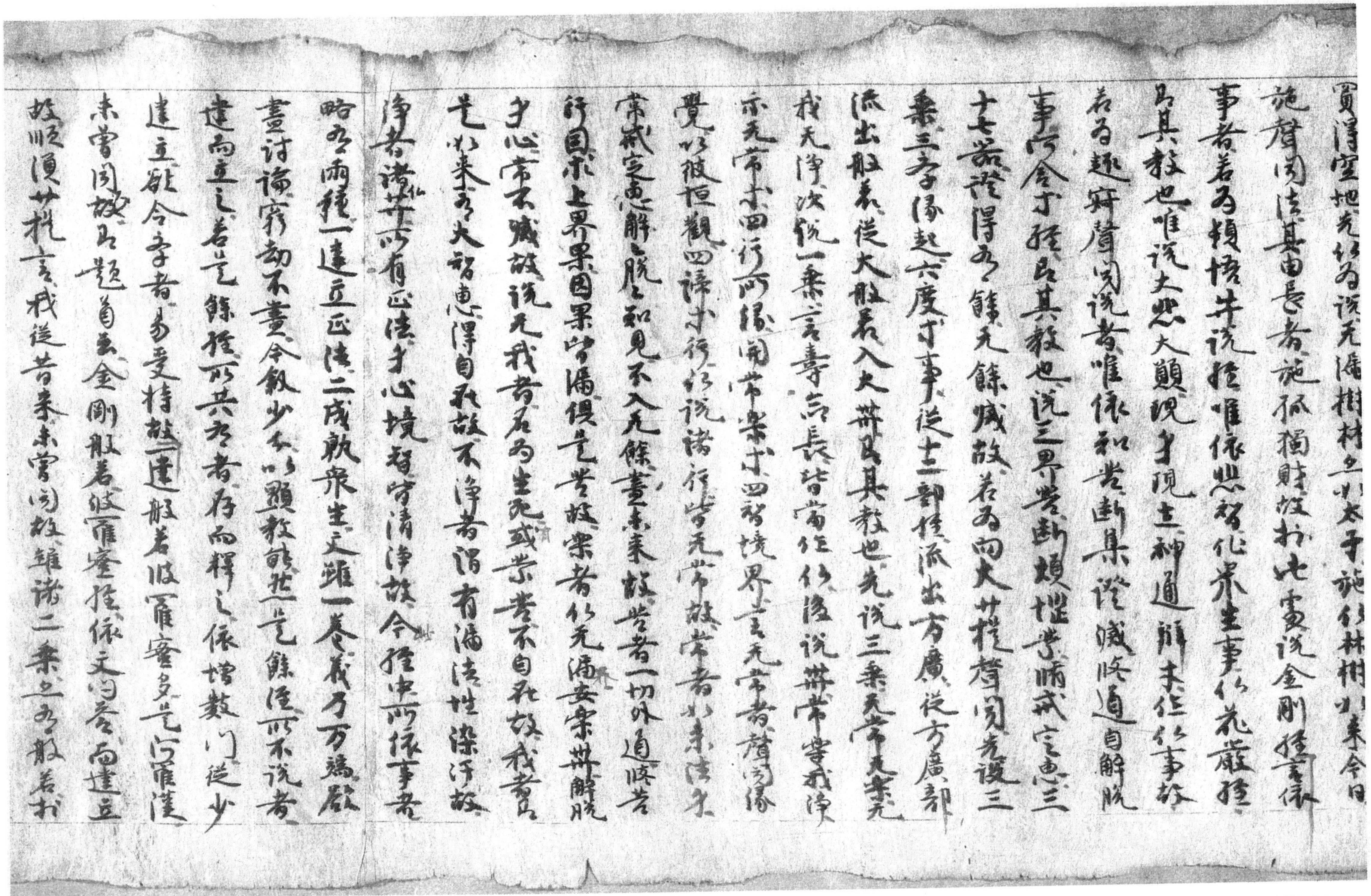
實得空地先始為說无漏樹林互以太子施伎林樹以來今日
施聲聞法其由長者施孤獨財故於此處說金剛經等依
事者若為頓悟菩說經唯依悲智化衆生事作花嚴經
是其教也唯說大悲大願現身現土神通顯未往於事故
若為趣寂聲聞說者唯依知苦斷集證滅修道自解脫
事所令於經是其教也說三界苦斷煩惱堅持淨戒定惠三
十七菩提得無餘无餘滅故若為迴大菩提聲聞先設三
乘三事緣起六度等事從十二部經派出方廣從方廣部
派出般若從大般若入大菩薩是其教也先說三乘无常无我
我无淨次說一乘言壽命長皆當作佛後說菩薩常樂我淨
亦无常等四行所緣聞常樂等四諦境界言无常者聲聞緣
覺以彼恒觀四諦等行行說諸行皆无常故常者如來法身
常我寂定惠解脫解脫知見不入无餘盡未來際苦者一切外道脩苦
行因求上界果因果皆漏俱是苦故樂者作无漏安樂菩薩解脫
身心常不滅故說无我者名為生死或業苦不自在故我者
是如來大智惠得自在故不淨者謂有漏法性染汙故
淨者諸佛菩薩所有正法身心境智皆清淨故今經中所說事者
略有兩種一遣立正法二成就衆生文雖一卷義乃萬端厥
意討論窮劫不盡今欲少分以顯教能其餘從所不說者
遣而立之若是餘經所共者存而釋之依增數門從少
遣立發令學者易受持故遣般若波羅蜜多是所羅漢
未曾聞故是題首云金剛般若波羅蜜經依文問答而遣立
如順須菩提言我從昔來未曾聞故雖諸二乘亦為般若於

BD05815號　金剛經疏（擬）

盡詞說窮者有盡[illegible]以[illegible]教[illegible]亦不說者
建而立之者，是餘經所共有者，存而釋之。依增數門從少
建立能令字者多受持故[建]般若波羅蜜多，是阿羅漢
未曾聞故。且題首云金剛般若波羅蜜經，依文問答而建立
故。順須菩提言：我從昔來未曾聞故。離諸二乘立為般若於
三字中為意字故，非小般若波羅蜜多，未聞法空非究竟故。
但觀無我，不見我故。窮滅經云：唯斷取著，不斷我々見々者
名為佛性。又准自度不度々衆々生々者，不知衆生根性，欲求種
々義故。此經教度一切衆生，名事般若。言以色見我，求名理般
々若々義者，具名波羅蜜多。須[須]立二事，能成般若波羅蜜
多須具福智二資糧，故不住於相而行布施，是福資糧。說
此虛空不可思量，故不取於法，是智資糧。不取於法，離增
益邊；不取非法，離損減邊；離二邊失，名般若故。又善護念
及善付囑，立是二門。由傳此經，佛種不斷，故根熟者護念，名
佛自化。熟者付囑，令菩化令未熟者當成熟故。菩提化又付
囑由此如來種性不斷，又為顯示廣大甚深，一々文中具二義故，
是為二事而說此經。須建三事，為成上二復三事故，謂云何住，
云何降伏其心。云何住者，當住度脫一切衆生，能於卵
濕求等令滅故。云何降伏者，應當將六波羅蜜不住於[禁]
初度也。為持戒將福者，能信是經，勸持戒也。引忍辱仙，勸將
忍也。初日分以恒河沙等身布施，中日後分施身，立無此，是無
量百千萬劫不如此經中受持四句為他說者，教將勤也。此不動
求用而常寂，教將定也。觀察義理，攀緣此者，菩薩定故。不以色

常

初度也。以持戒修福者能信是經，勸修戒也。引忍辱仙勸修
忍也。初日分以恒河沙等身布施，中日後日亦施身三，無以是无
量百千万劫不以此經中受持四句為他說者，教修勤也。以不動
求用而常說教，修定也。觀察義理攀緣以者，并定故不以色
身見者為以行求教，修慧也。唯此六度是所修行，辭殘經文斷
疑迹，亦是降伏心。是為三事而說此經。欲令降心，須離四到。說
我人衆生壽者，亦者足是四到。因須陀洹人已離四到，云何於
此更教離脱？答：四到之義，若為三重：一者想到，謂於所緣取我
等想；二者心到，於所取受樂不捨；三者見到，於所取中推求執
著。違五教受四種見到，是外道見；須初果見已能永斷。彼若推
求乃至見，亦四種心到，須二果无，於所取中无受深故。若四想
到，唯佛能斷，以彼亦斷自他想故。攝受衣等為我有故，為除
想到，須說此經。二乘觀行皆是想，故多貪性者教不淨
想；著我多者界分別想；乃到至十想得并等類。此應知
内无我外无我，外无衆生，内外和合都无壽命，畢竟清淨，故
說无人。是為四事而說是經。欲除四到，須信五諦。說我无我
皆无妄想，唯依勝義，故名實語。有所言說皆不虛也。言必
饒益，故名實語。說无常但言諸行常，謂諸法說皆如，但屬邪
受樂，則并說无我，是煩惱，亦我者是行說不淨，唯於有漏淨
是隨心言，皆稱理，故名如語。世間說異，作業異，如來以說業无
差，心四如應名不異語。所說因果善惡，數應以义教子不誑

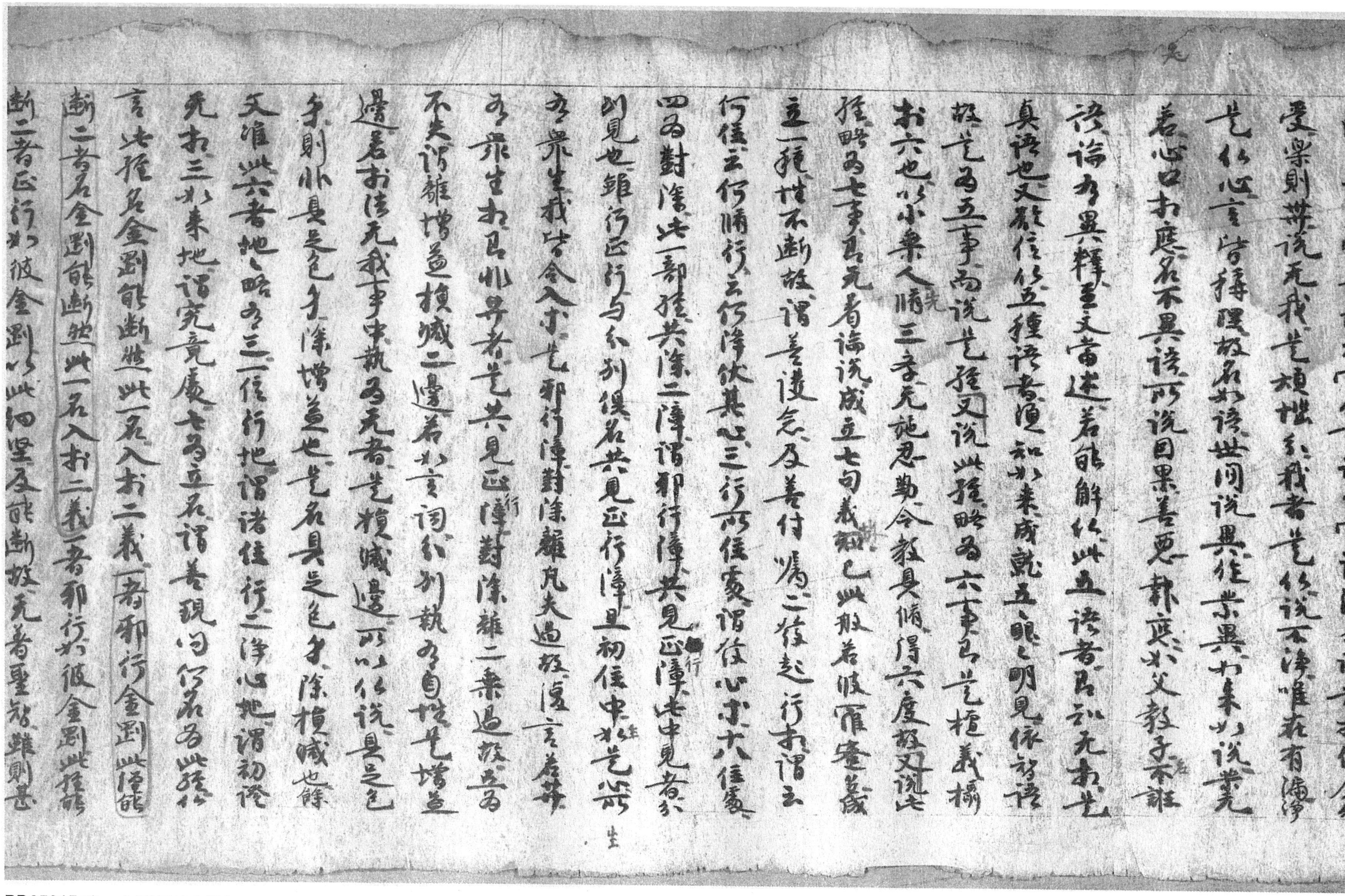

餘義……說……
受樂則菩說无我是煩惱我者是佛說不淨唯在有漏
是佛心言皆轉煩惱名如諸世間說異生異如來以說無
着心口名應名不異諸所說因果善惡都實非父教子不誑
說論有異釋要文當述若能解得此五語者名知无我是
真語也又觀佛五種語者復知如來成就五眼明見依於語
故是為五事而說是經又說此經略為六事名是權義橘
於六也以小乘人滿三乘无施恩勸令教具備得六度故又說亡
經略為七事名无著論說成立七句義細已此般若波羅蜜義
立一種性不斷故謂善護念及善付囑二種起行為謂立
行住立行修行立行淨欲其心三行所住處謂住心求六住處
四為對障此一部經共障二障謂邪行障共見正障此中見者於
此見也雖行正行與分別俱名共見正行障是初住中於是心生
亦衆生我皆令入无餘涅槃是邪行障對障離凡夫過故復言若菩
薩衆生我見非異者是共見正障對障離二乘過故為
不失行離增益損減二邊若於言詞分別執為自性是增益
邊若於法无我事中執為无者是損減邊所以佛說具足色
身則非具足色身除增益也是名具足色身除損減也餘
文准此六者地略有三一信行地謂諸住行二淨心地謂初從
見於三地來地謂究竟處七為立名謂善現問何名為此經佛
言此經名金剛能斷然此一名入於二義一者邪行金剛此經能
斷二者名金剛能斷然此一名入於二義一者邪行於彼金剛此經能
斷二者正行於彼金剛以此細堅及能斷斷故无著聖智雖則甚

BD05815號　金剛經疏（擬）

又唯此六者地〻略爲三一住行地謂諸住行二淨心地謂初登
无相三如來地謂究竟處七爲立名謂善現問何名爲此經何
言此經名金剛能斷然此一名入於二義一者郍行金剛此經能
斷二者名金剛能斷然此一名入於二義一者郍行於彼金剛此經能
斷二者正行於彼金剛於此細堅及能斷故无著聖智雖則甚
深然此於經不能无失立名文義經中无著則列之於後九文
義經後无著乃釋〻於前善現三問无著不知脩行天親
論文亦具配釋又爲八事故說此經謂破四種我相及四法相
四我相者想名執主□位者受者名爲我相觀无化受名
无我相前際不來名无人相後際不去名无衆生相中際不住
則无壽者四法相者无法相亦无非法相陰界入等聖教施
設名爲法相照見五蘊皆空无眼耳鼻舌身意无色聲香
味觸法无眼界乃至无意識界无无明亦无无明盡乃至无老
死亦无老死盡无苦集滅道无智亦无得等名无法相或問說
空足无謂无〻法爲遮彼故所以足云亦无非法相云无相者
謂不緣教但依根量說有色聲香味觸法等色有好醜聲
有數譽〻香味觸亦可不可意〻識分別男相女相生住滅相亦
此相者說輪生死若見諸相非相便得解脫故無云无相或亦
問者想撥諸相豈无相〻无相〻復成相〻亦爲遮彼執故
須說云亦无非相〻俱離法非法皆空用心乘於群方
〻方滄泊住於无住之住亦當觀空處空當方化覆照一切法
者乃真般若也故爲八事而說此經又爲九事謂觀亦爲以量
翳燈幻等量謂五量可喻无明發惡行故翳謂目翳可喻行

BD05815號　金剛經疏（擬）

（27–13）

修者想拂諸於是無相之無相之修成也稱為遮他新故
須說無立非無相之非相俱離法非法皆空用心樂於群有
之方隨泊住於無住之住乃當觀空處空當有化變照一切法
者乃真般若也充為八事而說此經又為九事謂觀乃為以星
翳燈幻等星謂五星可喻無明發惡行故翳謂目翳可喻行
於生眾苦故燈謂油火可以喻苦依無明受義可譬油炷行
如炷識似火然名色至受其猶燈焰生老病死狀似燈明油盡
而燈滅或盡立空也故喻於燈幻謂幻事可喻女男根境
方和和彼非真離愛著故露喻危身易晞滅故泡喻脆
命不久立故夢喻可意不可意境從心現故電喻識心念
念滅故雲喻已去無堅實故論有異釋至文當敘又為十
事即是十種波羅蜜多前六行相已如前敘不現乞食乞已
洗足敷坐是方便所有眾生我皆令入是大願有
所言說皆是說真是受此經卷知悉見知諸眾生若干種心
知一切法即是非法能為眾生演說是智又為為一切波羅
蜜多謂於一念九十刹那中九百生滅即滅即空一念般若
知一切法即一念心中具足八萬四千諸度法門但為法事即是
成熟眾生是謂依事起從此經言依數者數謂智惠即
說經者為和根法或及聞法者解文義智一二三四至恒河
沙數恒河爾所恒河沙數世界三千世界微塵恒河沙等若
干種心皆是此經所說數也故說依數起從此經想上種事為能
起緣所名起以為此經體由此說經是依他性從善福起立是善
性已說緣起次下第三依名釋義者經是諸經想名想義故

說經者乃知根法勢及聞法者解文義智一二三四至恒河
沙數恒河介所恒河沙數世界三千世界微塵恒河沙等諸若
千種心皆是此經所說數也故說依數起從此經想上種事無餘
起緣所名起者為此經能由此說經是依他性從善智起並是善
性已說緣起從下第三依名釋義者經是諸經想名想義為
四一引了義從他聞善正智生故二分別事境簡凡聖心所行
事故凡夫境事不遍順違我所轉聖者所緣更有四種一所
行所緣謂五緣心所緣境界二治到所緣謂四念處所緣境
界三淨障所緣謂二空智所證空理四遍滿所緣復有四種
一有分別影像謂毗鉢舍那境二無分別影像謂奢摩他境
三事邊際所緣謂盡所有性如所有性智於善巧所緣
境界四從所成辦所緣謂盡無生智一切種智所行境界令此
經中所詮境者是淨障及事邊際所作成辦於所有性知智
故三簡行取正此明正行四明果善果此明果善果金剛般
若是此別名釋此別名更有四義一不別差別名二示現所攝故
三訓釋言初四諸門不別差別名者西方本音自有四種一云毗
鉢舍那此方名觀理事假實淨行治到淨障求心皆名
為觀通有無漏及聞思脩二名奢摩他復與此名決擇決斷
簡擇諸性如故此唯無漏唯脩所成然通三乘見脩無學
皆至見道立擇法覺支於加行位名順決擇分通順引發
擇故三云般若此方名慧雖通三乘無分別慧然二乘
慧非彼所塞若說六度立通名智四云闍那此方名智唯
在佛位永不生故不通餘々聖々進正令此經中云般若者乃六

簡擇諸性故此唯无漏[illegible]所成通三乘見修无學
皆並見道立釋法[illegible]覺支於加行位名順決擇分隨順引發
擇分故三云般若此方名惠雖通三乘无分別惠然二乘
惠非波羅蜜若說六度立通名智四云闍耶此方名勝唯
在佛位永不生故不通餘々聖々進修令此經中云般若者是六
度別名是諸菩薩觀空惠也波羅蜜者是六通名各隨一事至
究竟也般若即是波羅蜜多言金剛者有二種義一謂煩惱
猶如金剛般若能斷故名能斷般若波羅蜜多二謂般若
即如金剛能破衆物及破煩惱故此則是分別義別名也示
體相者苑性體是別境惠也亦所生體即无漏受於行識
眷屬出體通取靜慮无漏律[illegible]訓釋言辭者金是一行之
通名銀銅鐵等並名金故此別詮金不詮銀々等々亦名金[illegible]
是剛々有二種一本性金々剛々有崖下先亦此寶其性堅鋭
能壞衆寶立陳為金剛是金之剛依主釋也般若者智惠
也智即是惠持業釋也立智立惠即亦連釋波羅蜜多是到
彼義岸[illegible]若即能到彼岸是所到々々解脫處而為所到即於
財釋經是此方語訓為典常金剛般若波羅蜜多之經立依
主釋諸門分別待問而言已釋義名次下第四釋通疑難者
一問此經是佛何身說答是法身說无垢已離我見慢故唯見
諸法成佛身故若見如來是福法身若見通變是報法身若
問言教是說法身二問所釋經者於三藏中是何藏攝若
正論多羅與根法故立何毗達磨詮惠學故三問此經為是真
諦是俗諦耶答若據論能是理正俗經律皆名俗正法故若

BD05815號　金剛經疏（擬）

[illegible]
諸法成佛身故，若見如如覺，稱法身，若見通變覺，名法身，若
因言教覺說法身。三問所釋經者，於三藏中是何藏攝？答：
正脩多羅契經攝故。立何眺達處詮惠？答故三問此經為是真
諦覺、俗諦覺？答：若據論解是理正俗經律皆成俗正法故。若
依經說是真勝義言說文字皆解脫故，文字性離即是空
故。仁王經說諸契經於論議於十二部經皆說為於々即真故。四
問經皆言佛不說法，諸戲論種已永斷故，於如來無有不定心
故。問者自現何得即真？答：經言不說，經自有會，依自所得及
本住故論言不說其義有餘，諸戲論次種已永斷，故於無戲
論無切用，故體是當，故能於實說，推求三世，多不可得，分別
一異俱不可得，乃名戲論，於如來說法出離四句，不墮三世，無
戲論故說一切法雖當秘密亦能說法，普現一切色身三昧
現種々身，善解一切眾生語言三昧，種々法，若不爾者，本所發願
豈空無果？[illegible]無果者，所脩勝行何所利益？五問論說般若有三
五種實相觀照文字為三，更加境界眷屬為五。此題般若為
具幾何？答：般若無於何有五三，說三五者，以生識心說實相
也。得分別[illegible]無[illegible]也，得文字者，未得々，故々著々者，則無文字故
因此來無文字說見，見實相者，未覺々，故々著々者，不見實
實々者，非肉眼見，是惠々眼々見々者，實無所見者，尚不見
實何況非實々存觀照者，非了々見了々見者，無所見也，為境界
者，不覺々大々空々者，雖二取也，無分別智，現在前時，一切境相
皆不現故，說眷屬者，心所法也。般若無[illegible]故無眷屬心意々識
[illegible]

實相者非肉眼見是慧眼見，慧眼見者實無所見，是者尚不見
實，何況非實。存觀照者非了見見者，無所見也。是境界
者不是大空，空者雖二不也，無分別智現在前時，一切境相
皆不現，故說眷屬者，心數法也。般若無故，無眷屬心意識
等法俗故，相是別異故，相無別相，所相無故，六句不立，三五不
存觀照，故說般若名大空耶？答：若說空者，是名空無大空，
不空亦何可說？若言空者，更成損減，說福德最猶如虛空。
施手命如恒河沙，不如受持四句偈等，何稱心不說斷滅？
執者何說大千即非大千？若福實有，則不說多。答：何是
余何是空？七句若非空者，可說有耶？答：若言有者，是名
八句之空不空耶？答：之空不空是三世論，般若非三世念。
何說俱無諸相之非無法相之非無相，不可具說。
九句般若非空耶？答曰：非空不空是戲論句，何無戲論？答何
俱非十句般若境界眷屬文字觀[illegible]二耶異耶？答：情本之余
得般若是一是異及成般若無一異相，其猶造東東未成時見
猶見脚及其成已，唯是一車，車者車不車，猶脚睛本
般若之復相是未得般若是境是心，及得般若無三無五。
不說諸法是一異相，十一句般若是常無常耶？答：非常無
常與無常自是其行，般若無行，非常無常，離一切相，故名
如來正遍知者，乃名佛故。十二句般若是知是無知耶？答：非般若
無知無所不知，仁王經云以無知知，以無識識，一切諸法皆因之
相之者，諸所之無之相之者無相不相，已通疑難。流業五依文
解釋此經一部略為三文：一經前由者，二前眼正說，三復受流

如來正遍知者，乃名佛故。十一曰般若者，了知為無知，取著般若
無知無所不知，仁王經云：以無知知，以無識識，一切諸法皆同一云
知知者謂所知無知，知者無知不知已通疑難。第五依文
解釋此經一部，略為三文：一經前由緒，二當根正說，三領受流
行。序有二種：一諸通序，二此經別請通序。為六：一如是，總序
所聞；二我聞，表已親受；三一時，聞法和合；四佛，顯所從聞；五在
舍衛等，指遊化處；六與大比丘等，出法眾也。論云：如是
總言，依四義轉：一依譬喻，如言如是富貴如毗沙門；二依教
誨，如言如是應知斷等；三依問答，謂如問言如是事不，答
言如是；四依許可，如求者言：願尊為我作如是事，彼許可言
當如是作。經稱如是，為三師釋：初一師云：為前二義，依譬喻
者，謂今誦者如本佛說，是佛所說，故言如是；依教誨者，謂結
集時，彼誦經者教誨眾言：眾等今當如是聽受，我當如是
說，我所聞。第二師云：此具三義，兩義如前，更加問答，謂結集
時聽者問言：汝今當所說，實曾聞不，誦者答言：如是我聞。又
誦經者誦已問眾：皆曾聞不。眾共答言：如是我聞。第三師云
文具四義，三義如前，更加許可，謂結集時眾請誦者，如汝所聞
可得聞不。誦者許可，為誦言：如是我聞一時佛在，理亦論
云：發端標舉，指摘序說，如是言，微細律云，斷疑生信
說如是言，如是者是信，和也。澤州法師以三義解，儀一依
解，今依所說如一切佛之是諸佛之所共說；二依法解，依如法說
如是法；三依傳解，謂結集眾所結集法，如佛所說是

BD05815號　金剛經疏（擬）

（27–19）

可得因果誦者許可名為誦言如是我聞一時佛住理門論
云發端標舉簡持撰序說如是言證信除疑生信
說如是言如是者為信故也澤州法師以三義解依一佛
解令佛所說如一切佛之說諸佛佛所共說二依法解佛如法說
如是法三依佛解謂結集衆所結集法如佛所說是
佛奉教故長耳三藏簡異五失說如是言說有者增益
謗說无者損減謗說亦有亦无是相違謗說非有非无是愚
癡謗[illegible]非有非无戲論謗佛雖說有然非增益已得未
失義名為故不說一切因一向故佛雖說无非損減謗未得已失義
名无故不說一切因无故說亦有亦无非相違謗於因果中有略
性不應定言亦有亦无遍得成路名為不遍不成名无衆生
佛性亦復如是故說非有非无非邪命謗謂離言法无得異
故佛說衆生有煩惱者以未斷故又說諸聖有解脫者謂已
得故又說衆生无有種者以未得故又說諸聖无煩惱者謂
已斷故凡聖是一種有无之有无並不是謗佛說諸法是
非有非无非戲論謗遮邪名故於五謗中隨為一謗則
非如是說不如義不是法故離五謗者乃名如是以如實說
名是法故更有多釋於義稍疎唯梁武帝以言義可隨
何得自言如是者名指當部以為如是是者此也指此一部我
從佛聞是故總言如是我聞我謂五蘊世俗假者聞謂耳
根發識聽受然聽法時依一耳根發二種識一發耳識但能
聽聲以現量識依自性觸唯得聞聲不受教故二發意識與
五識俱必有意識聽聲之能受法依語觸領教由斯論云
耳言我聞實是耳聞耳是我論自屬之言諸根之別皆我用具發

依

何經首言如是者，亦指當部，以為如是，如是者，此也，如此一部，我
從佛聞，是故總言如是我聞。我謂五蘊世俗假者，聞謂耳
根發識聽受無聽法時，依一耳根發二種識：一發耳識，但能
聽聲，以現量識依自性觸，唯得聞聲，不受教故；二發意識，與
五識俱，必有意識，聽聲立能受法，緣詮觸領教，如攝論有
問言：聞實是耳，何言我？論自有言：諸根各別，皆我用具故。
別就總我聞者，立是論者之一義也，耳但對聲，耳識無念無界。
集論云：何聞教？說耳識識取，如聞聲性，必以第八為根本依，七
為染淨，六為分別，耳為聞境，共成一聞，直曰耳聞，言何顯遇，總
五蘊眾共為一我，依眾多法同成一聞，是故經首總說我聞。
疑者疑云：外道邪宗皆說有我，唯佛聖言說觀無我，何故經
首皆曰我聞？應誨彼云：外道凡夫於無我中起我執見，佛為彼
處而說言諸法無我，令知妄見非真實故，隨無我我於清淨
身，於實非無我。我是何義？略有二種：一卅五，有以果藏者
名為我性。性者，本住我也。要具六義，乃得我名：一者真，離妄到故；
二者實，體究竟故；三者常，無有滅故；四是主，方法故；受諸
法重持諸法，種可得法果成領，衆法五是依，是所依故。何顏那
為依，故有未那轉依此心，令意餘轉識得生，謂與末那為依
此故，意識得轉，又能執受五色根故，眼等五識依之而轉。六
性無變易，於苦樂位，常捨性故，於善惡位，恒無記故。二出廿
五，有色成成正覺覺者，說之為我，我者以義立，有六義：一者真，
出俗故；二者實，住究竟故；三者主，三界故；四者依，四生依故；五者
常，法身故，常住世故；六者性，無變易，離二死故。先說權教，是
無常、苦、無我、不淨，令依實教，常樂我淨，經依實說，但曰我聞

(27–21)

BD05815號　金剛經疏（擬）

五名色成々正覺々者說之爲佛我昔以義立名六義一者真色
出俗故二者實住究竟故三者主三界故四者依四生依故五者
當來法手故常住世故六者性无变易離二死故先說權教也
无常苦无我不淨今依實教常樂我淨法實說宣曰我聞
疑者又言若大士住我所難不知若究竟我所難未得所難
未得所難所攝故說我聞花海經云此是佛教非自意語佛於靈
樹侍入菩所難因言持集聖教當於經首置何語言佛時教
言當言如是我聞一時佛在某方爲某甲等演說无量覺於底
語處於眾語界緣起法乘根諦世等佛知当我住於是教所
難受教住好是傳故言如是我聞一時佛等之義立有
多家案花嚴說每佛出世以爲一時於出世時可爲教故依
賢劫說一佛出已更有多時每一集會以爲一時不依剎那
日夜半月月時等但取集會一會始終事序究竟總
名一時故說一時在恒河岸舍衛王舍中鹿林等佛地論中
三師釋初一釋云謂說法者有勝能一剎那聲詮一切法
不住无二當名一時第二釋云或聞法者得淨耳根聞一念聲
解一切法住於无二故名一時彼俱非理所以者何一剎那聲詮
一切法唯在无上正等覺彼不說經且一无持集何得就彼釋
此一時十住住中八相成道現菩薩轉集流通經首一時則
无此義聞一念聲解一切法十地滿心時成正覺乃有此
能然彼聞經无結集者豈得依彼釋此一時第三師釋說
者聽者共和合遇无前无後故名一時隨何根熟佛皆能應
感得順故名一時佛者教主也西方具音名爲佛陁此云覺

此一時十住住中八地上成道得無礙法報（後缺不清）……一日見
无此義。同一念聲解一切法十地滿心行成正覺，乃有此
能，並被同住无餘集者，皆得依被釋此一時。第三師釋說
者聽者共和合遇，无前无後，故名一時。随行根熟，皆能聽
〻感者，得順故名一時。佛者教主也，西方具音名為佛陁，此名覺。
者覺有二義：一者覺〻察〻煩惱，令不得生，如人覺賊〻无能
為；二者覺悟於所知境，如實覺知，如從夢覺者。佛地論云：具
一切種一切種智，永斷煩惱及所知障，能自開覺，復能開覺
一切有情，如從夢覺，如蓮花開，故名為佛。此則十号之一号也。在
舍衛國祇樹給孤獨園者，化處也。西方正言須達多，此名給孤獨。
買祇陁太子園為佛造舍，祇陁太子因發歡心，施園中樹，合標
地為佛造門，實標二施主，成一住處，名如卅住是處，廣宣說依
此俗說非真〻住〻處〻者，天梵聖住，是常處也。與大比丘衆
者，受法者也。比丘是西方語，此云律儀衆，持戒自活，故立名沙
门。有淨道故，立名婆羅门；具梵行故，立名出家衆，永割親
愛，脩淨戒故，立名解脫衆，離或業縛，脫諸世故。佛為大師，
彼是弟子，顯與異衆故。善與其言特言大者，大有多義，是利
根故，得勝定故，成大果故，以實義者，過表實為大根現歡能生
大意。求大乘名大，比丘千二百五十人者，數多少也。優樓頻螺迦
葉門徒五百，那提迦葉門徒三百，伽耶迦葉門徒二百，並取
摩伽陁國王舍城南聞法悟道；舍利弗大目揵連王舍城中聞
法悟道，皆是和根具八解脫，阿羅漢果，名大比丘。同佛當住居
處，皆如釋梵四天王八部龍神行義不言，答未成法器，略而不言，種

葉门徒五百肥提迦葉门徒三百伽耶迦葉门徒二百並在
摩伽陁國王舍城南聞法悟道舍利弗大目揵連王舍城中聞
法悟道皆是利根具八解脫阿羅漢果名大比丘问何當說居
處皆為釋梵四天王八部（龍神）何義不言答未成法器略而不言種
緣歡喜方說彼也又问何當居必有菩薩堪受法何義不言答
漸悟菩薩是比丘頓悟菩薩非比丘所為是故化身比丘一衆问比
丘居衆有當根何故此文濩而不列答雖有利根然是下
衆會說大法是故略之聞法歡喜則知具有聞曰爾時世尊並
顆學欲聞者此經初叙也於中有四大一師現相二弟子生疑三大
師讚許四弟子承言世尊者大師尊號也能破四魔具六種
德出超世表是曰世尊現相有十二一知時二具儀三遵道四就息
五起行六依法七捨衆八受資九稱法十業淨十一勸心十二正觀舍
時者初時也早朝天食時日中處食時午後畜食時夜久鬼食
時所為大聖食於中時著衣者具儀也持入衆前著僧伽梨
先有僧衣更著大衣故名具儀持鉢者遵道具也一切有情皆
依食住受食進道故名道具三種鉢三是兩色一形是比丘
鉢異俗尚耶故名應器於石鉢色有五殊形是是同是名
應器入舍衛者就息也父母師僧國王檀越是名四恩父母
生育師僧教道國王守護檀越供給具四勝緣於可論
道入城受食故曰就息乞食者起行也降伏憍慢息除
慳悋福資施主故名起行於其城中次第乞者依法也住
平等法應次行乞食受諸飲食當如服藥於好於惡勿
生憎憾應器乞食已名乞已還至本處者捨衆也給園恒居
故名本處飯食訖者受資也食為資持依令身有力故

居

生者所作者道因……

道入城乞食故曰既恩乞食者起行也淨伏憍慢息除
貪嫉福資糧表故名起行於其城中次第乞者依法也住
平等法慈次行乞食受諸飲食當以服藥於好於惡勿
生憎嫉恐無光益名乞已還至本處者攝末也除園恒居
故名本處飯食訖者受資身也食為資持依今身為力故
雖復飲食而禪悅為味收衣鉢者攝法也大衣非乞食所宜著
服恐當非過中所須乞故收之置於道處洗足者示淨也
履地入城示為塵垢洗足令淨洗者初以大乘洗義足也彰坐
者勤心也不待所往所往故所當為定之乞四禪為床坐義
而坐者正觀也論云正意繫念於前出家盡夜有二威儀
一經行二宴坐乞食已當經行食訖故宜宴坐弟子生疑
自為六義一標人二稱處三變儀四讚能五問觀六請問
時長老須菩提者標人也年多德重與長老名須菩提者
是西方言此云善現初誕雙時家因無物一切皆空家人
為疑問占相者占者見卷此為善現當得出家達解空理
因以為名先德傳譯或曰空生或名善吉者唯大遍覺譯名善
現恃說般若須問此人以為領解故特舉之在大眾中指處
也先居後會小為從坐集起從坐起者變儀也變者禮也
事也右膝著地者舉儀業乾業易起動也合掌者順俗威
者敬重之示敬誠初禮也偏袒右肩者示為所使便於
儀貞於心也合掌者敬勤心接下盡於事上也而白佛
言者持集者言也希有世尊者讚能也能了達無邊之
為俯就小乘之化先用方便後顯真實初立法以遣我次遣

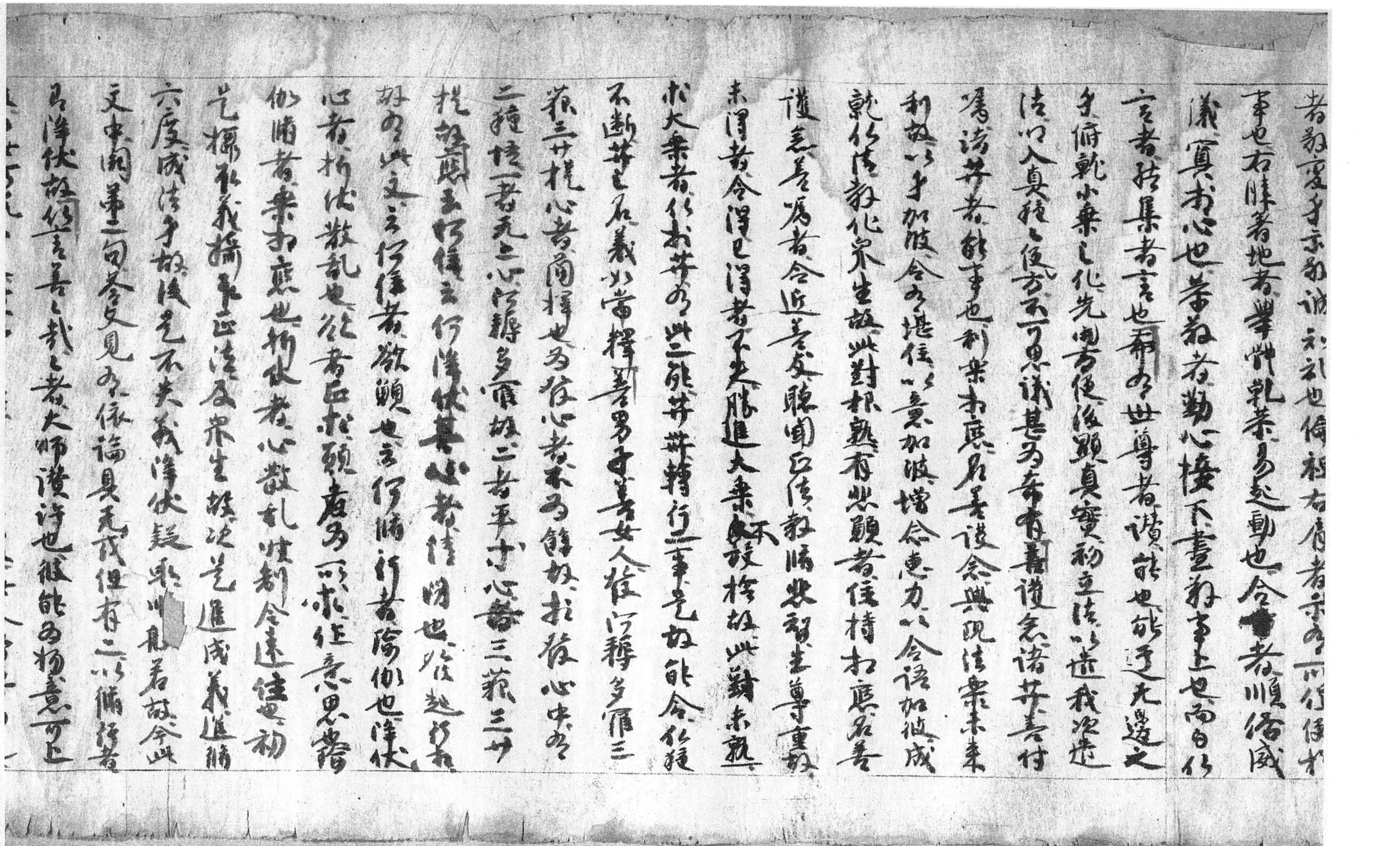

BD05815 號　金剛經疏（擬）

菩薩三廿棬心者角擇也為發心者求為饒故於發心中為
二種境一者无二心得轉多願故二者平等心者三菩三廿
棬起問云何住云何降伏其心者請問也於起行者
好為此文云何住者欲願也云何修行者降伏也降伏
心者析伏散乱也欲者正求願者為一切求住意思惟
修行者業和應也析伏者心散乱惟剋令遠離也初
先標示義攝正法及眾生故次先進成義進脩
六度成法身故後先不失義降伏疑惑心見若故今此
文中聞第二句答文見不依論具无我但有二以脩行者
為降伏故修善〻哉〻者大師讚許也能為物意可上
故如汝所說印也讚修不能得寂義故汝今諦聽勅也
修持為說令彼得故善男子應如先行許也〻以直顯
應說故如先住等義在答文唯然世尊願樂欲聞諸弟
子承命也既蒙其許擇本願也問何須要待須廿棬問
答時有六義一為斷疑若唯菩問者諸聲聞等疑此已
於二為生信由此棬中說福得多須廿棬信其福得多
福德勝聲聞中為業福者聞此多福求信解故三為令
聲聞入甚深故須廿棬先有深疑但能解空未入不空
令於空中說不空義令入甚深五令餘聲聞於此
[illegible]

（27–27）

BD05815號　金剛經疏（擬）

菩提
…摩睺羅伽
子請佛轉
…百千帀即以天
…所散之華如須弥山并以供養佛…
樹華供養已各以宮殿奉上彼佛而作是言
…哀愍饒益我等所獻宮殿願垂納處尒
梵天王即於佛前一心同聲以偈頌曰
…天中王 迦陵頻伽聲 哀愍衆生者 我等今敬礼
尊甚希有 久遠乃一見 一百八十劫 空過无有佛
…道充滿 諸天衆減少 今佛出於世 為衆生作眼
所歸趣 救護於一切 為衆生之父 哀愍饒益者
宿福慶 今得值世尊
時諸梵天王偈讚佛已各作是言唯願世
尊哀愍一切轉於法輪度脫衆生時諸梵天
王一心同聲而說偈言
大聖轉法輪 顯示諸法相 度苦惱衆生 令得大歡喜
衆生聞此法 得道若生天 諸惡道減少 忍善者增益
尒時大通智勝如來默然許之又諸比丘南

BD05816號　妙法蓮華經卷三　（10–1）

王一心同聲而說偈言
大聖轉法輪 顯示諸法相 度苦惱衆生 令得大歡喜
衆生聞此法 得道若生天 諸惡道減少 忍善者增益
尒時大通智勝如來默然許之又諸比丘南
方五百万億國土諸大梵王各自見宮殿光
明照曜昔所未有歡喜踊躍生希有心即各
相詣共議此事以何因緣我等宮殿有此光
曜而彼衆中有一大梵天王名曰妙法為諸
梵衆而說偈言
我等諸宮殿 光明甚威曜 此非无因緣 是相宜求之
過於百千劫 未曾見是相 為大德天生 為佛出世間
尒時五百万億諸梵天王與宮殿俱各以衣
裓盛諸天華共詣北方推尋是相見大通智
勝如來處于道場菩提樹下坐師子座諸天
龍王乾闥婆緊那羅摩睺羅伽人非人等恭
敬圍繞及見十六王子請佛轉法輪時諸梵
天王頭面礼佛繞百千帀即以天華而散佛
上所散之華如須弥山并以供養佛菩提樹
華供養已各以宮殿奉上彼佛而作是言唯
見哀愍饒益我等所獻宮殿願垂納處尒時
諸梵天王即於佛前一心同聲以偈頌曰
世尊甚難見 破諸煩惱者 過百三十劫 今乃得一見
諸飢渴衆生 以法雨充滿 昔所未曾覩 無量智慧者
如優曇波羅 今日乃值遇 我等諸宮殿 蒙光故嚴飾
世尊大慈愍 唯願垂納受
尒時諸梵天王偈讚佛已各作是言唯願世
尊轉於法輪令一切世間諸天魔梵沙門婆
羅門皆獲安隱而得度脫時諸梵天王一心
同聲以偈頌曰
唯願天人尊 轉无上法輪 擊于大法鼓 而吹大法螺

BD05816號　妙法蓮華經卷三　（10–2）

尒時諸梵天王偈讚佛已各作是言唯願世
尊轉於法輪令一切世閒諸天魔梵沙門婆
羅門皆獲安隱而得度脫時諸梵天王一心
同聲以偈頌曰
唯願天人尊　轉无上法輪　擊于大法鼓　而吹大法螺
普雨大法雨　度无量衆生　我等咸歸請　當演深遠音
尒時大通智勝如來嘿然許之西南方乃至
下方亦復如是尒時上方五百万億國土諸
大梵王皆悉自覩所止宮殿光明威曜昔所
未有歡喜踊躍生希有心即各相詣共議此
事以何因緣我等宮殿有斯光明而彼衆中
有一大梵天王名曰尸棄為諸梵衆而說偈
言
今以何因緣　我等諸宮殿　威德光明曜　嚴飾未曾有
如是之妙相　昔所未聞見　為大德天生　為佛出世閒
尒時五百万億諸梵天王與宮殿俱各以衣
裓盛諸天華共詣下方推尋是相見大通智
勝如來處于道場菩提樹下坐師子座諸天
龍王乹闥婆緊那羅摩睺羅伽人非人等恭
敬圍繞及見十六王子請佛轉法輪時諸梵
天王頭面礼佛繞百千帀即以天華而散佛
上所散之華如須弥山并以供養佛菩提樹
華供養已各以宮殿奉上彼佛而作是言唯
見哀愍饒益我等所獻宮殿願垂納處時諸
梵天王即於佛前一心同聲以偈頌曰
善哉見諸佛　救世之聖尊　能於三界獄　勉出諸衆生
普智天人尊　愍哀群萌類　能開甘露門　廣度於一切
於昔无量劫　空過无有佛　世尊未出時　十方常暗瞑
三惡道增長　阿脩羅亦盛　諸天衆轉減　死多墮惡道
不從佛聞法　常行不善事　色力及智慧　斯等皆減少

BD05816號　妙法蓮華經卷三　（10–3）

梵天王即於佛前一心同聲以偈頌曰
善哉見諸佛　救世之聖尊　能於三界獄　勉出諸衆生
普智天人尊　愍哀群萌類　能開甘露門　廣度於一切
於昔无量劫　空過无有佛　世尊未出時　十方常暗瞑
三惡道增長　阿脩羅亦盛　諸天衆轉減　死多墮惡道
不從佛聞法　常行不善事　色力及智慧　斯等皆減少
罪業因緣故　失樂及樂想　住於耶見法　不識善儀則
不蒙佛所化　常墮於惡道　佛為世閒眼　久遠時乃出
哀愍諸衆生　故現於世閒　超出成正覺　我等甚欣慶
及餘一切衆　喜歎未曾有　我等諸宮殿　蒙光故嚴飾
今以奉世尊　唯垂哀納受　願以此功德　普及於一切
我等與衆生　皆共成佛道
尒時五百万億諸梵天王偈讚佛已各白佛
言唯願世尊轉於法輪多所安隱多所度脫
時諸梵天王而說偈言
世尊轉法輪　擊甘露法鼓　度苦惱衆生　開示涅槃道
唯願受我請　以大微妙音　哀愍而敷演　无量劫習法
尒時大通智勝如來受十方諸梵天王及十
六王子請即時三轉十二行法輪若沙門婆
羅門若天魔梵及餘世閒所不能轉謂是苦
是苦集是苦滅是苦滅道及廣說十二因緣
法无明緣行行緣識識緣名色名色緣六入
六入緣觸觸緣受受緣愛愛緣取取緣有有
緣生生緣老死憂悲苦惱无明滅則行滅行
滅則識滅識滅則名色滅名色滅則六入滅
六入滅則觸滅觸滅則受滅受滅則愛滅愛
滅則取滅取滅則有滅有滅則生滅生滅則
老死憂悲苦惱滅佛於天人大衆之中說是
法時六百万億那由他人以不受一切法故
而於諸漏心得解脫皆得深妙禪定三明六
[illegible]

BD05816號　妙法蓮華經卷三　（10–4）

六入滅則觸滅觸滅則受滅受滅則愛滅愛
滅則取滅取滅則有滅有滅則生滅生滅則
老死憂悲苦惱滅佛於天人大衆之中説是
法時六百万億那由他人以不受一切法故
而於諸漏心得解脱皆得深妙禪定三明六
通具八解脱第二第三第四説法時千万億
恒河沙那由他等衆生亦以不受一切法故
而於諸漏心得解脱從是已後諸聲聞衆无
量无邊不可稱數尒時十六王子皆以童子
出家而為沙弥諸根通利智慧明了已曽供
養百千万億諸佛淨脩梵行求阿耨多羅三
藐三菩提俱白佛言世尊是諸无量千万億
大德聲聞皆已成就世尊亦當為我等説阿
耨多羅三藐三菩提法我等聞已皆共脩學
世尊我等志願如来知見深心所念佛自證
知尒時轉輪聖王所將衆中八万億人見十
六王子出家亦求出家王即聽許尒時彼佛
受沙弥請過二万劫已乃於四衆之中説是
大乘經名妙法蓮華教菩薩法佛所護念説
是經已十六沙弥為阿耨多羅三藐三菩提
故皆共受持諷誦通利説是經時十六菩薩
沙弥皆悉信受聲聞衆中亦有信解其餘衆
生千万億種皆生疑惑佛説是經於八千劫
未曽休廢説此經已即入静室住於禪定八
万四千劫是時十六菩薩沙弥知佛入室寂
然禪定各昇法座亦於八万四千劫為四部
衆廣説分別妙法華經一一皆度六百万億那由
他恒沙等衆生示教利喜令發阿耨多羅三藐
三菩提心大通智勝佛過八万四千劫已從三
昧起往詣法座安詳而坐普告大衆是十六菩

BD05816號　妙法蓮華經卷三　（10–5）

万四千劫是時十六菩薩沙弥知佛入室寂
然禪定各昇法座亦於八万四千劫為四部
衆廣説分別妙法華經一一皆度六百万億那由
他恒沙等衆生示教利喜令發阿耨多羅三藐
三菩提心大通智勝佛過八万四千劫已從三
昧起往詣法座安詳而坐普告大衆是十六菩
薩沙弥甚為希有諸根利智明了已曽供養
无量千万億數諸佛於諸佛所常脩梵行受
持佛智開示衆生令入其中汝等皆當數數
親近而供養之所以者何若聲聞辟支佛及
諸菩薩能信是十六菩薩所説經法受持不毁者
是人皆當得阿耨多羅三藐三菩提如来之慧
佛告諸比丘是十六菩薩常樂説是妙法蓮華經
一一菩薩所化六百万億那由他恒河沙等衆生
世世所生與菩薩俱從其聞法悉皆信解以此因
緣得值四万億諸佛世尊于今不盡諸比丘
我今語汝彼佛弟子十六沙弥今皆得阿耨
多羅三藐三菩提於十方國土現在説法有
无量百千万億菩薩聲聞以為眷屬其二沙
弥東方作佛一名阿閦在歡喜國二名須弥
頂東南方二佛一名師子音二名師子相南
方二佛一名虚空住二名常滅西南方二佛
一名帝相二名梵相西方二佛一名阿弥陀
二名度一切世間苦惱西北方二佛一名多
摩羅跋栴檀香神通二名須弥相北方二佛
一名雲自在二名雲自在王東北方佛名壞
一切世間怖畏第十六我釋迦牟尼佛於娑
婆國土成阿耨多羅三藐三菩提諸比丘我
等為沙弥時各各教化无量百千万億恒河
沙等衆生從我聞法為阿耨多羅三藐三菩
提此諸衆生于今有住聲聞地者我常教化

BD05816號　妙法蓮華經卷三　（10–6）

一切世間怖畏第十六我釋迦牟尼佛於娑
婆國土成阿耨多羅三藐三菩提諸比丘我
等為沙弥時各各教化无量百千万億恒河
沙等衆生從我聞法為阿耨多羅三藐三菩
提此諸衆生于今有住聲聞地者我常教化
阿耨多羅三藐三菩提是諸人等應以是法
漸入佛道所以者何如來智慧難信難解尒
時所化无量恒河沙等衆生者汝等諸比丘
及我滅度後未來世中聲聞弟子是也我滅
度後復有弟子不聞是經不知不覺菩薩所
行自於所得功德生滅度想當入涅槃我於
餘國作佛更有異名是人雖生滅度之想入
於涅槃而於彼土求佛智慧得聞是經唯以
佛乘而得滅度更无餘乘除諸如來方便說
法諸比丘若如來自知涅槃時到衆又清淨
信解堅固了達空法深入禪定便集諸菩薩
及聲聞衆為說是經世間无有二乘而得滅
度唯一佛乘得滅度耳比丘當知如來方便
深入衆生之性知其志樂小法深著五欲為
是等故說於涅槃是人若聞則便信受譬如
五百由旬險難惡道曠絕无人怖畏之處若
有多衆欲過此道至珎寶處有一導師聰慧
明達善知險道通塞之相將導衆人欲過此
難所將人衆中路懈退白導師言我等疲極
而復怖畏不能復進前路猶遠今欲退還導
師多諸方便而作是念此等可愍云何捨大
珎寶而欲退還作是念已以方便力於險道
中過三百由旬化作一城告衆人言汝等勿
怖莫得退還今此大城可於中止隨意所作
若入是城快得安隱若能前至寶所亦可得

BD05816號　妙法蓮華經卷三　（10–7）

而復怖畏不能復進前路猶遠今欲退還導
師多諸方便而作是念此等可愍云何捨大
珎寶而欲退還作是念已以方便力於險道
中過三百由旬化作一城告衆人言汝等勿
怖莫得退還今此大城可於中止隨意所作
若入是城快得安隱若能前至寶所亦可得
去是時疲極之衆心大歡喜歎未曾有我等
今者免斯惡道快得安隱於是衆人前入化
城生已度想生安隱想尒時導師知此人衆
既得止息无復疲惓即滅化城語衆人言汝
等去來寶處在近向者大城我所化作為止
息耳諸比丘如來亦復如是今為汝等作大
導師知諸生死煩惱惡道險難長遠應去應
度若衆生但聞一佛乘者則不欲見佛不欲
親近便作是念佛道長遠久受勤苦乃可得
成佛知是心怯弱下劣以方便力而於中道
為止息故說二涅槃若衆生住於二地如來
尒時即便為說汝等所作未辦汝所住地近
於佛慧當觀察籌量所得涅槃非真實也但
是如來方便之力於一佛乘分別說三如彼
導師為止息故化作大城既知息已而告之
言寶處在近此城非實我化作耳尒時世尊
欲重宣此義而說偈言
大通智勝佛　十劫坐道場　佛法不現前　不得成佛道
諸天神龍王　阿脩羅衆等　常雨於天華　以供養彼佛
諸天擊天鼓　并作衆伎樂　香風吹萎華　更雨新好者
過十小劫已　乃得成佛道　諸天及世人　心皆懷踊躍
彼佛十六子　皆與其眷屬　千万億圍繞　俱行至佛所
頭面礼佛足　而請轉法輪　聖師子法雨　充我及一切
世尊甚難值　久遠時一現　為覺悟群生　震動於一切

BD05816號　妙法蓮華經卷三　（10–8）

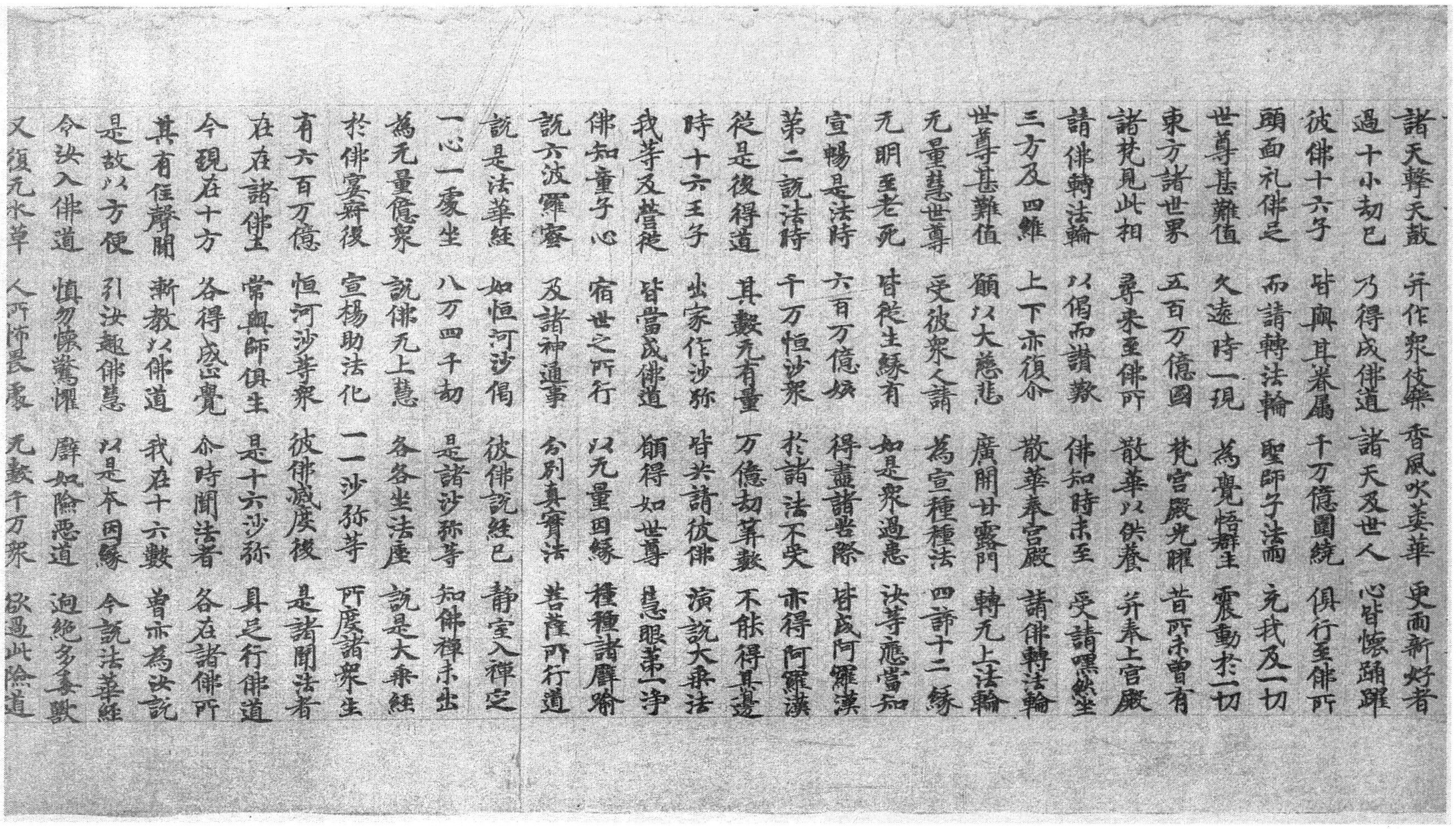
諸天擊天鼓　并作衆伎樂　香風吹萎華　更雨新好者
過十小劫已　乃得成佛道　諸天及世人　心皆懷踊躍
彼佛十六子　皆與其眷屬　千万億圍繞　俱行至佛所
頭面礼佛足　而請轉法輪　聖師子法雨　充我及一切
世尊甚難值　久遠時一現　為覺悟群生　震動於一切
東方諸世界　五百万億國　梵宮殿光曜　昔所未曾有
諸梵見此相　尋來至佛所　散華以供養　并奉上宮殿
請佛轉法輪　以偈而讚歎　佛知時未至　受請嘿然坐
三方及四維　上下亦復尒　散華奉宮殿　請佛轉法輪
世尊甚難值　願以大慈悲　廣開甘露門　轉无上法輪
无量慧世尊　受彼衆人請　為宣種種法　四諦十二緣
无明至老死　皆從生緣有　如是衆過患　汝等應當知
宣暢是法時　六百万億姟　得盡諸苦際　皆成阿羅漢
第二說法時　千万恒沙衆　於諸法不受　亦得阿羅漢
從是後得道　其數无有量　万億劫筭數　不能得其邊
時十六王子　出家作沙弥　皆共請彼佛　演說大乘法
我等及營從　皆當成佛道　願得如世尊　慧眼第一淨
佛知童子心　宿世之所行　以无量因緣　種種諸譬喻
說六波羅蜜　及諸神通事　分別真實法　菩薩所行道
說是法華經　如恒河沙偈　彼佛說經已　靜室入禪定
一心一處坐　八万四千劫　是諸沙弥等　知佛禪未出
為无量億衆　說佛无上慧　各各坐法座　說是大乘經
於佛宴寂後　宣揚助法化　一一沙弥等　所度諸衆生
有六百万億　恒河沙等衆　彼佛滅度後　是諸聞法者
在在諸佛土　常與師俱生　是十六沙弥　具足行佛道
今現在十方　各得成正覺　尒時聞法者　各在諸佛所
其有住聲聞　漸教以佛道　我在十六數　曽亦為汝說
是故以方便　引汝趣佛慧　以是本因緣　今說法華經
令汝入佛道　慎勿懷驚懼　譬如險惡道　迥絕多毒獸
又復无水草　人所怖畏處　无數千万衆　欲過此險道

BD05816號　妙法蓮華經卷三　（10–9）

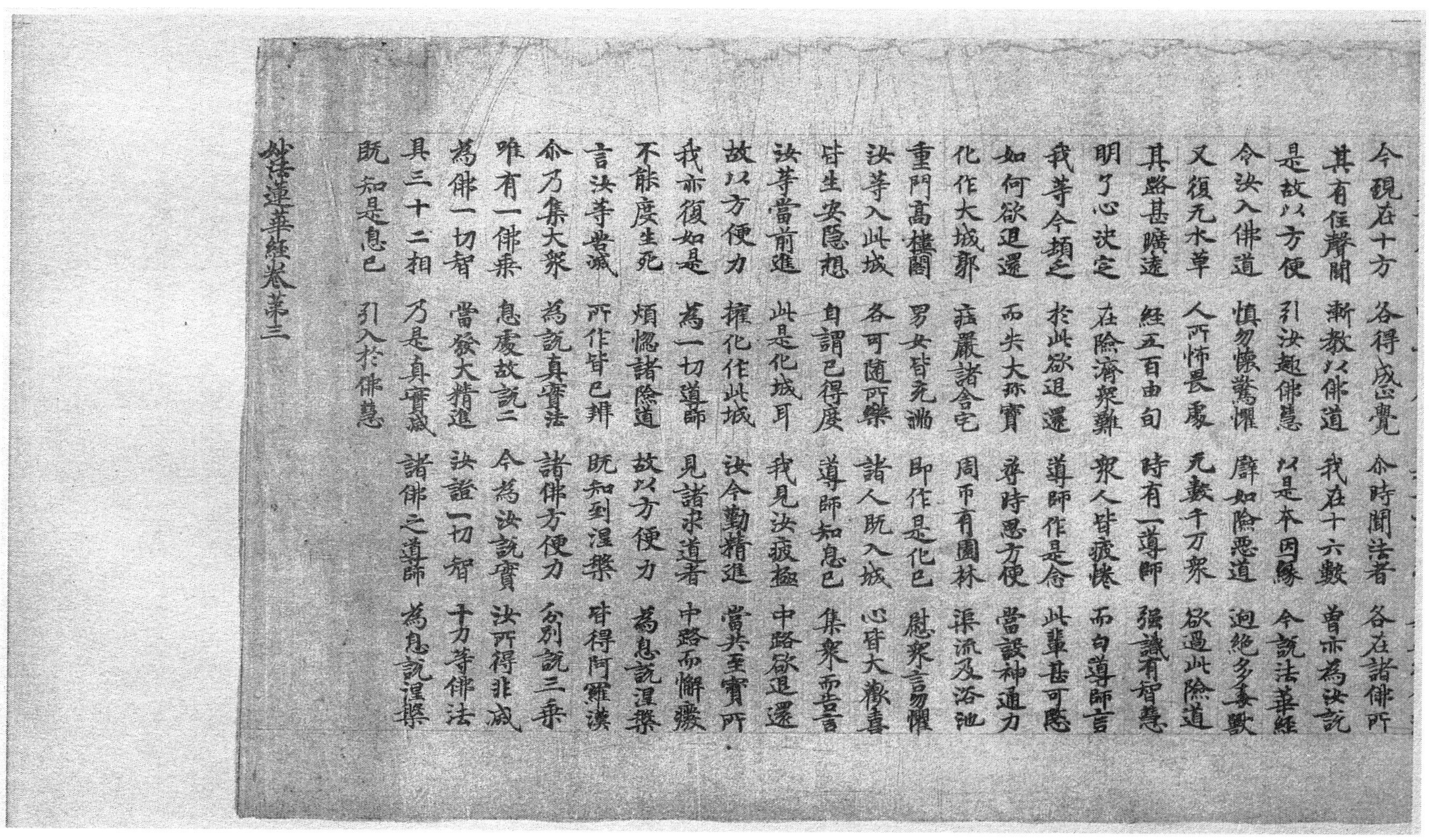
今現在十方　各得成正覺　尒時聞法者　各在諸佛所
其有住聲聞　漸教以佛道　我在十六數　曽亦為汝說
是故以方便　引汝趣佛慧　以是本因緣　今說法華經
令汝入佛道　慎勿懷驚懼　譬如險惡道　迥絕多毒獸
又復无水草　人所怖畏處　无數千万衆　欲過此險道
其路甚曠遠　經五百由旬　時有一導師　強識有智慧
明了心決定　在險濟衆難　衆人皆疲惓　而白導師言
我等今頓乏　於此欲退還　導師作是念　此輩甚可愍
如何欲退還　而失大珎寶　尋時思方便　當設神通力
化作大城郭　莊嚴諸舍宅　周帀有園林　渠流及浴池
重門高樓閣　男女皆充滿　即作是化已　慰衆言勿懼
汝等入此城　各可隨所樂　諸人既入城　心皆大歡喜
皆生安隱想　自謂已得度　導師知息已　集衆而告言
汝等當前進　此是化城耳　我見汝疲極　中路欲退還
故以方便力　權化作此城　汝今勤精進　當共至寶所
我亦復如是　為一切導師　見諸求道者　中路而懈癈
不能度生死　煩惱諸險道　故以方便力　為息說涅槃
言汝等苦滅　所作皆已辦　既知到涅槃　皆得阿羅漢
尒乃集大衆　為說真實法　諸佛方便力　分別說三乘
唯有一佛乘　息處故說二　今為汝說實　汝所得非滅
為佛一切智　當發大精進　汝證一切智　十力等佛法
具三十二相　乃是真實滅　諸佛之導師　為息說涅槃
既知是息已　引入於佛慧
妙法蓮華經卷第三

BD05816號　妙法蓮華經卷三　（10–10）

BD05817 號 1　妙法蓮華經卷一　　（19–1）

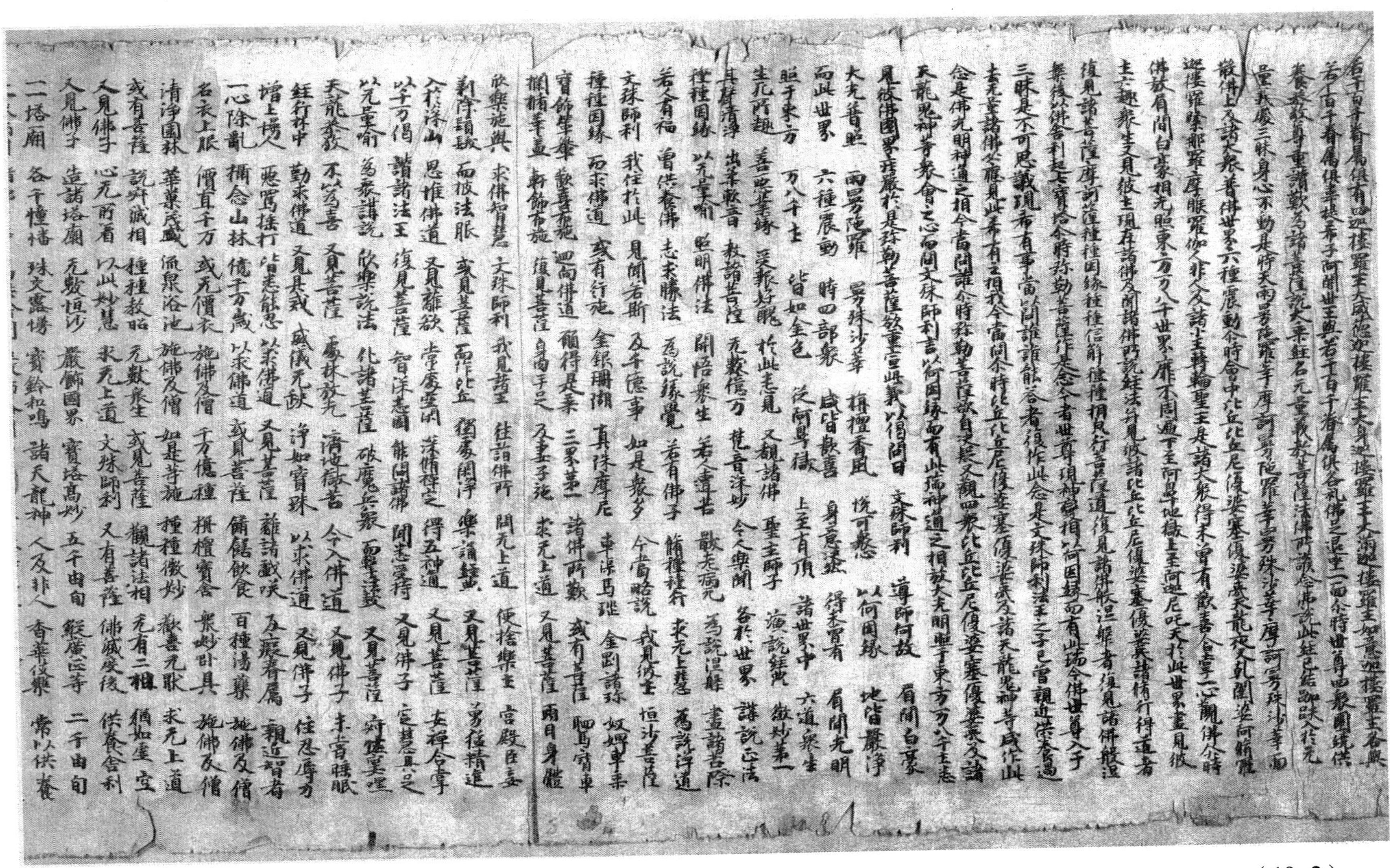

BD05817 號 1　妙法蓮華經卷一　　（19–2）

一心除亂　攝念山林　億千万歲　以求佛道　或見菩薩　餚饍飲食　百種湯藥　施佛及僧
名衣上服　價直千万　或无價衣　施佛及僧　千万億種　栴檀寶舍　衆妙卧具　施佛及僧
清淨園林　華菓茂盛　流泉浴池　施佛及僧　如是等施　種種微妙　歡喜无猒　求无上道
或有菩薩　說寂滅法　種種教詔　无數衆生　或見菩薩　觀諸法相　无有二相　猶如虛空
又見佛子　心无所著　以此妙慧　求无上道　文殊師利　又有菩薩　佛滅度後　供養舍利
又見佛子　造諸塔廟　无數恒沙　嚴飾國界　寶塔高妙　五千由旬　縱廣正等　二千由旬
一一塔廟　各千幢幡　珠交露幔　寶鈴和鳴　諸天龍神　人及非人　香華伎樂　常以供養
文殊師利　諸佛子等　為供舍利　嚴飾塔廟　國界自然　殊特妙好　如天樹王　其華開敷
佛放一光　我及衆會　見此國界　種種殊妙　諸佛神力　智慧希有　放一淨光　照无量國
我等見此　得未曾有　佛子文殊　願決衆疑　四衆欣仰　瞻仁及我　世尊何故　放斯光明
佛子時答　決疑令喜　何所饒益　演斯光明　佛坐道場　所得妙法　為欲說此　為當授記
示諸佛土　衆寶嚴淨　及見諸佛　此非小緣　文殊當知　四衆龍神　瞻察仁者　為說何等
尒時文殊師利語彌勒菩薩摩訶薩及諸大士善男子等如我惟忖今佛世尊欲說大法
雨大法雨吹大法螺擊大法鼓演大法義諸善男子我於過去諸佛曾見此瑞放斯光已
即說大法是故當知今佛現光亦復如是欲令衆生咸得聞知一切世間難信之法故現
斯瑞善男子如過去无量无邊不可思議阿僧祇劫尒時有佛号日月燈明如來應供
正遍知明行足善逝世間解无上士調御丈夫天人師佛世尊演說正法初善中善後
善其義深遠其語巧妙純一无雜具足清白梵行之相為求聲聞者說應四諦法度
生老病死究竟涅槃為求辟支佛者說應十二因緣法為諸菩薩說應六波羅蜜
令得阿耨多羅三藐三菩提成一切種智次復有佛亦名日月燈明次復有佛亦名
日月燈明如是二万佛皆同一字号日月燈明又同一姓姓頗羅墮彌勒當知初佛後佛
皆同一字名日月燈明十号具足所可說法初中後善其最後佛未出家時有八王子
一名有意二名善意三名无量意四名寶意五名增意六名除疑意七名嚮意八
名法意是八王子威德自在各領四天下是諸王子聞父出家得阿耨多羅三藐三
菩提悉捨王位亦隨出家發大乘意常修梵行皆為法師已於千万佛所植諸善本
是時日月燈明佛說大乘經名无量義教菩薩法佛所護念說是經已即於大衆中結
跏趺坐入於无量義處三昧身心不動是時天雨曼陁羅華摩訶曼陁羅華曼殊沙華摩
訶曼殊沙華而散佛上及諸大衆普佛世界六種震動尒時會中比丘比丘尼優婆塞優
婆夷天龍夜叉乾闥婆阿脩羅迦樓羅緊那羅摩睺羅伽人非人等及諸小王轉輪聖王
等是諸大衆得未曾有歡喜合掌一心觀佛尒時如來放眉間白毫相光照東方万八千
佛土靡不周遍如今所見是諸佛土彌勒當知尒時會中有二十億菩薩樂欲聽法是諸
菩薩見此光明普照佛土得未曾有欲知此光所為因緣時有菩薩名曰妙光有八百
弟子是時日月燈明佛從三昧起因妙光菩薩說大乘經名妙法蓮華教菩薩法佛
所護念六十小劫不起于座時會聽者亦坐一處六十小劫身心不動聽佛所說謂如
食頃是時衆中无有一人若身若心而生懈惓日月燈明佛於六十小劫說是經已即
於梵摩沙門婆羅門及天人阿修羅衆中而宣此言如來於今日中夜當入无餘涅
槃時有菩薩名曰德藏日月燈明佛即授其記告諸比丘是德藏菩薩次當作
佛号曰淨身多陁阿伽度阿羅訶三藐三佛陁佛授記已便於中夜入无餘涅槃
佛滅度後妙光菩薩持妙法蓮華經滿八十小劫為人演說日月燈明佛八子皆師妙

BD05817號1　妙法蓮華經卷一　（19–3）

所護念六十小劫不起于座時會聽者亦坐一處六十小劫身心不動聽佛所說謂如
食頃是時衆中无有一人若身若心而生懈惓日月燈明佛於六十小劫說是經已即
於梵摩沙門婆羅門及天人阿修羅衆中而宣此言如來於今日中夜當入无餘涅
槃時有菩薩名曰德藏日月燈明佛即授其記告諸比丘是德藏菩薩次當作
佛号曰淨身多陁阿伽度阿羅訶三藐三佛陁佛授記已便於中夜入无餘涅槃
佛滅度後妙光菩薩持妙法蓮華經滿八十小劫為人演說日月燈明佛八子皆師妙
光妙光教化令其堅固阿耨多羅三藐三菩提是諸王子供養无量百千万億佛已
皆成佛道其最後成佛者名曰然燈八百弟子中有一人号曰求名貪著利養雖復
讀誦衆經而不通利多所忘失故号求名是人亦以種諸善根因緣故得值无量百
千万億諸佛供養恭敬尊重讚歎彌勒當知尒時妙光菩薩豈異人乎我身是也
求名菩薩汝身是也今見此瑞與本无異是故惟忖今日如來當說大乘經名妙法
蓮華教菩薩法佛所護念尒時文殊師利於大衆中欲重宣此義而說偈言
我念過去世　无量无數劫　有佛人中尊　号日月燈明　世尊演說法　度无量衆生　无數億菩薩
令入佛智慧　佛未出家時　所生八王子　見大聖出家　亦隨修梵行　時佛說大乘　經名无量義
於諸大衆中　而為廣分別　佛說此經已　即於法座上　跏趺坐三昧　名无量義處　天雨曼陁華
天鼓自然鳴　諸天龍鬼神　供養人中尊　一切諸佛土　即時大震動　佛放眉間光　現諸希有事
此光照東方　万八千佛土　示一切衆生　生死業報處　有見諸佛土　以衆寶莊嚴　瑠璃頗梨色
斯由佛光照　及見諸天人　龍神夜叉衆　乾闥緊那羅　各供養其佛　又見諸如來　自然成佛道
身色如金山　端嚴甚微妙　如淨瑠璃中　內現真金像　世尊在大衆　敷演深法義　一一諸佛土
聲聞衆无數　因佛光所照　悉見彼大衆　或有諸比丘　在於山林中　精進持淨戒　猶如護明珠
又見諸菩薩　行施忍辱等　其數如恒沙　斯由佛光照　又見諸菩薩　深入諸禪定　身心寂不動
以求无上道　又見諸菩薩　知法寂滅相　各於其國土　說法求佛道　尒時四部衆　見日月燈佛
現大神通力　其心皆歡喜　各各自相問　是事何因緣　天人所奉尊　適從三昧起　讚妙光菩薩
汝為世間眼　一切所歸信　能奉持法藏　如我所說法　唯汝能證知　世尊既讚歎　令妙光歡喜
說是法華經　滿六十小劫　不起於此座　所說上妙法　是妙光法師　悉皆能受持　佛說是法華
令衆歡喜已　尋即於是日　告於天人衆　諸法實相義　已為汝等說　我今於中夜　當入於涅槃
汝一心精進　當離於放逸　諸佛甚難值　億劫時一遇　世尊諸子等　聞佛入涅槃　各各懷悲惱
佛滅一何速　聖主法之王　安慰无量衆　我若滅度時　汝等勿憂怖　是德藏菩薩　於无漏實相
心已得通達　其次當作佛　号曰為淨身　亦度无量衆　佛此夜滅度　如薪盡火滅　分布諸舍利
而起无量塔　比丘比丘尼　其數如恒沙　倍復加精進　以求无上道　是妙光法師　奉持佛法藏
八十小劫中　廣宣法華經　是諸八王子　妙光所開化　堅固无上道　當見无數佛　供養諸佛已
隨順行大道　相繼得成佛　轉次而授記　最後天中天　号曰然燈佛　諸仙之導師　度脫无量衆
是妙光法師　時有一弟子　心常懷懈怠　貪著於名利　求名利无猒　多遊族姓家　棄捨所習誦
廢忘不通利　以是因緣故　号之為求名　亦行衆善業　得見无數佛　供養於諸佛　隨順行大道
具六波羅蜜　今見釋師子　其後當作佛　号名曰彌勒　廣度諸衆生　其數无有量　彼佛滅度後
懈怠者汝是　妙光法師者　今則我身是　我見燈明佛　本光瑞如是　以是知今佛　欲說法華經
今相如本瑞　是諸佛方便　今佛放光明　助發實相義　諸人今當知　合掌一心待　佛當雨法雨
充足求道者　諸求三乘人　若有疑悔者　佛當為除斷　令盡无有餘
妙法蓮華經方便品第二

BD05817號1　妙法蓮華經卷一　（19–4）

隨順行大道　相繼得成佛　轉次而授記　最後天中天　號曰然燈佛　諸仙之導師　度脫无量衆
是妙光法師　時有一弟子　心常懷懈怠　貪著於名利　求名利无厭　多遊族姓家　棄捨所習誦
廢忘不通利　以是因緣故　號之為求名　亦行衆善業　得見无數佛　供養於諸佛　隨順行大道
具六波羅蜜　今見釋師子　其後當作佛　號名曰彌勒　廣度諸衆生　其數无有量　彼佛滅度後
懈怠者汝是　妙光法師者　今則我身是　我見燈明佛　本光瑞如是　以是知今佛　欲說法華經
今相如本瑞　是諸佛方便　今佛放光明　助發實相義　諸人今當知　合掌一心待　佛當雨法雨
充足求道者　諸求三乘人　若有疑悔者　佛當為除斷　令盡无有餘

妙法蓮華經方便品第二

尒時世尊從三昧安詳而起告舍利弗諸佛智慧甚深无量其智慧門難解難入一切聲
聞辟支佛所不能知所以者何佛曾親近百千万億无數諸佛盡行諸佛无量道法勇猛
精進名稱普聞成就甚深未曾有法隨宜所說意趣難解舍利弗吾從成佛已來種種
因緣種種譬喻廣演言教无數方便引導衆生令離諸著所以者何如來方便知見
波羅蜜皆已具足舍利弗如來知見廣大深遠无量无礙力无所畏禪定解脫三昧深入
无際成就一切未曾有法舍利弗如來能種種分別巧說諸法言辭柔軟悅可衆心舍利弗
取要言之无量无邊未曾有法佛悉成就止舍利弗不須復說所以者何佛所成就第一希
有難解之法唯佛與佛乃能究盡諸法實相所謂諸法如是相如是性如是體如是力如
是作如是因如是緣如是果如是報如是本末究竟等尒時世尊欲重宣此義而說偈言
世雄不可量　諸天及世人　一切衆生類　无能知佛者　佛力无所畏　解脫諸三昧　及佛諸餘法
无能測量者　本從无數佛　具足行諸道　甚深微妙法　難見難可了　於无量億劫　行此諸道已
道場得成果　我已悉知見　如是大果報　種種性相義　我及十方佛　乃能知是事　是法不可示
言辭相寂滅　諸餘衆生類　无有能得解　除諸菩薩衆　信力堅固者　諸佛弟子衆　曾供養諸佛
一切漏已盡　住是最後身　如是諸人等　其力所不堪　假使滿世間　皆如舍利弗　盡思共度量
不能測佛智　正使滿十方　皆如舍利弗　及餘諸弟子　亦滿十方剎　盡思共度量　亦復不能知
辟支佛利智　无漏最後身　亦滿十方界　其數如竹林　斯等共一心　於億无量劫　欲思佛實智
莫能知少分　新發意菩薩　供養无數佛　了達諸義趣　又能善說法　如稻麻竹葦　充滿十方剎
一心以妙智　於恒河沙劫　咸皆共思量　不能知佛智　不退諸菩薩　其數如恒沙　一心共思求
亦復不能知　又告舍利弗　无漏不思議　甚深微妙法　我今已具得　唯我知是相　十方佛亦然
舍利弗當知　諸佛語无異　於佛所說法　當生大信力　世尊法久後　要當說真實　告諸聲聞衆
及求緣覺乘　我令脫苦縛　逮得涅槃者　佛以方便力　示以三乘教　衆生處處著　引之令得出
尒時大衆中有諸聲聞漏盡阿羅漢阿若憍陳如等千二百人及發聲聞辟支佛心比丘
比丘尼優婆塞優婆夷各作是念今者世尊何故慇懃稱歎方便而作是言佛所得
法甚深難解有所言說意趣難知一切聲聞辟支佛所不能及佛說一解脫義我等亦
得此法到於涅槃而今不知是義所趣尒時舍利弗知四衆心疑自亦未了而白佛言世
尊何因何緣慇懃稱歎諸佛第一方便甚深微妙難解之法我自昔來未曾從佛
聞如是說今者四衆咸皆有疑唯願世尊敷演斯事世尊何故慇懃稱歎甚深
微妙難解之法尒時舍利弗欲重宣此義而說偈言
慧日大聖尊　久乃說是法　自說得如是　力无畏三昧　禪定解脫等　不可思議法　道場所得法
无能發問者　我意難可測　亦无能問者　无問而自說　稱歎所行道　智慧甚微妙　諸佛之所得

BD05817 號 1　妙法蓮華經卷一　（19–5）

法甚深難解有所言說意趣難知一切聲聞辟支佛所不能及佛說一解脫義我等亦
得此法到於涅槃而今不知是義所趣尒時舍利弗知四衆心疑自亦未了而白佛言世
尊何因何緣慇懃稱歎諸佛第一方便甚深微妙難解之法我自昔來未曾從佛
聞如是說今者四衆咸皆有疑唯願世尊敷演斯事世尊何故慇懃稱歎甚深
微妙難解之法尒時舍利弗欲重宣此義而說偈言
慧日大聖尊　久乃說是法　自說得如是　力无畏三昧　禪定解脫等　不可思議法　道場所得法
无能發問者　我意難可測　亦无能問者　无問而自說　稱歎所行道　智慧甚微妙　諸佛之所得
无漏諸羅漢　及求涅槃者　今皆墮疑網　佛何故說是　其求緣覺者　比丘比丘尼　諸天龍鬼神
及乾闥婆等　相視懷猶豫　瞻仰兩足尊　是事為云何　願佛為解說　於諸聲聞衆　佛說我第一
我今自於智　疑惑不能了　為是究竟法　為是所行道　佛口所生子　合掌瞻仰待　願出微妙音
時為如實說　諸天龍神等　其數如恒沙　求佛諸菩薩　大數有八万　又諸万億國　轉輪聖王至
合掌以敬心　欲聞具足道
尒時佛告舍利弗止止不須復說若說是事一切世間諸天及人皆當驚疑舍利弗重
白佛言世尊唯願說之唯願說之所以者何是會无數百千万億阿僧祇衆生曾見
諸佛諸根猛利智慧明了聞佛所說則能敬信尒時舍利弗欲重宣此義而說偈言
法王无上尊　唯說願勿慮　是會无量衆　有能敬信者
佛復止舍利弗若說是事一切世間天人阿脩羅皆當驚疑增上慢比丘將墜於大坑尒時世尊重說偈言
止止不須說　我法妙難思　諸增上慢者　聞必不敬信　尒時舍利弗重白佛言世尊
唯願說之唯願說之今此會中如我等比百千万億世世已曾從佛受化如此人等必
能敬信長夜安隱多所饒益尒時舍利弗欲重宣此義而說偈言
无上兩足尊　願說第一法　我為佛長子　唯垂分別說　是會无量衆　能敬信此法　佛已曾世世
教化如是等　皆一心合掌　欲聽受佛語　我等千二百　及餘求佛者　願為此衆故　唯垂分別說
是等聞此法　則生大歡喜　尒時世尊告舍利弗汝已慇懃三請豈得不說汝今
諦聽善思念之吾當為汝分別解說說此語時會中有比丘比丘尼優婆塞
優婆夷五千人等即從座起禮佛而退所以者何此輩罪根深重及增上慢未
得謂得未證謂證有如此失是以不住世尊嘿然而不制止尒時佛告舍利弗
我今此衆无復枝葉純有貞實舍利弗如是增上慢人退亦佳矣汝今善
聽當為汝說舍利弗言唯然世尊願樂欲聞佛告舍利弗如是妙法諸佛
如來時乃說之如優曇鉢華時一現耳舍利弗汝等當信佛之所說言不虛
妄舍利弗諸佛隨宜說法意趣難解所以者何我以无數方便種種因緣譬
喻言辭演說諸法是法非思量分別之所能解唯有諸佛乃能知之所以者
何諸佛世尊唯以一大事因緣故出現於世舍利弗云何名諸佛世尊唯以一大
事因緣故出現於世諸佛世尊欲令衆生開佛知見使得清淨故出現於
世欲示衆生佛知見故出現於世欲令衆生悟佛知見故出現於世欲令衆
生入佛知見道故出現於世舍利弗是為諸佛以一大事因緣故出現於世
佛告舍利弗諸佛如來但教化菩薩諸有所作常為一事唯以佛之知見示悟
衆生舍利弗如來但以一佛乘故為衆生說法无有餘乘若二若三舍利弗一切
十方諸佛法亦如是舍利弗過去諸佛以无量无數方便種種因緣

BD05817 號 1　妙法蓮華經卷一　（19–6）

喻言辭演說諸法是法非思量分別之所能解唯有諸佛乃能知之所以者
何諸佛世尊唯以一大事因緣故出現於世舍利弗云何名諸佛世尊唯以一大
事因緣故出現於世諸佛世尊欲令眾生開佛知見使得清淨故出現於
世欲示眾生佛知見故出現於世欲令眾生悟佛知見故出現於世欲令眾
生入佛知見道故出現於世舍利弗是為諸佛以一大事因緣故出現於世
佛告舍利弗諸佛如來但教化菩薩諸有所作常為一事唯以佛之知見示悟
眾生舍利弗如來但以一佛乘故為眾生說法无有餘乘若二若三舍利弗一切
十方諸佛法亦如是舍利弗過去諸佛以无量无數方便種種因緣譬喻言
辭而為眾生演說諸法是法皆為一佛乘故是諸眾生從諸佛聞法究竟皆
得一切種智舍利弗未來諸佛當出於世亦以无量无數方便種種因緣譬喻
言辭而為眾生演說諸法是法皆為一佛乘故是諸眾生從佛聞法究竟
皆得一切種智舍利弗現在十方无量百千万億佛土中諸佛世尊多所饒
益安樂眾生是諸佛亦以无量无數方便種種因緣譬喻言辭而為眾生演
說諸法是法皆為一佛乘故是諸眾生從佛聞法究竟皆得一切種智舍
利弗是諸佛但教化菩薩欲以佛之知見示眾生故欲以佛之知見悟眾生故欲令眾生
入佛之知見故舍利弗我今亦復如是知諸眾生有種種欲深心所著隨其本性以種種
因緣譬喻言辭方便力故而為說法舍利弗如此皆為得一佛乘一切種智故舍利弗十方
世界中尚无二乘何況有三舍利弗諸佛出於五濁惡世所謂劫濁煩惱濁眾生濁見
濁命濁如是舍利弗劫濁亂時眾生垢重慳貪嫉妬成就諸不善根故諸佛以方
便力於一佛乘分別說三舍利弗若我弟子自謂阿羅漢辟支佛者不聞不知諸佛
如來但教化菩薩事此非佛弟子非阿羅漢非辟支佛又舍利弗是諸比丘比丘尼
自謂已得阿羅漢是最後身究竟涅槃便不復志求阿耨多羅三藐三菩提當
知此輩皆是增上慢人所以者何若有比丘實得阿羅漢若不信此法无有是處除佛
滅度後現前无佛所以者何佛滅度後如是等經受持讀誦解義者是人難得
若遇餘佛於此法中便得決了舍利弗汝等當一心信解受持佛語諸佛如來
言无虛妄无有餘乘唯一佛乘爾時世尊欲重宣此義而說偈言
比丘比丘尼 有懷增上慢 優婆塞我慢 優婆夷不信 如是四眾等 其數有五千
不自見其過 於戒有缺漏 護惜其瑕疵 是小智已出 眾中之糟糠 佛威德故去
斯人尠福德 不堪受是法 此眾无枝葉 唯有諸貞實 舍利弗善聽 諸佛所得法
无量方便力 而為眾生說 眾生心所念 種種所行道 若干諸欲性 先世善惡業
佛悉知是已 以諸緣譬喻 言辭方便力 令一切歡喜 或說修多羅 伽陀及本事
本生未曾有 亦說於因緣 譬喻并祇夜 優波提舍經 鈍根樂小法 貪著於生死
於諸无量佛 不行深妙道 眾苦所惱亂 為是說涅槃 我設是方便 令得入佛慧
未曾說汝等 當得成佛道 所以未曾說 說時未至故 今正是其時 決定說大乘
我此九部法 隨順眾生說 入大乘為本 以故說是經 有佛子心淨 柔軟亦利根
无量諸佛所 而行深妙道 為此諸佛子 說是大乘經 我記如是人 來世成佛道
以深心念佛 修持淨戒故 此等聞得佛 大喜充遍身 佛知彼心行 故為說大乘
聲聞若菩薩 聞我所說法 乃至於一偈 皆成佛无疑 十方佛土中 唯有一乘法
无二亦无三 除佛方便說 但以假名字 引導於眾生 說佛智慧故 諸佛出於世

本生未曾有 亦說於因緣 譬喻并祇夜 優波提舍經 鈍根樂小法 貪著於生死
於諸无量佛 不行深妙道 眾苦所惱亂 為是說涅槃 我設是方便 令得入佛慧
未曾說汝等 當得成佛道 所以未曾說 說時未至故 今正是其時 決定說大乘
我此九部法 隨順眾生說 入大乘為本 以故說是經 有佛子心淨 柔軟亦利根
无量諸佛所 而行深妙道 為此諸佛子 說是大乘經 我記如是人 來世成佛道
以深心念佛 修持淨戒故 此等聞得佛 大喜充遍身 佛知彼心行 故為說大乘
聲聞若菩薩 聞我所說法 乃至於一偈 皆成佛无疑 十方佛土中 唯有一乘法
无二亦无三 除佛方便說 但以假名字 引導於眾生 說佛智慧故 諸佛出於世
唯此一事實 餘二則非真 終不以小乘 濟度於眾生 佛自住大乘 如其所得法
定慧力莊嚴 以此度眾生 自證无上道 大乘平等法 若以小乘化 乃至於一人
我則墮慳貪 此事為不可 若人信歸佛 如來不欺誑 亦无貪嫉意 斷諸法中惡
故佛於十方 而獨无所畏 我以相嚴身 光明照世間 无量眾所尊 為說實相印
舍利弗當知 我本立誓願 欲令一切眾 如我等无異 如我昔所願 今者已滿足
化一切眾生 皆令入佛道 若我遇眾生 盡教以佛道 无智者錯亂 迷惑不受教
我知此眾生 未曾修善本 堅著於五欲 癡愛故生惱 以諸欲因緣 墜墮三惡道
輪迴六趣中 備受諸苦毒 受胎之微形 世世常增長 薄德少福人 眾苦所逼迫
入邪見稠林 若有若无等 依止此諸見 具足六十二 深著虛妄法 堅受不可捨
我慢自矜高 諂曲心不實 於千万億劫 不聞佛名字 亦不聞正法 如是人難度
是故舍利弗 我為設方便 說諸盡苦道 示之以涅槃 我雖說涅槃 是亦非真滅
諸法從本來 常自寂滅相 佛子行道已 來世得作佛 我有方便力 開示三乘法
一切諸世尊 皆說一乘道 今此諸大眾 皆應除疑惑 諸佛語无異 唯一无二乘
過去无數劫 无量滅度佛 百千万億種 其數不可量 如是諸世尊 種種緣譬喻
无數方便力 演說諸法相 是諸世尊等 皆說一乘法 化无量眾生 令入於佛道
又諸大聖主 知一切世間 天人群生類 深心之所欲 更以異方便 助顯第一義
若有眾生類 值諸過去佛 若聞法布施 或持戒忍辱 精進禪智等 種種修福慧
如是諸人等 皆已成佛道 諸佛滅度已 若人善軟心 如是諸眾生 皆已成佛道
諸佛滅度已 供養舍利者 起万億種塔 金銀及頗梨 車璩與馬瑙 玫瑰瑠璃珠
清淨廣嚴飾 莊校於諸塔 或有起石廟 栴檀及沉水 木櫁并餘材 塼瓦泥土等
若於曠野中 積土成佛廟 乃至童子戲 聚沙為佛塔 如是諸人等 皆已成佛道
若人為佛故 建立諸形像 刻雕成眾相 皆已成佛道 或以七寶成 鍮石赤白銅
白鑞及鉛錫 鐵木及與泥 或以膠漆布 嚴飾作佛像 如是諸人等 皆已成佛道
綵畫作佛像 百福莊嚴相 自作若使人 皆已成佛道 乃至童子戲 若草木及筆
或以指爪甲 而畫作佛像 如是諸人等 漸漸積功德 具足大悲心 皆已成佛道
但化諸菩薩 度脫无量眾 若人於塔廟 寶像及畫像 以華香幡蓋 敬心而供養
若使人作樂 擊鼓吹角貝 簫笛琴箜篌 琵琶鐃銅鈸 如是眾妙音 盡持以供養
或以歡喜心 歌唄頌佛德 乃至一小音 皆已成佛道 若人散亂心 乃至以一華
供養於畫像 漸見无數佛 或有人禮拜 或復但合掌 乃至舉一手 或復小低頭
以此供養像 漸見无量佛 自成无上道 廣度无數眾 入无餘涅槃 如薪盡火滅

鐵木及與泥 或以膠漆布 嚴飾作佛像 如是諸人等 皆已成佛道
采畫作佛像 百福庄嚴相 自作若使人 皆已成佛道 乃至童子戲 若草木及筆
或以指爪甲 而畫作佛像 如是諸人等 漸漸積功德 具足大悲心 皆已成佛道
但化諸菩薩 度脫无量眾 若人於塔廟 寶像及畫像 以華香幡蓋 敬心而供養
若使人作樂 擊鼓吹角貝 簫笛琴箜篌 琵琶鐃銅鈸 如是眾妙音 盡持以供養
或以歡喜心 歌唄頌佛德 乃至一小音 皆已成佛道 若人散亂心 乃至以一華
供養於畫像 漸見无數佛 或有人禮拜 或復但合掌 乃至舉一手 或復小低頭
以此供養像 漸見无量佛 自成无上道 廣度无數眾 入无餘涅槃 如薪盡火滅
若人散亂心 入於塔廟中 一稱南无佛 皆已成佛道 於諸過去佛 在世或滅後
若有聞是法 皆已成佛道 未來諸世尊 其數无有量 是諸如來等 亦方便說法
一切諸如來 以无量方便 度脫諸眾生 入佛无漏智 若有聞法者 无一不成佛
諸佛本誓願 我所行佛道 普欲令眾生 亦同得此道 未來世諸佛 雖說百千億
无數諸法門 其實為一乘 諸佛兩足尊 知法常无性 佛種從緣起 是故說一乘
是法住法位 世間相常住 於道場知已 導師方便說 天人所供養 現在十方佛
其數如恒沙 出現於世間 安隱眾生故 亦說如是法 知第一寂滅 以方便力故
雖示種種道 其實為佛乘 知眾生諸行 深心之所念 過去所習業 欲性精進力
及諸根利鈍 以種種因緣 譬喻亦言辭 隨應方便說 今我亦如是 安隱眾生故
以種種法門 宣示於佛道 我以智慧力 知眾生性欲 方便說諸法 皆令得歡喜
舍利弗當知 我以佛眼觀 見六道眾生 貧窮无福慧 入生死險道 相續苦不斷
深著於五欲 如犛牛愛尾 以貪愛自蔽 盲瞑无所見 不求大勢佛 及與斷苦法
深入諸邪見 以苦欲捨苦 為是眾生故 而起大悲心 我始坐道場 觀樹亦經行
於三七日中 思惟如是事 我所得智慧 微妙最第一 眾生諸根鈍 著樂癡所盲
如斯之等類 云何而可度 爾時諸梵王 及諸天帝釋 護世四天王 及大自在天
并餘諸天眾 眷屬百千萬 恭敬合掌禮 請我轉法輪 我即自思惟 若但讚佛乘
眾生沒在苦 不能信是法 破法不信故 墜於三惡道 我寧不說法 疾入於涅槃
尋念過去佛 所行方便力 我今所得道 亦應說三乘 作是思惟時 十方佛皆現
梵音慰喻我 善哉釋迦文 第一之導師 得是无上法 隨諸一切佛 而用方便力
我等亦皆得 最妙第一法 為諸眾生類 分別說三乘 少智樂小法 不自信作佛
是故以方便 分別說諸果 雖復說三乘 但為教菩薩 舍利弗當知 我聞聖師子
深淨微妙音 喜稱南无佛 復作如是念 我出濁惡世 如諸佛所說 我亦隨順行
思惟是事已 即趣波羅柰 諸法寂滅相 不可以言宣 以方便力故 為五比丘說
是名轉法輪 便有涅槃音 及以阿羅漢 法僧差別名 從久遠劫來 讚示涅槃法
生死苦永盡 我常如是說 舍利弗當知 我見佛子等 志求佛道者 无量千萬億
咸以恭敬心 皆來至佛所 曾從諸佛聞 方便所說法 我即作是念 如來所以出
為說佛慧故 今正是其時 舍利弗當知 鈍根小智人 著相憍慢者 不能信是法
今我喜无畏 於諸菩薩中 正直捨方便 但說无上道 菩薩聞是法 疑網皆已除
千二百羅漢 悉亦當作佛 如三世諸佛 說法之儀式 我今亦如是 說无分別法
諸佛興出世 懸遠值遇難 正使出于世 說是法復難 无量无數劫 聞是法亦難

BD05817 號 1　妙法蓮華經卷一　（19–9）

思惟是事已 即趣波羅柰 諸法寂滅相 不可以言宣 以方便力故 為五比丘說
是名轉法輪 便有涅槃音 及以阿羅漢 法僧差別名 從久遠劫來 讚示涅槃法
生死苦永盡 我常如是說 舍利弗當知 我見佛子等 志求佛道者 无量千萬億
咸以恭敬心 皆來至佛所 曾從諸佛聞 方便所說法 我即作是念 如來所以出
為說佛慧故 今正是其時 舍利弗當知 鈍根小智人 著相憍慢者 不能信是法
今我喜无畏 於諸菩薩中 正直捨方便 但說无上道 菩薩聞是法 疑網皆已除
千二百羅漢 悉亦當作佛 如三世諸佛 說法之儀式 我今亦如是 說无分別法
諸佛興出世 懸遠值遇難 正使出于世 說是法復難 无量无數劫 聞是法亦難
能聽是法者 斯人亦復難 譬如優曇華 一切皆愛樂 天人所希有 時時乃一出
聞法歡喜讚 乃至發一言 則為已供養 一切三世佛 是人甚希有 過於優曇華
汝等勿有疑 我為諸法王 普告諸大眾 但以一乘道 教化諸菩薩 无聲聞弟子
汝等舍利弗 聲聞及菩薩 當知是妙法 諸佛之祕要 以五濁惡世 但樂著諸欲
如是等眾生 終不求佛道 當來世惡人 聞佛說一乘 迷惑不信受 破法墮惡道
有慚愧清淨 志求佛道者 當為如是等 廣讚一乘道 舍利弗當知 諸佛法如是
以万億方便 隨宜而說法 其不習學者 不能曉了此 汝等既已知 諸佛世之師
隨宜方便事 无復諸疑惑 心生大歡喜 自知當作佛

妙法蓮華經卷第一

妙法蓮華經譬喻品第三　卷二

爾時舍利弗踊躍歡喜，即起合掌，瞻仰尊顏而白佛言：今從世尊聞此法音，心懷踊躍，得未曾有。所以者何？我昔從佛聞如是法，見諸菩薩受記作佛，而我等不預斯事，甚自感傷，失於如來无量知見。世尊，我常獨處山林樹下，若坐若行，每作是念：我等同入法性，云何如來以小乘法而見濟度？是我等咎，非世尊也。所以者何？若我等待說所因成就阿耨多羅三藐三菩提者，必以大乘而得度脫。然我等不解方便隨宜所說，初聞佛法，遇便信受，思惟取證。世尊，我從昔來，終日竟夜每自剋責。而今從佛聞所未聞未曾有法，斷諸疑悔，身意泰然，快得安隱。今日乃知真是佛子，從佛口生，從法化生，得佛法分。爾時舍利弗欲重宣此義，而說偈言：

我聞是法音 得所未曾有 心懷大歡喜 疑網皆已除 昔來蒙佛教 不失於大乘
佛音甚希有 能除眾生惱 我已得漏盡 聞亦除憂惱 我處於山谷 或在林樹下
若坐若經行 常思惟是事 嗚呼深自責 云何而自欺 我等亦佛子 同入无漏法
不能於未來 演說无上道 金色三十二 十力諸解脫 同共一法中 而不得此事
八十種妙好 十八不共法 如是等功德 而我皆已失 我獨經行時 見佛在大眾
名聞滿十方 廣饒益眾生 自惟失此利 我為自欺誑 我常於日夜 每思惟是事
欲以問世尊 為失為不失 我常見世尊 稱讚諸菩薩 以是於日夜 籌量如是事
今聞佛音聲 隨宜而說法 无漏難思議 令眾至道場 我本著邪見 為諸梵志師
世尊知我心 拔邪說涅槃 我悉除邪見 於空法得證 爾時心自謂 得至於滅度
而今乃自覺 非是實滅度 若得作佛時 具三十二相 天人夜叉眾 龍神等恭敬
是時乃可謂 永盡滅无餘 佛於大眾中 說我當作佛 聞如是法音 疑悔悉已除
初聞佛所說 心中大驚疑 將非魔作佛 惱亂我心耶 佛以種種緣 譬喻巧言說
其心安如海 我聞疑網斷 佛說過去世 无量滅度佛 安住方便中 亦皆說是法
現在未來佛 其數无有量 亦以諸方便 演說如是法 如今者世尊 從生及出家
得道轉法輪 亦以方便說 世尊說實道 波旬无此事 以是我定知 非是魔作佛
我墮疑網故 謂是魔所為 聞佛柔軟音 深遠甚微妙 演暢清淨法 我心大歡喜
疑悔永已盡 安住實智中 我定當作佛 為天人所敬 轉无上法輪 教化諸菩薩

爾時佛告舍利弗：吾今於天人沙門婆羅門等大眾……

BD05817 號 1　妙法蓮華經卷一　（19–10）
BD05817 號 2　妙法蓮華經卷二

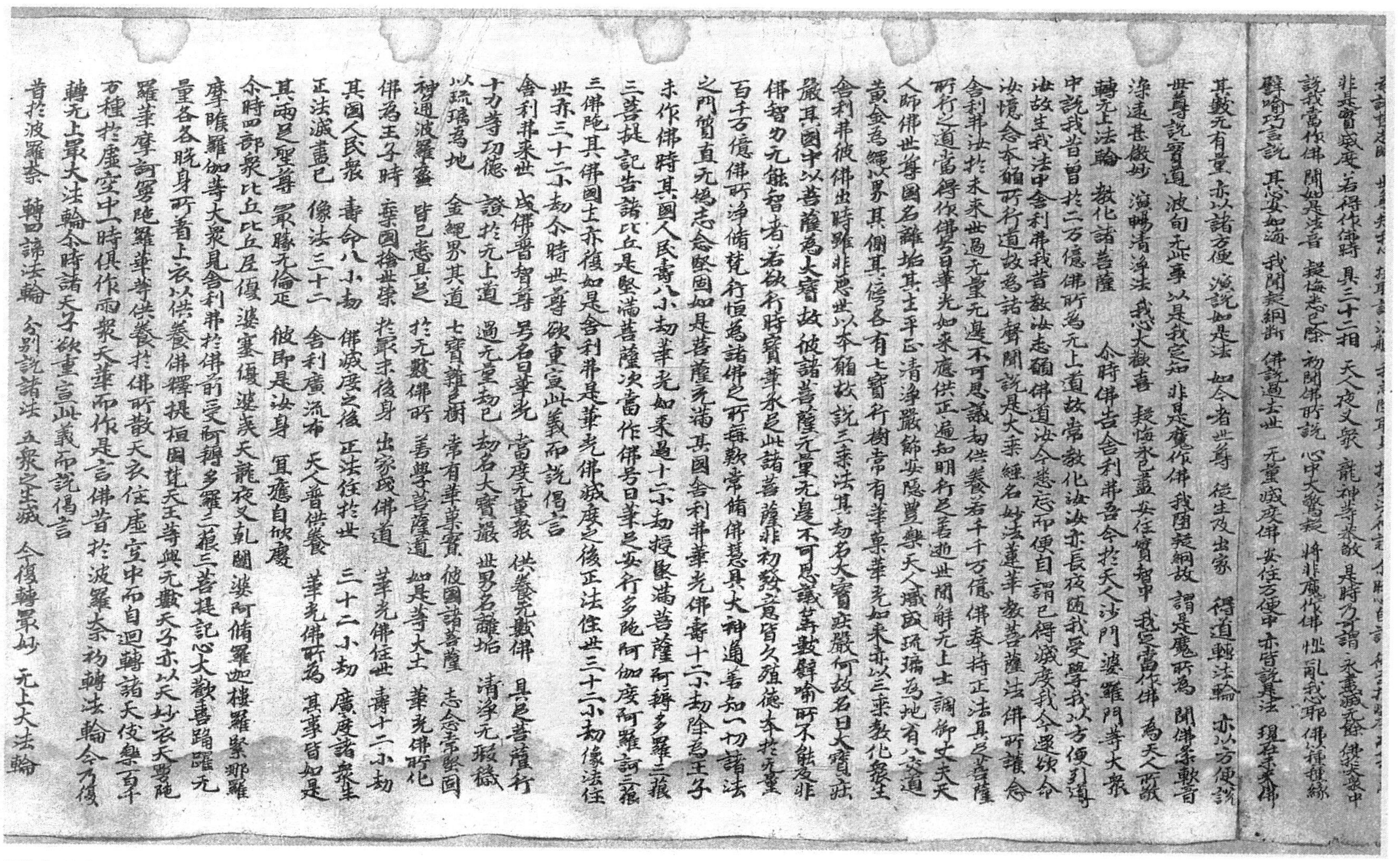

[illegible]
非是實滅度　若得作佛時　具三十二相　天人夜叉衆　龍神等恭敬　是時乃可謂　永盡滅无餘　佛於大衆中
說我當作佛　聞如是法音　疑悔悉已除　初聞佛所說　心中大驚疑　將非魔作佛　惱亂我心耶　佛以種種緣
譬喻巧言說　其心安如海　我聞疑網斷　佛說過去世　无量滅度佛　安住方便中　亦皆說是法　現在未來佛
其數无有量　亦以諸方便　演說如是法　如今者世尊　從生及出家　得道轉法輪　亦以方便說
世尊說實道　波旬无此事　以是我定知　非是魔作佛　我墮疑網故　謂是魔所為　聞佛柔軟音
深遠甚微妙　演暢清淨法　我心大歡喜　疑悔永已盡　安住實智中　我定當作佛　為天人所敬
轉无上法輪　教化諸菩薩　　尒時佛告舍利弗吾今於天人沙門婆羅門等大衆
中說我昔曾於二万億佛所為无上道故常教化汝汝亦長夜隨我受學我以方便引導
汝故生我法中舍利弗我昔教汝志願佛道汝今悉忘而便自謂已得滅度我今還欲令
汝憶念本願所行道故為諸聲聞說是大乘經名妙法蓮華教菩薩法佛所護念
舍利弗汝於未來世過无量无邊不可思議劫供養若干千万億佛奉持正法具足菩薩
所行之道當得作佛號曰華光如來應供正遍知明行足善逝世間解无上士調御丈夫天
人師佛世尊國名離垢其土平正清淨嚴飾安隱豐樂天人熾盛琉璃為地有八交道
黃金為繩以界其側其傍各有七寶行樹常有華菓華光如來亦以三乘教化衆生
舍利弗彼佛出時雖非惡世以本願故說三乘法其劫名大寶莊嚴何故名曰大寶莊
嚴其國中以菩薩為大寶故彼諸菩薩无量无邊不可思議筭數譬喻所不能及非
佛智力无能知者若欲行時寶華承足此諸菩薩非初發意皆久殖德本於无量
百千万億佛所淨脩梵行恒為諸佛之所稱歎常脩佛慧具大神通善知一切諸法
之門質直无偽志念堅固如是菩薩充滿其國舍利弗華光佛壽十二小劫除為王子
未作佛時其國人民壽八小劫華光如來過十二小劫授堅滿菩薩阿耨多羅三藐
三菩提記告諸比丘是堅滿菩薩次當作佛號曰華足安行多陁阿伽度阿羅訶三藐
三佛陁其佛國土亦復如是舍利弗是華光佛滅度之後正法住世三十二小劫像法住
世亦三十二小劫尒時世尊欲重宣此義而說偈言
舍利弗來世　成佛普智尊　號名曰華光　當度无量衆　供養无數佛　具足菩薩行
十力等功德　證於无上道　過无量劫已　劫名大寶嚴　世界名離垢　清淨无瑕穢
以琉璃為地　金繩界其道　七寶雜色樹　常有華菓實　彼國諸菩薩　志念常堅固
神通波羅蜜　皆已悉具足　於无數佛所　善學菩薩道　如是等大士　華光佛所化
佛為王子時　棄國捨世榮　於最末後身　出家成佛道　華光佛住世　壽十二小劫
其國人民衆　壽命八小劫　佛滅度之後　正法住於世　三十二小劫　廣度諸衆生
正法滅盡已　像法三十二　舍利廣流布　天人普供養　華光佛所為　其事皆如是
其兩足聖尊　最勝无倫匹　彼即是汝身　宜應自欣慶
尒時四部衆比丘比丘尼優婆塞優婆夷天龍夜叉乾闥婆阿脩羅迦樓羅緊那羅
摩睺羅伽等大衆見舍利弗於佛前受阿耨多羅三藐三菩提記心大歡喜踊躍无
量各各脫身所著上衣以供養佛釋提桓因梵天王等與无數天子亦以天妙衣天曼陁
羅華摩訶曼陁羅華等供養於佛所散天衣住虛空中而自迴轉諸天伎樂百千
万種於虛空中一時俱作雨衆天華而作是言佛昔於波羅柰初轉法輪今乃復
轉无上最大法輪尒時諸天子欲重宣此義而說偈言
昔於波羅柰　轉四諦法輪　分別說諸法　五衆之生滅　今復轉最妙　无上大法輪

BD05817 號 2　妙法蓮華經卷二　　（19–11）

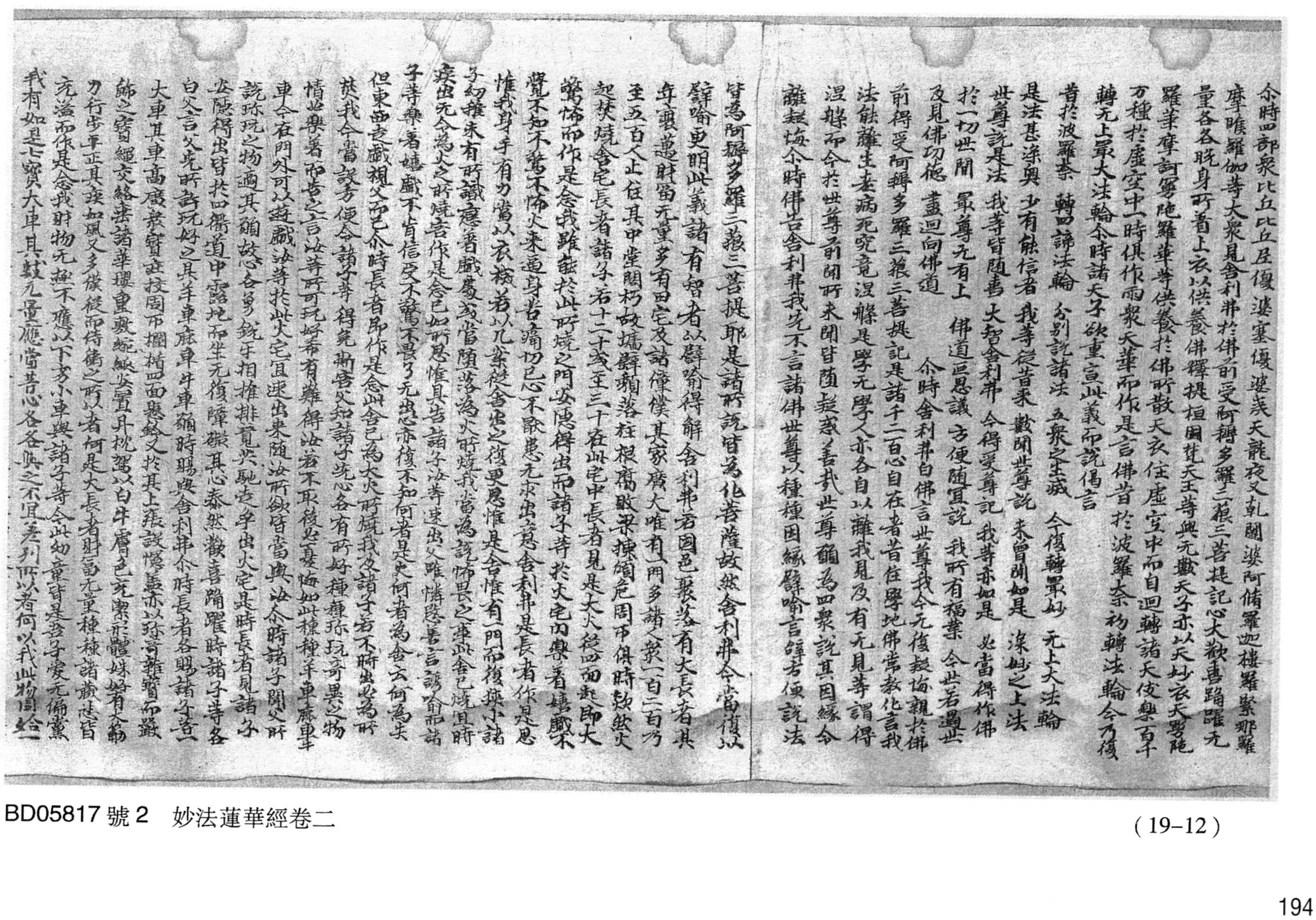

尒時四部衆比丘比丘尼優婆塞優婆夷天龍夜叉乾闥婆阿脩羅迦樓羅緊那羅
摩睺羅伽等大衆見舍利弗於佛前受阿耨多羅三藐三菩提記心大歡喜踊躍无
量各各脫身所著上衣以供養佛釋提桓因梵天王等與无數天子亦以天妙衣天曼陁
羅華摩訶曼陁羅華等供養於佛所散天衣住虛空中而自迴轉諸天伎樂百千
万種於虛空中一時俱作雨衆天華而作是言佛昔於波羅柰初轉法輪今乃復
轉无上最大法輪尒時諸天子欲重宣此義而說偈言
昔於波羅柰　轉四諦法輪　分別說諸法　五衆之生滅　今復轉最妙　无上大法輪
是法甚深奧　少有能信者　我等從昔來　數聞世尊說　未曾聞如是　深妙之上法
世尊說是法　我等皆隨喜　大智舍利弗　今得受尊記　我等亦如是　必當得作佛
於一切世間　最尊无有上　佛道叵思議　方便隨宜說　我所有福業　今世若過世
及見佛功德　盡迴向佛道　　尒時舍利弗白佛言世尊我今无復疑悔親於佛
前得受阿耨多羅三藐三菩提記是諸千二百心自在者昔住學地佛常教化言我
法能離生老病死究竟涅槃是學无學人亦各自以離我見及有无見等謂得
涅槃而今於世尊前聞所未聞皆墮疑惑善哉世尊願為四衆說其因緣令
離疑悔尒時佛告舍利弗我先不言諸佛世尊以種種因緣譬喻言辭方便說法
皆為阿耨多羅三藐三菩提耶是諸所說皆為化菩薩故然舍利弗今當復以
譬喻更明此義諸有智者以譬喻得解舍利弗若國邑聚落有大長者其
年衰邁財富无量多有田宅及諸僮僕其家廣大唯有一門多諸人衆一百二百乃
至五百人止住其中堂閣朽故牆壁頹落柱根腐敗梁棟傾危周帀俱時欻然火
起焚燒舍宅長者諸子若十二十或至三十在此宅中長者見是大火從四面起即大
驚怖而作是念我雖能於此所燒之門安隱得出而諸子等於火宅內樂著嬉戲不
覺不知不驚不怖火來逼身苦痛切己心不厭患无求出意舍利弗是長者作是思
惟我身手有力當以衣裓若以几案從舍出之復更思惟是舍唯有一門而復狹小諸
子幼稚未有所識戀著戲處或當墮落為火所燒我當為說怖畏之事此舍已燒宜時
疾出无令為火之所燒害作是念已如所思惟具告諸子汝等速出父雖憐愍善言誘喻而諸
子等樂著嬉戲不肯信受不驚不畏了无出心亦復不知何者是火何者為舍云何為失
但東西走戲視父而已尒時長者即作是念此舍已為大火所燒我及諸子若不時出必為所
焚我今當設方便令諸子等得免斯害父知諸子先心各有所好種種珍玩奇異之物
情必樂著而告之言汝等所可玩好希有難得汝若不取後必憂悔如此種種羊車鹿車牛
車今在門外可以遊戲汝等於此火宅宜速出來隨汝所欲皆當與汝尒時諸子聞父所
說珍玩之物適其願故心各勇銳互相推排競共馳走爭出火宅是時長者見諸子
等安隱得出皆於四衢道中露地而坐无復障礙其心泰然歡喜踊躍時諸子等各
白父言父先所許玩好之具羊車鹿車牛車願時賜與舍利弗尒時長者各賜諸子等一
大車其車高廣衆寶莊校周帀欄楯四面懸鈴又於其上張設幰蓋亦以珍奇雜寶而嚴
飾之寶繩交絡垂諸華纓重敷綩綖安置丹枕駕以白牛膚色充潔形體姝好有大筋
力行步平正其疾如風又多僕從而侍衛之所以者何是大長者財富无量種種諸藏悉皆
充溢而作是念我財物无極不應以下劣小車與諸子等今此幼童皆是吾子愛无偏黨
我有如是七寶大車其數无量應當等心各各與之不宜差別所以者何以我此物周給一

BD05817 號 2　妙法蓮華經卷二　　（19–12）

諸珍玩之物適其願故心各勇銳互相推排競共馳走爭出火宅是時長者見諸子等安隱得出皆於四衢道中露地而坐无復障礙其心泰然歡喜踊躍時諸子等各白父言父先所許玩好之具羊車鹿車牛車願時賜與舍利弗尒時長者各賜諸子等一大車其車高廣衆寶莊校周帀欄楯四面懸鈴又於其上張設幰蓋亦以珍奇雜寶而嚴飾之寶繩交絡垂諸華瓔重敷綩綖安置丹枕駕以白牛膚色充潔形體姝好有大筋力行步平正其疾如風又多僕從而侍衛之所以者何是大長者財富无量種種諸藏悉皆充溢而作是念我財物无極不應以下劣小車與諸子等今此幼童皆是吾子愛无偏黨我有如是七寶大車其數无量應當等心各各與之不宜差別所以者何以我此物周給一國猶尚不匱何況諸子是時諸子各乘大車得未曾有非本所望舍利弗於汝意云何是長者等與諸子珍寶大車寧有虛妄不舍利弗言不也世尊是長者但令諸子得免火難全其軀命非為虛妄何以故若全身命便為已得玩好之具況復方便於彼火宅而拔濟之世尊若是長者乃至不與最小一車猶不虛妄何以故是長者先作是意我以方便令子得出以是因緣无虛妄也何況長者自知財富无量欲饒益諸子等與大車佛告舍利弗善哉善哉如汝所言舍利弗如來亦復如是則為一切世間之父於諸怖畏衰惱憂患无明闇蔽永盡无餘而悉成就无量知見力无所畏有大神力及智慧力具足方便智慧波羅蜜大慈大悲常无懈惓恒求善事利益一切而生三界朽故火宅為度衆生生老病死憂悲苦惱愚癡闇蔽三毒之火教化令得阿耨多羅三藐三菩提見諸衆生為生老病死憂悲苦惱之所燒煮亦以五欲財利故受種種苦又以貪著追求故現受衆苦後受地獄畜生餓鬼之苦若生天上及在人間貧窮困苦愛別離苦怨憎會苦如是等種種諸苦衆生沒在其中歡喜遊戲不覺不知不驚不怖亦不生猒不求解脫於此三界火宅東西馳走雖遭大苦不以為患舍利弗佛見此已便作是念我為衆生之父應拔其苦難與无量无邊佛智慧樂令其遊戲舍利弗如來復作是念若我但以神力及智慧力捨於方便為諸衆生讚如來知見力无所畏者衆生不能以是得度所以者何是諸衆生未免生老病死憂悲苦惱而為三界火宅所燒何由能解佛之智慧舍利弗如彼長者雖復身手有力而不用之但以慇懃方便勉濟諸子火宅之難然後各與珍寶大車如來亦復如是雖有力无所畏而不用之但以智慧方便於三界火宅拔濟衆生為說三乘聲聞辟支佛佛乘而作是言汝等莫得樂住三界火宅勿貪麁弊色聲香味觸也若貪著生愛則為所燒汝速出三界當得三乘聲聞辟支佛佛乘我今為汝保任此事終不虛也汝等但當勤修精進如來以是方便誘進衆生復作是言汝等當知此三乘法皆是聖所稱歎自在无繫无所依求乘是三乘以无漏根力覺道禪定解脫三昧等而自娛樂便得无量安隱快樂舍利弗若有衆生內有智性從佛世尊聞法信受慇懃精進欲速出三界自求涅槃是名聲聞乘如彼諸子為求羊車出於火宅若有衆生從佛世尊聞法信受慇懃精進求自然慧樂獨善寂深知諸法因緣是名辟支佛乘如彼諸子為求鹿車出於火宅若有衆生從佛世尊聞法信受勤修精進求一切智佛智自然智无師智如來知見力无所畏愍念安樂无量衆生利益天人度脫一切是名大乘菩薩求此乘故名為摩訶薩如彼諸子為求牛車出於火宅舍利弗如彼長者見諸子等安隱得出火宅到无畏處自惟財富无量等以大車而賜諸子如來亦復如是為一切衆生之父若見无量億千衆生以佛教門出三界苦怖畏險道得涅槃樂如來尒時便作是念我有无量无邊智慧力无畏等諸佛法藏是諸衆生皆是我子等與大乘不令有人獨得滅度皆以如來滅度而滅度之是諸衆生脫三界者悉與諸佛禪定解脫等娛樂之具皆是一相一種聖所稱歎能生淨妙第一之樂舍利弗如彼長者初以三車誘引諸子然後但與大車寶物莊嚴安隱第一然彼長者无虛妄之咎如來亦復如是无有虛妄初說三乘引導衆生

BD05817 號 2　妙法蓮華經卷二　（19–13）

切智佛智自然智无師智如來知見力无所畏愍念安樂无量衆生利益天人度脫一切是名大乘菩薩求此乘故名為摩訶薩如彼諸子為求牛車出於火宅舍利弗如彼長者見諸子等安隱得出火宅到无畏處自惟財富无量等以大車而賜諸子如來亦復如是為一切衆生之父若見无量億千衆生以佛教門出三界苦怖畏險道得涅槃樂如來尒時便作是念我有无量无邊智慧力无畏等諸佛法藏是諸衆生皆是我子等與大乘不令有人獨得滅度皆以如來滅度而滅度之是諸衆生脫三界者悉與諸佛禪定解脫等娛樂之具皆是一相一種聖所稱歎能生淨妙第一之樂舍利弗如彼長者初以三車誘引諸子然後但與大車寶物莊嚴安隱第一然彼長者无虛妄之咎如來亦復如是无有虛妄初說三乘引導衆生然後但以大乘而度脫之何以故如來有无量智慧力无所畏諸法之藏能與一切衆生大乘之法但不盡能受舍利弗以是因緣當知諸佛方便力故於一佛乘分別說三佛欲重宣此義而說偈言

譬如長者　有一大宅　其宅久故　而復頓弊
堂舍高危　柱根摧朽　梁棟傾斜　基陛頹毀
牆壁圮坼　泥塗褫落　覆苫亂墜　椽梠差脫
周障屈曲　雜穢充遍　有五百人　止住其中
鵄梟鵰鷲　烏鵲鳩鴿　蚖蛇蝮蠍　蜈蚣蚰蜒
守宮百足　鼬貍鼷鼠　諸惡虫輩　交橫馳走
屎尿臭處　不淨流溢　蜣蜋諸虫　而集其上
狐狼野干　咀嚼踐蹋　嚌齧死屍　骨肉狼藉
由是群狗　競來搏撮　飢羸慞惶　處處求食
鬪諍摣掣　啀喍嗥吠　其舍恐怖　變狀如是
處處皆有　魑魅魍魎　夜叉惡鬼　食噉人肉
毒虫之屬　諸惡禽獸　孚乳產生　各自藏護
夜叉競來　爭取食之　食之既飽　惡心轉熾
鬪諍之聲　甚可怖畏　鳩槃荼鬼　蹲踞土埵
或時離地　一尺二尺　往返遊行　縱逸嬉戲
捉狗兩足　撲令失聲　以腳加頸　怖狗自樂
復有諸鬼　其身長大　裸形黑瘦　常住其中
發大惡聲　叫呼求食　復有諸鬼　其咽如針
復有諸鬼　首如牛頭　或食人肉　或復噉狗
頭髮蓬亂　殘害兇險　飢渴所逼　叫喚馳走
夜叉餓鬼　諸惡鳥獸　飢急四向　窺看窗牖
如是諸難　恐畏无量　是朽故宅　屬于一人
其人近出　未久之間　於後宅舍　欻然火起
四面一時　其焰俱熾　棟梁椽柱　爆聲震裂
摧折墮落　牆壁崩倒　諸鬼神等　揚聲大叫
鵰鷲諸鳥　鳩槃荼等　周慞惶怖　不能自出
惡獸毒虫　藏竄孔穴　毗舍闍鬼　亦住其中
薄福德故　為火所逼　共相殘害　飲血噉肉
野干之屬　並已前死　諸大惡獸　競來食噉
臭煙熢㶿　四面充塞　蜈蚣蚰蜒　毒蛇之類
為火所燒　爭走出穴　鳩槃荼鬼　隨取而食
又諸餓鬼　頭上火燃　飢渴熱惱　周慞悶走
其宅如是　甚可怖畏　毒害火災　衆難非一
是時宅主　在門外立　聞有人言　汝諸子等
先因遊戲　來入此宅　稚小无知　歡娛樂著
長者聞已　驚入火宅　方宜救濟　令无燒害
告喻諸子　說衆患難　惡鬼毒虫　災火蔓莚
衆苦次第　相續不絕　毒蛇蚖蝮　及諸夜叉
鳩槃荼鬼　野干狐狗　鵰鷲鵄梟　百足之屬
飢渴惱急　甚可怖畏　此苦難處　況復大火
諸子无知　雖聞父誨　猶故樂著　嬉戲不已
是時長者　而作是念　諸子如此　益我愁惱
今此舍宅　无一可樂　而諸子等　耽湎嬉戲
不受我教　將為火害　即便思惟　設諸方便
告諸子等　我有種種　珍玩之具　妙寶好車
羊車鹿車　大牛之車　今在門外　汝等出來
吾為汝等　造作此車　隨意所樂　可以遊戲
諸子聞說　如此諸車　即時奔競　馳走而出
到於空地　離諸苦難　長者見子　得出火宅
住於四衢　坐師子座　而自慶言　我今快樂
此諸子等　生育甚難　愚小无知　而入險宅
多諸毒虫　魑魅可畏　大火猛焰　四面俱起
而此諸子　貪樂嬉戲　我已救之　令得脫難
是故諸人　我今快樂　尒時諸子　知父安坐
皆詣父所　而白父言　願賜我等　三種寶車
如前所許　諸子出來　當以三車　隨汝所欲
今正是時　唯垂給與　長者大富　庫藏衆多
金銀琉璃　車𤦲馬瑙　以衆寶物　造諸大車
莊校嚴飾　周帀欄楯　四面懸鈴　金繩交絡
真珠羅網　張施其上　金華諸瓔　處處垂下
衆綵雜飾　周帀圍繞　柔軟繒纊　以為茵蓐
上妙細㲲　價直千億

BD05817 號 2　妙法蓮華經卷二　（19–14）

為吾汝等 造作此車 隨意所樂 可以遊戲 諸子聞說 如此諸車 即時奔競 馳走而出
到於空地 離諸苦難 長者見子 得出火宅 住於四衢 坐師子座 而自慶言 我今快樂
此諸子等 生育甚難 愚小无知 而入險宅 多諸毒蟲 魑魅可畏 大火猛焰 四面俱起
而此諸子 貪樂嬉戲 我已救之 令得脫難 是故諸人 我今快樂 爾時諸子 知父安坐
皆詣父所 而白父言 願賜我等 三種寶車 如前所許 諸子出來 當以三車 隨汝所欲
今正是時 唯垂給與 長者大富 庫藏眾多 金銀琉璃 硨磲馬碯 以眾寶物 造諸大車
莊校嚴飾 周匝欄楯 四面懸鈴 金繩交絡 真珠羅網 張施其上 金華諸瓔 處處垂下
眾綵雜飾 周匝圍繞 柔軟繒纊 以為茵蓐 上妙細氎 價直千億 鮮白淨潔 以覆其上
有大白牛 肥壯多力 形體姝好 以駕寶車 多諸儐從 而侍衛之 以是妙車 等賜諸子
諸子是時 歡喜踊躍 乘是寶車 遊於四方 嬉戲快樂 自在无礙 告舍利弗 我亦如是
眾聖中尊 世間之父 一切眾生 皆是吾子 深著世樂 无有慧心 三界无安 猶如火宅
眾苦充滿 甚可怖畏 常有生老 病死憂患 如是等火 熾然不息 如來已離 三界火宅
寂然閑居 安處林野 今此三界 皆是我有 其中眾生 悉是吾子 而今此處 多諸患難
唯我一人 能為救護 雖復教詔 而不信受 於諸欲染 貪著深故 是以方便 為說三乘
令諸眾生 知三界苦 開示演說 出世間道 是諸子等 若心決定 具足三明 及六神通
有得緣覺 不退菩薩 汝舍利弗 我為眾生 以此譬喻 說一佛乘 汝等若能 信受是語
一切皆當 成得佛道 是乘微妙 清淨第一 於諸世間 為无有上 佛所悅可 一切眾生
所應稱讚 供養禮拜 无量億千 諸力解脫 禪定智慧 及佛餘法 得如是乘 令諸子等
日夜劫數 常得遊戲 與諸菩薩 及聲聞眾 乘此寶乘 直至道場 以是因緣 十方諦求
更无餘乘 除佛方便 告舍利弗 汝諸人等 皆是吾子 我則是父 汝等累劫 眾苦所燒
我皆濟拔 令出三界 我雖先說 汝等滅度 但盡生死 而實不滅 今所應作 唯佛智慧
若有菩薩 於是眾中 能一心聽 諸佛實法 諸佛世尊 雖以方便 所化眾生 皆是菩薩
若人小智 深著愛欲 為此等故 說於苦諦 眾生心喜 得未曾有 佛說苦諦 真實无異
若有眾生 不知苦本 深著苦因 不能暫捨 為是等故 方便說道 諸苦所因 貪欲為本
若滅貪欲 无所依止 滅盡諸苦 名第三諦 為滅諦故 修行於道 離諸苦縛 名得解脫
是人於何 而得解脫 但離虛妄 名為解脫 其實未得 一切解脫 佛說是人 未實滅度
斯人未得 无上道故 我意不欲 令至滅度 我為法王 於法自在 安隱眾生 故現於世
汝舍利弗 我此法印 為欲利益 世間故說 在所遊方 勿妄宣傳 若有聞者 隨喜頂受
當知是人 阿鞞跋致 若有信受 此經法者 是人已曾 見過去佛 恭敬供養 亦聞是法
若人有能 信汝所說 則為見我 亦見於汝 及比丘僧 并諸菩薩 斯法華經 為深智說
淺識聞之 迷惑不解 一切聲聞 及辟支佛 於此經中 力所不及 汝舍利弗 尚於此經
以信得入 況餘聲聞 其餘聲聞 信佛語故 隨順此經 非己智分 又舍利弗 憍慢懈怠
計我見者 莫說此經 凡夫淺識 深著五欲 聞不能解 亦勿為說 若人不信 毀謗此經
則斷一切 世間佛種 或復顰蹙 而懷疑惑 汝當聽說 此人罪報 若佛在世 若滅度後
其有誹謗 如斯經典 見有讀誦 書持經者 輕賤憎嫉 而懷結恨 此人罪報 汝今復聽
其人命終 入阿鼻獄 具足一劫 劫盡更生 如是展轉 至无數劫 從地獄出 當墮畜生
若狗野干 其形頜瘦 黧黮疥癩 人所觸嬈 又復為人 之所惡賤 常困飢渴 骨肉枯竭
生受楚毒 死被瓦石 斷佛種故 受斯罪報 若作駱駝 或生驢中 身常負重 加諸杖捶
但念水草 餘无所知 謗斯經故 獲罪如是 有作野干 來入聚落 身體疥癩 又无一目

BD05817 號 2　妙法蓮華經卷二　（19–15）

計我見者 莫說此經 凡夫淺識 深著五欲 聞不能解 亦勿為說 若人不信 毀謗此經
則斷一切 世間佛種 或復顰蹙 而懷疑惑 汝當聽說 此人罪報 若佛在世 若滅度後
其有誹謗 如斯經典 見有讀誦 書持經者 輕賤憎嫉 而懷結恨 此人罪報 汝今復聽
其人命終 入阿鼻獄 具足一劫 劫盡更生 如是展轉 至无數劫 從地獄出 當墮畜生
若狗野干 其形頜瘦 黧黮疥癩 人所觸嬈 又復為人 之所惡賤 常困飢渴 骨肉枯竭
生受楚毒 死被瓦石 斷佛種故 受斯罪報 若作駱駝 或生驢中 身常負重 加諸杖捶
但念水草 餘无所知 謗斯經故 獲罪如是 有作野干 來入聚落 身體疥癩 又无一目
為諸童子 之所打擲 受諸苦痛 或時致死 於此死已 更受蟒身 其形長大 五百由旬
聾騃无足 蜿轉腹行 為諸小虫 之所唼食 晝夜受苦 无有休息 謗斯經故 獲罪如是
若得為人 諸根闇鈍 矬陋攣躄 盲聾背傴 有所言說 人不信受 口氣常臭 鬼魅所著
貧窮下賤 為人所使 多病痟瘦 无所依怙 雖親附人 人不在意 若有所得 尋復忘失
若修醫道 順方治病 更增他疾 或復致死 若自有病 无人救療 設服良藥 而復增劇
若他反逆 抄劫竊盜 如是等罪 橫羅其殃 如斯罪人 永不見佛 眾聖之王 說法教化
如斯罪人 常生難處 狂聾心亂 永不聞法 於无數劫 如恒河沙 生輒聾瘂 諸根不具
常處地獄 如遊園觀 在餘惡道 如己舍宅 駝驢猪狗 是其行處 謗斯經故 獲罪如是
若得為人 聾盲瘖瘂 貧窮諸衰 以自莊嚴 水腫乾痟 疥癩癰疽 如是等病 以為衣服
身常臭處 垢穢不淨 深著我見 增益瞋恚 婬欲熾盛 不擇禽獸 謗斯經故 獲罪如是
告舍利弗 謗斯經者 若說其罪 窮劫不盡 以是因緣 我故語汝 无智人中 莫說此經
若有利根 智慧明了 多聞強識 求佛道者 如是之人 乃可為說 若人曾見 億百千佛
殖諸善本 深心堅固 如是之人 乃可為說 若人精進 常修慈心 不惜身命 乃可為說
若人恭敬 无有異心 離諸凡愚 獨處山澤 如是之人 乃可為說 又舍利弗 若見有人
捨惡知識 親近善友 如是之人 乃可為說 若見佛子 持戒清潔 如淨明珠 求大乘經
如是之人 乃可為說 若人无瞋 質直柔軟 常愍一切 恭敬諸佛 如是之人 乃可為說
復有佛子 於大眾中 以清淨心 種種因緣 譬喻言辭 說法无礙 如是之人 乃可為說
若有比丘 為一切智 四方求法 合掌頂受 但樂受持 大乘經典 乃至不受 餘經一偈
如是之人 乃可為說 如人至心 求佛舍利 如是求經 得已頂受 其人不復 志求餘經
亦未曾念 外道典籍 如是之人 乃可為說 告舍利弗 我說是相 求佛道者 窮劫不盡
如是等人 則能信解 汝當為說 妙法華經

妙法蓮華經信解品第四

爾時慧命須菩提 摩訶迦旃延 摩訶迦葉 摩訶目揵連 從佛所聞未曾有法 世尊授
舍利弗阿耨多羅三藐三菩提記 發希有心 歡喜踊躍 即從座起 整衣服 偏袒右肩 右
膝著地 一心合掌 曲躬恭敬 瞻仰尊顏而白佛言 我等居僧之首 年並朽邁 自謂已得
涅槃 无所堪任 不復進求阿耨多羅三藐三菩提 世尊往昔說法既久 我時在座 身體疲懈 但
念空无相无作 於菩薩法遊戲神通 淨佛國土 成就眾生 心不喜樂 所以者何 世尊令我等出
於三界 得涅槃證 又今我等年已朽邁 於佛教化菩薩阿耨多羅三藐三菩提 不生一念
好樂之心 我等今於佛前 聞授聲聞阿耨多羅三藐三菩提記 心甚歡喜 得未曾有 不謂於今忽然得聞希有之法 深自慶幸 獲大善利 无量珎寶 不求自得 世
尊 我等今者樂說譬喻以明斯義 譬若有人年既幼稚 捨父逃逝 久住他國 或十二十至
五十歲 年既長大 加復窮困 馳騁四方以求衣食 漸漸遊行 遇向本國 其父先來求子不得
中止一城 其家大富 財寶无量 金銀琉璃 珊瑚虎珀 頗梨珠等 其諸倉庫悉皆
盈溢 多有僮僕臣佐吏民 象馬車乘 牛羊无數 出入息利乃遍他國 商估賈客
亦甚眾多 時貧窮子遊諸聚落 經歷國邑 遂到其父所止之城 父每念子 與子離
別五十餘年 而未曾向人說如此事 但自思惟 心懷悔恨 自念老朽 多有財物 金銀珎寶

BD05817 號 2　妙法蓮華經卷二　（19–16）

尊令我等出於三界得涅槃證又今我等年已朽邁於佛教化菩薩阿耨多羅三藐三菩提不生一念好樂之心我等今於佛前聞授聲聞阿耨多羅三藐三菩提記心甚歡喜得未曾有不謂於今忽然得聞希有之法深自慶幸獲大善利无量珍寶不求自得世尊我今者樂說譬喻以明斯義譬若有人年既幼稚捨父逃逝久住他國或十二十至五十歲年既長大加復窮困馳騁四方以求衣食漸漸遊行遇向本國其父先來求子不得中止一城其家大富財寶无量金銀琉璃珊瑚虎珀頗梨珠等其諸倉庫悉皆盈溢多有僮僕臣佐吏民象馬車乘牛羊无數出入息利乃遍他國商估賈客亦甚衆多時貧窮子遊諸聚落經歷國邑遂到其父所止之城父每念子與子離別五十餘年而未曾向人說如此事但自思惟心懷悔恨自念老朽多有財物金銀珍寶倉庫盈溢无有子息一旦終沒財物散失无所委付是以慇懃每憶其子復作是念我若得子委付財物坦然快樂无復憂慮世尊尒時窮子傭賃展轉遇到父舍住立門側遙見其父踞師子床寶几承足諸婆羅門剎利居士皆恭敬圍繞以真珠瓔珞價直千萬莊嚴其身吏民僮僕手執白拂侍立左右覆以寶帳垂諸華幡香水灑地散衆名華羅列寶物出內取與有如是等種種嚴飾威德特尊窮子見父有大力勢即懷恐怖悔來至此竊作是念此或是王或是王等非我傭力得物之處不如往至貧里肆力有地衣食易得若久住此或見逼迫強使我作作是念已疾走而去時富長者於師子座見子便識心大歡喜即作是念我財物庫藏今有所付我常思念此子无由見之而忽自來甚適我願我雖年朽猶故貪惜即遣傍人急追將還尒時使者疾走往捉窮子驚愕稱怨大喚我不相犯何為見捉使者執之逾急強牽將還于時窮子自念无罪而被囚執此必定死轉更惶怖悶絕躄地父遙見之而語使言不須此人勿強將來以冷水灑面令得醒悟莫復與語所以者何父知其子志意下劣自知豪貴為子所難審知是子而以方便不語他人云是我子使者語之我今放汝隨意所趣窮子歡喜得未曾有從地而起往至貧里以求衣食尒時長者將欲誘引其子而設方便密遣二人形色憔悴无威德者汝可詣彼徐語窮子此有作處倍與汝直窮子若許將來使作若言欲何所作便可語之雇汝除糞我等二人亦共汝作時二使人即求窮子既已得之具陳上事尒時窮子先取其價尋與除糞其父見子愍而怪之又以他日於窗牖中遙見子身羸瘦憔悴糞土塵坌污穢不淨即脫瓔珞細軟上服嚴飾之具更著麤弊垢膩之衣塵土坌身右手執持除糞之器狀有所畏語諸作人汝等勤作勿得懈息以方便故得近其子後復告言咄男子汝常此作勿復餘去當加汝價諸有所須瓮器米麵鹽醋之屬莫自疑難亦有老弊使人須者相給好自安意我如汝父勿復憂慮所以者何我年老大而汝少壯汝常作時无有欺怠瞋恨怨言都不見汝有此諸惡如餘作人自今已後如所生子即時長者更與作字名之為兒尒時窮子雖欣此遇猶故自謂客作賤人由是之故於二十年中常令除糞過是已後心相體信入出无難然其所止猶在本處世尊尒時長者有疾自知將死不久語窮子言我今多有金銀珍寶倉庫盈溢其中多少所應取與汝悉知之我心如是當體此意所以者何今我與汝便為不異宜加用心无令漏失尒時窮子即受教勅領知衆物金銀珍寶及諸庫藏而无悕取一飡之意然其所止故在本處下劣之心亦未能捨復經少時父知子意漸已通泰成就大志自鄙先心臨欲終時而命其子并會親族國王大臣剎利居士皆悉已集即自宣言諸君當知此是我子我之所生於某城中捨吾逃走伶俜辛苦五十餘年其本字某我名某甲昔在本城懷憂推覓忽於此間遇會得之此實我子我實其父今我所有一切財物皆是子有先所出內是子所知世尊是時窮子聞父此言即大歡喜得未曾有而作是念我本无心有所悕求今此寶藏自然而至世尊大富長者則是如來我等皆似佛子如來常說我等為子世尊我等以三苦故於生死中受諸熱惱迷惑无知樂著小法今日世尊令我等思惟蠲除諸法戲論之糞我等於中勤加精進得至涅槃一日之價既得此已心大歡喜自以為足便自謂言於佛法中勤精進故所得弘多然世尊先知我等心著弊欲樂於小法便見縱捨不為分別汝等當有如來知見寶藏之分世尊以方便力說如來智慧我等從佛得涅槃一日之價以為大得於此大乘无有志求我等又因如來智慧為諸菩薩開示演說而自於此无有志願所以者何佛知我等心樂小法以方便力隨我等說而我等不知真是佛子今我等方知世尊於佛智慧无所悋惜所以者何我等昔來真是佛子而但樂小法若我等有樂大之心佛則為我說大乘法於此經中唯說一乘而昔於菩薩前毀呰聲聞樂小法者然佛實以大乘教化是故我等說本无心有所悕求今法王大寶自然而至如佛子所應得者皆已得之尒時摩訶迦葉欲重宣此義而說偈言

我等今日　聞佛音教　歡喜踊躍　得未曾有　佛說聲聞　當得作佛　无上寶聚　不求自得

BD05817 號 2　妙法蓮華經卷二　（19–17）

世尊令我等思惟蠲除諸法戲論之糞我等於中勤加精進得至涅槃一日之價既得此已心大歡喜自以為足便自謂言於佛法中勤精進故所得弘多然世尊先知我等心著弊欲樂於小法便見縱捨不為分別汝等當有如來知見寶藏之分世尊以方便力說如來智慧我等從佛得涅槃一日之價以為大得於此大乘无有志求我等又因如來智慧為諸菩薩開示演說而自於此无有志願所以者何佛知我等心樂小法以方便力隨我等說而我等不知真是佛子今我等方知世尊於佛智慧无所悋惜所以者何我等昔來真是佛子而但樂小法若我等有樂大之心佛則為我說大乘法於此經中唯說一乘而昔於菩薩前毀呰聲聞樂小法者然佛實以大乘教化是故我等說本无心有所悕求今法王大寶自然而至如佛子所應得者皆已得之尒時摩訶迦葉欲重宣此義而說偈言

我等今日　聞佛音教　歡喜踊躍　得未曾有　佛說聲聞　當得作佛　无上寶聚　不求自得
譬如童子　幼稚无識　捨父逃逝　遠到他土　周流諸國　五十餘年　其父憂念　四方推求
求之既疲　頓止一城　造立舍宅　五欲自娛　其家巨富　多諸金銀　車𤦲馬瑙　真珠琉璃
象馬牛羊　輦輿車乘　田業僮僕　人民衆多　出入息利　乃遍他國　商估賈人　无處不有
千萬億衆　圍繞恭敬　常為王者　之所愛念　群臣豪族　皆共宗重　以諸緣故　往來者衆
豪富如是　有大力勢　而年朽邁　益憂念子　夙夜惟念　死時將至　癡子捨我　五十餘年
庫藏諸物　當如之何　尒時窮子　求索衣食　從邑至邑　從國至國　或有所得　或无所得
飢餓羸瘦　體生瘡癬　漸次經歷　到父住城　傭賃展轉　遂至父舍　尒時長者　於其門內
施大寶帳　處師子座　眷屬圍繞　諸人侍衛　或有計算　金銀寶物　出內財產　注記券疏
窮子見父　豪貴尊嚴　謂是國王　若是王等　驚怖自怪　何故至此　覆自念言　我若久住
或見逼迫　強驅使作　思惟是已　馳走而去　借問貧里　欲往傭作　長者是時　在師子座
遙見其子　默而識之　即勅使者　追捉將來　窮子驚喚　迷悶躄地　是人執我　必當見殺
何用衣食　使我至此　長者知子　愚癡狹劣　不信我言　不信是父　即以方便　更遣餘人
眇目矬陋　无威德者　汝可語之　云當相雇　除諸糞穢　倍與汝價　窮子聞之　歡喜隨來
為除糞穢　淨諸房舍　長者於牖　常見其子　念子愚劣　樂為鄙事　於是長者　著弊垢衣
執除糞器　往到子所　方便附近　語令勤作　既益汝價　并塗足油　飲食充足　薦席厚煖
如是苦言　汝當勤作　又以軟語　若如我子　長者有智　漸令入出　經二十年　執作家事
示其金銀　真珠頗梨　諸物出入　皆使令知　猶處門外　止宿草庵　自念貧事　我无此物
父知子心　漸已曠大　欲與財物　即聚親族　國王大臣　剎利居士　於此大衆　說是我子
捨我他行　經五十歲　自見子來　已二十年　昔於某城　而失是子　周行求索　遂來至此
凡我所有　舍宅人民　悉以付之　恣其所用　子念昔貧　志意下劣　今於父所　大獲珍寶
并及舍宅　一切財物　甚大歡喜　得未曾有　佛亦如是　知我樂小　未曾說言　汝等作佛
而說我等　得諸无漏　成就小乘　聲聞弟子　佛勅我等　說最上道　修習此者　當得成佛
我承佛教　為大菩薩　以諸因緣　種種譬喻　若干言辭　說无上道　諸佛子等　從我聞法
日夜思惟　精勤修習　是時諸佛　即授其記　汝於來世　當得作佛　一切諸佛　祕藏之法
但為菩薩　演其實事　而不為我　說斯真要　如彼窮子　得近其父　雖知諸物　心不希取
我等雖說　佛法寶藏　自无志願　亦復如是　我等內滅　自謂為足　唯了此事　更无餘事
我等若聞　淨佛國土　教化衆生　都无欣樂　所以者何　一切諸法　皆悉空寂　无生无滅
无大无小　无漏无為　如是思惟　不生喜樂　我等長夜　於佛智慧　无貪无著　无復志願
而自於法　謂是究竟　我等長夜　修習空法　得脫三界　苦惱之患　住最後身　有餘涅槃
佛所教化　得道不虛　則為已得　報佛之恩　我等雖為　諸佛子等　說菩薩法　以求佛道
而於是法　永无願樂　導師見捨　觀我心故　初不勸進　說有實利　如富長者　知子志劣
以方便力　柔伏其心　然後乃付　一切財物　佛亦如是　現希有事　知樂小者　以方便力
調伏其心　乃教大智　我等今日　得未曾有　非先所望　而今自得　如彼窮子　得无量寶
世尊我今　得道得果　於无漏法　得清淨眼　我等長夜　持佛淨戒　始於今日　得其果報
法王法中　久修梵行　今得无漏　无上大果　我等今者　真是聲聞　以佛道聲　令一切聞
我等今者　真阿羅漢　於諸世間　天人魔梵　普於其中　應受供養　世尊大恩　以希有事
憐愍教化　利益我等　无量億劫　誰能報者　手足供給　頭頂禮敬　一切供養　皆不能報
若以頂戴　兩肩荷負　於恒沙劫　盡心恭敬　又以美膳　无量寶衣　及諸臥具　種種湯藥
牛頭栴檀　及諸珍寶　以起塔廟　寶衣布地　如斯等事　以用供養　於恒沙劫　亦不能報
諸佛希有　无量无邊　不可思議　大神通力　无漏无為　諸法之王　能為下劣　忍于斯事
取相凡夫　隨宜而說　諸佛於法　得最自在　知諸衆生　種種欲樂　及其志力　隨所堪任
以无量喻　而為說法　隨諸衆生　宿世善根　又知成熟　未成熟者　種種籌量　分別知已

BD05817 號 2　妙法蓮華經卷二　（19–18）

BD05817 號 2　妙法蓮華經卷二

（19–19）

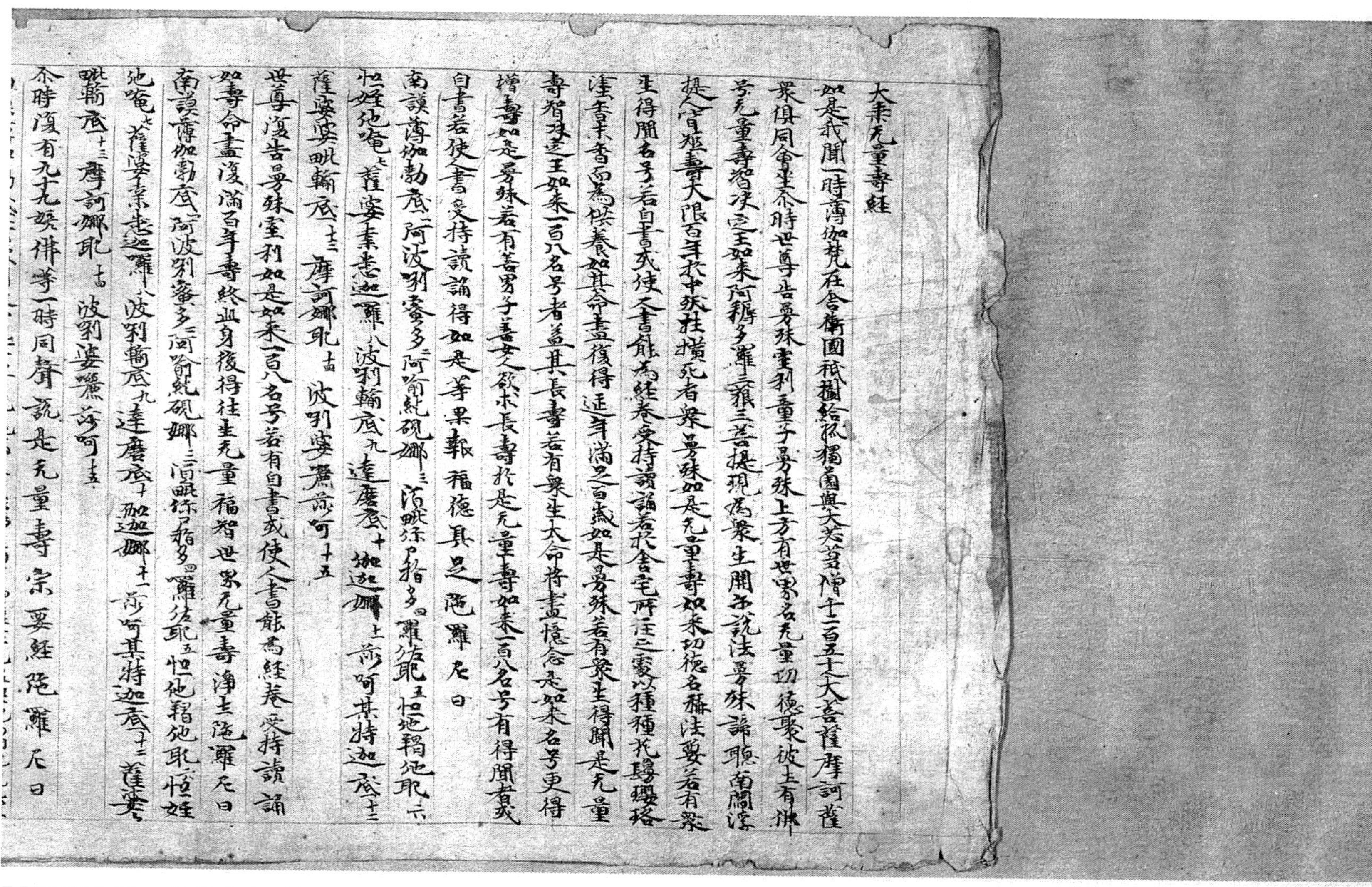

大乘无量壽經
如是我聞一時薄伽梵在舍衛國祇樹給孤獨園與大苾芻僧千二百五十人大菩薩摩訶薩
衆俱同會坐尒時世尊告曼殊室利童子曼殊上方有世界名无量功德聚彼土有佛
号无量壽智決定王如來阿耨多羅三藐三菩提現為衆生開示說法曼殊諦聽南閻浮
提人皆短壽大限百年於中夭枉橫死者衆曼殊如是无量壽如來功德名稱法要若有衆
生得聞名号若自書或使人書能為經卷受持讀誦若於舍宅所住之處以種種花鬘瓔珞
塗香末香而為供養如其命盡復得延年滿足百歲如是曼殊若有衆生得聞是无量
壽智決定王如來一百八名号者益其長壽若有衆生大命將盡憶念是如來名号更得
增壽如是曼殊若有善男子善女人欲求長壽於是无量壽如來一百八名号有得聞者或
自書若使人書受持讀誦得如是等果報福德具足陁羅尼曰
南謨薄伽勃底一阿波唎蜜多二阿喻紇硯娜三須毗你只指多四囉佐耶五怛他羯他耶六
怛姪他唵七薩婆桑悉迦囉八波唎輸底九達磨底十伽迦娜十一莎訶其特迦底十二
薩婆毗輸底十三 摩訶娜耶十四 波唎婆黨莎訶十五
世尊復告曼殊室利如是如來一百八名号若有自書或使人書能為經卷受持讀誦
如壽命盡復滿百年壽終此身後得往生无量福智世界无量壽淨土陁羅尼曰
南謨薄伽勃底一阿波唎蜜多二阿喻紇硯娜三須毗你只指多四囉佐耶五怛他羯他耶六怛姪
他唵七薩婆桑悉迦囉八波唎輸底九達磨底十伽迦娜十一莎訶其特迦底十二薩婆
毗輸底十三 摩訶娜耶十四 波唎婆黨莎訶十五
尒時復有九十九俱胝佛等一時同聲說是无量壽宗要經陁羅尼曰

BD05818 號　無量壽宗要經

（7–1）

世尊復告曼殊室利如是如來一百八名號若有自書或使人書能為經卷受持讀誦
如壽命盡復滿百年壽終盡身後得往生无量福智世界无量壽淨土陀羅尼曰
南謨薄伽勃底一阿波唎蜜多二阿喻紇硯娜三須毗你失指多四囉佐耶五怛他羯他耶六怛姪
他唵七薩婆桑悉迦囉八波唎輸底九達磨底十伽迦娜十一莎呵其特迦底十二薩婆
毗輸底十三摩訶娜耶十四波唎婆嚟莎呵十五
尒時復有九十九姟佛等一時同聲說是无量壽宗要經陀羅尼曰
南謨薄伽勃底一阿波唎蜜多二阿喻紇硯娜三須毗你失指多四囉佐耶五怛他羯他耶六怛
姪他唵七薩婆桑悉迦囉八波唎輸底九達磨底十伽迦娜十一莎呵其特迦底十二
薩婆婆毗輸底十三摩訶娜耶十四波唎婆嚟莎呵十五
尒時復有一百四姟佛一時同聲說是无量壽宗要經陀羅尼曰
南謨薄伽勃底一阿波唎蜜多二阿喻紇硯娜三須毗你失指多四囉佐耶五怛他羯他耶六
怛姪他唵七薩婆桑悉迦囉八波唎輸底九達磨底十伽迦娜十一莎呵其特迦底
薩婆婆毗輸底十三摩訶娜耶十四波唎婆嚟莎呵十五
尒時復有七姟佛一時同聲說无量壽宗要經陀羅尼曰
南謨薄伽勃底一阿波唎蜜多二阿喻紇硯娜三須毗你失指多四囉佐耶五怛他羯他耶六
怛姪他唵七薩婆桑悉迦囉八波唎輸底九達磨底十伽迦娜十一莎呵其特迦底十二
薩婆婆毗輸底十三摩訶娜耶十四波唎婆嚟莎呵十五
尒時復有六十五姟佛一時同聲說是无量壽宗要經陀羅尼曰
南謨薄伽勃底一阿波唎蜜多二阿喻紇硯娜三須毗你失指多四囉佐耶五怛他羯地耶六怛姪
他唵七薩婆桑悉迦囉八波唎輸底九達磨底十伽迦娜十一莎呵其特迦底十二薩
婆婆毗輸底十三摩訶娜耶十四波唎婆嚟莎呵十五
尒時復有五十五姟佛一時同聲說是无量壽宗要經陀羅尼曰
南謨薄伽勃底一阿波唎蜜多二阿喻紇硯娜三須毗你失指多四囉佐耶五怛他羯地耶六怛姪
他唵七薩婆桑悉迦囉八波唎輸底九達磨底十伽迦娜十一莎呵其特迦底十二薩婆婆
毗輸底十三摩訶娜耶十四波唎婆嚟莎呵十五
尒時復有四十五姟佛一時同聲說是无量壽宗要經陀羅尼曰
南謨薄伽勃底一阿波唎蜜多二阿喻紇硯娜三須毗你失指多四囉佐耶五怛他羯地耶六怛姪
他唵七薩婆桑悉迦囉八波唎輸底九達磨底十伽迦娜十一莎呵其特迦底十二薩婆婆
毗輸底十三摩訶娜耶十四波唎婆嚟莎呵十五
尒時復有三十六姟佛一時同聲說是无量壽宗要經陀羅尼曰
南謨薄伽勃底一阿波唎蜜多二阿喻紇硯娜三須毗你失指多四囉佐耶五怛他羯地耶六怛姪他唵

BD05818 號　無量壽宗要經

（7–2）

尒時復有四十五姟佛一時同聲說是无量壽宗要經陀羅尼曰
南謨薄伽勃底一阿波唎蜜多二阿喻紇硯娜三須毗你失指多四囉佐耶五怛他羯他耶六怛姪
他唵七薩婆桑悉迦囉八波唎輸底九達磨底十伽迦娜十一莎呵其特迦底十二薩婆婆
毗輸底十三摩訶娜耶十四波唎婆嚟莎呵十五
尒時復有三十六姟佛一時同聲說是无量壽宗要經陀羅尼曰
南謨薄伽勃底一阿波唎蜜多二阿喻紇硯娜三須毗你失指多四囉佐耶五怛他羯地耶六怛姪他唵
薩婆桑悉迦囉八波唎輸底九達磨底十伽迦娜十一莎呵其特迦底十二薩婆婆毗
輸底十三摩訶娜耶十四波唎婆嚟莎呵十五
尒時復有二十五姟佛一時同聲說是无量壽宗要經陀羅尼曰
南謨薄伽勃底一阿波唎蜜多二阿喻紇硯娜三須毗你失指多四囉佐耶五怛他羯他耶六怛姪
他唵七薩婆桑悉迦囉八波唎輸底九達磨底十伽迦娜十一莎呵其特迦底十二薩婆
婆毗輸底十三摩訶娜耶十四波唎婆嚟莎呵十五
尒時復有恒河沙姟佛一時同聲說是无量壽宗要經陀羅尼曰
南謨薄伽勃底一阿波唎蜜多二阿喻紇硯娜三須毗你失指多四囉佐耶五怛他羯地耶六怛姪
他唵七薩婆桑悉迦囉八波唎輸底九達磨底十伽迦娜十一莎呵其特迦底十二薩婆婆毗
輸底十三摩訶娜耶十四波唎婆嚟莎呵十五
善男子若有自書寫教人書寫是无量壽宗要經如其命盡復得長壽而滿年陀羅尼曰
南謨薄伽勃底一阿波唎蜜多二阿喻紇硯娜三須毗你失指多四囉佐耶五怛他羯他耶六怛姪他
唵七薩婆桑悉迦囉八波唎輸底九達磨底十伽迦娜十一莎呵其特迦底十二薩婆
毗輸底十三摩訶娜耶十四波唎婆嚟莎呵十五
若有自書寫教人書寫是无量壽宗要經讀誦受持畢竟不墮地獄在在所生得宿命智陀羅尼曰
南謨薄伽勃底一阿波唎蜜多二阿喻紇硯娜三須毗你失指多四囉佐耶五怛他羯地耶六怛姪他
唵七薩婆桑悉迦囉八波唎輸底九達磨底十伽迦娜十一莎呵其特迦底十二薩婆婆毗輸
底十三摩訶娜耶十四波唎婆嚟莎呵十五
若有自書寫教人書寫是无量壽宗要經受持讀誦如同書寫八万四千一切經典陀羅尼曰
南謨薄伽勃底一阿波唎蜜多二阿喻紇硯娜三須毗你失指多四囉佐耶五怛他羯他耶六怛姪
他唵七薩婆桑悉迦囉八波唎輸底九達磨底十伽迦娜十一莎呵其特迦底十二薩婆婆
毗輸底十三摩訶娜耶十四波唎婆嚟莎呵十五
若有自書寫教人書寫是无量壽宗要經即是書寫八万四千部建立塔廟陀羅尼曰
南謨薄伽勃底一阿波唎蜜多二阿喻紇硯娜三須毗你失指多四囉佐耶五怛他羯地耶六怛
姪他唵七薩婆桑悉迦囉八波唎輸底九達磨底十伽迦娜十一莎呵其特迦底十二薩婆

BD05818 號　無量壽宗要經

（7–3）

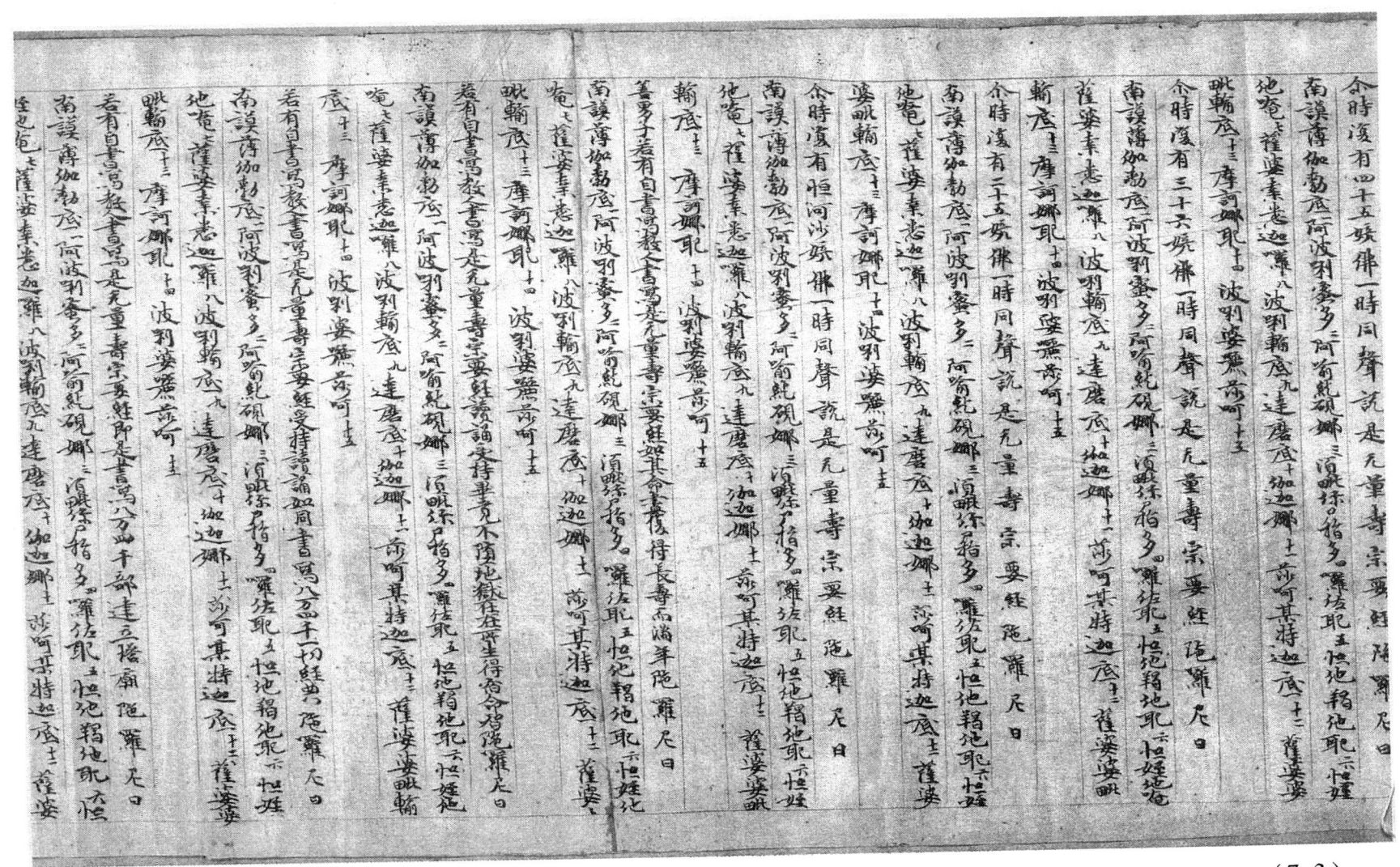

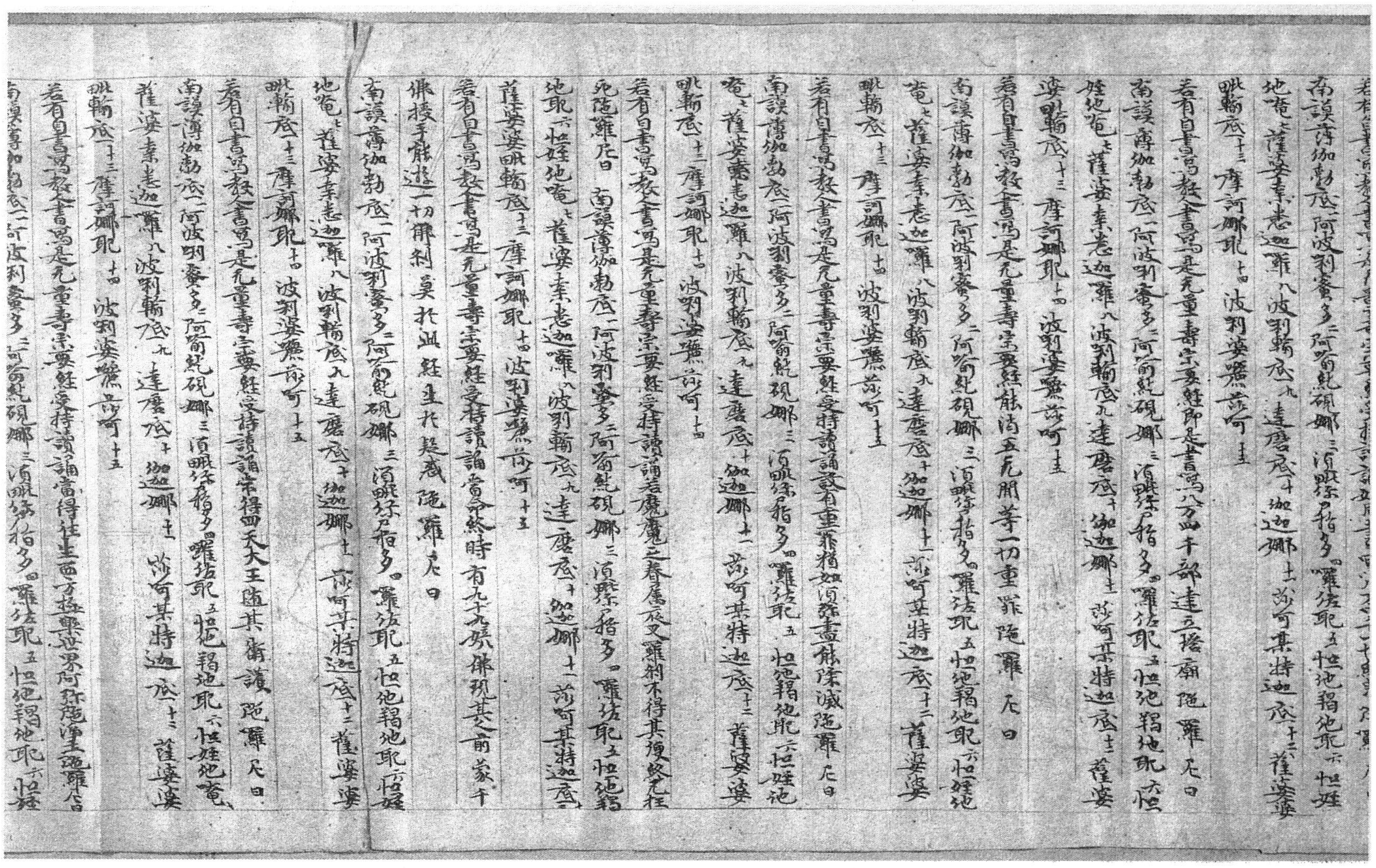
南謨薄伽勃底一阿波唎蜜多二阿喻紇硯那三須毗你悉指多四囉佐耶五怛他羯他耶六怛姪
他唵七薩婆桑悉迦羅八波唎輸底九達磨底十伽迦那十一莎訶某特迦底十二薩婆婆
毗輸底十三摩訶娜耶十四波唎婆嚩莎訶十五
若有自書寫教人書寫是无量壽宗要經即是書寫八万四千部建立塔廟陀羅尼曰
南謨薄伽勃底一阿波唎蜜多二阿喻紇硯那三須毗你悉指多四囉佐耶五怛他羯他耶六怛
姪他唵七薩婆桑悉迦羅八波唎輸底九達磨底十伽迦那十一莎訶某特迦底十二薩婆
婆毗輸底十三摩訶娜耶十四波唎婆嚩莎訶十五
若有自書寫教人書寫是无量壽宗要經能消五无間等一切重罪陀羅尼曰
南謨薄伽勃底一阿波唎蜜多二阿喻紇硯那三須毗你悉指多四囉佐耶五怛他羯他耶六怛姪他
唵七薩婆桑悉迦羅八波唎輸底九達磨底十伽迦那十一莎訶某特迦底十二薩婆婆
毗輸底十三摩訶娜耶十四波唎婆嚩莎訶十五
若有自書寫教人書寫是无量壽宗要經受持讀誦設有重罪猶如須彌盡能除滅陀羅尼曰
南謨薄伽勃底一阿波唎蜜多二阿喻紇硯那三須毗你悉指多四囉佐耶五怛他羯他耶六怛姪他
唵七薩婆桑悉迦羅八波唎輸底九達磨底十伽迦那十一莎訶某特迦底十二薩婆婆
毗輸底十三摩訶娜耶十四波唎婆嚩莎訶十五
若有自書寫教人書寫是无量壽宗要經受持讀誦若魔魔之眷屬夜叉羅刹不得其便終无枉
死陀羅尼曰 南謨薄伽勃底一阿波唎蜜多二阿喻紇硯那三須毗你悉指多四囉佐耶五怛他羯
他耶六怛姪他唵七薩婆桑悉迦羅八波唎輸底九達磨底十伽迦那十一莎訶某特迦底十二
薩婆婆毗輸底十三摩訶娜耶十四波唎婆嚩莎訶十五
若有自書寫教人書寫是无量壽宗要經受持讀誦命欲終時有九十九俱胝佛現其人前豪千
佛授手能遊一切佛刹莫於此經生於疑惑陀羅尼曰
南謨薄伽勃底一阿波唎蜜多二阿喻紇硯那三須毗你悉指多四囉佐耶五怛他羯他耶六怛姪
他唵七薩婆桑悉迦羅八波唎輸底九達磨底十伽迦那十一莎訶某特迦底十二薩婆婆
毗輸底十三摩訶娜耶十四波唎婆嚩莎訶十五
若有自書寫教人書寫是无量壽宗要經受持讀誦常得四天大王隨其衛護陀羅尼曰
南謨薄伽勃底一阿波唎蜜多二阿喻紇硯那三須毗你悉指多四囉佐耶五怛他羯他耶六怛姪他唵
七薩婆桑悉迦羅八波唎輸底九達磨底十伽迦那十一莎訶某特迦底十二薩婆婆
毗輸底十三摩訶娜耶十四波唎婆嚩莎訶十五
若有自書寫教人書寫是无量壽宗要經受持讀誦當得往生西方極樂世界阿彌陀淨土陀羅尼曰
南謨薄伽勃底一阿波唎蜜多二阿喻紇硯那三須毗你悉指多四囉佐耶五怛他羯他耶六怛姪

BD05818 號　無量壽宗要經　（7–4）

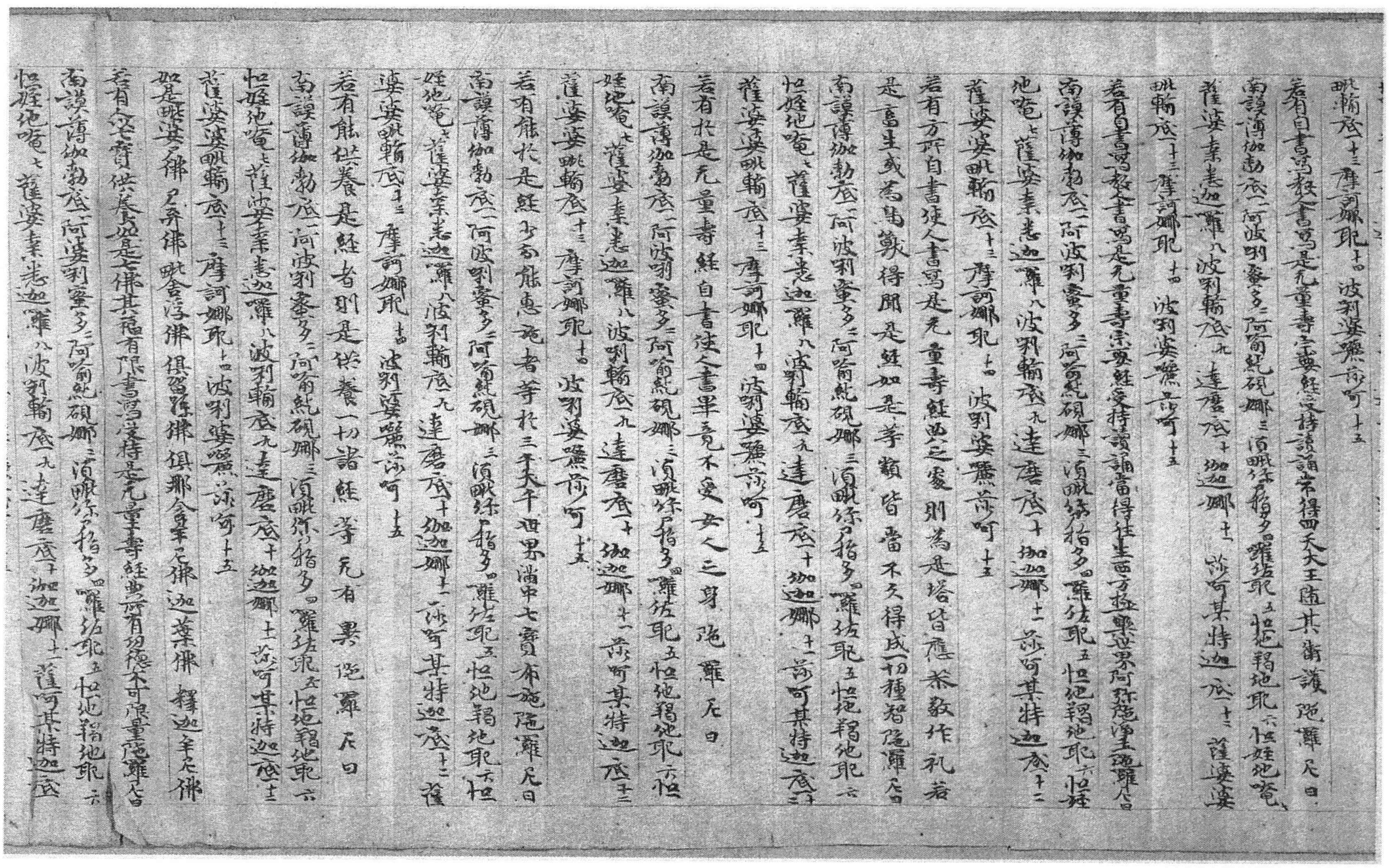
毗輸底十三摩訶娜耶十四波唎婆嚩莎訶十五
若有自書寫教人書寫是无量壽宗要經受持讀誦常得四天大王隨其衛護陀羅尼曰
南謨薄伽勃底一阿波唎蜜多二阿喻紇硯那三須毗你悉指多四囉佐耶五怛他羯他耶六怛姪他唵七
薩婆桑悉迦羅八波唎輸底九達磨底十伽迦那十一莎訶某特迦底十二薩婆婆
毗輸底十三摩訶娜耶十四波唎婆嚩莎訶十五
若有自書寫教人書寫是无量壽宗要經受持讀誦當得往生西方極樂世界阿彌陀淨土陀羅尼曰
南謨薄伽勃底一阿波唎蜜多二阿喻紇硯那三須毗你悉指多四囉佐耶五怛他羯他耶六怛姪
他唵七薩婆桑悉迦羅八波唎輸底九達磨底十伽迦那十一莎訶某特迦底十二
薩婆婆毗輸底十三摩訶娜耶十四波唎婆嚩莎訶十五
若有方所自書寫使人書寫是无量壽宗要經典之處則爲是塔皆應恭敬作礼若
是畜生或爲鳥獸得聞是經如是等類皆當不久得成一切種智陀羅尼曰
南謨薄伽勃底一阿波唎蜜多二阿喻紇硯那三須毗你悉指多四囉佐耶五怛他羯他耶六
怛姪他唵七薩婆桑悉迦羅八波唎輸底九達磨底十伽迦那十一莎訶某特迦底十二
薩婆婆毗輸底十三摩訶娜耶十四波唎婆嚩莎訶十五
若有於是无量壽經自書使人書畢竟不受女人之身陀羅尼曰
南謨薄伽勃底一阿波唎蜜多二阿喻紇硯那三須毗你悉指多四囉佐耶五怛他羯他耶六怛
姪他唵七薩婆桑悉迦羅八波唎輸底九達磨底十伽迦那十一莎訶某特迦底十二薩婆
婆毗輸底十三摩訶娜耶十四波唎婆嚩莎訶十五
若有能於是經少分能惠施者等於三千大千世界滿中七寶布施陀羅尼曰
南謨薄伽勃底一阿波唎蜜多二阿喻紇硯那三須毗你悉指多四囉佐耶五怛他羯他耶六怛
姪他唵七薩婆桑悉迦羅八波唎輸底九達磨底十伽迦那十一莎訶某特迦底十二薩
婆婆毗輸底十三摩訶娜耶十四波唎婆嚩莎訶十五
若有能供養是經者則是供養一切諸經等无有異陀羅尼曰
南謨薄伽勃底一阿波唎蜜多二阿喻紇硯那三須毗你悉指多四囉佐耶五怛他羯他耶六
怛姪他唵七薩婆桑悉迦羅八波唎輸底九達磨底十伽迦那十一莎訶某特迦底十二
薩婆婆毗輸底十三摩訶娜耶十四波唎婆嚩莎訶十五
如是毗婆尸佛尸棄佛毗舍浮佛俱留孫佛俱那含牟尼佛迦葉佛釋迦牟尼佛
若有以七寶供養如是七佛其福有限書寫受持是无量壽經典所有功德不可限量陀羅尼曰
南謨薄伽勃底一阿波唎蜜多二阿喻紇硯那三須毗你悉指多四囉佐耶五怛他羯他耶六
怛姪他唵七薩婆桑悉迦羅八波唎輸底九達磨底十伽迦那十一莎訶某特迦底

BD05818 號　無量壽宗要經　（7–5）

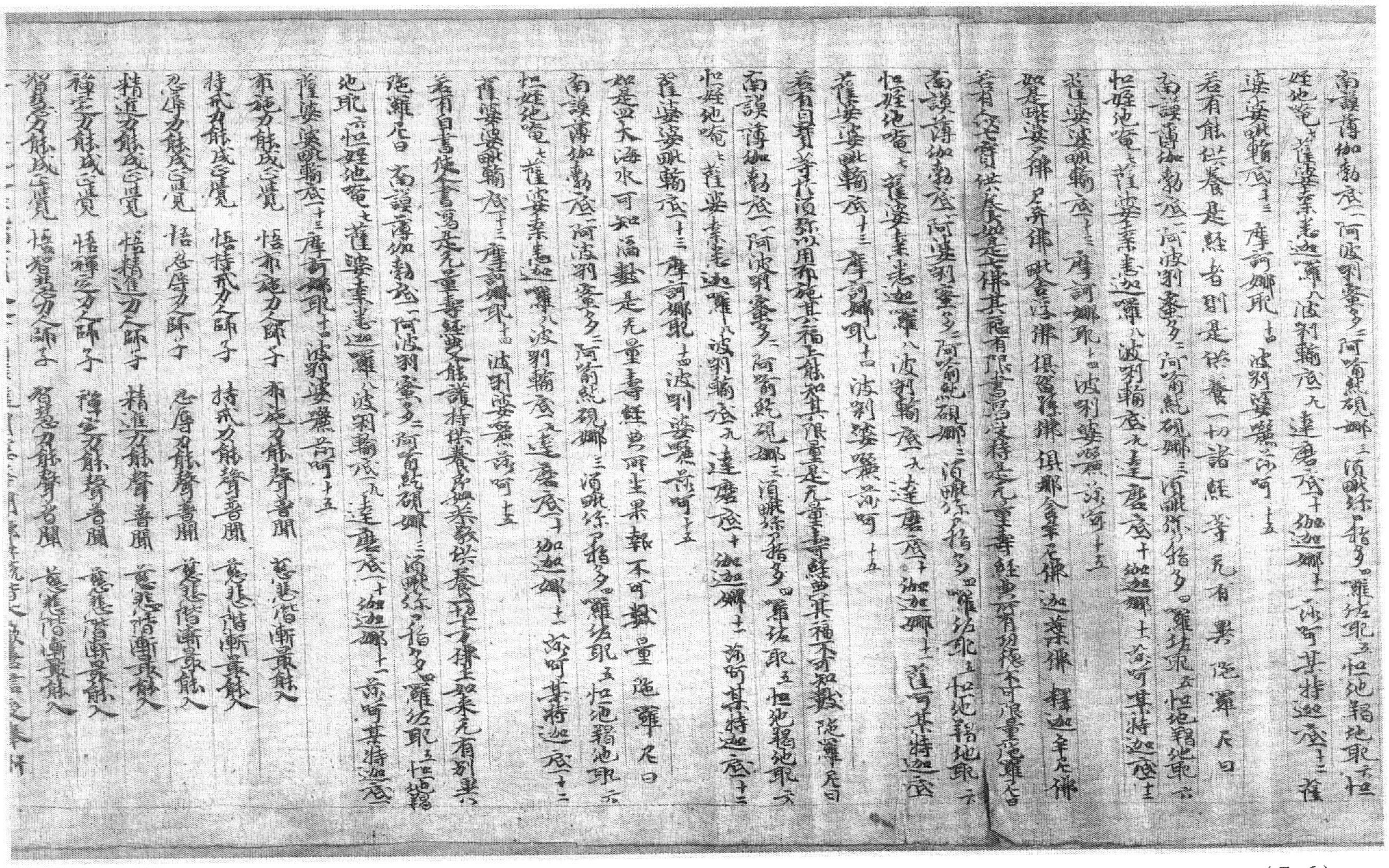

南謨薄伽勃底一阿波唎蜜多二阿喻紇硯娜三須毗你悉指多四囉佐耶五怛他羯他耶六怛
姪他唵七薩婆桑斯迦囉八波唎輸底九達磨底十伽伽娜十一娑母特伽底十二薩
婆婆毗輸底十三摩訶娜耶十四波唎婆囉莎訶十五
若有能供養是經者則是供養一切諸經等无有異陁羅尼曰
南謨薄伽勃底一阿波唎蜜多二阿喻紇硯娜三須毗你悉指多四囉佐耶五怛他羯他耶六
怛姪他唵七薩婆桑斯迦囉八波唎輸底九達磨底十伽伽娜十一娑母特伽底十二
薩婆婆毗輸底十三摩訶娜耶十四波唎婆囉莎訶十五
毗婆尸佛尸棄佛毗舍浮佛俱留孫佛俱那含牟尼佛迦葉佛釋迦牟尼佛
若有以七寶供養如是七佛其福有限書寫受持是无量壽經典所有功德不可限量陁羅尼曰
南謨薄伽勃底一阿波唎蜜多二阿喻紇硯娜三須毗你悉指多四囉佐耶五怛他羯他耶六
怛姪他唵七薩婆桑斯迦囉八波唎輸底九達磨底十伽伽娜十一娑母特伽底十二
薩婆婆毗輸底十三摩訶娜耶十四波唎婆囉莎訶十五
若有以寶等於須彌以用布施其福上能知其限量是无量壽經典其福不可知數陁羅尼曰
南謨薄伽勃底一阿波唎蜜多二阿喻紇硯娜三須毗你悉指多四囉佐耶五怛他羯他耶六
怛姪他唵七薩婆桑斯迦囉八波唎輸底九達磨底十伽伽娜十一娑母特伽底十二
薩婆婆毗輸底十三摩訶娜耶十四波唎婆囉莎訶十五
如是四大海水可知滴數是无量壽經典所生果報不可數量陁羅尼曰
南謨薄伽勃底一阿波唎蜜多二阿喻紇硯娜三須毗你悉指多四囉佐耶五怛他羯他耶六
怛姪他唵七薩婆桑斯迦囉八波唎輸底九達磨底十伽伽娜十一娑母特伽底十二
薩婆婆毗輸底十三摩訶娜耶十四波唎婆囉莎訶十五
若有自書使人書寫是无量壽經典之能護持供養如來供養十方佛土如來无有別異
陁羅尼曰　南謨薄伽勃底一阿波唎蜜多二阿喻紇硯娜三須毗你悉指多四囉佐耶五怛他羯
他耶六怛姪他唵七薩婆桑斯迦囉八波唎輸底九達磨底十伽伽娜十一娑母特伽底
薩婆婆毗輸底十三摩訶娜耶十四波唎婆囉莎訶十五
布施力能成正覺　悟布施力人師子　布施力能聲普聞　慈悲階漸最能入
持戒力能成正覺　悟持戒力人師子　持戒力能聲普聞　慈悲階漸最能入
忍辱力能成正覺　悟忍辱力人師子　忍辱力能聲普聞　慈悲階漸最能入
精進力能成正覺　悟精進力人師子　精進力能聲普聞　慈悲階漸最能入
禪定力能成正覺　悟禪定力人師子　禪定力能聲普聞　慈悲階漸最能入
智慧力能成正覺　悟智慧力人師子　智慧力能聲普聞　慈悲階漸最能入
爾時如來說是經已一切世間天人阿脩羅乾闥婆等聞佛所說皆大歡喜信受奉行

BD05818號　無量壽宗要經　（7–6）

如是四大海水可知滴數是无量壽經典所生果報不可數量陁羅尼曰
南謨薄伽勃底一阿波唎蜜多二阿喻紇硯娜三須毗你悉指多四囉佐耶五怛他羯他耶六
怛姪他唵七薩婆桑斯迦囉八波唎輸底九達磨底十伽伽娜十一娑母特伽底十二
薩婆婆毗輸底十三摩訶娜耶十四波唎婆囉莎訶十五
若有自書使人書寫是无量壽經典之能護持供養如來供養十方佛土如來无有別異
陁羅尼曰　南謨薄伽勃底一阿波唎蜜多二阿喻紇硯娜三須毗你悉指多四囉佐耶五怛他羯
他耶六怛姪他唵七薩婆桑斯迦囉八波唎輸底九達磨底十伽伽娜十一娑母特伽底
薩婆婆毗輸底十三摩訶娜耶十四波唎婆囉莎訶十五
布施力能成正覺　悟布施力人師子　布施力能聲普聞　慈悲階漸最能入
持戒力能成正覺　悟持戒力人師子　持戒力能聲普聞　慈悲階漸最能入
忍辱力能成正覺　悟忍辱力人師子　忍辱力能聲普聞　慈悲階漸最能入
精進力能成正覺　悟精進力人師子　精進力能聲普聞　慈悲階漸最能入
禪定力能成正覺　悟禪定力人師子　禪定力能聲普聞　慈悲階漸最能入
智慧力能成正覺　悟智慧力人師子　智慧力能聲普聞　慈悲階漸最能入
爾時如來說是經已一切世間天人阿脩羅乾闥婆等聞佛所說皆大歡喜信受奉行
佛說无量壽宗要經

BD05818號　無量壽宗要經　（7–7）

BD05818 號背　勘記　　（1–1）

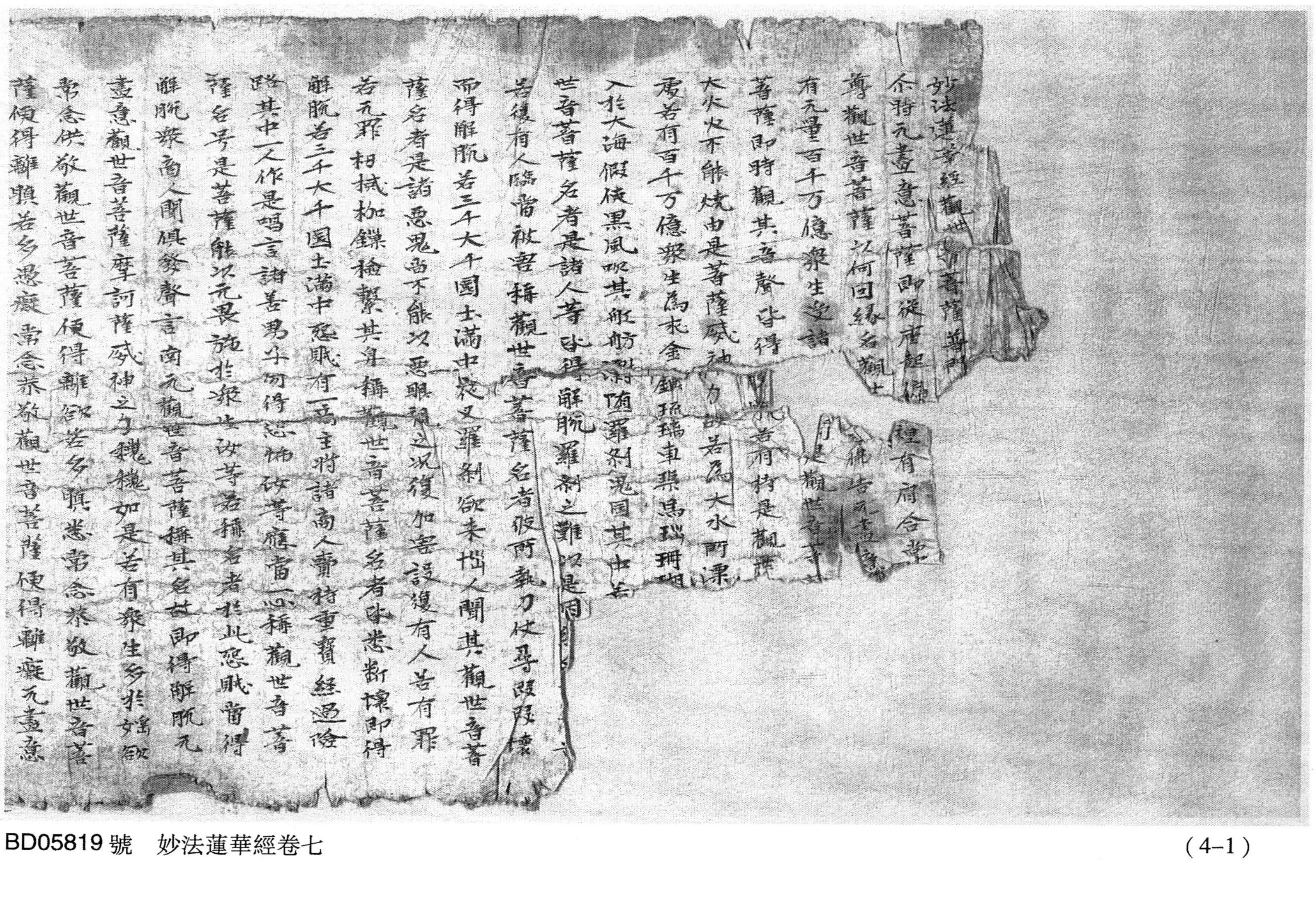

妙法蓮華經觀世音菩薩普門
尒時无盡意菩薩即從座起偏袒有肩合掌
尊觀世音菩薩以何因緣名觀世　佛告无盡意
有无量百千万億衆生受諸　聞是觀世音
菩薩即時觀其音聲皆得解脫若有持是觀
大火火不能燒由是菩薩威神力故若為大水所漂
處若有百千万億衆生為求金銀琉璃車𤦲馬瑙珊瑚
入於大海假使黑風吹其船舫飄墮羅剎鬼國其中若
世音菩薩名者是諸人等皆得解脫羅剎之難以是因
若復有人臨當被害稱觀世音菩薩名者彼所執刀杖尋段段壞
而得解脫若三千大千國土滿中夜叉羅剎欲來惱人聞其稱觀世音菩
薩名者是諸惡鬼尚不能以惡眼視之況復加害設復有人若有罪
若无罪杻械枷鎖檢繫其身稱觀世音菩薩名者皆悉斷壞即得
解脫若三千大千國土滿中怨賊有一商主將諸商人齎持重寶經過嶮
路其中一人作是唱言諸善男子勿得恐怖汝等應當一心稱觀世音菩
薩名号是菩薩能以无畏施於衆生汝等若稱名者於此怨賊當得
解脫衆商人聞俱發聲言南无觀世音菩薩稱其名故即得解脫无
盡意觀世音菩薩摩訶薩威神之力巍巍如是若有衆生多於婬欲
常念恭敬觀世音菩薩便得離欲若多瞋恚常念恭敬觀世音菩
薩便得離瞋若多愚癡常念恭敬觀世音菩薩便得離癡无盡意

BD05819 號　妙法蓮華經卷七　　（4–1）

路其中一人作是唱言諸善男子勿得恐怖汝等應當一心稱觀世音菩
薩名号是菩薩能以无畏施於衆生汝等若稱名者於此怨賊當得
解脫衆商人聞俱發聲言南无觀世音菩薩稱其名故即得解脫无
盡意觀世音菩薩摩訶薩威神之力巍巍如是若有衆生多於婬欲
常念恭敬觀世音菩薩便得離欲若多瞋恚常念恭敬觀世音菩
薩便得離瞋若多愚癡常念恭敬觀世音菩薩便得離癡无盡意
觀世音菩薩有如是等大威神力多所饒益是故衆生常應心念若
有女人設欲求男礼拜供養觀世音菩薩便生福德智慧之男設
欲求女便生端正有相之女宿植德本衆人愛敬无盡意觀世音菩
薩有如是力若有衆生恭敬礼拜觀世音菩薩福不唐捐是故衆生
皆應受持觀世音菩薩名号无盡意若有人受持六十二億恒河沙菩薩
名字復盡形供養飲食衣服臥具醫藥於汝意云何是善男子善女
人功德多不无盡意言甚多世尊佛言若復有人受持觀世音菩薩名
号乃至一時礼拜供養是二人福正等无異於百千万億劫不可窮盡无
盡意受持觀世音菩薩名号得如是无量无邊福德之利无盡意菩薩
白佛言世尊觀世音菩薩云何遊此娑婆世界云何而為衆生說法方
便之力其事云何佛告无盡意菩薩善男子若有國土衆生應以佛身
得度者觀世音菩薩即現佛身而為說法應以辟支佛身得度者即現
辟支佛身而為說法應以聲聞身得度者即現聲聞身而為說法應
以梵王身得度者即現梵王身而為說法應以帝釋身得度者即現帝
釋身而為說法應以自在天身得度者即現自在天身而為說法應以大自
在天身得度者即現大自在天身而為說法應以天大將軍身得度者即
現天大將軍身而為說法應以毗沙門身得度者即現毗沙門身而為
說法應以小王身得度者即現小王身而為說法應以長者身得度者即
現長者身而為說法應以居士身得度者即現居士身而為說法應以
宰官身得度者即現宰官身而為說法應以婆羅門身得度者即現

BD05819 號　妙法蓮華經卷七 （4–2）

釋身而為說法應以自在天身得度者即現自在天身而為說法應以大自
在天身得度者即現大自在天身而為說法應以天大將軍身得度者即
現天大將軍身而為說法應以毗沙門身得度者即現毗沙門身而為
說法應以小王身得度者即現小王身而為說法應以長者身得度者即
現長者身而為說法應以居士身得度者即現居士身而為說法應以
宰官身得度者即現宰官身而為說法應以婆羅門身得度者即現
婆羅門身而為說法應以比丘比丘尼優婆塞優婆夷身得度者即現
比丘比丘尼優婆塞優婆夷身而為說法應以長者居士宰官婆羅
門婦女身得度者即現婦女身而為說法應以童男童女身得度者
即現童男童女身而為說法應以天龍夜叉乾闥婆阿脩羅迦樓羅
緊那羅摩睺羅伽人非人等身得度者即皆現之而為說法應以執
金剛身得度者即現執金剛身而為說法无盡意是觀世音菩薩
成就如是功德以種種形遊諸國土度脫衆生是故汝等應當一心
供養觀世音菩薩是觀世音菩薩摩訶薩於怖畏急難之中能施
无畏是故此娑婆世界皆号之為施无畏者无盡意菩薩白佛言世
尊我今當供養觀世音菩薩即解頸衆寶珠瓔珞價直百千兩金
而以與之作是言仁者受此法施珎寶瓔珞時觀世音菩薩不肯受之
无盡意復白觀世音菩薩言仁者愍我等故受此瓔珞尒時佛告觀世
音菩薩當愍此无盡意菩薩及四衆天龍夜叉乾闥婆阿脩羅迦樓羅
緊那羅摩睺羅伽人非人等故受是瓔珞即時觀世音菩薩愍諸四
衆及於天龍人非人等受其瓔珞分作二分一分奉釋迦牟尼佛一分奉多寶
佛塔无盡意觀世音菩薩有如是自在神力遊於娑婆世界尒時无盡
意菩薩以偈問曰　世尊妙相具　我今重問彼　佛子何因緣
名為觀世音　具足妙相尊　偈荅无盡意　汝聽觀音行　善應諸方所
弘誓深如海　歷劫不思議　侍多千億佛　發大清淨願　我為汝略說
聞名及見身　心念不空過　能滅諸有苦　假使興害意　推落大火坑
念彼觀音力　火坑變成池　或漂流巨海　龍魚諸鬼難　念彼觀音力

BD05819 號　妙法蓮華經卷七 （4–3）

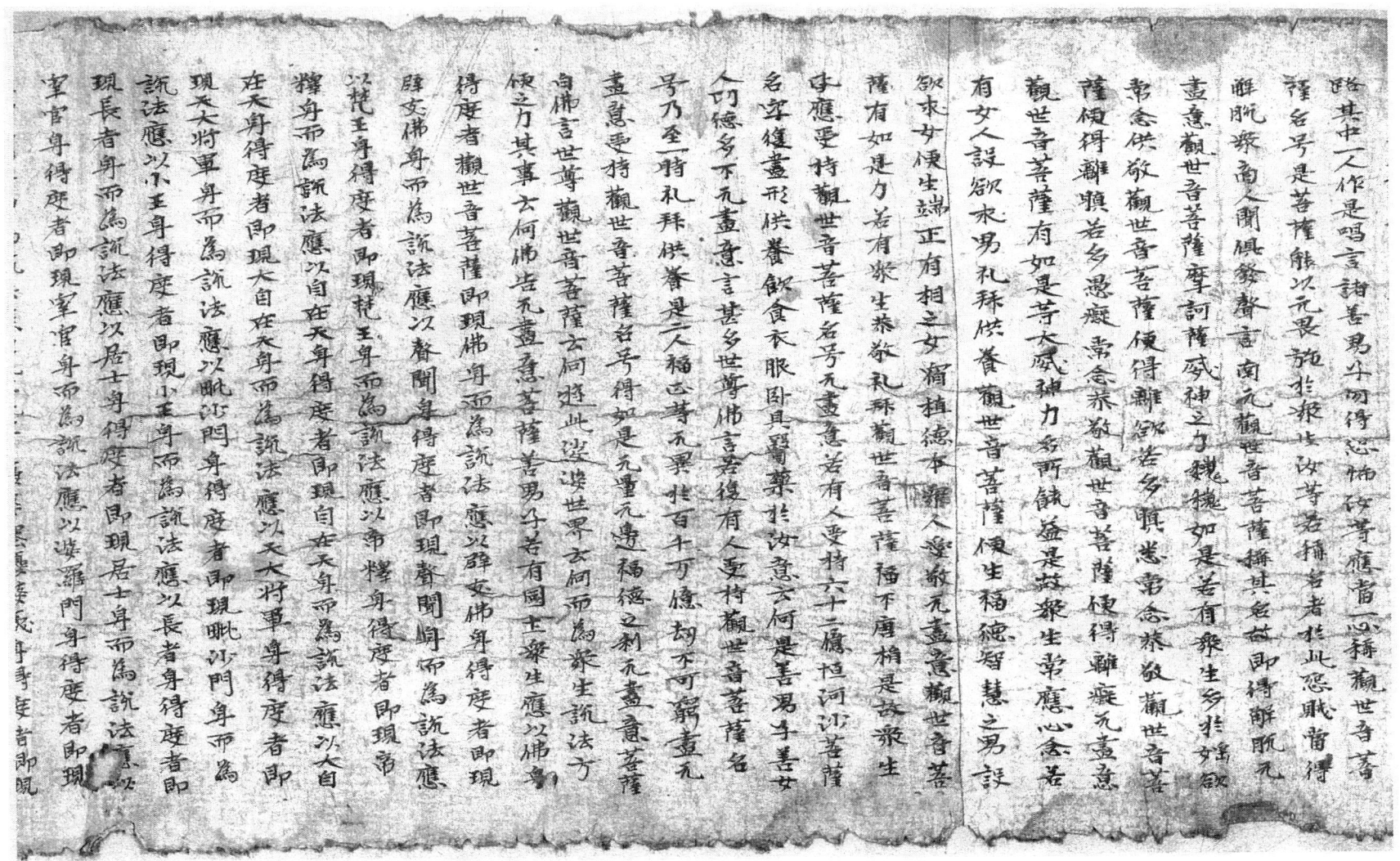

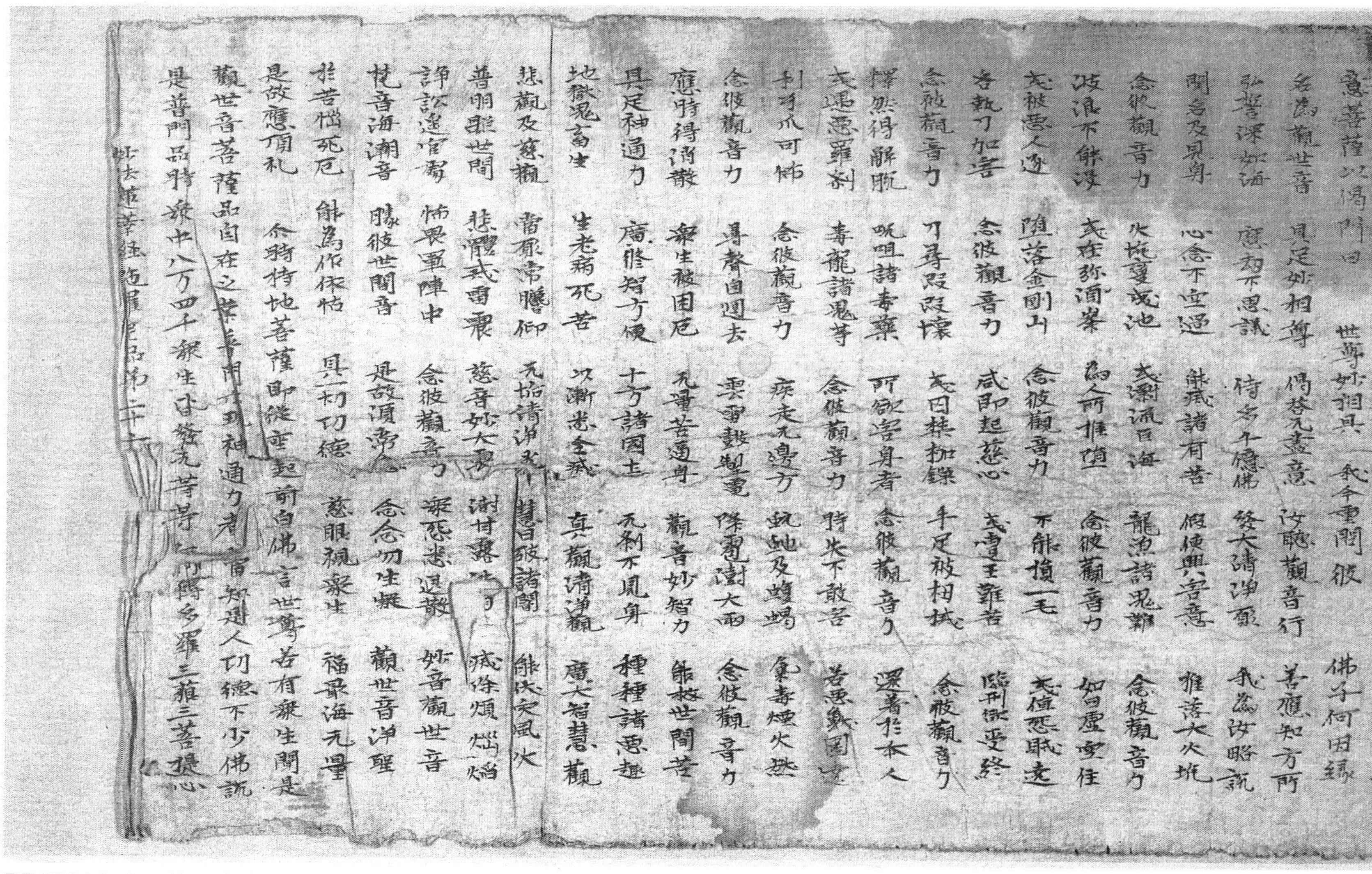

意菩薩以偈問曰 世尊妙相具 我今重問彼 佛子何因緣
名為觀世音 具足妙相尊 偈答无盡意 汝聽觀音行 善應諸方所
弘誓深如海 歷劫不思議 侍多千億佛 發大清淨願 我為汝略說
聞名及見身 心念不空過 能滅諸有苦 假使興害意 推落大火坑
念彼觀音力 火坑變成池 或漂流巨海 龍魚諸鬼難 念彼觀音力
波浪不能沒 或在須彌峯 為人所推墮 念彼觀音力 如日虛空住
或被惡人逐 墮落金剛山 念彼觀音力 不能損一毛 或值怨賊遶
各執刀加害 念彼觀音力 咸即起慈心 或遭王難苦 臨刑欲壽終
念彼觀音力 刀尋段段壞 或囚禁枷鎖 手足被杻械 念彼觀音力
釋然得解脫 呪詛諸毒藥 所欲害身者 念彼觀音力 還著於本人
或遇惡羅剎 毒龍諸鬼等 念彼觀音力 時悉不敢害 若惡獸圍遶
利牙爪可怖 念彼觀音力 疾走无邊方 蚖蛇及蝮蝎 氣毒煙火然
念彼觀音力 尋聲自迴去 雲雷鼓掣電 降雹澍大雨 念彼觀音力
應時得消散 眾生被困厄 无量苦逼身 觀音妙智力 能救世間苦
具足神通力 廣修智方便 十方諸國土 无剎不現身 種種諸惡趣
地獄鬼畜生 生老病死苦 以漸悉令滅 真觀清淨觀 廣大智慧觀
悲觀及慈觀 常願常瞻仰 无垢清淨光 慧日破諸闇 能伏災風火
普明照世間 悲體戒雷震 慈意妙大雲 澍甘露法雨 滅除煩惱焰
諍訟經官處 怖畏軍陣中 念彼觀音力 眾怨悉退散 妙音觀世音
梵音海潮音 勝彼世間音 是故須常念 念念勿生疑 觀世音淨聖
於苦惱死厄 能為作依怙 具一切功德 慈眼視眾生 福聚海无量
是故應頂禮 爾時持地菩薩即從座起 前白佛言 世尊 若有眾生聞是
觀世音菩薩品自在之業 普門示現神通力者 當知是人功德不少 佛說
是普門品時 眾中八万四千眾生 皆發无等等阿耨多羅三藐三菩提心
妙法蓮華經觀世音品第二十五

BD05819 號　妙法蓮華經卷七　（4–4）

己巳年三月十六日[illegible]自手書

BD05819 號背　題記　（1–1）

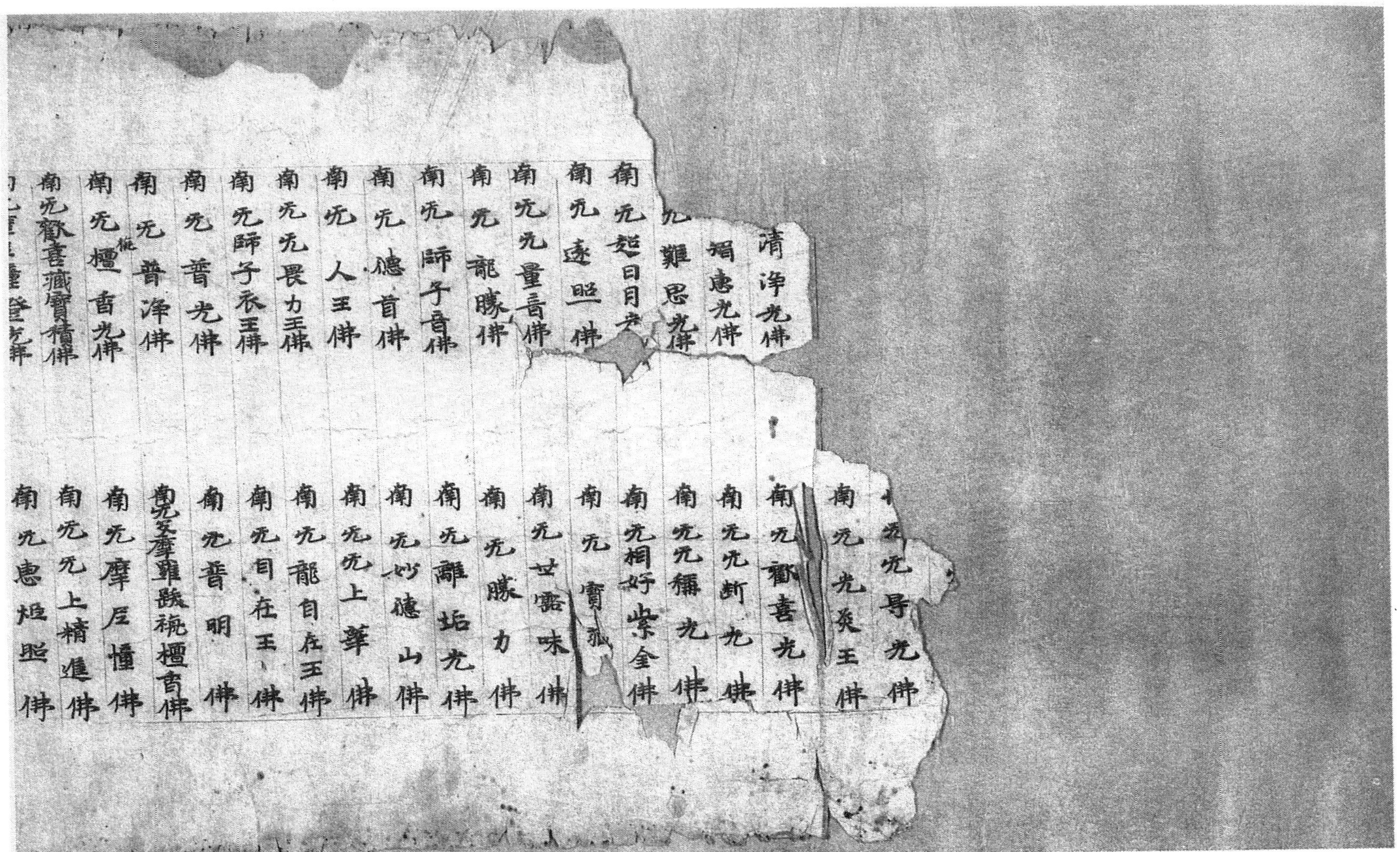

BD05820 號　佛名經（二十卷本）卷二〇　（6–1）

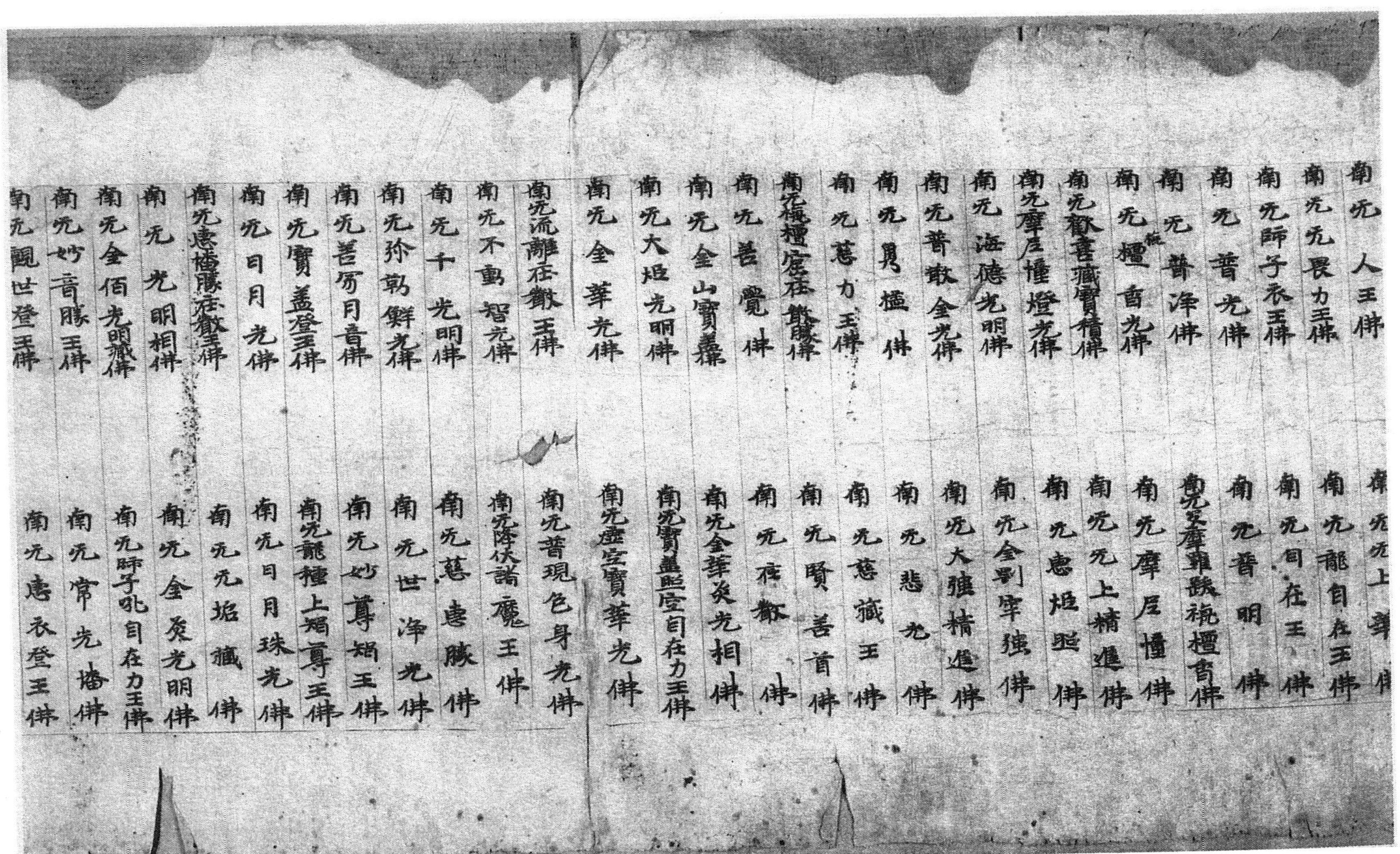

BD05820 號　佛名經（二十卷本）卷二〇　（6–2）

南无日月光佛　南无日月珠光佛
南无慧幢勝在嚴王佛　南无无垢藏佛
南无光明相佛　南无金炎光明佛
南无金佰光明藏佛　南无師子吼自在力王佛
南无妙音勝王佛　南无常光幢佛
南无觀世登王佛　南无慧衣登王佛
南无法勝王佛　南无須彌光佛
南无須摩那華光佛　南无優鉢羅華光佛
南无強勝力王佛　南无慧力王佛
南无阿閦毗歡喜光佛　南无无量音聲王佛
南无中光佛　南无金海光佛
南无山海慧自在通王佛　南无大通光佛
南无一切常滿王佛　南无現无過佛
南无過去无量分身諸佛
南无過去一佛十佛百佛千佛万佛能除无量劫以來生死重罪
南无一億十億百億千億万億那由他恒河沙无量阿僧祇佛若人聞是過去无量阿僧祇佛名是人八万劫不墮地獄昔是故今敬
礼
若人日禮拜　過去諸佛者　滅罪得本心　更不造惡
及以五逆等　常得聞正法　具足大乘戒　是故今敬禮
惟除二種人　一者謗方等　二者一闡提　若人心淨信
不名一闡提　常見无量佛
若見犯四重　及以五无間　還能清淨信　亦復如法信
皆由敬禮故　滅除十惡業　悉得大乘戒　是故今敬禮
說是過去諸佛名時十千菩薩得无生法
忍八百聲聞發少分心五千比丘得阿羅漢
道一億天人得法眼淨

BD05820號　佛名經（二十卷本）卷二〇　（6–3）

不名一闡提　常見无量佛
若見犯四重　及以五无間　還能清淨信　亦復如法信
皆由敬禮故　滅除十惡業　悉得大乘戒　是故今敬禮
說是過去諸佛名時十千菩薩得无生法
忍八百聲聞發少分心五千比丘得阿羅漢
道一億天人得法眼淨
南无現在无量諸佛　南无十億王明諸佛
南无離垢紫金沙佛　南无无量明佛
南无日轉光明王佛　南无香積佛
南无師子億像佛　南无師子遊戲佛
南无普光德功山王佛　南无善住功德寶王佛
南无寶華在嚴王佛　南无難勝佛
南无須彌相佛　南无須彌登王佛
南无寶德佛　南无寶月佛
南无寶炎佛　南无寶嚴佛
南无難勝師子響佛　南无大光王佛
南无不動佛　南无藥王佛
南无在嚴佛　南无樓至佛
南无月蓋佛　南无普光佛
南无寶王佛　南无惟衛佛
南无式佛　南无隨葉佛
南无拘樓秦佛　南无拘那含牟尼佛
南无迦葉佛　南无雷音王佛
南无祇法藏佛　南无栴檀華佛
南无栴檀一葉佛　南无妙音佛
南无无上勝佛　南无甘露鼓佛
南无毗婆尸佛　南无日月光明佛
南无无勝光佛　南无具足在嚴王佛

BD05820號　佛名經（二十卷本）卷二〇　（6–4）

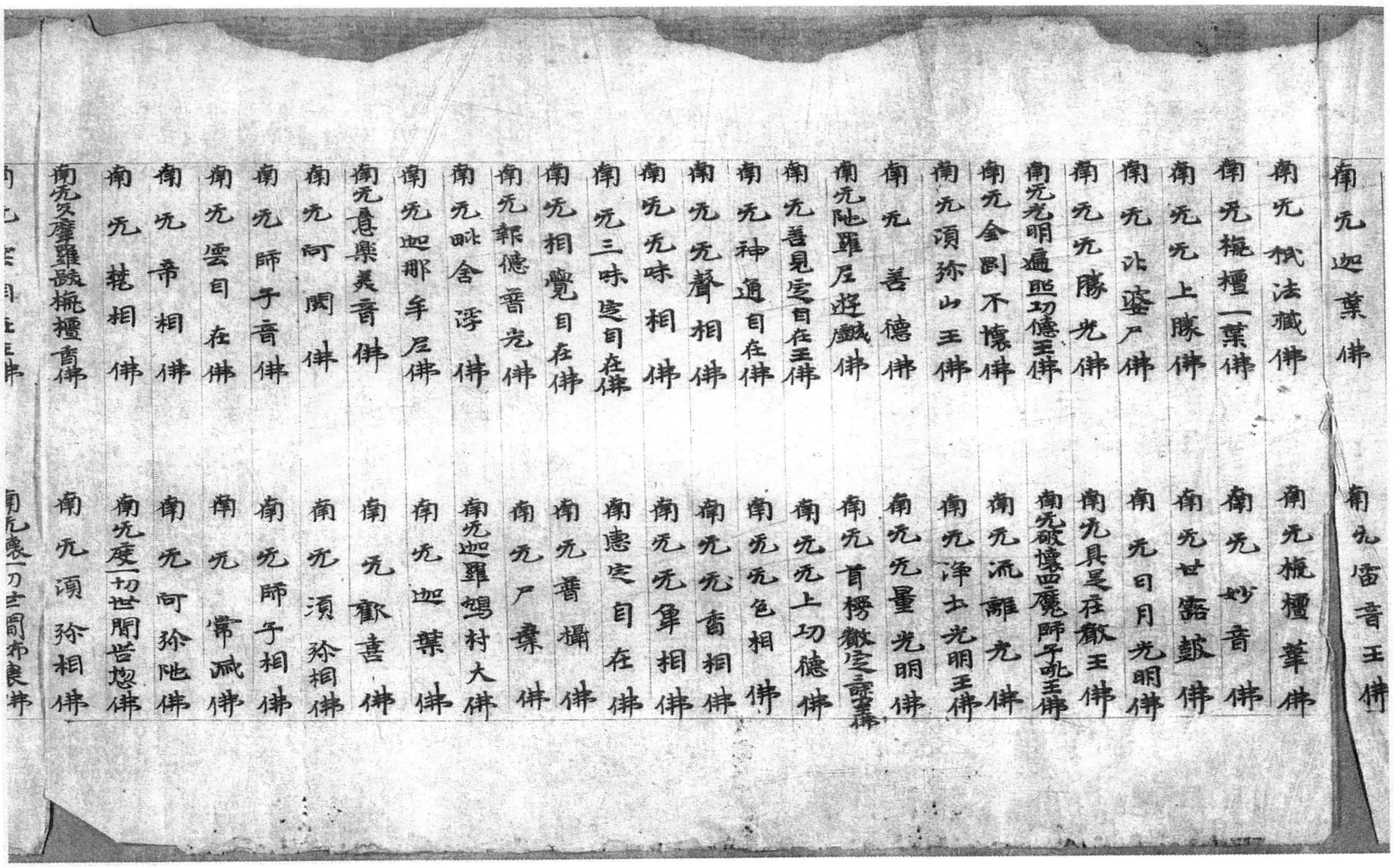

南无迦葉佛　南无雷音王佛
南无栿法藏佛　南无栴檀華佛
南无栴檀一葉佛　南无妙音佛
南无无上勝佛　南无甘露皷佛
南无沙鎣尸佛　南无日月光明佛
南无无勝光佛　南无具足在獻王佛
南无光明遍照一切德王佛　南无破壞四魔師子吼王佛
南无金剛不壞佛　南无流離光佛
南无須弥山王佛　南无淨土光明王佛
南无善德佛　南无无量光明佛
南无陁羅尼遊戲佛　南无首楞嚴定音聲佛
南无善見定自在王佛　南无无上功德佛
南无神通自在佛　南无无色相佛
南无无聲相佛　南无无香相佛
南无无味相佛　南无无觸相佛
南无三昧定自在佛　南无慧定自在佛
南无相覺自在佛　南无普攝佛
南无龍德普光佛　南无尸棄佛
南无毗舍浮佛　南无迦羅鳩村大佛
南无迦那牟尼佛　南无迦葉佛
南无意樂美音佛　南无歡喜佛
南无阿閦佛　南无須弥相佛
南无師子音佛　南无師子相佛
南无雲自在佛　南无常滅佛
南无帝相佛　南无阿弥陁佛
南无梵相佛　南无度一切世間苦惱佛
南无反摩羅跋栴檀香佛　南无須弥相佛
南无雲自在王佛　南无壞一切世間怖畏佛

BD05820號　佛名經（二十卷本）卷二〇　（6–5）

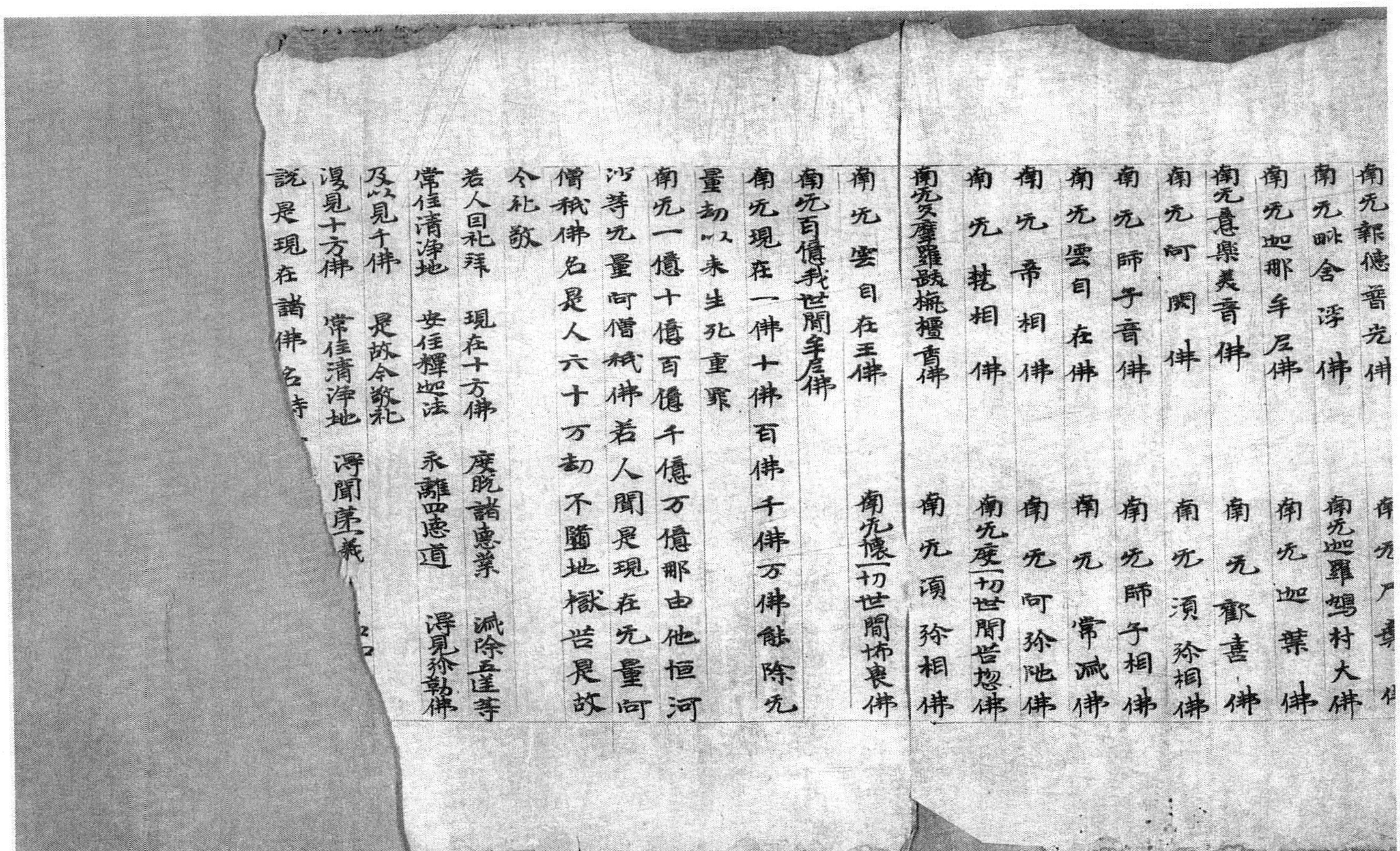

南无龍德普光佛　南无尸棄佛
南无毗舍浮佛　南无迦羅鳩村大佛
南无迦那牟尼佛　南无迦葉佛
南无意樂美音佛　南无歡喜佛
南无阿閦佛　南无須弥相佛
南无師子音佛　南无師子相佛
南无雲自在佛　南无常滅佛
南无帝相佛　南无阿弥陁佛
南无梵相佛　南无度一切世間苦惱佛
南无反摩羅跋栴檀香佛　南无須弥相佛
南无雲自在王佛　南无壞一切世間怖畏佛
南无百億我世間牟尼佛
南无現在一佛十佛百佛千佛万佛能除无
量劫以來生死重罪
南无一億十億百億千億万億那由他恒河
沙等无量阿僧祇佛若人聞是現在无量阿
僧祇佛名是人六十万劫不墮地獄苦是故
今礼敬
若人日礼拜　現在十方佛　度脫諸惡業　滅除五逆等
常住清淨地　安住禪迦法　永離四惡道　得見弥勒佛
及以見千佛　是故令敬礼
復見十方佛　常住清淨地　得聞第一義
說是現在諸佛名時

BD05820號　佛名經（二十卷本）卷二〇　（6–6）

佛國土
妙音譬如百千
自然生念佛念法念僧
國土成就如是功德莊嚴舍利弗
阿彼佛何故号阿弥陁舍利弗彼佛光明无量
照十方國无所鄣礙是故号為阿弥陁又舍利弗
彼佛壽命及其人民无量无邊阿僧祇劫故名
阿弥陁舍利弗阿弥陁佛成佛已来於今十劫
又舍利弗彼佛有无量无邊聲聞弟子皆
是阿羅漢非是筭數所之能知諸菩薩亦如
是舍利弗彼佛國土成就如是功德莊嚴又舍
利弗極樂國土衆生生者皆是阿鞞䟦致其
中多有一生補處其數甚多非是筭數所
能知之但可以无量无邊阿僧祇劫說舍利
弗衆生聞者應當發願生彼國所以者何得
與如是諸上善人俱會一處舍利弗不可以少
善根福德因緣得生彼國舍利弗若有善
男子善女人聞說阿弥陁佛執持名号若一
日若二日若三日若四日若五日若六日若七
日一心不亂其人臨命終時阿弥陁佛與諸聖
衆現在其前是人終時心不顛到即得往生
阿弥陁佛極樂國土舍利弗我見是利故說

BD05821 號 1 阿彌陀經

（12–1）

善根福德因緣得生彼國舍利弗若有善
男子善女人聞說阿弥陁佛執持名号若一
日若二日若三日若四日若五日若六日若七
日一心不亂其人臨命終時阿弥陁佛與諸聖
衆現在其前是人終時心不顛到即得往生
阿弥陁佛極樂國土舍利弗我見是利故說
此言若有衆生聞是說者應當發願生彼
國土舍利弗如我今者讚歎阿弥陁佛不
可思議功德東方亦有阿閦鞞佛須弥相
佛大須弥佛須弥光佛妙音佛如是等恒河
沙數諸佛各於其國出廣長舌相遍覆三
千大千世界說誠實言汝等衆生當信是稱
讚不可思議功德一切諸佛所護念経舍利弗
南方世界有日月燈佛名聞光佛大焰肩佛
須弥燈佛无量精進佛如是等恒河沙數諸
佛各於其國出廣長舌相遍覆三千大千世
界說誠實言汝等衆生當信是稱讚不可思
議功德一切諸佛所護念経舍利弗西方世界
有无量壽佛无量相佛无量幢佛大光佛
大明佛寳相佛淨光佛如是等恒河沙數諸
佛各於其國出廣長舌相遍覆三千大千世界
說誠實言汝等衆生當信是稱讚不可思議
功德一切諸佛所護念経舍利弗北方世界
有焰肩佛最勝音佛難沮佛日生佛網明
佛如是等恒河沙數諸佛各於其國出廣長
舌相遍覆三千大千世界說誠實言汝等衆
生當信是稱讚不可思議功德一切諸佛所護

BD05821 號 1 阿彌陀經

（12–2）

說誠實言汝等衆生當信是稱讚不可思議
功德一切諸佛所護念經舍利弗北方世界
有焰肩佛最勝音佛難阻佛日生佛網明
佛如是等恒河沙數諸佛各於其國出廣長
舌相遍覆三千大千世界說誠實言汝等衆
生當信是稱讚不可思議功德一切諸佛所護
念經舍利弗下方世界有師子佛名聞佛名
光佛達摩佛法幢佛持法佛如是等恒河沙
數諸佛各於其國出廣長舌相遍覆三千大
千世界說誠實言汝等衆生當信是稱讚
不可思議功德一切諸佛所護念經舍利弗
上方世界有梵音佛宿王佛香上佛香光佛
大焰肩佛雜色寶華嚴身佛娑羅樹王佛
寶華德佛見一切義佛如須弥山佛如是等
恒河沙數諸佛各於其國出廣長舌相遍覆
三千大千世界說誠實言汝等衆生當信是
稱讚不可思議功德一切諸佛所護念經
舍利弗於汝意云何何故名一切諸佛所護念
經舍利弗若有善男子善女人聞是諸佛所
說經名者諸善男子善女人皆為一切諸佛共
所護念皆得不退轉於阿耨多羅三藐三
菩提是故舍利弗汝等皆當信受我語及
諸佛所說舍利弗若有人已發願今發願
當發願欲生阿弥陁佛國者是諸人等皆
得不退轉於阿耨多羅三藐三菩提於彼國
土若已生若今生若當生是故舍利弗諸善
男子善女人若有信者應當發願生彼國

BD05821 號 1　阿彌陀經　（12–3）

諸佛所說舍利弗若有人已發願今發願
當發願欲生阿弥陁佛國者是諸人等皆
得不退轉於阿耨多羅三藐三菩提於彼國
土若已生若今生若當生是故舍利弗諸善
男子善女人若有信者應當發願生彼國
土舍利弗如我今者稱讚諸佛不可思議功
德彼諸佛等亦稱說我不可思議功德而作
是言釋迦牟尼佛能為甚難希有之事
能於娑婆國土五濁惡世劫濁見濁煩惱濁
衆生濁命濁中得阿耨多羅三藐三菩提為
諸衆生說是一切世間難信之法舍利弗當知
我於五濁惡世行此難事得阿耨多羅三藐三
菩提為一切世間說此難信之法是為甚難
佛說此經已舍利弗及諸比丘一切世間天
人阿脩羅等聞佛所說歡喜信受作礼而去
弥阿陁佛所說呪
那上謨菩上陁夜（藥可反 下同）那上謨馱囉上摩夜
那上謨僧伽夜那上麼上阿上弭多婆上夜
跢（丁可反 下同）他伽上多夜阿上囉上訶羝三藐三菩
上陁夜跢姪（地也反 下同）他阿上弭唎上羝阿上弭
唎都婆上鞞（菩迷反 下同）阿上弭唎跢三婆上鞞
阿上弭唎跢毗（菩弭反）迦上蘭羝伽弭你伽上
伽上那上替（居移反）唎底（你）都迦上棃娑上囉上皤波
跛叉（我是）焰迦上棃（一切悲業盡）娑上婆訶（呪中諸口傍字皆依本音）
轉舌言之无口
者依字讀之
右呪先已翻出流行於晨朝楊枝淨口散花
燒香佛像前胡跪合掌日誦七遍若二七若

BD05821 號 1　阿彌陀經　（12–4）
BD05821 號 2　阿彌陀佛說呪及念誦功德（擬）

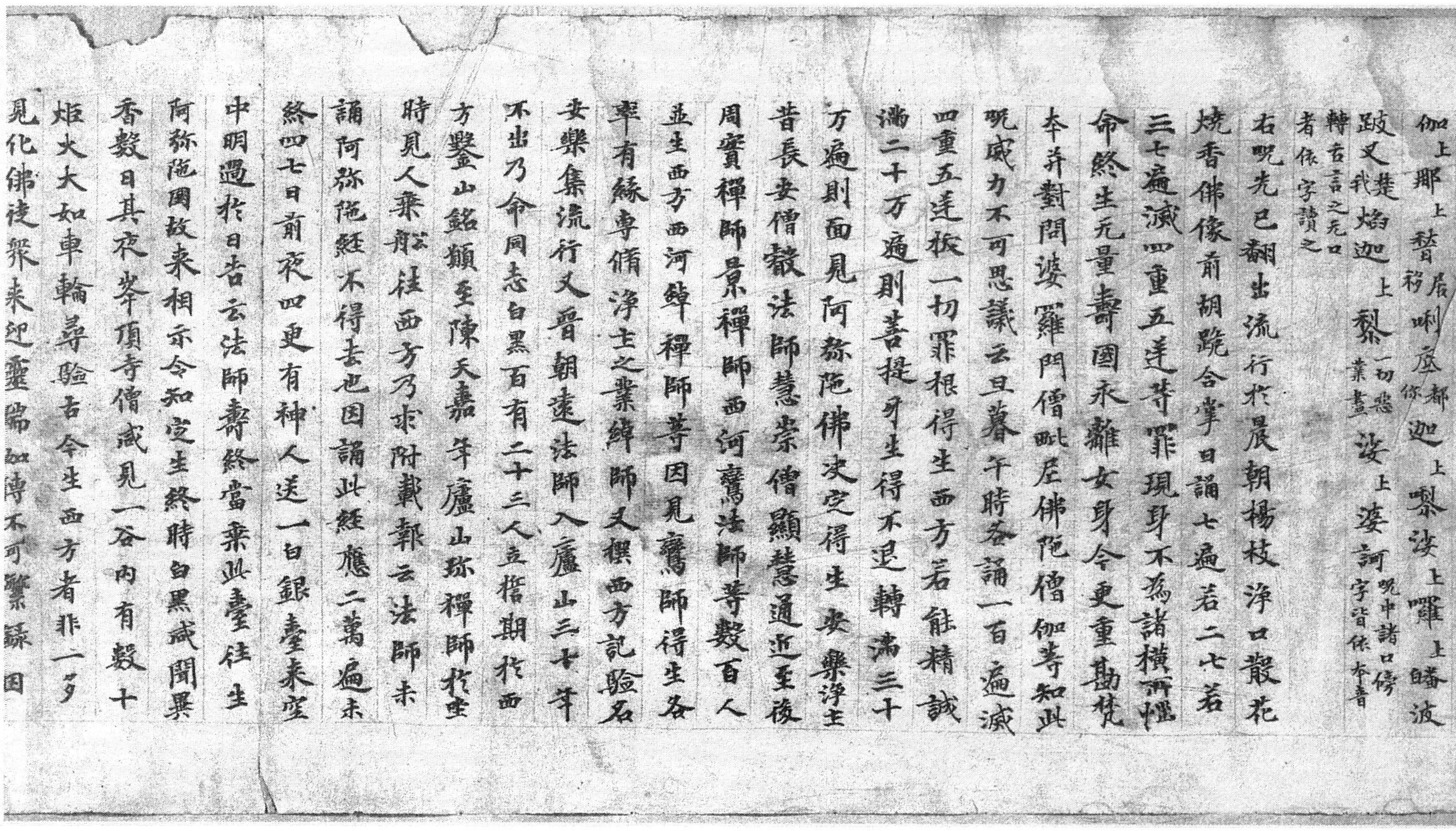

伽上耶上替唇衫喇底你都迦上嚟娑上囉上皤波
跋叉楚我焰迦上黎一切惡業盡娑上婆訶呪中諸口傍字皆依本音
轉舌言之无口者依字讀之
右呪先已翻出流行於晨朝楊枝淨口散花
燒香佛像前胡跪合掌日誦七遍若二七若
三七遍滅四重五逆等罪現身不為諸橫所惱
命終生无量壽國永離女身今更重勘梵
本并對問婆羅門僧毗尼佛陀僧伽等知此
呪威力不可思議云旦暮午時各誦一百遍滅
四重五逆拔一切罪根得生西方若能精誠
滿二十万遍則菩提牙生得不退轉滿三十
万遍則面見阿弥陀佛決定得生安樂淨土
昔長安僧叡法師慧崇僧顯慧通近至後
周寶禪師景禪師西河鸞法師等數百人
並生西方西河綽禪師等因見鸞師得生各
率有緣專脩淨土之業綽師又撰西方記驗名
安樂集流行又晉朝遠法師入廬山三十年
不出乃命同志白黑百有二十三人立誓期於西
方鑿山銘願至陳天嘉年廬山珎禪師於定
時見人乘舩往西方乃求附載報云法師未
誦阿弥陀經不得去也因誦此經應二萬遍未
終四七日前夜四更有神人送一白銀臺来空
中明還於日告云法師壽終當乘此臺往生
阿弥陀國故来相示令知定生終時白黑咸聞異
香數日其夜岑頂寺僧咸見一谷內有數十
炬火大如車輪尋驗古今生西方者非一多
見化佛徒眾来迎靈瑞如傳不可繁録因

BD05821 號 2　阿彌陀佛說咒及念誦功德（擬）　　（12–5）

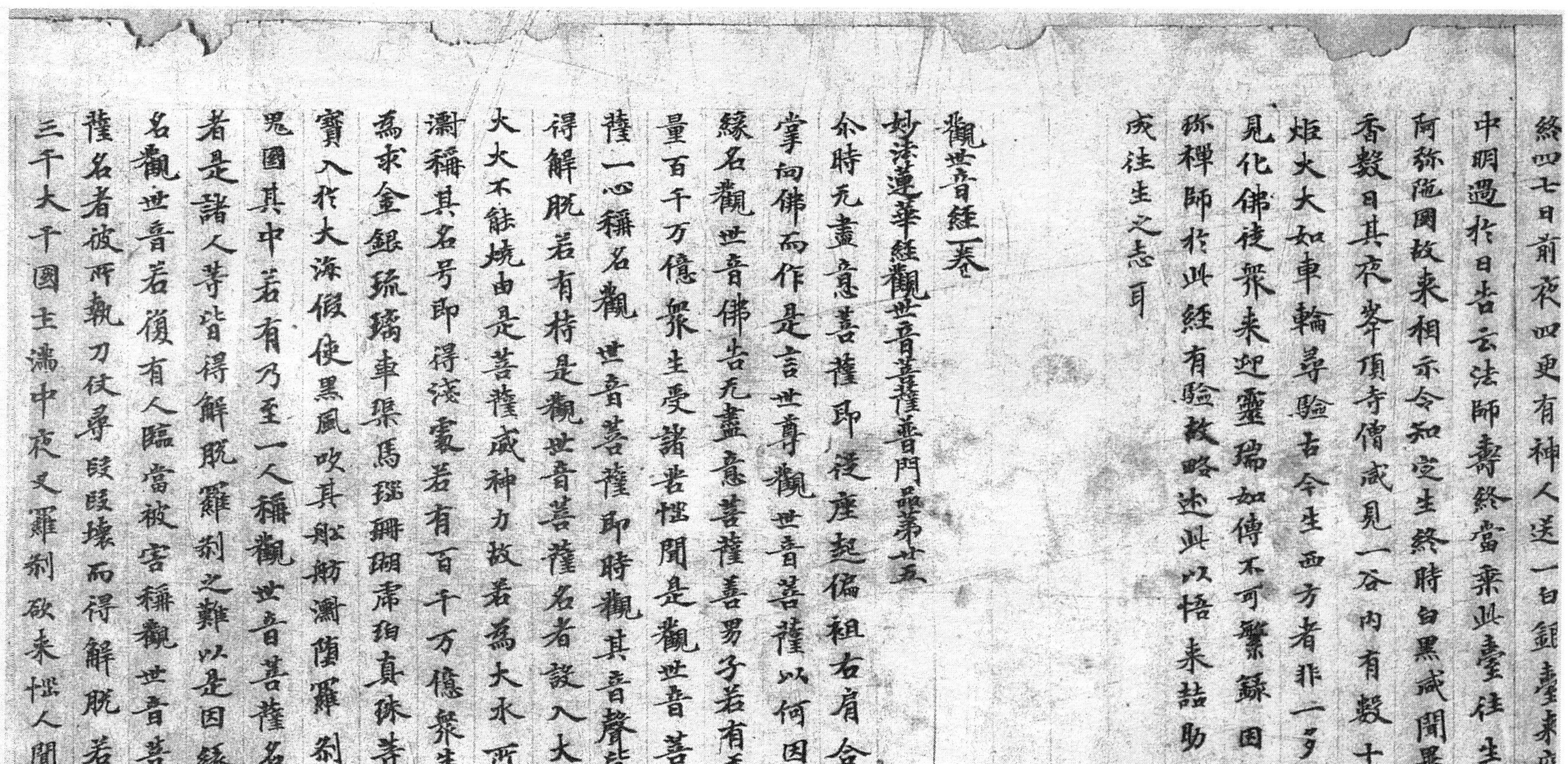

終四七日前夜四更有神人送一白銀臺来空
中明還於日告云法師壽終當乘此臺往生
阿弥陀國故来相示令知定生終時白黑咸聞異
香數日其夜岑頂寺僧咸見一谷內有數十
炬火大如車輪尋驗古今生西方者非一多
見化佛徒眾来迎靈瑞如傳不可繁録因
弥禪師於此經有驗故略述此以悟来喆助
成往生之志耳

觀世音經一卷

妙法蓮華經觀世音菩薩普門品第廿五
尒時无盡意菩薩即從座起偏袒右肩合
掌向佛而作是言世尊觀世音菩薩以何因
緣名觀世音佛告无盡意菩薩善男子若有无
量百千万億眾生受諸苦惱聞是觀世音菩
薩一心稱名觀世音菩薩即時觀其音聲皆
得解脫若有持是觀世音菩薩名者設入大
火火不能燒由是菩薩威神力故若為大水所
漂稱其名号即得淺處若有百千万億眾生
為求金銀琉璃車𤦲馬瑙珊瑚虎珀真珠等
寶入於大海假使黑風吹其船舫漂墮羅剎
鬼國其中若有乃至一人稱觀世音菩薩名
者是諸人等皆得解脫羅剎之難以是因緣
名觀世音若復有人臨當被害稱觀世音菩
薩名者彼所執刀杖尋段段壞而得解脫若
三千大千國土滿中夜叉羅剎欲来惱人聞

BD05821 號 2　阿彌陀佛說咒及念誦功德（擬）　　（12–6）
BD05821 號 3　觀世音經

寶入於大海假使黑風吹其船舫漂墮羅剎
鬼國其中若有乃至一人稱觀世音菩薩名
者是諸人等皆得解脫羅剎之難以是因緣
名觀世音若復有人臨當被害稱觀世音菩
薩名者彼所執刀杖尋段段壞而得解脫若
三千大千國土滿中夜叉羅剎欲來惱人聞
其稱觀世音菩薩名者是諸惡鬼尚不能以
惡眼視之況復加害設復有人若有罪若无
罪杻械枷鎖檢繫其身稱觀世音菩薩名
者皆悉斷壞即得解脫若三千大千國土滿
中怨賊有一商主將諸商人齎持重寶經過嶮
路其中一人作是唱言諸善男子勿得恐怖
汝等應當一心稱觀世音菩薩名号是菩薩
能以无畏施於眾生汝等若稱名者於此怨
賊當得解脫眾商人聞俱發聲言南无觀
世音菩薩稱其名故即得解脫无盡意觀世
音菩薩摩訶薩威神之力巍巍如是若有眾
生多於婬欲常念恭敬觀世音菩薩便得離
欲若多瞋恚常念恭敬觀世音菩薩便得離
瞋若多愚癡常念恭敬觀世音菩薩便得離
癡无盡意觀世音菩薩有如是等大威神力
多所饒益是故眾生常應心念若有女人設
欲求男礼拜供養觀世音菩薩便生福德智
慧之男設欲求女便生端正有相之女宿殖德
本眾人愛敬无盡意觀世音菩薩有如是
力若有眾生恭敬礼拜觀世音菩薩福不唐
捐是故眾生皆應受持觀世音菩薩名号无

BD05821號3　觀世音經　（12–7）

欲求男礼拜供養觀世音菩薩便生福德智
慧之男設欲求女便生端正有相之女宿殖德
本眾人愛敬无盡意觀世音菩薩有如是
力若有眾生恭敬礼拜觀世音菩薩福不唐
捐是故眾生皆應受持觀世音菩薩名号无
盡意若有人受持六十二億恒河沙菩薩名字
復盡形供養飲食衣服臥具醫藥於汝意云
何是善男子善女人功德多不无盡意言甚
多世尊佛言若復有人受持觀世音菩薩名
号乃至一時礼拜供養是二人福正等无異
於百千万億劫不可窮盡无盡意受持觀世
音菩薩名号得如是无量无邊福德之利无
盡意菩薩白佛言世尊觀世音菩薩云何
遊此娑婆世界云何而為眾生說法方便之
力其事云何佛告无盡意菩薩善男子若有
國土眾生應以佛身得度者觀世音菩薩即
現佛身而為說法應以辟支佛身得度者即
現辟支佛身而為說法應以聲聞身得度
者即現聲聞身而為說法應以梵王身得度
者即現梵王身而為說法應以帝釋身得度者
即現帝釋身而為說法應以自在天身得度者
即現自在天身而為說法應以大自在天身
得度者即現大自在天身而為說法應以
天大將軍身得度者即現天大將軍身而為
說法應以毗沙門身得度者即現毗沙門身而
為說法應以小王身得度者即現小王身而
為說法應以長者身得度者即現長者身

BD05821號3　觀世音經　（12–8）

即現帝釋身而為說法應以自在天身得度者
即現自在天身而為說法應以大自在天身
得度者即現大自在天身而為說法應以
天大將軍身得度者即現天大將軍身而為
說法應以毗沙門身得度者即現毗沙門身而
為說法應以小王身得度者即現小王身而
為說法應以長者身得度者即現長者身
而為說法應以居士身得度者即現居士身
而為說法應以宰官身得度者即現宰官
身而為說法應以婆羅門身得度者即現婆
羅門身而為說法應以比丘比丘尼優婆塞
優婆夷身得度者即現比丘比丘尼優婆塞
優婆夷身而為說法應以長者居士宰官婆
羅門婦女身得度者即現婦女身而為說法應
以童男童女身得度者即現童男童女身而
為說法應以天龍夜叉乾闥婆阿脩羅迦樓
羅緊那羅摩睺羅伽人非人等身得度者
即皆現之而為說法應以執金剛神得度者即
現金剛神而為說法无盡意是觀世音菩薩
成就如是功德以種種形遊諸國土度脫衆
生是故汝等應當一心供養觀世音菩薩是
觀世音菩薩摩訶薩於怖畏急難之中能施
无畏是故此娑婆世界皆号之為施无畏者
无盡意菩薩白佛言世尊我今當供養觀
世音菩薩即解頸衆寶珠瓔珞價直百千兩
金而以與之作是言仁者受此法施珎寶瓔珞
時觀世音菩薩不肯受之无盡意復白觀世
音菩薩言仁者愍我等故受此瓔珞尒時佛

觀世音菩薩摩訶薩於怖畏急難之中能施
无畏是故此娑婆世界皆号之為施无畏者
无盡意菩薩白佛言世尊我今當供養觀
世音菩薩即解頸衆寶珠瓔珞價直百千兩
金而以與之作是言仁者受此法施珎寶瓔珞
時觀世音菩薩不肯受之无盡意復白觀世
音菩薩言仁者愍我等故受此瓔珞尒時佛
告觀世音菩薩當愍此无盡意菩薩及四衆
天龍夜叉乾闥婆阿脩羅迦樓羅緊那羅摩
睺羅伽人非人等故受是瓔珞即時觀世音菩
薩愍諸四衆及於天龍人非人等受其瓔珞
分作二分一分奉釋迦牟尼佛一分奉多寶佛
塔无盡意觀世音菩薩有如是自在神力
遊於娑婆世界尒時持地菩薩即從座起前
白佛言世尊若有衆生聞是觀世音菩薩品
自在之業普門示現神通力者當知是人功
德不少佛說是普門品時衆中八万四千衆
生皆發无等等阿耨多羅三藐三菩提心
尒時无盡意菩薩以偈問曰
世尊妙相具　我今重問彼　佛子何因緣　名為觀世音
具足妙相尊　偈荅无盡意　汝聽觀音行　善應諸方所
弘誓深如海　歷劫不思議　侍多千億佛　發大清淨願
我為汝略說　聞名及見身　心念不空過　能滅諸有苦
假使興害意　推落大火坑　念彼觀音力　火坑變成池
或漂流巨海　龍魚諸鬼難　念彼觀音力　波浪不能沒
或在須弥峯　為人所推墮　念彼觀音力　如日虛空住
或被惡人逐　墮落金剛山　念彼觀音力　不能損一毛
或值怨賊遶　各執刀加害　念彼觀音力　咸即起慈心

假使興害意 推落大火坑 念彼觀音力 火坑變成池
或漂流巨海 龍魚諸鬼難 念彼觀音力 波浪不能沒
或在須弥峯 為人所推墮 念彼觀音力 如日虛空住
或被惡人逐 墮落金剛山 念彼觀音力 不能損一毛
或值怨賊遶 各執刀加害 念彼觀音力 咸即起慈心
或遭王難苦 臨刑欲壽終 念彼觀音力 刀尋段段壞
或囚禁枷鎖 手足被杻械 念彼觀音力 釋然得解脫
呪詛諸毒藥 所欲害身者 念彼觀音力 還著於本人
或遇惡羅剎 毒龍諸鬼等 念彼觀音力 時悉不敢害
若惡獸圍遶 利牙爪可怖 念彼觀音力 疾走无邊方
蚖虵及蝮蝎 氣毒煙火燃 念彼觀音力 尋聲自迴去
雲雷鼓掣電 降雹澍大雨 念彼觀音力 應時得消散
衆生被困厄 无量苦逼身 觀音妙智力 能救世間苦
具足神通力 廣修智方便 十方諸國土 无剎不現身
種種諸惡趣 地獄鬼畜生 生老病死苦 以漸悉令滅
真觀清淨觀 廣大智慧觀 悲觀及慈觀 常願常瞻仰
无垢清淨光 慧日破諸闇 能伏災風火 普明照世間
悲體戒雷震 慈意妙大雲 澍甘露法雨 滅除煩惱焰
諍訟經官處 怖畏軍陣中 念彼觀音力 衆怨悉退散
妙音觀世音 梵音海潮音 勝彼世間音 是故須常念
念念勿生疑 觀世音淨聖 於苦惱死厄 能為作依怙
具一切功德 慈眼視衆生 福聚海无量 是故應頂禮
尒時持地菩薩即從座起前白佛言世尊若
有衆生聞是觀世音菩薩品自在之業普門示
現神通力者當知是人功德不少佛說是
普門品時衆中八万四千衆生皆發无等等
阿耨多羅三藐三菩提心

BD05821號3　觀世音經　（12–11）

无垢清淨光 慧日破諸闇 能伏災風火 普明照世間
悲體戒雷震 慈意妙大雲 澍甘露法雨 滅除煩惱焰
諍訟經官處 怖畏軍陣中 念彼觀音力 衆怨悉退散
妙音觀世音 梵音海潮音 勝彼世間音 是故須常念
念念勿生疑 觀世音淨聖 於苦惱死厄 能為作依怙
具一切功德 慈眼視衆生 福聚海无量 是故應頂禮
尒時持地菩薩即從座起前白佛言世尊若
有衆生聞是觀世音菩薩品自在之業普門示
現神通力者當知是人功德不少佛說是
普門品時衆中八万四千衆生皆發无等等
阿耨多羅三藐三菩提心

觀世音經一卷

BD05821號3　觀世音經　（12–12）

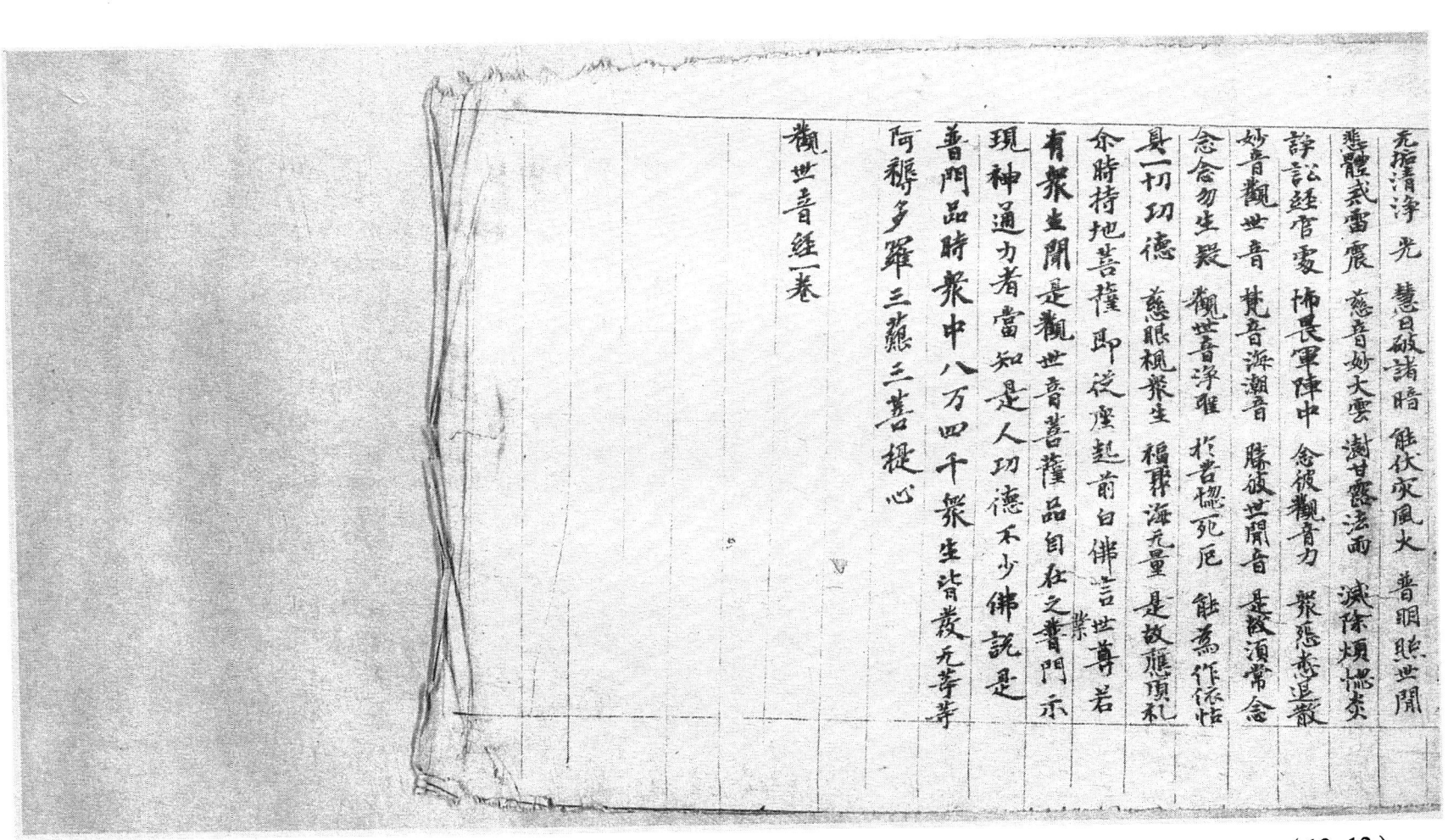

四分律藏第二分卷第五
爾時婆伽婆在舍衛國祇樹給孤獨園爾時
有一比丘尼欲裁縫僧伽梨時偷羅難陀比
丘尼聰明多知識善能教化偷羅難陀比丘
尼作是意欲使彼比丘尼之作供養故便為
裁衣不即為縫成時偷羅難陀比丘尼所住
精舍失火燒衣為火所燒右為風吹零落時
居士見已皆譏慊言此比丘尼不知慚愧外
自稱言我脩正法如是有何正法云何比丘
尼裁他衣而不即縫成為火所燒風吹零落
時諸比丘尼聞其中有少欲知足頭陀樂學
戒知慚愧者呵責偷羅難陀比丘尼言汝
云何為他作衣不即縫成為火所燒風吹零
落時諸比丘尼往白諸比丘諸比丘往白世
尊世尊以此因緣集比丘僧呵責偷羅難陀比
丘尼汝所為非非威儀非沙門法非淨行非
隨順行所不應為云何比丘尼裁衣不即縫

時諸比丘尼聞其中有少欲知足頭陀樂學
戒知慚愧者呵責偷羅難陀比丘尼言汝
云何為他作衣不即縫成為火所燒風吹零
落時諸比丘尼往白諸比丘諸比丘往白世
尊世尊以此因緣集比丘僧呵責偷羅難陀比
丘尼汝所為非非威儀非沙門法非淨行非
隨順行所不應為云何比丘尼裁衣不即縫
成為火燒風吹零落耶時世尊以無數方
便呵責已告諸比丘此比丘尼多種有漏處最
初犯戒自今已去與比丘尼結戒集十句義
乃至正法久住欲說戒者當如是說若比丘
尼縫僧伽梨過五日波逸提比丘尼義如上
如是世尊與比丘尼結戒彼求僧伽梨出迦
絺那衣六難事起疑佛言若有如是事無犯
自今已去應如是結戒若比丘尼縫僧伽梨
過五日除求僧伽梨出迦絺那衣六難事
起者波逸提比丘尼突吉羅式叉摩那沙彌沙
彌尼突吉羅是謂為犯不犯者求索僧伽梨
出功德衣五六難事起時若縫若斷理若無刀
無鍼若無線若少不足若衣主破戒破見破
威儀若被舉若滅擯若應滅擯若由此事故
有命難梵行難不縫成過五日者不犯不犯
者最初未制戒癡狂心亂痛惱所纏也 第一百二竟
爾時婆伽婆在舍衛國祇樹給孤獨園講堂
上時衆僧多人供養有時比丘尼置僧伽梨
在房不看不曬治虫爛色壞處時衆僧供養
斷此比丘尼不看僧伽梨至樹邊若欲入村
乃見僧伽梨虫爛色壞時比丘尼聞其中有
少欲知足行頭陀樂學戒知慚愧者呵責比丘

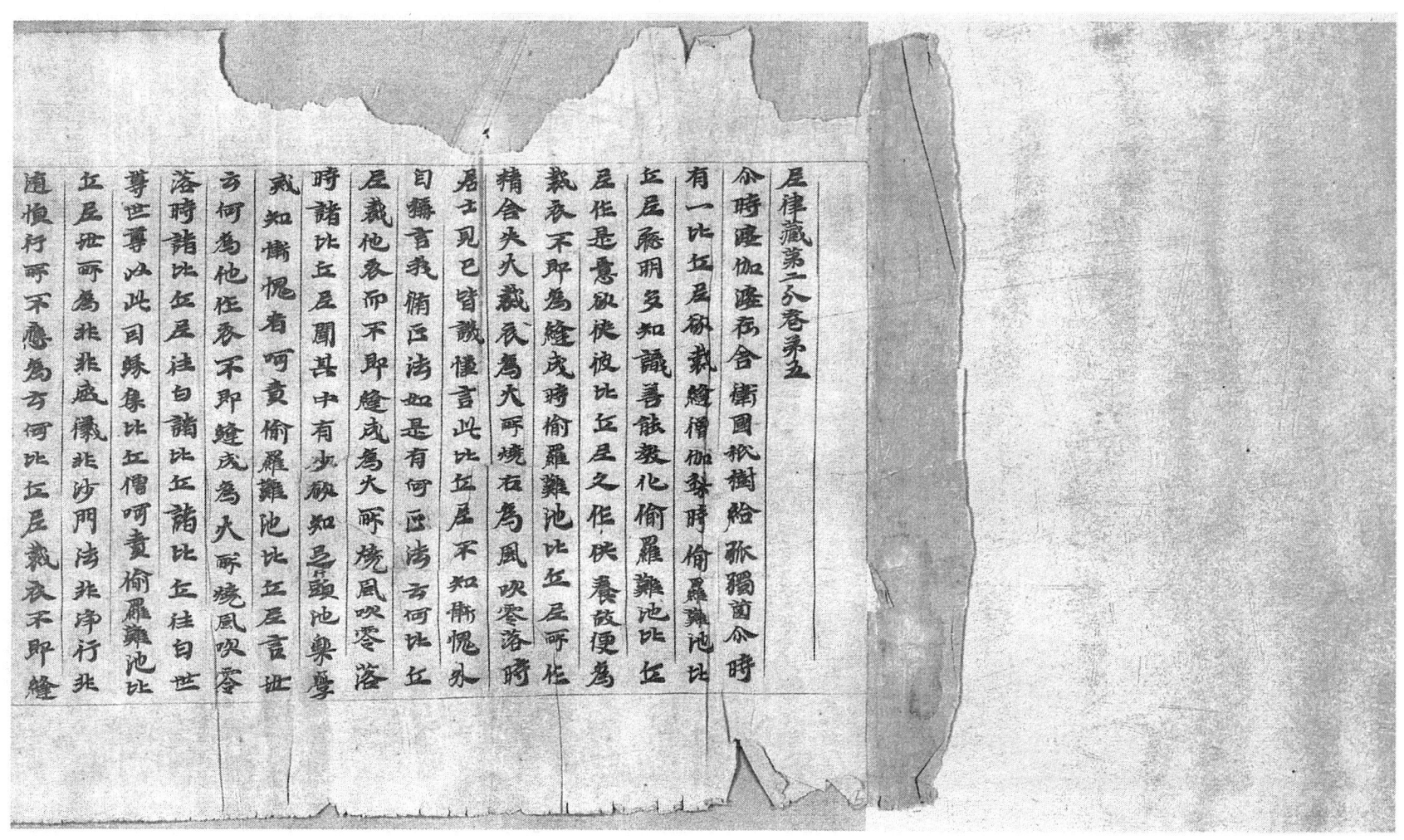

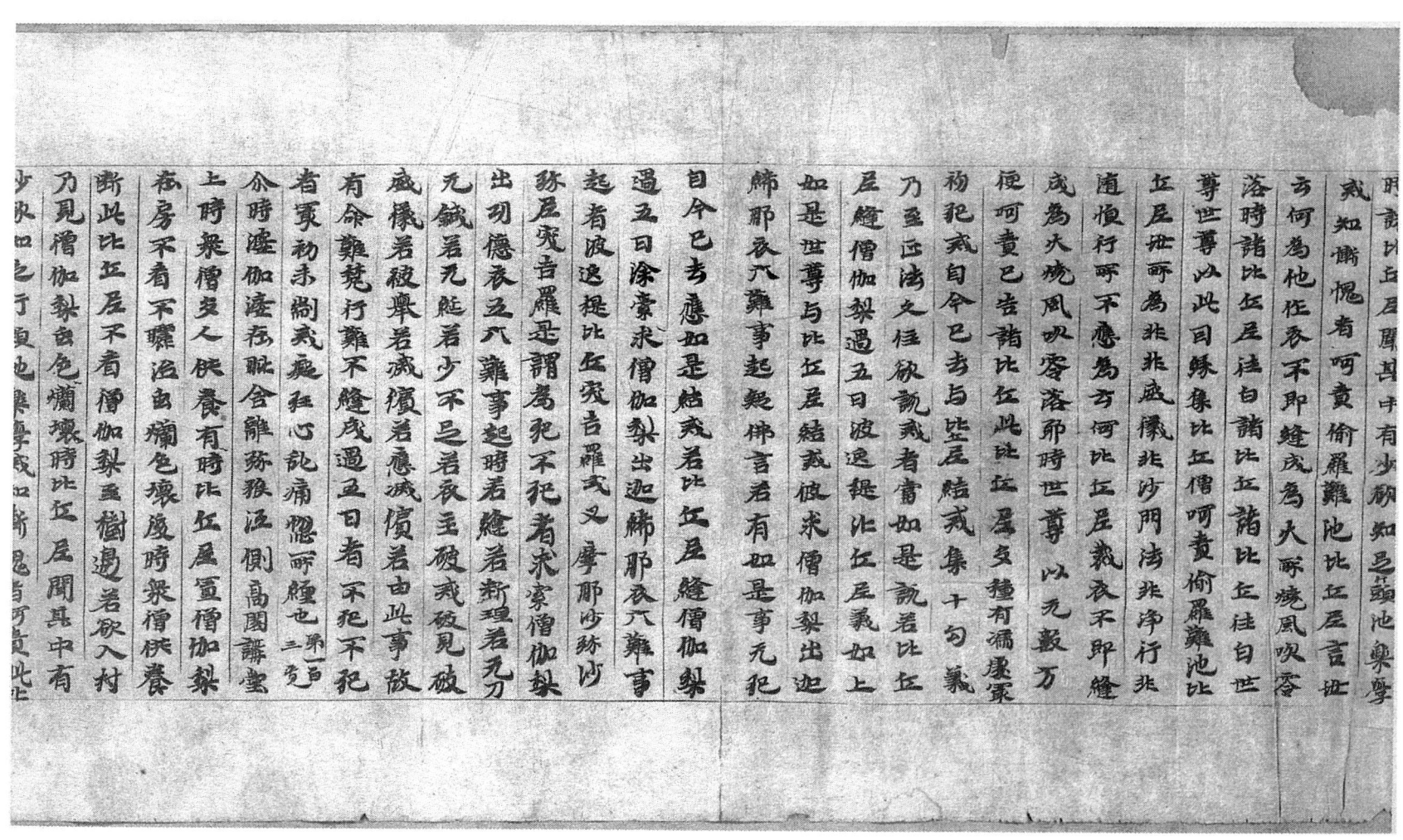

[illegible]
爾時婆伽婆在毗舍離獼猴江側高閣講堂
上時眾僧多人供養有時比丘尼置僧伽梨
在房不看不曬治虫爛色壞後時眾僧供養
斷此比丘尼不看僧伽梨置樹邊若欲入村
乃見僧伽梨虫色爛壞時比丘尼聞其中有
少欲知足行頭陀樂學戒知慚愧者呵責此比
丘尼云何置僧伽梨衣房不看不曬治虫爛色
壞時比丘尼往白諸比丘諸比丘往白世尊
世尊以此因緣集比丘僧呵責此比丘尼言
汝所為非非威儀非沙門法非淨行非隨順
行所不應為云何置僧伽梨衣房不看不曬
治虫爛色壞時世尊以无數方便呵責已告
諸比丘此比丘尼多種有漏處最初犯戒自今
已去与比丘尼結戒集十句義乃至正法久
住欲說戒者當如是說若比丘尼過五日不
看僧伽梨波逸提比丘義如上彼比丘尼
置僧伽梨衣房中五日五日中應往看不看
波逸提除僧伽梨餘衣不五日五日看突吉
羅除餘衣若不五日五日看餘所須之物不
令失若虫爛色壞突吉羅比丘突吉羅式叉
摩那沙彌沙彌尼突吉羅是謂為犯不犯者
置僧伽梨衣房五日五日看若舉處堅牢若
寄人彼受寄人言但莫憂我當為汝看彼看
若忘失不五日五日看无犯者无犯者最初
未制戒癡狂心亂痛惱所纏也 第一百四竟
爾時婆伽婆在舍衛國祇樹給孤獨園爾時
偷羅難陀比丘尼有親厚檀越欲為僧設食
并施衣偷羅難陀聞即往問言我聞汝欲設

置僧伽梨衣房五日五日看若舉處堅牢若
寄人彼受寄人言但莫憂我當為汝看彼看
若忘失不五日五日看无犯者无犯者最初
未制戒癡狂心亂痛惱所纏也 第一百四竟
爾時婆伽婆在舍衛國祇樹給孤獨園爾時
偷羅難陀比丘尼有親厚檀越欲為僧設食
并施衣偷羅難陀聞即往問言我聞汝欲設
食并施僧衣審爾已不檀越報言爾偷羅難
陀言眾僧大功德大神力多檀越布施汝唯
給處多今且可施食不須施衣也檀越即言
爾不復作衣即其夜辦具飲食明日清旦往
白時到時諸比丘尼著衣持鉢往詣其家就
坐而坐時檀越觀諸比丘尼僧威儀庠序法
服齊整見已自恨不覺發言如是好眾云何
使我留難不作衣供養爾時諸比丘尼聞言
由何因緣乃發是言耶時檀越即具白因緣
比丘尼聞其中有少欲知足行頭陀樂學戒
知慚愧者嫌責偷羅難陀言云何與眾僧衣
作留難時諸比丘尼往白諸比丘諸比丘往白佛
佛以此因緣集比丘僧呵責偷羅難陀汝
所為非非威儀非沙門法非淨行非隨順行不
所應為云何與僧衣作留難以无數方便
呵責已告諸比丘此偷羅難陀比丘尼多種
有漏處最初犯戒自今已去与比丘尼結戒
集十句義乃至正法久住欲說戒者當如是
說若比丘尼与眾僧衣作留難者波逸提比
丘尼義如上眾者如上衣者十種如上彼比
丘尼与眾僧衣作留難者波逸提除眾僧与

呵責已告諸比丘此偷羅難陀比丘尼多種
有漏處最初犯戒自今已去与比丘尼結戒
集十句義乃至正法久住欲說戒者當如是
說若比丘尼与衆僧衣作留難者波逸提比
丘尼義如上衆者如上衣者十種如上波比
丘尼与衆僧衣作留難者波逸提除衆僧与
餘人作留難者突吉羅除衣餘物作留難突
吉羅比丘突吉羅式叉摩那沙彌沙彌尼突
吉羅是謂為犯不犯者欲施少者勸使多与
施少人施勸多欲施麁食勸施細者或戲
咲語或屏處語或夢中語或欲說
此錯說彼无犯无犯者最初未制戒癡狂心
亂痛惱所纏 第一百五竟
尒時婆伽婆在舍衛國祇樹給孤獨園時有
比丘尼著他僧伽梨不語主入村乞食時衣
主不知作失衣意於處求覓乃見彼比丘尼
著行即語汝犯偷[illegible]言我不偷汝衣以親厚
意故取汝衣著耳時諸比丘尼聞其中有少
欲知足行頭陀樂學戒知慚愧者呵責此比
丘尼言汝云何不語主盜著他衣使他作失
衣意求覓耶即往白比丘白比丘白佛佛以
此因緣集比丘僧呵責此比丘尼汝所為非
非威儀非沙門法非淨行非隨順行所不應
為云何比丘尼不語主盜著他衣使主作失
衣意求覓耶時世尊以无數方便呵責已
告諸比丘此比丘尼多種有漏處最初犯戒
自今已去与比丘尼結戒集十句義乃至正
法久住欲說戒者當如是說若比丘尼不問

為云何比丘尼不語主盜著他衣使主作失
衣意求覓耶時世尊以无數方便呵責已
告諸比丘此比丘尼多種有漏處最初犯戒
自今已去与比丘尼結戒集十句義乃至正
法久住欲說戒者當如是說若比丘尼不問
主便著他衣者波逸提比丘尼義如上彼比
丘尼取他衣著不語主入村乞食者波逸提
比丘突吉羅式叉摩那沙彌沙彌尼突吉羅
是謂為犯不犯者若問主若是親厚語言汝
但著我當為汝語主不犯不犯者最初未制
戒癡狂心亂痛惱所纏也 第一百六竟
尒時婆伽婆在舍衛國祇樹給孤獨園時跋
難陀釋子有二沙彌一名耳二名[illegible]一人休
道一人著袈裟入外道衆中時六群比丘尼
以沙門衣施与休道者及与彼入外道者尒
時諸比丘尼聞其中有少欲知足行頭陀樂
學戒者知慚愧者呵責六群比丘尼汝云何持沙
門衣施与休道者及与彼入外道者諸比丘
尼往白諸比丘諸比丘白佛佛以此因緣集
比丘僧呵責六群比丘尼言汝所為非非威
儀非沙門法非淨行非隨順行所不應為云
何汝等以沙門衣為彼休道入及外道者尒
時世尊以无數方便呵責六群比丘尼已告
諸比丘此諸比丘尼多種有漏處最初犯戒自
今已去与比丘尼結戒集十句義乃至正法
久住欲說戒者當如是說若比丘尼持沙門
衣施与外道白衣者波逸提比丘尼義如上
白衣者在家人外道者佛法外出家人波

今已去与比丘尼結戒集十句義乃至正法
久住欲說戒者當如是說若比丘尼持沙門
衣施与外道白衣者波逸提比丘尼義如上
白衣者在家人外道者佛法外出家人波
逸提者波逸提不受突吉羅方便言我當与
而不与亦當与而不与一切突吉羅比丘突吉
羅式叉摩那沙弥沙弥尼突吉羅是謂為
犯不犯者若与父母若塔与作人与讎當屋
舍作人計故食直或強力者所奪无犯无犯
者最初未制戒痴狂心亂痛惱所纏 第一百七竟
尒時婆伽婆在舍衛國祇樹給孤獨園時比丘
尼衆得如法施衣欲分衣時偷羅難陀多諸
弟子尒散行不在時偷羅難陀作是意遮衆
僧如法可分与憑弟子不得諸比丘尼知如
是意諸比丘尼聞其中有少欲知足行頭陀
樂學戒知慚愧者嫌責偷羅難陀云何作是
意遮衆僧如法分衣憑弟子不得時比丘尼
往白諸比丘諸比丘往白世尊世尊以此因緣集
比丘僧呵責偷羅難陀汝所為非非威儀非
沙門法非淨行非隨順行所不應為云何作
是意遮衆僧如法分衣憑弟子不得時世尊
以无數方便呵責偷羅難陀已告諸比丘此比丘
尼多種有漏處最初犯戒自今已去与
比丘尼結戒集十句義乃至正法久住欲說
戒者當如是說若比丘尼作是意衆僧如法
分衣遮令不分憑弟子不得波逸提比丘尼
義如上衆者如上法者法如如律如佛所教

BD05822號　四分律第二分卷五

（34–7）

比丘尼結戒集十句義乃至正法久住欲說
戒者當如是說若比丘尼作是意衆僧如法
分衣遮令不分憑弟子不得波逸提比丘尼
義如上衆者如上法者法如如律如佛所教
衣者有十種如上彼比丘尼作如是意衆僧
如法分衣遮令不分憑弟子不得波逸提比
丘突吉羅式叉摩那沙弥沙弥尼突吉羅是
謂為犯不犯者或非時分非法別衆非法和合
衆法別衆似法別衆似法和合衆非法非律
非佛所教若欲分時憑夫若壞遮令不分无
犯无犯者最初未制戒痴狂心亂痛惱所纏
也 第一百八竟　尒時婆伽婆在舍衛國祇樹給
孤獨園時諸比丘尼衆僧如法出迦絺那衣
六群比丘尼作是念令衆僧令不出迦絺那
衣後當出令五事久得放捨時諸比丘尼知
六群比丘尼作如是意令衆僧令不出迦絺
那衣欲令五事久得放捨諸時比丘尼聞其
中有少欲知足行頭陀樂學戒知慚愧者呵
責六群比丘尼言汝云何作是意令衆僧令
不出迦絺那衣欲令五事久得放捨耶諸
比丘尼白諸比丘諸比丘往白
世尊世尊以此因緣集諸比丘僧呵責六群比
丘尼言汝所為非非威儀非沙門法非淨行
非隨順行所不應為云何作如是意令衆僧
令不出迦絺那衣欲令五事久得放捨以无
數方便呵責已告諸比丘此六群比丘尼多
種有漏處最初犯戒自今已去与比丘尼結

BD05822號　四分律第二分卷五

（34–8）

世尊以無數方便呵責六群比
丘尼言汝所為非非威儀非沙門法非淨行
非隨順行所不應為云何作如是意令眾僧
令不出迦絺那衣欲令五事久得放捨以無
數方便呵責已告諸比丘此六群比丘尼多
種有漏處最初犯戒自今已去與比丘尼結
戒集十句義乃至正法久住欲說戒者當如
是說若比丘尼作如是意令眾僧令不得出
迦絺那衣後當出欲令五事久得放捨波逸
提比丘尼義如上僧者如上法者如法如律
出迦絺那衣欲令五事久得放捨者波逸提
比丘突吉羅式叉摩那沙彌沙彌尼突吉羅
是謂為犯不犯者若非時出非法別眾非
法和合眾法別眾似法別眾似法合和眾非法
非律非佛所教若出時恐失壞遮令不出無
犯無犯者最初未制戒癡狂心亂痛惱所纏
也第百九竟　尒時婆伽婆在舍衛國祇樹給孤
獨園時比丘尼僧欲出迦絺那衣出時六
群比丘尼作是意令比丘尼僧如法出迦絺
那衣衣遮徒不出欲令久得五事放諸捨比丘
尼知六群比丘尼作如是意遮比丘尼僧如
法出迦絺那衣令五事久得放捨諸比丘尼
聞其中有少欲知足行頭陀樂學戒知慚愧
者嫌責六群比丘尼言云何作是意遮六群
比丘尼僧如法出迦絺那衣欲令五事久得
放捨往白諸比丘諸比丘往白佛佛以此因
緣集比丘僧呵責六群比丘尼言汝所為非
非威儀非沙門法非淨行非隨順行所不應
為比丘尼眾欲如法出迦那絺衣云何遮令

者嫌責六群比丘尼言云何作是意遮六群
比丘尼僧如法出迦絺那衣欲令五事久得
放捨往白諸比丘諸比丘往白佛佛以此因
緣集比丘僧呵責六群比丘尼言汝所為非
非威儀非沙門法非淨行非隨順行所不應
為比丘尼眾欲如法出迦那絺衣云何遮令
不出欲令久得放捨五事耶以無數方便呵
責已告諸比丘此比丘尼多種有漏處最初
犯戒自今已去與比丘尼結戒集十句義乃
至正法久住欲說戒者當如是說若比丘尼
作如是意遮比丘尼僧不出迦絺那衣欲令
五事久得放捨逸波提比丘尼義如上僧者
如上法者如法如律如佛所教波比丘尼作
是意遮比丘尼僧如法出迦絺那衣欲令五
事久得放捨說而了了波逸提不了了者突
吉羅比丘突吉羅式叉摩那沙彌沙彌尼突
吉羅是謂為犯不犯者出迦絺那衣非時非
法別眾非法和合眾法別眾似法別眾似法
和合眾非法非律非佛所教若出恐失壞如
是遮者無犯無犯者最初未制戒癡狂心亂
痛惱所纏也第百十竟　尒時佛在舍衛國祇樹
給孤獨園時有比丘尼共諍鬪至偷羅難陀
比丘尼所語言與我心此鬪諍偷羅難陀比
丘尼聰明智慧諍事起能滅竟不為方便滅
此諍事時波比丘尼以鬪諍不得和合愁憂
遂便休道時比丘尼眾聞其中有少欲知足
行頭陀樂學戒知慚愧者嫌責偷羅難陀言
云何比丘尼語言為我滅諍而竟不為方便

比丘尼而說言与我滅此鬬諍偷羅難陀比
丘尼聦明智慧諍事起能滅竟不為方便滅
此諍事時彼比丘尼以鬬諍不得和合愁憂
遂便休道時比丘尼衆聞其中有少欲知足
行頭陁樂學戒知慚愧者嫌責偷羅難陀言
云何比丘尼語言為我滅諍而竟不為方便
滅此諍事令彼比丘尼以此諍事不和解遂
便休道耶即往白諸比丘諸比丘往白世尊
世尊以此因緣集比丘僧呵責偷羅難陀汝所為
非非威儀非沙門法非淨行非隨順行所不
應為云何竟不与彼和解鬬諍事使彼休道
耶時世尊以无數方便呵責已告諸比丘此
偷羅難陀比丘尼多種有漏處最初犯戒自
今已去与比丘尼結戒集十句義乃至正法
久住欲說戒者當如是說若比丘尼語言為
我滅此諍事而不作方便令滅者波逸提非
非威儀如上鬬諍有四種如上彼比丘尼語
餘比丘尼言為滅我此諍事不為滅波逸提
除鬬諍已若更有餘小小諍事不方便滅突
吉羅若己身鬬諍事不方便滅突吉羅除比丘
比丘尼餘人有鬬不方便滅突吉羅比丘突
吉羅式叉摩那沙弥沙弥尼突吉羅是謂為
犯不犯者若為滅若与作方便若病若言不
行若彼破戒破見破威儀滅擯若應滅擯若以
此事有命難梵行難不方便滅者无犯无
犯者最初未制戒癡狂心亂痛惱所纏 第百丁竟
尒時婆伽婆在舍衛國祇樹給孤獨園時跋
難陀釋子有二沙弥一名耶二名蜜一人犯
道一人著衆衆入外道衆時六群比丘尼持

BD05822號　四分律第二分卷五　（34–11）

行若彼破戒破見破威儀滅擯若應滅擯若以
此事有命難梵行難不方便滅者无犯无
犯者最初未制戒癡狂心亂痛惱所纏 第百丁竟
尒時婆伽婆在舍衛國祇樹給孤獨園時跋
難陀釋子有二沙弥一名耶二名蜜一人犯
道一人著衆衆入外道衆時六群比丘尼持
食与白衣入外道者時諸比丘尼聞其中有
少欲知足頭陁樂學戒知慚愧者呵責六
群比丘尼云何持食与白衣入外道者時
諸比丘尼白諸比丘諸比丘往白世尊世尊
以此因緣集比丘僧呵責六群比丘尼言汝
所為非非威儀非沙門法非淨行非隨順行
所不應為云何汝等持食与白衣外道者以
无數方便呵責已告諸比丘此比丘尼多種
有漏處最初犯戒自今已去与比丘尼結戒
集十句義乃至正法久住欲說戒者當如是
說若比丘尼与白衣入外道者可噉食者波
逸提如是世尊与比丘尼結戒彼疑不敢置
地与不敢使人与佛言聽使人与若置地与
今自已去當如是結戒若比丘尼自手持食
与白衣入外道食者波逸提比丘尼義如上
白衣者未出家人外道者在佛法外出家者
是可食可食噉者如上彼比丘尼自手持食
与白衣入道外此為彼受者波逸提比与不受者
突吉羅方便欲与而不与若期欺當与悔不
与一切突吉羅比丘突吉羅式叉摩那沙弥
沙弥尼突吉羅是謂為犯不犯者或置地与
或使人与若与父母若以与塔作人若為強

BD05822號　四分律第二分卷五　（34–12）

是可食可食噉者如上彼比丘尼自手持食
與白衣入道外此滴彼受者波逸提（比与）不受者
突吉羅方便欲與而不與若期期當與悔不
與一切突吉羅比丘突吉羅式叉摩那沙彌
沙彌尼突吉羅是謂爲犯不犯者或置地與
或使人與若與父母若以與塔作人若爲強
力者所執無犯無犯者最初未制戒癡狂心
亂痛惱所纏也　第一百一十三竟
爾時婆伽婆在舍衛國祇樹給孤獨園時六
群比丘尼營理家事舂磨或炊飯或煮羹或
暴食或敷牀臥具或掃地或取水或受人使
令諸居士見已皆共譏嫌言如我婦營理家
業舂磨炊飯乃至受人使令此六群比丘尼亦
復如是時諸居士皆生慊心不復恭敬爾時
諸比丘尼聞其中有少欲知足行頭陀樂學
戒知慚愧者慊責六群比丘尼言云何營理
家業舂磨乃至受使如俗人無異耶往白諸
比丘諸比丘往白佛佛以此因緣集比丘僧
呵責六群比丘尼所爲非非威儀非沙門
法非淨行非隨順行所不應爲云何營理家
業舂磨乃至受使如俗人無異以無數方便
呵責已告諸比丘此比丘尼多種有漏處最
初犯戒自今已去與比丘尼結戒集十句義
乃至正法久住欲說戒者當如是說若比丘
尼爲白衣作使者波逸提比丘尼義如上爲
白衣作使者即上舂磨乃至受使是彼比丘尼
營理家業舂磨乃至受人使令者一切波逸
提比丘道所犯式叉摩那沙彌沙彌尼突吉

乃至正法久住欲說戒者當如是說若比丘
尼爲白衣作使者波逸提比丘尼義如上爲
白衣作使者即上舂磨乃至受使是彼比丘尼
營理家業舂磨乃至受人使令者一切波逸
提比丘道所犯式叉摩那沙彌沙彌尼突吉
羅是謂爲犯不犯者若父母病若被繫閉爲
敷牀臥具掃地取水供所須受使若有信心
優婆塞病若被繫閉爲敷牀臥具掃地取水
受使若爲強力者所執如是一切無犯無犯
者最初未制戒癡狂心亂痛所纏　第一百一十三竟
爾時婆伽婆在舍衛國祇樹給孤獨園時六
群比丘尼手自紡諸居士見已皆共　譏嫌
言如我婦紡績此比丘尼亦如是時諸居士
即生慊心無有恭敬心時諸比丘尼聞其中
有少欲知足行頭陀樂學戒知慚愧者慊責
六群比丘尼汝云何手自紡績耶往白諸比
丘諸比丘白佛佛以此因緣集比丘僧呵責
六群比丘尼言汝所爲非非威儀非沙門法非
淨行非隨順行所不應爲云何手自紡績與俗
人無異耶以無數方便呵責已告諸比丘此比
丘尼多種有漏處最初犯戒自今已去與比
丘尼結戒集十句義乃至正法久住欲說戒
者當如是說若比丘尼手自紡績者波逸提
比丘尼義如上縷者有十種如上若比丘尼
自手紡績一引一波逸提比丘突吉羅式叉
摩那沙彌沙彌尼突吉羅是謂爲犯不犯者
若自索綖合線綖或強力所執有無犯無犯者犯

者當如是說若比丘尼手自紡績者波逸提
比丘尼義如上離者有十種如上若比丘尼
自手紡績一引一波逸提比丘突吉羅式叉
摩耶沙彌沙彌尼突吉羅是謂為犯不犯者
若自棄綖合綫綖或強力所執者无犯无犯者
家物未制戒痴狂心亂痛所惱纏 第一百廿四竟
尒時婆伽婆在舍衛國祇樹給孤獨園時偷
羅難陀比丘尼時到著衣持鉢詣一居士家敷
坐而坐時彼居士婦脫衣身瓔珞衣服入浴
室洗浴時偷羅難陀比丘尼取他著瓔珞衣
服在居士牀上臥彼居士兒出行在不處
行還至家中卒見偷羅難陀意謂己婦即便
就臥手捉捫摸嗚口彼捫摸時覺其頭禿方
問言汝是何人報言我是偷羅難陀比丘
尼居士語言汝何故著我婦瓔珞衣服在我
牀上臥令我見已謂是我婦汝可速去自今
已去莫復更來入我家時諸比丘尼聞其中有
少欲知足行頭陀樂學戒知慚愧者嫌責
偷羅難陀言云何著他婦瓔珞衣服在牀上
臥即往白諸比丘諸比丘往白世尊世尊以
此因緣集比丘僧呵責偷羅難陀汝所為非
非威儀非沙門法非淨行非隨順行所不應
為云何入居士家著他婦瓔珞衣服在牀上
臥使居士嫌責耶以无數方便呵責已告諸
比丘此比丘尼多種有漏處最初犯戒自
今已去与比丘尼結戒集十句義乃至正法久
住欲說戒者當如是說若比丘尼入白衣舍
內在小牀大牀上若坐若臥波逸提 比丘尼義如上

BD05822號　四分律第二分卷五　（34–15）

臥使居士嫌責耶以无數方便呵責已告諸
比丘此比丘尼多種有漏處最初犯戒自
今已去与比丘尼結戒集十句義乃至正法久
住欲說戒者當如是說若比丘尼入白衣舍
內在小牀大牀上若坐若臥波逸提 比丘尼義如上
白衣舍者村小牀者坐牀大牀者臥牀比丘
尼入白衣舍內在小牀大牀上若坐若臥隨
脇一轉一一波逸提比丘突吉羅式叉摩耶
沙彌沙彌尼突吉羅是謂為犯不犯者或時
有如是病若坐若為比丘尼僧敷衆
多坐若病倒地若為強力者所執若被繫閉
若命難梵行難无犯无犯者最初未制戒痴
狂心亂痛惱所纏 第一百廿五竟　尒時婆伽婆在
舍衛國祇樹給孤獨園時有比丘尼向拘薩羅
國在道行至无住處村詣其舍主於舍內
敷臥具而宿至明日清旦不辭主人而去後
村舍失火燒舍時彼居士謂舍有物便不往
救火火燒舍盡即問比丘尼在何處答言
以去諸居士皆共譏嫌言此比丘尼等不知
慚愧外自稱言我脩正法如是何有正法云
何語主人在舍內宿明日不辭主人而去
我等謂舍內有物而放火便燒舍盡 時諸
比丘尼聞其中有少欲知足行頭陀樂學戒
知慚愧者嫌責諸比丘尼言汝云何語主人
在他舍內宿去時不語其主令火燒他舍盡
即往白諸比丘諸比丘往白佛佛以此因緣
集比丘僧便呵責諸比丘尼言汝云何語
主人在他舍內宿去不語使火燒他舍盡已

BD05822號　四分律第二分卷五　（34–16）

知慚愧者嫌責諸比丘尼言世尊何語主人
在他舍内宿去時不語其主令火燒他舍盡
耶往白諸比丘諸比丘往白佛佛以此因緣
集比丘僧僃便呵責諸比丘尼言汝云何語
主人在他舍内宿去不語使火燒他舍盡已
无將處分家物犯戒自今已去与比丘尼結戒
集十句義乃至正法久住欲說戒者當如是
說若比丘尼至白衣舍語主人敷敷止宿明日
不辭主人而去波逸提比丘尼義如上白衣
舍者村宿者在心中宿處敷敷者或草敷或
主人敷坐止宿明日不辭而去出門波逸提
一腳在内一腳在外方便欲去而不去若共
期去而不去一切突吉羅比丘突吉羅式叉
摩那沙彌沙彌尼突吉羅是謂為犯不犯者
辭主人而去若先有人在内舍住若舍先空
若先有福舍若是親厚親厚者語言汝但去
當為汝語主人若舍崩壞為火燒若中有毒蛇
惡獸若有賊入或為强力者所執若被繫閉
或命難梵行難不犯不犯者最初未制戒癡
狂心亂痛惱所纏　第百十六竟
爾時婆伽婆在舍衛國祇樹給孤獨園時有
六群比丘尼誦種種雜呪術或支節呪或刹
利呪鬼呪吉凶呪或習轉鹿輪卜或習解知音
聲時諸比丘尼聞其中有少欲知足行頭陀樂
學戒知慚愧者呵責六群比丘尼言汝習誦
如是種種支節呪乃至解諸音聲呵責已
往白諸比丘諸比丘往白佛佛以此因緣集

BD05822號　四分律第二分卷五　（34–17）

聲時諸比丘尼聞其中有少欲知足行頭陀樂
學戒知慚愧者呵責六群比丘尼言汝習誦
如是種種支節呪乃至解諸音聲呵責已
往白諸比丘諸比丘往白佛佛以此因緣集
比丘僧呵責六群比丘尼汝所為非非威儀
非沙門法非淨行非隨順行所不應為云何
誦習種種呪術乃至知解音聲耶呵責已告
諸比丘此比丘尼多種有漏處最初犯戒自
今已去与比丘尼結戒集十句義乃至正法
久住欲說戒者當如是說若比丘尼誦習世
俗呪術者波逸提比丘尼義如上世俗呪者
即上呪術支節乃至解知音聲耶比丘尼誦習
世俗呪術乃至音聲若口受若執文誦說而
了了波逸提不了了突吉羅比丘突吉羅式
叉摩那沙彌沙彌尼突吉羅是謂為犯不犯
者若誦治腹中蟲痛呪若誦持宿食不消呪
者若誦書若世俗降伏外道呪若誦治毒呪
以護身故无犯无犯者最初未制戒癡狂心
亂痛所纏也　第百一十七竟　若比丘尼教人誦習
呪術波逸提　一百一十八竟此与上无異以教
人為異　爾時佛在舍衛國祇樹給孤獨
薗時有一比丘尼名婆羅度他任身女人
受具足戒已後便生男兒自抱入村乞食諸
居士見已皆譏嫌言此比丘尼不知慚愧
犯不淨行外自稱言我脩正法如是何有正
法看此出家人新生兒時諸比丘尼聞其中
有少欲知足行頭陀樂學戒知慚愧者呵責
婆羅比丘尼汝云何度他任身女人往白

BD05822號　四分律第二分卷五　（34–18）

居士見已皆譏嫌言此比丘尼不知慚愧
犯不淨行外自稱言我脩正法如是何有正
法有此出家人新生兒時諸比丘尼聞其中
有少欲知足行頭陀樂學戒知慚愧者呵責
波羅比丘尼汝云何度他任身女人住白
諸比丘諸比丘白佛佛以此因緣集比丘僧
呵責波羅比丘尼言汝所為非非威儀非沙門
法非淨行非隨順行所不應為云何度他任
身女人以无數方便呵責已告諸比丘此比
丘尼多種有漏處最初犯戒自今已去與比
丘尼結戒集十句義乃至正法久住欲說戒
者當如是說若比丘尼度女人任身與受具
足戒者波逸提如是世尊與比丘尼結戒時
諸比丘尼不知任身不任身後乃知 任身
其中或作波逸提懺或疑不知无者犯自今
已去當如是結戒若比丘尼知女人任身度
與受具足戒者波逸提比丘尼義如上彼比
丘尼知女人任身度與受具足戒作三羯磨竟和
上尼波逸提白二羯磨竟二突吉羅白一羯
磨竟二突吉羅白已一突吉羅白未竟突吉
羅未白前與剃頭著衣與受戒若集眾眾僧
任彼人言若信可信人語或信父母語與受
具足戒後生男兒不犯若生已疑不敢捉抱
佛言若未離母自活聽一切如母法乳餔
長養後有疑不敢與此男子同室宿佛言若
未制戒癡狂心亂痛惱所纏也 第一百一十九竟
尒時世尊在舍衛國祇樹給孤獨園時有比
丘尼度他乳兒婦女留兒在家中送兒還之

具足戒後生男兒不犯若生已疑不敢捉抱
佛言若未離母自活聽一切如母法乳餔
長養後有疑不敢與此男子同室宿佛言若
未制戒癡狂心亂痛惱所纏也 第一百一十九竟
尒時世尊在舍衛國祇樹給孤獨園時有比
丘尼度他乳兒婦女留兒在家中送兒還之
此比丘尼抱兒入村乞食時諸居士見已皆
共譏嫌言此比丘尼不知慚愧犯不淨行外
自稱言我知正法如是何有正法有此出家
人生兒抱行乞食時諸比丘尼聞其中有少
欲知足行頭陀樂學戒知慚愧者呵責彼比
丘尼言汝云何乃度他乳兒婦女令諸居
士譏嫌往白諸比丘諸比丘往白佛佛言以
此因緣集比丘僧呵責彼比丘尼言汝為非
非威儀非沙門法非淨行非隨順行所不應
為云何度他乳兒婦女以无數方便呵責已
告諸比丘此比丘尼多種有漏處最初犯戒
自今已去與比丘尼結戒集十句義乃至正
法久住欲說戒者當如是說若比丘尼度他
乳兒婦女受具足戒波逸提如是世尊與比
丘尼結戒時諸比丘尼不知產乳不產乳後
乃知產乳不知者无犯自今已去當如是說
戒若比丘尼知婦女乳兒與受具足戒波逸
提比丘尼義如上彼比丘尼知他婦女有乳
兒度受具足戒作三羯磨竟和上尼波逸提
白二羯磨三突吉羅白一羯磨二突吉羅白
未竟突吉羅未白前與剃髮與出家與著衣
與受戒若集眾眾滿一切突吉羅比丘突吉

戒若比丘尼知婦女乳兒与受具足戒波逸
提比丘尼義如上彼比丘尼知他婦女有乳
兒度受具足戒作三羯磨竟和上尼波逸提
白二羯磨二突吉羅白一羯磨一突吉羅白
未竟突吉羅未白前与剃髮与出家与著衣
与受戒若集衆衆滿一切突吉羅比丘突吉
羅是謂為犯不犯者若不知信他人言信可
信人言或信父母語而度与受具足戒已後送
兒來不犯其母起不抱養佛言若未能自
活應如母法乳養至斷乳已後母与此兒同
處宿藏佛言自今已去聽斷乳已者无犯
无犯者最初未制戒癡狂心亂痛惱所纏 第一百廿竟
爾時佛在舍衛國祇樹給孤獨園時諸比丘
尼聞佛制戒聽度人輙受少年童女不知有
欲心无欲心後便与染汙心男子共立共語
調戲時諸比丘尼聞其中有少欲知足行頭
陀樂學戒知慚愧者嫌責諸比丘尼言世尊
制戒聽度人汝等云何乃度小年童女汙
染心人共立共語調戲耶即白諸比丘諸比丘
往白佛佛以此因緣集比丘僧呵責比丘尼
言汝所為非非威儀非沙門法非淨行非隨
順行所不應為云何度小年童女不知有染
汙心无染汙心与人共立共語調戲耶以无數
方便呵責比丘尼已告諸比丘尼言汝等諦
聽若欲在寺內剃髮者當語一切僧若作白
已然後与剃髮當作如是白大姊僧聽此某
甲欲從某甲求出家若僧時到僧忍聽為某
甲剃髮白如是作如是白已然後与剃髮若

BD05822號　四分律第二分卷五　（34–21）

方便呵責比丘尼已告諸比丘尼言汝等諦
聽若欲在寺內剃髮者當語一切僧若作白
已然後与剃髮當作如是白大姊僧聽此某
甲欲從某甲求出家若僧時到僧忍聽為某
甲剃髮白如是作如是白已然後与剃髮若
欲在寺內与出家者當語一切尼僧若作白
与出家當作如是白大姊僧聽此某甲從某
甲求出家若僧時到僧忍聽与某甲出家白
如是作如是白已然後与出家与剃髮著袈
裟已教有脉著地合掌作如是語我某甲歸
佛依歸依法歸依僧我於如來法中求出家
和上某甲如來至真等正覺是我世尊如是
第二第三說我歸依佛竟歸依法竟歸依
僧竟我於如來法中求出家和上某甲如來至
真等正覺是我世尊如是第二第三說已次
應与受戒盡形壽不殺生是沙弥尼戒汝能
持不答言能盡形壽不盜是沙弥尼戒汝能
持不答言能盡形壽不婬是沙弥尼戒汝能
持不答言能盡形壽不妄語是沙弥尼戒汝
能持不答言能盡形壽不飲酒是沙弥尼戒
汝能持不答言能盡形壽不著華香瓔珞是
沙弥尼戒汝能持不能者答言能盡形壽不
歌儛伎樂不往看是沙弥尼戒汝能持不能
者答言能盡形壽不得高廣大牀上坐是沙弥
尼戒汝能持不能者答言能盡形壽不得
捉金銀錢是沙弥尼戒汝能持不能者答言
能盡形壽不得非時食汝能持不者答言能是為
沙弥尼十戒盡形壽能持不能者答言能自今

BD05822號　四分律第二分卷五　（34–22）

敬揵椎衆不往看是沙弥尼戒汝能持不能
者答言能盡形壽不得昌廣大牀上坐是沙弥
尼戒汝能持不能者答言能盡形壽不得
捉金銀錢是沙弥尼戒汝能持不能者答言
能盡形壽不得非時食汝能持不者答言能是為
沙弥尼十戒盡形壽能持不能者答言能自今
已去聽年十八童女二歲學戒年廿滿得受
具足戒白四羯磨當如是說戒沙弥尼當詣
僧中偏露右肩脫革屣禮比丘尼僧足右膝
着地合掌當作是語大姊僧聽我某甲沙弥
尼今從僧乞二歲學戒某甲尼為和上願僧
与我二歲學戒慈愍故第二第三如是說已
沙弥尼應往離聞處着見處已比丘尼衆中
當差堪能羯磨者如上應作白大姊僧聽彼
某甲沙弥尼今從僧求二歲學戒和上尼某
甲若僧時到僧忍聽与某甲沙弥尼二歲學
戒和上尼某甲白如是大姊僧聽彼某甲沙
弥尼從乞僧二歲學戒和上尼某甲今僧与
某甲沙弥尼二歲學戒和上尼某甲誰諸大
姊忍僧与彼某甲沙弥尼二歲學戒和上尼某
甲者嘿然不忍者說是初羯磨如是第二
第三說衆僧已忍与某甲沙弥尼二歲學戒
和上尼某甲竟僧忍故嘿然如是持彼戒叉
摩那一切戒應學除自手取食授食与他
彼二歲學戒已年滿廿當与受具足戒白四羯
磨自今已去与比丘尼結戒集十句義乃至
正法久住欲說戒者當如是說若比丘尼年滿

第三說衆僧已忍与某甲沙弥尼二歲學戒
和上尼某甲竟僧忍故嘿然如是持彼戒叉
摩那一切戒應學除自手取食授食与他
彼二歲學戒已年滿廿當与受具足戒白四羯
磨自今已去与比丘尼結戒集十句義乃至
正法久住欲說戒者當如是說若比丘尼年滿
十八童女二歲學戒已滿廿与受具足戒
若比丘尼年減廿受具足戒者波逸提如是
世尊与比丘尼結戒時諸比丘尼不知滿廿
不滿廿後知方不滿廿或作波逸提懺或有
疑者不知者不犯自今已去當如是結戒若
比丘尼知年不滿廿与受具足戒波逸提比
比丘義如上彼比丘尼知不滿廿授具足戒
三羯磨竟和上尼波逸提白二羯磨竟三突吉
羅白一羯磨竟二突吉羅白已一突吉羅
白未竟一突吉羅若未白前集衆衆滿一切
突吉羅比丘突吉羅是謂為犯不犯者年十
八學二歲戒滿廿受具足戒若不知若自言
滿廿若信可信人語若信父母語戒受戒彼
麭當數胎中月當數閏月數十四日說戒日
无犯无犯者冣初未制戒癡狂心亂痛惱所
纏也　第百廿二竟　　二分第九[illegible]本尊了一校
尒時婆伽婆在舍衛國祇樹給孤獨園時諸
比丘尼聞世尊制戒年十八二歲學戒滿廿受
具足戒彼非具十八不二歲學戒年滿廿与
受具足戒聞二歲學戒彼受具戒已不知當
學何戒時諸比丘尼聞其中有少欲知足行

二分第九西本草一校

婬也 第百廿二竟
尒時婆伽婆在舍衛國祇樹給孤獨園時諸
比丘尼聞世尊制戒年十八二歲學戒滿廿受
具足戒彼非具十八不二歲學戒年滿廿与
受具足戒闕二歲學戒彼受具戒已不知當
學何戒時諸比丘尼聞其中有少欲知足行
頭陀樂學戒知慚愧者呵責諸比丘尼言世
尊制戒年十八二歲學戒滿廿与受具足戒
汝云何非具十八不二歲學戒年廿便与受
具足戒闕二歲學戒而不知當學何等戒耶
時諸比丘尼白諸比丘諸比丘往白世尊世
尊以此因緣集比丘僧呵責諸比丘尼言汝所
為非非威儀非沙門法非淨行非隨順行所
不應為世尊制戒年十八与二歲學戒滿廿
受具足戒汝云何非具年十八二歲學滿廿
受具足戒闕二歲學戒受具足戒已不知當
學何戒耶尒時世尊以无數方便呵責諸比
丘尼已告諸比丘此諸比丘尼多種有漏處
最初犯戒自今已去与比丘尼結戒集十句
義乃至正法久住欲說戒者當如是說若比
丘尼年十八童女不与二歲學戒年滿廿便
与受具足戒者波逸提比丘尼義如上彼比
丘尼若年十八童女不二歲學戒便与受具
足戒唱三羯磨竟和上波逸提白二羯磨
三突吉羅白一羯磨二突吉羅白已一突吉羅
白未竟突吉羅未白前集眾及眾滿者一
切突吉羅比丘突吉羅是謂為犯不犯者年
十八童女二歲學戒滿廿与受具足戒无犯

足戒唱三羯磨竟和上波逸提白二羯磨
三突吉羅白一羯磨二突吉羅白已一突吉羅
白未竟突吉羅未白前集眾及眾滿者一
切突吉羅比丘突吉羅是謂為犯不犯者年
十八童女二歲學戒滿廿与受具足戒无犯
无犯者最初未制戒癡狂心亂痛惱所纏 第百廿三竟
尒時婆伽婆在舍衛國祇樹給孤獨園時諸
比丘尼聞世尊制戒年十八童女与二歲學
戒与六法滿廿与受具足戒彼不与六法便
与受具足戒彼學戒戒時任淨不盜行取五錢
斷人命自稱得上人法過中食飲酒時諸比
丘尼聞其中有少欲知足行頭陀樂學戒知
慚愧者嫌責諸比丘尼言世尊制戒年十八童
女与二歲學戒与六法滿廿与受具足戒汝云
何不教六法事便具足戒犯梵行盜五錢乃
乃至飲酒耶白諸比丘諸比丘往白世尊世尊
以此因緣集比丘僧呵責彼比丘尼言汝所
為非非威儀非沙門法非淨行非隨順行所
不應為汝等比丘尼應年十八童女与二歲
學戒与六法滿廿与受具足戒而云何不与
六法令犯婬乃至飲酒耶以无數方便呵責
已告諸比丘此比丘尼多種有漏處最初犯
戒自今已去与比丘尼結戒集十句義乃至
正法久住欲說戒者當如是說若比丘尼年十
八童女与二歲學戒不与六法滿廿便与受
具足戒波逸提比丘尼義如上若式叉摩那
犯婬應滅擯若有染汙心与染汙心男子身

正欠佳敬說戒當如是說若比丘尼年十
八童女与二歲學戒不与六法滿廿便与受
具足戒波逸提比丘尼義如上若式叉摩那
犯殺應滅儐若有染污心与染污心男子身
相摩盜戒應更与戒若偷五錢過五錢應滅
儐若滅五錢盜戒應更与戒若斷人命應滅
儐若斷衆生命殺戒應更与戒若自言得上
人法者應滅儐若在衆中故妄語者殺戒應
与更戒若非時食犯戒應更与戒若飲酒犯
戒若比丘尼年十八童女与二歲學戒不与六
法滿廿便与受具足戒唱三羯磨竟尼和上
波逸提白二羯磨三突吉羅白一羯磨二突
吉羅白已一突吉羅白未竟一突吉羅未白
已前集衆滿一切突吉羅比丘突吉羅是謂
為犯不犯者年十八童女二歲學戒与六法
已受具足戒不犯不犯者最初未制戒癡狂
心亂痛惱所纏也（第百廿三竟）尒時婆伽婆在
舍衛國祇樹給孤獨園時諸比丘尼聞世尊
制戒年滿十八童女二歲學戒与六法滿廿
与受具足戒時諸比丘尼便度盲眼瘂躄跛
聾瘖病及餘種種病者毀辱衆僧時諸比丘尼
聞其中有少欲知足行頭陀樂學戒知慚愧
者慊責諸比丘尼言世尊制戒十八童女与二
歲學戒与六法滿廿与受具足戒云何乃度
盲瞎及病者毀辱衆僧時諸比丘尼白諸比
丘諸比丘往白世尊世尊以此因緣集比丘
僧呵責諸比丘尼汝所為非非威儀非沙

BD05822號　四分律第二分卷五

（34–27）

者慊責諸比丘尼言世尊制戒十八童女与二
歲學戒与六法滿廿与受具足戒云何乃度
盲瞎及病者毀辱衆僧時諸比丘尼白諸比
丘諸比丘往白世尊世尊以此因緣集比丘
僧呵責諸比丘尼汝所為非非威儀非沙
門法非淨行非隨順所不應為云何汝等
比丘尼應十八童女与二歲學戒滿廿与受
具足戒汝云何乃度盲瞎諸病人所以丸
數方便呵責已告諸比丘自今已去當与聽
立具足戒白四羯磨當如是与安受戒人
離聞處著見處已是中戒師應作白若教授
師當如是白大姊僧聽彼某甲從和上某甲
求受具足戒若僧時到僧忍聽某甲為教授
師白如是彼人當往受戒人所語言妹此是安陀
會此是欝多羅僧此是僧伽梨此是僧祇支
此是覆肩衣此是衣鉢妹聽今是真誠時我
今問汝實當言實不實當言不實汝字何等
和上字誰年滿廿不衣鉢具足不父母聽汝
不夫主聽汝不汝不負債不汝非婢不是女
人非女人有如是諸病癩癰疽白癩乾消病癲
狂二形二道合道小便常漏大小便常涕唾
流出汝有如此病不若言无當復語言如我
向問汝事在衆中亦當如是問彼問者答我
衆僧中亦當如是答時教授師問已如常威
儀還來入衆中舒手相及處立作如是白大
姊僧聽彼某甲從某甲求受具足戒若僧時
到僧忍聽我已教授竟聽使來白如是彼即
應語言汝來以教授師應為捉鉢教禮尼

BD05822號　四分律第二分卷五

（34–28）

向問汝事在衆中亦當如是問汝向者答我
衆僧中亦當如是答時教授師問已如常威
儀還來入衆中舒手相及處立作如是白大
姊僧聽彼某甲從某甲求受具足戒若僧時
到僧忍聽我已教授竟聽使來白如是彼即
應語言汝來來以教授師應為捉鉢教禮足
僧足已在戒師前右膝著地合掌教授師教
作如是白大姊僧聽我某甲從和上某甲求受
具足戒我某甲今從僧乞受具足戒某甲尼
為和上衆僧慈愍故拔濟我如是第二第三說
戒師應作白大姊僧聽此某甲從和上某甲求
受具足戒此某甲已從衆僧乞受具足戒某甲
尼為和上若僧時到僧忍聽我問諸難事白
如是彼當語言時諦聽今是真誠時我今問汝
實當言實不實當言不實汝字何等和上字
誰年滿廿不衣鉢具足不父母聽汝不夫主
聽汝不汝不負債耶汝非婢耶汝是女人不
女人有如是諸病癩癰疽乾消二形二道合
一道小便常漏大小便涕唾常流出汝有如是
病不若言無當作白四羯磨大姊僧聽此某
甲從和上某甲求受具足戒此某甲已從衆僧
乞受具足戒某甲尼為和上某甲自說清淨無
諸難事年滿廿衣鉢具足若僧時到僧忍聽
授某甲具足戒某甲尼為和上白如是大姊僧聽
此某甲從和上求受具足戒此某甲已從衆僧乞
受具足戒某甲為和上尼某甲自說清淨無諸
難事年滿廿衣鉢具足今從僧乞授某甲具足戒

BD05822 號　四分律第二分卷五　（34–29）

諸難事年滿廿衣鉢具足若僧時到僧忍聽
授某甲具足戒某甲尼為和上白如是大姊僧聽
此某甲從和上求受具足戒此某甲已從衆僧乞
受具足戒某甲為和上尼某甲自說清淨無諸
難事年滿廿衣鉢具足今從僧乞授某甲具足戒
某甲尼為和上誰諸大姊忍僧受某甲具足戒
某甲尼為和上者嘿然誰不忍者說此是初羯
磨第二第三亦如是說衆僧已授某甲具足戒
某甲尼為和上竟僧忍嘿然故如是持時諸
比丘尼僧應將彼受戒者至比丘僧中偏露
右肩禮足已右膝著地合掌作如是語大
德僧聽我某甲從和上尼某甲求受具足戒我
某甲從衆僧乞受具足戒某甲尼為和上願衆
僧慈愍拔濟我第二第三亦如是說彼當問
汝字何等和上字誰乃至涕唾常流出如上汝
已學戒清淨不若言學戒清淨當復更問餘
比丘尼此人學戒清淨不若言學戒清淨者
彼戒師當白大德僧聽此某甲從和上尼某甲
求受具足戒此某甲已從僧乞受具足戒和上
尼某甲某甲某甲已學戒清淨若僧時到僧忍
聽僧授某甲具足戒某甲尼為和上白如是大
德僧聽此某甲從和上尼某甲求受具足戒此某
甲已從衆僧乞受具足戒某甲尼為和上某甲已學
戒清淨今僧授某甲戒某甲尼為上和誰諸
長老忍僧授某甲具足戒某甲為上者嘿然
不忍者說此初羯羯磨第二第三亦如是說衆
僧已忍與某甲授具足戒某甲為和上竟僧忍
故嘿然如是持移怯女應此是如來無所著

BD05822 號　四分律第二分卷五　（34–30）

甲巳從衆僧乞受具足戒某甲尼爲和上某甲巳學
戒清淨今僧授某甲具足戒某甲爲和上誰諸
長老忍僧授某甲具足戒某甲爲上者嘿然
不忍者說此初羯磨第二第三亦如是說衆
僧已忍与某甲授具足戒某甲爲和上竟僧忍
故嘿然如是持稄性女應此是如來无所着
等正覺說八波羅夷法犯者非比丘尼非釋
種女不得作不淨行行婬欲法若比丘尼意
樂作不淨行行婬欲法及共畜生此非比丘
尼非釋種女世是中盡形壽不得作能持
不能者當言能不得盜乃至草葉若比丘尼
偷人五錢若過五錢若自取若教人取若自
斷教人斷若自破教人破若燒若埋若壞色
彼非比丘尼非釋種女是中盡形壽不得犯
能持不能者當言能不得故斷衆生命乃至
蟻子若比丘尼故自手斷人命若持刀与人
教死讚死勸死若与非藥若墮人胎厭禱呪
咀幹若自作若教人作彼非比丘尼非釋種
女是中盡形壽不得犯能持不能者當言能不
得妄語乃至戲咲若比丘尼不真實非已有
自稱言我得上人法我得禪得解脫三昧正
受得須陁洹果斯陁含果阿那含果阿羅
漢果此天以來龍來鬼神來此非比丘尼非
釋種女世是中盡形壽不得作能持不能者
當言能不得身相觸乃至共畜生若比丘尼染
汙心与染汙身男子身相觸從腋已下膝已
上身相觸若捉若摩若牽若推逆摩順摩
若舉若下若捉捺非比丘尼非釋種女是中

BD05822號　四分律第二分卷五

(34-31)

漢果此天以來龍來鬼神來此非比丘尼非
釋種女世是中盡形壽不得作能持不能者
當言能不得身相觸乃至共畜生若比丘尼染
汙心与染汙身男子身相觸從腋已下膝已
上身相觸若捉若摩若牽若推逆摩順摩
若舉若下若捉捺非比丘尼非釋種女是中
盡形壽不得犯能持不能者當言能不得犯
八事乃至共畜生若比丘尼染汙心受染汙
心男子捉手捉衣屏入處屏處共立共語共
行身相近共期犯此八事非比丘尼非釋種女
是八事如是中盡形壽不得犯能持不能
者當言能不得覆他罪乃至突吉羅惡說若
比丘尼知他比丘尼犯波羅夷罪若不自
舉不白僧若衆多人處於異時此比丘尼若罷
若道滅擯若遠不共僧事入外道還更作是
說我先知有如是如是事彼非比丘尼非釋
種女覆重罪故是中盡形壽不得作能持
不能者當言能不得隨順被舉比丘乃至守
園人及沙彌若比丘尼以比丘尼爲僧所舉
如法如律如佛所教不隨順不懺悔未与作
共住而隨順是比丘尼諫彼比丘尼言此妹
如不今僧舉此比丘如法如律如佛所教不
隨順不懺悔未与共住世莫隨順是比丘
尼諫彼比丘尼時堅持不捨是比丘尼當三
三諫捨此事故乃至三諫捨者善若不捨者
波非比丘尼非釋種女由隨舉故此是中盡
形壽不得犯能持不能者當言能稄性女應
如來无所著等正覺說四依法比丘尼依此

BD05822號　四分律第二分卷五

(34-32)

尼諫彼比丘尼時隨待不捨是比丘尼當三
三諫捨此事故乃至三諫捨者善若不捨者
波非比丘尼非釋種女由道舉故滅是中盡
形壽不得犯能持不能者當言能禄性女聽
如來无所著等正覺說四依法比丘尼依此
得出家受具足戒成比丘尼依糞掃衣得出
家受具足戒成比丘尼法是中盡形壽能持
不能者當言能若得長利檀越 施衣割壞
衣得受依乞食得出家受具足戒成比丘尼
法汝是中盡形壽能持不能者當言能若得
長利若僧差食檀越送食月八日食十五日
食若月初日食若衆僧常食若檀越請食應
受依樹下坐得出家受具足戒成比丘尼法
汝是中盡形壽能持不能者當言能若得長
利別房若尖頭屋小房石室兩房一戶應受
依腐爛藥依是得出家受具足戒成比丘尼
法汝是中盡形壽能持不能者當言能若得
長利酥油生酥蜜石蜜應受汝已受具足戒
白四羯磨如法成就得處所和上如法阿闍梨
法如二部僧具足滿汝當善受教應勸化作
福治塔供養衆僧若和上阿闍梨一切如法
教授不得違逆應學問誦經勤求方便於佛
法中得須陀洹果斯陀含果阿那含果阿羅
漢果汝初始發心出家功不唐捐果報不絕
餘所未知當問尼和上阿闍梨令新受具足
戒人前餘尼在後而去自今已去與比丘尼
結戒集十句義乃至正法久住欲說戒當如
是說若比丘尼年十八童女與二歲學戒與

福治塔供養衆僧若和上阿闍梨一切如法
教授不得違逆應學問誦經勤求方便於佛
法中得須陀洹果斯陀含果阿那含果阿羅
漢果汝初始發心出家功不唐捐果報不絕
餘所未知當問尼和上阿闍梨令新受具足
戒人前餘尼在後而去自今已去與比丘尼
結戒集十句義乃至正法久住欲說戒當如
是說若比丘尼年十八童女與二歲學戒與
六法滿廿衆僧不聽便與受具足戒者波逸
提比丘尼義如上僧者如上若比丘尼年滿
廿二歲學戒與六法衆僧不聽受具足戒者
三羯磨竟和上尼波逸提白二羯磨三突吉羅
白一羯磨二突吉羅白已一切突吉羅比丘
突吉羅未白前集衆衆滿一切突吉羅比丘
突吉羅是謂為犯不犯者年滿廿二歲學戒
衆僧聽受具足戒不犯不犯者最初未制戒
癡狂心亂痛惱所纏也 第一百廿四竟

尼律藏第二分卷第五

用帋廿張

品而去復轉為千百億釋迦一切衆生次第說
我上心地法門品汝等受持讀誦一心而行
尒時千華上佛千百億釋迦從蓮華藏世界
赫赫師子座起各各辭退舉身放不可思議
光光皆化无量佛一時以无量青黃赤白華供
養盧舍那佛受持上所說心地法門品竟各
各從此蓮華藏世界而沒沒已入體性虛空華
光三昧還本原世界閻浮提菩提樹下從體
性虛空華光三昧出出已方坐金剛千光王
座及妙光堂說十世界海復從座起至帝
釋宮說十住復至炎天中說十行復從座
起至第四天中說十迴向復從座起至化樂
天說十禪定復從座起至他化天說十地復至
一禪中說十金剛復至二禪中說十忍復至三
禪中說十願復至四禪中摩醯首羅天王宮
說我本原蓮華藏世界盧舍那佛所說心
地法門品其餘千百億釋迦亦復如是无二
无別如賢劫品中說
尒時釋迦從初現蓮華藏世界東方來入

BD05823號　梵網經盧舍那佛說菩薩心地戒品第十卷下　（3–1）

起至第四天中說十迴向復從座起至化樂
天說十禪定復從座起至他化天說十地復至
一禪中說十金剛復至二禪中說十忍復至三
禪中說十願復至四禪中摩醯首羅天王宮
說我本原蓮華藏世界盧舍那佛所說心
地法門品其餘千百億釋迦亦復如是无二
无別如賢劫品中說
尒時釋迦從初現蓮華藏世界東方來入
天王宮中說魔受化經已下生南閻浮提迦
夷羅國母名摩耶父字白淨吾名悉達七歲
出家三十成道號吾為釋迦牟尼佛於寂滅
道場坐金剛華光王座乃至摩醯首羅天
王宮其中次第十住處所說時佛觀諸大梵
天王網羅幢因為說无量世界猶如網孔一一
世界各各不同別異无量佛教門亦復如是吾
今來此世界八千反為此娑婆世界坐金剛座
乃至摩醯首羅天王宮為是中一切大衆略開
心地竟復從天王宮下至閻浮提菩提樹下
為此地上一切衆生凡夫癡闇之人說本盧舍
那佛心地中初發心中常所誦一戒光明金剛
寶戒是一切佛本原一切菩薩本原佛性種
子一切衆生皆有佛性一切意識色心是情
是心皆入佛性戒中當當常有因故有當
當常住法身如是波羅提木叉出於世界是
法戒是三世一切衆生頂戴受持吾今當為

BD05823號　梵網經盧舍那佛說菩薩心地戒品第十卷下　（3–2）

衆羅國母名摩耶父字白淨吾名悉達七歲
出家三十成道号吾爲釋迦牟尼佛於寂滅
道場坐金剛華光王座乃至摩醯首羅天
王宮其中次第十住處所説時佛觀諸大梵
天王網羅幢因爲説无量世界猶如網孔一一
世界各各不同別異无量佛教門亦復如是吾
今來此世界八千反爲此娑婆世界坐金剛座
乃至摩醯首羅天王宮爲是中一切大衆略開
心地竟復從天王宮下至閻浮提菩提樹下
爲此地上一切衆生凡夫癡闇之人説我本盧舍
那佛心地中初發心中常所誦一戒光明金剛
寶戒是一切佛本原一切菩薩本原佛性種
子一切衆生皆有佛性一切意識色心是情
是心皆入佛性戒中當當常有因故有當
當常住法身如是十波羅提木叉出於世界是
法戒是三世一切衆生頂戴受持吾今當爲
此大衆重説十无盡藏戒品一切衆生戒本

BD05823 號　梵網經盧舍那佛説菩薩心地戒品第十卷下　（3–3）

從昔已來不見不聞如是大菩薩摩訶薩衆
從地踊出住世尊前合掌供養問訊如來時
彌勒菩薩摩訶薩知八千恒河沙諸菩薩等
心之所念并欲自決所疑合掌向佛以偈問
曰
无量千万億　大衆諸菩薩　昔所未曾見　願兩足尊説
是從何所來　以何因緣集　巨身大神通　智慧叵思議
其志念堅固　有大忍辱力　衆生所樂見　爲從何所來
一一諸菩薩　所將諸眷屬　其數无有量　如恒河沙等
或有大菩薩　將六万恒沙　如是諸大衆　一心求佛道
是諸大師等　六万恒河沙　俱來供養佛　及護持此經
將五万恒沙　其數過於是　四万及三万　二万至一万
一千一百等　乃至一恒沙　半及三四分　億万分之一
千万那由他　万億諸弟子　乃至於半億　其數復過上
百万至一万　一千及一百　五十與一十　乃至三二一
單已无眷屬　樂於獨處者　俱來至佛所　其數轉過上
如是諸大衆　若人行籌數　過於恒沙劫　猶不能盡知
是諸大威德　精進菩薩衆　誰爲其説法　教化而成就
從誰初發心　稱揚何佛法　受持行誰經　脩習何佛道

BD05824 號　妙法蓮華經卷五　（3–1）

一千一百等　乃至一恒沙　半及三四分　億万分之一
千万那由他　万億諸弟子　乃至於半億　其數復過上
百万至一万　一千及一百　五十與一十　乃至三二一
單己无眷属　樂於獨處者　俱來至佛所　其數轉過上
如是諸大衆　若人行籌數　過於恒沙劫　猶不能盡知
是諸大威德　精進菩薩衆　誰為其說法　教化而成就
從誰初發心　稱揚何佛法　受持行誰經　脩習何佛道
如是諸菩薩　神通大智力　四方地震裂　皆從中踊出
世尊我昔來　未曾見是事　願說其所從　國土之名号
我常遊諸國　未曾見是衆　我於此衆中　乃不識一人
忽然從地出　願說其因緣　今此之大會　无量百千億
是諸菩薩等　皆欲知此事　是諸菩薩衆　本末之因緣
无量德世尊　唯願決衆疑
尒時釋迦牟尼佛分身諸佛從无量千万億
他方國土來者在於八方諸寶樹下師子座
上結加趺坐其佛侍者各各見是菩薩大衆
於三千大千世界四方從地踊出住於虛空
各白其佛言世尊此諸无量无邊阿僧祇菩
薩大衆從何所來尒時諸佛各告侍者諸善
男子且待須臾有菩薩摩訶薩名弥勒釋迦
牟尼佛之所授記次後作佛已問斯事佛今
荅之汝等自當因是得聞尒時釋迦牟尼佛
告弥勒菩薩善哉善哉阿逸多乃能問佛如
是大事汝等當一心被精進鎧發堅固意
如來今欲顯發宣示諸佛智慧諸佛自在神
通之力諸佛師子奮迅之力諸佛威猛大勢
之力尒時世尊欲重宣此義而說偈言
當精進一心　我欲說此事　勿得有疑悔　佛智叵思議

BD05824 號　妙法蓮華經卷五　（3–2）

荅之汝等自當因是得聞尒時釋迦牟尼佛
告弥勒菩薩善哉善哉阿逸多乃能問佛如
是大事汝等當一心被精進鎧發堅固意
如來今欲顯發宣示諸佛智慧諸佛自在神
通之力諸佛師子奮迅之力諸佛威猛大勢
之力尒時世尊欲重宣此義而說偈言
當精進一心　我欲說此事　勿得有疑悔　佛智叵思議
汝今出信力　住於忍善中　昔所未聞法　今皆當得聞
我今安慰汝　勿得懷疑懼　佛无不實語　智慧不可量
所得第一法　甚深叵分別　如是今當說　汝等一心聽
尒時世尊說此偈已告弥勒菩薩我今於此
大衆宣告汝等阿逸多是諸大菩薩摩訶薩
无量无數阿僧祇從地踊出汝等昔所未見
者我於是娑婆世界得阿耨多羅三藐三菩
提已教化示導是諸菩薩調伏其心令發道
意此諸菩薩皆於是娑婆世界之下此界虛
空中住於諸經典讀誦通利思惟分別正憶
念阿逸多是諸善男子等不樂在衆多有所
說常樂靜處勤行精進未曾休息亦不依止
人天而住常樂深智无有障礙亦常樂於諸
佛之法一心精進求无上慧尒時世尊欲重
宣此義而說偈言
阿逸汝當知　是諸大菩薩　從无數劫來　脩習佛智慧

BD05824 號　妙法蓮華經卷五　（3–3）

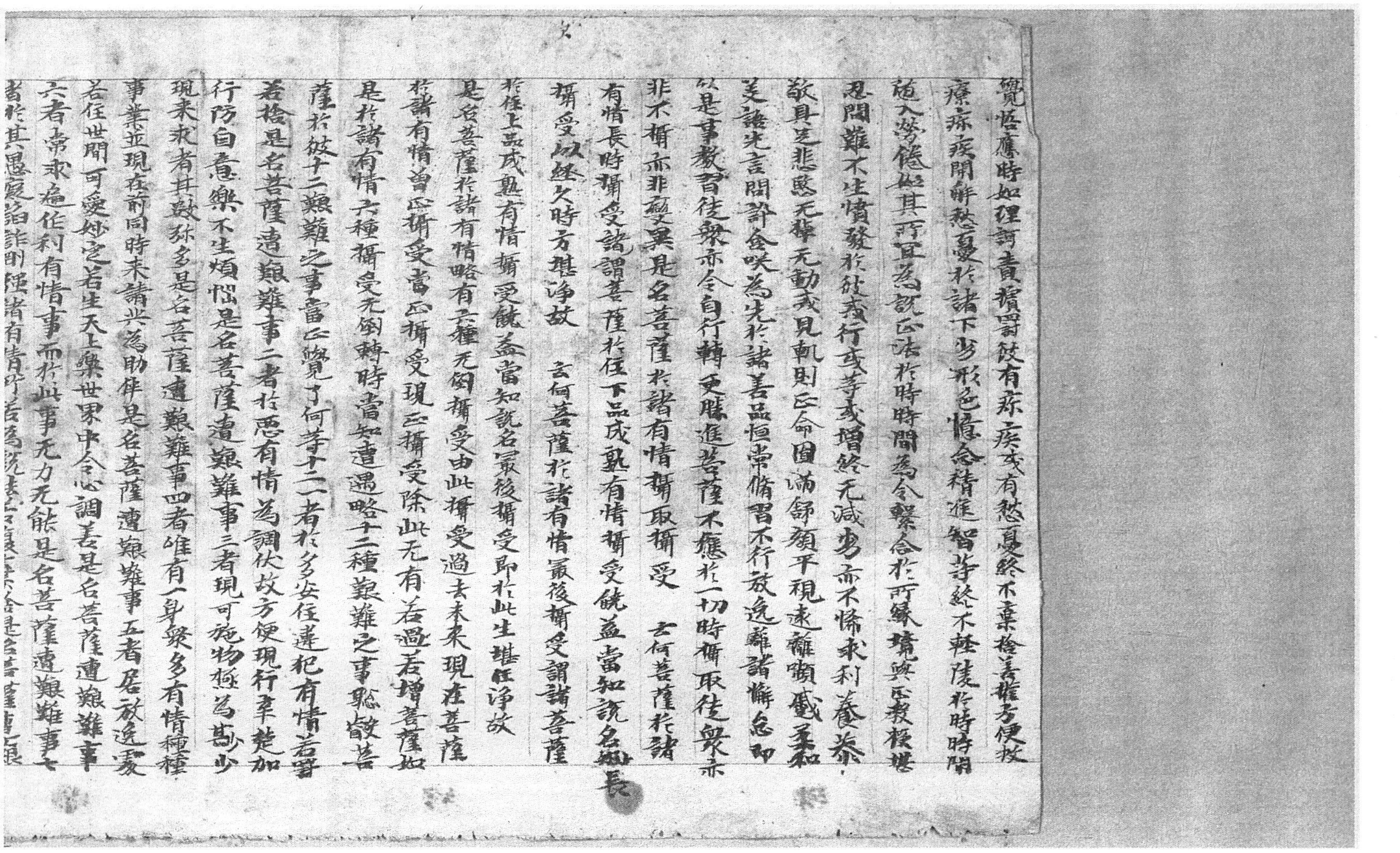

覺悟應時如理訶責擯罸彼有疾病或有愁憂終不棄捨善權方便救
療疾病開解愁憂於諸下劣形色憶念精進智等終不輕陵於時時間
隨入勞倦如其所宜為說正法於時時間為令繫念於所緣境與正教授堪
忍聞難不生憤發於彼或行或等或增終无減劣亦不悕求利養恭
敬具足悲愍无有動或見軌則正命圓滿歸顏平視遠離嚬蹙柔和
善語先言問訊含笑為先於諸善品恒常脩習不行放逸離諸懈怠即
以是事教習徒眾亦令自行轉更勝進菩薩不應於一切時攝取徒眾亦
非不攝亦非變異是名菩薩於諸有情攝取攝受　云何菩薩於諸
有情長時攝受謂諸菩薩於住下品成熟有情攝受饒益當知說名長
時攝受以經久時方堪淨故　云何菩薩於諸有情最後攝受謂諸菩薩
於住上品成熟有情攝受饒益當知說名最後攝受即於此生堪住淨故
是名菩薩於諸有情略有六種无倒攝受由此攝受過去未來現在菩薩
於諸有情曾正攝受當正攝受現正攝受除此无有若過若增菩薩如
是於諸有情六種攝受无倒轉時當知遭遇略十二種艱難之事聰叡菩
薩於彼十二艱難之事當正覺了何等十二一者於多安住違犯有情若罸
若捨是名菩薩遭艱難事二者於惡有情為調伏故方便現行辛楚加
行防自意樂不生煩惱是名菩薩遭艱難事三者現可施物極為尠少
現來求者其數殊多是名菩薩遭艱難事四者唯有一身眾多有情種種
事業並現在前同時來請共為助伴是名菩薩遭艱難事五者居放逸處
若住世間可愛妙定若生天上樂世界中令心調善是名菩薩遭艱難事
六者常求饒益利有情事而於此事无力无能是名菩薩遭艱難事七
者於其愚癡諂詐剛强諸有情所若為說法若復棄捨是名菩薩遭艱

BD05825 號　瑜伽師地論卷四八　（2–1）

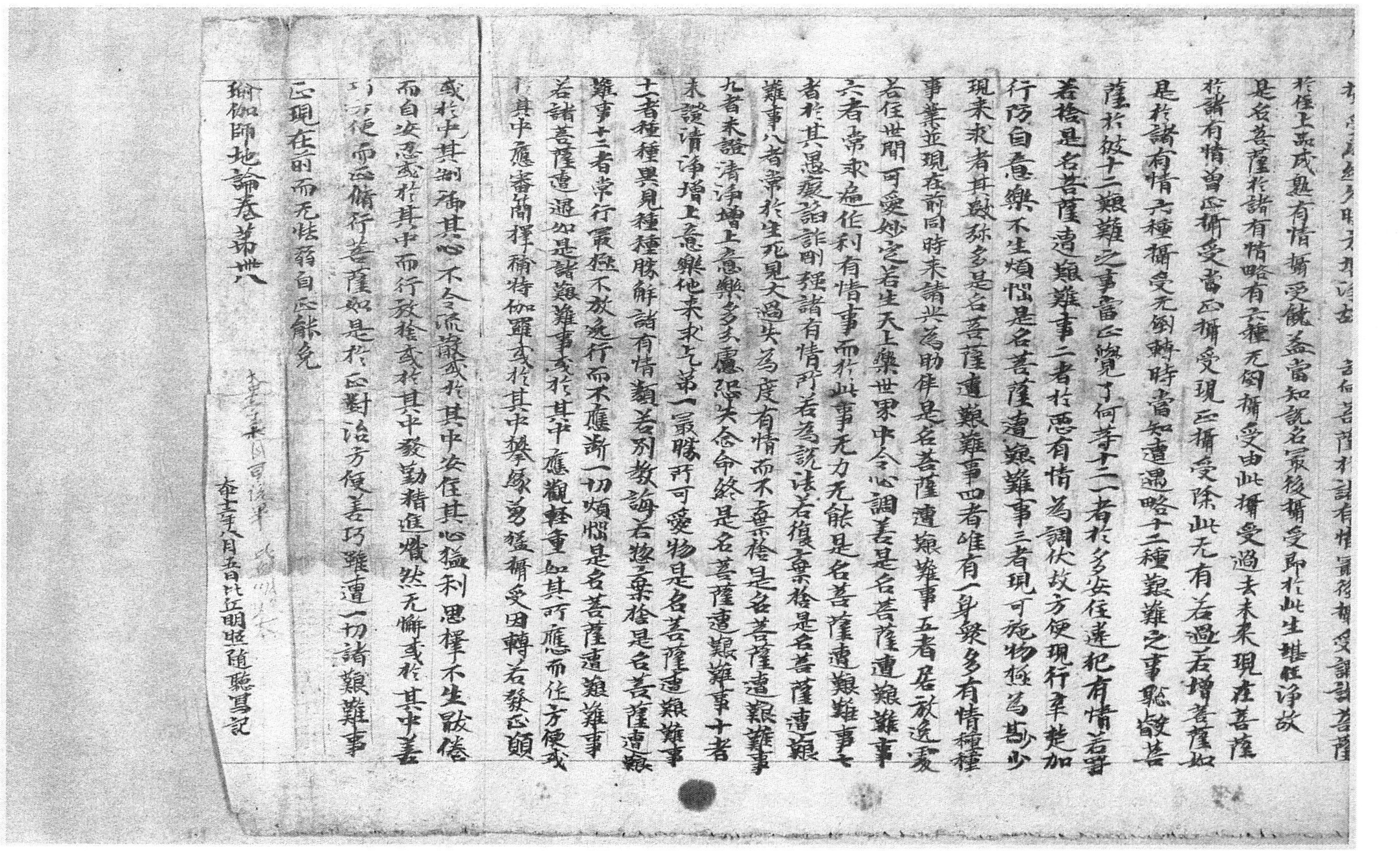

於住上品成熟有情攝受饒益當知說名最後攝受即於此生堪住淨故
是名菩薩於諸有情略有六種无倒攝受由此攝受過去未來現在菩薩
於諸有情曾正攝受當正攝受現正攝受除此无有若過若增菩薩如
是於諸有情六種攝受无倒轉時當知遭遇略十二種艱難之事聰叡菩
薩於彼十二艱難之事當正覺了何等十二一者於多安住違犯有情若罸
若捨是名菩薩遭艱難事二者於惡有情為調伏故方便現行辛楚加
行防自意樂不生煩惱是名菩薩遭艱難事三者現可施物極為尠少
現來求者其數殊多是名菩薩遭艱難事四者唯有一身眾多有情種種
事業並現在前同時來請共為助伴是名菩薩遭艱難事五者居放逸處
若住世間可愛妙定若生天上樂世界中令心調善是名菩薩遭艱難事
六者常求饒益利有情事而於此事无力无能是名菩薩遭艱難事七
者於其愚癡諂詐剛强諸有情所若為說法若復棄捨是名菩薩遭艱
難事八者常於生死見大過失為度有情而不棄捨是名菩薩遭艱難事
九者未證清淨增上意樂多失憶念命終是名菩薩遭艱難事十者
未證清淨增上意樂他未求乞第一最勝所可愛物是名菩薩遭艱難事
十一者種種異見種種勝解諸有情類若別教誨若總棄捨是名菩薩遭艱
難事十二者常行最極不放逸行而不應斷一切煩惱是名菩薩遭艱難事
若諸菩薩遭遇如是諸艱難事或於其中應審觀輕重如其所應而作方便或
於其中應審簡擇補特伽羅或於其中攀緣勇猛攝受因轉若發正願
或於其中制御其心不令流散或於其中安住其心猛利思擇不生厭倦
而自安忍或於其中而行放捨或於其中發勤精進嘿然无懈或於其中善
巧方便而正脩行菩薩如是於正對治方便善巧雖遭一切諸艱難事
正現在前而无怯弱自正能免

瑜伽師地論卷第卌八

大中十三年八月五日比丘明照隨聽寫記

BD05825 號　瑜伽師地論卷四八　（2–2）

BD05825號背　題記

(1–1)

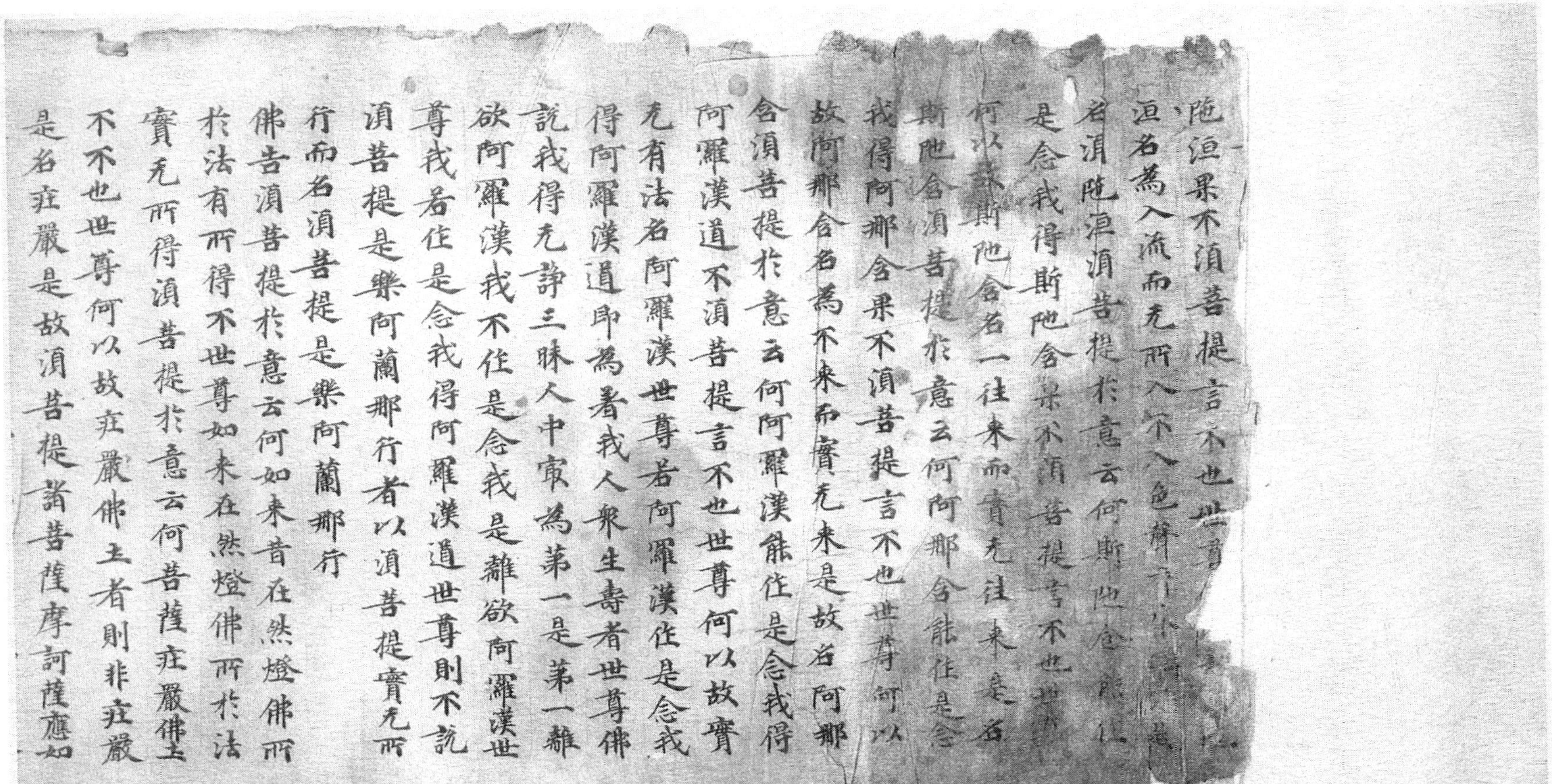

BD05826號　金剛般若波羅蜜經

(12–1)

須菩提是樂阿蘭那行者以須菩提實无所
行而名須菩提是樂阿蘭那行
佛告須菩提於意云何如來昔在然燈佛所
於法有所得不世尊如來在然燈佛所於法
實无所得須菩提於意云何菩薩莊嚴佛土
不不也世尊何以故莊嚴佛土者則非莊嚴
是名莊嚴是故須菩提諸菩薩摩訶薩應如
是生清淨心不應住色生心不應住聲香味
觸法生心應无所住而生其心須菩提譬如
有人身如須彌山王於意云何是身為大不須菩
提言甚大世尊何以故佛說非身是名大身
須菩提如恒河中所有沙數如是沙等恒河
於意云何是諸恒河沙寧為多不須菩提言
甚多世尊但諸恒河尚多无數何況其沙須
菩提我今實言告汝若有善男子善女人以
七寶滿尒所恒河沙數三千大千世界以用
布施得福多不須菩提言甚多世尊佛告須
菩提若善男子善女人於此經中乃至受持
四句偈等為他人說而此福德勝前福德復
次須菩提隨說是經乃至四句偈等當知此
處一切世間天人阿脩羅皆應供養如佛塔廟
何況有人盡能受持讀誦須菩提當知是人
成就最上第一希有之法若是經典所在之
處則為有佛若尊重弟子
尒時須菩提白佛言世尊當何名此經我等
云何奉持佛告須菩提是經名為金剛般若波
羅蜜以是名字汝當奉持所以者何須菩提
佛說般若波羅蜜則非般若波羅蜜須菩提於

BD05826號　金剛般若波羅蜜經

(12–2)

何況有人盡能受持讀誦須菩提當知是人
成就最上第一希有之法若是經典所在之
處則為有佛若尊重弟子
尒時須菩提白佛言世尊當何名此經我等
云何奉持佛告須菩提是經名為金剛般若波
羅蜜以是名字汝當奉持所以者何須菩提
佛說般若波羅蜜則非般若波羅蜜須菩提於
意云何如來有所說法不須菩提白佛言世
尊如來无所說須菩提於意云何三千大
千世界所有微塵是為多不須菩提言甚多
世尊須菩提諸微塵如來說非微塵是名微
塵如來說世界非世界是名世界須菩提於
意云何可以三十二相見如來不不也世尊不可
以三十二相得見如來何以故如來說卅二相即是非
相是名卅二相須菩提若有善男子善女人以恒河
沙等身命布施若復有人於此經中乃至受持
四句偈等為他人說其福甚多
尒時須菩提聞說是經深解義趣涕淚悲泣
而白佛言希有世尊佛說如是甚深經典我
從昔來所得慧眼未曾得聞如是之經世尊
若復有人得聞是經信心清淨則生實相當
知是人成就第一希有功德世尊是實相者
則是非相是故如來說名實相世尊我今得
聞如是經典信解受持不足為難若當來世
後五百歲其有眾生得聞是經信解受持是
人則為第一希有何以故此人无我相人相
眾生相壽者相所以者何我相即是非相人相眾生相壽

BD05826號　金剛般若波羅蜜經

(12–3)

知人成就第一希有功德世尊是實相者
則是非相是故如来說名實相世尊我今得
聞如是經典信解受持不足為難若當来世
後五百歲其有衆生得聞是經信解受持是
人則為第一希有何以故此人无我相人相
衆生相壽者相所以者何我相即是非相人相衆生壽
者相即是非相何以故離一切諸相則名諸佛
佛告須菩提如是如是若復有人得聞是經
不驚不怖不畏當知是人甚為希有何以故
須菩提如来說第一波羅蜜非第一波羅蜜是
名第一波羅蜜須菩提忍辱波羅蜜如来說
非忍辱波羅蜜何以故須菩提如我昔為
歌利王割截身體我於尓時无我相无人相
无衆生相无壽者相何以故我於往昔節節支
解時若有我相人相衆生相壽者相應生瞋
恨須菩提又念過去於五百世作忍辱仙人
於尓所世无我相无人相无衆生相无壽
者相是故須菩提菩薩應離一切相發阿耨
多羅三藐三菩提心不應住色生心不應住
聲香味觸法生心應生无所住心若心有住
則為非住是故佛說菩薩心不應住色布施
須菩提菩薩為利益一切衆生應如是布施如来
說一切諸相即是非相又說一切衆生則非衆生
須菩提如来是真語者實語者如語者不誑
語者不異語者須菩提如来所得法此法无
實无虛須菩提若菩薩心住於法而行布
施如人入闇則无所見若菩薩心不住法而
行布施如人有目日光明照見種種色須菩

BD05826號　金剛般若波羅蜜經

（12–4）

須菩提菩薩為利益一切衆生應如是布施如来
說一切諸相即是非相又說一切衆生則非衆生
須菩提如来是真語者實語者如語者不誑
語者不異語者須菩提如来所得法此法无
實无虛須菩提若菩薩心住於法而行布
施如人入闇則无所見若菩薩心不住法而
行布施如人有目日光明照見種種色須菩
提當来之世若有善男子善女人能於此經
受持讀誦則為如来以佛智慧悉知是人悉
見是人皆得成就无量无邊功德
須菩提若有善男子善女人初日分以恒河
沙等身布施中日分復以恒河沙等身布施
後日分亦以恒河沙等身布施如是无量百
千万億劫以身布施若復有人聞此經典信
心不逆其福勝彼何況書寫受持讀誦為人
解說須菩提以要言之是經有不可思議不
可稱量无邊功德如来為發大乘者說為發
最上乘者說若有人能受持讀誦廣為人說
如来悉知是人悉見是人皆成就不可量不可
稱无有邊不可思議功德如是人等則為荷
擔如来阿耨多羅三藐三菩提何以故須菩
提若樂小法者著我見人見衆生見壽者
見則於此經不能聽受讀誦為人解說須菩
提在在處處若有此經一切世間天人阿脩羅
所應供養當知此處則為是塔皆應恭敬作
礼圍遶以諸華香而散其處
復次須菩提善男子善女人受持讀誦此經
若為人輕賤是人先世罪業應墮惡道

BD05826號　金剛般若波羅蜜經

（12–5）

見則於此經不能聽受讀誦為人解說須菩
提在在處處若有此經一切世間天人阿脩羅
所應供養當知此處則為是塔皆應恭敬作
礼圍遶以諸華香而散其處
復次須菩提善男子善女人受持讀誦此經
若為人輕賤是人先世罪業應墮惡道以今
世人輕賤故先世罪業則為消滅當得阿耨
多羅三藐三菩提須菩提我念過去无量阿
僧祇劫於然燈佛前得值八百四千万億那
由他諸佛悉皆供養承事无空過者若復有
人於後末世能受持讀誦此經所得功德於
我所供養諸佛功德百分不及一千万億分
乃至筭數譬喻所不能及須菩提若善男
子善女人於後末世有受持讀誦此經所得功
德我若具說者或有人聞心則狂亂狐疑不信須
菩提當知是經義不可思議果報亦不可思議
尒時須菩提白佛言世尊善男子善女人發
阿耨多羅三藐三菩提心云何應住云何降
伏其心佛告須菩提善男子善女人發阿耨
多羅三藐三菩提者當生如是心我應滅度
一切衆生滅度一切衆生已而无有一衆生
實滅度者何以故若菩薩有我相人相衆生
相壽者相則非菩薩所以者何須菩提實无
有法發阿耨多羅三藐三菩提者須菩提於
意云何如來於然燈佛所有法得阿耨多羅
三藐三菩提不不也世尊如我解佛所說義
佛於然燈佛所无有法得阿耨多羅三藐三

BD05826號　金剛般若波羅蜜經　（12–6）

實滅度者何以故若菩薩有我相人相衆生
相壽者相則非菩薩所以者何須菩提實无
有法發阿耨多羅三藐三菩提者須菩提於
意云何如來於然燈佛所有法得阿耨多羅
三藐三菩提不不也世尊如我解佛所說義
佛於然燈佛所无有法得阿耨多羅三藐三
菩提佛言如是如是須菩提實无有法如來
得阿耨多羅三藐三菩提須菩提若有法如
來得阿耨多羅三藐三菩提然燈佛則不與
我受記汝於來世當得作佛号釋迦牟尼以
實无有法得阿耨多羅三藐三菩提是故然
燈佛與我受記作是言汝於來世當得作佛
号釋迦牟尼何以故如來者即諸法如義若
有人言如來得阿耨多羅三藐三菩提須菩
提實无有法佛得阿耨多羅三藐三菩提須
菩提如來所得阿耨多羅三藐三菩提於是
中无實无虛是故如來說一切法皆是佛法
須菩提所言一切法者即非一切法是故名一
切法須菩提譬如人身長大須菩提言世尊
如來說人身長大則為非大身是名大身
須菩提菩薩亦如是若作是言我當滅度无
量衆生則不名菩薩何以故須菩提實无有法
名為菩薩是故佛說一切法无我无人无衆
生无壽者須菩提若菩薩作是言我當莊嚴
佛土是不名菩薩何以故如來說莊嚴佛土
者即非莊嚴是名莊嚴須菩提若菩薩通達
无我法者如來說名真是菩薩

BD05826號　金剛般若波羅蜜經　（12–7）

名為菩薩是故佛説一切法无我无人无衆
生无壽者須菩提若菩薩作是言我當莊嚴
佛土是不名菩薩何以故如來説莊嚴佛土
者即非莊嚴是名莊嚴須菩提若菩薩通達
无我法者如來説名真是菩薩
須菩提於意云何如來有肉眼不如是世尊
如來有肉眼須菩提於意云何如來有天眼
不如是世尊如來有天眼須菩提於意云何
如來有慧眼不如是世尊如來有慧眼須菩
提於意云何如來有法眼不如是世尊如來
有法眼須菩提於意云何如來有佛眼不如
是世尊如來有佛眼須菩提於意云何恒河
中所有沙佛説是沙不如是世尊如來説是
沙須菩提於意云何如一恒河中所有沙有
如是等恒河是諸恒河所有沙數佛世界如
是寧為多不甚多世尊
佛告須菩提尒所國土中所有衆生若干種
心如來悉知何以故如來説諸心皆為非心
是名為心所以者何須菩提過去心不可得
現在心不可得未來心不可得須菩提於
意云何若有人滿三千大千世界七寶以用
布施是人以是因緣得福多不如是世尊此
人以是因緣得福甚多須菩提若福德有實
如來不説得福德多以福德无故如來説得福德多
須菩提於意云何佛可以具足色身見不不
也世尊如來不應以色身見何以故如來説
具足色身即非具足色身是名具足色身須

BD05826號　金剛般若波羅蜜經　（12–8）

布施是人以是因緣得福多不如是世尊此
人以是因緣得福甚多須菩提若福德有實
如來不説得福德多以福德无故如來説得福德多
須菩提於意云何佛可以具足色身見不不
也世尊如來不應以色身見何以故如來説
具足色身即非具足色身是名具足色身須
菩提於意云何如來可以具足諸相見不不
也世尊如來不應以具足諸相見何以故如
來説諸相具足即非具足是名諸相具足須菩提
汝莫謂如來作是念我當有所説法莫作是念何
以故若人言如來有所説法即為謗佛不能解我
所説故須菩提説法者无法可説是名説法
須菩提白佛言世尊佛得阿耨多羅三藐三
菩提為无所得耶如是如是須菩提我於阿
耨多羅三藐三菩提乃至无有少法可得是
名阿耨多羅三藐三菩提復次須菩提是法
平等无有高下是名阿耨多羅三藐三菩提
以无我无人无衆生无壽者脩一切善法則
得阿耨多羅三藐三菩提須菩提所言善法
者如來説非善法是名善法
須菩提若三千大千世界中所有諸須彌山
王如是等七寶聚有人持用布施若人以此
般若波羅蜜經乃至四句偈等受持為他人説於前
福德百分不及一百千万億分乃至筭數譬喻所不能及
須菩提於意云何汝等勿謂如來作是念我當
度衆生須菩提莫作是念何以故實无有衆
生如來度者若有衆生如來度者如來則

BD05826號　金剛般若波羅蜜經　（12–9）

般若波羅蜜經乃至四句偈等受持為他人說於前
福德百分不及一百千万億分乃至筭數譬喻所不能及
須菩提於意云何汝等勿謂如來作是念我當
度衆生須菩提莫作是念何以故實无有衆
生如來度者若有衆生如來度者如來則
有我人衆生壽者須菩提如來說有我者則非有我
凡夫之人以為有我須菩提凡夫者如來說則非凡夫
須菩提於意云何可以三十二相觀如來不須
菩提言如是如是以三十二相觀如來佛言須
菩提若以三十二相觀如來者轉輪聖王
則是如來須菩提白佛言世尊如我解佛所說義不
應以三十二相觀如來尒時世尊而說偈言
若以色見我　以音聲求我　是人行耶道　不能見如來
須菩提汝若作是念如來不以具足相故得
阿耨多羅三藐三菩提須菩提莫作是念如
來不以具足相故得阿耨多羅三藐三菩提
須菩提汝若作是念發阿耨多羅三藐三菩
提者說諸法斷滅莫作是念何以故發阿耨
多羅三藐三菩提者於諸法不說斷滅相菩提
若菩薩以滿恒河沙等世界七寶布施若復有人知一
切法无我得成於忍此菩薩勝前菩薩所得功德
須菩提以諸菩薩不受福德故須菩提白佛
言世尊云何菩薩不受福德須菩提菩薩所
作福德不應貪著是故說不受福德須菩提若有
人言如來若來若去若坐若卧是人不解我所說義何
以故如來者无所從來亦无所去故名如來
須菩提若善男子善女人以三千大千世界

BD05826 號　金剛般若波羅蜜經　（12–10）

須菩提以諸菩薩不受福德故須菩提白佛
言世尊云何菩薩不受福德須菩提菩薩所
作福德不應貪著是故說不受福德須菩提若有
人言如來若來若去若坐若卧是人不解我所說義何
以故如來者无所從來亦无所去故名如來
須菩提若善男子善女人以三千大千世界
碎為微塵於意云何是微塵衆寧為多不甚
多世尊何以故若是微塵衆實有者佛則不
說是微塵衆所以者何佛說微塵衆則非微
塵衆是名微塵衆世尊如來所說三千大千
世界則非世界是名世界何以故若世界實
有者則是一合相如來說一合相則非一合相是
名一合相須菩提一合相者則是不可說可說但
凡夫之人貪著其事須菩提若人言佛說我見
人見衆生見壽者見須菩提於意云何是人解我所
說義不世尊是人不解如來所說義何以故世尊說
我見人見衆生見壽者見即非我見人見衆生
見壽者見是名我見人見衆生見壽者見須
菩提發阿耨多羅三藐三菩提心者於一切
法應如是知如是見如是信解不生法相須菩
提所言法相者如來說即非法相是名法相
須菩提若有人以滿无量阿僧祇世界七寶
持用布施若有善男子善女人發菩薩心者
持於此經乃至四句偈等受持讀誦為人演說其
福勝彼云何為人演說不取於相如如不動何以故
一切有為法　如夢幻泡影　如露亦如電　應作如是觀
佛說是經已長老須菩提及諸比丘比丘尼

BD05826 號　金剛般若波羅蜜經　（12–11）

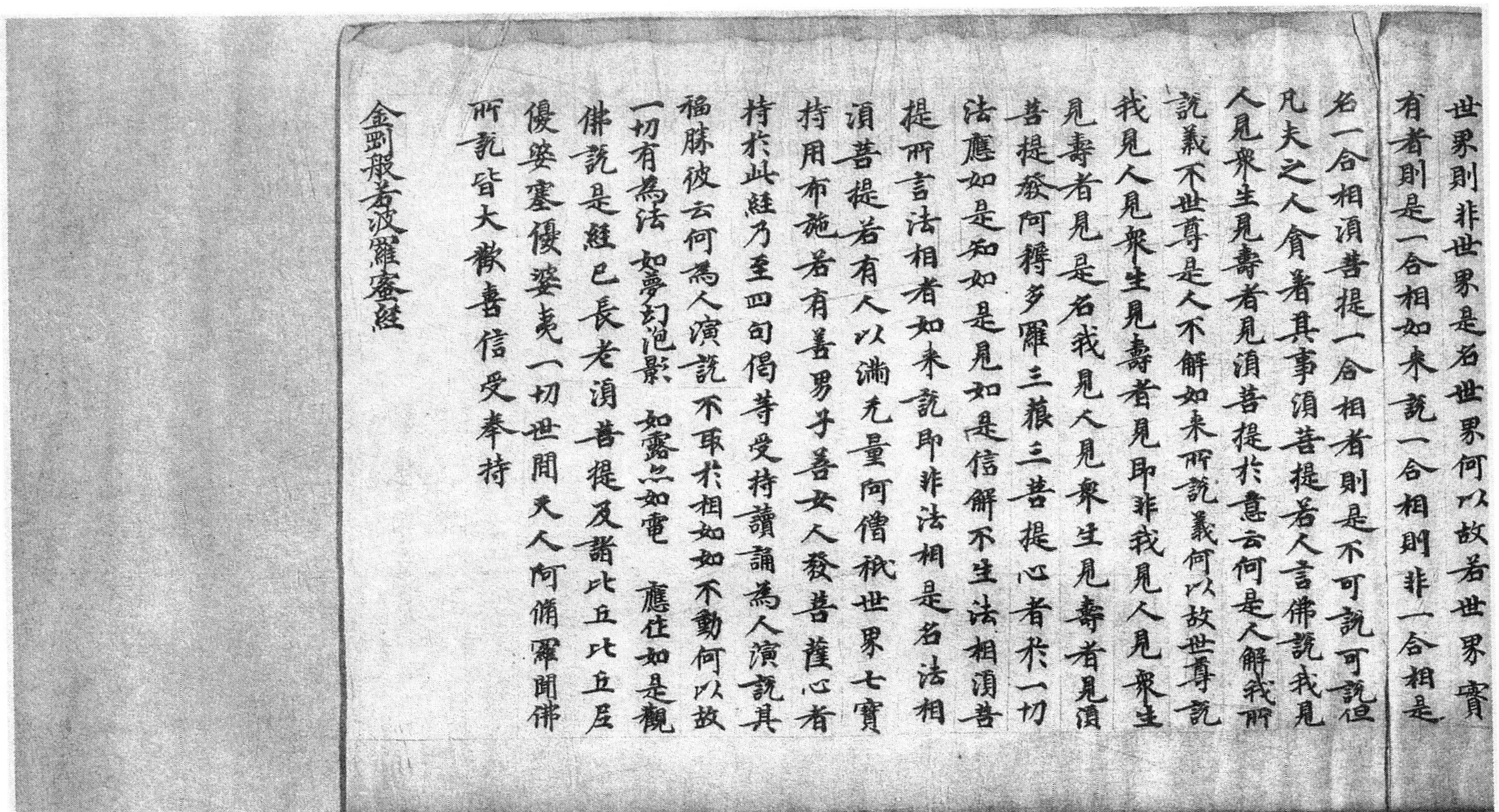

世界則非世界是名世界何以故若世界實
有者則是一合相如來說一合相則非一合相是
名一合相須菩提一合相者則是不可說但
凡夫之人貪著其事須菩提若人言佛說我見
人見衆生見壽者見須菩提於意云何是人解我所
說義不世尊是人不解如來所說義何以故世尊說
我見人見衆生見壽者見即非我見人見衆生
見壽者見是名我見人見衆生見壽者見須
菩提發阿耨多羅三藐三菩提心者於一切
法應如是知如是見如是信解不生法相須菩
提所言法相者如來說即非法相是名法相
須菩提若有人以滿无量阿僧祇世界七寶
持用布施若有善男子善女人發菩薩心者
持於此經乃至四句偈等受持讀誦為人演說其
福勝彼云何為人演說不取於相如如不動何以故
一切有為法　如夢幻泡影　如露亦如電　應作如是觀
佛說是經已長老須菩提及諸比丘比丘尼
優婆塞優婆夷一切世間天人阿脩羅聞佛
所說皆大歡喜信受奉持

金剛般若波羅蜜經

BD05826 號　金剛般若波羅蜜經　（12–12）

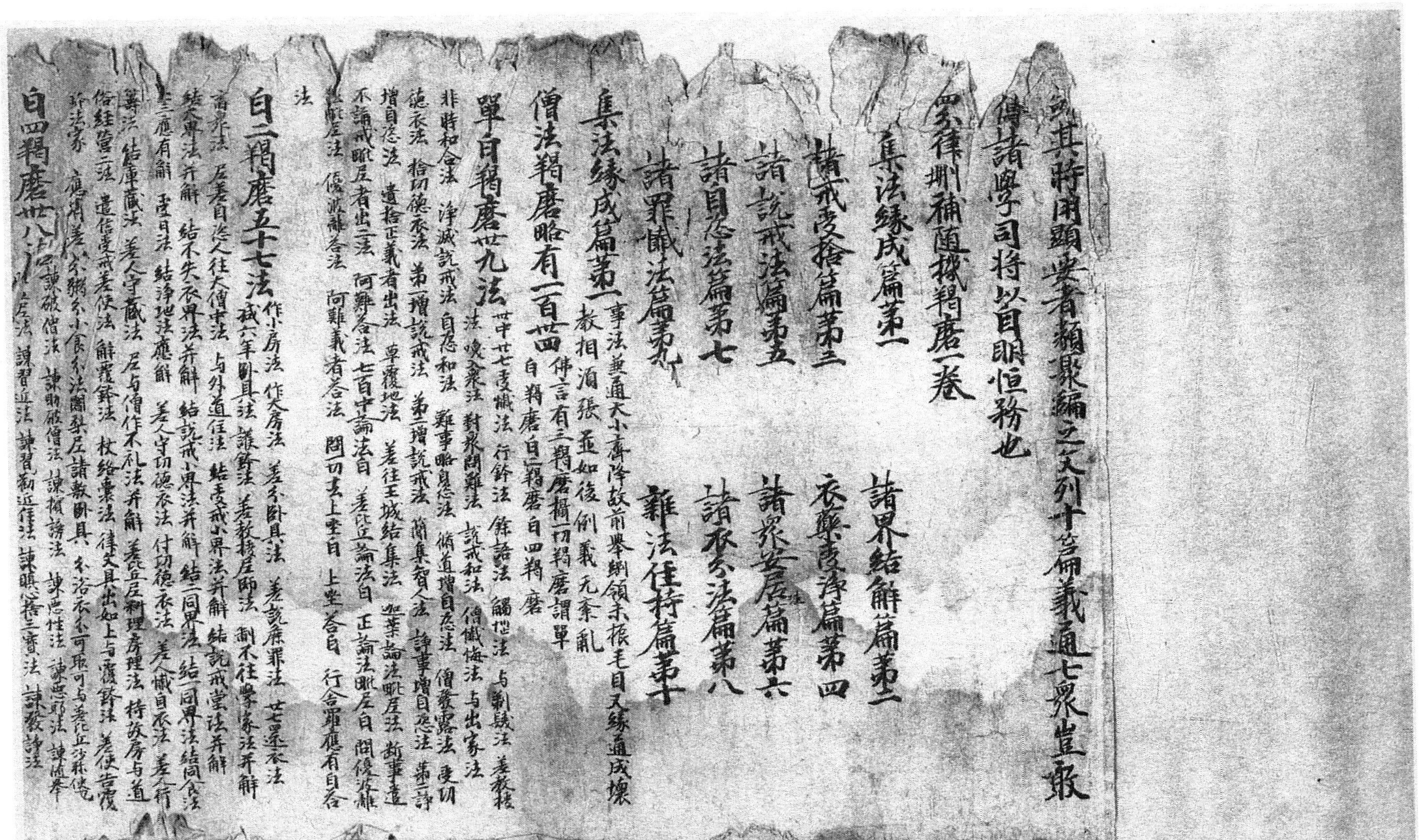

然其時用顯要者摘聚編之文列十篇義通七衆豈敢
傳諸學司特以自明恒務也
四分律刪補隨機羯磨一卷
集法緣成篇第一　諸界結解篇第二
諸戒受捨篇第三　衣藥受淨篇第四
諸說戒法篇第五　諸衆安居篇第六
諸自恣法篇第七　諸衣分法篇第八
諸罪懺法篇第九　雜法住持篇第十
集法緣成篇第一 事法兼通大小齊降故前舉綱領示張毛目又緣通成壞
教相須張互如後例載无紊亂
僧法羯磨略有一百卅四 律言有三羯磨攝一切羯磨謂單白羯磨白二羯磨白四羯磨
單白羯磨卅九法 卅中廿七受懺法 行鉢法 餘語法 觸惱法 與剃髮法 差教授
法 喚衆法 對衆問難法 說戒和法 僧懺悔法 與出家法
非時和合法 淨滅說戒法 自恣和法 難事略自恣法 脩道增自恣法 僧發露法 受功
德衣法 捨功德衣法 第一增說戒法 第二增說戒法 簡集智人法 諍事增自恣法 第二諍
增自恣法 遣捨正義者出法 草覆地法 差往王城結集法 [illegible]論法呵尼法 斷事遣
不誦戒毗尼者出三法 問難答法 七百中論法白 差比丘論法白 正論法毗尼白 問優波離
[illegible]尼法 優波離答法 問難義者答法 問[illegible]上坐白 上坐答白 行合罪應有白答
法
白二羯磨五十七法 作小房法 作大房法 差分臥具法 差說麁罪法 廿七還衣法
[illegible]衣法 差自恣人往大僧中法 與外道住法 誹謗法 差教授尼師法 制不往學家法并解
結大界法并解 結不失衣界法并解 結受戒小界法并解 結說戒堂法并解
[illegible]三應有解 受日法 結淨地法應解 差人守功德衣法 付功德衣法 結一同界法 結同界法結同食法 差人行
[illegible]法 結庫藏法 差人守藏法 尼與僧作不禮法并解 差比丘尼利理房理法 持故房與道
[illegible]經營二法 遣信受戒差使法 解覆鉢法 杖絡囊法 律文具出如上與覆鉢法 差使告覆
[illegible]法 [illegible]差[illegible]粥分小食分法[illegible]尼請教授具 衣洛衣分可取可與差比丘沙彌使乞
白四羯磨卅八法 諫破僧法 諫助破僧法 諫擯謗法 諫惡性法 諫惡邪法 諫隨舉
[illegible]尼法 諫習近法 諫習勸近住法 諫瞋心捨三寶法 諫發諍法

BD05827 號 1　四分律刪補隨機羯磨序　（4–1）
BD05827 號 2　四分律刪補隨機羯磨卷上

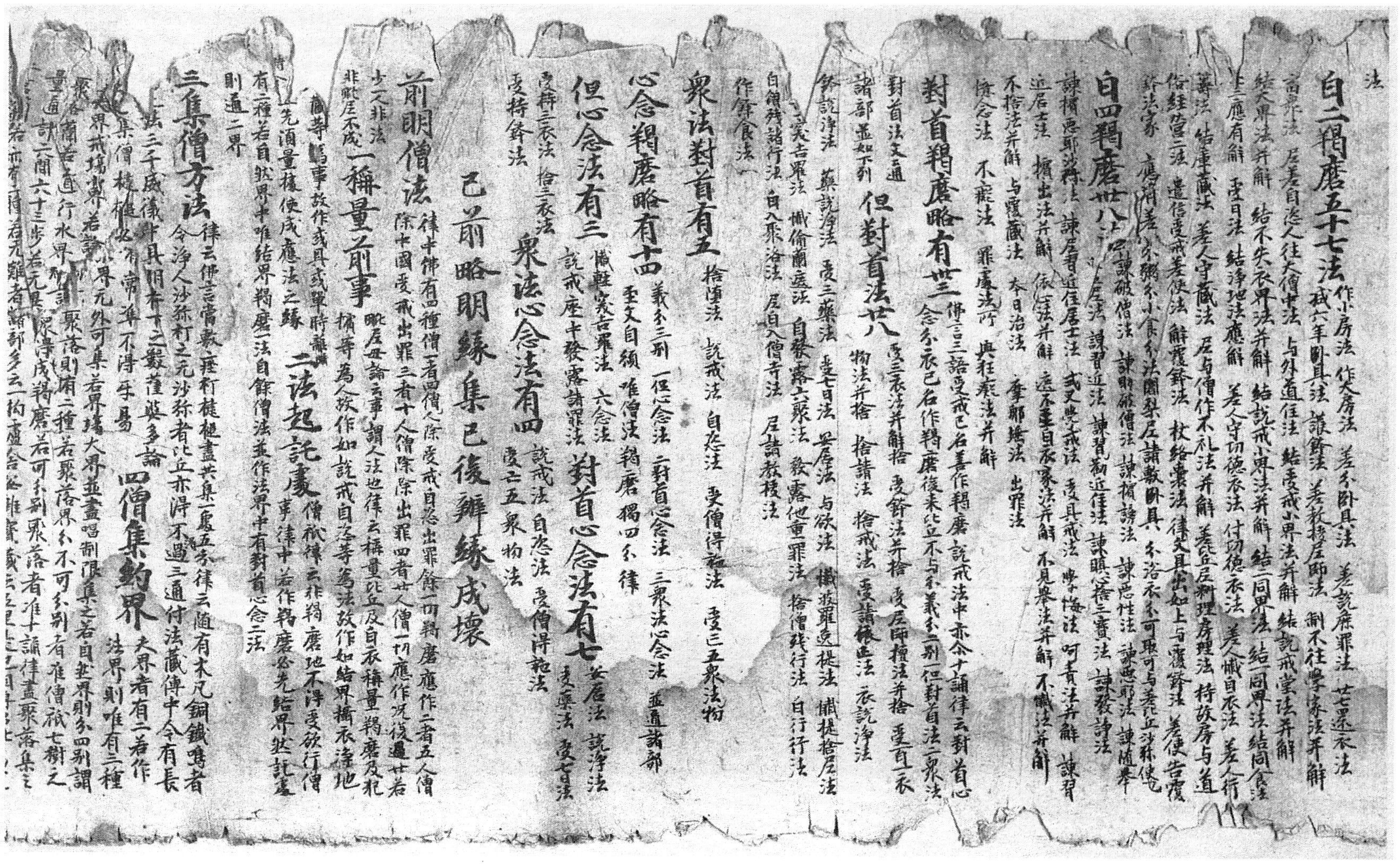

BD05827 號 2　四分律刪補隨機羯磨卷上　（4–2）

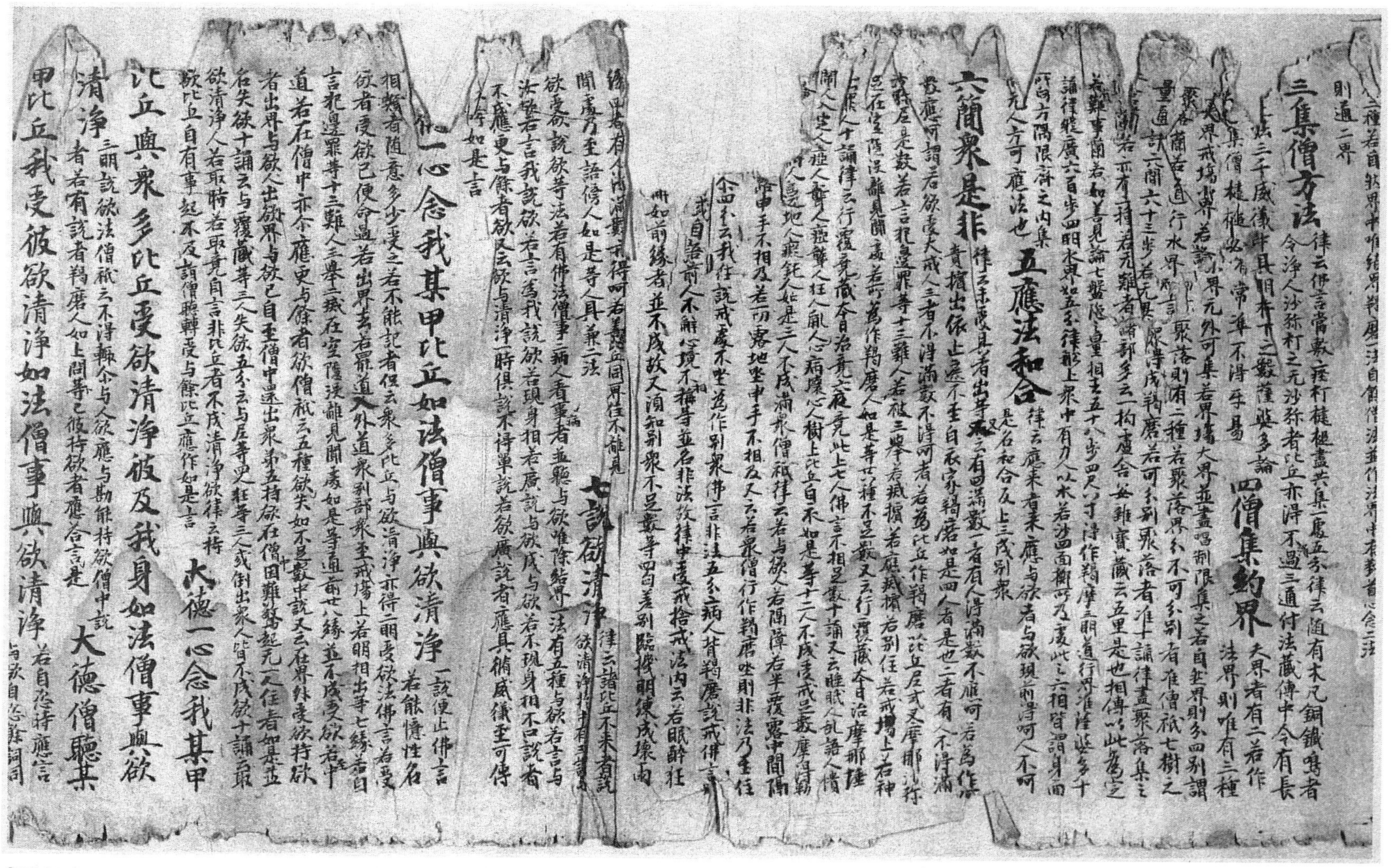

BD05827 號 2　四分律刪補隨機羯磨卷上　（4–3）

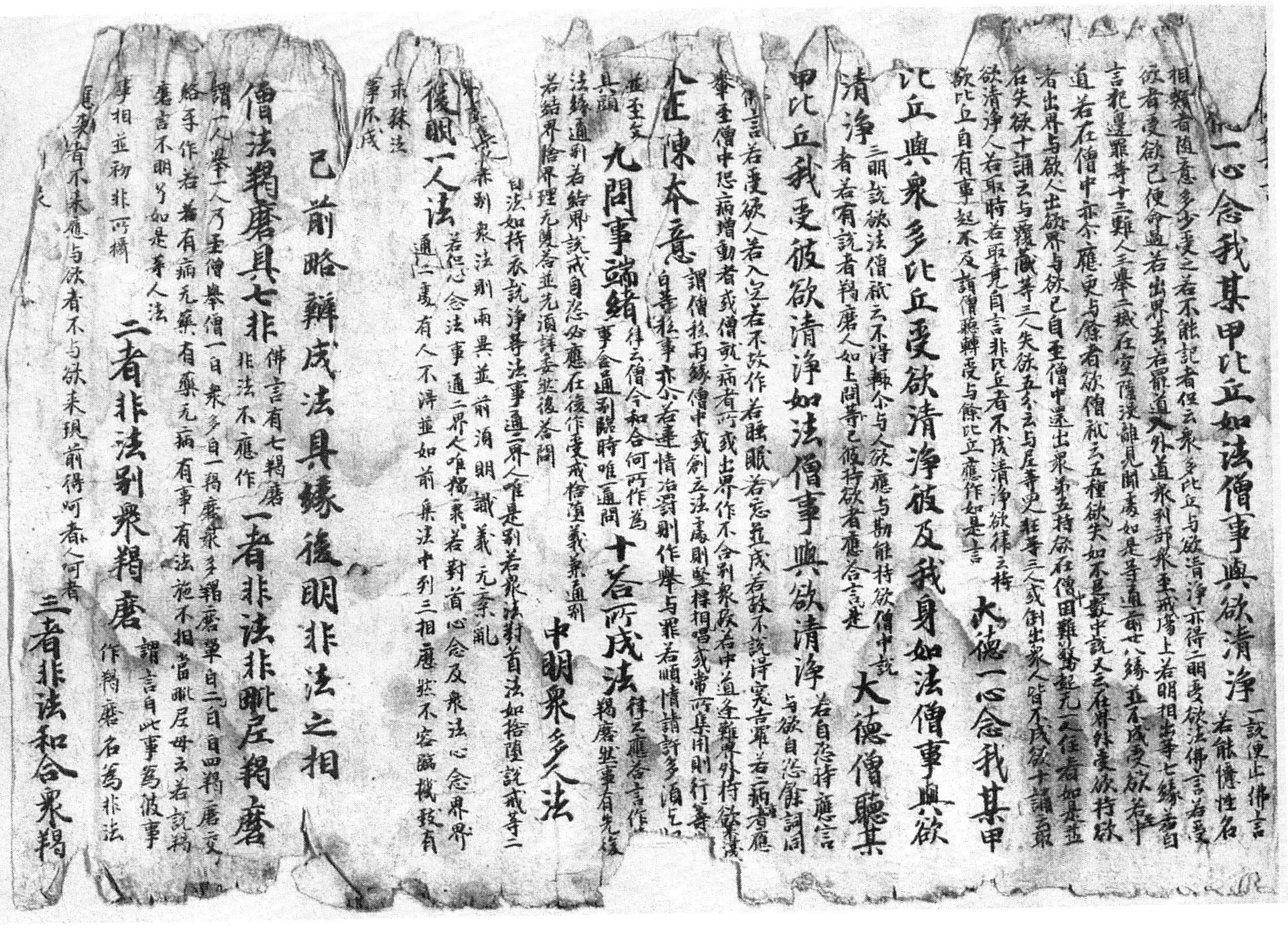

一心念我某甲比丘如法僧事與欲清淨 一說便止佛言若能憶性名相類者隨意多少受之若不能記者但云衆多比丘與欲清淨亦得二明受欲法佛言若受欲者受欲已便命過若出界去若罷道入外道衆別部衆至戒場上若明相出等七緣並留言我是罪等十三難人三舉二滅在空隱沒離見聞處如是等道 前廿八緣並不成受欲若中道若在僧中亦不應更與餘者欲僧祇云五種欲失如不應數中說又云若界外受欲持欲者出界与欲人出欲界与欲已自至僧中送出衆等五持欲在僧田難驚起无一人往若如是並名失欲十誦云与癡藏等三人失欲五分云与居等又狂等三人或到出衆人皆不成欲十誦欲清淨人若取時若取竟自言非比丘者不成清淨欲律云持欲比丘自有事起不及請僧聽轉受与餘比丘應作如是言 大德一心念我某甲比丘與衆多比丘受欲清淨彼及我身如法僧事與欲清淨 三明說欲法僧祇云不得輙介与人欲應与勘能持欲僧中說 大德僧聽某甲比丘我受彼欲清淨如法僧事與欲清淨 者若有說者羯磨人如上問答已彼持欲者應答言是 若自恣持應言与欲自恣餘詞同

八、正陳本意 自善知事亦不若違情治罰則作舉与罪若順情請許多須乞 律云應答言作

九、問事端緒 律云僧今和合何所作為 事含通別臨時唯通問 十、答所成法 律云應答言作羯磨然並有先後

並至文具顯 法緣通別若結界說戒自恣分應在後作受戒捨墮義兼通別 若結界捨界理无先後若並先須請妄然後答問

中明衆多人法 自法如持衣說淨等法事通二界人唯是別若衆法對首法如捨墮說戒等三

後明一人法 若但心念法事通二界人唯獨衆若對首心念及衆法心念界界通二處有人不得並如前 衆法中列三相應狀不容臨機致有

亦緣法事不成

己前略辨成法具緣後明非法之相

僧法羯磨具七非 佛言有七羯磨非法不應作 一者非法非毗尼羯磨 謂一人舉一人乃至僧舉僧一白衆多白一羯磨衆多羯磨單白二白白四羯磨云又餘羊作若啞有病无藥有藥无病有事有法施不相當毗尼母云若說羯磨言不明了如是等人法 事相並初非所攝

二者非法別衆羯磨 謂言白此事羯磨彼事作羯磨名為非法 者不來應与欲者不与欲未現前得呵者呵者

三者非法和合衆羯

BD05827 號 2　四分律刪補隨機羯磨卷上　（4–4）

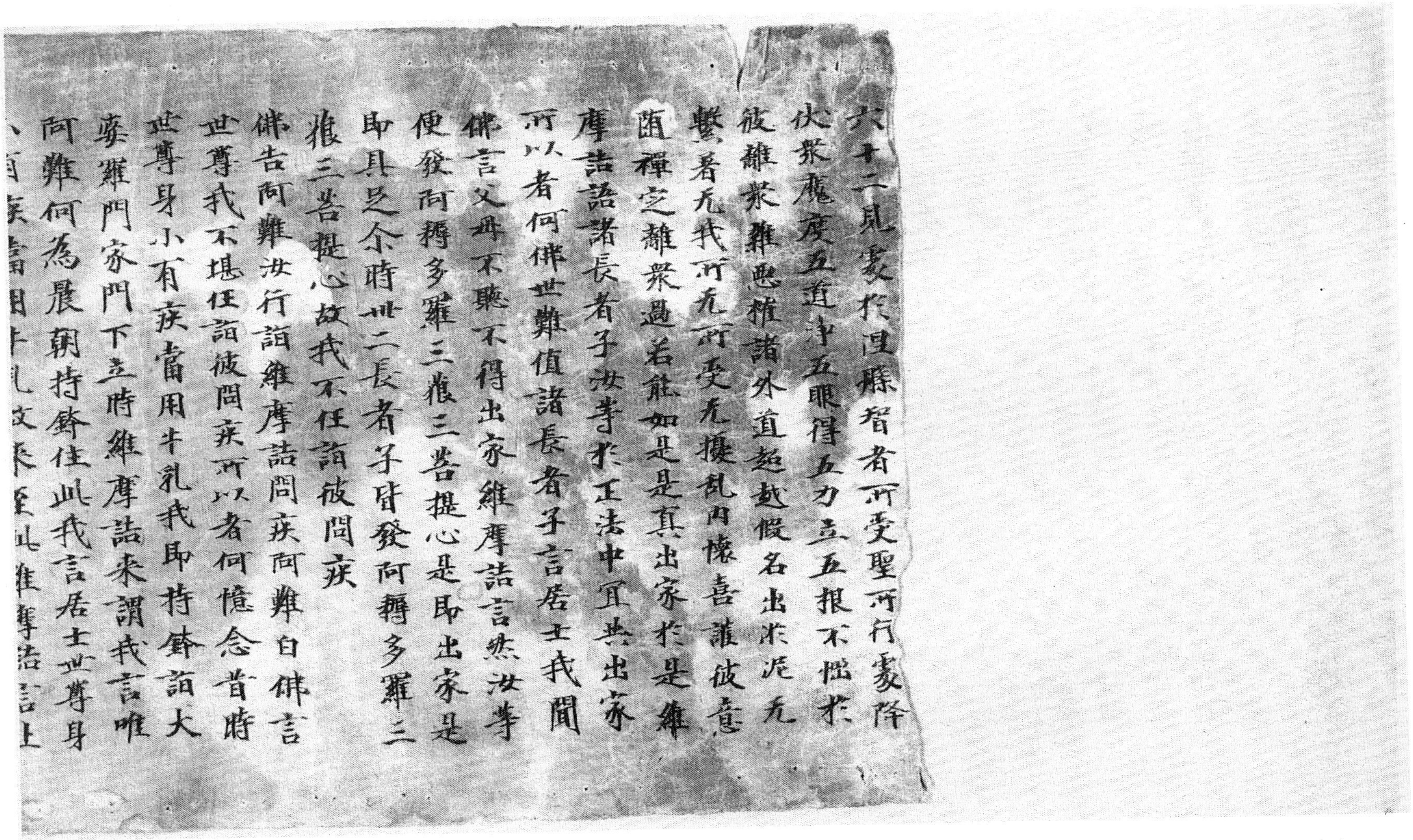

六十二見處於涅槃智者所受聖所行處降
伏衆魔度五道淨五眼得五力立五根不惱於
彼離衆雜惡摧諸外道超越假名出於泥无
繫著无我所无所受无擾亂内懷喜護彼意
隨禪定離衆過若能如是是真出家於是維
摩詰語諸長者子汝等於正法中宜共出家
所以者何佛世難值諸長者子言居士我聞
佛言父母不聽不得出家維摩詰言然汝等
便發阿耨多羅三藐三菩提心是即出家是
即具足尒時卅二長者子皆發阿耨多羅三
藐三菩提心故我不任詣彼問疾
佛告阿難汝行詣維摩詰問疾阿難白佛言
世尊我不堪任詣彼問疾所以者何憶念昔時
世尊身小有疾當用牛乳我即持鉢詣大
婆羅門家門下立時維摩詰來謂我言唯
阿難何為晨朝持鉢住此我言居士世尊身
小有疾當用牛乳故來至此維摩詰言止

BD05828 號　維摩詰所說經卷上　（9–1）

佛告阿難汝行詣維摩詰問疾阿難白佛言
世尊我不堪任詣彼問疾所以者何憶念昔時
世尊身小有疾當用牛乳我即持鉢詣大
婆羅門家門下立時維摩詰来謂我言唯
阿難何為晨朝持鉢住此我言居士世尊身
小有疾當用牛乳故来至此維摩詰言止
止阿難莫作是語如来身者金剛之體諸惡
已斷衆善普會當有何疾當有何惱嘿往阿難
勿謗如来莫使異人聞此麁言无令大威德諸
天及他方淨土諸来菩薩得聞斯語阿難轉
輪聖王以少福故尚得无病豈况如来无量
福會普勝者哉行矣阿難勿使我等受斯
耻也外道梵志若聞此語當作是念何名
為師自疾不能救而能救諸疾人可密速去
勿使人聞當知阿難諸如来身即是法身非
思欲身佛為世尊過於三界佛身无漏諸漏
已盡佛身无為不墮諸數如此之身當有何
病時我世尊實懷慚愧得无近佛而謬聽耶
即聞空中聲曰阿難如居士言但為佛出五
濁惡世現行斯法度脫衆生行矣阿難取乳
勿慚世尊維摩詰智慧辯才為若此也是故
不任詣彼問疾如是五百大弟子各各向佛
說其本緣稱述維摩詰所言皆曰不任詣彼
問疾

菩薩品第四

於是佛告弥勒菩薩汝行詣維摩詰問疾

BD05828號　維摩詰所說經卷上

(9–2)

勿慚世尊維摩詰智慧辯才為若此也是故
不任詣彼問疾如是五百大弟子各各向佛
說其本緣稱述維摩詰所言皆曰不任詣彼
問疾

菩薩品第四

於是佛告弥勒菩薩汝行詣維摩詰問疾
弥勒白佛言世尊我不堪任詣彼問疾所以者
何憶念我昔為兜率天王及其眷屬說不退
轉地之行時維摩詰来謂我言弥勒世尊授
仁者記一生當得阿耨多羅三藐三菩提為
用何生得受記乎過去耶未来耶現在耶若
過去生過去生已滅若未来生未来生未至
若現在生現在生无住如佛所說比丘汝今即
時亦生亦老亦滅若以无生得受記者无生
即是正位於正位中亦无受記亦无得阿耨
多羅三藐三菩提云何弥勒受一生記乎為
從如生得受記耶為從如滅得受記耶若以
如生得受記者如无有生若以如滅得受記
者如无有滅一切衆生皆如也一切法亦如也
衆賢聖亦如也至於弥勒亦如也若弥勒得
受記者一切衆生亦應受記所以者何夫如
者不二不異若弥勒得阿耨多羅三藐三
菩提者一切衆生皆亦應得所以者何一切衆
生即菩提相若弥勒得滅度者一切衆生
亦當滅度所以者何諸佛知一切衆生畢竟
寂滅即涅槃相不復更滅是故弥勒无以此

BD05828號　維摩詰所說經卷上

(9–3)

者不二不異若弥勒得阿耨多羅三藐三
菩提者一切衆生皆亦應得所以者何一切衆
生即菩提相若弥勒得滅度者一切衆生
亦當滅度所以者何諸佛知一切衆生畢竟
寂滅即涅槃相不復更滅是故弥勒无以此
法誘諸天子實无發阿耨多羅三藐三菩
提心者亦无退者弥勒當令此諸天子捨於
分別菩提之見所以者何菩提者不可以身
得不可以心得寂滅是菩提滅諸相故不觀
是菩提離諸緣故不行是菩提无憶念故斷
是菩提捨諸見故離是菩提離諸妄想故
鄣是菩提鄣諸願故不入是菩提无貪著
故順是菩提順於如故住是菩提住法性故至
是菩提至實際故不二是菩提離諸法故等
是菩提等虛空故无為是菩提无生住滅故
智是菩提了衆生心行故不會是菩提諸入
不會故不合是菩提離諸煩惱習故无處是
菩提无形色故假名是菩提名字空故如化
是菩提无取捨故无亂是菩提常自靜故善
寂是菩提无取捨故无亂是菩提常自靜故善
寂是菩提性淨清故无取是菩提離攀緣故
无異是菩提諸法等故无比是菩提不可喻
故微妙是菩提諸法難知故世尊維摩詰
說是法時二百天子得无生法忍故我不任詣
彼問疾
佛告光嚴童子汝行詣維摩詰問疾光嚴

BD05828 號　維摩詰所說經卷上　（9–4）

寂是菩提性淨清故无取是菩提離攀緣故
无異是菩提諸法等故无比是菩提不可喻
故微妙是菩提諸法難知故世尊維摩詰
說是法時二百天子得无生法忍故我不任詣
彼問疾
佛告光嚴童子汝行詣維摩詰問疾光嚴
白佛言世尊我不堪任詣彼問疾所以者何憶
念我昔出毗耶離大城時維摩詰方入城我
即為作礼而問言居士從何所来荅我言吾
從道場来我問道場者何所是荅曰直心
是道場无虛假故發行是道場能辦事故深
心是道場增益功德故菩提心是道場无錯謬
故布施是道場不望報故持戒是道場得願具
之故忍辱是道場於諸衆生心无㝵故精
進是道場不懈怠故禪定是道場心調柔故
智慧是道場現見諸法故慈是道場等心衆生
故悲是道場忍疲苦故喜是道場悅樂法故
捨是道場憎愛斷故神通是道場成就六通
故解脫是道場能背捨故方便是道場教化
衆生故四攝法是道場攝衆生故多聞是道
場如聞行故伏心是道場正觀諸法故卅七品
是道場捨有為法故諦是道場不誑世間故緣
起是道場无明乃至老死皆无盡故諸煩惱
是道場知如實故衆生是道場知无我故一
切法是道場知諸法空故降魔是道場不傾
動故三界是道場无所趣故師子吼是道場

BD05828 號　維摩詰所說經卷上　（9–5）

場如聞行故伏心是道場正觀諸法故卅七品
是道場捨有為法故諦是道場不誑世間故緣
起是道場无明乃至老死皆无盡故諸煩惱
是道場知如實故衆生是道場知无我故一
切法是道場知諸法空故降魔是道場不傾
動故三界是道場无所趣故師子吼是道場
无所畏故力无畏不共法是道場无諸過故
三明是道場无餘导故一念知一切法是道
場成就一切智故如是善男子菩薩若應諸
波羅蜜教化衆生諸有所作舉足下足當知
皆從道場來住於佛法矣說是法時五百天
人皆發阿耨多羅三藐三菩提心故我不任詣
彼問疾
佛告持世菩薩汝行詣維摩詰問疾持世白
佛言世尊我不堪任詣彼問疾所以者何憶
念我昔住於靜室時魔波旬從万二千天
女狀如帝釋鼓樂弦歌來詣我所與其眷屬
稽首我足合掌恭敬於一面立我意謂是帝
釋而語之言善來憍尸迦雖福應有不當自
恣當觀五欲无常以求善本於身命財而脩
堅法即語我言正士受是万二千天女可備掃
灑我言憍尸迦无以此非法之物要我沙門
釋子此非我宜所言未訖時維摩詰來謂我
言非帝釋也是為魔來嬈故汝耳即語魔
言是諸女等可以與我如我應受魔即驚懼
念維摩詰將无惱我欲隱形去而不能隱盡

BD05828號　維摩詰所說經卷上　（9–6）

堅法即語我言正士受是万二千天女可備掃
灑我言憍尸迦无以此非法之物要我沙門
釋子此非我宜所言未訖時維摩詰來謂我
言非帝釋也是為魔來嬈故汝耳即語魔
言是諸女等可以與我如我應受魔即驚懼
念維摩詰將无惱我欲隱形去而不能隱盡
其神力亦不得去即聞空中聲曰波旬以女
與之乃可得去魔以畏故俛仰而與尒時維
摩詰語諸女言魔以汝等與我今汝等皆
當發阿耨多羅三藐三菩提心即隨所應而
為說法令發道意復言汝等已發道意有法
樂可以自娛不應復樂五欲樂也天女即問
何謂法樂答言樂常信佛樂欲聽法樂供養
衆樂離五欲樂觀五陰如怨賊樂觀四大如毒
虵樂觀內入如空聚樂隨護道意樂饒益衆
生樂供養師長樂廣行施樂堅持戒樂忍
辱柔和樂懃集善根樂禪定不亂樂離垢
明慧樂廣菩提心樂降伏衆魔樂斷諸煩惱樂
淨佛國土樂成就相好故脩諸功德樂莊嚴
道場樂聞深法不畏樂三解脫門不樂非時
樂近同學不樂於非同學中心无恚导樂將
護惡知識樂近善知識樂心喜清淨樂脩无量
道品之法是為菩薩法樂於是波旬告諸女
言我欲與汝俱還天宮諸女言以我等與此居
士有法樂我等甚樂不復樂於五欲樂也
魔言居士可捨此女一切所有施於彼者是

BD05828號　維摩詰所說經卷上　（9–7）

樂近同學不樂於非同學中心无恚尋樂將
護惡知識樂近善知識樂心喜清淨樂脩无量
道品之法是為菩薩法樂於是波旬告諸女
言我欲與汝俱還天宮諸女言以我等與此居
士有法樂我等甚樂不復樂於五欲樂也
魔言居士可捨此女一切所有施於彼者是
為菩薩維摩詰言我以捨矣汝便將去令一
切衆生得法願具足故於是諸女問維摩詰
我等云何止於魔宮維摩詰言諸姊有法
門名无盡燈汝等當學无盡燈者譬如一
燈然百千燈冥者皆明明終不盡如是諸姊
夫一菩薩開導百千衆生令發阿耨多羅三
藐三菩提心於其道意亦不滅盡隨所說法
而自增益一切善法是名无盡燈也汝等雖住
魔宮以是无盡燈令无數天子天女皆發阿耨
多羅三藐三菩提心者為報佛恩亦大饒益
一切衆生尒時天女頭面礼維摩詰足隨魔還
宮忽然不見世尊維摩詰有如是自在神力
智慧辯才故我不任詣彼問疾
佛告長者子善德汝行詣維摩詰問疾善
德白佛言世尊我不堪任詣彼問疾所以者
何憶念我昔自於父舍設大施會供養一切
沙門婆羅門及諸外道貧窮下賤孤獨乞人
期滿七日時維摩詰来入會中謂我言長者
子夫大施會不當如汝所設當為法施之會何
用是財施會為我言居士何為法施之會法

BD05828號　維摩詰所說經卷上　（9–8）

一切衆生尒時天女頭面礼維摩詰足隨魔還
宮忽然不見世尊維摩詰有如是自在神力
智慧辯才故我不任詣彼問疾
佛告長者子善德汝行詣維摩詰問疾善
德白佛言世尊我不堪任詣彼問疾所以者
何憶念我昔自於父舍設大施會供養一切
沙門婆羅門及諸外道貧窮下賤孤獨乞人
期滿七日時維摩詰来入會中謂我言長者
子夫大施會不當如汝所設當為法施之會何
用是財施會為我言居士何為法施之會法
施會者无前无後一時供養一切衆生是名
法施之會何謂也謂以菩提起於慈心以救衆
生起大悲心以持正法起於喜心以攝智慧
行於捨心以攝慳貪起檀波羅蜜以化犯戒
起尸波羅蜜以无我法起羼提波羅蜜以離
身心相起毗梨耶波羅蜜以菩提相起禪波
羅蜜以一切智起波若波羅蜜教化衆生
而起於空不捨有為法而起无相示現受生
而起无作護持正法起方便力以度衆生起四
攝法以敬事一切起除慢法於身命財起

BD05828號　維摩詰所說經卷上　（9–9）

於来世當

得阿耨多羅三藐

佛與我受記作是言汝於来世

佛号釋迦牟尼何以故如来者即諸

法如義若有人言如来得阿耨多羅三藐三

菩提須菩提實无有法佛得阿耨多羅三藐

三菩提須菩提如来所得阿耨多羅三藐三

菩提於是中无實无虛是故如来說一切法

皆是佛法須菩提所言一切法者即非一切

法是故名一切法

須菩提譬如人身長大須菩提言世尊如来

說人身長大則為非大身是名大身

須菩提菩薩亦如是若作是言我當滅度无

量衆生則不名菩薩何以故須菩提實无有

法名為菩薩是故佛說一切法无我无人无

衆生无壽者須菩提若菩薩作是言我當莊

嚴佛土是不名菩薩何以故如来說莊嚴佛

土者即非莊嚴是名莊嚴須菩提若菩薩通

達无我法者如来說名真是菩薩

須菩提於意云何如来有肉眼不如是世尊

如来有肉眼須菩提於意云何如来有天眼

不如是世尊如来有天眼須菩提於意云何

BD05829 號　金剛般若波羅蜜經　（5–1）

法名為菩薩是故佛說一切法无我无人无

衆生无壽者須菩提若菩薩作是言我當莊

嚴佛土是不名菩薩何以故如来說莊嚴佛

土者即非莊嚴是名莊嚴須菩提若菩薩通

達无我法者如来說名真是菩薩

須菩提於意云何如来有肉眼不如是世尊

如来有肉眼須菩提於意云何如来有天眼

不如是世尊如来有天眼須菩提於意云何

如来有慧眼不如是世尊如来有慧眼須菩

提於意云何如来有法眼不如是世尊如来

有法眼須菩提於意云何如来有佛眼不如

是世尊如来有佛眼須菩提於意云何恒河

中所有沙佛說是沙不如是世尊如来說是

沙須菩提於意云何如一恒河中所有沙有

如是等恒河是諸恒河所有沙數佛世界如

是寧為多不甚多世尊佛告須菩提尒所國

土中所有衆生若干種心如来悉知何以故

如来說諸心皆為非心是名為心所以者何

須菩提過去心不可得現在心不可得未来

心不可得須菩提於意云何若有人滿三千

大千世界七寶以用布施是人以是因緣得

福多不如是世尊此人以是因緣得福甚多

須菩提若福德有實如来不說得福德多以

福德无故如来說得福德多

須菩提於意云何佛可以具足色身見不不

也世尊如来不應以具足色身見何以故如

来說具足色身即非具足色身是名具足色

身須菩提於意云何如来可以具足諸相見

BD05829 號　金剛般若波羅蜜經　（5–2）

福德无故如来說得福德多
須菩提於意云何佛可以具足色身見不不
也世尊如来不應以具足色身見何以故如
来說具足色身即非具足色身是名具足色
身須菩提於意云何如来可以具足諸相見
不不也世尊如来不應以具足諸相見何以故
如来說諸相具足即非具足是名諸相具足
須菩提汝勿謂如来作是念我當有所說法
莫作是念何以故若人言如来有所說法即
為謗佛不能解我所說義故須菩提說法者
无法可說是名說法
須菩提白佛言世尊佛得阿耨多羅三藐三
菩提為无所得耶如是如是須菩提我於阿
耨多羅三藐三菩提乃至无有少法可得是
名阿耨多羅三藐三菩提復次須菩提是法
平等无有高下是名阿耨多羅三藐三菩提
以无我无人无衆生无壽者修一切善法則
得阿耨多羅三藐三菩提須菩提所言善法
者如来說非善法是名善法
須菩提若三千大千世界中所有諸須弥山
王如是等七寶聚有人持用布施若人以此
般若波羅蜜經乃至四句偈等受持讀誦為
他人說於前福德百分不及一百千万億分
乃至筭數譬喻所不能及
須菩提於意云何汝等勿謂如来作是念我
當度衆生須菩提莫作是念何以故實无有
衆生如来度者若有衆生如来度者如来則
有我人衆生壽者須菩提如来說有我者則

BD05829 號　金剛般若波羅蜜經　（5–3）

他人說於前福德百分不及一百千万億分
乃至筭數譬喻所不能及
須菩提於意云何汝等勿謂如来作是念我
當度衆生須菩提莫作是念何以故實无有
衆生如来度者若有衆生如来度者如来則
有我人衆生壽者須菩提如来說有我者則
非有我而凡夫之人以為有我須菩提凡夫
者如来說則非凡夫
須菩提於意云何可以卅二相觀如来不須
菩提言如是如是以卅二相觀如来佛言須
菩提若以卅二相觀如来者轉輪聖王則是
如来須菩提白佛言世尊如我解佛所說義
不應以卅二相觀如来尒時世尊而說偈言
若以色見我　以音聲求我　是人行邪道　不能見如来
須菩提汝若作是念如来不以具足相故得
阿耨多羅三藐三菩提須菩提莫作是念如
来不以具足相故得阿耨多羅三藐三菩提
須菩提汝若作是念發阿耨多羅三藐三菩
提者說諸法斷滅莫作是念何以故發阿耨
多羅三藐三菩提者於法不說斷滅相須菩
提若菩薩以滿恒河沙等世界七寶布施若
復有人知一切法无我得成於忍此菩薩勝
前菩薩所得功德須菩提以諸菩薩不受福
德故須菩提白佛言世尊云何菩薩不受福
德須菩提菩薩所作福德不應貪著是故說
不受福德
須菩提若有人言如来若来若去若坐若卧
是人不解我所說義何以故如来者无所從

BD05829 號　金剛般若波羅蜜經　（5–4）

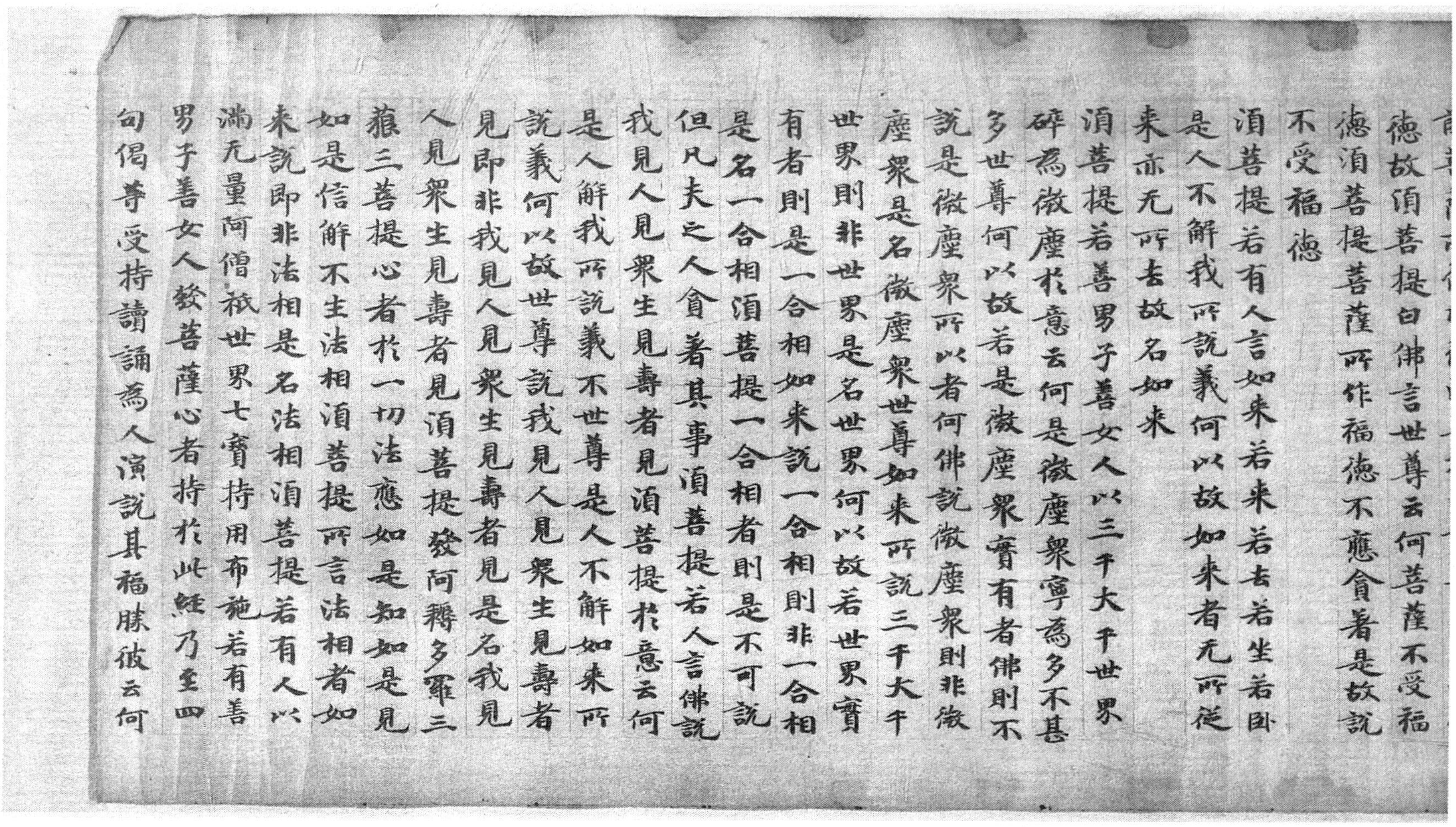

德故須菩提白佛言世尊云何菩薩不受福
德須菩提菩薩所作福德不應貪著是故說
不受福德
須菩提若有人言如來若來若去若坐若卧
是人不解我所說義何以故如來者无所從
來亦无所去故名如來
須菩提若善男子善女人以三千大千世界
碎為微塵於意云何是微塵衆寧為多不甚
多世尊何以故若是微塵衆實有者佛則不
說是微塵衆所以者何佛說微塵衆則非微
塵衆是名微塵衆世尊如來所說三千大千
世界則非世界是名世界何以故若世界實
有者則是一合相如來說一合相則非一合相
是名一合相須菩提一合相者則是不可說
但凡夫之人貪著其事須菩提若人言佛說
我見人見衆生見壽者見須菩提於意云何
是人解我所說義不世尊是人不解如來所
說義何以故世尊說我見人見衆生見壽者
見即非我見人見衆生見壽者見是名我見
人見衆生見壽者見須菩提發阿耨多羅三
藐三菩提心者於一切法應如是知如是見
如是信解不生法相須菩提所言法相者如
來說即非法相是名法相須菩提若有人以
滿无量阿僧祇世界七寶持用布施若有善
男子善女人發菩薩心者持於此經乃至四
句偈等受持讀誦為人演說其福勝彼云何

BD05829 號　金剛般若波羅蜜經　（5–5）

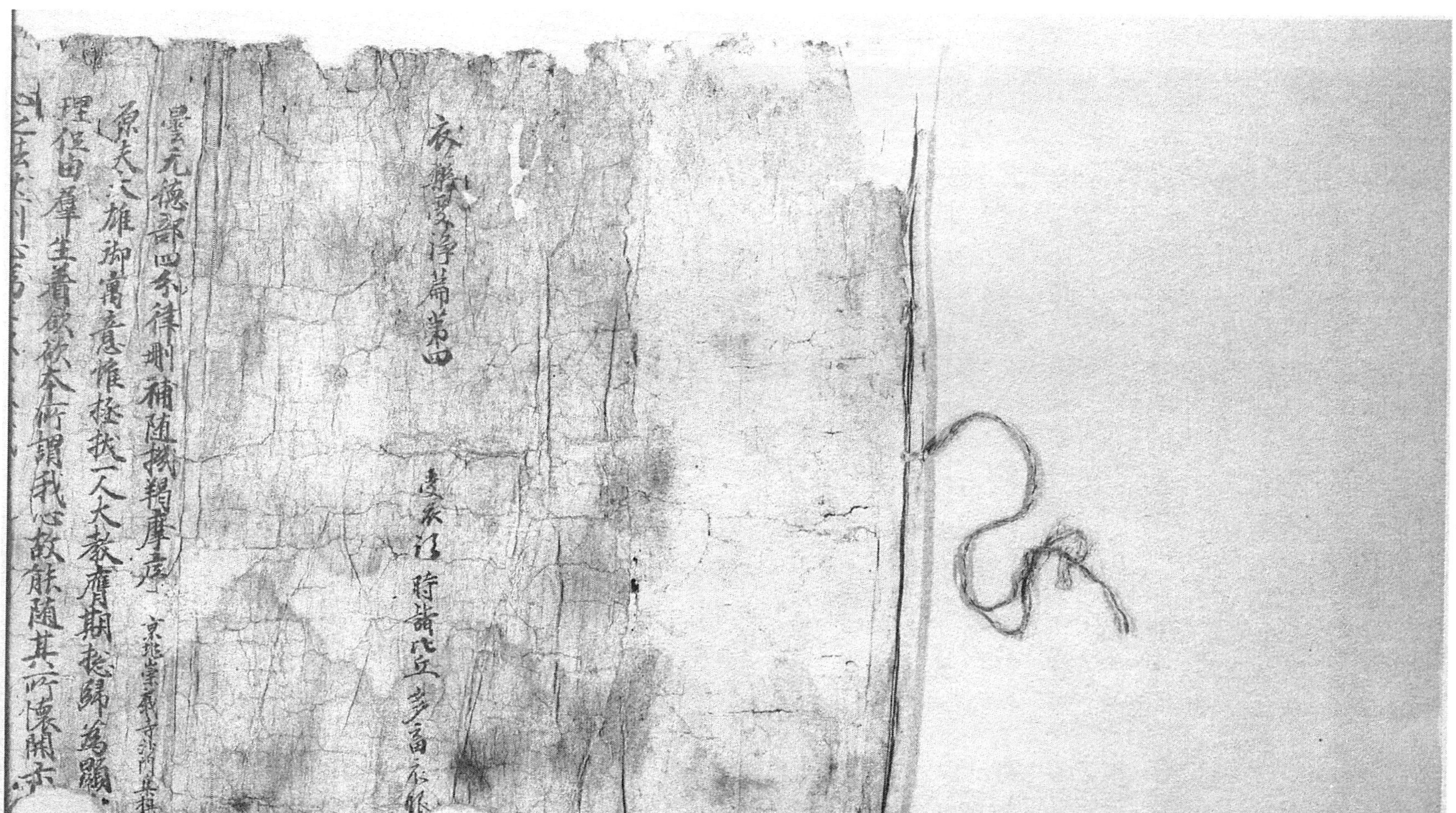

衣藥受淨篇第四
違衣法　時諸比丘多畜衣服
曇无德部四分律刪補隨機羯磨序　京兆崇義寺沙門道宣撰
原夫大雄御寓意惟拯拔一人大教膺期抱歸為顯
理但由群生著欲欲本修明我心故能隨其所懷開示

BD05830 號　四分律刪補隨機羯磨序　（2–1）

曇无德部四分律删補隨機羯磨序　京兆崇義寺沙門道宣撰
原夫大雄御宇意惟拯拔一人大教膺期終歸爲顯
理但由羣生着欲欲本所謂我心故能隨其所懷開示
心之法然則心爲生欲之本滅欲必止心元止心由乎明慧起
假於定發發定之功非戒不弘是故特須尊重於戒故經云
戒爲无上菩提本應當一心持淨戒持戒之心要唯一轍止持則戒
本最爲標首作持則羯磨結其大科後進循前妙宗斯法
故律云若不誦戒羯磨盡形不離依止自慧日西隱法水東
流時兼像末人通厚薄初則二部五部之殊中則十八五百之別
末則衆鋒互舉各競先駈人或從緣法无傾墜然則道由信
發弘之在人人幾顛危法寧存正所以羯磨聖教綿歷古今
世漸增繁徒盈卷軸考其實録多約前開覆其宗緒略
无本據師心制法者不少被而行誦者極多輕侮聖言動納
共同之見競執是昔之迷不思反隅更增昏結致使
淮地矣故佛言若作羯磨不如白法作白不如羯磨
名如是漸令正法速疾滅當順文句勿令增減違法毗
尼如是學茲詁若此妄指宜難昔已在諸開輔撰行
事鈔具羅種類雜相畢陳但爲機務相訓卒尋難了
故略舉羯磨一色別欄銓題若科擇出納興廢是非者
被鈔明之此但列法被事援引證據者在卷行用狀樣
藏殘缺義有遺補並統關諸部攝略正文必彼此俱无
則理通決例並至篇具顯便異古藏立夫羯磨雖多要
分爲八始從心念終乎白四各有成濟之功故律通標一聚今

BD05830 號　四分律刪補隨機羯磨序

（2–2）

菩
往來而實
洹於意云何阿那
來不須菩提言不
不來而實无來
意云何阿羅漢能作是念
須菩提言不也世尊何以故
漢世尊若阿羅漢作是
道即爲著我人衆生壽者世尊
三昧人中最爲第一是第一離
作是念我是離欲阿羅漢世
念我得阿羅漢道世尊則不說
蘭那行者以須菩提實无所
樂阿蘭那行
何如來昔在然燈佛所
不世尊如來在然燈佛所於法
所得須菩提於意云何菩薩莊嚴佛土
不不也世尊何以故莊嚴佛土者則非莊嚴
是名莊嚴是故須菩提諸菩薩摩訶薩應如

BD05831 號　金剛般若波羅蜜經

（12–1）

蘭那行者以須菩提實无所
樂阿蘭那行
何如來昔在然燈佛所
不世尊如來在然燈佛所於法
无所得須菩提於意云何菩薩莊嚴佛土
不不也世尊何以故莊嚴佛土者則非莊嚴
是名莊嚴是故須菩提諸菩薩摩訶薩應如
是生清淨心不應住色生心不應住聲香味
住而生其心須菩提譬如
於意云何是身為大不須
何以故佛說非身是名大身
中所有沙數如是沙等恒河
恒河沙寧為多不須菩提言
恒河尚多无數何況其沙須
告汝若有善男子善女人以
河沙數三千大千世界以用
須菩提言甚多世尊佛告須
善女人於此經中乃至受持
人說而此福德勝前福德復
說是經乃至四句偈等當知此
天人阿修羅皆應供養如佛塔
能受持讀誦須菩提當知是
一希有之法若是經典所在
若尊重弟子
言世尊當何名此經我
告須菩提是經名為金剛般
字汝當奉持所以者何須
羅蜜則非般若波羅蜜須
菩提於意云何如來有所說法不須菩提白佛

BD05831 號　金剛般若波羅蜜經　（12–2）

一希有之法若是經典所在
若尊重弟子
言世尊當何名此經我
告須菩提是經名為金剛般
字汝當奉持所以者何須
羅蜜則非般若波羅蜜須
菩提於意云何如來有所說法不須菩提白佛
言世尊如來无所說須菩提於意云何三千
大千世界所有微塵是為多不須菩提言甚
多世尊須菩提諸微塵如來說非微塵是名
微塵如來說世界非世界是名世界須菩提
於意云何可以卅二相見如來不不也世尊
何以故如來說卅二相即是非相是名卅二
相須菩提若有善男子善女人以恒河沙等
身命布施若復有人於此經中乃至受持四
句偈等為他人說其福甚多
尒時須菩提聞說是經深解義趣涕淚悲泣
而白佛言希有世尊佛說如是甚深經典我
從昔來所得慧眼未曾得聞如是之經世尊
若復有人得聞是經信心清淨則生實相當
知是人成就第一希有功德世尊是實相者
則是非相是故如來說名實相世尊我今得
聞如是經典信解受持不足為難若當來
世後五百歲其有眾生得聞是經信解受持
是人則為第一希有何以故此人无我相人相
眾生相壽者相所以者何我相即是非相人相
眾生相壽者相即是非相何以故離一切諸
相則名諸佛
佛告須菩提如是如是若復有人得聞是經

BD05831 號　金剛般若波羅蜜經　（12–3）

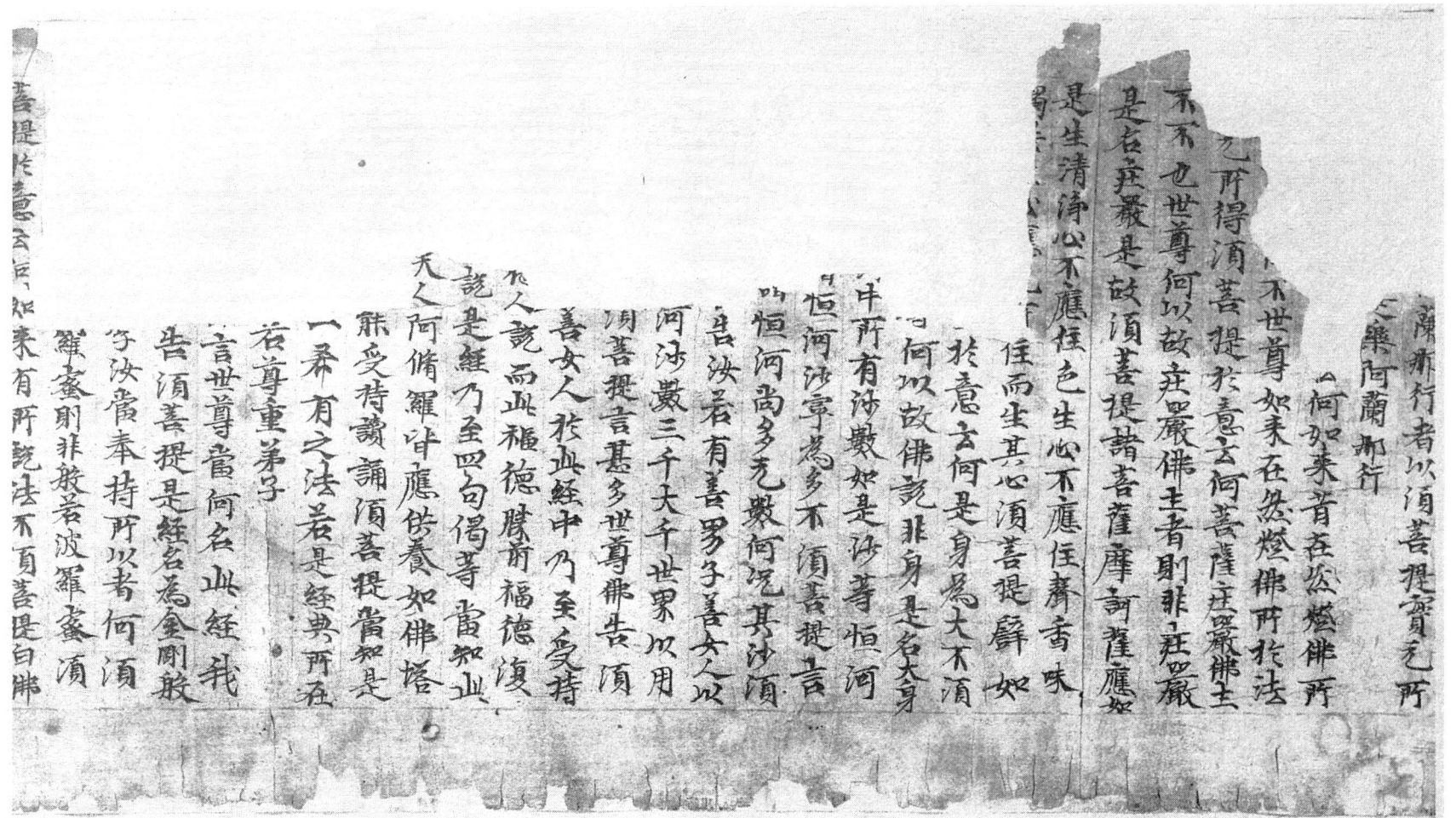

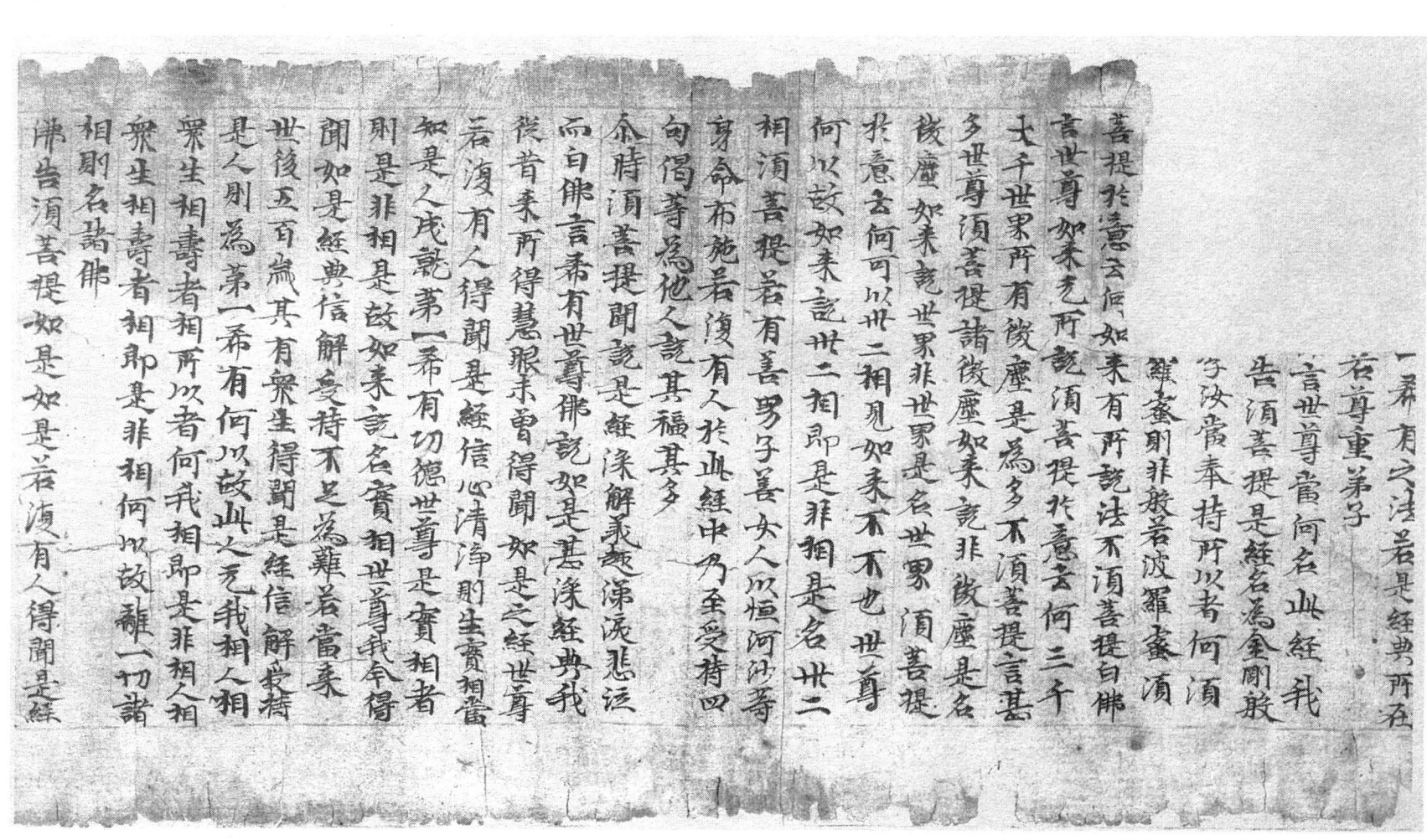

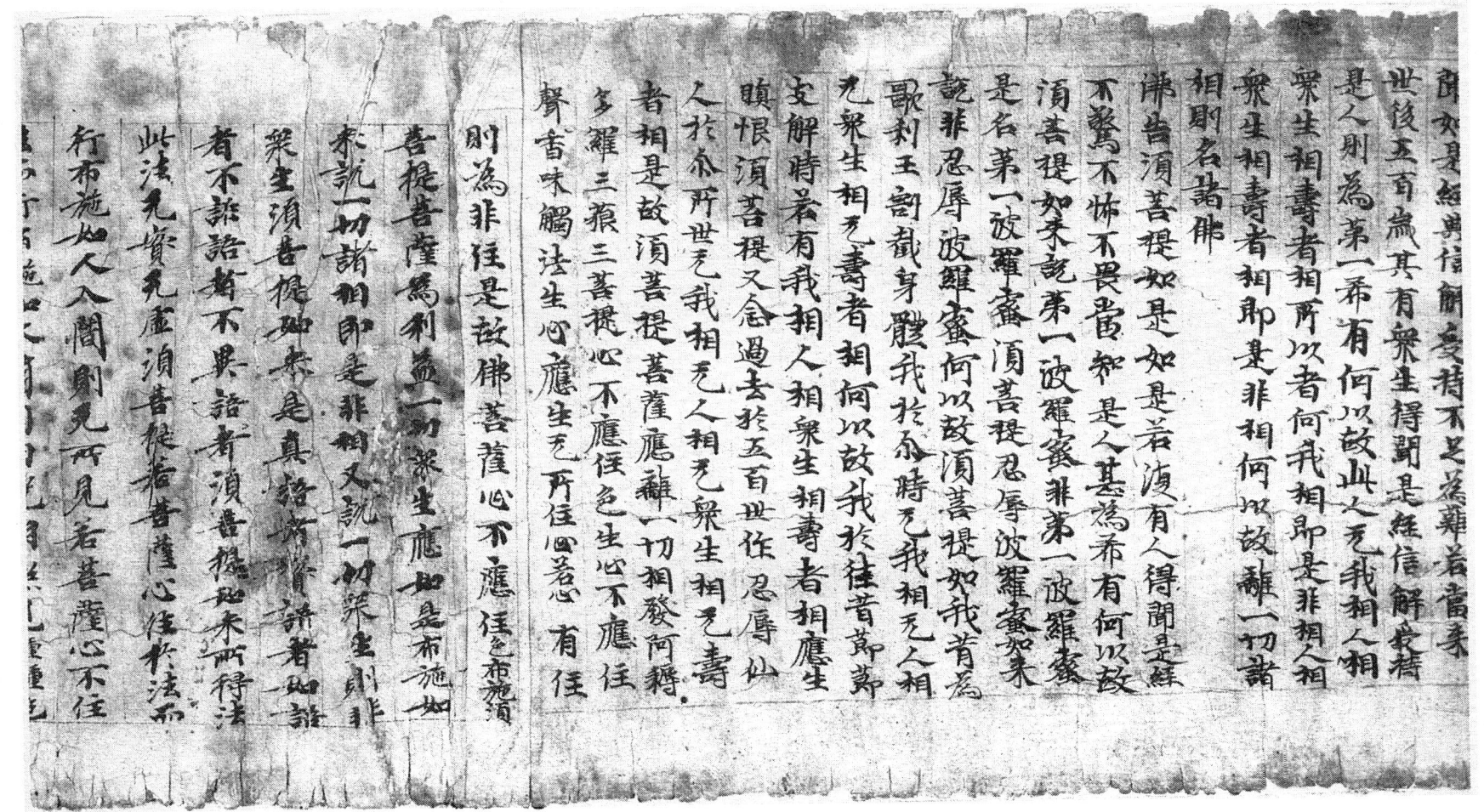

聞如是經典信解受持不足為難若當來
世後五百歲其有衆生得聞是經信解受持
是人則為第一希有何以故此人旡我相人相
衆生相壽者相所以者何我相即是非相人相
衆生相壽者相即是非相何以故離一切諸
相則名諸佛
佛告須菩提如是如是若復有人得聞是經
不驚不怖不畏當知是人甚為希有何以故
須菩提如來說第一波羅蜜非第一波羅蜜
是名第一波羅蜜須菩提忍辱波羅蜜如來
說非忍辱波羅蜜何以故須菩提如我昔為
歌利王割截身體我於尒時旡我相旡人相
旡衆生相旡壽者相何以故我於往昔節節
支解時若有我相人相衆生相壽者相應生
瞋恨須菩提又念過去於五百世作忍辱仙
人於尒所世旡我相旡人相旡衆生相旡壽
者相是故須菩提菩薩應離一切相發阿耨
多羅三藐三菩提心不應住色生心不應住
聲香味觸法生心應生旡所住心若心有住
則為非住是故佛說菩薩心不應住色布施須
菩提菩薩為利益一切衆生應如是布施如
來說一切諸相即是非相又說一切衆生則非
衆生須菩提如來是真語者實語者如語
者不誑語者不異語者須菩提如來所得法
此法旡實旡虛須菩提若菩薩心住於法而
行布施如人入闇則旡所見若菩薩心不住
法而行布施如人有目日光明照見種種色

BD05831 號　金剛般若波羅蜜經　（12–4）

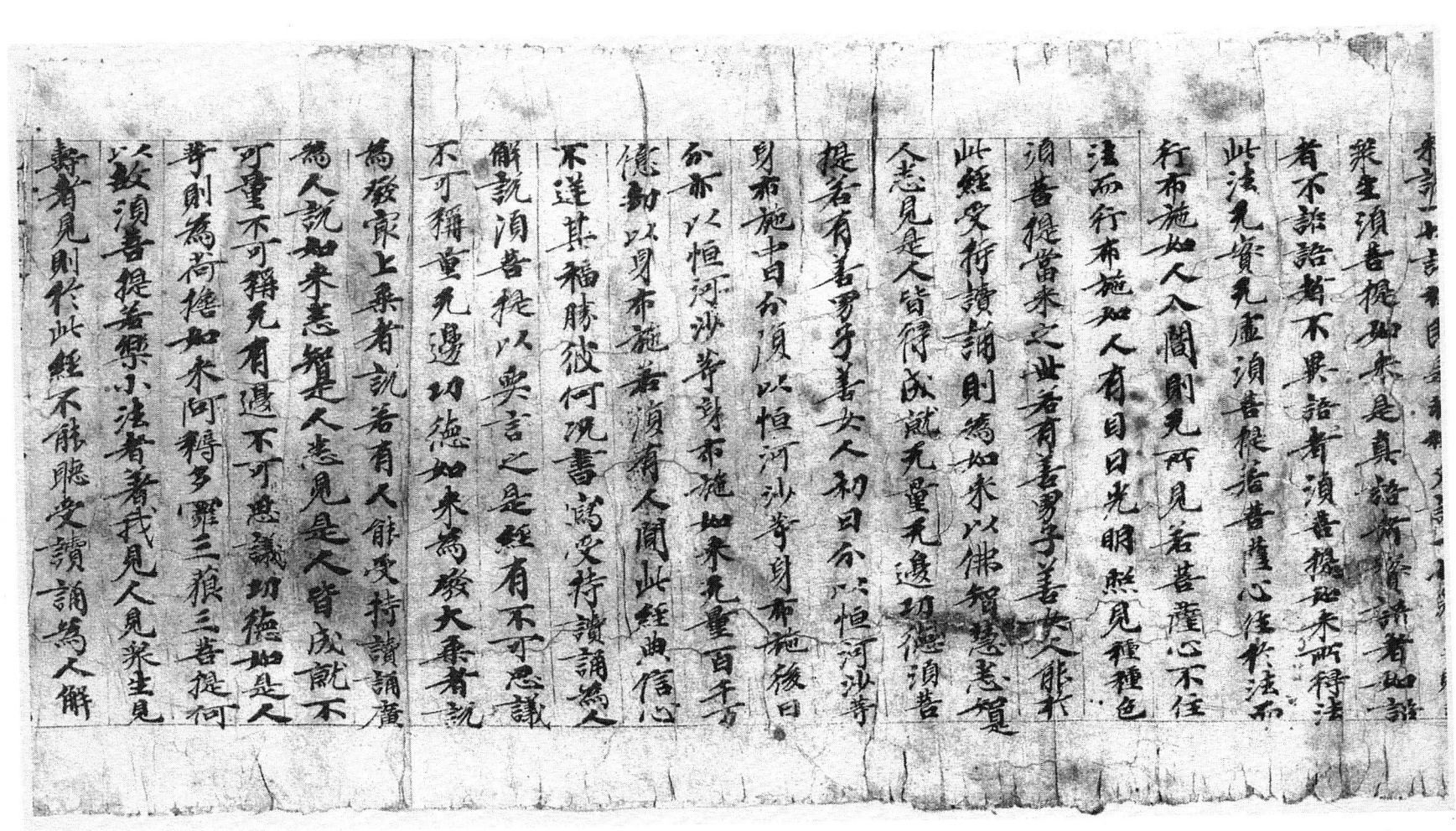

來說一切諸相即是非相又說一切衆生則非
衆生須菩提如來是真語者實語者如語
者不誑語者不異語者須菩提如來所得法
此法旡實旡虛須菩提若菩薩心住於法而
行布施如人入闇則旡所見若菩薩心不住
法而行布施如人有目日光明照見種種色
須菩提當來之世若有善男子善女人能於
此經受持讀誦則為如來以佛智慧悉知是
人悉見是人皆得成就旡量旡邊功德須菩
提若有善男子善女人初日分以恒河沙等
身布施中日分復以恒河沙等身布施後日
分亦以恒河沙等身布施如是旡量百千万
億劫以身布施若復有人聞此經典信心
不逆其福勝彼何況書寫受持讀誦為人
解說須菩提以要言之是經有不可思議
不可稱量旡邊功德如來為發大乘者說
為發最上乘者說若有人能受持讀誦廣
為人說如來悉知是人悉見是人皆成就不
可量不可稱旡有邊不可思議功德如是人
等則為荷擔如來阿耨多羅三藐三菩提何
以故須菩提若樂小法者著我見人見衆生見
壽者見則於此經不能聽受讀誦為人解

BD05831 號　金剛般若波羅蜜經　（12–5）

為人說如來悉知是人悉見是人皆成就不
可量不可稱无有邊不可思議功德如是人
等則為荷擔如來阿耨多羅三藐三菩提何
以故須菩提若樂小法者著我見人見衆生見
壽者見則於此經不能聽受讀誦為人解
說須菩提在在處處若有此經一切世間
天人阿脩羅所應供養當知此處則為是塔
皆應恭敬作礼圍遶以諸華香而散其處
次須菩提善男子善女人受持讀誦此
為人輕賤是人先世罪業應墮惡道
人輕賤故先世罪業則為消滅當得
羅三藐三菩提須菩提我念過去
祇劫於然燈佛前得值八百四千
由他諸佛悉皆供養承事无空過者
人於後末世能受持讀誦此經所
功德於我所供養諸佛功德百分不及一
萬億分乃至筭數譬喻所不能及
須菩提若善男子善女人於後末世有受
持讀誦此經所得功德我若具說者或有
人聞心則狂亂狐疑不信須菩提當知是
經義不可思議果報亦不可思議
尒時須菩提白佛言世尊善男子善女人發

須菩提若善男子善女人於後末世有受
持讀誦此經所得功德我若具說者或有
人聞心則狂亂狐疑不信須菩提當知是
經義不可思議果報亦不可思議
尒時須菩提白佛言世尊善男子善女人發
阿耨多羅三藐三菩提心云何應住云何降
伏其心佛告須菩提善男子善女人發阿
耨多羅三藐三菩提者當生如是心我應滅
度一切衆生滅度一切衆生已而无有一切衆
生實滅度者何以故若菩薩有我相人相
衆生相壽者相則非菩薩所以者何須
菩提實无有法發阿耨多羅三藐三菩提
於意云何如來於然燈佛所有法得阿耨多
羅三藐三菩提不不也世尊如我解佛所說
義佛於然燈佛所无有法得阿耨多羅三
藐三菩提佛言如是如是須菩提實无有
法如來得阿耨多羅三藐三菩提須菩提
若有法如來得阿耨多羅三藐三菩提然燈佛
則不與我受記汝於來世當得作佛号釋迦牟尼
以實无有法得阿耨多羅三藐三菩提是故然
燈佛與我授記作是言汝於來世當得作佛
号釋迦牟尼何以故如來者即諸法如義若

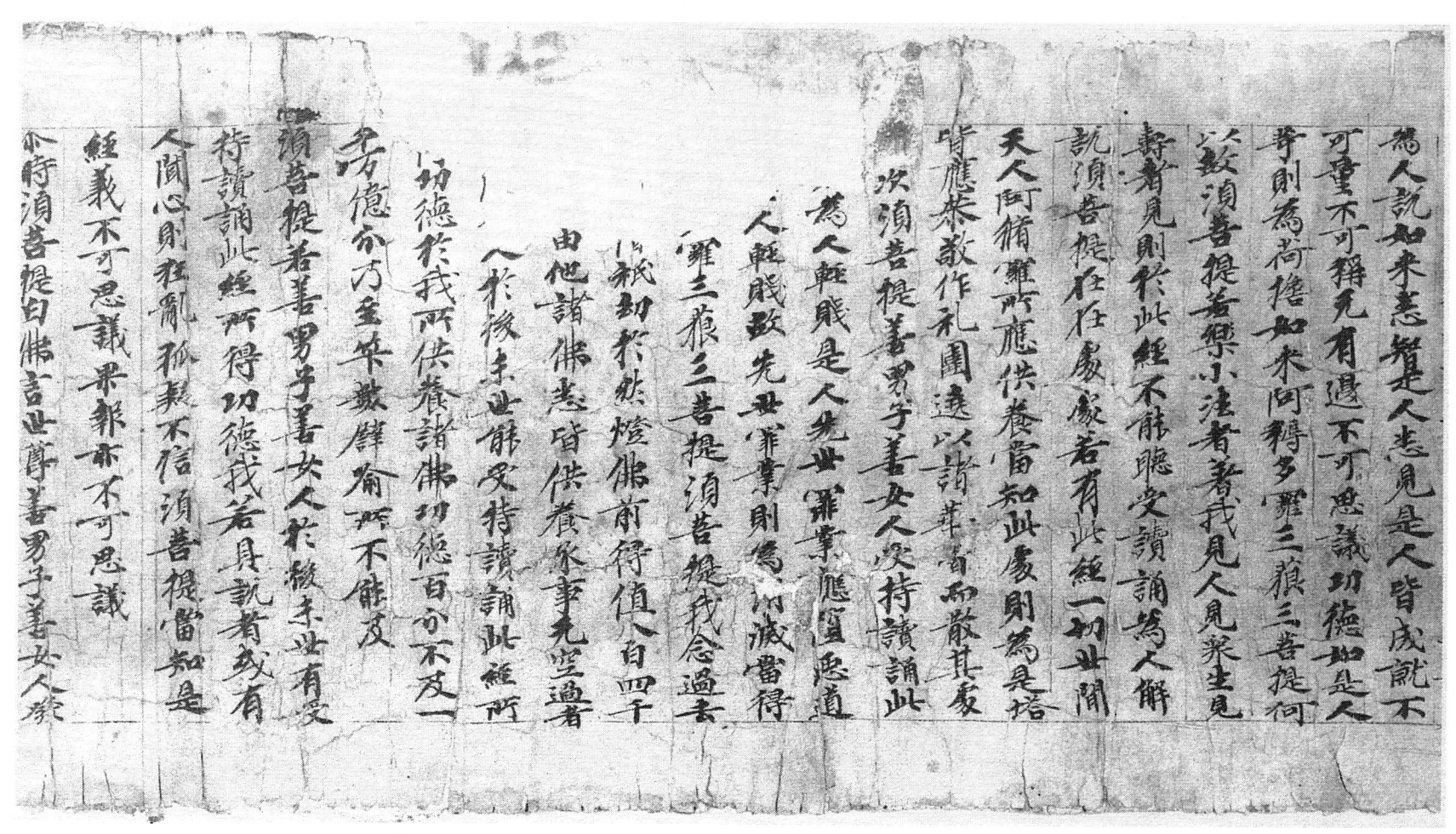

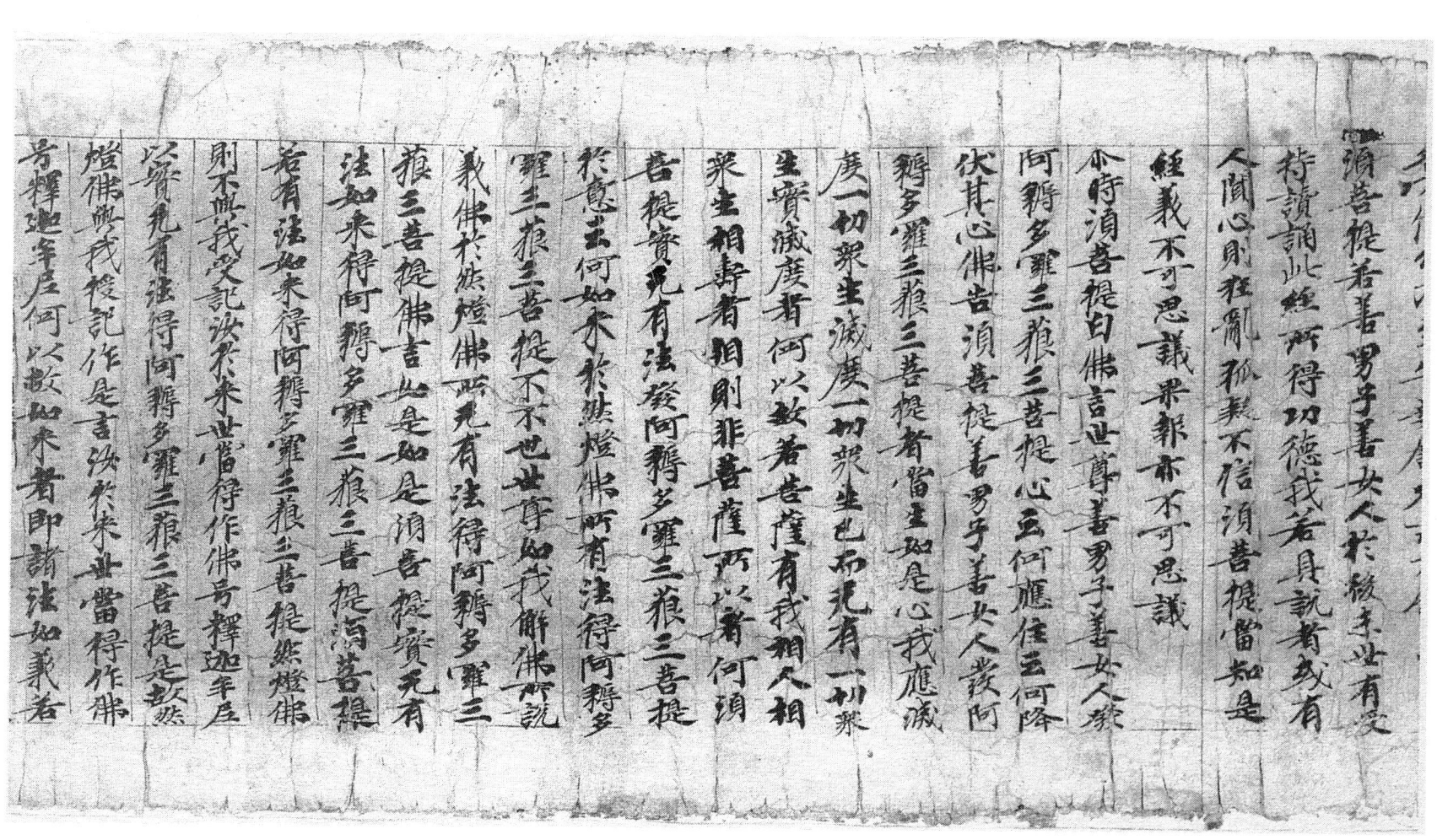

若有法如來得阿耨多羅三藐三菩提者然燈佛
則不與我受記汝於來世當得作佛号釋迦牟尼
以實无有法得阿耨多羅三藐三菩提是故然
燈佛與我授記作是言汝於來世當得作佛
号釋迦牟尼何以故如來者即諸法如義若
實无有法佛得阿耨多[illegible]是身菩提
提如來所得阿耨多羅三藐三菩提於是中无
實无虛是故如來說一切法皆是佛法須
菩提所言一切法者即非一切法是名一切
法須菩提譬如人身長大須菩提言世尊
如來說人身長大則為非大身是名大身
須菩提菩薩亦如是若作是言我當滅度
无量衆生則不名菩薩何以故須菩提无有
法名為菩薩是故佛說一切法无我无人
无衆生无壽者須菩提若菩薩作是言我
當莊嚴佛土是不名菩薩何以故如來說
莊嚴佛土者即非莊嚴是名莊嚴須菩提
若菩薩通達无我法者如來說名真是菩薩
須菩提於意云何如來有肉眼不如是世尊
如來有肉眼須菩提於意云何如來有天眼
不如是世尊如來有天眼須菩提於意云何
如來有慧眼不如是世尊如來有慧眼須菩
提於意云何如來有法眼不如是世尊如來有

BD05831 號　金剛般若波羅蜜經　（12–8）

若菩薩通達无我法者如來說名真是菩薩
須菩提於意云何如來有肉眼不如是世尊
如來有肉眼須菩提於意云何如來有天眼
不如是世尊如來有天眼須菩提於意云何
如來有慧眼不如是世尊如來有慧眼須菩
提於意云何如來有法眼不如是世尊如來有
法眼須菩提於意云何如來有佛眼不如
是世尊如來有佛眼須菩提於意云何恒
河中所有沙佛說是沙不如是世尊如來說
是沙須菩提於意云何如一恒河中所有沙
有如是等恒河是諸恒河所有沙數佛世界
如是寧為多不甚多世尊佛告須菩提介所國
土中所有衆生若干種心如來悉知何以故如
來說諸心皆為非心是名為心所以者何須
菩提過去心不可得現在心不可得未來
心不可得須菩提於意云何若有人滿三
千大千世界七寶以用布施是人以是因
緣得福多不如是世尊此人以是因緣
得福多不
須菩提若福德有實者如來不說得福
德多以福德无故如來說得福德多
須菩提於意云何佛可以具足色身見不不
也世尊如來不應以色身見何以故如來說

BD05831 號　金剛般若波羅蜜經　（12–9）

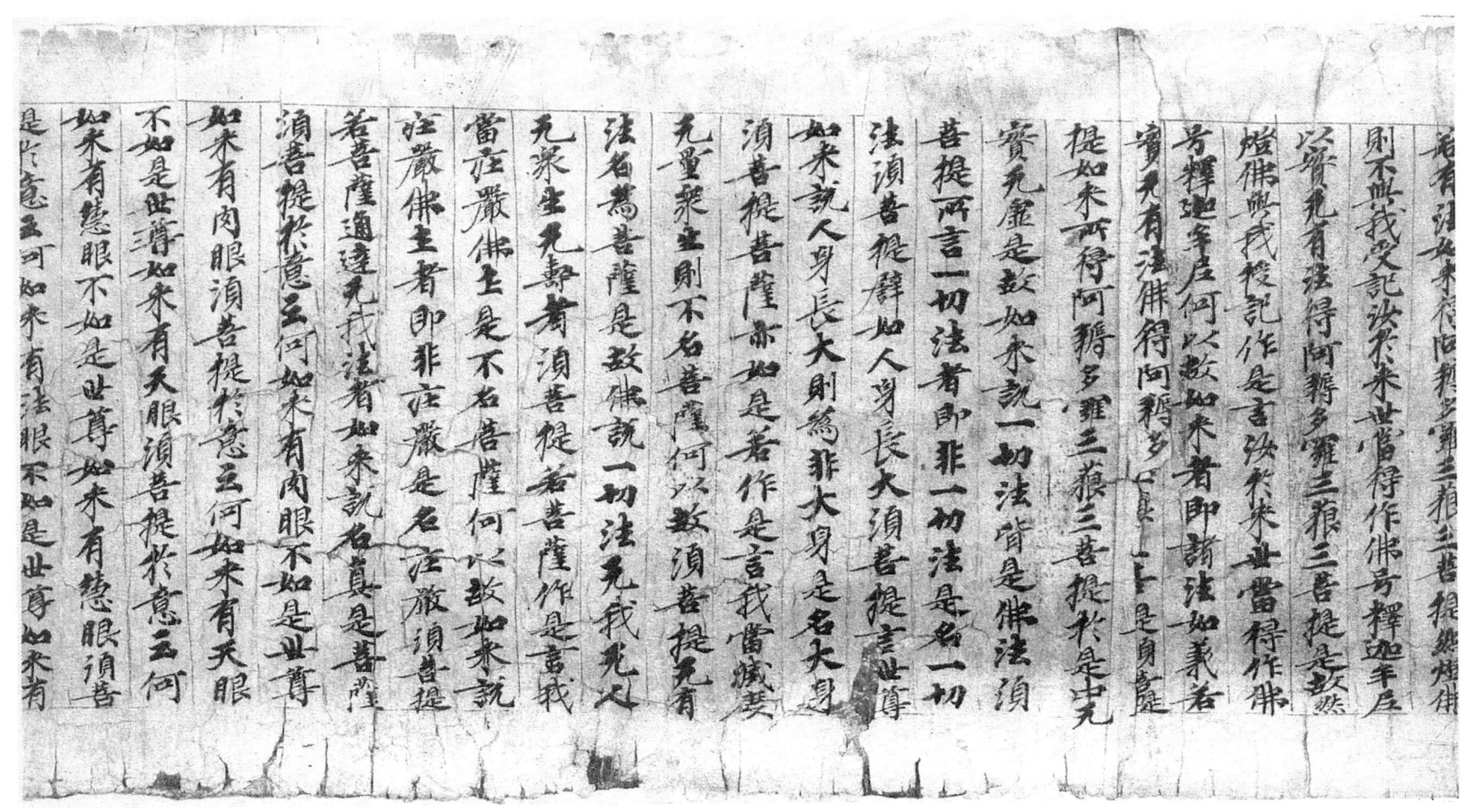

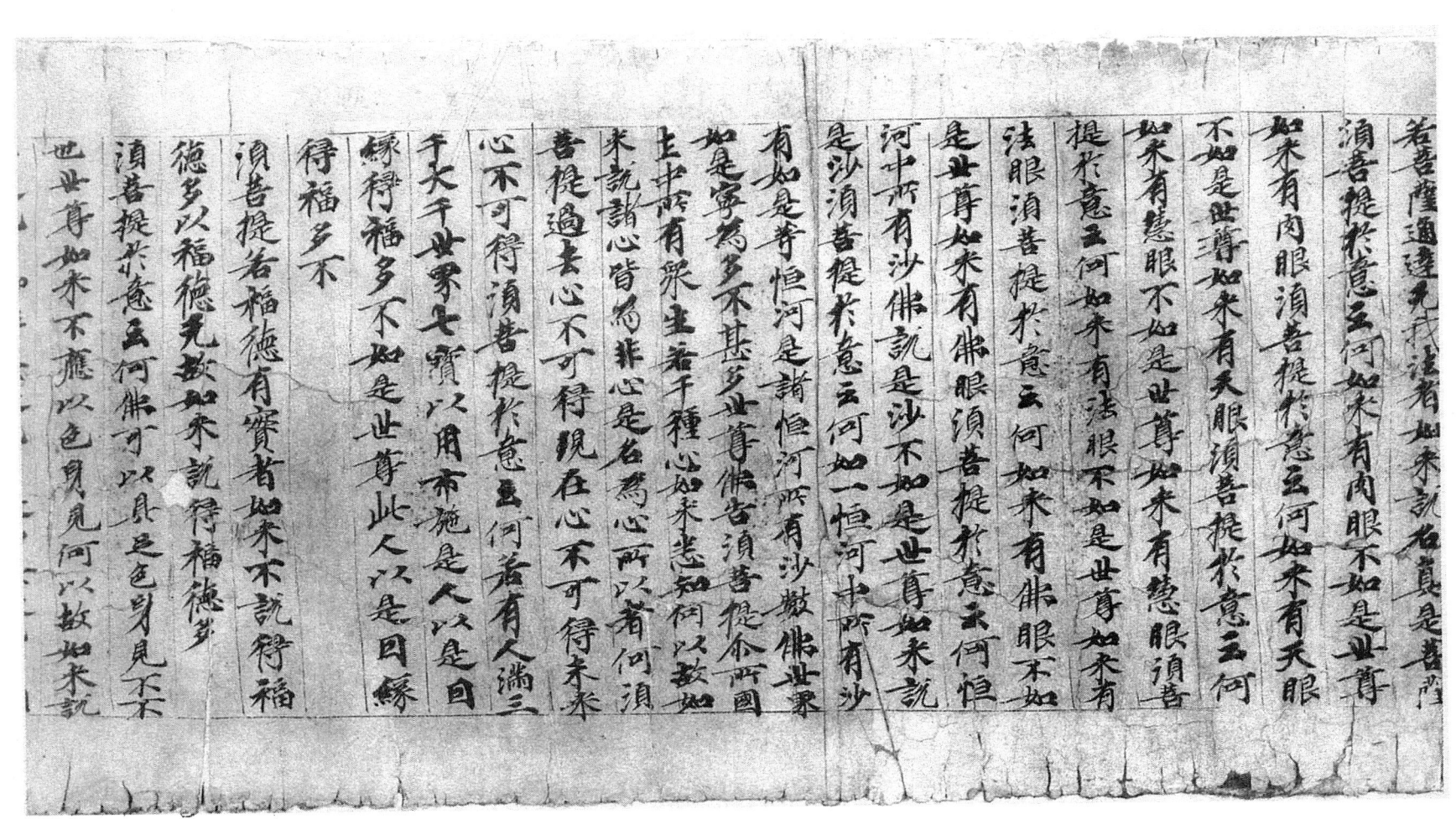

得福多不
須菩提若福德有實者如來不說得福
德多以福德无故如來說得福德多
須菩提於意云何佛可以具足色身見不不
也世尊如來不應以色身見何以故如來說
具足色身即非具足色身是名具足色身須
菩提於意云何如來可以具足諸相見不不也
世尊如來不應以具足諸相見何以故如來
說諸相具足即非具足是名諸相具足
須菩提汝勿謂如來作是念我當有所說法
莫作是念何以故若人言如來有所說法即
為謗佛不能解我所說故須菩提說法者
无法可說是名說法
須菩提白佛言世尊佛得阿耨多羅三
藐三菩提為无所得耶如是如是須菩提
我於阿耨多羅三藐三菩提乃至无有少法
可得是名阿耨多羅三藐三菩提復次須菩提
是法平等无有高下是名阿耨多羅三藐三
菩提以无我无人无衆生无壽者脩一切善
法則得阿耨多羅三藐三菩提須菩提所言
善法者如來說即非善法是名善法須菩提
若三千大千世界中所有諸須彌山王如是等
七寶聚有人持用布施若人以此般若波羅蜜

BD05831 號　金剛般若波羅蜜經

（12–10）

菩提以无我无人无衆生无壽者脩一切善
法則得阿耨多羅三藐三菩提須菩提所言
善法者如來說即非善法是名善法須菩提
若三千大千世界中所有諸須彌山王如是等
七寶聚有人持用布施若人以此般若波羅蜜
經乃至四句偈等受持為他人說於前福德
百分不及一百千万億分乃至筭數譬喻所不
能及
須菩提於意云何汝等勿謂如來作是念我
當度衆生須菩提莫作是念何以故實无有
衆生如來度者若有衆生如來度者如來則
有我人衆生壽者須菩提如來說有我者則
非有我而凡夫之人以為有我須菩提凡夫
者如來說則非凡夫須菩提於意云何可
以卅二相觀如來不須菩提言如是如是以
卅二相觀如來佛言須菩提若以卅二相觀
如來者轉輪聖王則是如來須菩提白佛言
世尊如我解佛所說義不應以卅二相觀如
來尒時世尊而說偈言
若以色見我　以音聲求我　是人行邪道　不能見如來
須菩提汝若作是念如來不以具足相故得
阿耨多羅三藐三菩提須菩提汝莫作是
念如來不以具足相故得阿耨多羅三藐三
菩提須菩提汝若作是念發阿耨多羅三藐三

BD05831 號　金剛般若波羅蜜經

（12–11）

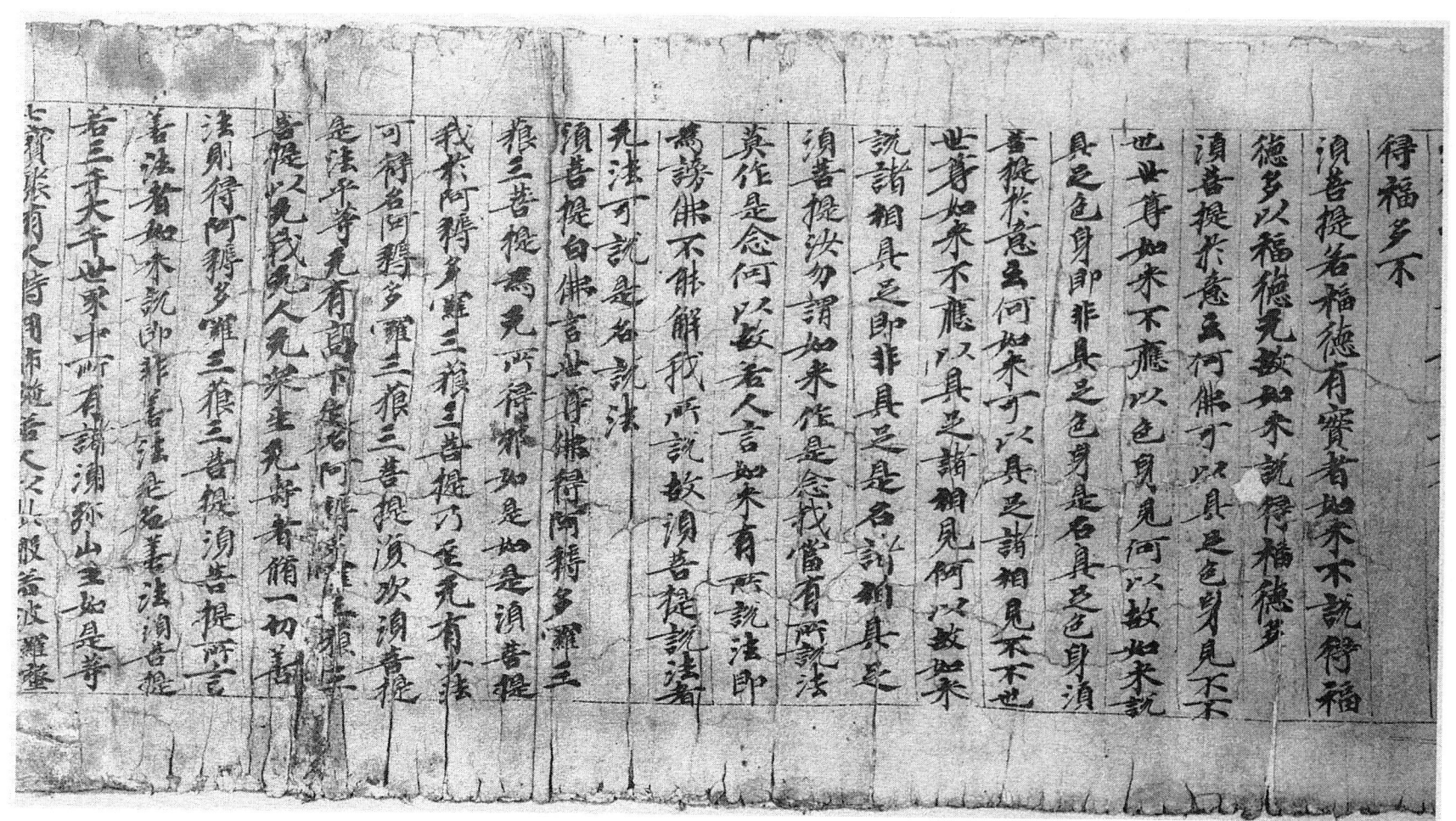

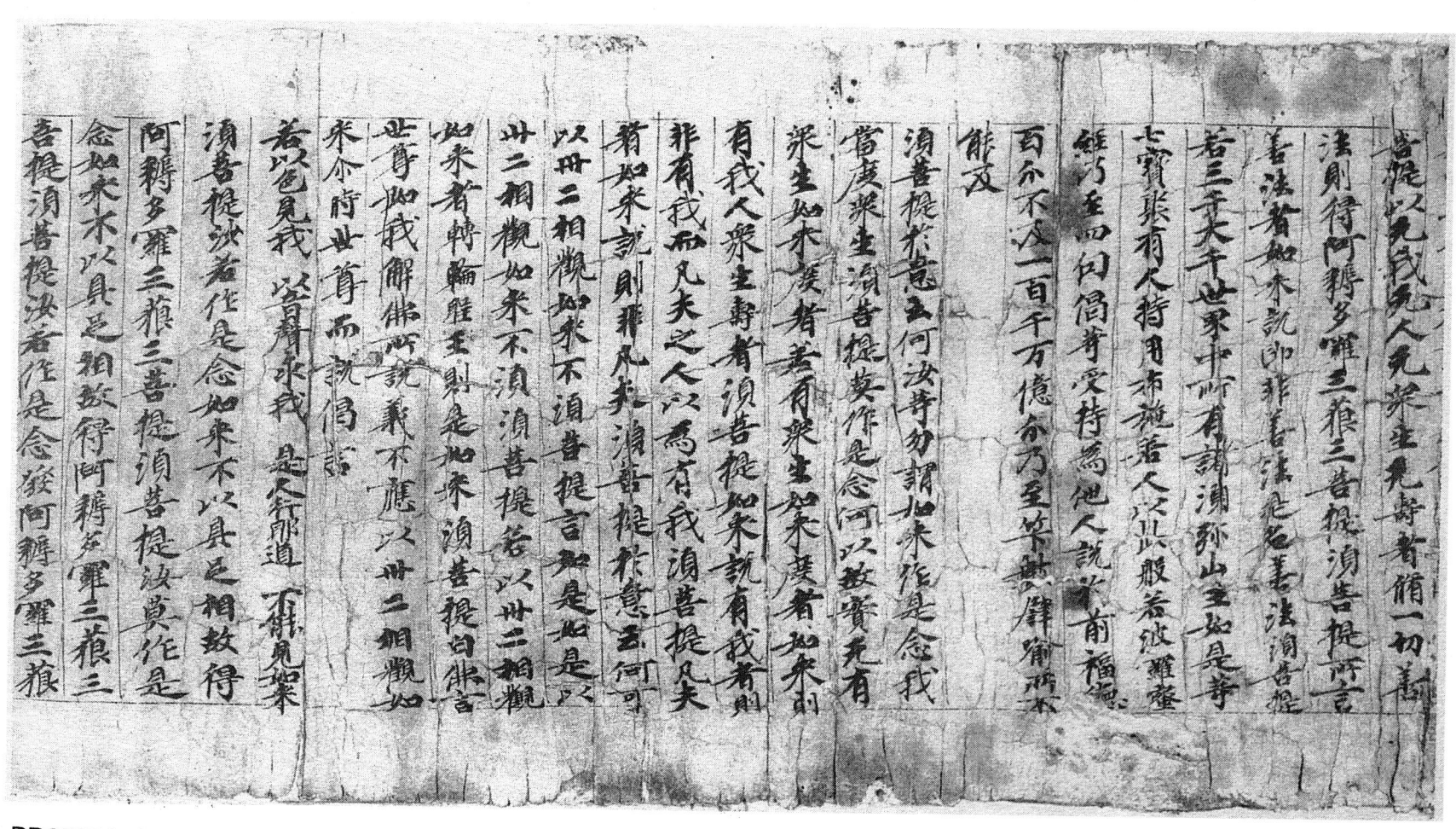

以卅二相觀如來不須菩提言如是如是以卅二相觀
卅二相觀如來不須菩提若以卅二相觀
如來者轉輪聖王則是如來須菩提白佛言
世尊如我解佛所說義不應以卅二相觀如
來爾時世尊而說偈言
若以色見我　以音聲求我　是人行邪道　不能見如來
須菩提汝若作是念如來不以具足相故得
阿耨多羅三藐三菩提須菩提莫作是
念如來不以具足相故得阿耨多羅三藐三
菩提須菩提汝若作是念發阿耨多羅三藐
三菩提者說諸法斷滅莫作是念何以故發
阿耨多羅三藐三菩提者於法不說斷滅相
須菩提若菩薩以滿恒河沙等世界七寶布
施若復有人知一切法無我得成於忍此
菩薩勝前菩薩所得功德須菩提以諸菩薩不
受福德故須菩提白佛言世尊云何菩薩不
受福德須菩提菩薩所作福德不應貪著
是故說不受福德須菩提若有人言如來若
來若去若坐若
義了：

BD05831 號　金剛般若波羅蜜經　（12–12）

如是我聞一時佛在舍衛國祇樹給孤獨園與大比丘僧千二百五十人大菩薩摩訶
俱爾時世尊告曼殊室利童子曼殊上方有世界名無量功德聚
號無量壽智決定王如來阿耨多羅三藐三菩提現為眾生開示說法曼殊室利諦聽南閻浮
提人壽短壽大限百年於中殀枉橫死者眾曼殊如是無量壽如來功德名稱法要若有
眾生得聞名號若自書或使人書能為經卷受持讀誦若於舍宅所住之處以種種花
鬘瓔珞塗香末香而為供養如其命盡復得延年滿足百歲如是曼殊若有眾生聞得
無量壽智決定王如來一百八名號者益其長壽若有眾生大命將盡憶念是如來名
號更得增壽如是曼殊若有善男子善女人欲求長壽如來一百八名號有得聞者或
自書使人受持讀誦得如是等果報福德具足陀羅尼曰
南謨薄伽勃底一阿波唎蜜多二阿喻紇硯娜三須毗你悉指多四囉佐耶五怛他羯他耶六
怛姪他唵七薩婆桑悉迦囉八波唎輸底九達磨底十伽伽娜十一莎訶某持迦底十二
薩婆婆毗輸底十三摩訶娜耶十四波唎婆嚩莎訶十五
世尊復告曼殊室利如是如來一百八名號若有自書使人書為經卷受持讀誦如書
復滿百年壽終此身後得往生無量福智世界無量壽淨土陀羅尼曰
南謨薄伽勃底一阿波唎蜜多二阿喻紇硯娜三須毗你悉指多四囉佐耶五怛他羯他耶六怛
姪他唵七薩婆桑悉迦囉八波唎輸底九達磨底十伽伽娜十一莎訶某持迦底十二薩婆婆毗輸
底十三摩訶娜耶十四波唎婆嚩莎訶十五

BD05832 號　無量壽宗要經　（7–1）

南謨薄伽勃底一阿波唎蜜多二阿喻紇硯孃三須毗你失指多四囉佐耶五怛他羯他耶六
怛姪他唵七薩婆桑悉迦囉八波唎輸底九達磨底十伽伽娜十一莎訶可其持迦底十二
薩婆婆毗輸底十三摩訶娜耶十四波唎婆囉莎訶十五
世尊復告曼殊室利如是如來一百八名号若有自書若教人書為經卷受持讀誦如壽盡
復滿百年壽終此身後得往生无量福智世界无量壽淨土陁羅尼曰
南謨薄伽勃底一阿波唎蜜多二阿喻紇硯孃三須毗你失指多四囉佐耶五怛他羯他耶六怛
姪他唵七薩婆桑悉迦囉八波唎輸底九達磨底十伽伽娜十一莎訶可其持迦底十二薩婆婆毗輸
底十三摩訶娜耶十四波唎婆囉莎訶十五
尒時復有九十九俱胝佛一時同聲說是无量壽宗要經陁羅尼曰
南謨薄伽勃底一阿波唎蜜多二阿喻紇硯孃三須毗你失指多四囉佐耶五怛他羯他耶六
怛姪他唵七薩婆桑悉迦囉八波唎輸底九達磨底十伽伽娜十一莎訶可其持迦底十二薩婆婆毗
輸底十三摩訶娜耶十四波唎婆囉莎訶十五
尒時復有一百四俱胝佛等一時同聲說是无量壽宗要經陁羅尼曰
南謨薄伽勃底一阿波唎蜜多二阿喻紇硯孃三須毗你失指多四囉佐耶五怛他羯他耶六怛姪他唵七薩
婆桑悉迦囉八波唎輸底九達磨底十伽伽娜十一莎訶可其持迦底十二薩婆婆毗輸底十三摩訶娜耶十四
波唎婆囉莎訶十五
尒時復有七俱胝佛等一時同聲說是无量壽宗要經陁羅尼曰
南謨薄伽勃底一阿波唎蜜多二阿喻紇硯孃三須毗你失指多四囉佐耶五怛他羯他耶六怛姪他
唵七薩婆桑悉迦囉八波唎輸底九達磨底十伽伽娜十一莎訶可其持迦底十二薩婆婆毗輸底十三摩
訶娜耶十四波唎婆囉莎訶十五
尒時復有六十五俱胝佛一時同聲說是无量壽宗要經陁羅尼曰
南謨薄伽勃底一阿波唎蜜多二阿喻紇硯孃三須毗你失指多四囉佐耶五怛他羯他耶六怛姪他
唵七薩婆桑悉迦囉八波唎輸底九達磨底十伽伽娜十一莎訶可其持迦底十二薩婆婆毗輸底十三摩
訶娜耶十四波唎婆囉莎訶十五
尒時復有五十五俱胝佛一時同聲說是无量壽宗要經陁羅尼曰
南謨薄伽勃底一阿波唎蜜多二阿喻紇硯孃三須毗你失指多四囉佐耶五怛他羯他耶六怛
姪他唵七薩婆桑悉迦囉八波唎輸底九達磨底十伽伽娜十一莎訶可其持迦底十二薩婆婆毗
輸底十三摩訶娜耶十四波唎婆囉莎訶十五
尒時復有四十五俱胝佛一時同聲說是无量壽宗要經陁羅尼曰
南謨薄伽勃底一阿波唎蜜多二阿喻紇硯孃三須毗你失指多四囉佐耶五怛他羯他耶六
怛姪他唵七薩婆桑悉迦囉八波唎輸底九達磨底十伽伽娜十一莎訶可其持迦底十二薩

BD05832 號　無量壽宗要經

（7–2）

南謨薄伽勃底一阿波唎蜜多二阿喻紇硯孃三須毗你失指多四囉佐耶五怛他羯他耶六怛
姪他唵七薩婆桑悉迦囉八波唎輸底九達磨底十伽伽娜十一莎訶可其持迦底十二薩婆婆毗
輸底十三摩訶娜耶十四波唎婆囉莎訶十五
尒時復有四十五俱胝佛一時同聲說是无量壽宗要經陁羅尼曰
南謨薄伽勃底一阿波唎蜜多二阿喻紇硯孃三須毗你失指多四囉佐耶五怛他羯他耶六
怛姪他唵七薩婆桑悉迦囉八波唎輸底九達磨底十伽伽娜十一莎訶可其持迦底十二薩
婆婆毗輸底十三摩訶娜耶十四波唎婆囉莎訶十五
尒時復有三十六俱胝佛一時同聲說是无量壽宗要經陁羅尼曰
南謨薄伽勃底一阿波唎蜜多二阿喻紇硯孃三須毗你失指多四囉佐耶五怛他羯他
耶六怛姪他唵七薩婆桑悉迦囉八波唎輸底九達磨底十伽伽娜十一莎訶可其持迦底十二
摩訶娜耶十四波唎婆囉莎訶十五
尒時復有二十五俱胝佛一時同聲說是无量壽宗要經陁羅尼曰
南謨薄伽勃底一阿波唎蜜多二阿喻紇硯孃三須毗你失指多四囉佐耶五怛他羯他
耶六怛姪他唵七薩婆桑悉迦囉八波唎輸底九達磨底十伽伽娜十一莎訶可其持迦底十二
薩婆婆毗輸底十三摩訶娜耶十四波唎婆囉莎訶十五
尒時復有恒河沙俱胝佛一時同聲說是无量壽宗要經陁羅尼曰
南謨薄伽勃底一阿波唎蜜多二阿喻紇硯孃三須毗你失指多四囉佐耶五怛他羯他
耶六怛姪他唵七薩婆桑悉迦囉八波唎輸底九達磨底十伽伽娜十一莎訶可其持迦底十二薩
婆婆毗輸底十三摩訶娜耶十四波唎婆囉莎訶十五
善男子若有自書寫教人書寫是无量壽宗要經其命盡復得長壽滿百年陁羅尼曰
南謨薄伽勃底一阿波唎蜜多二阿喻紇硯孃三須毗你失指多四囉佐耶五怛他羯他耶六怛
姪他唵七薩婆桑悉迦囉八波唎輸底九達磨底十伽伽娜十一莎訶可其持迦底十二薩婆婆毗
輸底十三摩訶娜耶十四波唎婆囉莎訶十五
若有自書寫教人書寫是无量壽宗要經讀誦受持畢竟不墮地獄在在所生得宿命智陁
羅尼曰 南謨薄伽勃底一阿波唎蜜多二阿喻紇硯孃三須毗你失指多四囉佐耶五怛他羯他耶六
怛姪他唵七薩婆桑悉迦囉八波唎輸底九達磨底十伽伽娜十一莎訶可其持迦底十二薩婆
婆毗輸底十三摩訶娜耶十四波唎婆囉莎訶十五
若有自書寫教人書寫是无量壽宗要經陁羅尼即同書寫八万四千部經典陁羅尼曰
南謨薄伽勃底一阿波唎蜜多二阿喻紇硯孃三須毗你失指多四囉佐耶五怛他羯他耶六怛姪
他唵七薩婆桑悉迦囉八波唎輸底九達磨底十伽伽娜十一莎訶可其持迦底十二薩婆婆毗輸
底十三摩訶娜耶十四波唎婆囉莎訶十五

BD05832 號　無量壽宗要經

（7–3）

羅尼曰　南謨薄伽勃底一阿波唎蜜多二阿喻紇硯娜三須毗你尸指多四羅耶五怛他羯他
耶六怛姪他唵七薩婆桑悉迦羅八波唎輸底九達磨底十伽迦娜十一莎訶其持迦底十二薩婆
婆毗輸底十三摩訶娜耶十四波唎婆羅莎訶十五
若有自書寫教人書寫是无量壽宗要經陁羅尼編媥同書寫八万四千一切經典陁羅尼曰
南謨薄伽勃底一阿波唎蜜多二阿喻紇硯娜三須毗你尸指多四羅耶五怛他羯他耶六怛姪
他唵七薩婆桑悉迦羅八波唎輸底九達磨底十伽迦娜十一莎訶其持迦底十二薩婆婆毗輸
底十三摩訶娜耶十四波唎婆羅莎訶十五
若有自書寫教人書寫是无量壽宗要經受持讀誦即是書寫八万四千部建立塔廟陁羅尼曰
南謨薄伽勃底一阿波唎蜜多二阿喻紇硯娜三須毗你尸指多四羅耶五怛他羯他耶六
怛姪他唵七薩婆桑悉迦羅八波唎輸底九達磨底十伽迦娜十一莎訶其持迦底十二薩婆
婆毗輸底十三摩訶娜耶十四波唎婆羅莎訶十五
若有自書寫教人書寫是无量壽宗要經能消五无間等一切重罪陁羅尼曰
南謨薄伽勃底一阿波唎蜜多二阿喻紇硯娜三須毗你尸指多四羅耶五怛他羯他耶六怛姪
他唵七薩婆桑悉迦羅八波唎輸底九達磨底十伽娜十一莎訶其持迦底十二薩婆婆毗輸
底十三摩訶娜耶十四波唎婆羅莎訶十五
若有自書寫教人書寫是无量壽宗要經受持讀誦設有重罪猶如須弥悉皆除滅陁羅尼曰
南謨薄伽勃底一阿波唎蜜多二阿喻紇硯娜三須毗你尸指多四羅耶五怛他羯他耶六
怛姪他唵七薩婆桑悉迦羅八波唎輸底九達磨底十伽迦娜十一莎訶其持迦底十二薩婆婆
毗輸底十三摩訶娜耶十四波唎婆羅莎訶十五
若有自書寫教人書寫是无量壽宗要經受持讀誦若魔魔之眷屬夜叉羅剎不得其便無
枉死陁羅尼曰　南謨薄伽勃底一阿波唎蜜多二阿喻紇硯娜三須毗你尸指多四羅耶五
怛他羯他耶六怛姪他唵七薩婆桑悉迦羅八波唎輸底九達磨底十伽迦娜十一莎訶其
持迦底十二薩婆婆毗輸底十三摩訶娜耶十四波唎婆羅莎訶十五
若有自書寫教人書寫是无量壽宗要經受持讀誦當命終時有九十九億佛現其前來
千佛授手能遊一切佛剎莫於此經生疑惑陁羅尼曰
南謨薄伽勃底一阿波唎蜜多二阿喻紇硯娜三須毗你尸指多四羅耶五怛他羯他耶六怛
姪他唵七薩婆桑悉迦羅八波唎輸底九達磨底十伽迦娜十一莎訶其持迦底十二薩婆婆毗
輸底十三摩訶娜耶十四波唎婆羅莎訶十五
若有自書寫教人書寫是无量壽宗要經受持讀誦常得四天大王隨其衛護陁羅尼曰
南謨薄伽勃底一阿波唎蜜多二阿喻紇硯娜三須毗你尸指多四羅耶五怛他羯他耶六怛
姪他唵七薩婆桑悉迦羅八波唎輸底九達磨底十伽迦娜十一莎訶其持迦底十二薩婆婆

BD05832號　無量壽宗要經

（7–4）

千佛授手能遊一切佛剎莫於此經生疑惑陁羅尼曰
南謨薄伽勃底一阿波唎蜜多二阿喻紇硯娜三須毗你尸指多四羅耶五怛他羯他耶六怛
姪他唵七薩婆桑悉迦羅八波唎輸底九達磨底十伽迦娜十一莎訶其持迦底十二薩婆婆毗
輸底十三摩訶娜耶十四波唎婆羅莎訶十五
若有自書寫教人書寫是无量壽宗要經受持讀誦常得四天大王隨其衛護陁羅尼曰
南謨薄伽勃底一阿波唎蜜多二阿喻紇硯娜三須毗你尸指多四羅耶五怛他羯他耶六怛
姪他唵七薩婆桑悉迦羅八波唎輸底九達磨底十伽迦娜十一莎訶其持迦底十二薩婆婆
毗輸底十三摩訶娜耶十四波唎婆羅莎訶十五
若有自書寫教人書寫是无量壽宗要經受持讀誦當得往生西方極樂世界阿弥陁淨土陁羅尼曰
南謨薄伽勃底一阿波唎蜜多二阿喻紇硯娜三須毗你尸指多四羅耶五怛他羯他耶六怛
姪他唵七薩婆桑悉迦羅八波唎輸底九達磨底十伽迦娜十一莎訶其持迦底十二薩婆婆
毗輸底十三摩訶娜耶十四波唎婆羅莎訶十五
若有方所自書寫使人書寫是无量壽經典之處則為是塔皆應恭敬作礼右是畜生或為
鳥獸得聞是經如是等類皆當不久得成一切種智陁羅尼曰
南謨薄伽勃底一阿波唎蜜多二阿喻紇硯娜三須毗你尸指多四羅耶五怛他羯他耶六
怛姪他唵七薩婆桑悉迦羅八波唎輸底九達磨底十伽娜十一莎訶其持迦底十二薩婆
婆毗輸底十三摩訶娜耶十四波唎婆羅莎訶十五
若有於是无量壽經自書寫使人書畢竟不受女人之身陁羅尼曰
南謨薄伽勃底一阿波唎蜜多二阿喻紇硯娜三須毗你尸指多四羅耶五怛他羯他耶六
怛姪他唵七薩婆桑悉迦羅八波唎輸底九達磨底十伽迦娜十一莎訶其持迦底十二薩婆婆
毗輸底十三摩訶娜耶十四波唎婆羅莎訶十五
若有能於是經少分惠施者等於三千大千世界滿中七寶布施陁羅尼曰
南謨薄伽勃底一阿波唎蜜多二阿喻紇硯娜三須毗你尸指多四羅耶五怛他羯他耶六怛姪他唵七
薩婆桑悉迦羅八波唎輸底九達磨底十伽迦娜十一莎訶其持迦底十二薩婆婆毗輸底十三摩
訶娜耶十四波唎婆羅莎訶十五
若有能供養是經者則是供養一切諸經等无有異陁羅尼曰
南謨薄伽勃底一阿波唎蜜多二阿喻紇硯娜三須毗你尸指多四羅耶五怛他羯他耶六怛姪他
唵七薩婆桑悉迦羅八波唎輸底九達磨底十伽迦娜十一莎訶其持迦死十二薩婆婆毗輸底十三
摩訶娜耶十四波唎婆羅莎訶十五
如是毗婆尸佛　尸弃佛　毗舍浮佛　俱留孫佛　俱那含牟尼佛　迦葉佛　釋迦牟尼佛
若有人以七寶供養如是七佛其其福有限書寫受持是无量壽經典所有功德不可數量陁羅尼曰

BD05832號　無量壽宗要經

（7–5）

訶娜死十四 波唎婆嚩莎呵十五
若有能供養是經者，則是供養一切諸經，等无有異。陁羅尼曰：
南謨薄伽勃底一 阿波唎蜜多二 阿喻紇硯娜三 須毗你尸栺多四 囉佐死五 怛他羯他死六 怛姪他
唵七 薩婆桑悉迦囉八 波唎輸底九 達磨底十 伽迦娜十一 莎呵某持迦死十二 薩婆婆毗輸底十三
摩訶娜死十四 波唎婆嚩莎呵十五
如是毗婆尸佛　尸弃佛　毗舍浮佛　俱留孫佛　俱那含牟尼佛　迦葉佛　釋迦牟尼佛
若有人以七寶供養如是七佛，其其福有限；書寫受持是无量壽經典，所有功德不可數量。陁羅尼曰：
南謨薄伽勃底一 阿波唎蜜多二 阿喻紇硯娜三 須毗你尸栺多四 囉佐死五 怛他羯他死六 怛姪他七
薩婆桑悉迦囉八 波唎輸底九 達磨底十 伽迦娜十一 莎呵某持迦底十二 薩婆婆毗輸底十三 摩訶
娜死十四 波唎婆嚩莎呵十五
若有七寶等於須弥，以用布施，其福上能知其限量；是无量壽經典，其福不可知數。陁羅尼曰：
南謨薄伽勃底一 阿波唎蜜多二 阿喻紇硯娜三 須毗你尸栺多四 囉佐死五 怛他羯他死六 怛姪
他唵七 薩婆桑悉迦囉八 波唎輸底九 達磨底十 伽迦娜十一 莎呵某持迦底十二 薩婆婆毗輸
底十三 摩訶娜死十四 波唎婆嚩莎呵十五
如是四大海水可知滴數；是无量壽經典所生果報不可數量。陁羅尼曰：
南謨薄伽勃底一 阿波唎蜜多二 阿喻紇硯娜三 須毗你尸栺多四 囉佐死五 怛他羯他死六
怛姪他唵七 薩婆桑悉迦囉八 波唎輸底九 達磨底十 伽迦娜十一 莎呵某持迦底十二 薩婆婆
毗輸底十三 摩訶娜死十四 波唎婆嚩莎呵十五
若有自書使人書寫是无量壽經典，又能讀持供養，即是恭敬供養一切十方佛土如來，无有別異。陁羅
尼曰：　南謨薄伽勃底一 阿波唎蜜多二 阿喻紇硯娜三 須毗你尸栺多四 囉佐死五 怛他羯
他死六 怛姪他唵七 薩婆桑悉迦囉八 波唎輸底九 達磨底十 伽迦娜十一 莎呵某持迦底十二 薩
婆婆毗輸底十三 摩訶娜死十四 波唎婆嚩莎呵十五
布施力能成正覺　悟布施力人師子　布施力能聲普聞　慈悲階漸最能入
持戒力能成正覺　悟持戒力人師子　持戒力能聲普聞　慈悲階漸最能入
忍辱力能成正覺　悟忍辱力人師子　忍辱力能聲普聞　慈悲階漸最能入
精進力能成正覺　悟精進力人師子　精進力能聲普聞　慈悲階漸最能入
禪定力能成正覺　悟禪定力人師子　禪定力能聲普聞　慈悲階漸最能入
智慧力能成正覺　悟智慧力人師子　智慧力能聲普聞　慈悲階漸最能入
尒時如來說是經已，一切世間天人阿脩羅揵闥婆等，聞佛所說，皆大歡喜，信受奉行

BD05832 號　無量壽宗要經　（7–6）

他死六 怛姪他唵七 薩婆桑悉迦囉八 波唎輸底九 達磨底十 伽迦娜十一 莎呵某持迦底十二 薩
婆婆毗輸底十三 摩訶娜死十四 波唎婆嚩莎呵十五
布施力能成正覺　悟布施力人師子　布施力能聲普聞　慈悲階漸最能入
持戒力能成正覺　悟持戒力人師子　持戒力能聲普聞　慈悲階漸最能入
忍辱力能成正覺　悟忍辱力人師子　忍辱力能聲普聞　慈悲階漸最能入
精進力能成正覺　悟精進力人師子　精進力能聲普聞　慈悲階漸最能入
禪定力能成正覺　悟禪定力人師子　禪定力能聲普聞　慈悲階漸最能入
智慧力能成正覺　悟智慧力人師子　智慧力能聲普聞　慈悲階漸最能入
尒時如來說是經已，一切世間天人阿脩羅揵闥婆等，聞佛所說，皆大歡喜，信受奉行
佛說无量壽宗要經

BD05832 號　無量壽宗要經　（7–7）

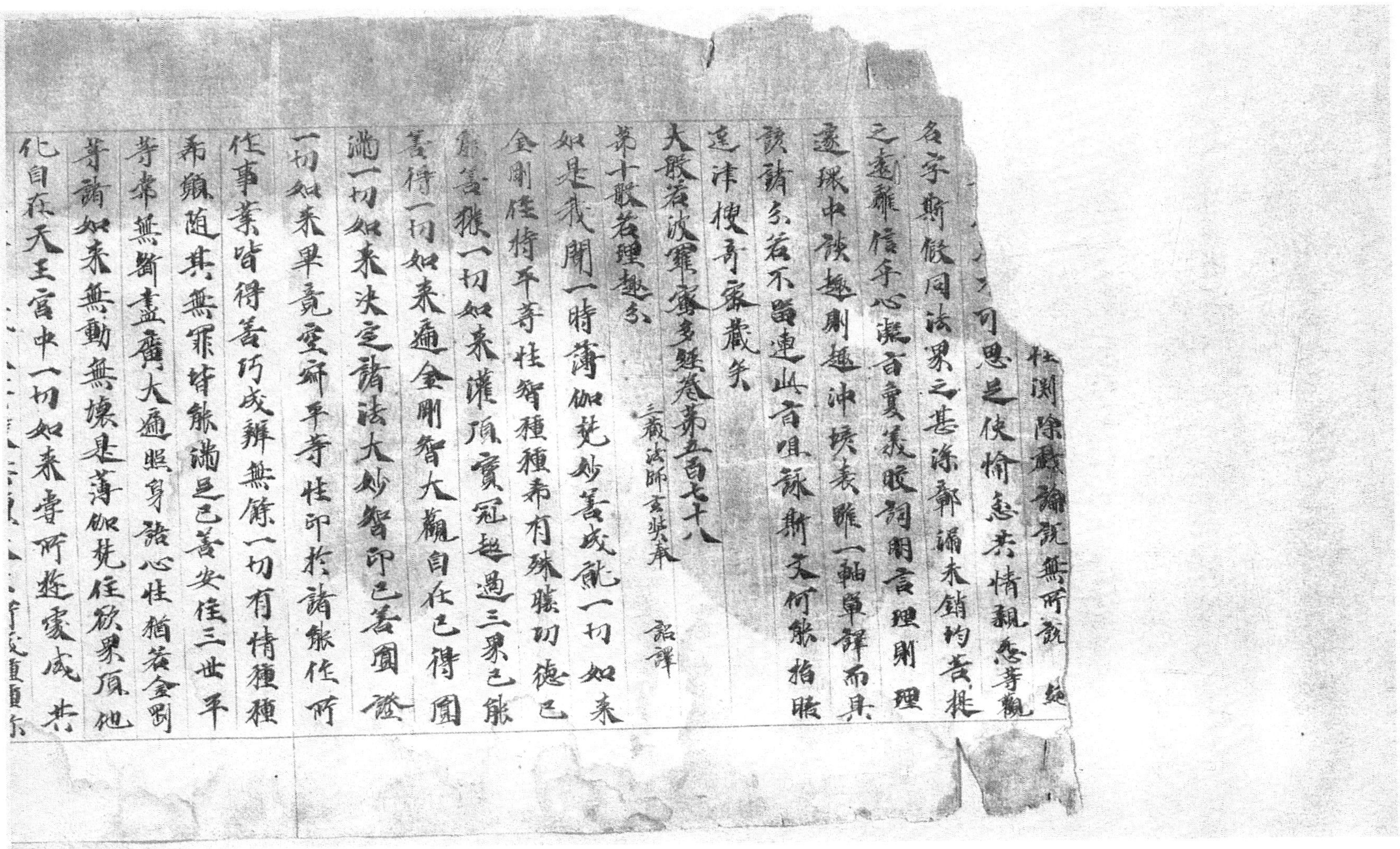
杜測除戲論說無所說 絕
可思之使愉意共情親悉菩觀
名字斯假同法界之甚深鄣漏永銷均菩提
之妙離信乎心凝百實義暱詞開言理則理
邈琛中詮趣則趣沖埃表雖一軸單譯而具
該諸分若不當連山育唱詠斯文何能指賾
遠津俾奇象藏矣
大般若波羅蜜多經卷第五百七十八
三藏法師玄奘奉 詔譯
第十般若理趣分
如是我聞一時薄伽梵妙善成就一切如來
金剛住持平等性智種種希有殊勝功德已
能善獲一切如來灌頂寶冠超過三界已能
善得一切如來遍金剛智大觀自在已得圓
滿一切如來決定諸法大妙智印已善圓證
一切如來畢竟空寂平等性印於諸能作所
作事業皆得善巧成辦無餘一切有情種種
希願隨其無罪皆能滿足已善安住三世平
等常無斷盡廣大遍照身語心性猶若金剛
等諸如來無動無壞是薄伽梵住欲界頂他
化自在天王宮中一切如來常所遊處咸共

BD05833 號 1　大般若波羅蜜多經第十會般若理趣分序　（18–1）
BD05833 號 2　大般若波羅蜜多經卷五七八

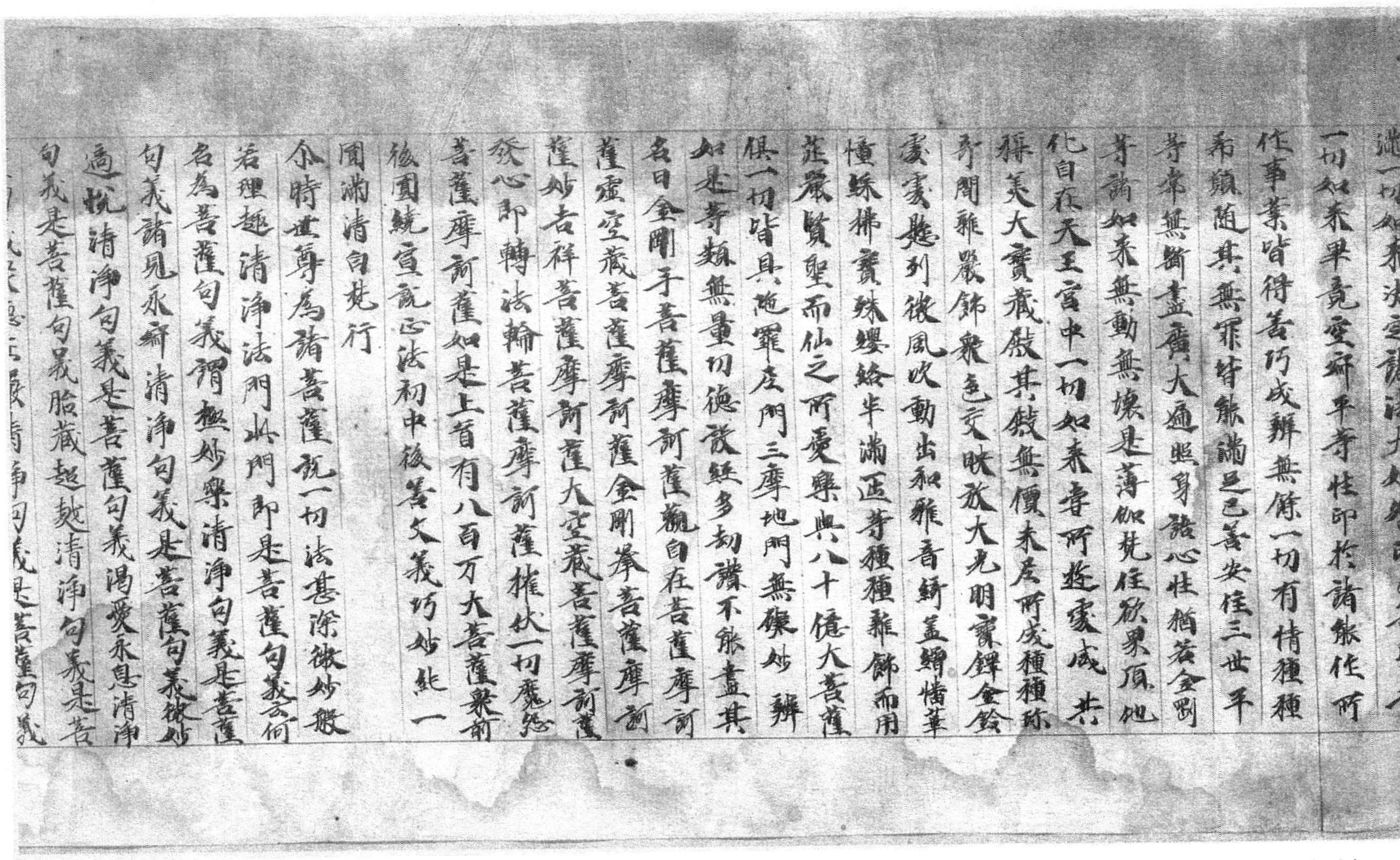
滿一切如來決定諸法大妙智印已善圓證
一切如來畢竟空寂平等性印於諸能作所
作事業皆得善巧成辦無餘一切有情種種
希願隨其無罪皆能滿足已善安住三世平
等常無斷盡廣大遍照身語心性猶若金剛
等諸如來無動無壞是薄伽梵住欲界頂他
化自在天王宮中一切如來常所遊處咸共
稱美大寶藏殿其殿無價末尼所成種種珍
奇間雜嚴飾衆色交映放大光明寶鐸金鈴
處處懸列微風吹動出和雅音綺蓋幢幡華
幔綵拂寶珠瓔珞半滿月等種種雜飾而用
莊嚴賢聖天仙之所愛樂與八十億大菩薩
俱一切皆具陁羅尼門三摩地門無礙妙辯
如是等類無量功德設經多劫讚不能盡其
名曰金剛手菩薩摩訶薩觀自在菩薩摩訶
薩虛空藏菩薩摩訶薩金剛拳菩薩摩訶
薩妙吉祥菩薩摩訶薩大空藏菩薩摩訶薩
發心即轉法輪菩薩摩訶薩摧伏一切魔怨
菩薩摩訶薩如是上首有八百万大菩薩衆前
後圍繞宣說正法初中後善文義巧妙純一
圓滿清白梵行
尒時世尊為諸菩薩說一切法甚深微妙般
若理趣清淨法門此門即是菩薩句義云何
名為菩薩句義謂極妙樂清淨句義是菩薩
句義諸見永寂清淨句義是菩薩句義微妙
適悅清淨句義是菩薩句義渴愛永息清淨
句義是菩薩句義胎藏超越清淨句義是菩

BD05833 號 2　大般若波羅蜜多經卷五七八　（18–2）

尒時世尊為諸菩薩說一切法甚深微妙般
若理趣清淨法門此門即是菩薩句義云何
名為菩薩句義謂極妙樂清淨句義是菩薩
句義諸見永寂清淨句義是菩薩句義微妙
適悅清淨句義是菩薩句義渴愛永息清淨
句義是菩薩句義胎藏超越清淨句義是菩
薩句義衆德莊嚴清淨句義是菩薩句義
意極猗適清淨句義是菩薩句義得大光明
清淨句義是菩薩句義身善安樂清淨句義是
菩薩句義語善安樂清淨句義是菩薩句義
意善安樂清淨句義是菩薩句義色蘊空寂
清淨句義是菩薩句義受想行識蘊空寂清
淨句義是菩薩句義眼處空寂清淨句義是
菩薩句義耳鼻舌身意處空寂清淨句義是
菩薩句義色處空寂清淨句義是菩薩句義
聲香味觸法處空寂清淨句義是菩薩句義
眼界空寂清淨句義是菩薩句義耳鼻舌身
意界空寂清淨句義是菩薩句義色界空寂
清淨句義是菩薩句義聲香味觸法界空寂
清淨句義是菩薩句義眼識界空寂清淨
句義是菩薩句義耳鼻舌身意識界空寂
清淨句義是菩薩句義眼觸空寂清淨句義是
菩薩句義耳鼻舌身意觸空寂清淨句義是
菩薩句義眼觸為緣所生諸受空寂清淨句
義是菩薩句義耳鼻舌身意觸為緣所生諸
受空寂清淨句義是菩薩句義地界空寂清
淨句義是菩薩句義水火風空識界空寂清

BD05833 號 2　大般若波羅蜜多經卷五七八　（18–3）

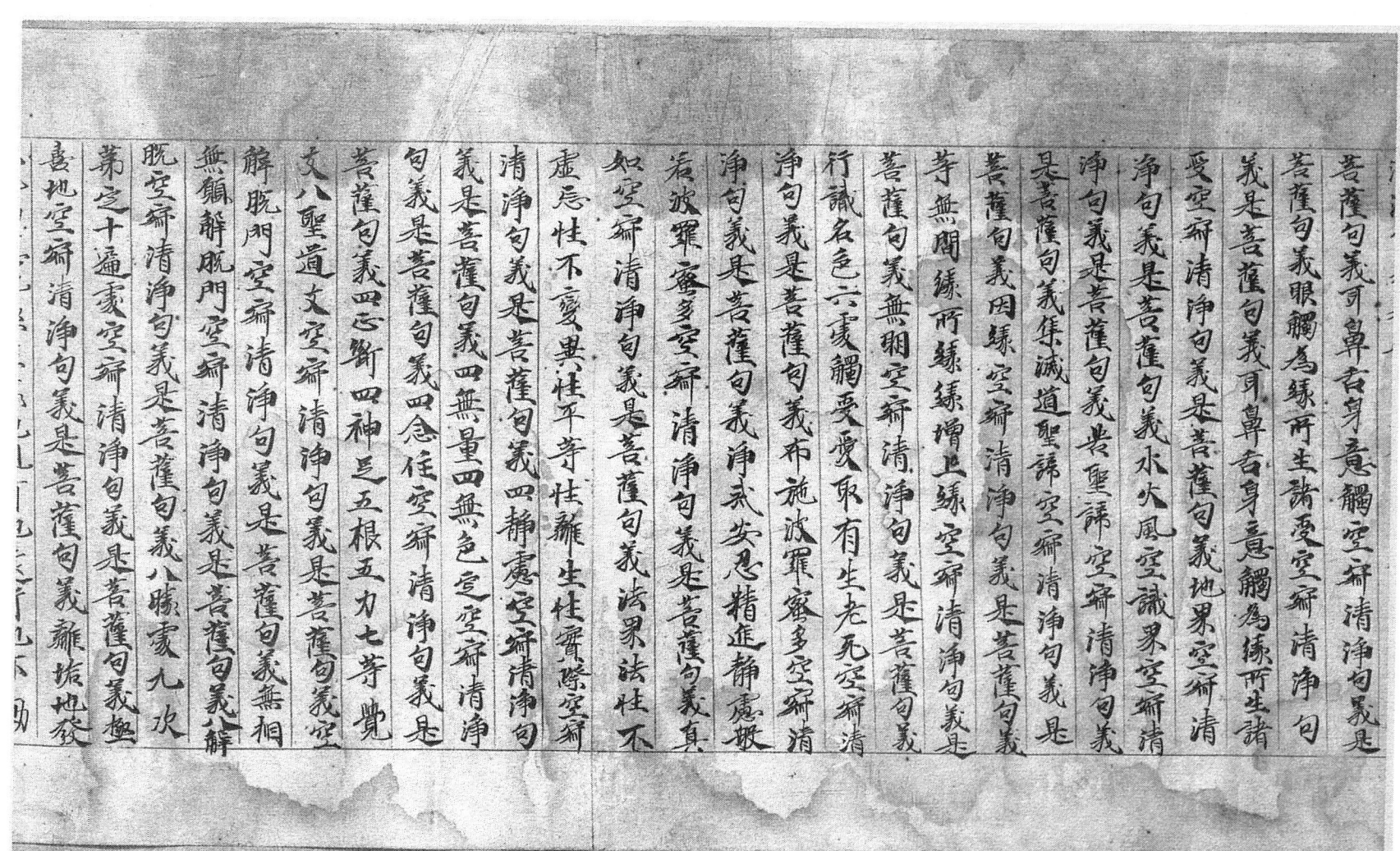

菩薩句義耳鼻舌身意觸空寂清淨句義是
菩薩句義眼觸為緣所生諸受空寂清淨句
義是菩薩句義耳鼻舌身意觸為緣所生諸
受空寂清淨句義是菩薩句義地界空寂清
淨句義是菩薩句義水火風空識界空寂清
淨句義是菩薩句義苦聖諦空寂清淨句義
是菩薩句義集滅道聖諦空寂清淨句義是
菩薩句義因緣空寂清淨句義是菩薩句義
等無間緣所緣緣增上緣空寂清淨句義是
菩薩句義無明空寂清淨句義是菩薩句義
行識名色六處觸受愛取有生老死空寂清
淨句義是菩薩句義布施波羅蜜多空寂清
淨句義是菩薩句義淨戒安忍精進靜慮般
若波羅蜜多空寂清淨句義是菩薩句義真
如空寂清淨句義是菩薩句義法界法性不
虛妄性不變異性平等性離生性實際空寂
清淨句義是菩薩句義四靜慮空寂清淨句
義是菩薩句義四無量四無色定空寂清淨
句義是菩薩句義四念住空寂清淨句義是
菩薩句義四正斷四神足五根五力七等覺
支八聖道支空寂清淨句義是菩薩句義空
解脫門空寂清淨句義是菩薩句義無相
無願解脫門空寂清淨句義是菩薩句義八解
脫空寂清淨句義是菩薩句義八勝處九次
第定十遍處空寂清淨句義是菩薩句義極
喜地空寂清淨句義是菩薩句義離垢地發

BD05833 號 2　大般若波羅蜜多經卷五七八　（18–4）

支八聖道支空寂清淨句義是菩薩句義
解脫門空寂清淨句義是菩薩句義無相
無願解脫門空寂清淨句義是菩薩句義八解
脫空寂清淨句義是菩薩句義八勝處九次
第定十遍處空寂清淨句義是菩薩句義極
喜地空寂清淨句義是菩薩句義離垢地發
光地焰慧地極難勝地現前地遠行地不動
地善慧地法雲地空寂清淨句義是菩薩句
義淨觀地空寂清淨句義是菩薩句義種姓
地第八地具見地薄地離欲地已辦地獨覺
地菩薩地如來地空寂清淨句義是菩薩句
義一切陁羅尼門空寂清淨句義是菩薩句義
一切三摩地門空寂清淨句義是菩薩句義
五眼空寂清淨句義是菩薩句義六神通空
寂清淨句義是菩薩句義如來十力空寂清
淨句義是菩薩句義四無所畏四無礙解大
慈大悲大喜大捨十八佛不共法空寂清淨
句義是菩薩句義三十二相空寂清淨句義
是菩薩句義八十隨好空寂清淨句義是菩
薩句義無忘失法空寂清淨句義是菩薩句
義恒住捨性空寂清淨句義是菩薩句義一
切智空寂清淨句義是菩薩句義道相智一
切相智空寂清淨句義是菩薩句義一切菩
薩摩訶薩行空寂清淨句義是菩薩句義諸
佛無上正等菩提空寂清淨句義是菩薩句
義一切異生法空寂清淨句義是菩薩句義
一切預流一來不還阿羅漢獨覺菩薩如來

BD05833 號 2　大般若波羅蜜多經卷五七八　（18–5）

切相智空寂清淨句義是菩薩句義一切菩
薩摩訶薩行空寂清淨句義是菩薩句義諸
佛無上正等菩提空寂清淨句義是菩薩句
義一切異生法空寂清淨句義是菩薩句義
一切預流一來不還阿羅漢獨覺菩薩如來
法空寂清淨句義是菩薩句義一切善非善
法空寂清淨句義是菩薩句義一切有記無
記法有漏無漏法有為無為法世間出世間
法空寂清淨句義是菩薩句義所以者何以
一切法自性空故自性遠離由遠離故自性
寂靜由寂靜故自性清淨由清淨故甚深般
若波羅蜜多最勝清淨如是般若波羅蜜
多當知即是菩薩句義諸菩薩衆皆應脩學
佛說如是菩薩句義般若理趣清淨法已告
金剛手菩薩等言若有得聞此一切法甚深
微妙般若理趣清淨法門深信受者乃至當
坐妙菩提座一切障蓋皆不能染謂煩惱障
業障報障雖多積集而不能染雖造種種
極重惡業而易消滅不墮惡趣若能受持日
日讀誦精勤無間如理思惟彼於此生定得一
切法平等性金剛等持於一切法皆得自在
恒受一切勝妙喜樂當經十六大菩薩生定得
如來執金剛性疾證無上正等菩提
尒時世尊復依遍照如來之相為諸菩薩宣
說般若波羅蜜多一切如來寂靜法性甚深
理趣現等覺門謂金剛平等性現等覺門
以大菩提堅實難壞如金剛故義平等性現

BD05833 號 2　大般若波羅蜜多經卷五七八　（18–6）

如来執金剛性疾證無上正等菩提
尒時世尊復依遍照如来之相為諸菩薩宣
說般若波羅蜜多一切如来寂靜法性甚深
理趣現等覺門謂金剛平等性現等覺門
以大菩提堅實難壞如金剛故義平等性現
等覺門以大菩提其義一故法平等性現等
覺門以大菩提自性淨故一切法平等性現
等覺門以大菩提於一切法無分別故佛說如
是寂靜法性般若理趣現等覺已告金剛手
菩薩等言若有得聞如是四種般若理趣現
等覺門信解受持讀誦脩習乃至當坐妙菩
提座雖造一切極重惡業而能超越一切惡
趣疾證無上正等菩提
尒時世尊復依調伏一切惡法釋迦牟尼如
来之相為諸菩薩宣說般若波羅蜜多攝
受一切法平等性甚深理趣普勝法門謂貪
欲性無戲論故瞋恚性亦無戲論瞋恚性無
戲論故愚癡性亦無戲論愚癡性無戲論故
猶豫性亦無戲論猶豫性無戲論故諸見性亦
無戲論諸見性無戲論故憍慢性亦無戲論
憍慢性無戲論故諸纏性亦無戲論諸纏性
無戲論故煩惱垢性亦無戲論煩惱垢性無戲
論故諸惡業性亦無戲論諸惡業性無戲論故
諸果報性亦無戲論諸果報性無戲論故雜
染法性亦無戲論雜染法性無戲論故清淨
法性亦無戲論清淨法性無戲論故一切法
性亦無戲論一切法性無戲論故當知般若

BD05833號2　大般若波羅蜜多經卷五七八　（18–7）

無戲論故煩惱垢性亦無戲論煩惱垢性無戲論故
論故諸惡業性亦無戲論諸惡業性無戲論故
諸果報性亦無戲論諸果報性無戲論故雜
染法性亦無戲論雜染法性無戲論故清淨
法性亦無戲論清淨法性無戲論故一切法
性亦無戲論一切法性無戲論故當知般若
波羅蜜多亦無戲論佛說如是調伏衆惡般
若理趣普勝法已告金剛手菩薩等言若有
得聞如是般若波羅蜜多甚深理趣信解受
持讀誦脩習假使煞害三界所攝一切有情
而不由斯墮於地獄傍生鬼界以能調伏一
切煩惱及隨煩惱惡業等故常生善趣受
勝妙樂脩諸菩薩摩訶薩行疾證無上正
等菩提
尒時世尊復依性淨如来之相為諸菩薩宣
說般若波羅蜜多一切法平等性觀自在妙
智印甚深理趣清淨法門謂一切貪欲本性
清淨極照明故能令世間瞋恚清淨一切瞋
恚本性清淨極照明故能令世間愚癡清淨
一切愚癡本性清淨極照明故能令世間疑
惑清淨一切疑惑本性清淨極照明故能令
世間見趣清淨一切見趣本性清淨極照明
故能令世間憍慢清淨一切憍慢本性清淨
極照明故能令世間纏結清淨一切纏結本
性清淨極照明故能令世間垢穢清淨一切
垢穢本性清淨極照明故能令世間惡法清
淨一切惡法本性清淨極照明故能令世間

BD05833號2　大般若波羅蜜多經卷五七八　（18–8）

故能令世間憍慢清淨一切憍慢本性清淨
極照明故能令世間纏結清淨一切纏結本
性清淨極照明故能令世間垢穢清淨一切
垢穢本性清淨極照明故能令世間惡法清
淨一切惡法本性清淨極照明故能令世間
生死清淨一切生死本性清淨極照明故能
令世間諸法清淨以一切法本性清淨極照
明故能令世間有情清淨一切有情本性清
淨極照明故能令世間一切智清淨以一切
智本性清淨極照明故能令世間甚深般若
波羅蜜多最勝清淨佛說如是平等智印般
若理趣清淨法已告金剛手菩薩等言若有
得聞如是般若波羅蜜多清淨理趣信解受
持讀誦脩習雖住一切貪瞋癡等客塵煩惱
垢穢聚中而猶蓮華不為一切客塵垢穢過
失所染常能脩習菩薩勝行疾證無上正等
菩提

尒時世尊復依一切三界勝主如來之相為
諸菩薩宣說般若波羅蜜多一切如來和合
灌頂甚深理趣智藏法門謂以世間灌頂位
施當得三界法王位果以出世間無上義施
當得一切希願滿足以出世間無上法施於
一切法當得自在若以世間財食等施當得
一切身語心樂若以種種財法等施能令布
施波羅蜜多速得圓滿受持種種清淨禁戒
能令淨戒波羅蜜多速得圓滿於一切事脩
學安忍能令安忍波羅蜜多速得圓滿於一

BD05833號2　大般若波羅蜜多經卷五七八

(18–9)

一切法當得自在若以世間財食等施當得
一切身語心樂若以種種財法等施能令布
施波羅蜜多速得圓滿受持種種清淨禁戒
能令淨戒波羅蜜多速得圓滿於一切事脩
學安忍能令安忍波羅蜜多速得圓滿於一
切時脩習精進能令精進波羅蜜多速得圓
滿於一切境脩行靜慮能令靜慮波羅蜜多
速得圓滿於一切法常脩妙慧能令般若波
羅蜜多速得圓滿佛說如是灌頂法門般若
理趣智藏法已告金剛手菩薩等言若有得
聞如是灌頂甚深理趣智藏法門信解受
持讀誦脩習速能滿足諸菩薩行疾證無上
正等菩提

尒時世尊復依一切如來智印持一切佛祕
密法門如來之相為諸菩薩宣說般若波羅
蜜多一切如來住持智印甚深理趣金剛法
門謂具攝受一切如來金剛身印當證一
切如來法身若具攝受一切如來金剛語印
於一切法當得自在若具攝受一切如來金
剛心印於一切定當得自在若具攝受一切
如來金剛智印能得最上妙身語心猶若金
剛無動無壞佛說如是如來智印般若理趣
金剛法已告金剛手菩薩等言若有得聞如
是智印甚深理趣金剛法門信解受持讀
誦脩習一切事業皆能成辦常與一切勝事和
合所欲脩行一切勝智諸勝福業皆速圓滿
當獲最勝身語心智猶若金剛不可破壞

BD05833號2　大般若波羅蜜多經卷五七八

(18–10)

剛無動無壞佛說如是如來智印般若理趣
金剛法已告金剛手菩薩等言若有得聞如
是智印甚深理趣金剛法門信解受持讀
誦修習一切事業皆能成辦常與一切勝事和
合所欲修行一切勝智諸勝福業皆速圓滿
當獲最勝淨身語心猶若金剛不可破壞
疾證無上正等菩提
尒時世尊復依一切無戲論法如來之相為
諸菩薩宣說般若波羅蜜多甚深理趣輪字
法門謂一切法空無自性故一切法無相離
衆相故一切法無願無所願故一切法遠離
無所著故一切法寂靜永寂滅故一切法無
常性常無故一切法無樂非可樂故一切法
無我不自在故一切法無淨離淨相故一切
法不可得推尋其性不可得故一切法不思
議思議其性無所有故一切法無所有衆緣
和合假施設故一切法無戲論本性空寂離
言說故一切法本性淨甚深般若波羅蜜多
本性淨故佛說如是離諸戲論般若理趣輪
字法已告金剛手菩薩等言若有得聞此無
戲論般若理趣輪字法門信解受持讀誦修
習於一切法得無礙智疾證無上正等菩提
尒時世尊復依一切如來輪攝如來之相為
諸菩薩宣說般若波羅蜜多入廣大輪甚深
理趣平等性門謂入金剛平等性能入一切
如來性輪故入義平等性能入一切菩薩性
輪故入法平等性能入一切法性輪故入蘊

BD05833號2　大般若波羅蜜多經卷五七八　（18–11）

習於一切法得無礙智疾證無上正等菩提
尒時世尊復依一切如來輪攝如來之相為
諸菩薩宣說般若波羅蜜多入廣大輪甚深
理趣平等性門謂入金剛平等性能入一切
如來性輪故入義平等性能入一切菩薩性
輪故入法平等性能入一切法性輪故入蘊
平等性能入一切蘊性輪故入處平等性能
入一切處性輪故入界平等性能入一切界
性輪故入諦平等性能入一切諦性輪故入
緣起平等性能入一切緣起性輪故入寶平
等性能入一切寶性輪故入食平等性能入
一切食性輪故入善法平等性能入一切善
法性輪故入非善法平等性能入一切非善
法性輪故入有記法平等性能入一切有記
法性輪故入無記法平等性能入一切無記法
性輪故入有漏法平等性能入一切有漏
法性輪故入無漏法平等性能入一切無漏
法性輪故入有為法平等性能入一切有為
法性輪故入無為法平等性能入一切無為
法性輪故入世間法平等性能入一切世間
法性輪故入出世間法平等性能入一切出
世間法性輪故入異生法平等性能入一切
異生法性輪故入聲聞法平等性能入一切
聲聞法性輪故入獨覺法平等性能入一切
獨覺法性輪故入菩薩法平等性能入一切
菩薩法性輪故入如來法平等性能入一切
如來法性輪故入有情平等性能入一切有

BD05833號2　大般若波羅蜜多經卷五七八　（18–12）

異生法性輪故入聲聞法平等性䏻入一切
聲聞法性輪故入獨覺法平等性䏻入一切
獨覺法性輪故入菩薩法平等性䏻入一切
菩薩法性輪故入如来法平等性䏻入一切
如来法性輪故入有情平等性䏻入一切有
情性輪故入一切平等性䏻入一切性輪故
佛說如是入廣大輪般若理趣平等性已告
金剛手菩薩等言若有得聞如是輪性甚深
理趣平等性門信解受持讀誦脩習䏻善悟
入諸平等性疾證無上正等菩提
尒時世尊復依一切廣受供養真淨器田如
来之相為諸菩薩宣說般若波羅蜜多一切
供養甚深理趣無上法門謂發無上正等覺
心於諸如来廣設供養攝讃正法於諸如来
廣設供養脩行一切波羅蜜多於諸如来廣
設供養脩行一切菩提分法於諸如来廣設
供養脩行一切惣持等持於諸如来廣設供養
脩行一切五眼六通於諸如来廣設供養脩
行一切靜慮解脫於諸如来廣設供養脩行
一切慈悲喜捨於諸如来廣設供養脩行
一切佛不共法於諸如来廣設供養觀一切
法若常若無常皆不可得於諸如来廣設供
養觀一切法若樂若苦皆不可得於諸如来
廣設供養觀一切法若我若無我皆不可得
於諸如来廣設供養觀一切法若淨若不淨
皆不可得於諸如来廣設供養觀一切法若
空若不空皆不可得於諸如来廣設供養觀

BD05833號2　大般若波羅蜜多經卷五七八　　（18–13）

法若常若無常皆不可得於諸如来廣設供
養觀一切法若樂若苦皆不可得於諸如来
廣設供養觀一切法若我若無我皆不可得
於諸如来廣設供養觀一切法若淨若不淨
皆不可得於諸如来廣設供養觀一切法若
空若不空皆不可得於諸如来廣設供養觀
一切法若有相若無相皆不可得於諸如来
廣設供養觀一切法若有願若無願皆不可
得於諸如来廣設供養觀一切法若遠離若
不遠離皆不可得於諸如来廣設供養觀一
切法若寂靜若不寂靜皆不可得於諸如来
廣設供養於深般若波羅蜜多書寫聽聞受
持讀誦思惟脩習廣為有情宣說流布或
自供養或轉施他於諸如来廣設供養佛說如
是真淨供養甚深理趣無上法已告金剛手
菩薩等言若有得聞如是供養般若理趣無
上法門信解受持讀誦脩習速䏻圓滿諸
菩薩行疾證無上正等菩提
尒時世尊復依一切䏻善調伏如来之相為
諸菩薩宣說般若波羅蜜多攝受智藏調伏
有情甚深理趣智藏法門謂一切有情平等
性即忿平等性一切有情調伏性即忿調伏
性一切有情真法性即忿真法性一切有情
真如性即忿真如性一切有情法界性 即
忿法界性一切有情離生性即忿離生性一
切有情實際性即忿實際性一切有情本空性
即忿本空性一切有情無相性即忿無相性

BD05833號2　大般若波羅蜜多經卷五七八　　（18–14）

性即忿平等性一切有情調伏性即忿調伏
性一切有情真法性即忿真法性一切有情
真如性即忿真如性一切有情法界性即
忿法界性一切有情離生性即忿離生性一
切有情實際性即忿實際性一切有情本空性
即忿本空性一切有情無相性即忿無相性
一切有情無願性即忿無願性一切有情遠
離性即忿遠離性一切有情寂靜性即忿寂
靜性一切有情不可得性即忿不可得性一
切有情無所有性即忿無所有性一切有情
難思議性即忿難思議性一切有情無戲論
性即忿無戲論性一切有情如金剛性即忿
如金剛性所以者何一切有情真調伏性即
是無上正等菩提亦是般若波羅蜜多亦是
諸佛一切智智佛說如是能善調伏甚深理
趣智藏法已告金剛手菩薩等言若有得聞
如是調伏般若理趣智藏法門信解受持讀
誦脩習能自調伏忿恚等過亦能調伏一切
有情常生善趣受諸妙樂現世怨敵皆起慈
心能善脩行諸菩薩行疾證無上正等菩提
尒時世尊復依一切能善建立性平等法如
來之相為諸菩薩宣說般若波羅蜜多一切
法性甚深理趣冣勝法門謂一切有情性平
等故甚深般若波羅蜜多亦性平等一切法
性平等故甚深般若波羅蜜多亦性平等一
切有情性調伏故甚深般若波羅蜜多亦性
調伏一切法性調伏故甚深般若波羅蜜多

BD05833 號 2　大般若波羅蜜多經卷五七八　（18–15）

法性甚深理趣冣勝法門謂一切有情性平
等故甚深般若波羅蜜多亦性平等一切法
性平等故甚深般若波羅蜜多亦性平等一
切有情性調伏故甚深般若波羅蜜多亦性
調伏一切法性調伏故甚深般若波羅蜜多
亦性調伏一切有情有實義故甚深般若波
羅蜜多亦有實義一切法有實義故甚深般
若波羅蜜多亦有實義一切有情即真如故
甚深般若波羅蜜多亦即真如一切法即真
如故甚深般若波羅蜜多亦即真如一切有
情即法界故其深般若波羅蜜多亦即法界
一切法即法界故甚深般若波羅蜜多亦即
法界一切有情即法性故甚深般若波羅蜜
多亦即法性一切法即法性故甚深般若波
羅蜜多亦即法性一切有情即實際故甚深
般若波羅蜜多亦即實際一切法即實際故
甚深般若波羅蜜多亦即實際一切有情即
本空故甚深般若波羅蜜多亦即本空一切
法即本空故甚深般若波羅蜜多亦即本空
一切有情即無相故甚深般若波羅蜜多亦
即無相一切法即無相故甚深般若波羅蜜
多亦即無相一切有情即無願故甚深般若
波羅蜜多亦即無願一切法即無願故甚深
般若波羅蜜多亦即無願一切有情即遠離
故甚深般若波羅蜜多亦即遠離一切法即
遠離故甚深般若波羅蜜多亦即遠離一切
有情即寂靜故甚深般若波羅蜜多亦即寂

BD05833 號 2　大般若波羅蜜多經卷五七八　（18–16）

波[illegible]多亦即無[illegible]一切法即[illegible]
般若波羅蜜多亦即無願一切有情即遠離
故甚深般若波羅蜜多亦即遠離一切法即
遠離故甚深般若波羅蜜多亦即遠離一切
有情即寂靜故甚深般若波羅蜜多亦即寂
靜一切法即寂靜故甚深般若波羅蜜多亦即寂
即寂靜一切有情不可得故甚深般若波羅
蜜多亦不可得一切法不可得故甚深般若
波羅蜜多亦不可得一切有情無所有故甚
深般若波羅蜜多亦無所有一切法無所有
故甚深般若波羅蜜多亦無所有一切有情
不思議故甚深般若波羅蜜多亦不思議一
切法不思議故甚深般若波羅蜜多亦不思
議一切有情無戲論故甚深般若波羅蜜多
亦無戲論一切法無戲論故甚深般若波羅
蜜多亦無戲論一切有情無邊際故甚深般
若波羅蜜多亦無邊際一切法無邊際故甚
深般若波羅蜜多亦無邊際一切有情有業
用故當知般若波羅蜜多亦有業用一切法
有業用故當知般若波羅蜜多亦有業用佛
說如是性平等性甚深理趣最勝法已告金
剛手菩薩等言若有得聞如是平等般若
理趣最勝法門信解受持讀誦脩習則能通
達平等法性甚深般若波羅蜜多於法有情
心無罣礙疾證無上正等菩提
尒時世尊復依一切住持藏法如來之相為
諸菩薩宣說般若波羅蜜多一切有情住持

剛手菩薩等言若有得[illegible]
理趣最勝法門信解受持讀誦脩習則能通
達平等法性甚深般若波羅蜜多於法有情
心無罣礙疾證無上正等菩提
尒時世尊復依一切住持藏法如來之相為
諸菩薩宣說般若波羅蜜多一切有情住持
遍滿甚深理趣勝藏法門謂一切有情皆如
來藏普賢菩薩自體遍故一切有情皆金剛
藏以金剛藏所灌灑故一切有情皆正法藏
一切皆隨正語轉故一切有情皆妙業藏一
切事業加行依故佛說如是有情住持甚深
理趣勝藏法已告金剛手菩薩等言若有
得聞如是遍滿般若理趣勝藏法門信解
受持讀誦脩習則能通達勝藏法性疾證
無上正等菩提
尒時世尊復依究竟無邊際法如來之相為
諸菩薩宣說般若波羅蜜多究竟住持法義
平等金剛法門謂甚深般若波羅蜜多無邊
故一切如來亦無邊甚深般若波羅蜜多無
際故一切如來亦無際甚深般若波羅蜜多
一味故一切法亦一味甚深般若波羅蜜多
究竟故一切法亦究竟佛說如是無邊無際
究竟理趣金剛法已告金剛手菩薩等言

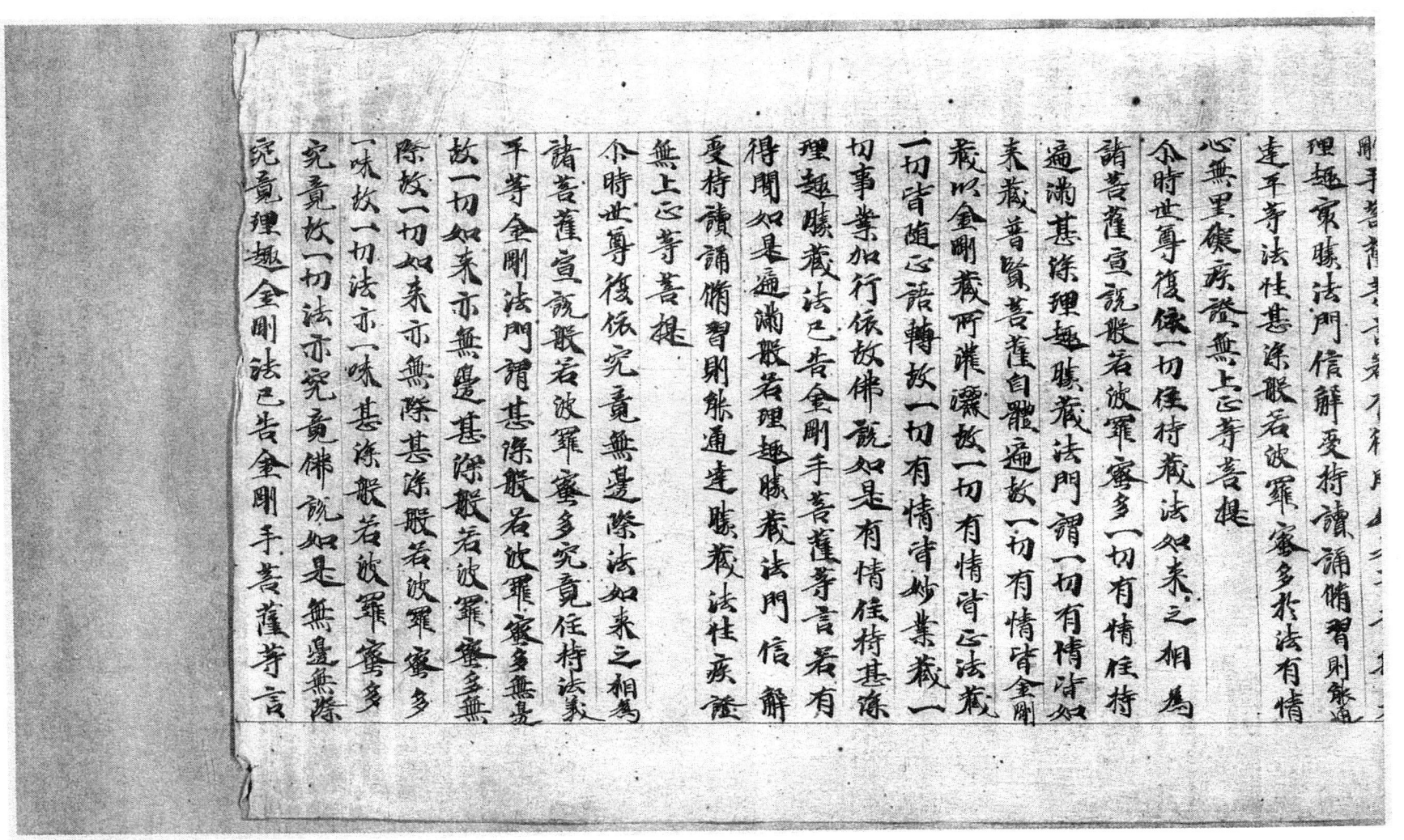

依止滅
□擇□依止厭依止離依
□□□修行正念依止厭依止離依□
向於捨脩行正見依止厭依止離依
□舍
脩行護小乘不捨一切衆生故脩
久法
薩以不捨一切衆生心故行以平
治生故大悲為首故大慈成就故觀一
切智ゝ故為起莊嚴佛國故為具佛諸力无
畏不共佛法相好莊嚴具足妙聲故為求上
上勝行故為隨順聞甚深佛法解脫故為思
惟大方便故行
論曰不捨一切衆生心者此不捨衆生心有
四種一始二益三脩四行始者本願故如經
以本願起淳至故益者慈愍故如經大悲為
首故大慈成就故脩者求佛智故如經觀一
切智ゝ故行者脩行故脩行有五種一者脩
淨土行如經為起莊嚴佛國故二者脩起佛

BD05834號　十地經論卷六　（7–1）

四種一始二益三脩四行始者本願故如經
以本願起淳至故益者慈愍故如經大悲為
首故大慈成就故脩者求佛智故如經觀一
切智ゝ故行者脩行故脩行有五種一者脩
淨土行如經為起莊嚴佛國故二者脩起佛
法行如經為起如來力无畏不共佛法相好
莊嚴ゝ一妙聲故妙聲者法音聲故三者脩
攝地方便无厭足行如經為求上上勝行故
四者脩入不退轉心行如經為隨順聞甚深
佛法解脫故五者脩教化衆生行如經為思
惟大方便故行是名對治脩行增長因分云何
對治脩行增長果分
經曰是菩薩所有身見為首我人衆生壽命
陰界入我慢所起出沒等事思惟多觀治故
我故護故貪著處故是菩薩如是等事皆悉
斷滅
論曰對治脩行增長果者我慢大如我脩是
我所脩如是等出沒等皆悉滅故出者三昧
起義故沒者三昧滅義故彼復有五種一本
二起三行四護五過是中本者依身見為本
故衆生我慢法我慢如是差別如經是菩薩
所有身見為首我人衆生壽命陰入界我慢
所起出沒等事故起者起不正思惟如經思
惟故行者令他知如經多觀故護者數ゝ觀
故起我想故受持故如經治故我故護故過
者心安處諸事等如經貪著處故如是學行

BD05834號　十地經論卷六　（7–2）

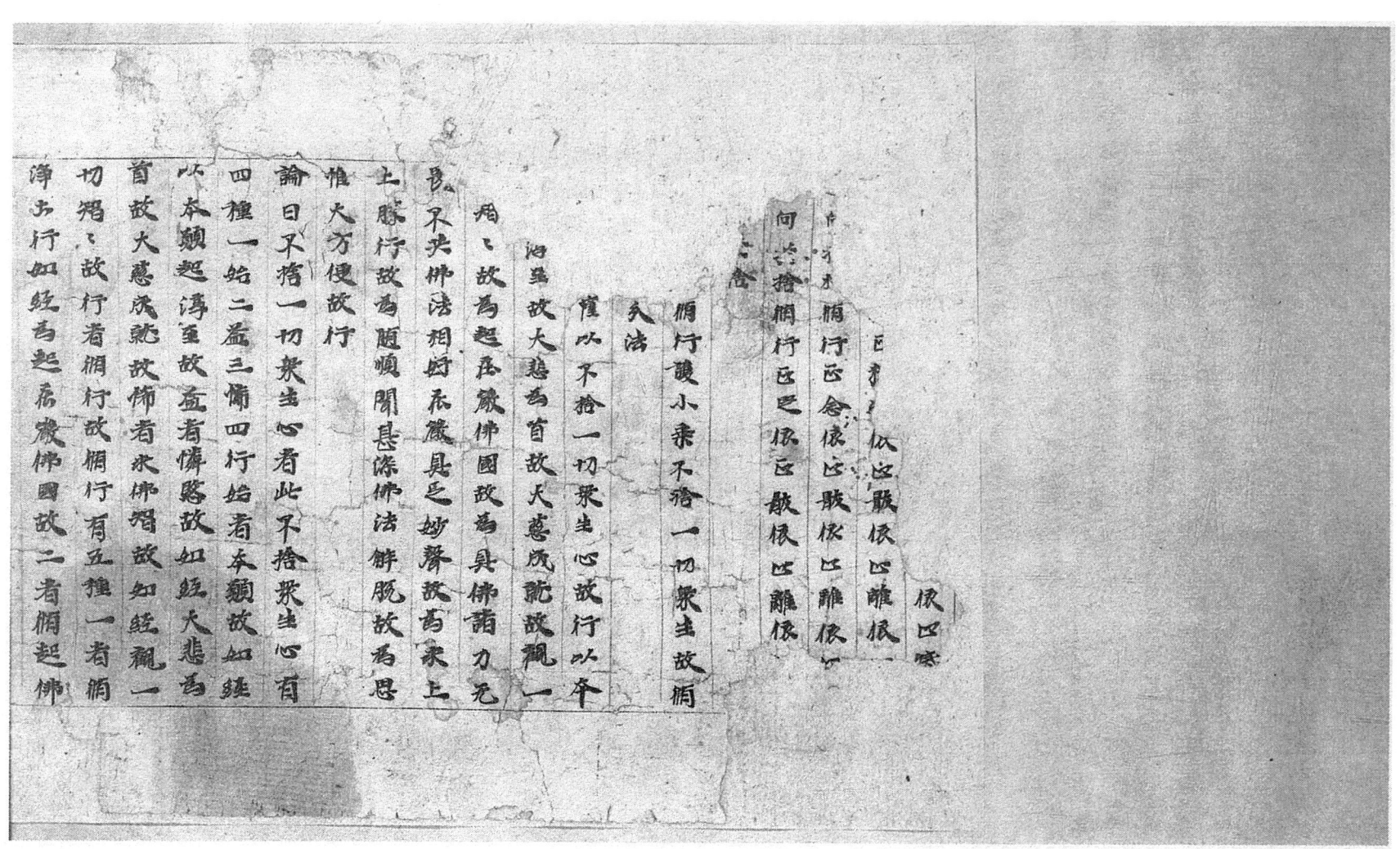

所起出沒等事故起者起不正思惟如經思
惟故行者令他知如經多觀故覆者數數觀
故起我想故受持故如經治故我故護故過
者心安處諸事等如經貪著處故如是學行
事中出沒等皆悉遠離如經是菩薩如是等
事皆悉斷滅故此是依煩惱染生遠離果
經曰是菩薩所有不可作業如來所呵諸煩
惱染一切不行所有可作業隨順菩薩行如
來所讚一切正脩行
論曰所有不可作業者有二種事故不應作
一尊敬如來佛不讚嘆故二畏惡名聞生煩
惱故如經是菩薩所有不可作業乃至一切
不行故所有可作業者有二種事是故應作
一見无惡名利隨順菩薩行故二尊敬如來
佛讚嘆故如經所有可作業乃至一切正脩
行故此是依業染生遠離果是菩薩轉復隨
所隨所方便習所起脩行助道久如是如是
成潤益心如是等卅句顯示四種果一者於
勝功德中生增上欲心二者彼說法尊中起
報恩行三者彼方便行中發懃精進四者彼
增上欲本心果滿足云何於勝功德中生增
上欲心。
經曰是菩薩轉復隨所隨所方便習起所脩
行助道久如是如是成潤益心濡心調心安
隱樂心不染心轉求上上勝行心轉求勝習
心救一切世間心恭敬諸師隨順受教心隨
所聞法脩行心

BD05834號　十地經論卷六　（7-3）

經曰是菩薩轉復隨所隨所方便習起所脩
行助道久如是如是成潤益心濡心調心安
隱樂心不染心轉求上上勝行心轉求勝習
心救一切世間心恭敬諸師隨順受教心隨
所聞法脩行心
論曰是中隨所隨所方便習所起脩行者不
捨一切眾生脩行故如前說助道久者謂一
切菩提分法道分故如是如是成潤益心者
染欲愛敬故彼潤益心有三種相一樂行勝
如經濡心故二三昧自在勝如經調心故三
離過對治勝如經安隱樂心故彼過復有六
種一爲貪過或說法中貪心過此對治如經
不染心故二少欲功德過不樂多布施頭陀
等此對治如經轉求上上勝行心故三少欲
習過不好求勝習此對治如經轉求勝習心
故四懈怠過不懃化眾生此對治如經救一
切世間心故五自見取過於尊教法心不隨
順此對治如經恭敬諸師隨順受教心故六
捨爲首過不隨說行此對治如經隨所聞法
脩行心故如是成潤益心此十句是名於勝
功德中生增上欲心果云何彼說法尊中起
報恩行
經曰是菩薩如是成知恩心知報恩心轉柔
和同止安樂直心濡心无稠林行无有諂曲
无有我慢善受教誨得說者意如是善心成
就如是寂滅心成就如是善寂滅心成就
論曰彼說法尊中起報恩行彼知恩心第二

BD05834號　十地經論卷六　（7-4）

經曰是菩薩如是成知恩心知報恩心轉柔
和同止安樂直心濡心无稠林行无有諂曲
无有我慢善受教誨得說者意如是善心成
就如是寂滅心成就如是善寂滅心成就
論曰彼說法尊中起報恩行彼知恩心第二
十句示現是中依成知恩心者隨順行報恩
行報恩行者有九種依尊起報恩心如經知
報恩故依同法者起將護心如經心轉柔和
故同止安樂故依法行隨順受教教事缺恐
如經直心故濡心故依受用處於施主所自
過不覆不妄說已德如經无稠林行故无有
諂曲故依自勝功德不起高心如經无有我
慢故依教正受語如經善受教誨故依教不
顛到受如經得說者意故菩薩如是於彼尊
所脩報恩行成如是善心成就者是對治脩
行增長故如是寂滅心成就者是初對治脩
行增長力故如是善寂滅心成就者彼果前
二句顯是名彼說法尊中起報恩行果云何
彼方便行中發懃精進
經曰是菩薩如是成不休息精進不雜染精
進不退精進廣精進无邊精進光明精進无
等精進不壞精進教化一切眾生精進善分
別是道非道精進
論曰彼方便行中發懃精進成不休息精進
第十三句示現不休息精進有九種一彼精
進行本等流注如經不雜染精進故雜染者
共懈怠共染著過者不及故二自乘不動如

BD05834號　十地經論卷六

（7-5）

別是道非道精進
論曰彼方便行中發懃精進成不休息精進
第十三句示現不休息精進有九種一彼精
進行本等流注如經不雜染精進故雜染者
共懈怠共染著過者不及故二自乘不動如
經不退精進故三廣念如經廣精進故四為
无量眾生作利益願攝取故如經无邊精進
故五常至心順行如經光明精進故六脩習
過餘精進如經无等精進故七一切魔煩惱
行不能破壞如經不壞精進故八攝取故如
經教化一切眾生精進故九能斷疑戲降伏
他言正脩習故如經善分別是道非道精進
故是名彼方便行中發懃精進果云何彼本
心果滿足
經曰是菩薩深心界轉清淨深心界不失信
解界轉明利生善根增長遠離世間垢濁斷
諸疑心无有疑網現前具足成就喜樂如來
現前加无量深心現前成就
論曰彼心界轉清淨第四十句示現心界者
依菩提入心初句示現心界清淨有九種一
彼道心脩行增益如經深心界不失故二於
勝上證中轉生決定心如經信解界轉明利
故三彼因對治增長如經生善根增長故四
殘除諸郭如經遠離世間垢濁故五除此障
礙客疑事如經斷諸疑心故六以斷疑故於
餘處決定如經无有疑網現前具足故七依
勝樂行如經成就喜樂故八依化眾生力如

BD05834號　十地經論卷六

（7-6）

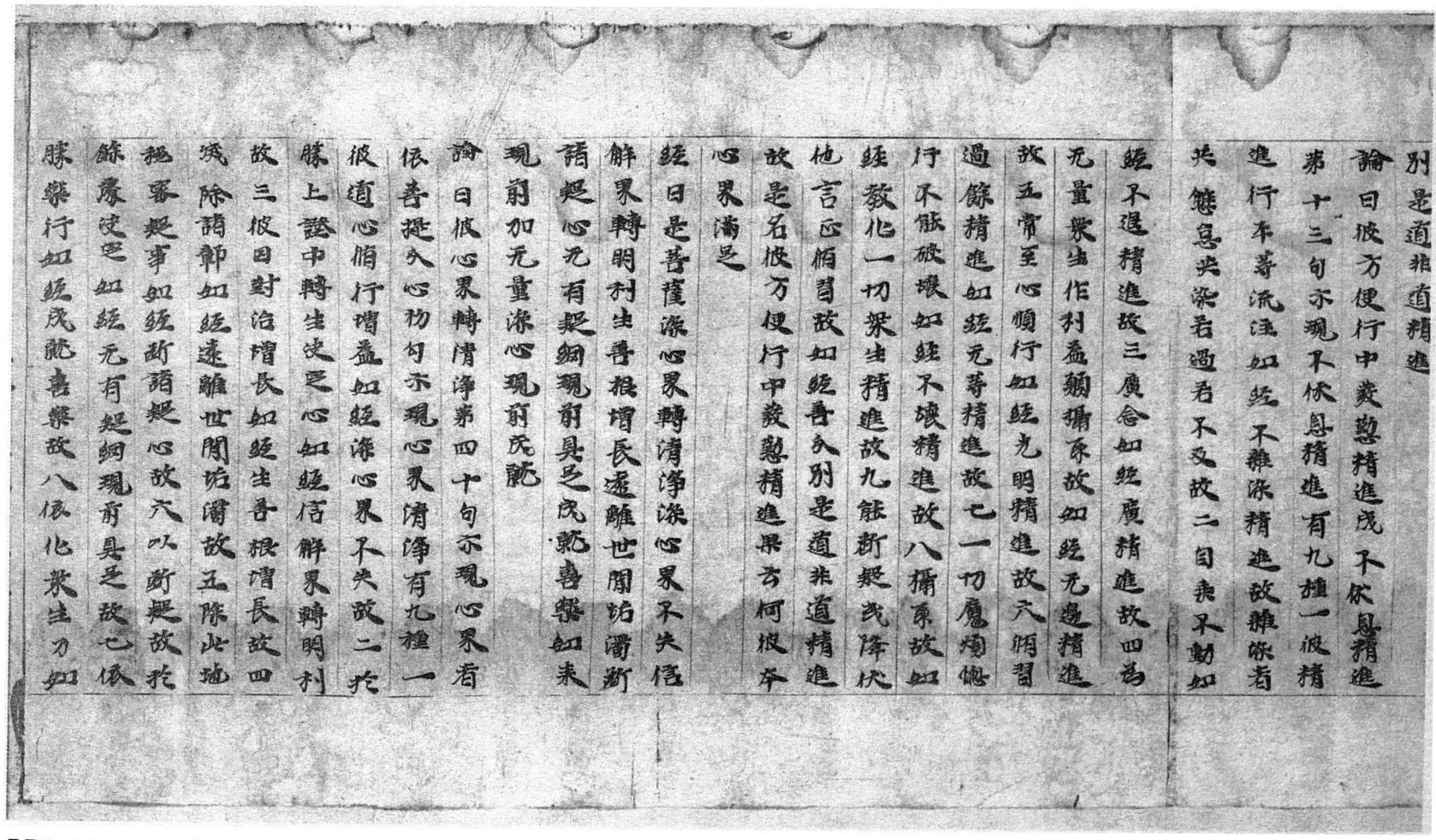

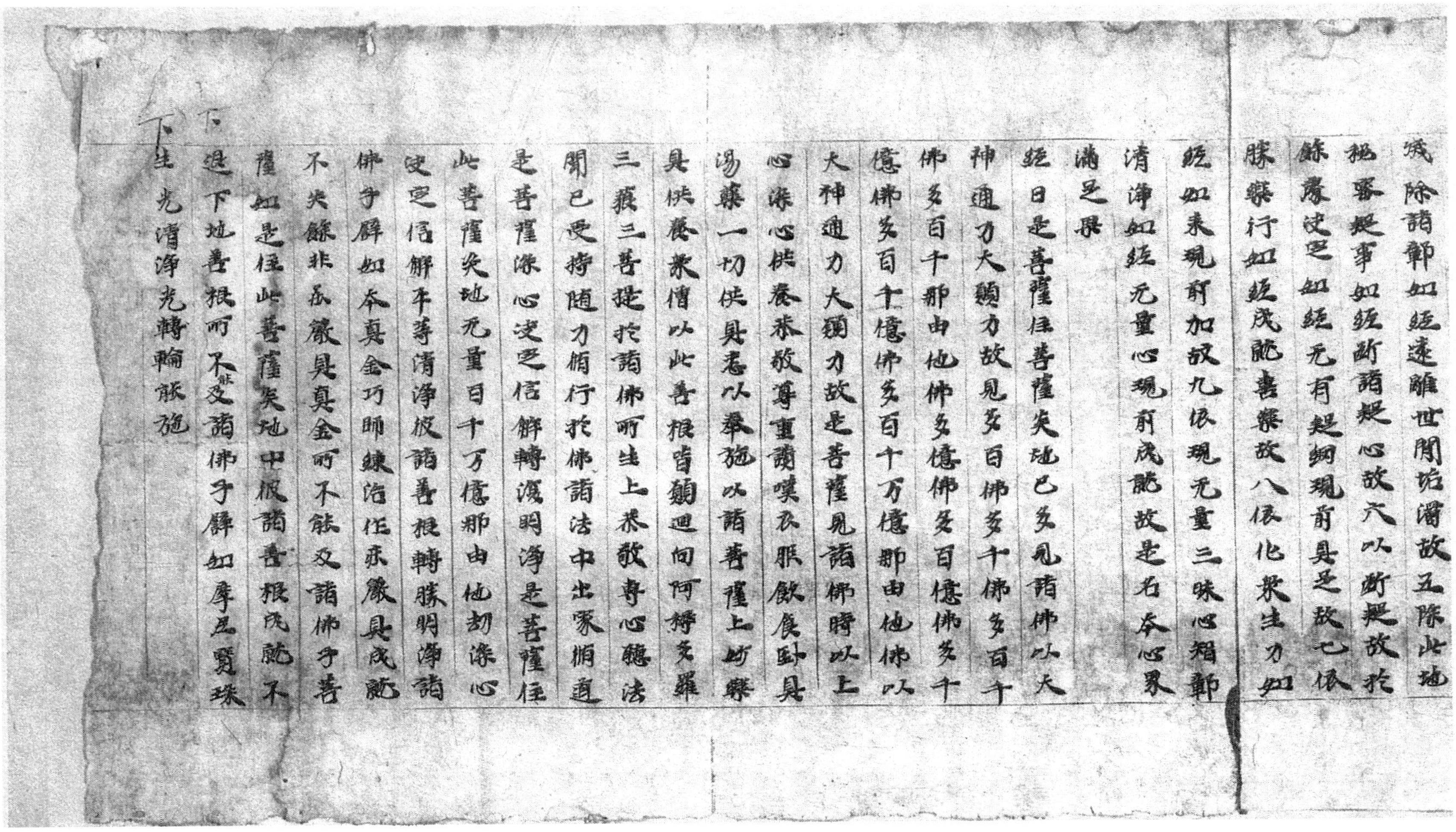

殘除諸鄣如經遠離世間諂謟故五除此地
掘鄣疑事如經斷諸疑心故六以斷疑故於
餘處決定如經无有疑網現前具足故七依
勝樂行如經成就善樂故八依化衆生力如
經如來現前加故九依現无量三昧心翔鄣
清淨如經无量心現前成就故是名本心界
滿足竟
經曰是菩薩住善慧地已多見諸佛以大
神通力大願力故見多百佛多千佛多百千
佛多百千那由他佛多億佛多百億佛多千
億佛多百千億佛多百千万億那由他佛以
大神通力大願力故是菩薩見諸佛時以上
心深心供養恭敬尊重讚嘆衣服飲食臥具
湯藥一切供具悉以奉施以諸菩薩上妙樂
具供養衆僧以此善根皆願迴向阿耨多羅
三藐三菩提於諸佛所生上恭敬尊心聽法
聞已受持隨力脩行於佛諸法中出家脩道
是菩薩深心決定信解轉復明淨是菩薩住
此善慧地无量百千万億那由他劫深心
決定信解聿等清淨彼諸善根轉勝明淨諸
佛子譬如本真金巧師鍊治作莊嚴具成就
不失餘非莊嚴具真金所不能及諸佛子菩
薩如是住此菩薩天地中彼諸善根成就不
退下地善根所不能及諸佛子譬如摩尼寶珠
下　下
生光清淨光轉輪脈旋

BD05834 號　十地經論卷六　（7–7）

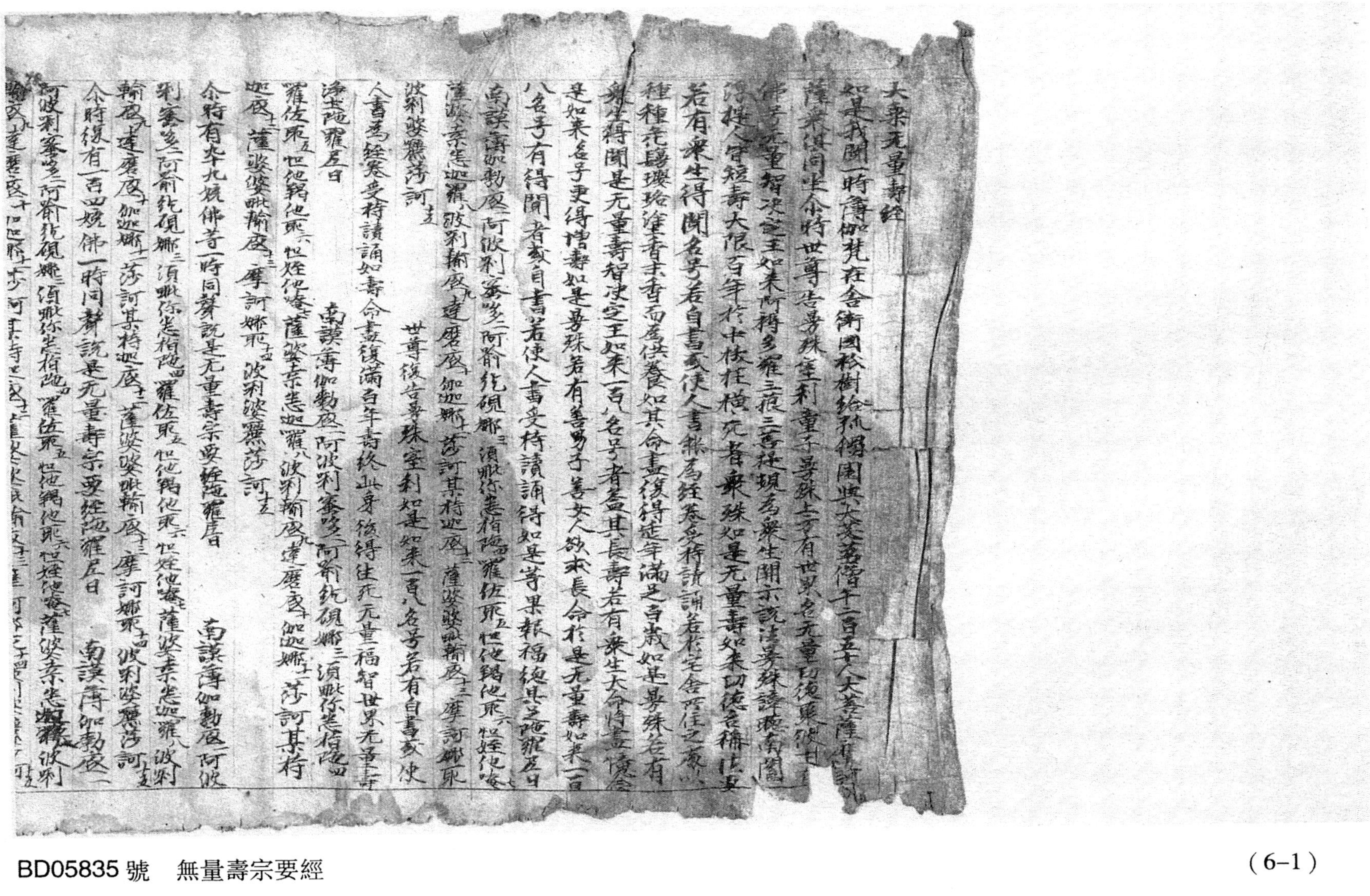

BD05835 號　無量壽宗要經　（6–1）

[illegible]終此身後得往生无量福智世界无量壽
淨土陀羅尼曰　南謨薄伽勃底一阿波唎蜜多二阿喻紇硯娜三須毗你悉指陀四
囉佐耶五怛他羯他耶六怛姪他七薩婆桑悉迦囉八波唎輸底九達磨底十伽伽娜十一莎訶某持
迦底十二薩婆婆毗輸底十三摩訶娜耶十四波唎婆羅莎訶十五
爾時有九十九姟佛一時同聲說是无量壽宗要經陀羅尼曰　南謨薄伽勃底一阿波
唎蜜多二阿喻紇硯娜三須毗你悉指陀四囉佐耶五怛他羯他耶六怛姪他七薩婆桑悉迦囉八波唎
輸底九達磨底十伽伽娜十一莎訶某持迦底十二薩婆婆毗輸底十三摩訶娜耶十四波唎婆羅莎訶十五
爾時復有一百四姟佛一時同聲說是无量壽宗要經陀羅尼曰　南謨薄伽勃底一
阿波唎蜜多二阿喻紇硯娜三須毗你悉指陀四囉佐耶五怛他羯他耶六怛姪他七薩婆桑悉迦囉八波唎
輸底九達磨底十伽伽娜十一莎訶某持迦底十二薩婆婆毗輸底十三摩訶娜耶十四波唎婆羅莎訶十五
爾時復有七姟佛一時同聲說是无量壽宗要經陀羅尼曰　南謨薄伽勃底一阿
波唎蜜多二阿喻紇硯娜三須毗你悉指陀四囉佐耶五怛他羯他耶六怛姪他七薩婆桑悉迦囉八
波唎輸底九達磨底十伽伽娜十一莎訶某持迦底十二薩婆婆毗輸底十三摩訶娜耶十四波唎婆羅莎
訶十五　爾時復有六十五姟佛一時同聲說是无量壽宗要經陀羅尼曰
南謨薄伽勃底一阿波唎蜜多二阿喻紇硯娜三須毗你悉指陀四囉佐耶五怛他羯他耶六怛姪他七薩婆
桑悉迦囉八波唎輸底九達磨底十伽伽娜十一莎訶某持迦底十二薩婆婆毗輸底十三摩訶娜耶十四
波唎婆羅莎訶十五　爾時復有五十五姟佛一時同聲說是无量壽宗要經陀羅尼曰
南謨薄伽勃底一阿波唎蜜多二阿喻紇硯娜三須毗你悉指陀四囉佐耶五怛他羯他耶六怛姪他七薩婆
桑悉迦囉八波唎輸底九達磨底十伽伽娜十一莎訶某持迦底十二薩婆婆毗輸底十三摩訶娜耶十四波唎
婆羅莎訶十五　爾時復有四十五姟佛一時同聲說是无量壽宗要經陀羅尼曰
南謨薄伽勃底一阿波唎蜜多二阿喻紇硯娜三須毗你悉指陀四囉佐耶五怛他羯他耶六怛姪他七薩
婆桑悉迦囉八波唎輸底九達磨底十伽伽娜十一莎訶某持迦底十二薩婆婆毗輸底十三摩訶娜
耶十四波唎婆羅莎訶十五　爾時復有三十六姟佛一時同聲說是无量壽宗要經陀羅尼曰
南謨薄伽勃底一阿波唎蜜多二阿喻紇硯娜三須毗你悉指陀四囉佐耶五怛他羯他耶六怛姪他七薩婆
桑悉迦囉八波唎輸底九達磨底十伽伽娜十一莎訶某持迦底十二薩婆婆毗輸底十三摩訶娜耶十四波唎婆
羅莎訶十五　爾時復有二十五姟佛一時同聲說是无量壽宗要經陀羅尼曰
南謨薄伽勃底一阿波唎蜜多二阿喻紇硯娜三須毗你悉指陀四囉佐耶五怛他羯他耶六怛姪他七薩婆桑悉
迦囉八波唎輸底九達磨底十伽伽娜十一莎訶某持迦底十二薩婆婆毗輸底十三摩訶娜耶十四波
唎婆羅莎訶十五　爾時復有恒河沙姟佛一時同聲說是无量壽宗要經陀羅尼曰
南謨薄伽勃底一阿波唎蜜多二阿喻紇硯娜三須毗你悉指陀四囉佐耶五怛他羯他耶六怛姪他七薩婆桑悉
迦囉八波唎輸底九達磨底十伽伽娜十一莎訶某持迦底十二薩婆婆毗輸底十三摩訶娜耶十四波唎婆羅
莎訶十五
善男子若有自書寫教人書寫是无量壽宗要經如其命盡復得長壽而滿百年陀羅尼曰
南謨薄伽勃底一阿波唎蜜多二阿喻紇硯娜三須毗你悉指陀四囉佐耶五怛他羯他耶六怛姪他七薩

BD05835號　無量壽宗要經

（6–2）

桑悉迦囉八波唎輸底九達磨底十伽伽娜十一莎訶某持迦底十二薩婆婆毗輸底十三摩訶娜耶十四波
唎婆羅莎訶十五　爾時復有恒河沙姟佛一時同聲說是无量壽宗要經陀羅尼曰
南謨薄伽勃底一阿波唎蜜多二阿喻紇硯娜三須毗你悉指陀四囉佐耶五怛他羯他耶六怛姪他七薩婆桑悉
迦囉八波唎輸底九達磨底十伽伽娜十一莎訶某持迦底十二薩婆婆毗輸底十三摩訶娜耶十四波唎婆羅
莎訶十五
善男子若有自書寫教人書寫是无量壽宗要經如其命盡復得長壽而滿百年陀羅尼曰
南謨薄伽勃底一阿波唎蜜多二阿喻紇硯娜三須毗你悉指陀四囉佐耶五怛他羯他耶六怛姪他七薩
婆桑悉迦囉八波唎輸底九達磨底十伽伽娜十一莎訶某持迦底十二薩婆婆毗輸底十三摩訶娜耶十四
波唎婆羅莎訶十五　若有自書寫教人書寫是无量壽宗要經讀誦受持
畢竟不墮地獄在在所生得宿命智陀羅尼曰
南謨薄伽勃底一阿波唎蜜多二阿喻紇硯娜三須毗你悉指陀四囉佐耶五怛他羯他耶六怛姪他七
薩婆桑悉迦囉八波唎輸底九達磨底十伽伽娜十一莎訶某持迦底十二薩婆婆毗輸底十三摩訶
娜耶十四波唎婆羅莎訶十五
若有自書教人書寫是无量壽宗要經受持讀誦如同書寫八万四千一切經典陀羅尼曰
南謨薄伽勃底一阿波唎蜜多二阿喻紇硯娜三須毗你悉指陀四囉佐耶五怛他羯他耶六怛姪他七薩婆
桑悉迦囉八波唎輸底九達磨底十伽伽娜十一莎訶某持迦底十二薩婆婆毗輸底十三摩訶娜耶十四波
唎婆羅莎訶十五
若有自書寫教人書寫是无量壽宗要經即是書寫八万四千部建立塔廟陀羅尼曰
南謨薄伽勃底一阿波唎蜜多二阿喻紇硯娜三須毗你悉指陀四囉佐耶五怛他羯他耶六怛姪他七薩婆
桑悉迦囉八波唎輸底九達磨底十伽伽娜十一莎訶某持迦底十二薩婆婆毗輸底十三摩訶娜耶十四波
唎婆羅莎訶十五
若有自書寫教人書寫是无量壽宗要經能消五无間等一切重罪陀羅尼曰
南謨薄伽勃底一阿波唎蜜多二阿喻紇硯娜三須毗你悉指陀四囉佐耶五怛他羯他耶六怛姪他七
薩婆桑悉迦囉九波唎輸底九達磨底十伽伽娜十一莎訶某持迦底十二薩婆婆毗輸底十三摩訶
娜耶十四波唎婆羅莎訶十五
若有自書寫教人書寫是无量壽宗要經受持讀誦設有重罪猶如須彌盡能除滅陀
羅尼曰　南謨薄伽勃底一阿波唎蜜多二阿喻紇硯娜三須毗你悉指陀四囉
佐耶五怛他羯他耶六怛姪他七薩婆桑悉迦囉八波唎輸底九達磨底十伽伽娜十一莎訶某持迦底十二
薩婆婆毗輸底十三摩訶娜耶十四波唎婆羅莎訶十五
若有自書寫教人書寫是无量壽宗要經受持讀誦若魔魔之眷屬夜叉羅
剎不得其便終无枉死陀羅尼曰　南謨薄伽勃底一阿波唎蜜多二阿喻紇硯
娜三須毗你悉指陀四囉佐耶五怛他羯他耶六怛姪他七薩婆桑悉迦囉八波唎輸底九達磨底十伽
伽娜十一莎訶某持迦底十二薩婆婆毗輸底十三摩訶娜耶十四波唎婆羅莎訶十五

BD05835號　無量壽宗要經

（6–3）

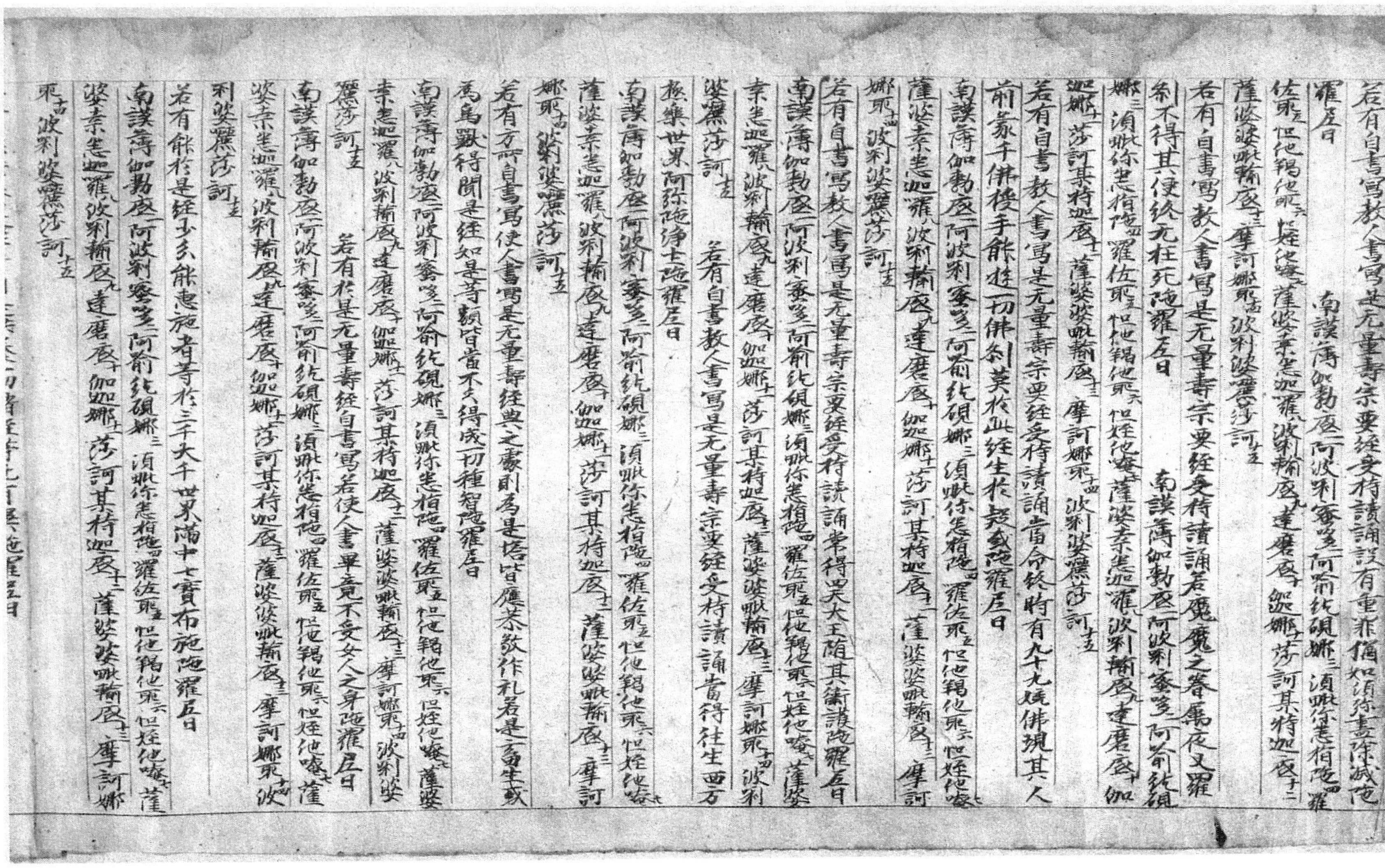
若有自書寫教人書寫是无量壽宗要經受持讀誦設有重罪猶如須弥盡除滅陁
羅尼曰　南謨薄伽勃底一阿波唎蜜哆二阿喻紇硯娜三須毗你悉指陁四羅
佐耶五怛他羯他耶六怛姪他唵七薩婆桑塞迦羅八波唎輸底九達磨底十伽迦娜十一莎訶某持迦底十二
薩婆婆毗輸底十三摩訶娜耶十四波唎婆嚫莎訶十五
若有自書寫教人書寫是无量壽宗要經受持讀誦若魔魔之眷屬夜叉羅
剎不得其便終无枉死陁羅尼曰　南謨薄伽勃底一阿波唎蜜哆二阿喻紇硯
娜三須毗你悉指陁四羅佐耶五怛他羯他耶六怛姪他唵七薩婆桑塞迦羅八波唎輸底九達磨底十伽
迦娜十一莎訶某持迦底十二薩婆婆毗輸底十三摩訶娜耶十四波唎婆嚫莎訶十五
若有自書教人書寫是无量壽宗要經受持讀誦當命終時有九十九殑伽佛現其人
前豪千佛授手能遊一切佛剎莫於此經生於疑惑陁羅尼曰
南謨薄伽勃底一阿波唎蜜哆二阿喻紇硯娜三須毗你悉指陁四羅佐耶五怛他羯他耶六怛姪他唵七
薩婆桑塞迦羅八波唎輸底九達磨底十伽迦娜十一莎訶某持迦底十二薩婆婆毗輸底十三摩訶
娜耶十四波唎婆嚫莎訶十五
若有自書寫教人書寫是无量壽宗要經受持讀誦常得四大天王隨其衛護陁羅尼曰
南謨薄伽勃底一阿波唎蜜哆二阿喻紇硯娜三須毗你悉指陁四羅佐耶五怛他羯他耶六怛姪他唵七薩婆
桑塞迦羅八波唎輸底九達磨底十伽迦娜十一莎訶某持迦底十二薩婆婆毗輸底十三摩訶娜耶十四波唎
婆嚫莎訶十五　若有自書教人書寫是无量壽宗要經受持讀誦當得往生西方
極樂世界阿弥陁淨土陁羅尼曰
南謨薄伽勃底一阿波唎蜜哆二阿喻紇硯娜三須毗你悉指陁四羅佐耶五怛他羯他耶六怛姪他唵七
薩婆桑塞迦羅八波唎輸底九達磨底十伽迦娜十一莎訶某持迦底十二薩婆婆毗輸底十三摩訶
娜耶十四波唎婆嚫莎訶十五
若有方所自書寫使人書寫是无量壽經典之處則為是塔皆應恭敬作礼若是畜生或
為鳥獸得聞是經知是等類皆當不久得成一切種智陁羅尼曰
南謨薄伽勃底一阿波唎蜜哆二阿喻紇硯娜三須毗你悉指陁四羅佐耶五怛他羯他耶六怛姪他唵七薩婆
桑塞迦羅八波唎輸底九達磨底十伽迦娜十一莎訶某持迦底十二薩婆婆毗輸底十三摩訶娜耶十四波唎婆
嚫莎訶十五　若有於是无量壽經自書寫若使人書畢竟不受女人之身陁羅尼曰
南謨薄伽勃底一阿波唎蜜哆二阿喻紇硯娜三須毗你悉指陁四羅佐耶五怛他羯他耶六怛姪他唵七薩
婆桑塞迦羅八波唎輸底九達磨底十伽迦娜十一莎訶某持迦底十二薩婆婆毗輸底十三摩訶娜耶十四波
唎婆嚫莎訶十五
若有能於是經少分能惠施者等於三千大千世界滿中七寶布施陁羅尼曰
南謨薄伽勃底一阿波唎蜜哆二阿喻紇硯娜三須毗你悉指陁四羅佐耶五怛他羯他耶六怛姪他唵七薩
婆桑塞迦羅八波唎輸底九達磨底十伽迦娜十一莎訶某持迦底十二薩婆婆毗輸底十三摩訶娜
耶十四波唎婆嚫莎訶十五

BD05835號　無量壽宗要經　（6–4）

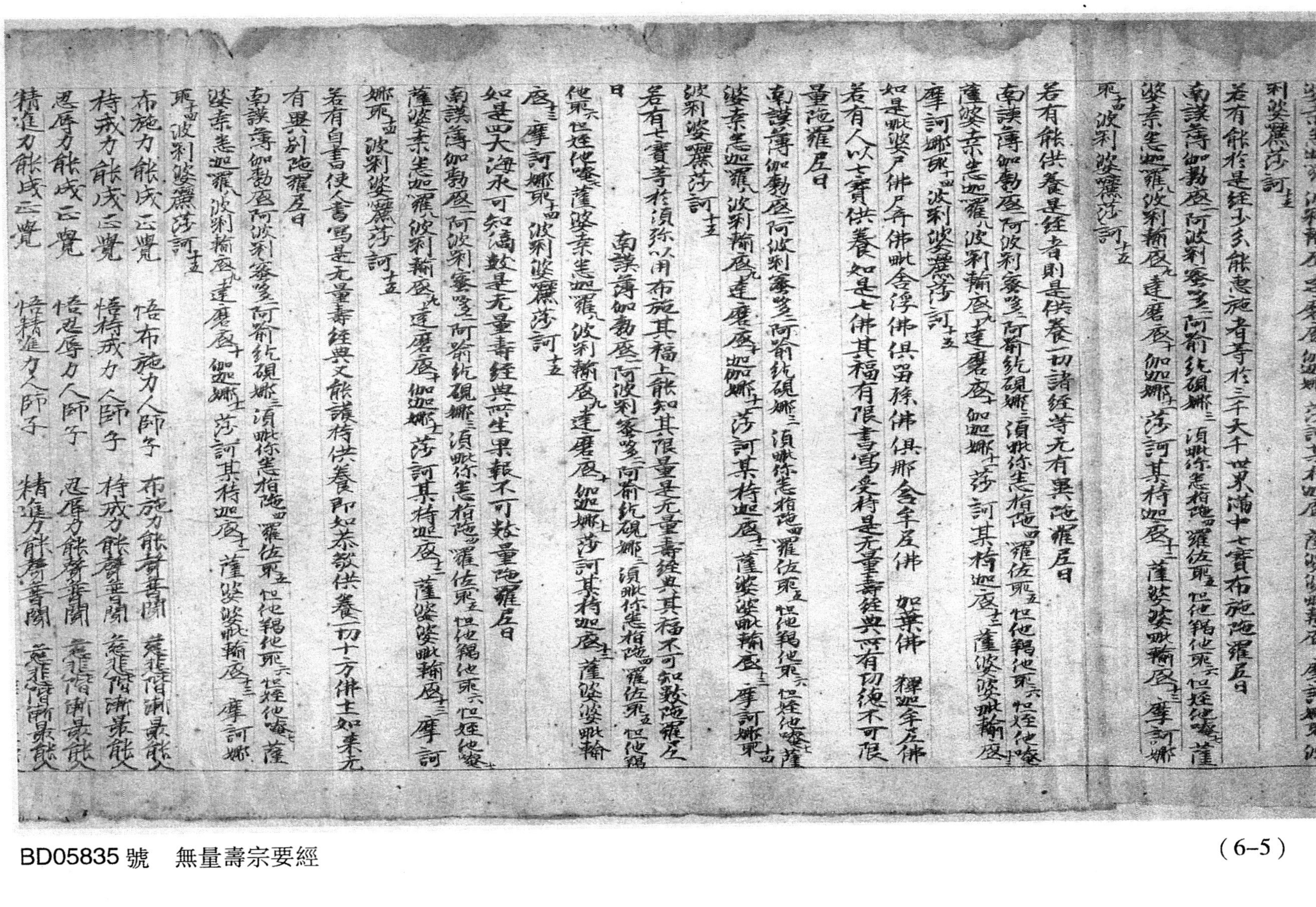
婆桑塞迦羅八波唎輸底九達磨底十伽迦娜十一莎訶某持迦底十二薩婆婆毗輸底十三摩訶娜耶十四波
唎婆嚫莎訶十五
若有能於是經少分能惠施者等於三千大千世界滿中七寶布施陁羅尼曰
南謨薄伽勃底一阿波唎蜜哆二阿喻紇硯娜三須毗你悉指陁四羅佐耶五怛他羯他耶六怛姪他唵七薩
婆桑塞迦羅八波唎輸底九達磨底十伽迦娜十一莎訶某持迦底十二薩婆婆毗輸底十三摩訶娜
耶十四波唎婆嚫莎訶十五
若有能供養是經者則是供養一切諸經等无有異陁羅尼曰
南謨薄伽勃底一阿波唎蜜哆二阿喻紇硯娜三須毗你悉指陁四羅佐耶五怛他羯他耶六怛姪他唵七
薩婆桑塞迦羅八波唎輸底九達磨底十伽迦娜十一莎訶某持迦底十二薩婆婆毗輸底
摩訶娜耶十四波唎婆嚫莎訶十五
如是毗婆尸佛尸弃佛毗舍浮佛俱留孫佛俱那含牟尼佛　迦葉佛　釋迦牟尼佛
若有人以七寶供養如是七佛其福有限書寫受持是无量壽經典所有功德不可限
量陁羅尼曰
南謨薄伽勃底一阿波唎蜜哆二阿喻紇硯娜三須毗你悉指陁四羅佐耶五怛他羯他耶六怛姪他唵七薩
婆桑塞迦羅八波唎輸底九達磨底十伽迦娜十一莎訶某持迦底十二薩婆婆毗輸底十三摩訶娜耶十四
波唎婆嚫莎訶十五
若有七寶等於須弥以用布施其福上能知其限量是无量壽經典其福不可知數陁羅尼
曰　南謨薄伽勃底一阿波唎蜜哆二阿喻紇硯娜三須毗你悉指陁四羅佐耶五怛他羯
他耶六怛姪他唵七薩婆桑塞迦羅八波唎輸底九達磨底十伽迦娜十一莎訶某持迦底十二薩婆婆毗輸
底十三摩訶娜耶十四波唎婆嚫莎訶十五
如是四大海水可知滴數是无量壽經典所生果報不可數量陁羅尼曰
南謨薄伽勃底一阿波唎蜜哆二阿喻紇硯娜三須毗你悉指陁四羅佐耶五怛他羯他耶六怛姪他唵七
薩婆桑塞迦羅八波唎輸底九達磨底十伽迦娜十一莎訶某持迦底十二薩婆婆毗輸底十三摩訶
娜耶十四波唎婆嚫莎訶十五
若有自書使人書寫是无量壽經典又能護持供養即如恭敬供養一切十方佛土如來无
有異別陁羅尼曰
南謨薄伽勃底一阿波唎蜜哆二阿喻紇硯娜三須毗你悉指陁四羅佐耶五怛他羯他耶六怛姪他唵七薩
婆桑塞迦羅八波唎輸底九達磨底十伽迦娜十一莎訶某持迦底十二薩婆婆毗輸底十三摩訶娜
耶十四波唎婆嚫莎訶十五
布施力能成正覺　悟布施力人師子　布施力能聲善聞　慈悲入城最能入
持戒力能成正覺　悟持戒力人師子　持戒力能聲善聞　慈悲入城最能入
忍辱力能成正覺　悟忍辱力人師子　忍辱力能聲善聞　慈悲入城最能入
精進力能成正覺　悟精進力人師子　精進力能聲善聞　慈悲入城最能入

BD05835號　無量壽宗要經　（6–5）

若有人以七寶供養如是七佛其福有限書寫受持是无量壽經典所有功德不可限
量陀羅尼曰
南謨薄伽勃底一阿波唎蜜哆二阿榆紇硯娜三須毗你悉指陀四囉佐耶五怛他羯他耶六怛姪他唵七薩
婆桒悉迦羅八波唎輸底九達磨底十伽伽娜十一莎訶某特迦底十二薩婆婆毗輸底十三摩訶娜耶十四
波唎婆嚩莎訶十五
若有七寶等於須弥以用布施其福上能知其限量是无量壽經典其福不可知數陀羅尼
曰　南謨薄伽勃底一阿波唎蜜哆二阿榆紇硯娜三須毗你悉指陀四囉佐耶五怛他羯
他耶六怛姪他唵七薩婆桒悉迦羅八波唎輸底九達磨底十伽迦娜十一莎訶某特迦底十二薩婆婆毗輸
底十三摩訶娜耶十四波唎婆嚩莎訶十五
如是四大海水可知滴數是无量壽經典所生果報不可數量陀羅尼曰
南謨薄伽勃底一阿波唎蜜哆二阿榆紇硯娜三須毗你悉指陀四囉佐耶五怛他羯他耶六怛姪他唵七
薩婆桒悉迦羅八波唎輸底九達磨底十伽迦娜十一莎訶某特迦底十二薩婆婆毗輸底十三摩訶
娜耶十四波唎婆嚩莎訶十五
若有自書使人書寫是无量壽經典又能護持供養即知恭敬供養一切十方佛土如來无
有異別陀羅尼曰
南謨薄伽勃底一阿波唎蜜哆二阿榆紇硯娜三須毗你悉指陀四囉佐耶五怛他羯他耶六怛姪他唵七薩
婆桒悉迦羅八波唎輸底九達磨底十伽迦娜十一莎訶某特迦底十二薩婆婆毗輸底十三摩訶娜
耶十四波唎婆嚩莎訶十五
布施力能成正覺　悟布施力人師子　布施力能着善聞　慈悲階漸最能入
持戒力能成正覺　悟持戒力人師子　持戒力能着善聞　慈悲階漸最能入
忍辱力能成正覺　悟忍辱力人師子　忍辱力能着善聞　慈悲階漸最能入
精進力能成正覺　悟精進力人師子　精進力能着善聞　慈悲階漸最能入
禪定力能成正覺　悟禪定力人師子　禪定力能着善聞　慈悲階漸最能入
智慧力能成正覺　悟智慧力人師子　智慧力能着善聞　慈悲階漸最能入
尒時如來說是經已一切世間天人阿脩羅揵闥婆等聞佛所說皆大歡喜信受奉行
佛說无量壽宗要經

BD05835號　無量壽宗要經　（6–6）

BD05835號背　勘記　（1–1）

南无寶俱蘇摩身光明勝佛
若人受持讀誦是佛名超越世間不可
南无寂勝波頭奮迅勝佛
若人受持是佛名超越世間卌劫
南无無量香勝王佛　若善男子受持
佛名超越世間无量劫常得宿命
南无寶華奮迅如来
若人受持讀誦是佛名得千三昧諸衆
生歸命是人爲諸佛如来所讚歎是人超
越世間千劫不久轉法輪
南无大光明如来
若善男子受持是佛名超越世間卌劫
南无寶藏佛
若善男子受持是佛名超越世間六十劫
南无寶勝佛
若善男子受持是佛名若復有人捨七寶
如須彌山以用布施及恒河沙世界若復有
人受持讀誦是佛名此福勝彼

BD05836號　佛名經（十六卷本）卷八　（36–1）

若善男子受持是佛名超越世間六十劫
南无寶勝佛
若善男子受持是佛名若復有人捨七寶
如須彌山以用布施及恒河沙世界若復有
人受持讀誦是佛名此福勝彼
南无名降伏魔人勝佛　南无降伏貪人自在佛
南无降伏瞋勝人佛　南无降伏癡自在佛
南无降伏染魔人勝佛　南无降伏限自在佛
南无嫉人勝佛　南无降伏諂曲自在佛
南无降伏耶見人勝佛　南无降伏藏自在佛
南无法清淨人勝佛　南无業勝得名自在佛
南无如意通清淨得名人勝佛
南无起施得名自在佛
南无起持戒清淨名人勝佛
南无起忍辱得名自在名佛
南无起精進得名人勝佛
南无施思惟得名自在勝佛
南无法忍辱思惟得名自在佛
南无起思惟精進得名人勝佛
南无起禪成就自在佛
南无起般若得名人勝佛
南无禪思惟得名自在佛
南无起思惟得名人勝佛

BD05836號　佛名經（十六卷本）卷八　（36–2）

南无起思惟精進得名人勝佛
南无起禪成就自在佛
南无起般若得名人勝佛
南无禪思惟得名自在佛
南无起思惟得名人勝佛
南无般若思惟得名人勝佛
南无行不可思議得名自在勝佛
南无行不可思議得名人勝佛
南无行起得名自在佛
南无摠持智清淨光明人勝佛
南无摠持色清淨得名自在佛
南无陁羅尼性清淨自在勝佛
南无陁羅尼稱清淨得名人勝佛
南无陁羅尼施清淨得名自在佛
南无空行得名人勝佛
南无空无我得名自在佛
南无眼光明人勝佛
南无耳光明人自在佛 南无鼻光明人勝佛
南无舌光明自在佛 南无身光明人勝佛
南无心光明自在佛 南无色光明人勝佛
南无聲光明自在佛 南无觸光明人勝佛
南无味光明自在佛 南无降伏香人勝佛
南无法光明自在佛 南无炎光明人勝佛

BD05836 號　佛名經（十六卷本）卷八　（36–3）

南无舌光明自在佛 南无身光明人勝佛
南无心光明自在佛 南无色光明人勝佛
南无聲光明自在佛 南无觸光明人勝佛
南无味光明自在佛 南无降伏香人勝佛
南无法光明自在佛 南无炎光明人勝佛
南无讃嘆光明自在佛 南无大光明人勝佛
南无風光明自在佛 南无光明人勝佛
南无事光明自在佛 南无世光明人勝佛
南无扶菩自在佛 南无陰光明人勝佛
南无弍光明自在佛 南无不二光明人勝佛
南无生光明自在佛 南无聲光明人勝佛
南无地華光明自在佛 南无鬄光明人勝佛
南无香蓋光明自在佛 南无永光明人勝佛
南无成就義佛 南无畏王佛
南无不動佛 南无觀世自在佛
南无無量命佛 南无尼弥佛
南无炎弥留佛 南无金剛佛
從此以上六千五百佛十二部經一切賢聖
南无初出日然燈月華寶波頭摩金光明身
盧舍那放光尋寶光明照十方世界王佛
南无降伏龍佛 南无善調心佛
南无寶聚佛 南无火首佛
南无寶積佛 南无一切光明佛

BD05836 號　佛名經（十六卷本）卷八　（36–4）

南无初出日欲燈月華寶波頭摩金光明身
盧舍那放无㝵寶光明照十方世界王佛
南无降伏龍佛　南无善調心佛
南无寶聚佛　南无火首佛
南无炎積佛　南无一切光明佛
南无日光佛　南无不可思議佛
南无無邊精進佛　南无無邊思惟佛
南无金色華佛　南无善香香佛
南无静行佛　南无無漏佛
南无無邊智佛　南无賢身佛
南无賢佛　南无見佛
南无無邊威德佛　南无次佛
南无堅安隱佛　南无莎羅佛
南无得名佛　南无波頭摩勝佛
南无稱蓮華佛　南无華佛
南无莊嚴佛　南无奮迅佛
南无善見佛　南无善敵對佛
南无善護世佛　南无無邊威德佛
南无第一勝佛　南无善行佛
南无無量威德佛　南无妙勝佛
南无勝供養佛　南无火奮迅智聲自在王佛
南无電光佛　南无照一切佛
南无不可思議佛　南无無量色佛

BD05836號　佛名經（十六卷本）卷八　（36–5）

南无無量威德佛　南无妙勝佛
南无勝供養佛　南无火奮迅智聲自在王佛
南无電光佛　南无照一切佛
南无不可思議佛　南无無量色佛
南无無量光佛　南无善光華敷身佛
南无須弥山波頭摩勝王佛
南无求名稱聲修行佛
南无一切寶摩尼王放光明佛
南无無垢炎稱成就王佛
南无香寶光明佛　南无離諸煩惱佛
南无善知佛　南无善見佛
南无寶山莊嚴佛　南无慈行佛
南无閻浮擅幢佛　南无無邊智佛
南无無量威德佛　南无大稱佛
南无寶稱佛　南无火光明佛
南无火光明佛　南无電照光明佛
南无一切種照佛　南无不可量佛
南无日光佛　南无月照佛
南无功德海佛　南无具足功德佛
南无上行佛　南无無畏佛
南无師子幢佛　南无帝釋幢佛
南无火幢佛　南无善眼佛
南无莊嚴王佛　南无放光明光佛

BD05836號　佛名經（十六卷本）卷八　（36–6）

南无上行佛　南无無畏佛
南无師子幢佛　南无帝釋幢佛
南无火幢佛　南无善眼佛
南无莊嚴王佛　南无放光明光佛
南无無邊光佛　南无妙光佛
南无普護增上佛　南无雲自在佛
南无自在憶佛　南无日燈佛
南无宬佛　南无善生佛
南无無邊不可思議威德佛
南无普眼佛　南无波頭摩上佛
南无妙去佛　南无月起佛
南无燈佛　南无不猒足身佛
南无弥留幢佛　南无寶幢佛
南无火炎聚佛　南无自在幢佛
南无寶火佛　南无旃檀香佛
南无不定光明波頭摩敷身佛
南无無邊稱功德光明佛
從此以上六千六百佛十二部經一切賢聖
南无舊當色佛　南无無量光明佛
南无杖光明波頭摩敷身佛
南无出須弥山波頭摩王佛
南无星宿劫二万同名光作佛

BD05836號　佛名經（十六卷本）卷八　（36–7）

南无舊當色佛　南无無量光明佛
南无杖光明波頭摩敷身佛
南无出須弥山波頭摩王佛
南无星宿劫二万同名光作佛
南无二万同名盧舍那佛
南无二万同名釋迦牟尼佛
南无同名帝釋日太白星宿无量百千万不可數佛
南无無垢光明佛　南无功德寶光明佛
南无精進力成就佛　南无清淨光佛
南无解脫一切縛佛　南无波頭摩藏勝佛
南无得无障身力解脫佛　南无不怯弱身方稱香佛
南无盧舍那光明佛　南无寶聚佛
南无法幢懸佛　南无破一切闇瞳佛
南无普光明莊嚴照作佛　南无光明作佛
南无火炎佛　南无無邊行功德佛
南无法功德雲然燈佛　南无然燈炬王佛
南无破一切眾生闇勝佛　南无妙見佛
南无妙勝佛　南无妙聞佛
南无山峯佛　南无金聖佛
南无飲甘露佛　南无無量光明佛
南无雞頭佛　南无無邊毗尼勝王佛
南无電照光明羅網佛　南无成就无量功德佛

BD05836號　佛名經（十六卷本）卷八　（36–8）

南无山峯佛　南无金聖佛
南无飲甘露佛　南无無量光明佛
南无難頭佛　南无無邊毗尼勝王佛
南无電照光明羅網佛　南无成就无量功德佛
南无無量樂説境界佛　南无智勝放光明佛
南无降伏電日月作光佛
南无普句素摩勝奮迅功德積佛
南无功德王光佛　南无善月佛
南无光莊嚴王佛　南无賒捨施難頭佛
南无福德光佛　南无普光王勝山王佛
南无善住摩尼山王佛　南无斷一切煩惱佛
南无釋迦牟尼佛　南无破碎金剛堅固佛
南无寶幟佛　南无龍自在王佛
南无勇猛仙佛　南无寶月佛
南无離垢佛　南无無垢佛
南无勇猛得佛　南无淨佛
南无梵得佛　南无婆樓那佛
南无婆樓那天佛　南无賢勝佛
南无栴檀勝佛　南无力士佛
南无歡喜威德勝佛　南无光明勝佛
南无無憂勝佛　南无句素摩勝佛
南无波頭摩樹提奮迅通佛
南无財勝佛　南无念勝佛

BD05836號　佛名經（十六卷本）卷八　（36–9）

南无歡喜威德勝佛　南无光明勝佛
南无無憂勝佛　南无句素摩勝佛
南无波頭摩樹提奮迅通佛
南无財勝佛　南无念勝佛
南无善説名勝佛　南无因陁羅難頭幢佛
南无步勝佛　南无善覺步勝佛
南无善步去佛　南无普照莊嚴勝佛
南无寶華步佛
南无寶波頭摩善住山自在王佛
南无光明幢大衆生莊嚴光王佛
南无妙平等法界智起聲佛
南无廣福德藏普光明照佛
南无普照大應羅網盧舍那佛
南无盧舍那華眼電光佛
南无寂勝大師子意佛
南无到法界勝光盧舍那王佛
南无常无垢功德遍至稱佛
南无日華勝王佛　南无法自在智幢佛
南无廣喜无垢威德梵聲佛
南无根本勝善導師佛　南无智力佛
南无稱樓威德佛　南无顛清淨月光佛
從此以上六千七百佛十二部經一切賢聖

BD05836號　佛名經（十六卷本）卷八　（36–10）

南无廣喜无垢威德梵聲佛
南无根本勝善導師佛　南无智力佛
南无弥樓威德佛　南无願清淨月光佛
從此以上六千七百佛十二部經一切賢聖
南无法海願出聲光佛
南无寶功德相莊嚴作光佛
南无妙聲地主天佛
南无勝進寂去佛
南无見衆生歡喜佛
南无不動深光明盧舍集慧佛
南无普放光明不可思議王佛
南无不等妙功德威德佛
南无速光明梵眼佛
南无解脫精進日光明佛
南无普法身覺慧佛
南无普門照一切衆生門見佛
南无迦耶迦无垢光明日炎雲佛
南无因陁羅光明疑幢佛
南无一切地處无垢月佛
南无覺虛空平等相佛
南无十方廣應雲幢佛
南无平等不平等盧舍那佛

BD05836 號　佛名經（十六卷本）卷八　（36–11）

南无一切地處无垢月佛
南无覺虛空平等相佛
南无十方廣應雲幢佛
南无平等不平等盧舍那佛
南无害心悲解脫空王佛
南无成就一切義須弥佛
南无不空步照見佛　南无妙吼勝佛
南无第一自在通王佛
南无不可思議功德盧舍那妙月佛
南无可信力幢佛　南无法界樹聲智慧佛
南无波頭摩光長善辟佛
南无不退功德海光佛　南无普生妙一切智速佛
南无師子光无量力智佛
南无見一切法清淨勝智佛
南无遠離一切憂惱佛
南无自在妙威德佛　南无金華火光佛
南无觀法界奮迅佛　南无然樹潔那羅王佛
南无然香燈佛　南无應王佛
南无如來功德普門見佛
南无一切法普奮迅王佛　南无廣化自在佛
南无法界解脫光明不可思議意佛
南无如來无垢光佛

BD05836 號　佛名經（十六卷本）卷八　（36–12）

南无如来功德普門見佛
南无一切法普奮迅王佛　南无廣化自在佛
南无法界解脫光明不可思議意佛
南无如来无垢光佛
次礼十二部尊経大藏法輪
南无惟羅菩薩経　南无五十挍計経
南无爲身无反復経　南无惟留経
南无五陰事経　南无雜阿含丹章経
南无慧明経　南无五母子経
南无發意決疑経　南无慧上菩薩経
南无慧上菩薩経　南无五福施経
南无五十緣身行経　南无墮落憂塞経
南无賢者手力法行経　南无五盖疑失行経
南无菩相経　南无賢首夫人経
南无五百偈経　南无坏喻経
南无内藏大方等経　南无五觀経
南无淨行経　南无内藏百品経
南无佛併父弟調達経　南无仁賢糸士経
南无難提迦羅越経　南无如是有諸比丘経
次礼十方諸大菩薩
南无普賢菩薩　南无文殊師利菩薩
南无無垢稱菩薩　南无地藏菩薩

BD05836號　佛名經（十六卷本）卷八　（36–13）

南无難提迦羅越経　南无如是有諸比丘経
次礼十方諸大菩薩
南无普賢菩薩　南无文殊師利菩薩
南无無垢稱菩薩　南无地藏菩薩
南无虛空藏菩薩　南无觀世音菩薩
南无大勢菩薩　南无香象菩薩
南无大香象菩薩　南无藥王菩薩
南无藥上菩薩　南无金剛藏菩薩
南无解脫月菩薩　南无弥勒菩薩
南无奮迅菩薩　南无無所發菩薩
南无陁羅尼自在王菩薩
南无堅意菩薩　南无無盡意菩薩
南无歸命如是等无量无邊菩薩
南无東方九十億百千万同名梵息菩薩
南无南方九十億百千万同名不瞬陁羅菩薩
南无西方九十九億百千同名大功德菩薩
南无北方九十九億百千万同名大藥王菩薩
從此以上六千八百佛十二部経一切賢聖
歸命如是等十方世界无量无邊諸大菩薩
次礼聲聞緣覺一切賢聖
南无毗耶離辟支佛　南无倶薩羅辟支佛
南无婆藪陁羅辟支佛　南无無毒淨心辟支佛

BD05836號　佛名經（十六卷本）卷八　（36–14）

歸命如是等十方世界无量无邊諸大菩薩
次礼聲聞緣覺一切賢聖
南无毗耶離辟支佛　南无俱薩羅辟支佛
南无婆藪陁羅辟支佛　南无無毒淨心辟支佛
南无寶无垢辟支佛　南无福德辟支佛
南无黒辟支佛　南无唯黒辟支佛
南无直福德辟支佛　南无識辟支佛
歸命如是等十方无量无邊辟支佛
礼三寶已次復懺悔
夫論懺悔者本是改往修來滅惡興善人
生在世誰能无過學人失念尚起煩惱羅漢
結習動身口業豈況凡夫而當无過但智者
先覺便能改悔愚者覆藏遂使滋蔓所以
積習長夜曉悟无期若能慚愧發露懺悔
者豈惟正是滅罪而已亦復增長无量功
德樹立如來涅槃妙果若欲行此法者先
當外宿威儀瞻奉尊像內起敬意緣想
法身懍切至到生二種心何等為二一者
自念我此形命難可常保一朝散壞不知
此身何時可復若復不值諸佛賢聖忽遭
逢惡友造衆罪業復應墮落深坑嶮趣
二者自念我此生中雖得值遇如來正法
為佛弟子弟子之法紹繼聖種淨身口

自念我此形命難可常保一朝散壞不知
此身何時可復若復不值諸佛賢聖忽遭
逢惡友造衆罪業復應墮落深坑嶮趣
二者自念我此生中雖得值遇如來正法
為佛弟子弟子之法紹繼聖種淨身口
意善法自居而今我等公自作惡而復覆
藏言他不知謂彼不見隱匿在心傲然无
愧此實天下愚惑之甚即今現有十方諸
佛諸大地菩薩諸大神仙何曾不以清淨
天眼見於我等所作罪惡又復幽顯靈祇注
記罪福纖豪无差夫論作罪之人命終之後
牛頭獄卒錄其精神在閻羅王所辯覈是
非當爾之時一切怨對皆來證據各言汝先
屠裂我身炮煮蒸炙或言汝先剝奪於我
一切財寶離我眷屬我於今者始得汝便
于時現前證據何得敢諱唯應甘心分受
宿殃如經所明地獄之中不枉治人若其
平素所作衆罪心自忘失者是其生時
造惡之處一切諸相皆現在前各言汝昔
在於我邊作如是罪今何得諱是為作
罪无藏隱處於是閻魔羅王切齒呵責
將付地獄歷劫窮年求出莫由此事不遠不
關他人正是我身自作自受雖父子至親

造惡之處一切諸相皆現在前各言汝昔
在於我邊作如是罪今何得諱是爲作
罪无藏隱處於是閻魔羅王切齒呵責
將付地獄歷劫窮年求出莫由此事不遠不
關他人正是我身自作自受雖父子至親
一旦對至无代受者衆等相与及其形休
體无衆疾各自努力与性命競大怖至時
悔无所及是故弟子至心歸依於佛
南无東方破疑淨光佛　南无南方无優功德佛
南无西方華嚴神通佛　南无北方月殿清淨佛
南无東南方破一切闇佛
南无西南方大哀觀衆生佛
南无西北方香氣放光明佛
南无東北方无量功德海佛
南无下方斷一切疑佛　南无上方離一切憂佛
如是十方盡虛空界一切三寶
弟子等從无始以来至於今日積聚无明
障蔽心目随煩惱性造三業罪或耽染愛
著起於貪欲煩惱或復瞋恚忿怒懷害煩
惱或惛憒瞪瞢不了煩惱或我慢自高輕
慠煩惱疑或正道猶豫煩惱謗无因果耶
見煩惱不識緣假著我煩惱迷於三世執斷
常煩惱朋翔惡法起見取煩惱僻稟耶師

著起於貪欲煩惱或復瞋恚忿怒懷害煩
惱或惛憒瞪瞢不了煩惱或我慢自高輕
慠煩惱疑或正道猶豫煩惱謗无因果耶
見煩惱不識緣假著我煩惱迷於三世執斷
常煩惱朋翔惡法起見取煩惱僻稟耶師
造或取煩惱乃至一等四執横計煩惱今日
至誠皆悉懺悔　又復无始以来至於今日
守惜堅著起慳恡煩惱不攝六情奢誕煩
惱心行弊惡不忍煩惱怠墯緩縱不勤煩
惱情慮躁動覺觀煩惱觸境迷或无知解
煩惱随世八風生彼我煩惱諂曲面譽不直
心煩惱擴强難觸不調和煩惱易忿難悦多
含恨煩惱嫉妬擊刺佷戾煩惱凶險暴害
謟毒煩惱乖背二諦執相煩惱於苦集滅
道生顛倒煩惱随從生死十二因緣流轉煩
惱乃至无始无明住地恒沙煩惱起四住地
攝於三界苦果煩惱如是諸煩惱无量无邊
惱乱賢聖六道四生今日發露向十方佛尊
法聖衆皆悉懺悔
願弟子等承是懺悔貪瞋癡等一切煩惱生
生世世折憍慢幢竭愛欲水滅瞋恚火破
愚癡暗扶斷疑根裂諸見網深識三界猶
如牢獄四大毒虵五陰怨賊六入空聚愛

願弟子等承是懺悔貪瞋癡等一切煩惱生
生世世折憍慢幢竭愛欲水滅瞋恚火破
愚癡暗拔斷疑根裂諸見網深識三界猶
如牢獄四大毒蛇五陰怨賊六入空聚愛
詐親善修八聖道斷无明源正向涅槃不
休不息卅七品心心相應十波羅蜜常現
在前 礼一拜
南无盧舍那世間輪勝聲佛
南无波頭摩髓无邊眼佛
南无喜樂成佛　南无一切智行境界慧佛
南无廣篃妙聲佛　南无虛空无垢智月佛
南无福德海厚雲相華佛
南无能作喜勝雲佛　南无勝聲吼幢佛
南无觀眼奮迅佛　南无無盡智金剛佛
南无普眼日藏照佛　南无一切吼聲佛
南无無量智數佛　南无一切福德彌樓上佛
南无根日威德佛　南无滿光明身光佛
南无地第一相華佛　南无雲无畏見佛
南无平等言語雞頭佛　南无實然燈王佛
南无堅精進奮迅成就義心佛
南无普照觀稱佛　南无慈光明稱勝佛
南无福德稱上勝佛　南无念一切衆生稱勝佛

BD05836號　佛名經(十六卷本)卷八　(36–19)

南无平等言語雞頭佛　南无實然燈王佛
南无堅精進奮迅成就義心佛
南无普照觀稱佛　南无慈光明稱勝佛
南无福德稱上勝佛　南无念一切衆生稱勝佛
南无須彌步稱勝佛　南无畢慚愧稱上勝佛
南无教化一切世間佛　南无離一切憂佛
南无離一切難佛　南无離一切世間佛
南无能轉台佛　南无轉女佛
南无轉男女降伏佛　南无佛華勝上王佛
南无不空說名佛　南无善慧法通王佛
南无十方廣功德稱天盡樂佛
南无愛大智見不空聞名佛
南无無量力智勝佛　南无成就梵功德佛
南无香烏佛　南无金剛密迹佛
南无善轉成就義佛　南无盧舍那化勝威德佛
南无常功德然燈吉慧佛　南无到諸疑彼岸月佛
南无到法界无量聲慧佛　南无然燈勝光明佛
南无法界日光明佛
南无無邊无中劫德海轉法輪聲佛
南无日不可思議智見佛　南无寶勝光明威德王佛
南无無盡功德妙莊嚴佛　南无不可量力普吼佛
南无普眼滿足然燈佛

BD05836號　佛名經(十六卷本)卷八　(36–20)

南无無邊无中劫德海轉法輪聲佛
南无日不可思議智見佛　南无寶勝光明威德王佛
南无無盡功德妙莊嚴佛　南无不可量力普吼佛
南无普眼滿足然燈佛
南无勝功德炬佛　南无大龍聲佛
南无波頭摩師子坐奮迅齊佛
南无智聚覺光佛　南无住持地善威德王佛
南无善住法然燈王佛　南无不空見生善作佛
南无放身炎幢佛　南无清淨衆生行佛
南无一切德雲普光明佛　南无數華相月智佛
南无第一光明金庭燎佛　南无觀一切法海无差別光明佛
南无化日佛　南无寶蓋勝盧舍那佛
南无善思惟佛　南无精進勝堅慧佛
南无數華心波頭摩佛　南无清淨眼佛
從此以上六千九百佛十二部經一切賢聖
南无月光自在佛　南无無盡法海寶幢佛
南无金剛波頭摩勝佛　南无廣俱蘇摩作佛
南无人自在幢佛　南无一切智輪照盧舍那佛
南无龍稱无量功德佛　南无寶功德鬚光佛
南无一切力莊嚴慧佛　南无寶須弥山佛
南无一切行光明勝佛　南无一切波羅蜜海佛
南无寶炎面門幢佛　南无成就一切願光明佛
南无當得一切法齊佛　南无光明羅網勝佛

南无龍稱无量功德佛　南无寶功德鬚光佛
南无一切力莊嚴慧佛　南无寶須弥山佛
南无一切行光明勝佛　南无一切波羅蜜海佛
南无寶炎面門幢佛　南无成就一切願光明佛
南无當得一切法齊佛　南无光明羅網勝佛
南无寶山幢佛　南无無邊中智海義佛
南无清淨一切義功德幢佛　南无一切通首王佛
南无無障导一切法界盧舍那佛
南无勝三昧精進慧佛　南无無导法界然燈佛
南无無导法界須弥幢勝王佛
南无菩提分俱蘇摩作王佛
南无得世間功德大海佛
南无寶師子力佛　南无普智海王佛
南无波頭摩善化幢佛
南无無盡光明普門聲佛
南无普功德雲勝威德佛
南无勝慧海佛　南无智力華雲佛
南无香光威德佛　南无普門見无障导淨佛
南无不可降伏法自在慧佛
南无波頭摩光明數王佛
南无大精進善智慧佛
南无堅王幢佛　南无不可降伏妙威德佛
南无精進德佛　南无一切德勝心王佛

南无香光威德佛　南无普門見无障㝵淨佛
南无不可降伏法自在慧佛
南无波頭摩光明數王佛
南无大精進善智慧佛
南无堅王幢佛　南无不可降伏妙威德佛
南无精進德佛　南无一切德勝心王佛
南无善成就无邊功德王佛
南无斷諸疑䕃蓋眼佛　南无妙功德勝慧佛
南无過諸光明勝明佛　南无須弥山然燈佛
南无無盡化善雲佛　南无無量光明化王佛
南无日智梵行佛　南无師子眼炎雲佛
南无大海天炎門佛　南无覺佛
南无智勝佛　南无無量味大聖佛
南无無垢速雲聞佛　南无滿法界盧舍那佛
南无金色華佛　南无大功德華數无垢佛
南无照勝威德王佛　南无不住眼无垢佛
南无無㝵莊嚴佛　南无轉燈輪幢佛
南无法智差別佛　南无法界輪佛
南无一切佛　南无寶勝王佛
南无無邊光明智輪幢佛　南无善智幢佛
南无師子佛　南无月智佛
南无照佛
南无常放普光明舌功德海王佛

BD05836號　佛名經（十六卷本）卷八　（36–23）

南无一切佛　南无寶勝王佛
南无無邊光明智輪幢佛　南无善智幢佛
南无師子佛　南无月智佛
南无照佛
南无常放普光明舌功德海王佛
南无無邊光明法界莊嚴王佛
南无長辟佛　南无高佛
南无無垢地平等光明世界普照十方
光明聲吼虛空盧舍那佛
南无清淨華池莊嚴世界普門見妙光明佛
南无無邊功德住持世界无邊功德善光佛
南无弥留勝然燈世界普光明虛空鏡像佛
南无一切妙聲善愛聞世界喜樂見華火佛
南无妙聲莊嚴世界寶須弥山燈佛
南无一切寶色莊嚴光明照世界善化法界聲幢佛
南无香藏金剛莊嚴世界金剛光明雷聲吼佛
南无炎聲世界不可降伏力月佛
南无寶波頭摩開錯莊嚴无垢世界法城
慧吼聲佛
南无餘与樂世界十方世界廣稱名智燈佛
南无手无垢善无垢羅網世界師子光明滿
足功德大海佛

BD05836號　佛名經（十六卷本）卷八　（36–24）

慧吼聲佛
南无師子樂世界十方世界廣稱名智燈佛
南无手无垢善无垢羅網世界師子光明滿
足功德大海佛
南无妙華幢照世界大智數華光明佛
南无無量莊嚴閒錯世界高智種種佛光明佛
南无無邊莊嚴世界普滿法界幢眼佛
南无寶蓋普光莊嚴世界妙慧上首佛
南无隨王世界作月光明幢佛
南无無垢藏莊嚴世界善覺梵威德佛
南无寶光明身世界一佛種力虛空然燈佛
南无寶道瓔珞成就世界一切諸波羅蜜
相大海威德佛
南无輪塵普蓋世界斷一切着喜作佛
南无寶隨妙幢世界大稱廣功吼照佛
南无不可思議莊嚴普莊嚴光明世界无
差別智光明功德海佛
南无無盡光明擇幢世界无邊法界无垢光明佛
從此以上七千佛十二部經一切賢聖
南无放寶炎華世界清淨寶鏡像佛
南无威德炎藏世界无障㝵奮迅光明吼佛
南无寶輪平等光莊嚴世界普寶光明佛

BD05836號　佛名經（十六卷本）卷八

（36–25）

南无無盡光明擇幢世界无邊法界无垢光明佛
從此以上七千佛十二部經一切賢聖
南无放寶炎華世界清淨寶鏡像佛
南无威德炎藏世界无障㝵奮迅光明吼佛
南无寶輪平等光莊嚴世界普寶光明佛
南无栴檀樹隨幢世界清淨一切念無疑光明佛
南无佛國土色輪善修莊嚴世界廣喜見光
明智慧佛
南无微細光明莊嚴照世界法界奮迅善觀佛
南无微細光明莊嚴照世界奮迅善觀佛
南无無邊色形相世界无障㝵智成就佛
南无普炎雲火然世界不退轉法輪吼佛
南无種種寶莊嚴清淨輪世界清淨色相威德佛
南无究竟善修世界无障㝵日眼佛
南无善作堅固金剛坐成就世界過法
界智身光明佛
南无十方莊嚴无障㝵世界寶廣炬佛
南无差別色光明世界普光明華雲王佛
南无寶門種種幢世界普見妙功德光明佛
南无摩尼頂作隨光明世界普十方聲雲佛
南无自在摩尼金剛藏世界智勝須弥王佛
南无摩尼衣坐成就勝世界放光明功德寶莊嚴佛
南无華憂波羅莊嚴世界普智幢聲王佛

BD05836號　佛名經（十六卷本）卷八

（36–26）

南无摩尼頂作鬚光明世界普十方聲雲佛
南无自在摩尼金剛藏世界智勝須弥王佛
南无摩尼衣坐成就勝世界放光明功德寶莊嚴佛
南无華憂波羅莊嚴世界普智幢聲王佛
南无寶莊嚴種種藏世界一切法无畏然燈佛
南无香勝无垢光明世界普喜速勝王佛
南无日幢樂藏世界普門智盧舍那吼佛
南无香莊嚴杖藏世界无量功德光明佛
南无寶師子火光明世界法界電光明佛
南无相杖照世界无障导功德稱解脫光王佛
南无功德成就光明照世界清淨眼无垢然燈佛
南无種種香花勝莊嚴世界師子光明勝光佛
南无寶莊嚴平等光明世界廣光明智勝幢佛
南无種種光明鬚杖世界金光明无量力日成就佛
南无放光句素摩流論世界香光明喜力堅固佛
南无光明清淨種種作世界光明力堅固佛
南无光明清淨種種作世界普光明火自在幢佛
南无句素弥多炎輪莊嚴世界喜海疾
功德稱自在王佛
南无地成就威德世界廣稱智海幢佛
南无放聲吼世界相光明月佛
南无金剛幢世界一切法海勝王佛

BD05836號　佛名經（十六卷本）卷八　（36–27）

功德稱自在王佛
南无地成就威德世界廣稱智海幢佛
南无放聲吼世界相光明月佛
南无金剛幢世界一切法海勝王佛
南无無量功德莊嚴世界无量衆生功德諸住佛
南无光明照世界梵自在勝佛
南无生無垢光明世界妙法界勝吼佛
南无種種光明照然燈世界不可壞力普
光明幢佛
南无照平等光明世界无垢功德日眼佛
南无無塵世界无量勝行幢佛
南无清淨光明世界法界虛空平等光明佛
南无寶藏波浪勝成就世界功德相雲勝威德佛
南无宮殿莊嚴幢世界盧舍那勝頂光明佛
南无鬚勝藏世界一切法无邊海慧佛
南无善化香勝世界相法化普光佛
南无杖地色光世界眷屬盧舍那佛
南无善作數世界法行善无盡慧佛
南无勝福德威德輪世界无垢清淨普光明佛
南无摩尼寶波頭摩莊嚴世界清淨眼花勝佛
南无炎地成就世界无量力成就慧佛

BD05836號　佛名經（十六卷本）卷八　（36–28）

南无杖地色光世界眷屬盧舍那佛
南无善作數世界法行喜无盡慧佛
南无勝福德威德輪世界无垢清淨普光明佛
南无摩尼寶波頭摩莊嚴世界清淨眼花勝佛
南无炎地成就世界无量力成就慧佛
次礼十二部經大藏法輪
南无維摩詰解經　南无㮈隨調伏經
南无佛說道有比丘經　南无本起經
南无㮈檀經　南无佛寶三昧經
南无無量功德莊嚴世界无量衆生功德法住佛
南无光明照世界梵自在勝佛
南无生无垢光明世界妙法界勝吼佛
南无種種光明照然燈世界不可嫌力
普光明幢佛
南无照平等光明世界无垢功德日眼佛
南无寶作莊嚴藏世界无障㝵智普照十方佛
南无無塵世界无量勝行幢佛
南无清淨光明世界法界虛空平等光明佛
南无寶藏波浪勝成就世界功德相雲勝
威德佛
南无宮殿莊嚴幢世界盧舍那勝頂光明佛
南无驕勝藏世界一切法无邊海慧佛
南无善化香勝世界相法化普光佛

BD05836號　佛名經（十六卷本）卷八　（36-29）

威德佛
南无宮殿莊嚴幢世界盧舍那勝頂光明佛
南无驕勝藏世界一切法无邊海慧佛
南无善化香勝世界相法化普光佛
南无杖地色光世界眷屬盧舍那佛
南无善作數世界法行喜无盡慧佛
南无勝福德威德輪世界无垢清淨普光明佛
南无摩尼寶波頭摩莊嚴世界清淨眼花勝佛
南无炎地成就世界无量力成就慧佛
次礼十二部經大藏法輪
南无維摩詰解經　南无㮈隨調伏經
南无佛說道有比丘經　南无本起經
南无㮈檀經　南无佛寶三昧經
南无卅三相經　南无目連遊諸國經
南无佛在拘薩國經　南无理家難經
南无佛在憂墮國經　南无欲從本相有經
南无文殊師利淨律經　南无佛誨過經
南无虎耳經　南无分衛利經
南无大忍辱經　南无佛說摩登伽經
南无自在三菩薩經　南无分別六情三毒盖經
南无佛說法通王經　南无智心經
南无八德經　南无大道地經

BD05836號　佛名經（十六卷本）卷八　（36-30）

南无虎耳經　南无分陁利經
南无大忍辱經　南无佛說摩登伽經
南无自在三菩薩經　南无分別六情三天蓋經
南无佛說法通王經　南无智心經
南无八德經　南无大道地經
南无成喻經　南无八十種好經
南无大弥寶積惟曰經　南无觀豫經
次礼十方諸大菩薩
南无善意菩薩　南无善眼菩薩
南无世間菩薩　南无尸毗王菩薩
南无一切勝菩薩　南无知大地菩薩
南无大藥菩薩　南无鳩舍菩薩
南无阿離念弥菩薩　南无頂生菩薩
南无喜見菩薩　南无鬱多羅菩薩
南无薩和檀菩薩　南无長壽王菩薩
南无羼提菩薩　南无韋藍菩薩
南无睒菩薩　南无月蓋菩薩
從此以上七千一百佛十二部經一切賢聖
南无明首菩薩　南无法首菩薩
南无成利菩薩　南无弥勒菩薩
南无須有金剛藏菩薩　南无金剛首菩薩
南无無垢藏菩薩　南无無垢稱菩薩

BD05836號　佛名經（十六卷本）卷八　（36–31）

南无明首菩薩　南无法首菩薩
南无成利菩薩　南无弥勒菩薩
南无須有金剛藏菩薩　南无金剛首菩薩
南无無垢藏菩薩　南无無垢稱菩薩
南无除疑菩薩　南无無垢德菩薩
南无絅明菩薩　南无無量明菩薩
次礼聲聞緣覺一切賢聖
南无香辟支佛　南无有香辟支佛
南无見人飛騰辟支佛　南无可波羅辟支佛
南无泰摩利辟支佛　南无月淨辟支佛
南无善智辟支佛　南无脩陁羅辟支佛
南无善法辟支佛　南无應求辟支佛
南无甜求辟支佛　南无大勢辟支佛
歸命如是等十方盡虛空界諸大辟支佛
衆等相与即今身心寂靜无諂无障正是
生善滅惡之時須應各起四種觀行以為
滅罪作前方便何等為四一者觀於因緣二
者觀於果報三者觀我自身四者觀如来身
第一觀因緣者知我此罪藉以无明不善
思惟无正觀力不識其過遠離善友諸佛
菩薩隨逐魔道行邪嶮逕如魚呑鉤不知
其患如蚕作繭自縈自縛如蛾赴火自燒

BD05836號　佛名經（十六卷本）卷八　（36–32）

者觀於果報三者觀我自身四者觀如來身
第一觀因緣者知我此罪藉以无明不善
思惟无正觀力不識其過遠離善友諸佛
菩薩隨逐魔道行耶嶮逕如魚吞鉤不知
其患如蠶作繭自縈自縛如蛾赴火自燒
自爛以是因緣不能自出
第二觀於果報者所有諸惡不善之業三
世流轉苦果无窮流溺无邊巨夜大海為
諸煩惱羅剎所食未來生死冥然无崖設
使報得轉輪聖王王四天下飛行自在七寶
具足命終之後不免惡趣四空果報三界尊
極福盡還作牛領中虫況復其餘无福德
者而復懈怠不勤懺悔此亦譬如抱石沉淵
求出良難　第三觀我自身雖有正因靈覺
之性而為煩惱黑暗叢林之所覆蔽无了因
力不能得顯我今應當發起勝心破裂无明
顛倒重障斷滅生死虛偽苦因顯發如來大
明覺慧建立无上涅槃妙果
第四觀如來身者无為寂照離四句絕百非眾
德具足湛然常住雖復方便入於滅度慈悲
救接未曾暫捨生如是心可謂滅罪之良津
除障之要行是故弟子今日至到稽首歸依

BD05836號　佛名經（十六卷本）卷八　（36–33）

第四觀如來身者无為寂照離四句絕百非眾
德具足湛然常住雖復方便入於滅度慈悲
救接未曾暫捨生如是心可謂滅罪之良津
除障之要行是故弟子今日至到稽首歸依
於佛
南无東方勝藏珠光佛　南无南方寶積示現佛
南无西方法界智燈佛　南无北方最勝降伏佛
南无東南方龍自在王佛　南无西南方轉一切生死佛
南无西北方无邊智自在佛　南无東北方无邊功德月佛
南无下方海智神通佛　南无上方一切勝王佛
如是等十方盡虛空界一切三寶
弟子等无始以來至於今日長養煩惱日深
日厚日滋日茂覆蓋慧眼令无所見斷障眾
善不得相續起障不得見佛不聞正法不值
聖僧煩惱起障不見過去未來一切世間善
惡業行之煩惱障受人天尊貴之煩惱障生
色无色界禪定福樂之煩惱障不得自在神
通飛騰隱顯遍至十方諸佛淨土聽法之煩
惱障學安那般那數息不淨觀諸煩惱障學
慈悲喜捨因緣煩惱障學七方便三觀義煩
惱障學四念處煗頂忍煩惱障學聞思脩第
一法煩惱障學空平等中道解煩惱障學八

BD05836號　佛名經（十六卷本）卷八　（36–34）

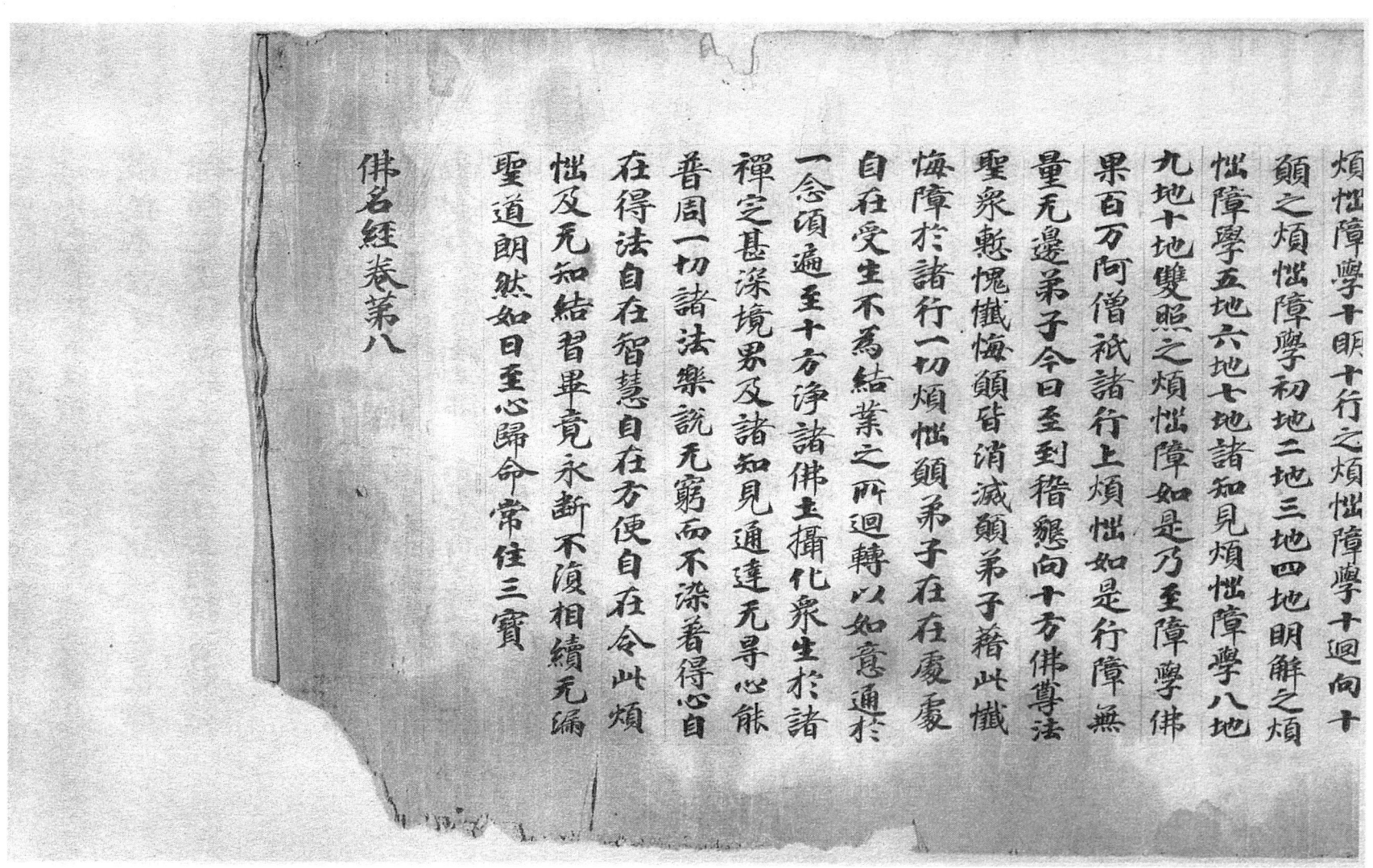

惱障學安用彫用褻息不淨衝諸煩惱障學
慈悲喜捨因緣煩惱障學七方便三觀義煩
惱障學四念處煗頂忍煩惱障學聞思修苐
一法煩惱障學空平等中道解煩惱障學八
正道示相之煩惱障學七覺枝不示相煩惱
障學於道品因緣觀煩惱障學八解脫九空
之煩惱障學於十智三三昧煩惱障學三明
六通四无㝵煩惱障學六度四等煩惱障學
四攝法廣化之煩惱障學大乘心四弘誓願
煩惱障學十明十行之煩惱障學十迴向十
願之煩惱障學初地二地三地四地明解之煩
惱障學五地六地七地諸知見煩惱障學八地
九地十地雙照之煩惱障如是乃至障學佛
果百万阿僧祇諸行上煩惱如是行障無
量无邊弟子今日至到稽顙向十方佛尊法
聖衆慙愧懺悔願皆消滅願弟子藉此懺
悔障於諸行一切煩惱願弟子在在處處
自在受生不爲結業之所迴轉以如意通於
一念頃遍至十方淨諸佛土攝化衆生於諸
禪定甚深境界及諸知見通達无㝵心能
普周一切諸法樂說无窮而不染着得心自
在得法自在智慧自在方便自在令此煩
惱及无知結習畢竟永斷不復相續无徧

BD05836號　佛名經（十六卷本）卷八　（36–35）

煩惱障學十明十行之煩惱障學十迴向十
願之煩惱障學初地二地三地四地明解之煩
惱障學五地六地七地諸知見煩惱障學八地
九地十地雙照之煩惱障如是乃至障學佛
果百万阿僧祇諸行上煩惱如是行障無
量无邊弟子今日至到稽顙向十方佛尊法
聖衆慙愧懺悔願皆消滅願弟子藉此懺
悔障於諸行一切煩惱願弟子在在處處
自在受生不爲結業之所迴轉以如意通於
一念頃遍至十方淨諸佛土攝化衆生於諸
禪定甚深境界及諸知見通達无㝵心能
普周一切諸法樂說无窮而不染着得心自
在得法自在智慧自在方便自在令此煩
惱及无知結習畢竟永斷不復相續无徧
聖道朗然如日至心歸命常住三寶

佛名經卷苐八

BD05836號　佛名經（十六卷本）卷八　（36–36）

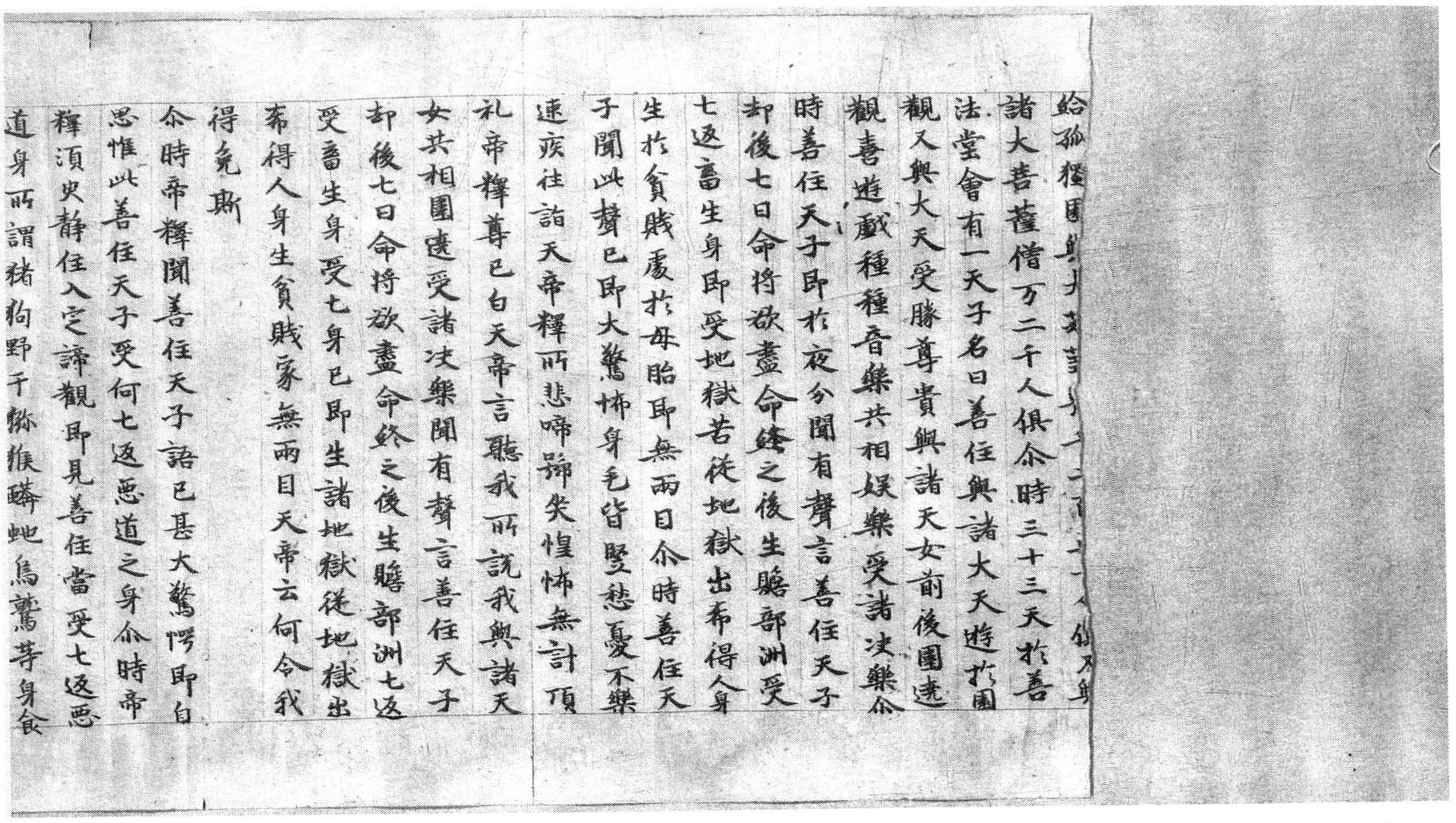
給孤獨園與大苾芻衆千二百五十人俱又與
諸大菩薩僧万二千人俱尒時三十三天於善
法堂會有一天子名曰善住與諸大天遊於園
觀又與大天受勝尊貴與諸天女前後圍遶
歡喜遊戲種種音樂共相娛樂受諸快樂尒
時善住天子即於夜分聞有聲言善住天子
却後七日命將欲盡命終之後生贍部洲受
七返畜生身即受地獄苦從地獄出希得人身
生於貧賤處於母胎即無兩目尒時善住天
子聞此聲已即大驚怖身毛皆竪愁憂不樂
速疾往詣天帝釋所悲啼號哭惶怖無計頂
礼帝釋尊足白天帝言聽我所說我與諸天
女共相圍遶受諸快樂聞有聲言善住天子
却後七日命將欲盡命終之後生贍部洲七返
受畜生身受七身已即生諸地獄從地獄出
希得人身生貧賤家無兩目天帝云何令我
得免斯
尒時帝釋聞善住天子語已甚大驚愕即自
思惟此善住天子受何七返惡道之身尒時帝
釋須臾靜住入定諦觀即見善住當受七返惡
道身所謂猪狗野干獼猴蟒蛇烏鷲等身食

BD05837 號　佛頂尊勝陀羅尼經（佛陀波利本）　（3–1）

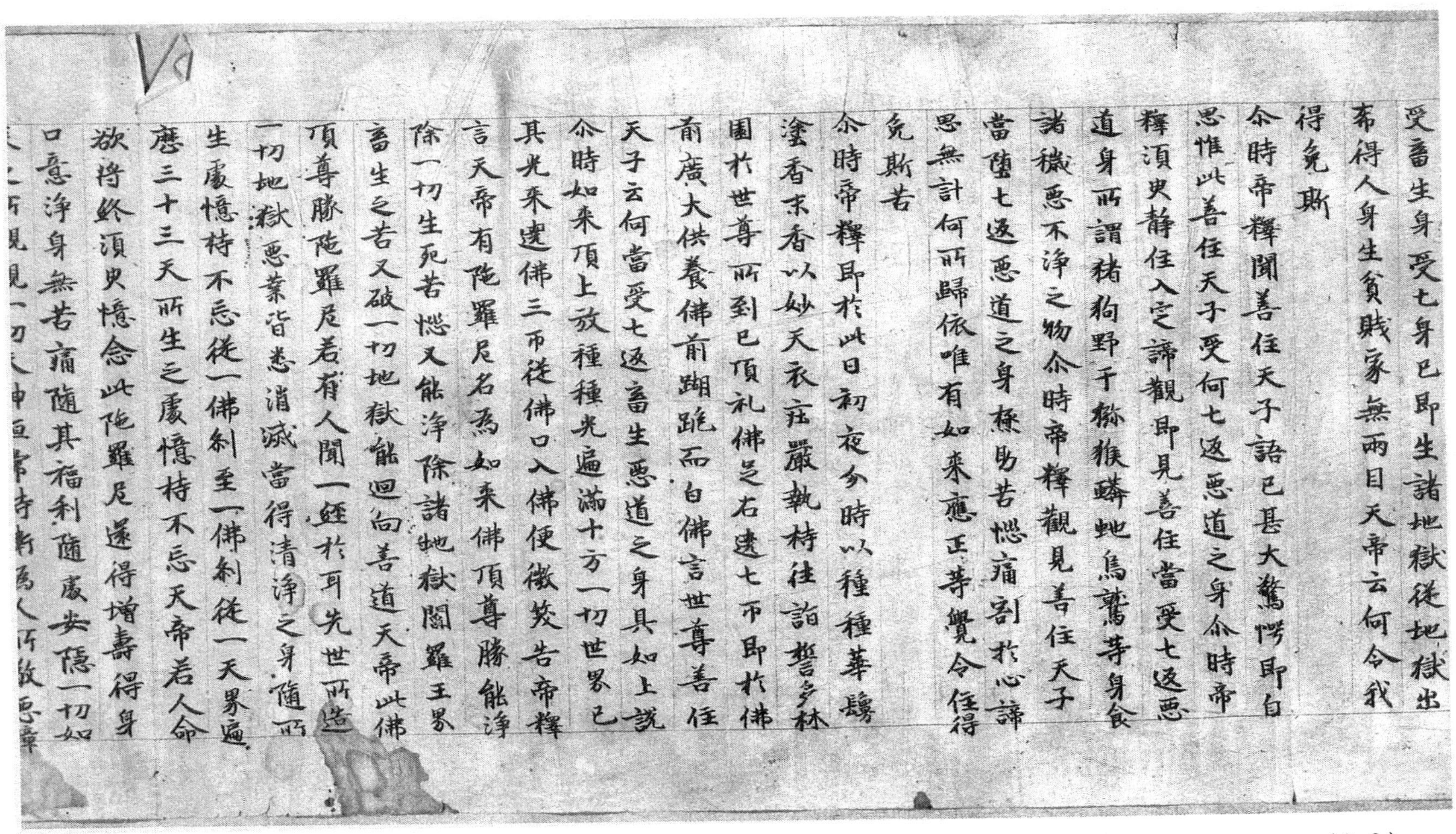
受畜生身受七身已即生諸地獄從地獄出
希得人身生貧賤家無兩目天帝云何令我
得免斯
尒時帝釋聞善住天子語已甚大驚愕即自
思惟此善住天子受何七返惡道之身尒時帝
釋須臾靜住入定諦觀即見善住當受七返惡
道身所謂猪狗野干獼猴蟒蛇烏鷲等身食
諸穢惡不淨之物尒時帝釋觀見善住天子
當墮七返惡道之身極助苦惱痛割於心諦
思無計何所歸依唯有如来應正等覺令住得
免斯苦
尒時帝釋即於此日初夜分時以種種華鬘
塗香末香以妙天衣莊嚴執持往詣誓多林
園於世尊所到已頂礼佛足右遶七帀即於佛
前廣大供養佛前踟跪而白佛言世尊善住
天子云何當受七返畜生惡道之身具如上說
尒時如来頂上放種種光遍滿十方一切世界已
其光来遶佛三帀從佛口入佛便微笑告帝釋
言天帝有陁羅尼名爲如来佛頂尊勝能淨
除一切生死苦惱又能淨除諸地獄閻羅王界
畜生之苦又破一切地獄能迴向善道天帝此佛
頂尊勝陁羅尼若有人聞一經於耳先世所造
一切地獄惡業皆悉消滅當得清淨之身隨所
生處憶持不忘從一佛剎至一佛剎從一天界遍
歷三十三天所生之處憶持不忘天帝若人命
欲將終須臾憶念此陁羅尼還得增壽得身
口意淨身無苦痛隨其福利隨處安隱一切如
来之所觀視一切天神恒常侍衛爲人所敬惡障

BD05837 號　佛頂尊勝陀羅尼經（佛陀波利本）　（3–2）

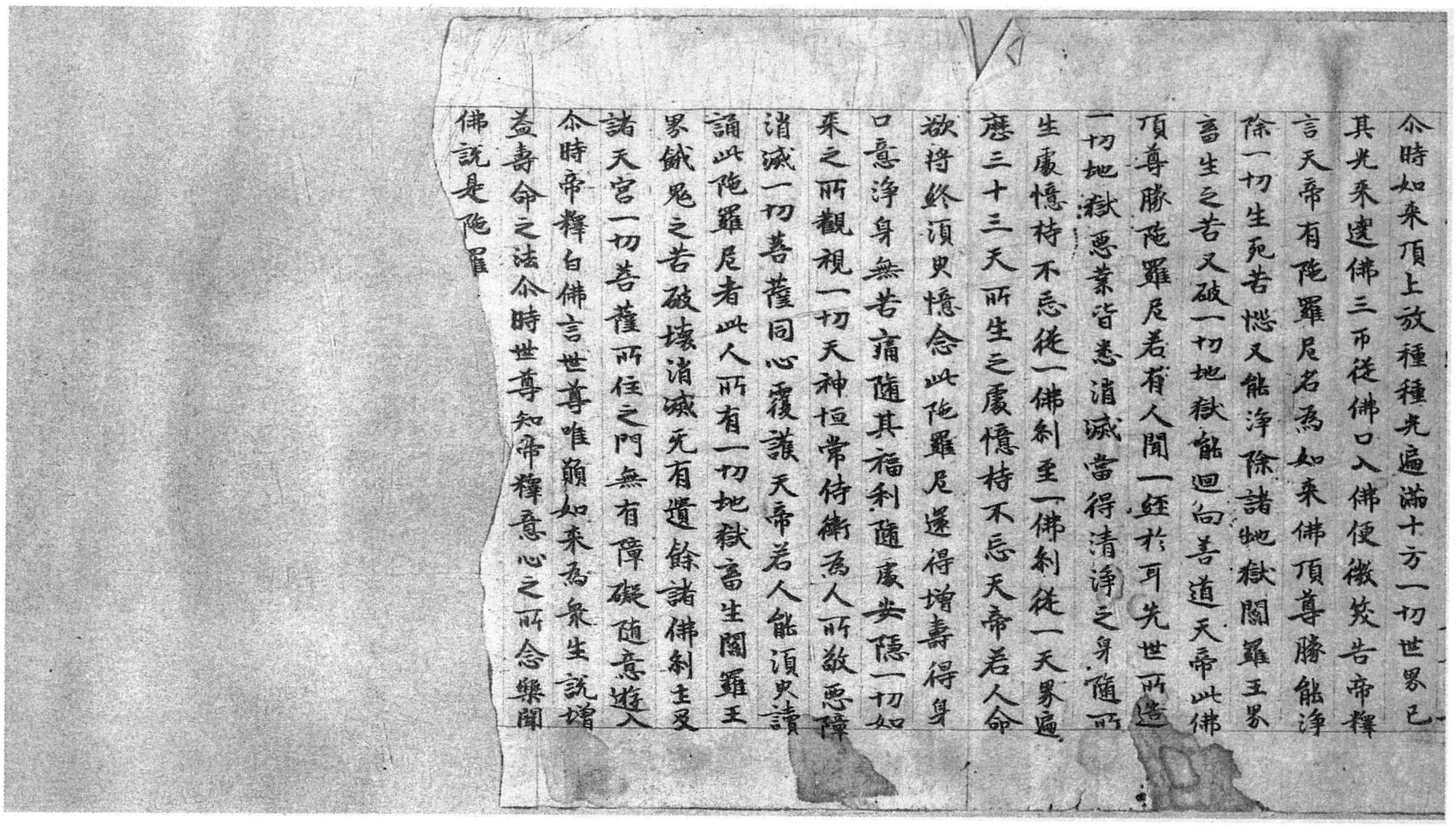

尒時如來頂上放種種光遍滿十方一切世界已
其光來遶佛三帀從佛口入佛便微笑告帝釋
言天帝有陁羅尼名為如來佛頂尊勝能淨
除一切生死苦惱又能淨除諸地獄閻羅王界
畜生之苦又破一切地獄能迴向善道天帝此佛
頂尊勝陁羅尼若有人聞一經於耳先世所造
一切地獄惡業皆悉消滅當得清淨之身隨所
生處憶持不忘從一佛剎至一佛剎從一天界遍
歷三十三天所生之處憶持不忘天帝若人命
欲將終須臾憶念此陁羅尼還得增壽得身
口意淨身無苦痛隨其福利隨處安隱一切如
來之所觀視一切天神恒常侍衛為人所敬惡障
消滅一切菩薩同心覆護天帝若人能須臾讀
誦此陁羅尼者此人所有一切地獄畜生閻羅王
界餓鬼之苦破壞消滅无有遺餘諸佛剎土及
諸天宮一切菩薩所住之門無有障礙隨意遊入
尒時帝釋白佛言世尊唯願如來為衆生說增
益壽命之法尒時世尊知帝釋意心之所念樂聞
佛說是陁羅

BD05837 號　佛頂尊勝陀羅尼經（佛陀波利本）　（3–3）

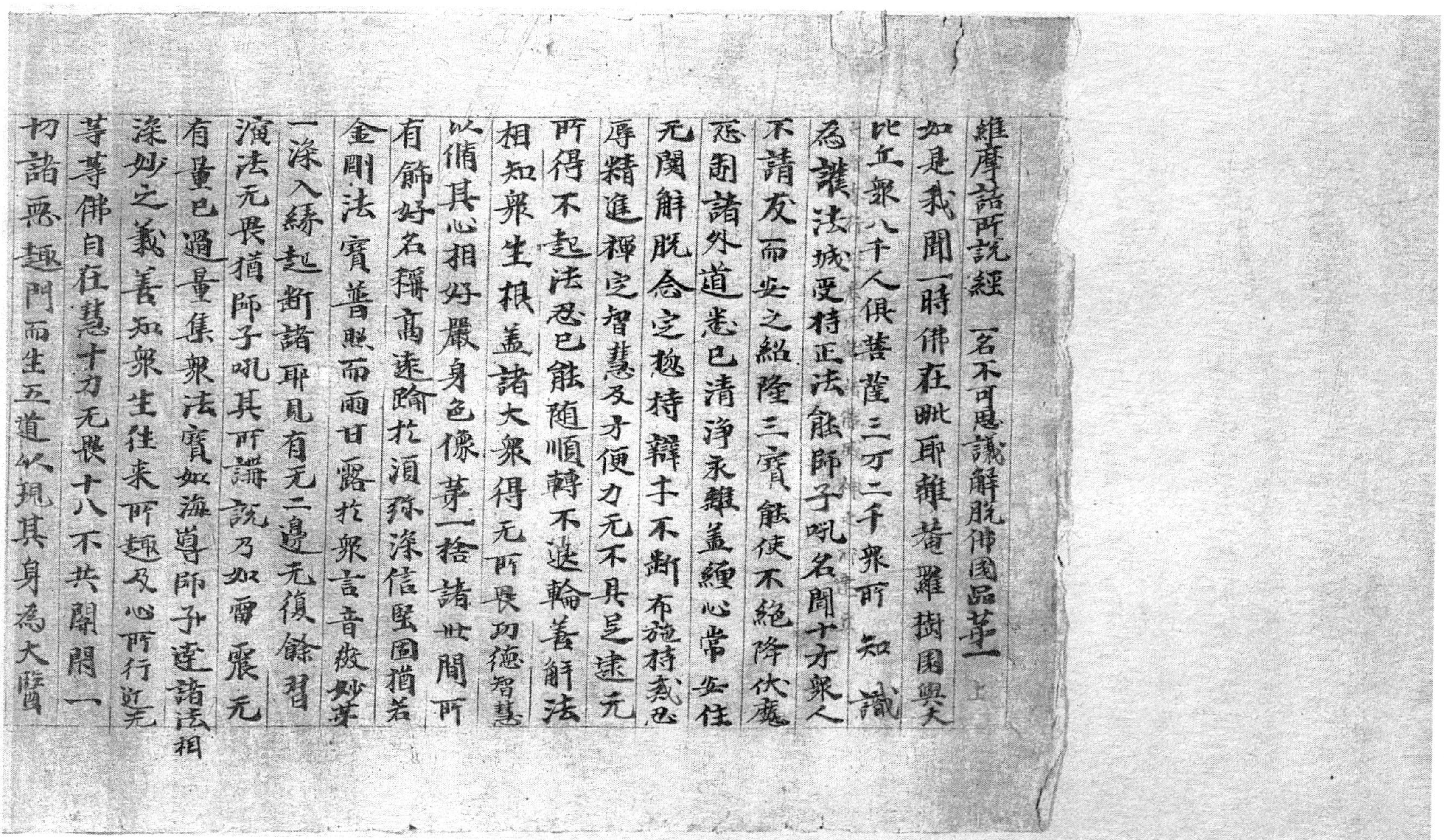

維摩詰所說經　一名不可思議解脫佛國品第一　上
如是我聞一時佛在毗耶離菴羅樹園與大
比丘衆八千人俱菩薩三万二千衆所知識
為護法城受持正法能師子吼名聞十方衆人
不請友而安之紹隆三寶能使不絕降伏魔
怨制諸外道悉已清淨永離蓋纏心常安住
无閡解脫念定總持辯才不斷布施持戒忍
辱精進禪定智慧及方便力无不具足逮无
所得不起法忍已能隨順轉不退輪善解法
相知衆生根蓋諸大衆得无所畏功德智慧
以脩其心相好嚴身色像第一捨諸世間所
有飾好名稱高遠踰於須彌深信堅固猶若
金剛法寶普照而雨甘露於衆言音微妙第
一深入緣起斷諸邪見有无二邊无復餘習
演法无畏猶師子吼其所講說乃如雷震无
有量已過量集衆法寶如海導師了達諸法相
深妙之義善知衆生往來所趣及心所行近无
等等佛自在慧十力无畏十八不共關閉一
切諸惡趣門而生五道以現其身為大醫

BD05838 號　維摩詰所說經兌廢綴稿（擬）　（12–1）

演法无畏猶師子吼其所講說乃如雷震无
有量已過量集衆法寶如海導師了達諸法相
深妙之義善知衆生往來所趣及心所行近无
等等佛自在慧十力无畏十八不共關閉一
切諸惡趣門而生五道以現其身為大醫
王善療衆病應病與藥令得服行无量功
德皆成就无量佛土皆嚴淨其見聞者无不
蒙益諸有所作亦不唐捐如是一切功德皆
悉具足
其名曰等觀菩薩不等觀菩薩等不等觀菩
薩定自在王菩薩法自在王菩薩法相菩薩光
相菩薩光嚴菩薩大嚴菩薩寶積菩薩辯積
菩薩寶手菩薩寶印手菩薩常舉手菩薩常

化政宮女若在庶民庶民中尊令興福力若
在梵天梵天中尊誨以勝慧若在帝釋帝
釋中尊示現无常若在護世護世中尊護諸
衆生其以方便現身有疾以其疾故國王大臣
長者居士婆羅門等及諸王子并餘官屬无
數千人皆往問疾其往者維摩詰因以身疾
廣為說法諸仁者是身无常无強无力无堅速
速朽之法不可信也為苦為惱衆病所集諸
仁者如此身明智者所不怙是身如聚沫不
可撮摩是身如泡不得久立是身如炎從渴愛
生是身如芭蕉中无有堅是身如幻從顛
倒起是身如夢為虛妄見是身如影從業
緣現是身如響屬諸因緣是身如浮雲須
臾變滅是身如電念念不住是身无主為如
地是身无我為如火是身无壽為如風是身无

BD05838號　維摩詰所說經兌廢綴稿（擬）　（12–2）

仁者如此身明智者所不怙是身如聚沫不
可撮摩是身如泡不得久立是身如炎從渴愛
生是身如芭蕉中无有堅是身如幻從顛
倒起是身如夢為虛妄見是身如影從業
緣現是身如響屬諸因緣是身如浮雲須
臾變滅是身如電念念不住是身无主為如
地是身无我為如火是身无壽為如風是身无
人為如水是身不實四大為家是身為空離
我我所是身无知如草木瓦礫是身无作風力
所轉是身不淨穢惡充滿是身為虛偽
雖假以澡浴衣食必歸磨滅是身為災百一
病惱是身如丘井為老所逼是身无定為要當
死是身如毒蛇如怨賊如空聚陰界諸入所
共合成諸仁者此可患厭當樂佛身所以者
何佛身者即法身也從无量功德智慧生從
戒定慧解脫解脫知見生從慈悲喜捨生從
布施持戒忍辱柔和勤行精進禪定解脫
三昧多聞智慧諸波羅蜜生從方便生從六
通生從三明生從卅七道品生從止觀生從
十力四无所畏十八不共法生從斷一切不善

度是菩薩行非凡夫行非賢聖行是菩薩
行非垢行非淨行是菩薩行雖過魔行而現
降伏衆魔是菩薩行求一切智无非時求是
菩薩行雖觀諸法不生不滅而不入正位是菩
薩雖觀十二緣起而入諸邪見是菩薩行雖攝
一切衆生而不愛著是菩薩行雖樂遠離
而不依身心盡是菩薩行雖行三界而不壞
法性是菩薩行雖行空而殖衆德本是菩

BD05838號　維摩詰所說經兌廢綴稿（擬）　（12–3）

降伏衆魔是菩薩行求一切智无非時求是
菩薩行雖觀諸法不生不滅而不入正位是菩
薩雖觀十二緣起而入諸邪見是菩薩行雖攝
一切衆生而不愛着是菩薩行雖樂遠離
而不依身心盡是菩薩行雖行三界而不壞
法性是菩薩行於空而殖衆德本是菩
作而現受身是菩薩行雖行无起而起一切
善行是菩薩行雖行六波羅蜜而遍知衆生
心心數法是菩薩行雖行六通而不盡漏是
菩薩行雖行四无量心而不貪着生於梵世
是菩薩行雖行禪定解脫三昧而不隨禪生
是菩薩行雖行四念處而不永離身受心法
是菩薩行雖行四正勤而不捨身心精進是
菩薩行雖行四如意足而得自在神通是菩
薩行雖行五根而分別衆生諸根利鈍是菩
薩行雖行五力而樂求佛十力是菩薩行雖
行七覺分而分別佛之智慧是菩薩行雖行
八正道而樂行无量佛道是菩薩行雖行止
觀助道之法而不畢竟墮於寂滅是菩薩行
雖行諸法不生不滅而以相好莊嚴其身是
菩薩行雖現聲聞辟支佛威儀而不捨佛法
是菩薩行雖隨諸法究竟淨相而隨所應為
現其身是菩薩行雖觀諸佛國土永寂如空
而現種種清淨佛土是菩薩行雖得佛道轉
于法輪入於涅槃而不捨於菩薩之道是菩
薩行說是語時文殊師利所將大衆其中八
无在无不在夫无在无不在者佛所說也

BD05838號　維摩詰所說經兌廢綴稿（擬）　（12–4）

現其身是菩薩行雖觀諸佛國土永寂如空
而現種種清淨佛土是菩薩行雖得佛道轉
于法輪入於涅槃而不捨於菩薩之道是菩
薩行說是語時文殊師利所將大衆其中八
无在无不在夫无在无不在者佛所說也
舍利弗問天汝於此沒當生何所天曰佛化
所生吾如彼生曰佛化所生非沒生也天曰
衆生猶然無沒生也舍利弗問天汝久如當
得阿耨多羅三藐三菩提天曰如舍利弗還
為凡夫我乃當成阿耨多羅三藐三菩提舍
利弗言我作凡夫无有是處天曰我得阿耨
多羅三藐三菩提亦无是處所以者何菩提
无住處是故无有得者舍利弗言今諸佛得
阿耨多羅三藐三菩提已得當得今得如恒
河沙皆謂何乎天曰皆以世俗文字數故說
有三世非謂菩提有去來今天曰舍利弗汝
得阿羅漢道耶曰无所得故而得天曰諸佛
菩薩亦復如是无所得故而得尒時維摩詰
語舍利弗是天女曾已供養九十二億佛已
能遊戲菩薩神通所願具足得无生忍住不
退轉以本願故隨意能現教化衆生
佛道品第八
尒時文殊師利問維摩詰言菩薩云何通達
佛道又問云何菩薩行於非道答曰若菩薩
行五无間而无惱恚至于地獄无諸罪垢至
于畜生无有无明憍慢等過至于餓鬼而具

BD05838號　維摩詰所說經兌廢綴稿（擬）　（12–5）

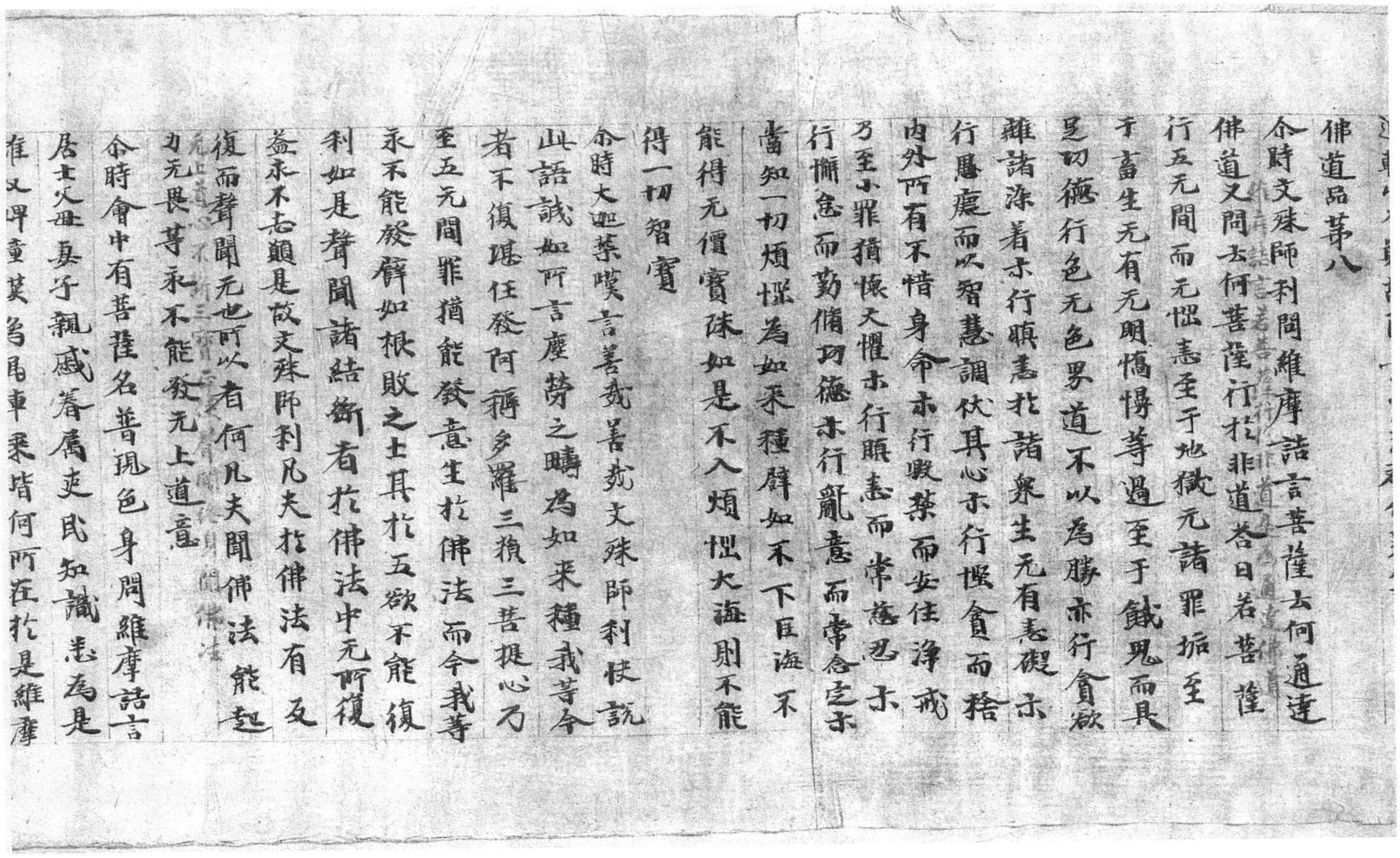

佛道品第八
尒時文殊師利問維摩詰言菩薩云何通達
佛道又問云何菩薩行於非道答曰若菩薩
行五无間而无惱恚至于地獄无諸罪垢至
于畜生无有无明憍慢等過至于餓鬼而具
足功德行色无色界道不以為勝示行貪欲
離諸染着示行瞋恚於諸衆生无有恚礙示
行愚癡而以智慧調伏其心示行慳貪而捨
内外所有不惜身命示行毁禁而安住淨戒
乃至小罪猶懷大懼示行瞋恚而常慈忍示
行懈怠而勤脩功德示行亂意而常念定示
當知一切煩惱為如來種譬如不下巨海不
能得无價寶珠如是不入煩惱大海則不能
得一切智寶
尒時大迦葉嘆言善哉善哉文殊師利快說
此語誠如所言塵勞之疇為如來種我等今
者不復堪任發阿耨多羅三藐三菩提心乃
至五无間罪猶能發意生於佛法而今我等
永不能發譬如根敗之士其於五欲不能復
利如是聲聞諸結斷者於佛法中无所復
益永不志願是故文殊師利凡夫於佛法有反
復而聲聞无也所以者何凡夫聞佛法能起
无上道意不斷三寶正使聲聞終身聞佛法
力无畏等永不能發无上道意
尒時會中有菩薩名普現色身問維摩詰言
居士父母妻子親戚眷屬吏民知識悉為是
誰奴婢僮僕象馬車乘皆何所在於是維摩

BD05838號　維摩詰所說經兌廢綴稿（擬）　（12–6）

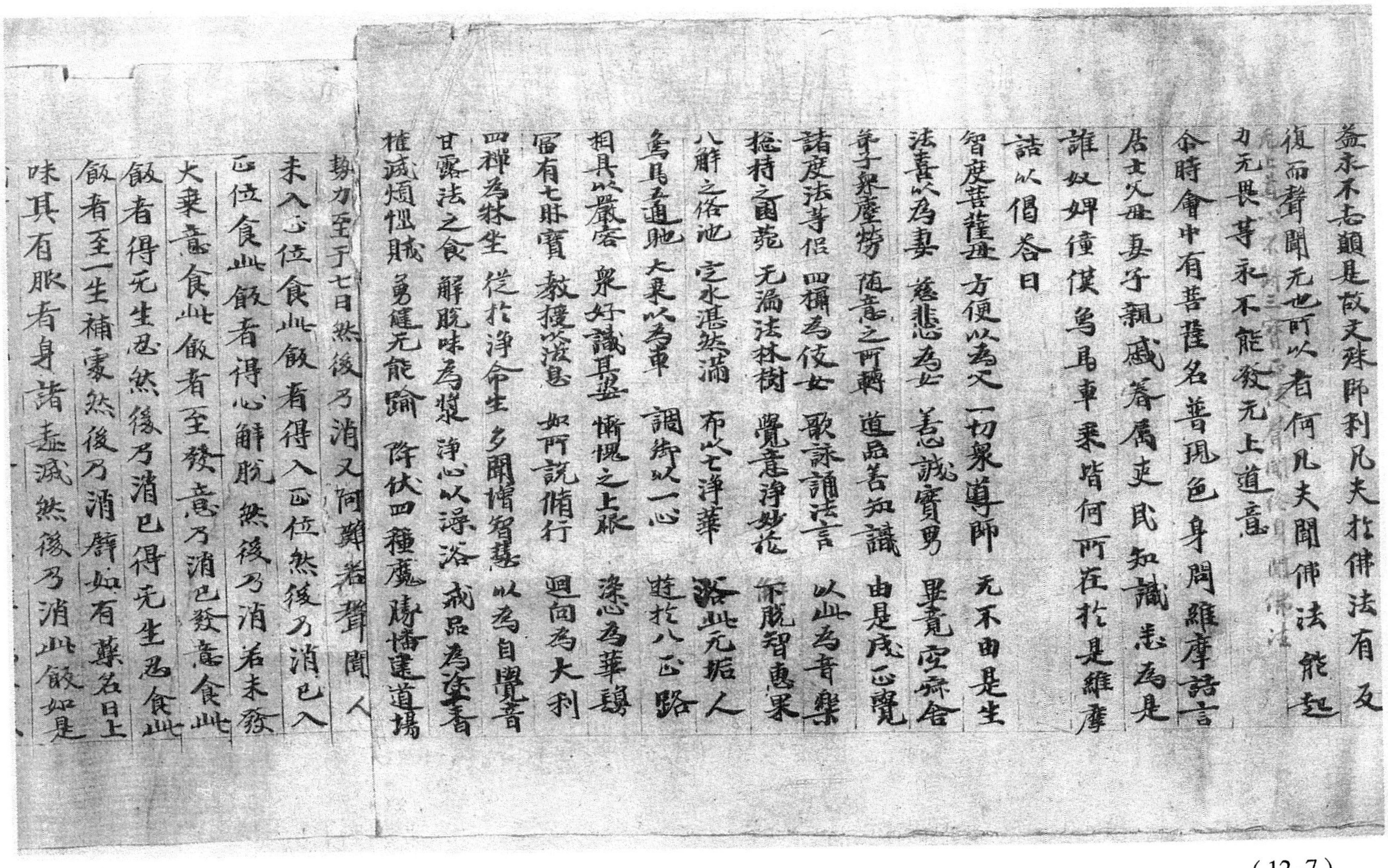

益永不志願是故文殊師利凡夫於佛法有反
復而聲聞无也所以者何凡夫聞佛法能起
无上道意不斷三寶正使聲聞終身聞佛法
力无畏等永不能發无上道意
尒時會中有菩薩名普現色身問維摩詰言
居士父母妻子親戚眷屬吏民知識悉為是
誰奴婢僮僕象馬車乘皆何所在於是維摩
詰以偈答曰
智度菩薩母　方便以為父　一切衆導師　无不由是生
法喜以為妻　慈悲心為女　善心誠實男　畢竟空寂舍
弟子衆塵勞　隨意之所轉　道品善知識　由是成正覺
諸度法等侶　四攝為伎女　歌詠誦法言　以此為音樂
總持之園苑　无漏法林樹　覺意淨妙花　解脫智慧果
八解之浴池　定水湛然滿　布以七淨華　浴此无垢人
象馬五通馳　大乘以為車　調御以一心　遊於八正路
相具以嚴容　衆好飾其姿　慚愧之上服　深心為華鬘
富有七財寶　教授以滋息　如所說脩行　迴向為大利
四禪為牀坐　從於淨命生　多聞增智慧　以為自覺音
甘露法之食　解脫味為漿　淨心以澡浴　戒品為塗香
摧滅煩惱賊　勇健无能踰　降伏四種魔　勝幡建道場
勢力至于七日然後乃消又阿難若聲聞人
未入正位食此飯者得入正位然後乃消已入
正位食此飯者得心解脫然後乃消若未發
大乘意食此飯者至發意乃消已發意食此
飯者得无生忍然後乃消已得无生忍食此
飯者至一生補處然後乃消譬如有藥名曰上
味其有服者身諸毒滅然後乃消此飯如是

BD05838號　維摩詰所說經兌廢綴稿（擬）　（12–7）

未入正位食此飯者得入正位然後乃消已入
正位食此飯者得心解脫然後乃消若未發
大乘意食此飯者至發意乃消已發意食此
飯者得无生忍然後乃消已得无生忍食此
飯者至一生補處然後乃消譬如有藥名曰上
味其有服者身諸毒滅然後乃消此飯如是
滅除一切諸煩惱毒然後乃消阿難白佛言未
曾有也世尊如此香飯能作佛事佛言如是如
是阿難或有佛土以佛光明而作佛事有以
諸菩薩而作佛事有以佛所化人而作佛事
有以菩提樹而作佛事有以佛衣服臥具而
作佛事有以飯食而作佛事有以園林臺觀
而作佛事有以卅二相八十隨形好而作佛事
有以佛身而作佛事有以虛空而作佛事眾
生應以此緣得入律行有以夢幻影響鏡中
像水中月熱時焰如是等喻而作佛事有以
音聲語言文字而作佛事或有清淨佛土寂
漠无言无說无示无識无作无為而作佛事
如是阿難諸佛威儀進止諸所施為无非佛事
阿難有此四魔八萬四千諸煩惱門而諸眾
生為之疲勞諸佛即以此法而作佛事是名
入一切諸佛法門菩薩入此門者若見一切
淨妙佛土不以為喜不貪不高若見一切不
淨佛土不以為憂不礙不沒但於諸佛生清
淨心歡喜恭敬未曾有也諸佛如來功德平
等為教化眾生故而現佛土不同阿難汝見
諸佛國土地有若干而虛空无若干也如是

BD05838號　維摩詰所說經兌廢綴稿（擬）　（12–8）

入一切諸佛法門菩薩入此門者若見一切
淨妙佛土不以為喜不貪不高若見一切不
淨佛土不以為憂不礙不沒但於諸佛生清
淨心歡喜恭敬未曾有也諸佛如來功德平
等為教化眾生故而現佛土不同阿難汝見
諸佛國土地有若干而虛空无若干也如是
見佛諸色身有若干耳其无礙慧无若干也
阿難諸佛色身威相種姓戒定智慧解脫解
脫知見力无所畏不共之法大慈大悲威儀
所行及其壽命說法教化成就眾生淨佛國
土具諸佛法悉皆同等是故名為三藐三佛
陁名為多陁阿伽度名為佛陁阿難若我
廣說此三句義汝以劫壽不能盡受正使三
千大千世界滿中眾生皆如阿難多聞第一
得念總持此諸人等以劫之壽亦不能受如
是阿難諸佛阿耨多羅三藐三菩提无有限
量智慧辯才不可思議阿難白佛言我從今已
往不敢自謂以為多聞佛告阿難勿起退意
所以者何我說汝於聲聞中為最多聞非謂
菩薩且止阿難其有智者不應限度諸菩薩
也一切海淵尚可測量菩薩禪定智慧總持
辯才一切功德不可量也阿難汝等捨置菩
薩所行是維摩詰一時所現神通之力一切聲
聞辟支佛於百千劫盡力變化所不能作
爾時眾香世界菩薩來者合掌白佛言世尊
我等初見此土生下劣想今自悔責捨離是
心所以者何諸佛方便不可思議為度眾生

BD05838號　維摩詰所說經兌廢綴稿（擬）　（12–9）

薩所行是維摩詰一時所現神通之力一切聲
聞辟支佛於百千劫盡力變化所不能作
尒時衆香世界菩薩來者合掌白佛言世尊
我等初見此土生下劣想今自悔責捨離是
心所以者何諸佛方便不可思議為度衆生
故隨其所應現佛國異唯然世尊願賜少法
還於彼土當念如來佛告諸菩薩有盡无盡
解脫法門汝等當學何謂為盡謂有為法何
謂无盡謂无為法如菩薩者不盡有為不住
无為何謂不盡有為謂不離大慈不捨大悲
深發一切智心而不忽忘教化衆生終不厭
惓於四攝法常念順行護持正法不惜軀命
種諸善根无有疲猒志常安住方便迴向求
法不懈說法无悋勤供諸佛故入生死而无
所畏於諸榮辱心无憂喜不輕未學敬學如
佛墮煩惱者令發正念於遠離樂不以為貴
不著己樂慶於彼樂在諸禪定如地獄想於
生死中如園觀想見來求者為善師想捨諸
所有具一切智想見毀戒人起救護想諸波
羅蜜為父母想道品之法為眷屬想發行善
根无有齊限以諸淨國嚴飾之事成己佛土
朋何門不大限施具足相好除一切惡淨身口意淨故
生死无數劫意而有勇聞佛无量德志而不
惓以智慧劒破煩惱賊出陰界入荷負衆生
永使解脫以大精進摧伏魔軍常求无念實
相智慧行少欲知足而不捨世法於出世法求
之无猒不壞威儀而能隨俗起神通慧引導

BD05838號　維摩詰所說經兌廢綴稿（擬）　（12–10）

生死无數劫意而有勇聞佛无量德志而不
惓以智慧劒破煩惱賊出陰界入荷負衆生
永使解脫以大精進摧伏魔軍常求无念實
相智慧行少欲知足而不捨世法於出世法求
之无猒不壞威儀而能隨俗起神通慧引導
衆生得念總持所聞不忘善別諸根斷衆生
疑以樂說辯演法无礙淨十善道受天人福
脩四无量開梵天道勸請說法隨喜讚善得
佛音聲身口意善得佛威儀深脩善法所行
轉勝以大乘教成菩薩僧心无放逸不失衆
善行如此法是名菩薩不盡有為何謂菩薩
不住无為謂脩學空不以空為證脩學无相
无作不以无相无作為證脩學无起不以无
起為證觀於无常而不猒善本觀世間苦而
不惡生死觀於无我而誨人不惓觀於寂滅
而不永寂滅觀於遠離而身心脩善觀无所
歸而趣善法觀於无生而以生法荷負一切觀
於无漏而不斷諸漏觀无所行而以行法
是時大衆渴仰欲見妙喜世界不動如來及
其菩薩聲聞之衆佛知一切衆會所念維
摩詰言善男子為此衆會現妙喜國不動如
來及諸菩薩聲聞之衆衆皆欲見於是維摩
詰心念吾當不起于座接妙喜國鐵圍山川
溪谷江河大海泉源須彌諸山及日月星宿
天龍鬼神梵天等宮并諸菩薩聲聞之衆城
邑聚落男女大小乃至无動如來及菩提樹
諸妙蓮華能於十方佛事者三道寶階從

BD05838號　維摩詰所說經兌廢綴稿（擬）　（12–11）

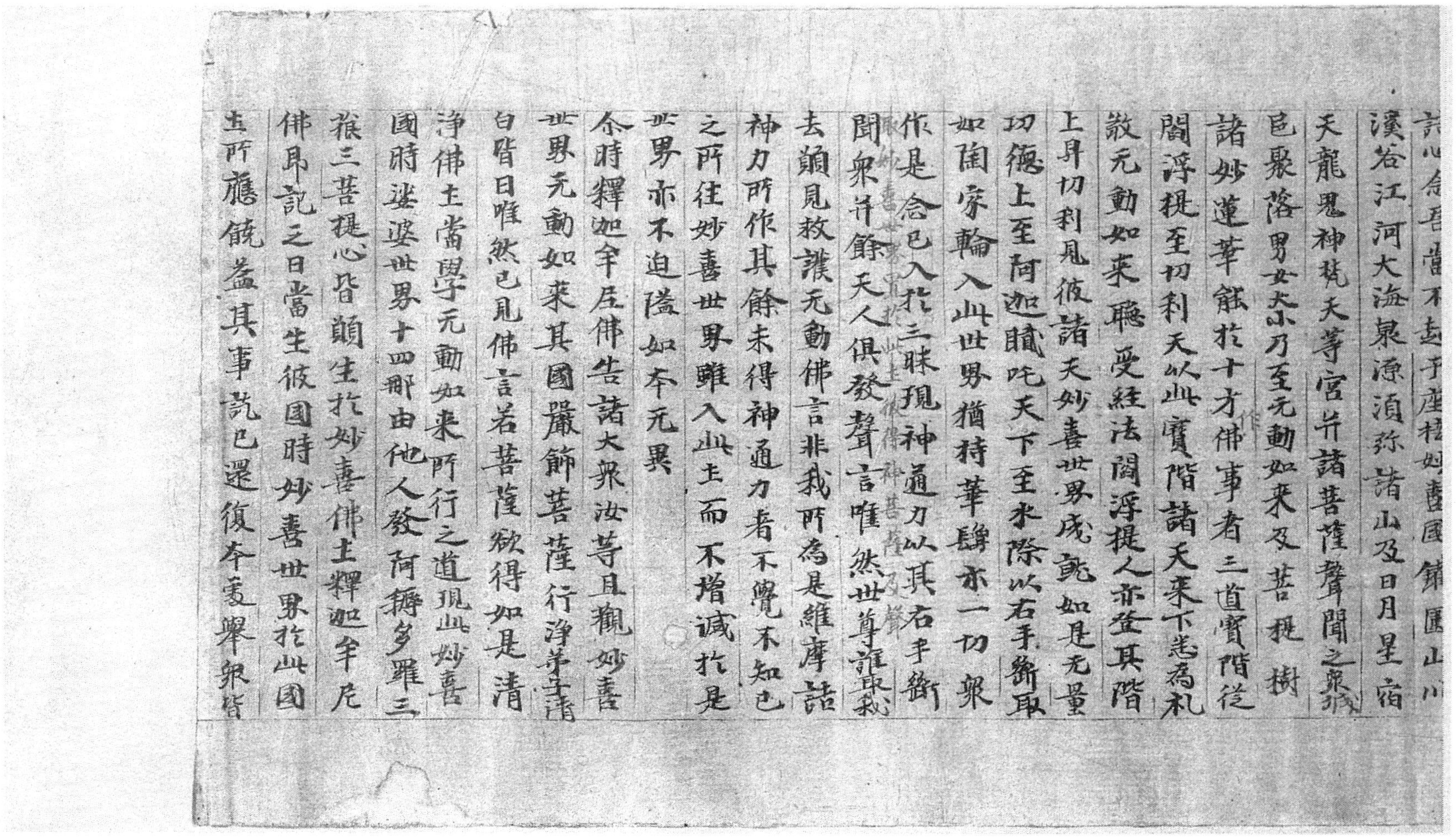
許心念吾當不起于座接妙喜國鐵圍山川
溪谷江河大海泉源須彌諸山及日月星宿
天龍鬼神梵天等宮并諸菩薩聲聞之衆城
邑聚落男女大小乃至无動如來及菩提樹
諸妙蓮華能於十方佛事者三道寶階從
閻浮提至忉利天以此寶階諸天來下悉為礼
敬无動如來聽受經法閻浮提人亦登其階
上昇忉利見彼諸天妙喜世界成就如是无量
功德上至阿迦膩吒天下至水際以右手斷取
如陶家輪入此世界猶持華鬘示一切衆
作是念已入於三昧現神通力以其右手斷
聞衆并餘天人俱發聲言唯然世尊誰取我
去願見救護无動佛言非我所為是維摩詰
神力所作其餘未得神通力者不覺不知已
之所往妙喜世界雖入此土而不增減於是
世界亦不迫隘如本无異
尒時釋迦牟尼佛告諸大衆汝等且觀妙喜
世界无動如來其國嚴飾菩薩行淨弟子清
白皆曰唯然已見佛言若菩薩欲得如是清
淨佛土當學无動如來所行之道現此妙喜
國時娑婆世界十四那由他人發阿耨多羅三
藐三菩提心皆願生於妙喜佛土釋迦牟尼
佛即記之曰當生彼國時妙喜世界於此國
土所應饒益其事訖已還復本處舉衆皆

BD05838號　維摩詰所說經兑廢綴稿（擬）　　（12–12）

BD05838號背　勘記　　（1–1）

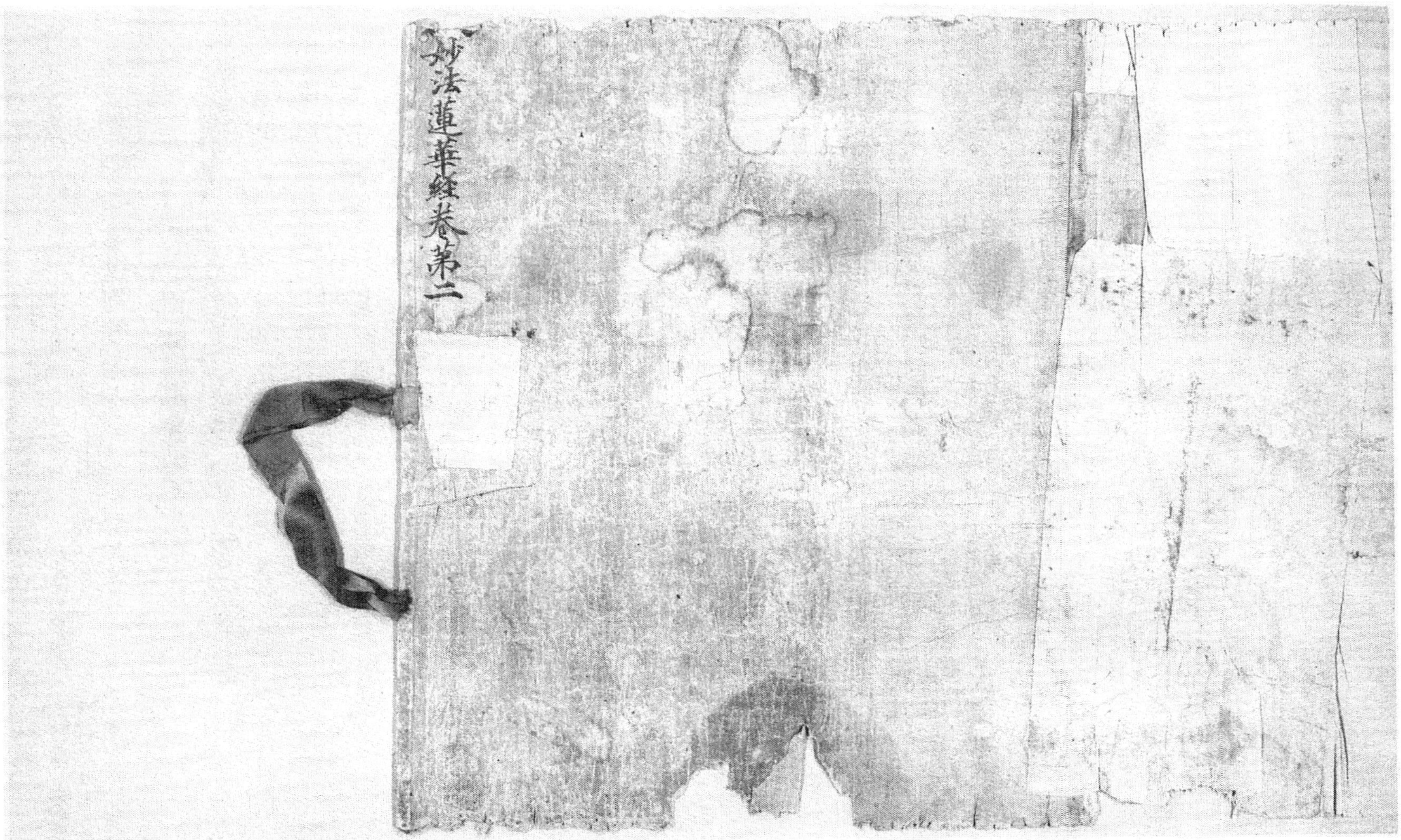
妙法蓮華經卷第二

BD05839號背　護首　　（1-1）

妙法蓮華經譬喻品第三
尒時舍利弗踊躍歡喜即起合掌瞻仰尊顔
而白佛言今從世尊聞此法音心懷踊躍得
未曾有所以者何我昔從佛聞如是法見諸
菩薩受記作佛而我等不預斯事甚自感傷
失於如來无量知見世尊我常獨處山林樹

BD05839號　妙法蓮華經卷二　　（29-1）

妙法蓮華經譬喻品第三

尒時舍利弗踊躍歡喜即起合掌瞻仰尊顏
而白佛言今從世尊聞此法音心懷踊躍得
未曾有所以者何我昔從佛聞如是法見諸
菩薩受記作佛而我等不預斯事甚自感傷
失於如來无量知見世尊我常獨處山林樹
下若坐若行每作是念我等同入法性云何
如來以小乘法而見濟度是我等咎非世尊
也所以者何若我等待說所因成就阿耨多
羅三藐三菩提者必以大乘而得度脫然我
等不解方便隨宜所說初聞佛法遇便信受
思惟取證世尊我從昔來終日竟夜每自剋
責而今從佛聞所未聞未曾有法斷諸疑悔
身意泰然快得安隱今日乃知真是佛子從
佛口生從法化生得佛法分尒時舍利弗欲
重宣此義而說偈言

我聞是法音　得所未曾有　心懷大歡喜　疑網皆已除
昔來蒙佛教　不失於大乘　佛音甚希有　能除衆生惱
我已得漏盡　聞亦除憂惱　我處於山谷　或在林樹下
若坐若經行　常思惟是事　嗚呼深自責　云何而自欺
我等亦佛子　同入无漏法　不能於未來　演說无上道
金色三十二　十力諸解脫　同共一法中　而不得此事
八十種妙好　十八不共法　如是等功德　而我皆已失
我獨經行時　見佛在大衆　名聞滿十方　廣饒益衆生
自惟失此利　我為自欺誑　我常於日夜　每思惟是事
欲以問世尊　為失為不失　我常見世尊　稱讚諸菩薩
以是於日夜　籌量如此事　今聞佛音聲　隨宜而說法

BD05839號　妙法蓮華經卷二　（29–2）

金色三十二　十力諸解脫　同共一法中　而不得此事
八十種妙好　十八不共法　如是等功德　而我皆已失
我獨經行時　見佛在大衆　名聞滿十方　廣饒益衆生
自惟失此利　我為自欺誑　我常於日夜　每思惟是事
欲以問世尊　為失為不失　我常見世尊　稱讚諸菩薩
以是於日夜　籌量如此事　今聞佛音聲　隨宜而說法
无漏難思議　令衆至道場　我本著邪見　為諸梵志師
世尊知我心　拔邪說涅槃　我悉除邪見　於空法得證
尒時心自謂　得至於滅度　而今乃自覺　非是實滅度
若得作佛時　具三十二相　天人夜叉衆　龍神等恭敬
是時乃可謂　永盡滅无餘　佛於大衆中　說我當作佛
聞如是法音　疑悔悉已除　初聞佛所說　心中大驚疑
將非魔作佛　惱亂我心耶　佛以種種緣　譬喻巧言說
其心安如海　我聞疑網斷　佛說過去世　无量滅度佛
安住方便中　亦皆說是法　現在未來佛　其數无有量
亦以諸方便　演說如是法　如今者世尊　從生及出家
得道轉法輪　亦以方便說　世尊說實道　波旬无此事
以是我定知　非是魔作佛　我墮疑網故　謂是魔所為
聞佛柔軟音　深遠甚微妙　演暢清淨法　我心大歡喜
疑悔永已盡　安住實智中　我定當作佛　為天人所敬
轉无上法輪　教化諸菩薩

尒時佛告舍利弗吾今於天人沙門婆羅門
等大衆中說我昔曾於二万億佛所為无上
道故常教化汝汝亦長夜隨我受學我以方
便引導汝故生我法中舍利弗我昔教汝志
願佛道汝今悉忘而便自謂已得滅度我今
還欲令汝憶念本願所行道故為諸聲聞說

BD05839號　妙法蓮華經卷二　（29–3）

等大衆中說我昔曾於二万億佛所爲无上
道故常教化汝汝亦長夜隨我受學我以方
便引導汝故生我法中舍利弗我昔教汝志
願佛道汝今悉忘而便自謂已得滅度我今
還欲令汝憶念本願所行道故爲諸聲聞說
是大乘經名妙法蓮華教菩薩法佛所護念
舍利弗汝於未來世過无量无邊不可思議
劫供養若干千万億佛奉持正法具足菩薩
所行之道當得作佛号曰華光如來應供正
遍知明行足善逝世間解无上士調御丈夫
天人師佛世尊國名離垢其土平正清淨嚴
飾安隱豐樂天人熾盛瑠璃爲地有八交道
黃金爲繩以界其側其傍各有七寶行樹常
有華菓華光如來亦以三乘教化衆生舍利
弗彼佛出時雖非惡世以本願故說三乘法
其劫名大寶莊嚴何故名曰大寶莊嚴其國
中以菩薩爲大寶故彼諸菩薩无量无邊不
可思議筭數譬喻所不能及非佛智力无能
知者若欲行時寶華承足此諸菩薩非初發
意皆久殖德本於无量百千万億佛所淨脩
梵行恒爲諸佛之所稱歎常脩佛慧具大神
通善知一切諸法之門質直无僞志念堅固
如是菩薩充滿其國舍利弗華光佛壽十二
小劫除爲王子未作佛時其國人民壽八小
劫華光如來過十二小劫授堅滿菩薩阿耨
多羅三藐三菩提記告諸比丘是堅滿菩薩
次當作佛号曰華足安行多陀阿伽度阿羅

BD05839號　妙法蓮華經卷二

（29–4）

梵行恒爲諸佛之所稱歎常脩佛慧具大神
通善知一切諸法之門質直无僞志念堅固
如是菩薩充滿其國舍利弗華光佛壽十二
小劫除爲王子未作佛時其國人民壽八小
劫華光如來過十二小劫授堅滿菩薩阿耨
多羅三藐三菩提記告諸比丘是堅滿菩薩
次當作佛号曰華足安行多陀阿伽度阿羅
訶三藐三佛陀其佛國土亦復如是舍利弗
是華光佛滅度之後正法住世三十二小劫
像法住世亦三十二小劫尒時世尊欲重宣
此義而說偈言
舍利弗來世　成佛普智尊　号名曰華光　當度无量衆
供養无數佛　具足菩薩行　十力等功德　證於无上道
過无量劫已　劫名大寶嚴　世界名離垢　清淨无瑕穢
以瑠璃爲地　金繩界其道　七寶雜色樹　常有華菓實
彼國諸菩薩　志念常堅固　神通波羅蜜　皆已悉具足
於无數佛所　善學菩薩道　如是等大士　華光佛所化
佛爲王子時　弃國捨世榮　於最末後身　出家成佛道
華光佛住世　壽十二小劫　其國人民衆　壽命八小劫
佛滅度之後　正法住於世　三十二小劫　廣度諸衆生
正法滅盡已　像法三十二　舍利廣流布　天人普供養
華光佛所爲　其事皆如是　其兩足聖尊　最勝无倫匹
彼即是汝身　宜應自欣慶
尒時四部衆比丘比丘尼優婆塞優婆夷天
龍夜叉乾闥婆阿脩羅迦樓羅緊那羅摩睺
羅伽等大衆見舍利弗於佛前受阿耨多羅
三藐三菩提記心大歡喜踊躍无量各各脫
身所著上衣以供養佛釋提桓因梵天王等

BD05839號　妙法蓮華經卷二

（29–5）

華光佛所為　其事皆如是　其兩足聖尊　最勝无倫匹
彼即是汝身　宜應自欣慶
尒時四部衆比丘比丘尼優婆塞優婆夷天
龍夜叉乾闥婆阿脩羅迦樓羅緊那羅摩睺
羅伽等大衆見舍利弗於佛前受阿耨多羅
三藐三菩提記心大歡喜踊躍无量各各脫
身所著上衣以供養佛釋提桓因梵天王等
與无數天子亦以天妙衣天曼陁羅華摩訶
曼陁羅華等供養於佛所散天衣住虛空中
而自迴轉諸天伎樂百千万種於虛空中一時
俱作雨衆天華而作是言佛昔於波羅㮈初
轉法輪今乃復轉无上最大法輪尒時諸天
子欲重宣此義而說偈言
昔於波羅㮈　轉四諦法輪　分別說諸法　五衆之生滅
今復轉最妙　无上大法輪　是法甚深奧　少有能信者
我等從昔來　數聞世尊說　未曾聞如是　深妙之上法
世尊說是法　我等皆隨喜　大智舍利弗　今得受尊記
我等亦如是　必當得作佛　於一切世間　最尊无有上
佛道叵思議　方便隨宜說　我所有福業　今世若過世
及見佛功德　盡迴向佛道
尒時舍利弗白佛言世尊我今无復疑悔親
於佛前得受阿耨多羅三藐三菩提記是諸
千二百心自在者昔住學地佛常教化言我
法能離生老病死究竟涅槃是學无學人亦
各自以離我見及有无見等謂得涅槃而今
於世尊前聞所未聞皆墮疑惑善哉世尊願
為四衆說其因緣令離疑悔尒時佛告舍利

BD05839號　妙法蓮華經卷二　(29–6)

千二百心自在者昔住學地佛常教化言我
法能離生老病死究竟涅槃是學无學人亦
各自以離我見及有无見等謂得涅槃而今
於世尊前聞所未聞皆墮疑惑善哉世尊願
為四衆說其因緣令離疑悔尒時佛告舍利
弗我先不言諸佛世尊以種種因緣譬喻言
辭方便說法皆為阿耨多羅三藐三菩提耶
是諸所說皆為化菩薩故舍利弗今當復
以譬喻更明此義諸有智者以譬喻得解舍
利弗若國邑聚落有大長者其年衰邁財富
无量多有田宅及諸僮僕其家廣大唯有一
門多諸人衆一百二百乃至五百人止住其
中堂閣朽故墻壁頹落柱根腐敗梁棟傾危
周匝俱時欻然火起焚燒舍宅長者諸子若
十二十或至三十在此宅中長者見是大火
從四面起即大驚怖而作是念我雖能於此
所燒之門安隱得出而諸子等於火宅內樂著
嬉戲不覺不知不驚不怖火來逼身苦痛切己
心不厭患无求出意舍利弗是長者作是思
惟我身手有力當以衣裓若以机案從舍出
之復更思惟是舍唯有一門而復狹小諸子幼
稚未有所識戀著戲處或當墮落為火所
燒我當為說怖畏之事此舍已燒宜時疾出
无令為火之所燒害作是念已如所思惟具
告諸子汝等速出父雖憐愍善言誘喻而諸
子等樂著嬉戲不肯信受不驚不畏了无出
心亦復不知何者是火何者為舍云何為室

BD05839號　妙法蓮華經卷二　(29–7)

燒我當爲說怖畏之事此舍已燒宜時疾出
无令爲火之所燒害作是念已如所思惟具
告諸子汝等速出父雖憐愍善言誘喻而諸
子等樂着嬉戲不肯信受不驚不畏了无出
心亦復不知何者是火何者爲舍云何爲室
但東西走戲視父而已尒時長者即作是念
此舍已爲大火所燒我及諸子若不時出必
爲所焚我今當設方便令諸子等得免斯害
父知諸子先心各有所好種種珍玩奇異之
物情必樂着而告之言汝等所可玩好希有
難得汝若不取後必憂悔如此種種羊車鹿
車牛車今在門外可以遊戲汝等於此火宅
宜速出来隨汝所欲皆當與汝尒時諸子聞
父所說珍玩之物適其願故心各勇鋭互相
推排競共馳走爭出火宅是時長者見諸子
等安隱得出皆於四衢道中露地而坐无復
障礙其心泰然歡喜踊躍時諸子等各白父言
父先所許玩好之具羊車鹿車牛車願時
賜與舍利弗尒時長者各賜諸子等一大車
其車高廣衆寶莊校周匝欄楯四面懸鈴又
於其上張設幰蓋亦以珍奇雜寶而嚴飾之
寶繩絞絡垂諸華纓重敷綩綖安置丹枕駕
以白牛膚色充潔形體姝好有大筋力行步
平正其疾如風又多僕從而侍衛之所以者
何是大長者財富无量種種諸藏悉皆充溢
而作是念我財物无極不應以下劣小車與
諸子等今此幼童皆是吾子愛无偏黨我有
如是七寶大車其數无量應當等心各各與

BD05839號　妙法蓮華經卷二

（29–8）

以白牛膚色充潔形體姝好有大筋力行步
平正其疾如風又多僕從而侍衛之所以者
何是大長者財富无量種種諸藏悉皆充溢
而作是念我財物无極不應以下劣小車與
諸子等今此幼童皆是吾子愛无偏黨我有
如是七寶大車其數无量應當等心各各與
之不宜差別所以者何以我此物周給一國
猶尚不匱何况諸子是時諸子各乘大車得
未曾有非本所望舍利弗於汝意云何是長
等者與諸子珍寶大車寧有虛妄不舍利弗
言不也世尊是長者但令諸子得免火難全
其軀命非爲虛妄何以故若全身命便爲已
得玩好之具况復方便於彼火宅而拔濟之
世尊若是長者乃至不與最小一車猶不虛
妄何以故是長者先作是意我以方便令子
得出以是因緣无虛妄也何况長者自知財
富无量欲饒益諸子等與大車佛告舍利弗
善哉善哉如汝所言舍利弗如来亦復如是則
爲一切世間之父於諸怖畏衰惱憂患无明
闇蔽永盡无餘而悉成就无量知見力无所
畏有大神力及智慧力具足方便知慧波羅
蜜大慈大悲常無懈惓恒求善事利益一切
而生三界朽故火宅爲度衆生生老病死憂
悲苦惱愚癡闇蔽三毒之火教化令得阿耨
多羅三藐三菩提見諸衆生爲生老病死憂
悲苦惱之所燒煑亦以五欲財利故受種種
苦又以貪着追求故現受衆苦後受地獄畜

BD05839號　妙法蓮華經卷二

（29–9）

蜜大慈大悲常無懈惓恒求善事利益一切
而生三界朽故火宅為度衆生生老病死憂
悲苦惱愚癡闇蔽三毒之火教化令得阿耨
多羅三藐三菩提見諸衆生為生老病死憂
悲苦惱之所燒煑亦以五欲財利故受種種
苦又以貪著追求故現受衆苦後受地獄畜
生餓鬼之苦若生天上及在人間貧窮困苦
愛別離苦怨憎會苦如是等種種諸苦衆生
沒在其中歡喜遊戲不覺不知不驚不怖亦
不生猒不求解脫於此三界火宅東西馳走
雖遭大苦不以為患舍利弗佛見此已便作
是念我為衆生之父應拔其苦難與无量无
邊佛智慧樂令其遊戲舍利弗如來復作是
念若我但以神力及智慧力捨於方便為諸
衆生讚如來知見力无所畏者衆生不能以
是得度所以者何是諸衆生未免生老病死
憂悲苦惱而為三界火宅所燒何由能解佛
之智慧舍利弗如彼長者雖復身手有力而
不用之但以慇懃方便免濟諸子火宅之難
然後各與珎寶大車如來亦復如是雖有力
无所畏而不用之但以智慧方便於三界火
宅拔濟衆生為說三乘聲聞辟支佛佛乘而
作是言汝等莫得樂住三界火宅勿貪麁弊
色聲香味觸也若貪著生愛則為所燒汝速出
三界當得三乘聲聞辟支佛佛乘我今為汝
保任此事終不虛也汝等但當懃脩精進如來
以是方便誘進衆生復作是言汝等當知此三
乘法皆是聖所稱歎自在无繫无所依求

BD05839 號　妙法蓮華經卷二　（29–10）

作是言汝等莫得樂住三界火宅勿貪麁弊
色聲香味觸也若貪著生愛則為所燒汝速出
三界當得三乘聲聞辟支佛佛乘我今為汝
保任此事終不虛也汝等但當懃脩精進如來
以是方便誘進衆生復作是言汝等當知此三
乘法皆是聖所稱歎自在无繫无所依求
乘是三乘以无漏根力覺道禪定解脫三
昧等而自娛樂便得无量安隱快樂舍利弗
若有衆生內有智性從佛世尊聞法信受慇
懃精進欲速出三界自求涅槃是名聲聞乘
如彼諸子為求羊車出於火宅若有衆生從
佛世尊聞法信受慇懃精進求自然慧樂獨
善寂深知諸法因緣是名辟支佛乘如彼諸
子為求鹿車出於火宅若有衆生從佛世尊
聞法信受懃脩精進求一切智佛智自然智
无師智如來知見力无所畏愍念安樂无量
衆生利益天人度脫一切是名大乘菩薩求
此乘故名為摩訶薩如彼諸子為求牛車出
於火宅舍利弗如彼長者見諸子等安隱得
出火宅到无畏處自惟財冨无量等以大車
而賜諸子如來亦復如是為一切衆生之父
若見无量億千衆生以佛教門出三界苦怖
畏嶮道得涅槃樂如來尒時便作是念我有
无量无邊智慧力无畏等諸佛法藏是諸衆
生皆是我子等與大乘不令有人獨得滅度
皆以如來滅度而滅度之是諸衆生脫三界
者悉與諸佛禪定解脫等娛樂之具皆是一
相一種聖所稱歎能生淨妙第一之樂舍利

BD05839 號　妙法蓮華經卷二　（29–11）

畏嶮道得涅槃樂如來尒時便作是念我有
无量无邊智慧力无畏等諸佛法藏是諸衆
生皆是我子等與大乘不令有人獨得滅度
皆以如來滅度而滅度之是諸衆生脫三界
者悉與諸佛禪定解脫等娛樂之具皆是一
相一種聖所稱歎能生淨妙第一之樂舍利
弗如彼長者初以三車誘引諸子然後但與
大車寶物莊嚴安隱第一然彼長者无虛妄
之咎如來亦復如是无有虛妄初說三乘引導
衆生然後但以大乘而度脫之何以故如來
有无量智慧力无所畏諸法之藏能與一切
衆生大乘之法但不盡能受舍利弗以是因
緣當知諸佛方便力故於一佛乘分別說三
佛欲重宣此義而說偈言
譬如長者　有一大宅　其宅久故　而復頓弊
堂舍高危　柱根摧朽　梁棟傾斜　基陛頹毀
墻壁圮坼　泥塗褫落　覆苫亂墜　椽梠差脫
周障屈曲　雜穢充遍　有五百人　止住其中
鵄梟鵰鷲　烏鵲鳩鴿　蚖蛇蝮蠍　蜈蚣蚰蜒
守宮百足　狖狸鼷鼠　諸惡虫輩　交橫馳走
屎尿臭處　不淨流溢　蜣蜋諸虫　而集其上
狐狼野干　咀嚼踐蹋　嚌齧死屍　骨肉狼藉
由是群狗　競來搏撮　飢羸慞惶　處處求食
鬪諍齟掣　啀喍嗥吠　其舍恐怖　變狀如是
處處皆有　魑魅魍魎　夜叉惡鬼　食噉人肉
毒虫之屬　諸惡禽獸　孚乳產生　各自藏護
夜叉競來　爭取食之　食之既飽　惡心轉熾

BD05839號　妙法蓮華經卷二　（29–12）

由是群狗　競來搏撮　飢羸慞惶　處處求食
鬪諍齟掣　啀喍嗥吠　其舍恐怖　變狀如是
處處皆有　魑魅魍魎　夜叉惡鬼　食噉人肉
毒虫之屬　諸惡禽獸　孚乳產生　各自藏護
夜叉競來　爭取食之　食之既飽　惡心轉熾
鬪諍之聲　甚可怖畏　鳩槃荼鬼　蹲踞土埵
或時離地　一尺二尺　往返遊行　縱逸嬉戲
捉狗兩足　撲令失聲　以腳加頸　怖狗自樂
復有諸鬼　其身長大　裸形黑瘦　常住其中
發大惡聲　叫呼求食　復有諸鬼　其咽如針
復有諸鬼　首如牛頭　或食人宍　或復噉狗
頭髮蓬亂　殘害凶嶮　飢渴所逼　叫喚馳走
夜叉餓鬼　諸惡鳥獸　飢急四向　窺看窓牖
如是諸難　恐畏无量　是朽故宅　屬于一人
其人近出　未久之間　於後宅舍　忽然火起
四面一時　其炎俱熾　棟梁椽柱　爆聲震裂
摧折墮落　墻壁崩倒　諸鬼神等　揚聲大叫
鵰鷲諸鳥　鳩槃荼等　周章惶怖　不能自出
惡獸毒虫　藏竄孔穴　毗舍闍鬼　亦住其中
薄福德故　為火所逼　共相殘害　飲血噉宍
野干之屬　並已前死　諸大惡獸　競來食噉
臭烟熢㶿　四面充塞　蜈蚣蚰蜒　毒蛇之類
為火所燒　爭走出穴　鳩槃荼鬼　隨取而食
又諸餓鬼　頭上火燃　飢渴熱惱　周章悶走
其宅如是　甚可怖畏　毒害火災　衆難非一
是時宅主　在門外立　聞有人言　汝諸子等
先因遊戲　來入此宅　稚小无知　歡娛樂著

BD05839號　妙法蓮華經卷二　（29–13）

臰烟熢㶿 四面充塞 蜈蚣蚰蜒 毒虵之類
為火所燒 諍走出穴 鳩槃荼鬼 隨取而食
又諸餓鬼 頭上火然 飢渴熱惱 周章悶走
其宅如是 甚可怖畏 毒害火災 衆難非一
是時宅主 在門外立 聞有人言 汝諸子等
先因遊戲 來入此宅 稚小无知 歡娛樂著
長者聞已 驚入火宅 方便救濟 令无燒害
告喻諸子 說衆患難 惡鬼毒虫 災火蔓莚
衆苦次第 相續不絕 毒虵蚖蝮 及諸夜叉
鳩槃荼鬼 野干狐狗 鵰鷲鵄梟 百足之屬
飢渴惱急 甚可怖畏 此苦難處 況復大火
諸子无知 雖聞父誨 猶故樂著 嬉戲不已
是時長者 而作是念 諸子如此 益我愁惱
今此舍宅 无一可樂 而諸子等 耽湎嬉戲
不受我教 將為火害 即便思惟 設諸方便
告諸子等 我有種種 珎玩之具 妙寶好車
羊車鹿車 大牛之車 今在門外 汝等出來
吾為汝等 造作此車 隨意所樂 可以遊戲
諸子聞說 如此諸車 即時奔競 馳走而出
到於空地 離諸苦難 長者見子 得出火宅
住於四衢 坐師子座 而自慶言 我今快樂
此諸子等 生育甚難 愚小无知 而入險宅
多諸毒虫 魑魅可畏 大火猛炎 四面俱起
而此諸子 貪樂嬉戲 我已救之 令得脫難
是故諸人 我今快樂
尒時諸子 知父安坐 皆詣父所 而白父言
願賜我等 三種寶車 如前所許 諸子出來

BD05839號　妙法蓮華經卷二

(29–14)

多諸毒虫 魑魅可畏 大火猛炎 四面俱起
而此諸子 貪樂嬉戲 我已救之 令得脫難
是故諸人 我今快樂
尒時諸子 知父安坐 皆詣父所 而白父言
願賜我等 三種寶車 如前所許 諸子出來
當以三車 隨汝所欲 今正是時 唯垂給與
長者大富 庫藏衆多 金銀琉璃 車璖馬瑙
以衆寶物 造諸大車 莊嚴校飾 周匝欄楯
四面懸鈴 金繩絞絡 真珠羅網 張施其上
金華諸瓔 處處垂下 衆綵雜飾 周匝圍遶
柔軟繒纊 以為茵蓐 上妙細疊 價直千億
鮮白淨潔 以覆其上 有大白牛 肥壯多力
形體姝好 以駕寶車 多諸儐從 而侍衛之
如是妙車 等賜諸子 諸子是時 歡喜踊躍
乘是寶車 遊於四方 嬉戲快樂 自在无礙
告舍利弗 我亦如是 衆聖中尊 世間之父
一切衆生 皆是吾子 深著世樂 无有慧心
三界无安 猶如火宅 衆苦充滿 甚可怖畏
常有生老 病死憂患 如是等火 熾然不息
如來已離 三界火宅 寂然閑居 安處林野
今此三界 皆是我有 其中衆生 悉是吾子
而今此處 多諸患難 唯我一人 能為救護
雖復教詔 而不信受 於諸欲染 貪著深故
是以方便 為說三乘 令諸衆生 知三界苦
開示演說 出世間道 是諸子等 若心決定
具足三明 及六神通 有得緣覺 不退菩提
汝舍利弗 我為衆生 以此譬喻 說一佛乘
汝等若能 信受是語 一切皆當 成得佛道

BD05839號　妙法蓮華經卷二

(29–15)

而今此處　多諸患難　唯我一人　能為救護
雖復教詔　而不信受　於諸欲染　貪著深故
是以方便　為說三乘　令諸眾生　知三界苦
開示演說　出世間道　是諸子等　若心決定
具足三明　及六神通　有得緣覺　不退菩薩
汝舍利弗　我為眾生　以此譬喻　說一佛乘
汝等若能　信受是語　一切皆當　成得佛道
是乘微妙　清淨第一　於諸世間　為无有上
佛所悅可　一切眾生　所應稱讚　供養礼拜
无量億千　諸力解脫　禪定智慧　及佛餘法
得如是乘　令諸子等　日夜劫數　常得遊戲
與諸菩薩　及聲聞眾　乘此寶乘　直至道場
以是因緣　十方諦求　更无餘乘　除佛方便
告舍利弗　汝諸人等　皆是吾子　我則是父
汝等累劫　眾苦所燒　我皆濟拔　令出三界
我雖先說　汝等滅度　但盡生死　而實不滅
今所應作　唯佛智慧
若有菩薩　於是眾中　能一心聽　諸佛實法
諸佛世尊　雖以方便　所化眾生　皆是菩薩
若人小智　深著愛欲　為此等故　說於苦諦
眾生心喜　得未曾有　佛說苦諦　真實无異
若有眾生　不知苦本　深著苦因　不能暫捨
為是等故　方便說道　諸苦所因　貪欲為本
若滅貪欲　无所依止　滅盡諸苦　名第三諦
為滅諦故　脩行於道　離諸苦縛　名得解脫
是人於何　而得解脫　但離虛妄　而得解脫
其實未得　一切解脫　佛說是人　未實滅度
斯人未得　无上道故　我意不欲　令至滅度

BD05839號　妙法蓮華經卷二　（29–16）

為是等故　方便說道　諸苦所因　貪欲為本
若滅貪欲　无所依止　滅盡諸苦　名第三諦
為滅諦故　脩行於道　離諸苦縛　名得解脫
是人於何　而得解脫　但離虛妄　而得解脫
其實未得　一切解脫　佛說是人　未實滅度
斯人未得　无上道故　我意不欲　令至滅度
我為法王　於法自在　安隱眾生　故現於世
汝舍利弗　我此法印　為欲利益　世間故說
在所遊方　勿妄宣傳　若有聞者　隨喜頂受
當知是人　阿惟越致　若有信受　此經法者
是人已曾　見過去佛　恭敬供養　亦聞是法
若人有能　信汝所說　則為見我　亦見於汝
及比丘僧　并諸菩薩　斯法華經　為深智說
淺識聞之　迷惑不解　一切聲聞　及辟支佛
於此經中　力所不及　汝舍利弗　尚於此經
以信得入　況復聲聞　其餘聲聞　信佛語故
隨順此經　非己智分　又舍利弗　憍慢懈怠
計我見者　莫說此經　凡夫淺識　深著五欲
聞不能解　亦勿為說　若人不信　毀謗此經
則斷一切　世間佛種　或復顰蹙　而懷疑惑
汝當聽說　此人罪報　若佛在世　若滅度後
其有誹謗　如斯經典　見有讀誦　書持經者
輕賤憎嫉　而懷結恨　此人罪報　汝今復聽
其人命終　入阿鼻獄　具足一劫　劫盡更生
如是展轉　至无數劫　從地獄出　當墮畜生
若狗野干　其形頊瘦　黧黮疥癩　人所觸嬈
又復為人　之所惡賤　常困飢渴　骨肉枯竭

BD05839號　妙法蓮華經卷二　（29–17）

其有誹謗 如斯經典 見有讀誦 書持經者
輕賤憎嫉 而懷結恨 此人罪報 汝今復聽
其人命終 入阿鼻獄 具足一劫 劫盡更生
如是展轉 至无數劫 從地獄出 當墮畜生
若狗野干 其形頦瘦 黧黮疥癩 人所觸嬈
又復為人 之所惡賤 常困飢渴 骨肉枯竭
生受楚毒 死被瓦石 斷佛種故 受斯罪報
若作駱駝 或生驢中 身常負重 加諸杖捶
但念水草 餘无所知 謗斯經故 獲罪如是
又作野干 來入聚落 身體疥癩 又无一目
為諸童子 之所打擲 受諸苦痛 或時致死
於此死已 更受蟒身 其形長大 五百由旬
聾騃无足 宛轉腹行 為諸小蟲 之所唼食
晝夜受苦 无有休息 謗斯經故 獲罪如是
若得為人 諸根闇鈍 矬陋攣躄 盲聾背傴
有所言說 人不信受 口氣常臭 鬼魅所著
貧窮下賤 為人所使 多病痟瘦 无所依怙
雖親附人 人不在意 若有所得 尋復忘失
若脩醫道 順方治病 更增他疾 或復致死
若自有病 无人救療 設服良藥 而復增劇
若他返逆 抄劫竊盜 如是等罪 橫羅其殃
如是罪人 永不見佛 眾聖之王 說法教化
如斯罪人 常生難處 狂聾心亂 永不聞法
於无數劫 如恒河沙 生輒聾瘂 諸根不具
常處地獄 如遊園觀 在餘惡道 如己舍宅
駝驢豬狗 是其行處 謗斯經故 獲罪如是
若得為人 聾盲瘖瘂 貧窮諸衰 以自莊嚴

BD05839號　妙法蓮華經卷二　（29–18）

如是罪人 永不見佛 眾聖之王 說法教化
如斯罪人 常生難處 狂聾心亂 永不聞法
於无數劫 如恒河沙 生輒聾瘂 諸根不具
常處地獄 如遊園觀 在餘惡道 如己舍宅
駝驢豬狗 是其行處 謗斯經故 獲罪如是
若得為人 聾盲瘖瘂 貧窮諸衰 以自莊嚴
水腫乾消 疥癩癰疽 如是等病 以為衣服
身常臭處 垢穢不淨 深著我見 增益瞋恚
婬欲熾盛 不擇禽獸 謗斯經故 獲罪如是
告舍利弗 謗斯經者 若說其罪 窮劫不盡
以是因緣 我故語汝 无智人中 莫說此經
若有利根 智慧明了 多聞強識 求佛道者
如是之人 乃可為說 若人曾見 億百千佛
殖諸善本 深心堅固 如是之人 乃可為說
若人精進 常脩慈心 不惜身命 乃可為說
若人恭敬 无有異心 離諸凡愚 獨處山澤
如是之人 乃可為說 又舍利弗 若見有人
捨惡知識 親近善友 如是之人 乃可為說
若見佛子 持戒清潔 如淨明珠 求大乘經
如是之人 乃可為說 若人无瞋 質直柔濡
常愍一切 恭敬諸佛 如是之人 乃可為說
復有佛子 於大眾中 以清淨心 種種因緣
譬喻言辭 說法无礙 如是之人 乃可為說
若有比丘 為一切智 四方求法 合掌頂受
但樂受持 大乘經典 乃至不受 餘經一偈
如是之人 乃可為說 如人至心 求佛舍利
如是求經 得已頂受 其人不復 志求餘經
亦未曾念 外道典籍 如是之人 乃可為說

BD05839號　妙法蓮華經卷二　（29–19）

若有比丘　為一切智　四方求法　合掌頂受
但樂受持　大乘經典　乃至不受　餘經一偈
如是之人　乃可為說　如人至心　求佛舍利
如是求經　得已頂受　其人不復　志求餘經
亦未曾念　外道典籍　如是之人　乃可為說
告舍利弗　我說是相　求佛道者　窮劫不盡
如是等人　則能信解　汝當為說　妙法華經

妙法蓮華經信解品第四

尒時慧命須菩提摩訶迦旃延摩訶迦葉
摩訶目揵連從佛所聞未曾有法世尊授舍利
弗阿耨多羅三藐三菩提記發希有心歡喜
踊躍即從座起整衣服偏袒右肩右膝着
地一心合掌曲躬恭敬瞻仰尊顏而白佛言我
等居僧之首年並朽邁自謂已得涅槃无所
堪任不復進求阿耨多羅三藐三菩提世尊
往昔說法既久我時在座身體疲懈但念空
无相无作於菩薩法遊戲神通淨佛國土成
就眾生心不喜樂所以者何世尊令我等出
於三界得涅槃證又今我等年已朽邁於佛
教化菩薩阿耨多羅三藐三菩提不生一念好
樂之心我等今於佛前聞授聲聞阿耨多羅
三藐三菩提記心甚歡喜得未曾有不謂於
今忽然得聞希有之法深自慶幸獲大善利
无量珍寶不求自得世尊我等今者樂說譬
喻以明斯義譬若有人年既幼稚捨父逃逝久
住他國或十廿至五十歲年既長大加復窮

BD05839號　妙法蓮華經卷二　（29–20）

今忽然得聞希有之法深自慶幸獲大善利
无量珍寶不求自得世尊我等今者樂說譬
喻以明斯義譬若有人年既幼稚捨父逃逝久
住他國或十廿至五十歲年既長大加復窮
困馳騁四方以求衣食漸漸遊行遇向本國
其父先來求子不得中止一城其家大富財
寶无量金銀琉璃珊瑚虎珀頗梨珠等其諸
倉庫悉皆盈溢多有僮僕臣佐吏民象馬
車乘牛羊无數出入息利乃遍他國商估賈客
亦甚眾多時貧窮子遊諸聚落逕歷國邑遂
到其父所止之城父每念子與子離別五十
餘年而未曾向人說如此事但自思惟心懷
悔恨自念老朽多有財物金銀珍寶倉庫盈
溢无有子息一旦終沒財物散失无所委付
是以慇懃每憶其子復作是念我若得子委
付財物坦然快樂无復憂慮世尊尒時窮子
傭賃展轉遇到父舍住立門側遙見其父踞
師子牀寶机承足諸婆羅門剎利居士皆恭
敬圍遶以真珠瓔珞價直千万莊嚴其身吏
民僮僕手執白拂侍立左右覆以寶帳垂諸
華幡香水灑地散眾名華羅列寶物出內取
與有如是等種種嚴飾威德特尊窮子見父
有大力勢即懷恐怖悔來至此竊作是念此
或是王或是王等非我傭力得物之處不如
往至貧里肆力有地衣食易得若久住此或
見逼迫強使我作作是念已疾走而去時富

BD05839號　妙法蓮華經卷二　（29–21）

與有如是等種種嚴飾威德特尊窮子見父
有大力勢即懷恐怖悔來至此竊作是念此
或是王或是王等非我傭力得物之處不如
往至貧里肆力有地衣食易得若久住此或
見逼迫強使我作作是念已疾走而去時富
長者於師子座見子便識心大歡喜即作是
念我財物庫藏今有所付我常思念此子无
由見之而忽自來甚適我願我雖年朽猶故
貪惜即遣傍人急追將還爾時使者疾走往
捉窮子驚愕稱怨大喚我不相犯何為見捉
使者執之愈急強牽將還于時窮子自念无
罪而被囚執此必定死轉更惶怖悶絕躄地父
遙見之而語使言不須此人勿強將來以冷
水灑面令得醒悟莫復與語所以者何父
知其子志意下劣自知豪貴為子所難審知
是子而以方便不語他人云是我子使者語
之我今放汝隨意所趣窮子歡喜得未曾有
從地而起往至貧里以求衣食爾時長者將
欲誘引其子而設方便密遣二人形色憔悴
无威德者汝可詣彼徐語窮子此有作處倍
與汝直窮子若許將來使作若言欲何所作
便可語之雇汝除糞我等二人亦共汝作時
二使人即求窮子既已得之具陳上事爾時
窮子先取其價尋與除糞其父見子愍而怪
之又以他日於窗牖中遙見子身羸瘦憔悴
糞土塵坌汙穢不淨即脫瓔珞細軟上服嚴
飾之具更著麤弊垢膩之衣塵土坌身右手

BD05839號　妙法蓮華經卷二　(29–22)

二使人即求窮子既已得之具陳上事爾時
窮子先取其價尋與除糞其父見子愍而怪
之又以他日於窗牖中遙見子身羸瘦憔悴
糞土塵坌汙穢不淨即脫瓔珞細軟上服嚴
飾之具更著麤弊垢膩之衣塵土坌身右手
執持除糞之器狀有所畏語諸作人汝等勤
作勿得懈息以方便故得近其子後復告言
咄男子汝常此作勿復餘去當加汝價諸有
所須瓫器米麵鹽醋之屬莫自疑難亦有老
弊使人須者相給好自安意我如汝父勿復
憂慮所以者何我年老大而汝少壯汝常作
時无有欺怠瞋恨怨言都不見汝有此諸惡
如餘作人自今已後如所生子即時長者更
與作字名之為兒爾時窮子雖欣此遇猶故
自謂客作賤人由是之故於二十年中常令
除糞過是已後心相體信入出无難然其所
止猶在本處
世尊爾時長者有疾自知將死不久語窮子
言我今多有金銀珍寶倉庫盈溢其中多少
所應取與汝悉知之我心如是當體此意所
以者何今我與汝便為不異宜加用心无令
漏失爾時窮子即受教勅領知眾物金銀珍
寶及諸庫藏而无悕取一飡之意然其所止
故在本處下劣之心亦未能捨復經少時父
知子意漸已通泰成就大志自鄙先心臨欲
終時而命其子并會親族國王大臣剎利居
士皆悉已集即自宣言諸君當知此是我子

BD05839號　妙法蓮華經卷二　(29–23)

寶及諸庫藏而无悕取一飡之意然其所止
故在本處下劣之心亦未能捨復逕少時父
知子意漸已通泰成就大志自鄙先心臨欲
終時而命其子并會親族國王大臣刹利居
士皆悉已集即自宣言諸君當知此是我子
我之所生於某城中捨吾逃走跉跰辛苦五
十餘年其本字某我名某甲昔在本城懷憂
推覓忽於是時遇會得之此實我子我實
其父今吾所有一切財物皆是子有先所出
內是子所知世尊是時窮子聞父此言即大
歡喜得未曾有而作是念我本无心有所悕
求今此寶藏自然而至世尊大富長者則是
如來我等皆似佛子如來常說我等為子世
尊我等以三苦故於生死中受諸熱惱迷惑
无知樂著小法今日世尊令我等思惟蠲除諸
法戲論之糞我等於中勤加精進得至涅槃一
日之價既得此已心大歡喜自以為足便自
謂於佛法中勤精進故所得弘多然世尊先
知我等心著弊欲樂於小法便見縱捨不為
分別汝等當有如來知見寶藏之分世尊以
方便力說如來智慧我等從佛得涅槃一日
之價以為大得於此大乘无有志求我等
又因如來智慧為諸菩薩開示演說而自於
此无有志願所以者何佛知我等心樂小法以
方便力隨我等說而我等不知真是佛子
今我等方知世尊於佛智慧无所悋惜所以
者何我等昔來真是佛子而但樂小法若我

BD05839號　妙法蓮華經卷二

（29–24）

又因如來智慧為諸菩薩開示演說而自於
此无有志願所以者何佛知我等心樂小法以
方便力隨我等說而我等不知真是佛子
今我等方知世尊於佛智慧无所悋惜所以
者何我等昔來真是佛子而但樂小法若我
等有樂大之心佛則為我說大乘法於此經中
唯說一乘而昔於菩薩前毀呰聲聞樂小法
者然佛實以大乘教化是故我等說本无有
心有所悕求今法王大寶自然而至如佛子
所應得者皆已得之尒時摩訶迦葉欲重宣
此義而說偈言
我等今日　聞佛音教　歡喜踊躍　得未曾有
佛說聲聞　當得作佛　无上寶聚　不求自得
譬如童子　幼稚无識　捨父逃逝　遠到他土
周流諸國　五十餘年　其父憂念　四方推求
求之既疲　頓止一城　造立舍宅　五欲自娛
其家巨富　多諸金銀　車𤦲馬瑙　真珠瑠璃
象馬牛羊　輦轝車乘　田業僮僕　人民衆多
出入息利　乃遍他國　商估賈人　无處不有
千万億衆　圍遶恭敬　常為王者　之所愛念
群臣豪族　皆共宗重　以諸緣故　往來者衆
豪富如是　有大力勢　而年朽邁　益憂念子
夙夜惟念　死時將至　癡子捨我　五十餘年
庫藏諸物　當如之何
尒時窮子　求索衣食　從邑至邑　從國至國
或有所得　或无所得　飢餓羸瘦　體生瘡癬
漸次經歷　到父住城　傭賃展轉　遂至父舍

BD05839號　妙法蓮華經卷二

（29–25）

夙夜惟念　死時將至　癡子捨我　五十餘年
庫藏諸物　當如之何
尒時窮子　求索衣食　從邑至邑　從國至國
或有所得　或无所得　飢餓羸瘦　體生瘡癬
漸次逕歷　到父住城　傭賃展轉　遂至父舍
尒時長者　於其門內　施大寶帳　處師子座
眷屬圍遶　諸人侍衛　或有計筭　金銀寶物
出內財產　注記券疏　窮子見父　豪貴尊嚴
謂是國王　若是王等　驚怖自怪　何故至此
覆自念言　我若久住　或見逼迫　强驅使作
思惟是已　馳走而去　借問貧里　欲往傭作
長者是時　在師子座　遙見其子　嘿而識之
即勅使者　追捉將來　窮子驚喚　迷悶躃地
是人執我　必當見煞　何用衣食　使我至此
長者知子　愚癡狹劣　不信我言　不信是父
即以方便　更遣餘人　眇目矬陋　无威德者
汝可語之　云當相雇　除諸糞穢　倍與汝價
窮子聞之　歡喜隨來　為除糞穢　淨諸房舍
長者於牖　常見其子　念子愚劣　樂為鄙事
於是長者　著弊垢衣　執除糞器　往到子所
方便附近　語令懃作
既益汝價　并塗足油　飲食充足　薦席厚煖
如是苦言　汝當懃作　又以濡語　若如我子
長者有智　漸令入出　逕二十年　執作家事
示其金銀　真珠頗梨　諸物出入　皆使令知
猶處門外　止宿草菴　自念貧士　我无此物
父知子心　漸已廣大　欲與財物　即聚親族

BD05839號　妙法蓮華經卷二　（29-26）

如是苦言　汝當懃作　又以濡語　若如我子
長者有智　漸令入出　逕二十年　執作家事
示其金銀　真珠頗梨　諸物出入　皆使令知
猶處門外　止宿草菴　自念貧士　我无此物
父知子心　漸已廣大　欲與財物　即聚親族
國王大臣　剎利居士　於此大衆　說是我子
捨我他行　逕五十年　自見子來　已二十年
昔於某城　而失是子　周行求索　遂來至此
凡我所有　舍宅人民　悉以付之　恣其所用
子念昔貧　志意下劣　今於父所　大獲珍寶
并及舍宅　一切財物　甚大歡喜　得未曾有
佛亦如是　知我樂小　未曾說言　汝等作佛
而說我等　得諸无漏　成就小乘　聲聞弟子
佛勅我等　說冣上道　脩習此者　當得成佛
我承佛教　為大菩薩　以諸因緣　種種譬喻
若干言辭　說无上道　諸佛子等　從我聞法
日夜思惟　精懃脩習　是時諸佛　即授其記
汝於來世　當得作佛　一切諸佛　秘藏之法
但為菩薩　演其實事　而不為我　說斯真要
如彼窮子　得近其父　雖知諸物　心不悕取
我等雖說　佛法寶藏　自无志願　亦復如是
我等內滅　自謂為足　唯了此事　更无餘事
我等若聞　淨佛國土　教化衆生　都无欣樂
所以者何　一切諸法　皆悉空寂　无生无滅
无大无小　无漏无為　如是思惟　不生喜樂
我等長夜　於佛智慧　无貪无著　无復志願
…法　謂是究竟　我等長夜　脩習空法

BD05839號　妙法蓮華經卷二　（29-27）

我等內滅　自謂爲足　唯了此事　更无餘事
我等若聞　淨佛國土　教化衆生　都无欣樂
所以者何　一切諸法　皆悉空寂　无生无滅
无大无小　无漏无爲　如是思惟　不生喜樂
我等長夜　於佛智慧　无貪无著　无復志願
而自於法　謂是究竟　我等長夜　修習空法
得脫三界　苦惱之患　住最後身　有餘涅槃
佛所教化　得道不虛　則爲已得　報佛之恩
我等雖爲　諸佛子等　說菩薩法　以求佛道
而於是法　永无願樂　導師見捨　觀我心故
初不勸進　說有實利　如富長者　知子志劣
以方便力　柔伏其心　然後乃付　一切財寶
佛亦如是　現希有事　知樂小法　以方便力
調伏其心　乃教大智　我等今日　得未曾有
非先所望　而今自得　如彼窮子　得无量寶
世尊我今　得道得果　於无漏法　得清淨眼
我等長夜　持佛淨戒　始於今日　得其果報
法王法中　久修梵行　今得无漏　无上大果
我等今者　真是聲聞　以佛道聲　令一切聞
我等今者　真阿羅漢　於諸世間　天人魔梵
普於其中　應受供養　世尊大恩　以希有事
憐愍教化　利益我等　无量億劫　誰能報者
手足供給　頭頂礼敬　一切供養　皆不能報
若以頂戴　兩肩荷負　於恒沙劫　盡心恭敬
又以美饍　无量寶衣　及諸卧具　種種湯藥
牛頭栴檀　及諸珎寶　以起塔廟　寶衣布地
如斯等事　以用供養　於恒沙劫　亦不能報

BD05839號　妙法蓮華經卷二　（29-28）

我等今者　真阿羅漢　於諸世間　天人魔梵
普於其中　應受供養　世尊大恩　以希有事
憐愍教化　利益我等　无量億劫　誰能報者
手足供給　頭頂礼敬　一切供養　皆不能報
若以頂戴　兩肩荷負　於恒沙劫　盡心恭敬
又以美饍　无量寶衣　及諸卧具　種種湯藥
牛頭栴檀　及諸珎寶　以起塔廟　寶衣布地
如斯等事　以用供養　於恒沙劫　亦不能報
諸佛希有　无量无邊　不可思議　大神通力
无漏无爲　諸法之王　能爲下劣　忍于斯事
取相凡夫　隨宜爲說　諸佛於法　得最自在
知諸衆生　種種欲樂　及其志力　隨所堪任
以无量喻　而爲說法　隨諸衆生　宿世善根
又知成熟　未成熟者　種種籌量　分別知已
於一乘道　隨宜說三

妙法蓮華經卷第二

BD05839號　妙法蓮華經卷二　（29-29）

不及於非樂非淨妄見爲實之若過又見諸行无常謂
之斷見〻涅槃是常謂之常見又見諸根壞滅不見相續而
生爲之斷見於心相續不知剎那間起謂之常見又作異想若
斷若常於彼實義若過若不及故名顛倒第四佛藏經說
於正見中生耶見想於耶見中生正見想故名顛倒此上四部
經說就耶見衆生舉心動念心境常耶不得正實故名出其
顛倒故名四部經說生顛倒其耶見衆生雖自知心行內外
悉是顛倒極重極多患皆耶盡經中具出生於自身以善偏惡
以正偏耶自謂將或有不顛倒時何妨是正若是正者即耶正並有
何必純耶是故下明純顛倒　第九兩部經說純顛倒者言耶
見衆生從无始已來純是耶心不兼不雜无一念正故有兩部
經說一者像法決疑經說四部弟子長者居士等輕賤我
法薄俟三寶雖作衆善求名求利求勝他故无涅槃心
此上兩部經說耶見衆生從无始以來所有解行等純是顛倒
无有一分一毫得有與善與正相當者故名兩部經說純顛倒
其耶見衆生常於自身以正揭耶縱純顛倒起无間斷若聞
斷者應有正時爲破此諱惡〻魔性故以下明常顛倒
第十兩部經說常顛倒者言耶見衆生從无始以來根機解行
无有不顛倒時常是顛倒一者十輪經說心常遠離弃捨真實
常爲顛倒煩惱及諸耶見或網所覆歸依六師復敗聖道常行

BD05840 號　第三階佛法廣釋(擬)　(10–1)

此上兩部經說耶見衆生從无始以來所有解行等純是顛倒
无有一分一毫得有與善與正相當者故名兩部經說純顛倒
其耶見衆生常於自身以正揭耶縱純顛倒起无間斷若聞
斷者應有正時爲破此諱惡〻魔性故以下明常顛倒
第十兩部經說常顛倒者言耶見衆生從无始以來根機解行
无有不顛倒時常是顛倒一者十輪經說心常遠離弃捨真實
常爲顛倒煩惱及諸耶見或網所覆歸依六師復敗聖道常行
誹謗語二者涅槃經說常沒三塗常行惡故常爲无明之所纏繞
常汙身口其心顛倒常錯謬故復有常沒此上兩部經說箇九常
字明其顛倒言耶見衆生從无始已來无剎那須耶見顛倒蹔有間
斷故名兩部經說常顛倒其耶見衆生性无慚愧獨他同以爲名
利故起耶慈悲縱自身耶見可不令他見聞隨喜者得有利益
者得有利益他人得益我還得益爲破此耶任持心故以下明自利
利他皆是顛倒　第十一明三二種自他俱見真正任持佛法
自利〻他顛倒者言耶見衆生從无始已來積習成性有六
種偏病故即性有耶五本病未入佛法以後即成耶五末病未吝
論故名五本五末病此五本五末并前六種偏病合爲十一箇耶病
以有此十一箇耶病故即有八箇耶解謂耶四法耶入四依由有此八
箇耶故解即起十三種耶行謂六行及耶七積共成此十三種耶行通
前十一箇耶病八箇耶解總成三十二種顛倒趣向兩遍阿鼻地獄
自損〻他六種偏病者即耶癡爲根本言耶見衆生從无始已來
常爲无明耶網所覆不知其真實由耶癡故起耶貪耶嗔生違順
高下長其毒惡但有違情人法解行即道是耶是錯是魔是鬼積果
无一實故名爲空〻故无相謂无十相无色相聲相香相味相觸相无男
无女相生相住相滅相十相既无何所貪樂所以於三界廿五有不作願
求心即无願也若就惡法說即是我人衆生壽命見悉皆无我雖
觀一切諸法悉皆无我然知是相畢竟不可得違此四念處總爲

BD05840 號　第三階佛法廣釋(擬)　(10–2)

常為无明耶網所覆不知其真實由耶癡故起耶貪耶嗔生違順
高下長其毒惡但有違情人法雖行即道是耶是錯是魔是鬼損果
无一實故名為空〻故无相謂无十相无色相聲相香相味相觸相无男相
无女相生相住相滅相十相既无何所貪樂所以於三界廿五有不作彰
求心即无顛倒名斷惡法說即是我人衆生壽命見悉皆是我雖
觀一切諸法悉皆无我然知是相畢竟不可得違此四念處想為
惡躰觀三界六道无可所求應須厭離世間莫生貪著此四
念處觀是出生死之要門趣涅槃之正路常須觀察〻〻[illegible]
可名觀行　第二苦集二帝惡者如涅槃經聖行品說
因惡果惡言三界廿五有悉苦果觀此无常不淨苦空[illegible]
從愛集煩惱[illegible]而生所謂積集貪嗔癡業報其[illegible]
恒在世間有為有漏无常苦空无我不淨不能出離[illegible]
捨苦果斷其集因所求出離无漏道果所謂知苦斷集[illegible]
道者也雖觀苦集二諦然知是相畢竟不可得
第三十二因緣惡者如花嚴經第廿六卷十惡品中第六地說
三世輪轉惡過去有二无明与行未來有二生及老死中間有
八義開現在過去有二无明与行是能生因現在五種識名色六入
觸受是所果現在愛取過去名无明即為煩惱鄣現在名有
支過去名行支即名為業鄣現在名識支未來名生支現在
名色六入觸受支未來名老死支即是報鄣言此十二因緣三世
輪轉不休不息猶如車輪循環宛轉終而復始生死苦身
无窮无盡其內无明染汙无知名相忘念為其苦海種名之
无明薰潤苦種遷流動轉名之為行根本分別滋生苦牙
名之曰識苦牙數長成其五陰四陰名之名色陰名色捴名〻色
苦支憎長各係緣起名為六入根塵及識三法和合對對忘賊
名之為觸領納違順妄忍忘賊名之為受詐親忘賊深習一緣
名之為愛追求外緣以明顛倒故名內外四種顛倒其耶見衆生雖知

BD05840號　第三階佛法廣釋（擬）　（10–3）

名之曰識苦牙數長成其五陰四陰名之色陰名色捴名〻色
苦支憎長各係緣起名為六入根塵及識三法和合對對忘賊
名之為觸領納違順妄忍忘賊名之為受詐親忘賊深習一緣
名之為愛追求外緣以明顛倒故名內外四種顛倒其耶見衆生雖知
心行善惡內外因緣皆悉顛倒然諸惡之性猶若金剛若不
就教廣明衆不自知耶惡多少是故已下就教廣明顛倒
第四最廣一切經律論常說純說顛倒者此一種顛倒就廣
中惣說由耶見衆生從无始以來根機心行因緣內外悉皆
顛倒自從五本以入五來乃至雨遍阿鼻地獄以來及出地
獄後餘報等惡皆悉塵塵虛空遍法界竪通三際橫遍十
方无量无邊探深探重一切文義法根行解病時處人法
等悉是顛倒以此三世諸佛一切經律論中常說純說或名三
妄顛倒或名二見顛倒或名廿種顛倒或名三顛倒或名
其心顛倒或名耶定衆生或名定死衆生或名謗佛謗
法謗僧滅三寶衆生或名十方淨土所弃衆生或名
愚癡衆生或大聽不罪衆生或名周解憍傲衆生或名五
逆不孝衆生或名順行魔數衆生或名九十五種外道
耶見嫉恪故或名神其實諂曲詐作忠正故或名鬼心賊
難得故又佛藏經名惡魔自讚己惡毀他勝己故涅槃經云
六師外道不師他人故耶見衆生從他得解行皆言自解
故又佛藏經名賊猶如世賊對王大臣不肯認賊自言是
好人故又涅槃經名向闡提以斷善根信不具足故又法花
經名增上慢自是好人故又十輪經名稱陀羅樂見他惡故
又名无慚愧僧藏惡不悔故自是非他故自少欲即嫌他多
自身多欲即嫌他少欲自身出頭即嫌他縮頭自身縮頭即嫌他出
頭自行自利嫌他利他自行利他即嫌他自利自受好樂即嫌他受苦惡自受
苦惡即嫌他受好樂自身破戒即嫌他持戒自身持戒即嫌他破戒自身學空之

BD05840號　第三階佛法廣釋（擬）　（10–4）

經名增上慢自是妄人故又十輪經名稱陁羅藥見他惡故
又名无慚愧僧藏惡不悔故自是非他故自少欲即嫌他多
自身多欲即嫌他少欲自身出頭即嫌他縮頭自身縮頭即嫌他出
頭自行自利嫌他利他自行利他即嫌他自利自受好樂即嫌他受苦惡自受
苦惡即嫌他受好樂自身破戒即嫌他持戒自身持戒即嫌他破戒自身學定
即嫌他學惠自即嫌他學定自身學戒即嫌他學禪自身學禪即嫌
他學戒自身學有即嫌他學空自身學空即嫌他學有自身學別
即嫌他學普自身學普即嫌他學別自身有少解行即嫌他無解行
自若无解行即嫌他有解行自身富即嫌他貧自身貧即嫌他富自
身貴即嫌他賤自身賤即嫌他貴如是等事〻法〻性自高輕他性自
是非他常无慚愧故又如藥去經名猶如世間猶性慳譏故若是出家人
即譏門徒譏種越譏寺舍譏利養若是俗人即譏男女譏
婦妻譏名利等人有侵觸即嗔目視之猶如猶故若有如此學
菩道者名爲猶菩又十輪經名驢立法者名驢唯猶名驢菩經云如弊
惡驢披師子皮衆人驢未鳴時衆人聞以爲謂師子及其鳴嘆方作驢
聲衆人門以皆嗤去此弊惡驢狂披他好師子皮耶見衆生亦復如
是披他好事雖作好人如出家人披他好寺舍好師僧好門徒好檀
越等若是俗人即披他好家門好眷屬好鄉里好朋友知識等言是我
許言是我有共弊驢披師子皮一種相似但是一切經律論中
說耶見三乘根機衆生皆道是耶是惡具如上說凡有一
名一毫正處善處惣是耶惡惣名顛倒又一切經律論中說
正見一乘人皆說常說一切說一乘莫問善惡常不顛倒以正見一乘
返驗耶見三乘人常一倍顛倒故知一切經律論中說耶見三乘人亦說
常說一切說三乘莫問善惡常是顛倒故名一切經律論常說純說
顛倒然耶見衆生貪好諱惡根性成就將謂共正善衆生同有此惡諱
責心懺悔即得除滅不自將作極重極惡是故以下明其顛倒極重極
極多與他正善衆生作惡全別惡之所起非前三不起惡之所成非後六不
成　第五七種最大別惡顛倒者此以下八種顛倒於廣中就別義

BD05840 號　第三階佛法廣釋（擬）　（10-5）

……說一切說一乘莫問善惡常不顛倒以正見一乘
返驗耶見三乘人常一倍顛倒故知一切經律論中說耶見三乘人亦說
常說一切說三乘莫問善惡常是顛倒故名一切經律論常說純說
顛倒然耶見衆生貪好諱惡根性成就將謂共正善衆生同有此惡諱
責心懺悔即得除滅不自將作極重極惡是故以下明其顛倒極重極
極多與他正善衆生作惡全別惡之所起非前三不起惡之所成非後六不
成　第五七種最大別惡顛倒者此以下八種顛倒於廣中就別義
說　第一立法者就病位明以耶見病重故三階之中獨名第三
階第二涅槃經第十一第卅六就喻明以耶病重不可治不可救故三
種病中獨名空死第三涅槃經第卅三卷就法說三種義中獨爲說
世間之義第四涅槃經第卅六卷就見喻說恒河七種人中以空
見有見病重故妙境而塵蹲欲作人師終須仏爭求爲法主會待
眼開未得法忍已來搯顯不居自在眼不見他過惡口不談人是非見他善利
无懷嫉妬念无常以策惕思不淨而息貪觀普雜以見起慈見真解而
除妄入空門而遺執尋法教而怜情析開眼而歎生自省己過而他尊
善若能如此運役三業一〻與法相當可於五濁中超然獨出世一切神鬼癡
不能或亂一切惡知識不能牽挽即得入菩位无始以來一切惡業積斷
永與生死別從一仏國至一仏國乃至成仏若自勘自驗不能與法相當縱
道聽途說得一門兩戶終是不救何以故偏病重故惡多故无明耶倒常纏
細故少〻善根不能救得如頑庸人縱其捉得一枝頭髮擔扶亦難耶見
衆生亦復如是頑愚大聰雖聞當根普法如似不聞猶如死屍若以杖打
終无青赤闡提死屍亦復如是三世諸仏以法杖打之終无覺觸努〻力〻
勿復輕欺自受殃苦无常忽至悔將何及　觀每入起行念仏之時恒河法界
道場之中用恭勤三業見聞覺知六妙境界以解杖相覆妄成真攝入
一乘於中起行　第十二種顛倒惡者第一最略常唯純是丈富其
心顛倒常錯謬故常行誹謗語言耶見衆生根性顛倒從无始
有心有識以來分別迷或法即薰成此空見有見顛倒之性自是
非他自高輕他自見長見他短自見善見他惡自用已見積習成此

BD05840 號　第三階佛法廣釋（擬）　（10-6）

勿復輕欺自受殃苦无常忽至悔將何及　觀每入起行之時恒河法界
道場之中由恭勤三業見聞覺知六妙境界以解取相覆妄成真攝入
一乘於中起行　第十二種顛倒惡者第一就略常唯純是文富其
心顛倒常錯謬故常行誹謗語言耶見衆生根性顛倒從无始
有心有識以來分別迷惑法即薰成此空見有見顛倒之性自是
非他自高輕他自見長見他短自見善見他惡自用己見積習成此
利根耶見顛倒之性常錯常謬乃至兩舌遍阿鼻地獄以來耶心
堅固猶如金剛不可破壞由心顛倒妄相故所出言語常不契理
所以動口常行誹謗語其心顛倒常錯謬故如涅槃經第卅六卷說
常行誹謗語如十輪經說第四卷說此八種顛倒就耶見衆生心解
以明顛倒第二善惡兩種顛倒者言耶見衆生由心解顛倒故從无
始以來但起心行皆是顛倒依善惡兩種境界隨名隨相善作善
解惡作惡解但以順情違情爲惡准依涅槃經花嚴經說諸
佛菩薩爲利益衆生故發願作善惡兩種行或作屠兒魁膾身婬女
寡婦第等種惡行一切神鬼魔爲惑乱衆生故化作諸仏菩薩
種種好身行種種行好耶見衆生隨情所作善惡解皆不稱實故名
善惡兩種顛倒此就心行以明顛倒　第三內外四種顛倒者言
耶見衆生由心行顛倒故從无始以來於他前境上作違順善惡解
自成三毒顛倒但是順情人法唯見其功能不見其過惡即七愛徹
倒起耶貪心於違情人法唯見其過惡不見其功能即七憎徹倒起
耶嗔心於耶貪境界非好見好少好見多好於耶嗔境界非惡見惡少
惡見多惡即起耶癡如摩訶衍經第卅卷說又依涅槃經說諸仏菩薩
作身行惡行又耶正品去神鬼魔爲惑乱衆生故作佛菩薩出家人等
種種好身行種種好行耶見衆生由心顛倒故隨其名相作善惡解起其
違順教貪嗔癡非善見善起耶貪非惡起惡起耶嗔善內得惡不
知惡內失善不覺是耶癡由內有此耶三毒爲因故外即感得耶神
鬼魔爲緣附其身耶病作違順境界成其耶惡又如灌頂經佛藏經等亦

BD05840號　第三階佛法廣釋（擬）　（10–7）

惡見多惡即起耶癡如摩訶衍經第卅卷說又依涅槃經說諸仏菩薩
作身行惡行又耶正品去神鬼魔爲惑乱衆生故作佛菩薩出家人等
種種好身行種種好行耶見衆生由心顛倒故隨其名相作善惡解起其
違順教貪嗔癡非善見善起耶貪非惡起惡起耶嗔善內得惡不
知惡內失善不覺是耶癡由內有此耶三毒爲因故外即感得耶神
鬼魔爲緣附其身耶病作違順境界成其耶惡又如灌頂經佛藏經等亦
說神鬼魔惑見人如經說此就內因三惡身信耶倒見薰習耶道毀或惱
急犯四重禁作五逆罪用僧賕物作一闡提斷諸善根不信是經者如十方
世界所有地土故名耶見盡第八衆妙勝定經說佛滅度後一千後上中下
座師徒弟子共相論說是非好惡亦如蚖蛇聚人一処各相侵當共相罵辱
无尊无卑猶如群賊劫奪良善心貪利養无有猒足當此之時十二部
經流浸於地乃至法師解說佛語万不著一亦如盲人指天上日亦如聾
人聞天上說法之音世有文殊大迦葉等現入其中覺共打罵驅逐令出
取我十二部經覓共讀誦以上著中以中著下以下著上中著前後非義
言義非義亦如外道各言我是十二部經雖行於世无有威德設有誦
誦无有一人得四沙門果塔寺寥荒无人料理設有形像幡花寶蓋如破車
資鳩雀猪羊悉共入中如是比丘自任房舍塗淨妙好既去十二部經流浸於地
一人得四沙門果故名耶盡第九大雲經第五卷說我滅度一千二百年唯
有一菩薩比丘名衆生樂見唯有一人在被煞已後便有能興通我法者无
有是處當爾之時我法滅後盡故名耶見盡第十佛藏經第二
卷末第三卷初說佛滅度後破戒比丘諂閱浮提有五種不淨
說法有信樂法者爲敎高坐捨佛正法而說外道嚴文辭於聖
法中高心在自大隨意而說有善比丘應從坐起若爾者非善比丘
我說此人名爲外道非佛弟子謂是地獄畜生餓鬼人也我諸弟子
以種種門似種種因緣種種諸見滅我正法故名耶盡第十一觀佛三昧
海經第三卷說此十二部經說耶見衆生若人若法若文若義若
解若行若根若病若時若處悉得耶盡故名耶盡顛倒其耶見

BD05840號　第三階佛法廣釋（擬）　（10–8）

[illegible]法而說外道廣文頌於聖
法中高心在自大隨意而說有善比丘應從坐起若尒者非善比丘
我說此人名為外道非佛弟子謂是地獄畜生餓鬼人也我諸弟子
以種種門似種種因緣種種諸見滅我正法故名耶盡第十一觀佛三昧
海經第三卷說此十二部經說耶見衆生若人若法若文若義若
解若行若根若病若時若處悉得耶盡故名耶盡顛倒其耶見
衆生雖知顛倒極重極多悉皆耶盡然根機愛順不肯受違將作立法
者穿鑿異端名之顛倒不肯順伏不知佛經之中先已具出是故以下
出顛倒經文用顯其義第八四部經說出顛倒者第一摩訶衍經論第
三十卷說三毒顛倒去耶見衆生於順情人法唯見其功德不見其過
惡憎長耶貪盡於違憎人法唯見其惡不其功德憎長耶嗔盡於順
情境界非好見好少好見多好於違順境界非惡見惡少惡見多惡唯
憎長耶癡盡故名顛倒第二涅槃經第十八卷卅六卷說廿種顛倒罪
見非非罪罪見罪輕罪見重重罪見輕以真佛語名為魔語實是魔語
以為佛語无常見常无我見我等其心顛倒常錯謬故故名顛倒第
三勝鬘經二見顛倒謂若過若不及起空有二種邊見於五受陰我
我見妄相无常見常无我見我等謂之過若不及者起於斷見於
真常真我不能得見謂之觀向行者即作菩行觀一體即一切體體大
遍法界一相即一切相相大遍法界一行即一切行行遍大法界第一十字
句金剛惡者一者推耶認正佛法猶如金剛言耶衆生正善失名利故
耶善得名利故　二者不認无始怨親猶如金剛言耶見衆生違
順病重起愛憎故三者不認所犯戒多惡猶如金剛言耶見衆生
違惡病故四者不認是能犯戒惡之猶如金剛言耶見衆生不肯認
惡无慚愧故五者不認滅卻耶善猶如金剛言耶見衆生愚癡耶
倒故六者不認罪重難識猶如金剛言耶見衆生信不具足故
七者不信認鄣道難除猶如金剛言耶見衆生頑愚大擔自將罪
鄣微[illegible]八者認他輕共[illegible]猶如金剛言耶見衆生引善向己
推惡与他將作同身外別有愚九者認他道耶以捨猶如金剛言
耶見衆生[illegible]猶如金剛言耶見衆生

BD05840 號　第三階佛法廣釋（擬）　（10–9）

真常真我不能得見謂之觀向行者即作菩行觀一體即一切體體大
遍法界一相即一切相相大遍法界一行即一切行行遍大法界第一十字
句金剛惡者一者推耶認正佛法猶如金剛言耶衆生正善失名利故
耶善得名利故　二者不認无始怨親猶如金剛言耶見衆生違
順病重起愛憎故三者不認所犯戒多惡猶如金剛言耶見衆生
違惡病故四者不認是能犯戒惡之猶如金剛言耶見衆生不肯認
惡无慚愧故五者不認滅卻耶善猶如金剛言耶見衆生愚癡耶
倒故六者不認罪重難識猶如金剛言耶見衆生信不具足故
七者不信認鄣道難除猶如金剛言耶見衆生頑愚大擔自將罪
鄣微[illegible]八者認他輕共[illegible]猶如金剛言耶見衆生引善向己
推惡与他將作同身外別有愚九者認他道耶以捨猶如金剛言
耶見衆生[illegible]猶如金剛言耶見衆生
常用已見[illegible]第一家略常唯純是
一切文當其心[illegible]耶見衆生錯謬
心體顛倒第二[illegible]悉顛倒第三內
外四種顛倒此就[illegible]是顛倒第四家廣一切經律論常
說純說顛倒此一種顛倒就廣教惣驗惣一切教義常說純[illegible]
第五七種家大別惡顛倒以後八種廣中別說此就
大衆重第六六部經說家多顛倒此就多[illegible]
救第七[illegible]部經說耶盡顛倒此就盡明時處人法悉
第八四部經說出顛倒此就文明顛倒文義出四部經
兩部經說純顛倒此就明純不兼不雜无一念正善故
兩部經說常顛倒此就常明无始至今不間不斷第十一共
自他俱見真正住持佛法自利利他顛倒此就耶住持明
他皆悉顛倒第十二万至滅破三寶法說三文盡顛倒如如
[illegible]

BD05840 號　第三階佛法廣釋（擬）　（10–10）

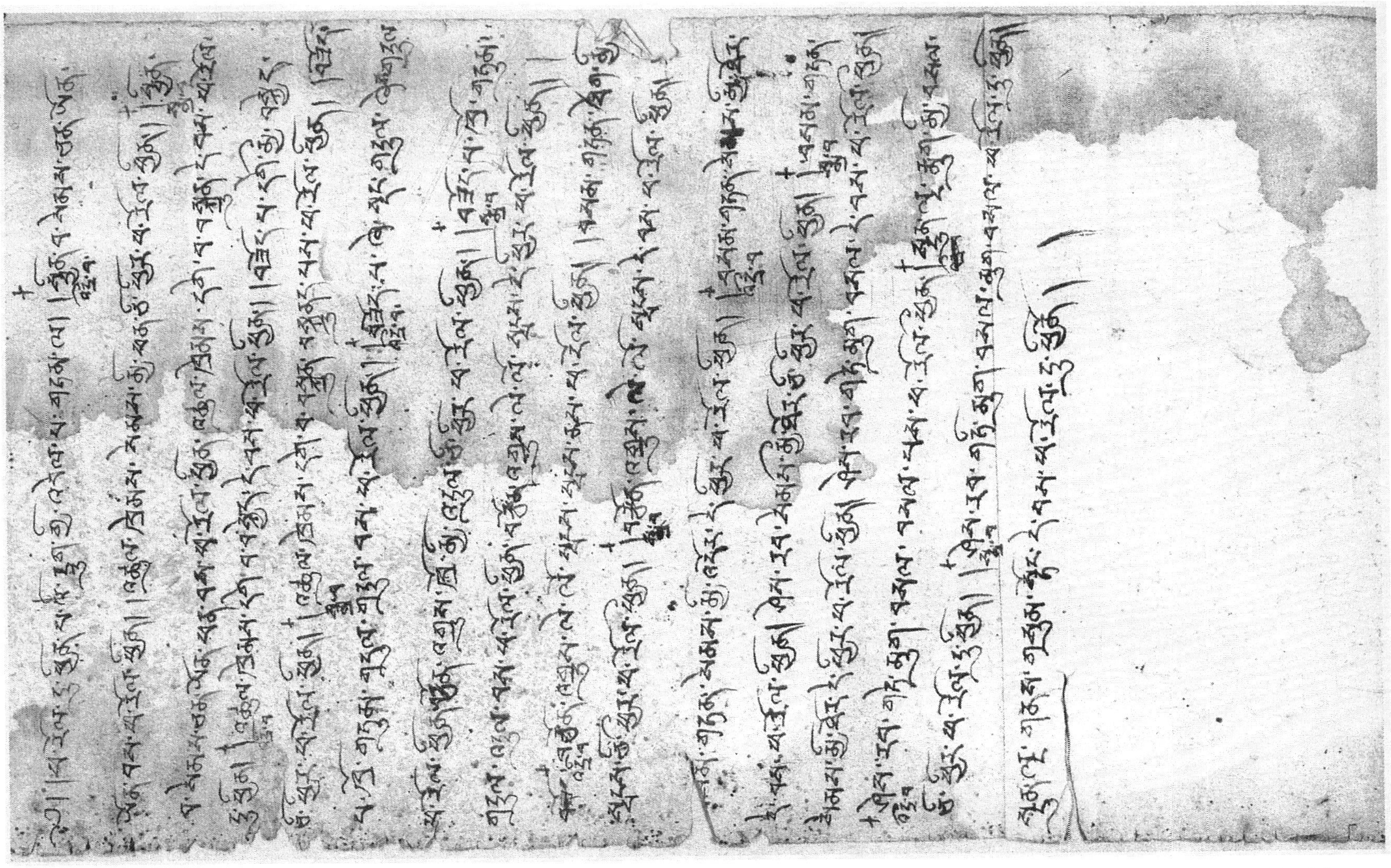

BD05840 號背 1　外道大師名姓蕃字　　　　（3–1）

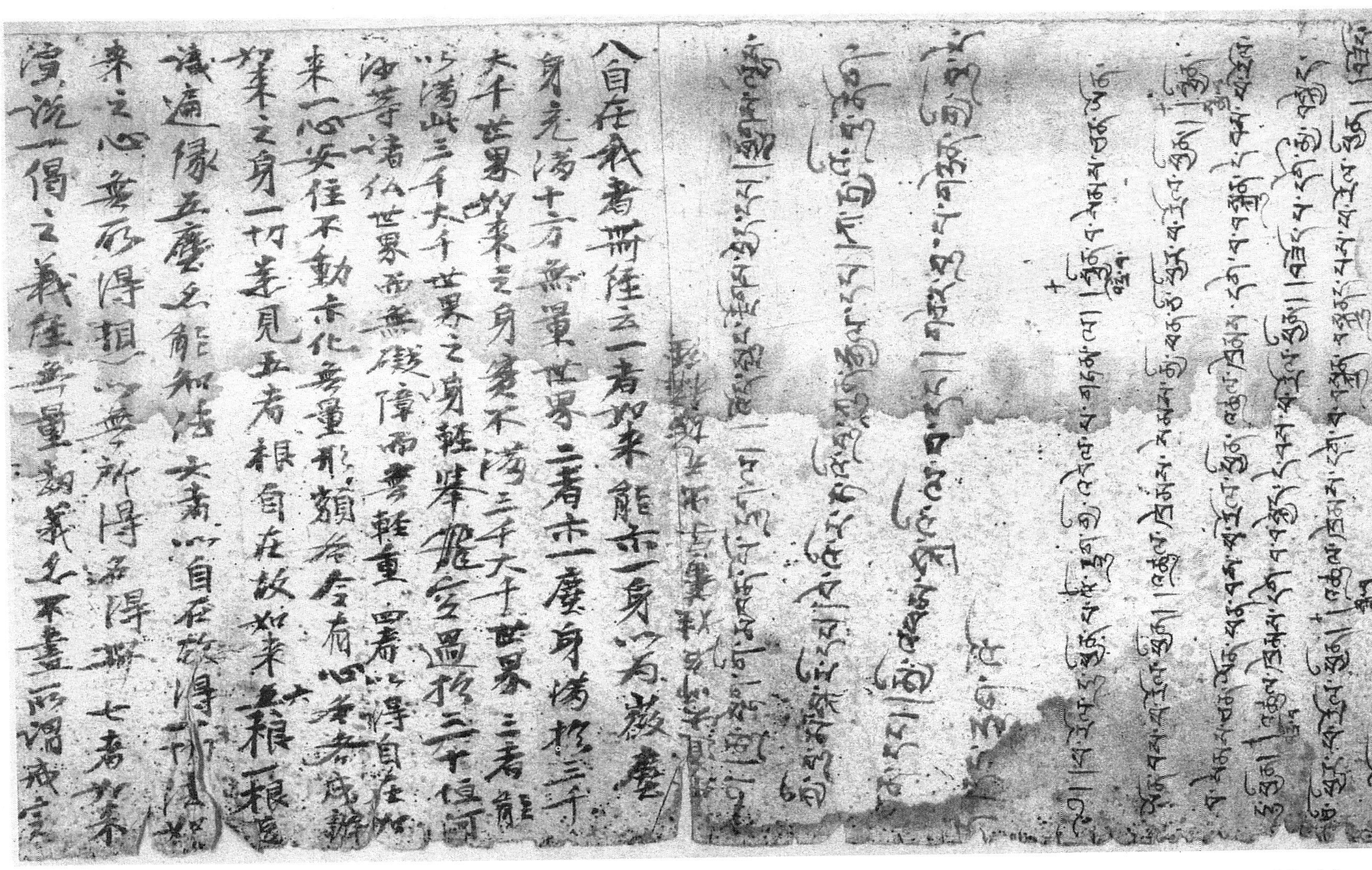

八自在我者菩薩云一者如來能示一身以為微塵
身充滿十方無量世界二者示一塵身滿於三千
大千世界如來之身實不滿三千大千世界三者能
以滿此三千大千世界之身輕舉飛空過於二十恒河
沙等諸佛世界而無障礙而實輕重四者以得自在如
來一心安住不動亦化無量形類各令有心五者成辦
如來之身一切善見五者根自在故如來六根一根互
識遍緣五塵亦能知法六者以自在故得一切法
來之心無所得想以無所得而得斯七者如來
演說一偈之義經無量劫義亦不盡所謂戒定

BD05840 號背 1　外道大師名姓蕃字　　　　（3–2）
BD05840 號背 2　八自在我釋（擬）

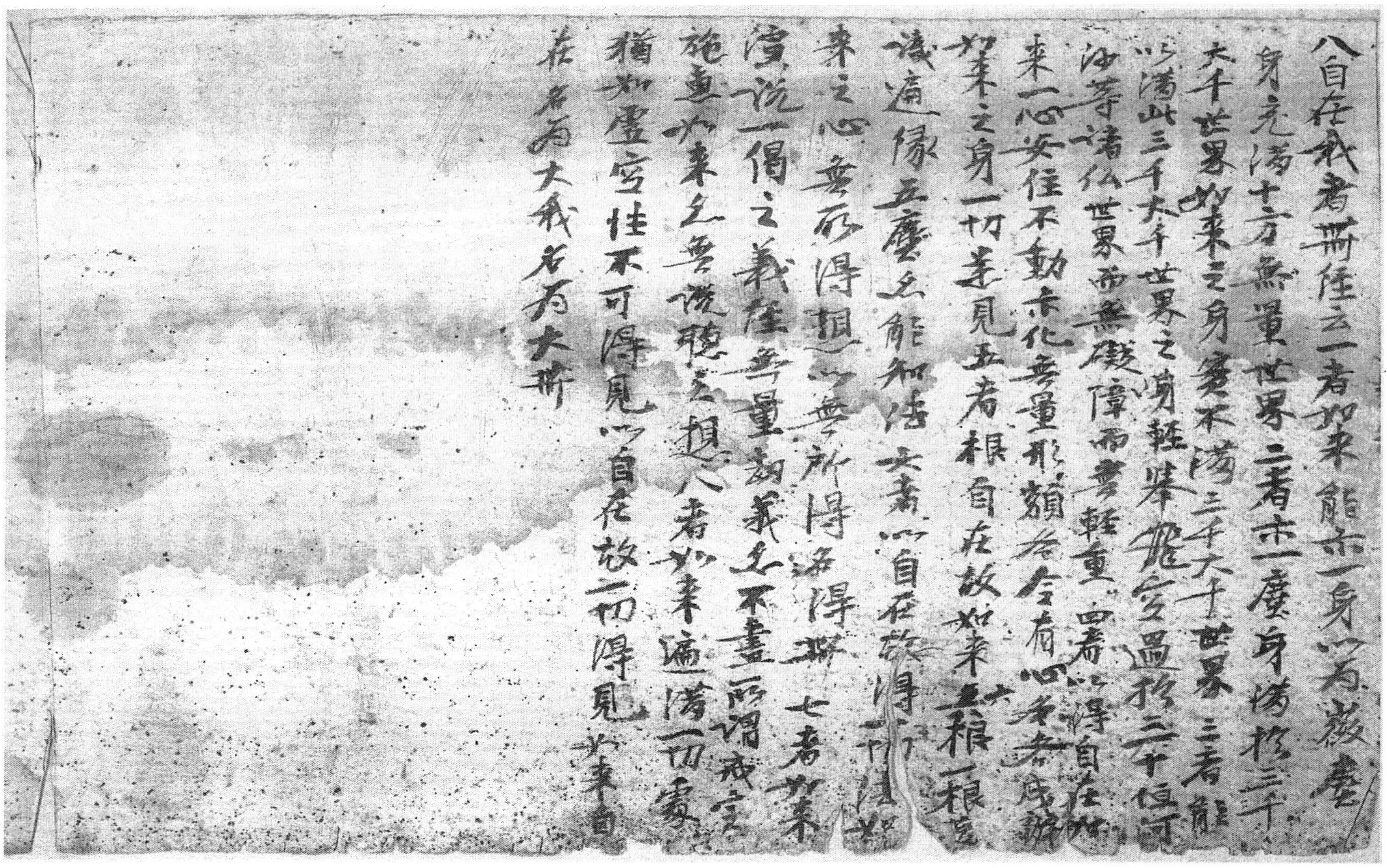

八自在我者卌經云一者如來能示一身以為微塵
身充滿十方無量世界　二者示一塵身滿於三千
大千世界如來之身實不滿三千大千世界　三者能
以滿此三千大千世界之身輕舉飛空過於二十恒河
沙等諸佛世界而無障礙而無輕重　四者以得自在故
來一心安住不動亦化無量形類各令有心各者成辦
如來之身一切悉見　五者根自在故如來一根一根互
識遍緣五塵亦能知法　六者以自在故得一切法如
來之心無所得想以無所得故得　七者如來
演說一偈之義經無量劫義亦不盡所謂戒定
施惠如來亦無說聽之想　八者如來遍滿一切處
猶如虛空性不可得見以自在故而得見　如來自
在名為大我名為大涅

BD05840 號背 2　八自在我釋（擬）　（3–3）

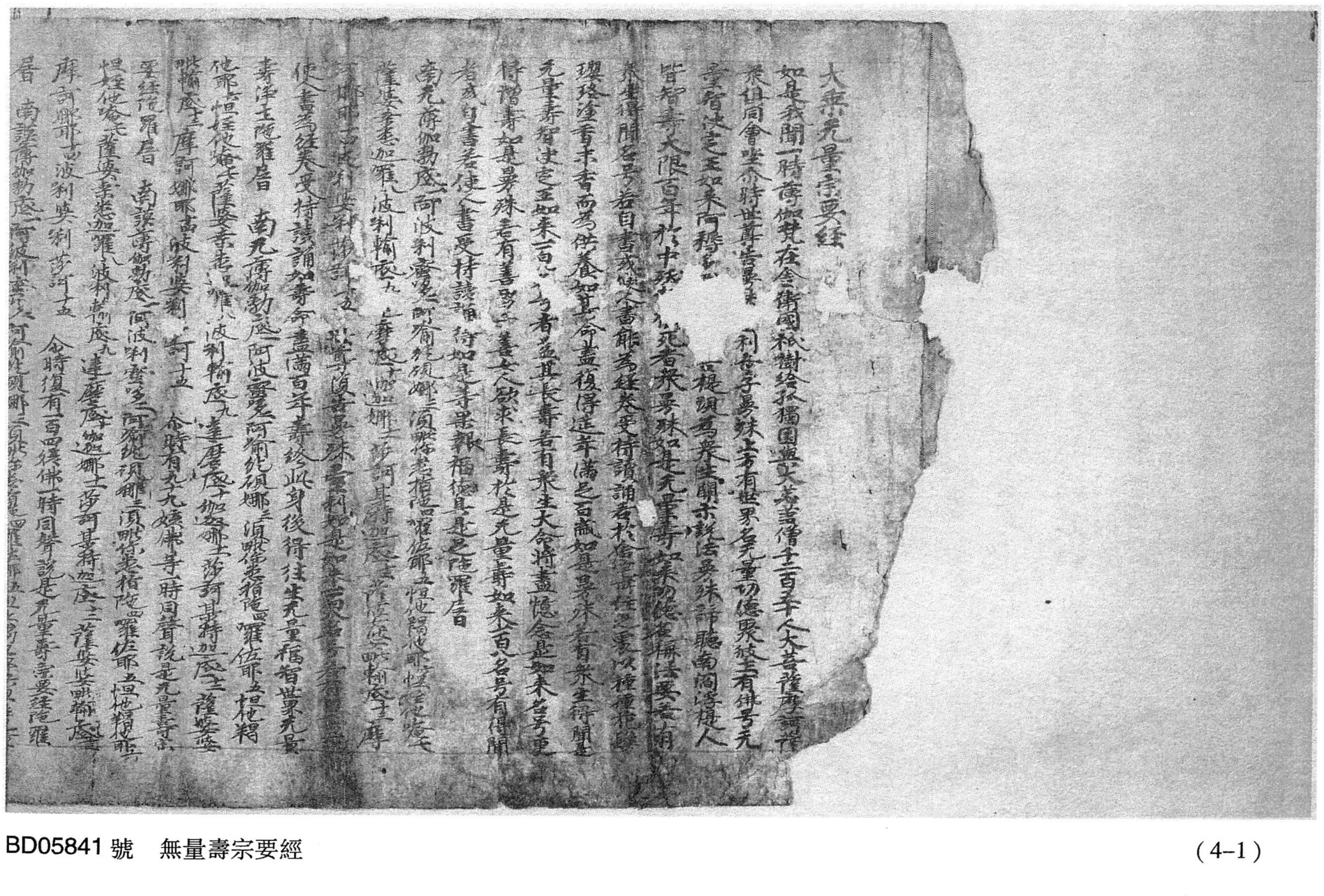

BD05841 號　無量壽宗要經　（4–1）

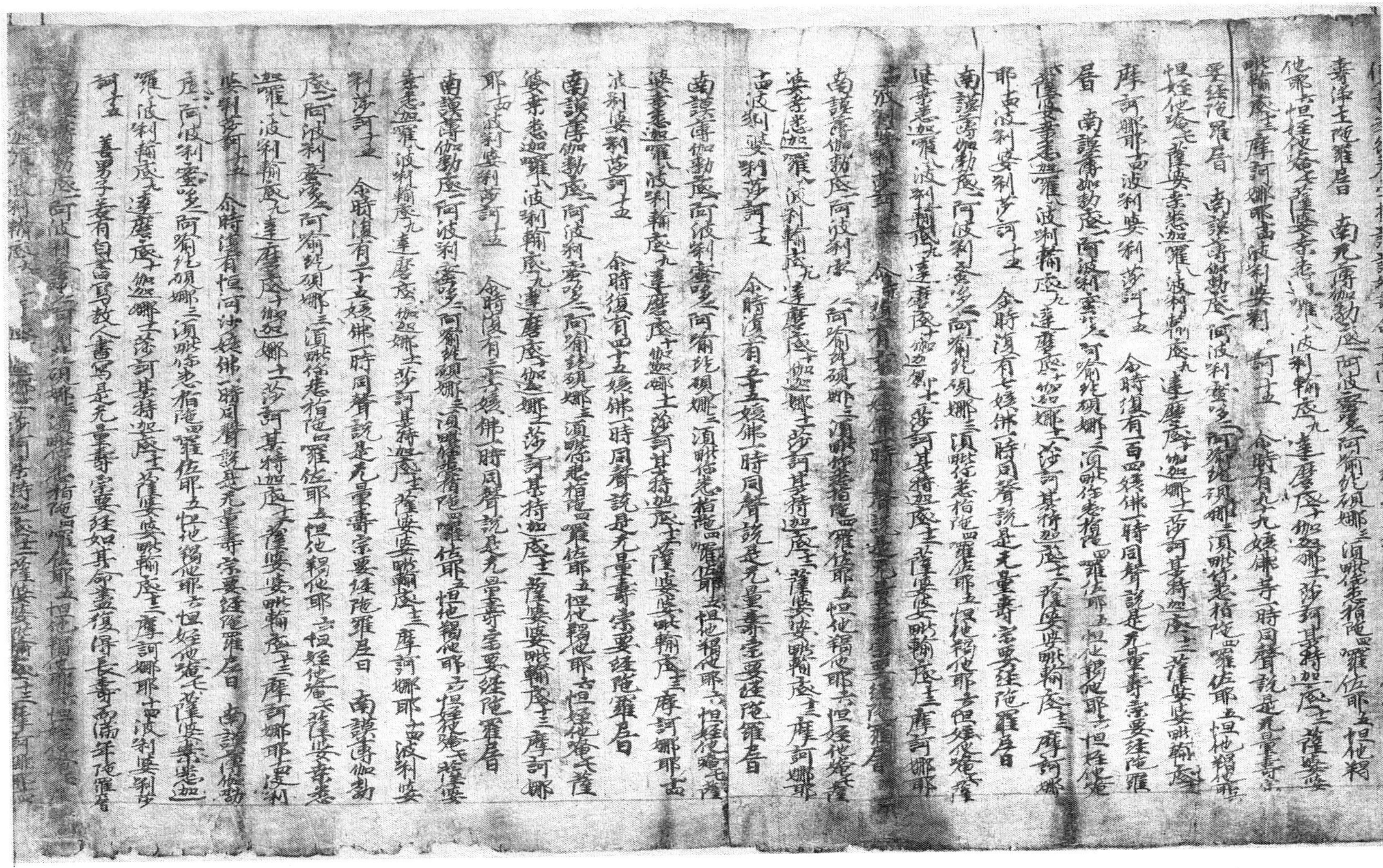

BD05841號　無量壽宗要經　（4–2）

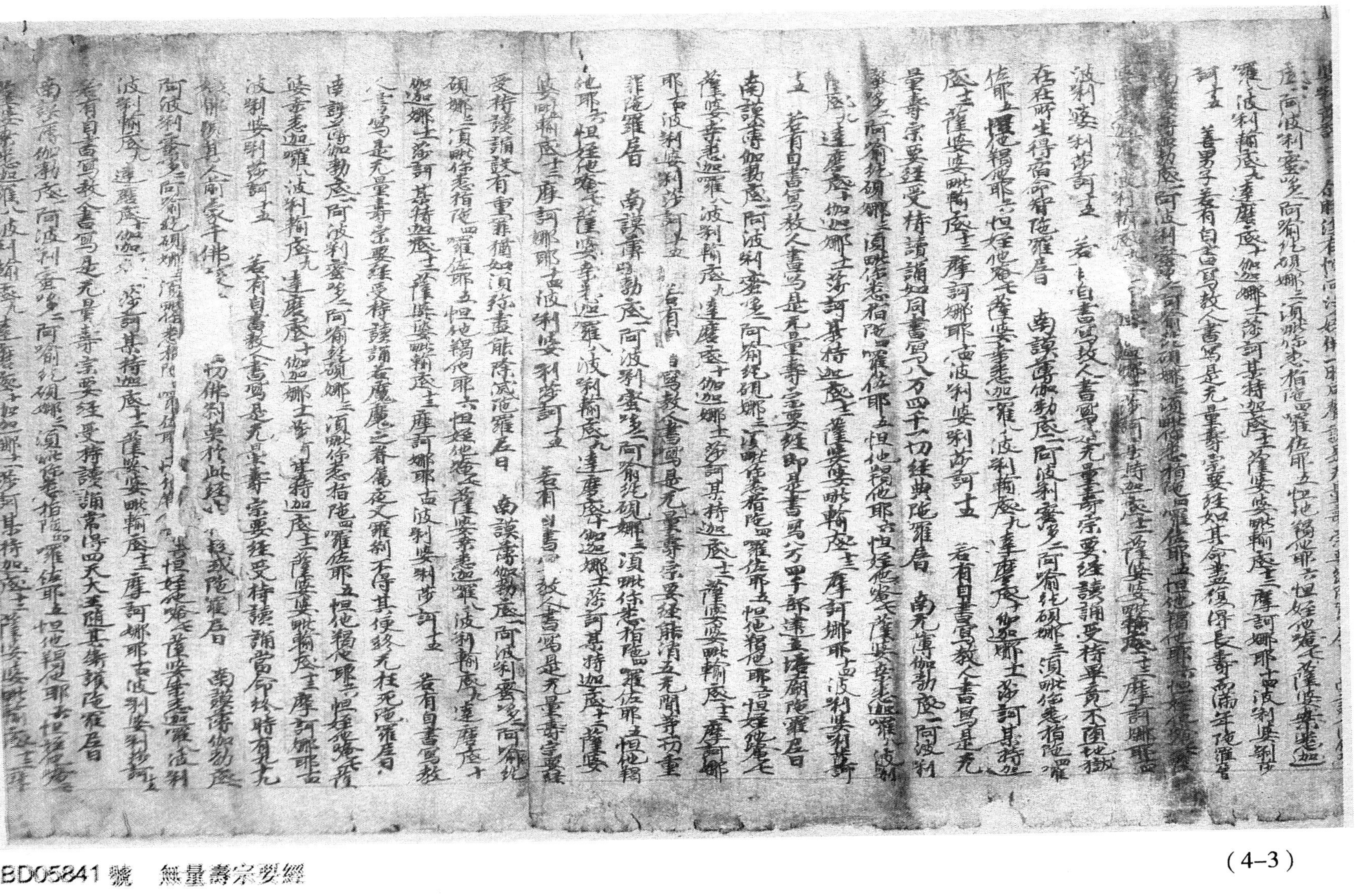

BD05841號　無量壽宗要經　（4–3）

BD05841 號　無量壽宗要經　　（4–4）

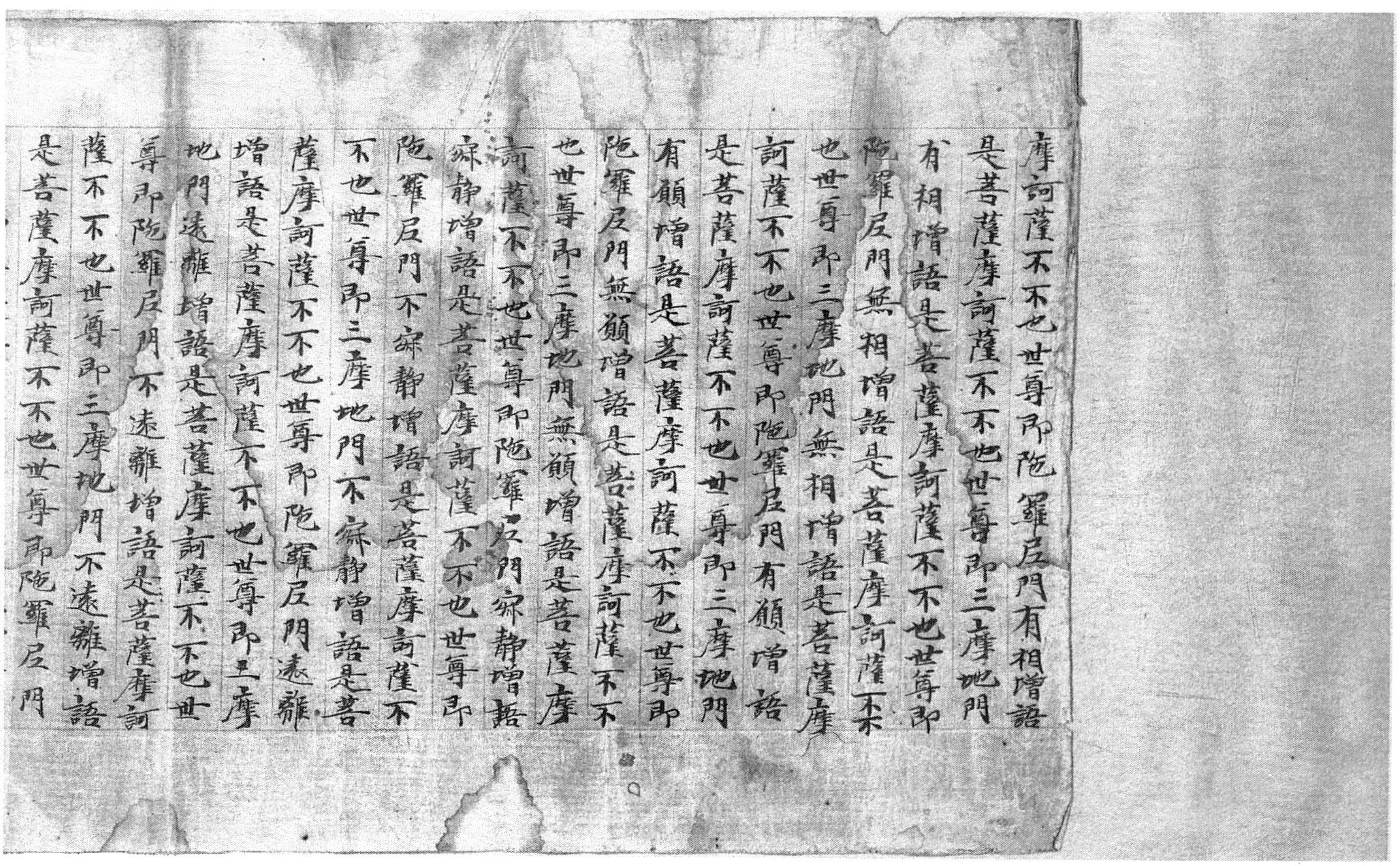

BD05842 號　大般若波羅蜜多經（兌廢稿）卷二一　　（2–1）

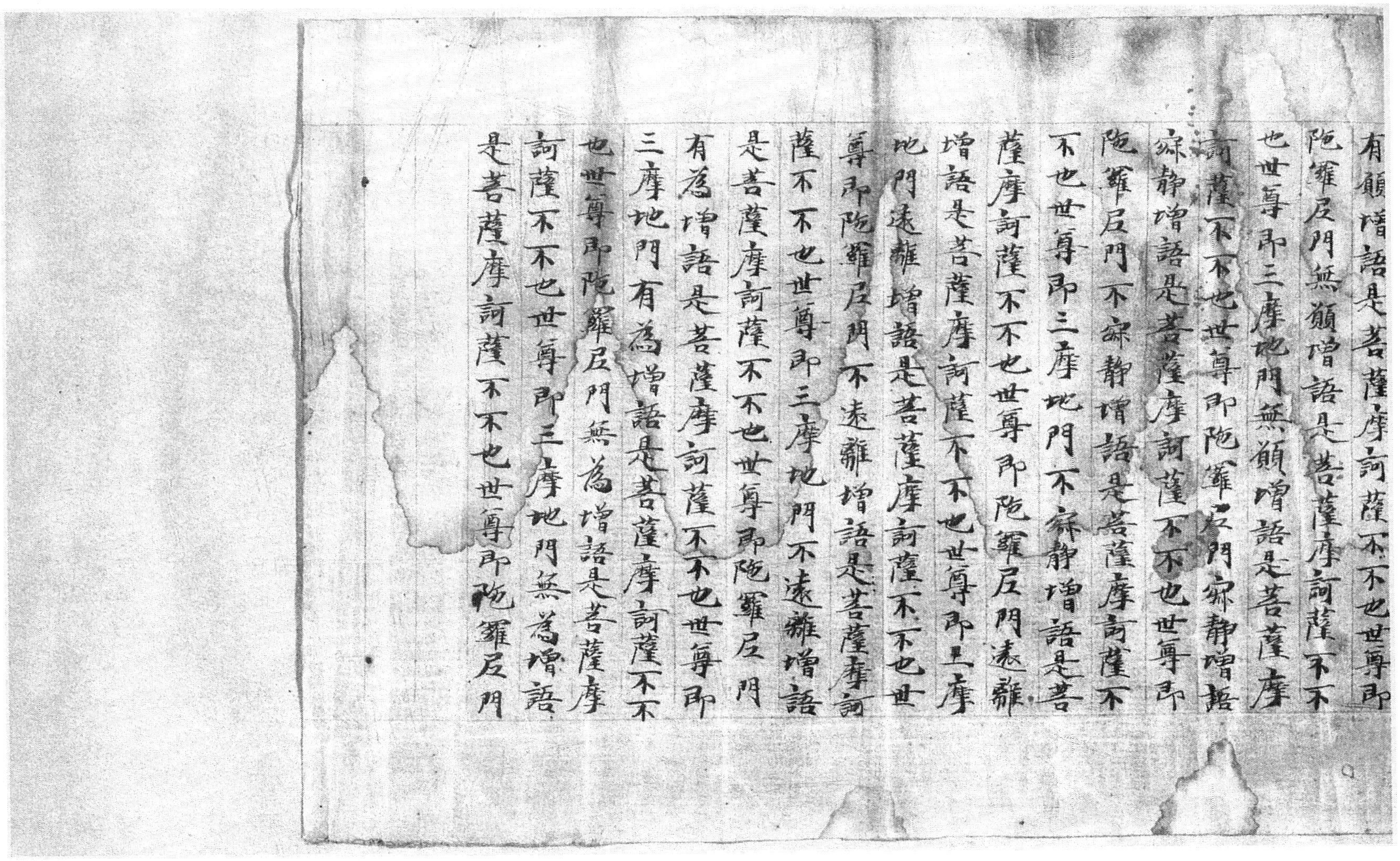

有願增語是菩薩摩訶薩不不也世尊即
陁羅尼門無願增語是菩薩摩訶薩不不
也世尊即三摩地門無願增語是菩薩摩
訶薩不不也世尊即陁羅尼門寂靜增語
寂靜增語是菩薩摩訶薩不不也世尊即
陁羅尼門不寂靜增語是菩薩摩訶薩不
不也世尊即三摩地門不寂靜增語是菩
薩摩訶薩不不也世尊即陁羅尼門遠離
增語是菩薩摩訶薩不不也世尊即三摩
地門遠離增語是菩薩摩訶薩不不也世
尊即陁羅尼門不遠離增語是菩薩摩訶
薩不不也世尊即三摩地門不遠離增語
是菩薩摩訶薩不不也世尊即陁羅尼門
有為增語是菩薩摩訶薩不不也世尊即
三摩地門有為增語是菩薩摩訶薩不不
也世尊即陁羅尼門無為增語是菩薩摩
訶薩不不也世尊即三摩地門無為增語
是菩薩摩訶薩不不也世尊即陁羅尼門

BD05842號　大般若波羅蜜多經（兑廢稿）卷二一　（2–2）

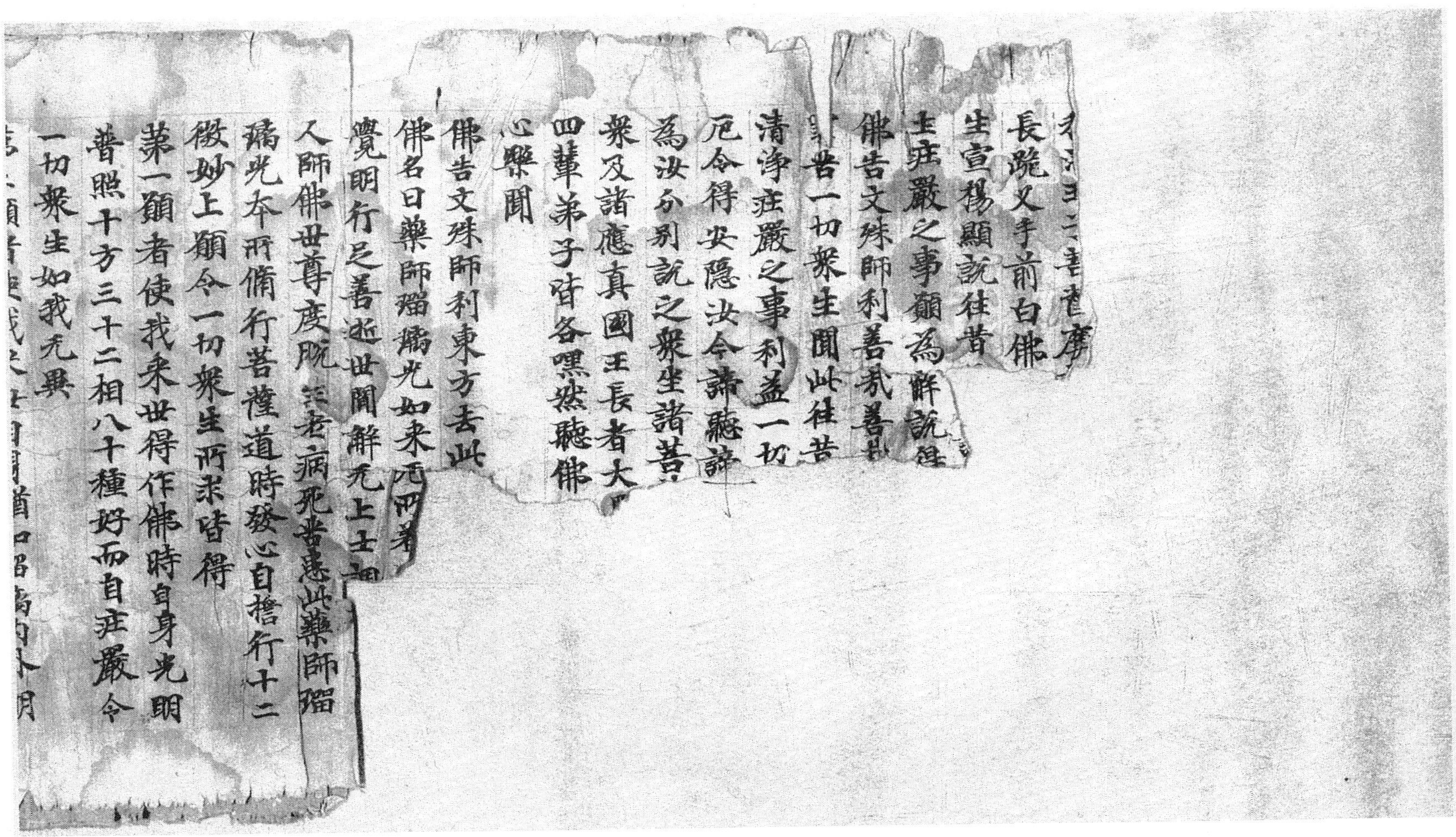

[illegible]菩薩摩
長跪叉手前白佛
言宣揚顯說往昔
莊嚴之事願為解說但
佛告文殊師利善哉善
昔一切眾生聞此往昔
清淨莊嚴之事利益一切
厄令得安隱汝今諦聽諦
為汝分別說之眾坐諸菩
眾及諸應真國王長者大
四輩弟子皆各嘿然聽佛
心樂聞
佛告文殊師利東方去此
佛名曰藥師瑠璃光如來應供
覺明行足善逝世間解无上士調
人師佛世尊度脫生老病死苦患此藥師瑠
璃光本所脩行菩薩道時發心自擔行十二
微妙上願令一切眾生所求皆得
第一願者使我來世得作佛時自身光明
普照十方三十二相八十種好而自莊嚴令
一切眾生如我无異
[illegible]

BD05843號　灌頂章句拔除過罪生死得度經　（15–1）

佛名曰藥師瑠璃光如来无所著
覺明行足善逝世間解无上士調
人師佛世尊度脫生老病死苦患此藥師瑠
璃光本所脩行菩薩道時發心自誓行十二
微妙上願令一切衆生所求皆得
第一願者使我来世得作佛時自身光明
普照十方三十二相八十種好而自莊嚴令
一切衆生如我无異
第二願者使我来世自身猶如瑠璃內外明
徹淨无瑕穢妙色廣大功德巍巍安住十方
如日照世幽冥衆生悉蒙開曉
第三願者使我来世智慧廣大如海无窮潤
澤枯涸无量衆生普使蒙益悉令飽滿无飢
渇想甘食美饍悉持施與
第四願者使我来世佛道成就巍巍堂堂如
星中之月消除生死之雲令无有翳照明世
界行者見道熱得清涼解除垢穢
第五願者使我来世發大精進淨持戒地令
无濁穢慎護所受令无缺犯亦令一切戒行
具足堅持不犯至无爲道
第六願者使我来世若有衆生諸根毀敗盲
者使視聾者得聽瘂者能語僂者得申跛者
能行如是不完具者悉令具足
第七願者使我来世十方世界若有苦惱无
救護者我爲此等設大法藥令諸疾病皆得
除愈无復苦患至得佛道
第八願者使我来世以善業因緣爲諸愚冥
无量衆生講宣妙法令得度脫入智慧門普

第六願者使我来世若有衆生諸根毀敗盲
者使視聾者得聽瘂者能語僂者得申跛者
能行如是不完具者悉令具足
第七願者使我来世十方世界若有苦惱无
救護者我爲此等設大法藥令諸疾病皆得
除愈无復苦患至得佛道
第八願者使我来世以善業因緣爲諸愚冥
无量衆生講宣妙法令得度脫入智慧門普
使明了无諸疑惑
第九願者使我来世摧伏惡魔及諸外道
顯揚清淨无上道法使入正真无諸耶僻
迴向菩提八正覺路
第十願者使我来世若有衆生王法所加臨
當刑戮无量怖畏愁憂苦惱若復鞭撻枷鏁
其體種種恐懼逼切其身如是无量諸苦惱
等悉令解脫无有衆難
第十一願者使我来世若有衆生飢火所惱
令得種種甘美飲食天諸餚饍種種无數悉
以施與令身充足
第十二願者使我来世若有貧凍裸露衆
生即得衣服窮乏之者施以珍寶倉庫盈溢
无所乏少一切皆受无量快樂乃至无有一
人受苦使諸衆生和顏悅色形狠端嚴人所
喜見琴瑟鼓吹如是无量最上音聲施與一
切无量衆生是爲十二微妙上願
佛告文殊師利此藥師瑠璃光本願功德如
是我今爲汝略說其國莊嚴之事此藥師瑠
璃光如来國土清淨无五濁无愛欲无意垢

无所乏少一切皆受无量快樂乃至无有一
人受苦使諸衆生和顔悅色形狠端嚴人所
喜見琴瑟鼓吹如是无量最上音聲施與一
切无量衆生是爲十二微妙上願
佛告文殊師利此藥師瑠璃光本願功德如
是我今爲汝略說其國莊嚴之事此藥師瑠
璃光如來國土清淨无五濁无愛欲无意垢
以白銀瑠璃爲地宮殿樓閣悉用七寶亦如
西方无量壽國无有異也有二菩薩一名日
曜二名月淨是二菩薩次補佛處諸善男子
及善女人亦當願生彼國土也文殊師利白
佛言唯願演說藥師瑠璃光如來无量功德
饒益衆生令得佛道
佛言若有善男子善女人新破衆魔來入正
道得聞我說是藥師瑠璃光如來名字者魔
家眷屬退散馳走如是无量拔衆生苦我今
說之佛告文殊師利世間有人不解罪福慳
貪不知布施今世後世當得其福世人愚癡
但知貪惜寧自割身宍而噉食之不肯持錢
財布施求後世之福世又有人身不求衣食
此大慳貪命終以後當墮餓鬼及在畜生中
聞我說是藥師瑠璃光如來名字之時无不
解脫憂苦者也皆作信心貪福畏罪人從索
頭与頭索眼与眼乞妻与妻乞子与子求
金銀珎寶皆大布施一時歡喜即發无上正真
道意
佛言若復有人受佛淨戒尊奉明法不解

BD05843號　灌頂章句拔除過罪生死得度經　（15-4）

聞我說是藥師瑠璃光如來名字之時无不
解脫憂苦者也皆作信心貪福畏罪人從索
頭与頭索眼与眼乞妻与妻乞子与子求
金銀珎寶皆大布施一時歡喜即發无上正真
道意
佛言若復有人受佛淨戒尊奉明法不解
罪福雖知明經不及中義不能分別曉了中事
以自貢高恒常瞜慣乃與世間衆魔從事更
作縛著不解行之纏著婦女恩愛之情口爲
說空行在有中不能發覺復不自知但能論
說他人是非如此人輩皆當墮三惡道中聞
我說是藥師瑠璃光本願功德无不歡喜念
欲捨家行作沙門者也
佛言世間有人好自稱譽皆是貢高當墮三
惡道中後還爲人牛馬奴婢生下賤中人當
乘其力負重而行困苦疲極亡去人身聞我
說是藥師瑠璃光如來本願功德者皆當一
心歡喜踊躍更作謙敬即得解脫衆苦之患
長得歡樂聰明智慧遠離惡道得生善處与
善知識共相值遇无復憂惱離諸魔縛
佛言世間愚癡人輩兩舌鬪諍惡口罵詈更
相嫌恨或就山神樹下鬼神日月之神南斗
北辰諸鬼神所作諸呪詛或作人名字或作
人形像或作符書以相厭禱呪咀言說聞我
說是藥師瑠璃光佛本願功德无不兩作和
解俱生慈心惡意悉滅各各歡喜无復惡念
佛言若四輩弟子比丘比丘尼清信士清信

BD05843號　灌頂章句拔除過罪生死得度經　（15-5）

相嫉恨或就山神樹下鬼神日月之神南斗
北辰諸鬼神所作諸呪擢或作人名字或作
人形像或作符書以相厭禱呪咀言說聞我
說是藥師瑠璃光佛本願功德无不而作和
解俱生慈心惡意悉滅各各歡喜无復惡念
佛言若四輩弟子比丘比丘尼清信士清信
女常脩月六齋年三長齋或晝夜精勤一心
苦行願欲往生西方阿弥陁佛國者晝夜憶念
若一日二日三日四日五日六日七日或復中
悔聞我說是藥師瑠璃光本願功德盡其
壽命欲終之日有八菩薩文殊師利菩薩觀
世音菩薩德大勢至菩薩无盡意菩薩寶檀
花菩薩藥王菩薩藥上菩薩弥勒菩薩皆當
飛往迎其精神不逕八難生蓮花中自然音
樂而相娛樂佛言假使壽命自欲盡時臨終
之日得聞我說是瑠璃光佛本願功德者命
終皆得上生天上不復經歷三惡道中天上
福盡若下生人間當為帝王家作子或生豪
姓長者居士冨貴家生皆當端政聰明智慧
高才勇猛若是女人化成男子无復憂苦
患難者也
佛語文殊師利我稱譽顯說瑠璃光佛至真
等正覺本所脩集无量行願功德如是文殊
師利從坐而起長跪叉手白佛言世尊佛去
世後當以此法開化十方一切眾生使其受
持是經典世若有善男子善女人愛樂是經
受持讀誦宣通之者復能專念若一日二日

BD05843號　灌頂章句拔除過罪生死得度經　（15–6）

佛語文殊師利我稱譽顯說瑠璃光佛至真
等正覺本所脩集无量行願功德如是文殊
師利從坐而起長跪叉手白佛言世尊佛去
世後當以此法開化十方一切眾生使其受
持是經典世若有善男子善女人愛樂是經
受持讀誦宣通之者復能專念若一日二日
三日四日五日六日乃至七日憶念不忘能以
好素帛書取是經五色雜綵作囊盛之者是
時當有諸天善神四天大王龍神八部當來營
衛愛敬此經能日日作礼持是經者不墮橫死
所在安隱惡氣消滅諸魔鬼神亦不中害佛
言如是如是如汝所說文殊師利言天尊所
說言无不善
佛言文殊師利若有善男子善女人等發心
造立藥師瑠璃光如來形像供養礼拜懸雜
色幡蓋燒香散花歌詠讚嘆圍遶百迊還坐
本處端坐思惟念藥師瑠璃光佛无量功德
若有善男子善女人七日七夜菜食長齋供
養礼拜藥師瑠璃光佛求心中所願者无不
獲得求長壽得長壽求冨饒得冨饒求安
隱得安隱求男女得男女求官位得官位若
命過以後欲生妙樂天上者亦當礼敬瑠璃光
佛至真等正覺若欲上生三十三天者亦當
礼敬瑠璃光佛必得往生若欲與明師世世
相值者亦當礼敬瑠璃光佛
佛告文殊師利若欲生十方妙樂國土者亦
應礼敬瑠璃光佛欲得生兜率天上見弥勒
者亦應礼敬瑠璃光佛[illegible]

BD05843號　灌頂章句拔除過罪生死得度經　（15–7）

佛至真等正覺若欲上生三十三天者亦當
礼敬瑠璃光佛必得往生若欲與明師世世
相值者亦當礼敬瑠璃光佛
佛告文殊師利若欲生十方妙樂國土者亦
應礼敬瑠璃光佛欲得生兜率天上見弥勒
者亦應礼敬瑠璃光佛若欲遠諸耶道亦當
礼敬瑠璃光佛若夜惡夢鳥鳴百怪蜚尸耶
忤魍魎鬼神之所嬈者亦當礼敬瑠璃光佛
若為水火之所焚漂亦當礼敬瑠璃光佛若
入山谷為虎狼熊羆疾蔾諸狩烏龍虵蚖蝮
蝎種種雜類若有惡心來相向者心中當存
念瑠璃光佛山中諸難不能為害若他方怨
賊偷竊惡人怨家責主欲來侵陵心當存念
瑠璃光佛則不為害以善男子善女人礼敬
瑠璃光佛如來功德所致花報如是况果報
也是故吾今勸諸四輩礼事瑠璃光佛至真
等正覺佛告文殊師利我但為汝略説瑠璃光
佛礼敬功德若使我廣説是瑠璃光佛无量
功德與一切人求心中所願者從一劫至一
劫故不周遍其世間人若有者牀瘦黄困篤
惡病連年累月不差者聞我説是瑠璃光佛
名字之時横病之厄无不除愈唯宿殃不請耳
佛告文殊師利若善男子善女人受三自歸
若五戒若十戒若善信菩薩二十四戒若沙
門二百五十戒若比丘比丘尼五百戒若菩
薩戒若破是諸戒若能至一心懺悔者復聞
我説瑠璃光佛終不墮三惡道中必得解脱

BD05843號　灌頂章句拔除過罪生死得度經　（15-8）

佛告文殊師利若善男子善女人受三自歸
若五戒若十戒若善信菩薩二十四戒若沙
門二百五十戒若比丘比丘尼五百戒若菩
薩戒若破是諸戒若能至一心懺悔者復聞
我説瑠璃光佛終不墮三惡道中必得解脱
若人愚癡不受父母師友教誨不信佛不信
經戒不信聖僧應墮三惡道中者亡失人種
受畜生身聞我説是瑠璃光佛善願功德者
即得解脱
佛告文殊師利世有惡人雖受佛禁戒觸事
違犯或煞无道偷竊他人財寶欺詐妄語婬
他婦女飲酒鬬亂兩舌惡口罵詈毀人犯戒
為惡復祠祀鬼神有如是過罪當墮地獄
中若當屠割若抱銅柱若鐵鈎出舌若洋銅
灌口者聞我説是藥師瑠璃光佛无不即得
解脱者也
佛告文殊其世間人豪貴下賤不信佛不信
經道不信有沙門不信有須陁洹不信有斯
陁含不信有阿那含不信有阿羅漢不信有
辟支佛不信有十住菩薩不信有三世之事
不信有十方諸佛不信有本師釋迦文佛不
信人死神明更生善者受福惡者受殃有如
是之罪應墮三惡道中聞我説是藥師瑠璃
光佛名字之者一切過罪自然消滅
佛告文殊師利若有善男子善女人聞我説
是藥師瑠璃光佛至真等正覺其誰不發无
上正真道意後皆當得作佛人居世間仕官

BD05843號　灌頂章句拔除過罪生死得度經　（15-9）

[illegible]
是之罪應墮三惡道中聞我說是藥師瑠璃
光佛名字之者一切過罪自然消滅
佛告文殊師利若有善男子善女人聞我說
是藥師瑠璃光佛至真等正覺其誰不發无
上正真道意後皆當得作佛人居世間仕官
不遷治生不得飢寒困厄亡失財產无復方
計聞我說是藥師瑠璃光佛各各得心中所願
仕官皆得高遷財物自然長益飲食充饒皆
得富貴若為縣官之所拘錄惡人侵枉若為
怨家所得便者心當存念藥師瑠璃光佛若
他婦女生產難者皆當存念藥師瑠璃光佛
兒即易生身體端政无諸疾病六情完具聡
明智慧壽命得長不遭枉橫善神擁護不為
惡鬼[illegible]其頭也
佛說是語時阿難在右邊佛顧語阿難言汝
信我為文殊師利說往昔東方過十恒河沙
有佛名曰藥師瑠璃光佛本願功德者不阿
難白佛言唯唯有天中天佛之所言何敢不信
耶佛復語阿難言如世間人雖有眼耳鼻舌
身意人常用是六事以自迷惑但信世間魔
耶之言不信至真至誠度世要切之語如是
人輩難可開化阿難白佛言世尊世人多有
惡逆下賤之者若聞佛說是經開人耳目破
治衆病除人陰冥使觀光明解人疑結去人
重罪千劫万劫无復憂患皆因佛說是藥師
瑠璃光本願功德悉令安隱得其福也
佛言阿難汝口為言善而汝內心狐疑我言

人輩難可開化阿難白佛言世尊世人多有
惡逆下賤之者若聞佛說是經開人耳目破
治衆病除人陰冥使觀光明解人疑結去人
重罪千劫万劫无復憂患皆因佛說是藥師
瑠璃光本願功德悉令安隱得其福也
佛言阿難汝口為言善而汝內心狐疑我言
阿難汝莫住是念以自毀敗佛語阿難我見
汝心我知汝意汝知之不阿難即以頭面著
地長跪白佛言審如天中天所說我造次聞
佛說是藥師瑠璃光極大尊貴智慧巍巍難
可度量我心有小疑耳敢不首伏佛言汝智
慧狹劣少見少聞汝聞我說深妙之法无上
寶義應生信敬貴重之心必當得至无上正
真道也
文殊師利問佛言世尊佛說是藥師瑠璃光
如來无量功德如是不審誰肯信此言者
佛荅文殊師利言唯有百億諸菩薩摩訶薩
當信是言耳唯有十方三世諸佛當信是言
耳我說是藥師瑠璃光如來本願功德難
可得聞何況得見亦難得說亦難得書寫亦
難得讀文殊師利若有善男子善女人能信
是經受持讀誦書著竹帛復能為他人解說
中義此皆先世以發道意今復得聞此微妙
之法開化十方无量衆生當知此人必當得
至无上正真道也
佛告阿難我作佛已來從生死復至生死勤
苦累劫无所不經无所不歷无所不作无所

中義此皆先世以發道意今復得聞此微妙
之法開化十方无量衆生當知此人必當得
至无上正真道也
佛告阿難我作佛已來從生死復至生死勤
苦累劫无所不經无所不歷无所不作无所
不爲如是不可思議況復藥師瑠璃光佛本
願功德者乎汝所以有小疑者亦復如是阿難
汝聞佛所說汝諦信之莫作疑惑佛語至誠
无有虛僞亦无二言佛爲信者施不爲疑者說
也阿難汝莫作小疑以毀大乘之業汝却後亦
當發摩訶衍莫以小道毀汝功德也阿難白佛
言唯唯天中天我從今日以去无復尓心唯佛
自當知我心耳
佛語阿難此經能照諸天宮殿若三灾起時
中有天人發心念此藥師瑠璃光佛本願功
德經者皆得離於彼處之難是經能除水涸
不調是經能除他方逆賊悉令斷滅四方夷
狄各還正治不相嬈惱國土交通人民歡喜
是經能除穀貴飢凍是經能滅惡星變怪
是經能除疫毒之病是經能救三惡道苦地獄
餓鬼畜生等苦若人得聞此經典者无不解
脫厄難者也
尓時衆中有一菩薩名曰救脫從坐而起整
衣服叉手合掌而白佛言我等今日聞佛世
尊演說過此東方十恒河沙世界有佛号藥
師瑠璃光一切衆會靡不歡喜救脫菩薩又
白佛言若族姓男女其有厄羸著床痛惱无

BD05843號　灌頂章句拔除過罪生死得度經

（15–12）

尓時衆中有一菩薩名曰救脫從坐而起整
衣服叉手合掌而白佛言我等今日聞佛世
尊演說過此東方十恒河沙世界有佛号藥
師瑠璃光一切衆會靡不歡喜救脫菩薩又
白佛言若族姓男女其有厄羸著床痛惱无
救護者我今當勸請諸衆僧七日七夜齋
戒一心受持八禁六時行道四十九遍讀是
經典勸然七層之燈亦勸懸五色續命神
幡阿難問救脫菩薩言續命幡燈法則云何
救脫菩薩語阿難言神幡五色四十九尺燈
亦復尓七層之燈一層七燈燈如車輪若
遭厄難閉在牢獄枷鎖著身亦應造立五
色神幡然四十九燈應放雜類衆生至四十九
可得過度危厄之難不爲諸橫惡鬼所持
救脫菩薩語阿難言若天王大臣及諸輔相王
子妃主中宮婇女若爲病苦所惱亦應造立五
色續幡然燈續明放諸生命散雜色華燒
衆名香王當放赦屈厄之人枷鎖解脫王得
其福天下太平雨澤以時人民歡樂惡龍攝
毒无病苦者四方夷狄不生逆害國土通洞
慈心相向无諸怨害四海歌詠稱王之德秉
此福祿在意所生見佛聞法信受教誨從是
福報至无上道阿難又問救脫菩薩言命可
續也救脫菩薩荅阿難言我聞世尊說有諸
橫勸造幡蓋令其脩福又言阿難昔沙祢救
蟻以脩福故盡其壽命不更苦患身體安
寧福德力強使之然也

BD05843號　灌頂章句拔除過罪生死得度經

（15–13）

福報至无上道阿難又問救脫菩薩言命可
續也救脫菩薩荅阿難言我聞世尊說有諸
横勸造幡蓋令其脩福又言阿難昔沙弥救
蟻以脩福故盡其壽命不更苦患身體安
寧福德力強使之然也
阿難復問救脫菩薩言横有幾種世尊說
言横乃无數略而說之大横有九一者横病
二者横有口舌三者横遭縣官四者身羸无
福又持戒不完横為鬼神之所得便五者横
為劫賊之所剝脫六者横為水火焚漂七者
横為雜類禽獸所噉八者横為怨讎符書厭
禱耶神牽引未得其福但受其殃先亡牽
引亦名横死九者有病不治又不備福湯藥不
順鍼灸失度不值良醫為病所困於是滅亡
又信世間妖孽之師為作恐動寒熱言語妄
發禍福所犯者多心不自正不能自定卜問
覓禍殺猪狗牛羊種種衆生解奏神明呼諸
耶妖魍魎鬼神請乞福祚欲望長生終不能
得愚癡迷惑信耶倒見死入地獄展轉其中
无解脫時是名九横也
救脫菩薩語阿難言其世間人痿黄之病困
篤者床求生不得求死不得拷楚万端此病
人者或其前世造作惡業罪過所招殃咎所
引故使然也
救脫菩薩語阿難言閻羅王者主領世間名
籍之記若人為惡作諸非法无孝順心造作
五逆破滅三寶无君臣法又有衆生不持五

BD05843號　灌頂章句拔除過罪生死得度經　（15–14）

又信世間妖孽之師為作恐動寒熱言語妄
發禍福所犯者多心不自正不能自定卜問
覓禍殺猪狗牛羊種種衆生解奏神明呼諸
耶妖魍魎鬼神請乞福祚欲望長生終不能
得愚癡迷惑信耶倒見死入地獄展轉其中
无解脫時是名九横也
救脫菩薩語阿難言其世間人痿黄之病困
篤者床求生不得求死不得拷楚万端此病
人者或其前世造作惡業罪過所招殃咎所
引故使然也
救脫菩薩語阿難言閻羅王者主領世間名
籍之記若人為惡作諸非法无孝順心造作
五逆破滅三寶无君臣法又有衆生不持五
戒不信正法設有受者多所毀犯於是地下
鬼神及伺候者奏上五官五官料簡除死定
生或注錄精神未判是非若以定者奏上閻
羅閻羅鑒察隨罪輕重拷而治之世間痿黄
之病困篤不死一絕一生猶其罪福未得料
簡錄其精神在彼王所或一七日二七日乃

BD05843號　灌頂章句拔除過罪生死得度經　（15–15）

BD05843 號背　勘記、雜寫　（2–1）

BD05843 號背　雜寫　（2–2）

大大稱佛
南无妙勝佛　南无不歇足佛
南无大光炎聚佛　南无月光佛
南无大威德佛　南无普寶蓋佛
南无那羅延光明佛　南无師子乘光明佛 七千一百
南无離一切憂惱光明佛　南无堅固光明佛
南无雲王光明佛　南无无垢群光明佛
南无成就義光明佛　南无勝護光明佛
南无梵勝天王光明佛
南无梵勝天王光明佛
南无如是等同名不可説不可量佛
舍利弗汝應當敬礼无量壽佛國安樂世界
觀世音菩薩得大勢菩薩以為上首及无量
无邊菩薩如是摩梨交世界難勝佛國土光
明幢菩薩光明勝菩薩以為上首及无量无
邊阿僧祇菩薩衆如是可樂世界阿閦佛國
土香象菩薩妙音像菩薩以為上首及无量
无邊菩薩衆如是盧舍那世界日月佛國土

BD05844號　佛名經（十二卷本　異卷）卷八　（5–1）

觀世音菩薩得大勢菩薩以為上首及无量
无邊菩薩如是摩梨交世界難勝佛國土光
明幢菩薩光明勝菩薩以為上首及无量无
邊阿僧祇菩薩衆如是可樂世界阿閦佛國
土香象菩薩妙音像菩薩以為上首及无量
无邊菩薩衆如是盧舍那世界日月佛國土
師子菩薩師子慧菩薩以為上首及无量无
邊菩薩衆如是不瞬世界善月佛國土莎
羅船菩薩一切法得自在菩薩以為上首及
无量无邊菩薩衆如是光明世界普照佛國
土月輪菩薩寶炬菩薩以為上首及无量无
邊菩薩衆樂成世界實炎如来佛國土不空
奮迅菩薩不空見菩薩以為上首及无量无
邊菩薩衆觀世界普觀如来佛國土雲王菩
薩法王菩薩以為上首及无量无邊菩薩衆
見愛世界觀世音王如来佛國土降伏魔菩
薩山王菩薩以為上首及无量无邊菩薩衆
如是等十方世界一切佛國土一切菩薩我
皆歸命
舍利弗歸命善清淨无垢寶功德集勝王佛
舍利弗歸命善清淨无垢寶功德集勝王佛
南无因陀羅幢佛　南无普照佛
南无清淨光明王佛　南无金色光明師子奮迅王佛
南无普勝山功德佛　南无善住功德摩尼山王佛
南无普見王佛　南无金剛勝佛

BD05844號　佛名經（十二卷本　異卷）卷八　（5–2）

舍利弗歸命善清淨无垢寶功德集勝王佛
南无回陀羅幢佛　南无普照佛
南无清淨光明王佛　南无金色光明師子奮迅王佛
南无普勝山功德佛　南无善住功德摩尼山王佛
南无普見王佛　南无金剛勝佛
南无普賢佛　南无普照佛
南无寶法勝決定佛　南无无畏王佛
南无无量意功德王佛　南无地自在王佛
南无无盡光佛　南无離塵功德佛
南无難知佛　南无金剛妙佛
南无无垢勝佛　南无月勝佛
南无一味勝佛　南无睺頭華佛
南无騎香勝佛　南无多摩羅跋香勝佛
南无月藏佛　南无流水香佛
南无樹提光明佛　南无海香佛
南无龍藏佛　南无寶光明佛
南无大雲藏佛　南无智德佛
南无金剛藏佛　南无住持地佛
南无虛空平等佛　南无勝藏佛
南无谛語佛　南无有德佛
南无山藏佛　南无妙鼓佛
南无愛勝佛　南无鼓增上佛
南无歡喜藏佛　南无日藏佛
南无行勝佛　南无寶語佛
南无智勝佛　南无妙聲佛
南无不自勝佛　南无勝妙勝佛

BD05844號　佛名經（十二卷本　異卷）卷八　（5–3）

南无歡喜藏佛　南无日藏佛
南无行勝佛　南无寶語佛
南无智勝佛　南无妙聲佛
南无不自勝佛　南无勝妙勝佛
南无佛寶幢佛　南无隨順義佛
南无寶勝佛　南无无垢流璃佛
南无滿足金剛堅持佛　南无甘露幢佛
南无成就功德佛　南无香山佛
南无根本勝藏佛　南无不可知佛
南无无邊知佛　南无无量佛
南无无量自在佛　南无大光明佛
南无德藏佛　南无根本莊嚴奮迅佛
南无根本光佛　南无一切衆生見愛奮迅莊嚴佛
南无居王佛　南无離一切煩惱佛
南无寶色勝佛　南无香勝王佛
南无億藏佛　南无見一切佛
南无見愛佛　南无不可見佛
南无甘露功德稱佛　南无一切長老別能斷疑佛
南无師子吼佛　南无敵華佛
南无勝佛　南无无等智作佛
南无一切作樂佛　南无尊勝佛
南无吉王佛　南无一切世間自在王佛
南无須弥劫佛　南无勝須弥佛　七千二百
佛名經卷第八

BD05844號　佛名經（十二卷本　異卷）卷八　（5–4）

南无億藏佛　南无根本莊嚴奮迅佛
南无根本光佛　南无一切衆生見愛奮迅莊嚴
南无忍王佛　南无離一切煩惱佛
南无寶色勝佛　南无香勝王佛
南无億藏佛　南无見一切佛
南无見愛佛　南无不可見佛
南无甘露功德稱佛　南无一切長老勿能斷疑佛
南无師子吼佛　南无散華佛
南无勝佛　南无无等智作佛
南无一切作樂佛　南无尊勝佛
南无吉王佛　南无一切世間自在王佛
南无須弥劫佛　南无勝須弥佛　七千二百

佛說佛名經卷第八

BD05844 號　佛名經（十二卷本　異卷）卷八　（5–5）

劫生死之罪捨身他世必生淨國心得无疑
作是觀者名為正觀若他觀者名為耶觀佛
告阿難及韋提希地想成已次觀寶樹觀寶樹
者一一觀之作七重行樹想一一樹高八千由旬
其諸寶樹七寶華葉无不具足一一華葉作
異寶色瑠璃色中出金色光頗梨色中出紅
色光馬瑙色中出車渠光車渠色中出緑真
珠光珊瑚虎珀一切衆寶以為映飾妙真
珠網弥覆樹上一一樹上有七重網一一網間
有五百億妙華宮殿如梵王宮諸天童
子自然在中一一童子五百億釋迦毗楞伽
摩尼以為瓔珞其摩尼光照百由旬如和
合百億日月不可具名衆寶間錯色中上者
此諸寶林行行相當葉葉相次於衆葉間
生諸妙華華上自然有七寶菓一一樹葉縱廣
正等廿五由旬其葉千色有百種畫如天瓔
珞有衆妙華作閻浮檀金色如旋火輪婉轉
葉間踊生諸菓如帝釋瓶有大光明化成幢
幡无量寶蓋是寶蓋中映現三千大千世界
一切佛事十方佛國亦於中現見此樹已亦

BD05845 號　觀無量壽佛經　（2–1）

有五百億妙華宮殿如梵王宮諸天童
子自然在中一一童子五百億釋迦毗楞伽
摩尼以為瓔珞其摩尼光照百由旬如和
合百億日月不可具名衆寶間錯色中上者
此諸寶林行行相當葉葉相次於衆葉間
生諸妙華華上自然有七寶菓一一樹葉縱廣
正等廿五由旬其葉千色有百種畫如天瓔
珞有衆妙華作閻浮檀金色如旋火輪婉轉
葉間踊生諸菓如帝釋瓶有大光明化成幢
幡无量寶蓋是寶蓋中映現三千大千世界
一切佛事十方佛國亦於中現見此樹已亦
當次第一一觀之觀見樹莖枝葉菓皆令
分明是為樹想名第四觀
次當想水想水者極樂國土有八池水一一
池水七寶所成其寶柔渜從如意珠王生分
為十四枝一一枝作七寶色黃金為渠渠下
皆以雜色金剛以為底沙一一水中有六十億
七寶蓮華一一蓮華團圓正等十二由旬其
摩尼水流注華間尋樹上下其聲微妙演

BD05845號　觀無量壽佛經　（2–2）

說相即是非相又說一切衆生則非
衆生須菩提如來是真語者實語者如語者
不誑語者不異語者須菩提如來所得法此
法无實无虛須菩提若菩薩心住於法而行布
施如人入闇則无所見若菩薩心不住法而行
布施如人有目日光明照見種種色須菩
提當来之世若有善男子善女人能於此經
受持讀誦則為如來以佛智慧悉知是人悉
見是人皆得成就无量无邊功德
須菩提若有善男子善女人初日分以恒河
沙等身布施中日分復以恒河沙等身布施
後日分亦以恒河沙等身布施如是无量百
千万億劫以身布施若復有人聞此經典信
心不逆其福勝彼何況書寫受持讀誦為人
解說須菩提以要言之是經有不可思議不
可稱量无邊功德如來為發大乘者說為發
最上乘者說若有人能受持讀誦廣為人
悉知是人悉見是人皆成就不可
无有邊不可思議功德如是人等
阿耨多羅三藐三菩提何以
者著我見人見衆生見
聽受讀誦為人解說

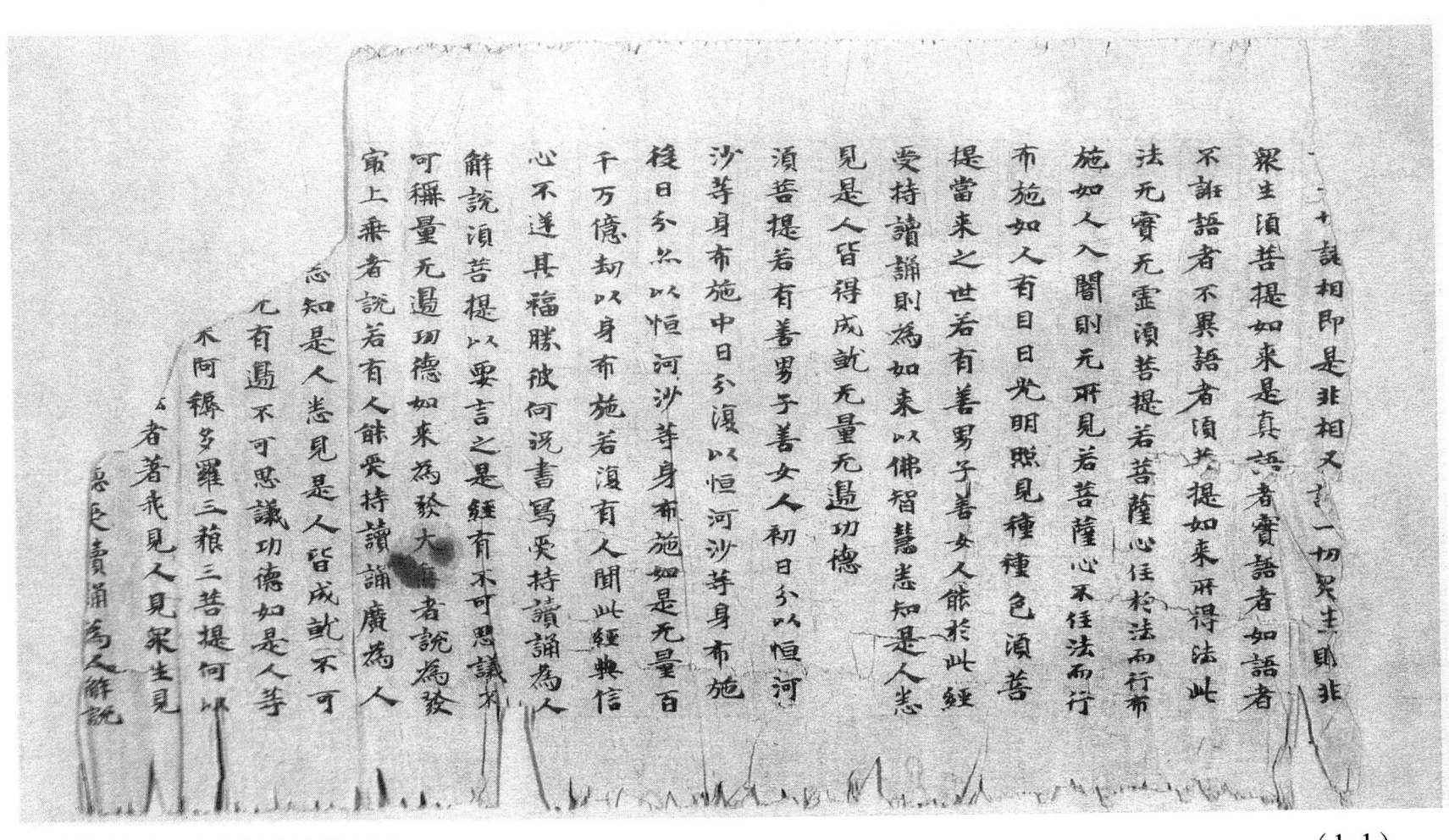

BD05846號　金剛般若波羅蜜經　（1–1）

…行道人无法自制瞋猶可
出家行道无欲之人而懷瞋恚甚不可也
譬如清冷雲中而霹靂起火非所應也
汝等比丘當自摩頭已捨飾好著懷色衣執
持應器以乞自活自見如是若起憍慢當疾
滅之增長憍慢尚非世俗白衣所宜何況出
家入道之人為解脫故自降其身而行乞耶
汝等比丘諂曲之心与道相違是故宜應質
直其心當知諂曲但為欺誑入道之人則无
是處是故汝等宜應端心以質直為本
汝等比丘當知多欲之人多求利故苦惱亦
多少欲之人无求无欲則无此患直尒少欲
尚應脩習何況少欲能生諸功德少欲之人
則无諂曲以求人意亦復不為諸根所牽行
少欲者心則坦然无所憂畏觸事餘常无不
足有少欲者則有涅槃是名少欲
汝等比丘若欲脫諸苦惱當觀知足知足之
法則是冨樂安隱住處知足之人雖卧地上
猶為安樂不知足者雖處天堂亦不稱意不
知足者雖冨而貧知足之人雖貧而冨不知
足者常為五欲所牽為知足者之所憐愍是
名知足

BD05847 號　佛垂般涅槃略說教誡經　　（5–1）

汝等比丘若欲脫諸苦惱當觀知足知足之
法則是冨樂安隱住處知足之人雖卧地上
猶為安樂不知足者雖處天堂亦不稱意不
知足者雖冨而貧知足之人雖貧而冨不知
足者常為五欲所牽為知足者之所憐愍是
名知足
汝等比丘若求寂靜无為安樂當離憒閙獨
處閑居靜處之人帝釋諸天所共敬重是故
當捨已衆他衆空閑獨處思滅苦本若樂衆
者則受衆惱譬如大樹衆鳥集之則有枯折
之患世間縛著沒於衆苦如老象溺泥不能
自出是名遠離
汝等比丘若懃精進則事无難者是故汝等
當懃精進譬如小水常流則能穿石若行者
之心數數懈廢譬如鑽火未熱而息雖欲
得火火難可得名精進
汝等比丘求善知識求善護助无如不忘念
者若有不忘念者諸煩惱賊則不能入是故
汝等常當攝念在心若失念者則失諸功德
若念力堅强雖入五欲賊中不為所害譬如
著鎧入陣則无所畏是名不忘念
汝等比丘若攝心者心則在定心在定故能
知世間生滅法相是故汝等常當精懃脩習
諸定若得定者心則不散譬如防水之家善
治堤塘行者為智慧水故善治禪定令不漏
失是名為定
汝等比丘若有智慧則无貪著常自省察不

BD05847 號　佛垂般涅槃略說教誡經　　（5–2）

汝等比丘若攝心者心則在定心在定故能
知世間生滅法相是故汝等常當精懃脩習
諸定若得定者心則不散譬如防水之家善
治堤塘行者為智慧水故善治禪定令不漏
失是名為定
汝等比丘若有智慧則无貪著常自省察不
令有失是則於我法中能得解脫若不尒者
既非道人又非白衣无所名也實智慧者則
是度老病死海牢堅舡也亦是无明黑闇大
明燈也一切病者之良藥也伐煩惱樹之利
斧也是故汝等當以聞思脩慧而自增益若
人有智慧之照雖无慧眼而是明見人也是
為智慧
汝等比丘若種種戲論其心則亂雖復出家
猶未得脫是故汝等當急捨離亂心戲論若
汝欲得寂滅樂者唯當善滅戲論之患是名
不戲論
汝等比丘於諸功德常當一心捨諸放逸如
離怨賊大悲世尊所說利益皆已究竟汝等
但當勤而行之若於山間若空澤中若在樹
下閑處靜室念所受法勿令忘失常當自勉
精進脩之无為空死後致有悔我如良醫知病
設藥服与不服非醫咎也又如善導導人善
道聞之不行非導過也汝等若於苦等四諦
有所疑者可疾問之无得懷疑不求決也
尒時世尊如是三唱人无問者所以者何衆
无疑故時阿㝹樓陁觀察衆心而白佛言月
可令熱日可令冷佛說四諦不可令異佛說

設藥服与不服非醫咎也又如善導導人善
道聞之不行非導過也汝等若於苦等四諦
有所疑者可疾問之无得懷疑不求決也
尒時世尊如是三唱人无問者所以者何衆
无疑故時阿㝹樓陁觀察衆心而白佛言月
可令熱日可令冷佛說四諦不可令異佛說
苦諦實苦不可令樂集真是因更无異因苦
若滅者即是因滅因滅故果滅滅苦之道實
是真道更无餘道世尊此諸比丘於四諦中
決定无疑於此衆中所作未辦者見佛滅度
當有悲感若有初入法者聞佛說法即皆得
度譬如夜見電光即得見道若所作已辦已
度苦海者但作是念世尊滅度一何疾哉阿㝹
樓陁雖說衆中皆得了達四聖諦義世尊欲
令此諸大衆皆得堅固以大悲心復為衆說
汝等比丘勿懷悲惱若我住世一劫會亦當
滅會而不離終不可得自利利人法皆具足
若我久住更无所益應可度者若天上人間
皆悉已度其未度者皆亦已作得度因緣自
今以後我諸弟子展轉行之則是如來法身
常在而不滅也
是故當知世皆无常會必有離勿懷憂惱世
相如是當勤精進求早解脫以智慧明滅諸
癡闇世實危脆无牢強者我今得滅如除惡
病此是應捨罪惡之物假名為身沒在老病
生死大海何有智者得除滅之如煞怨賊而
不歡喜
汝等比丘常當一心勤求出道一切世間動

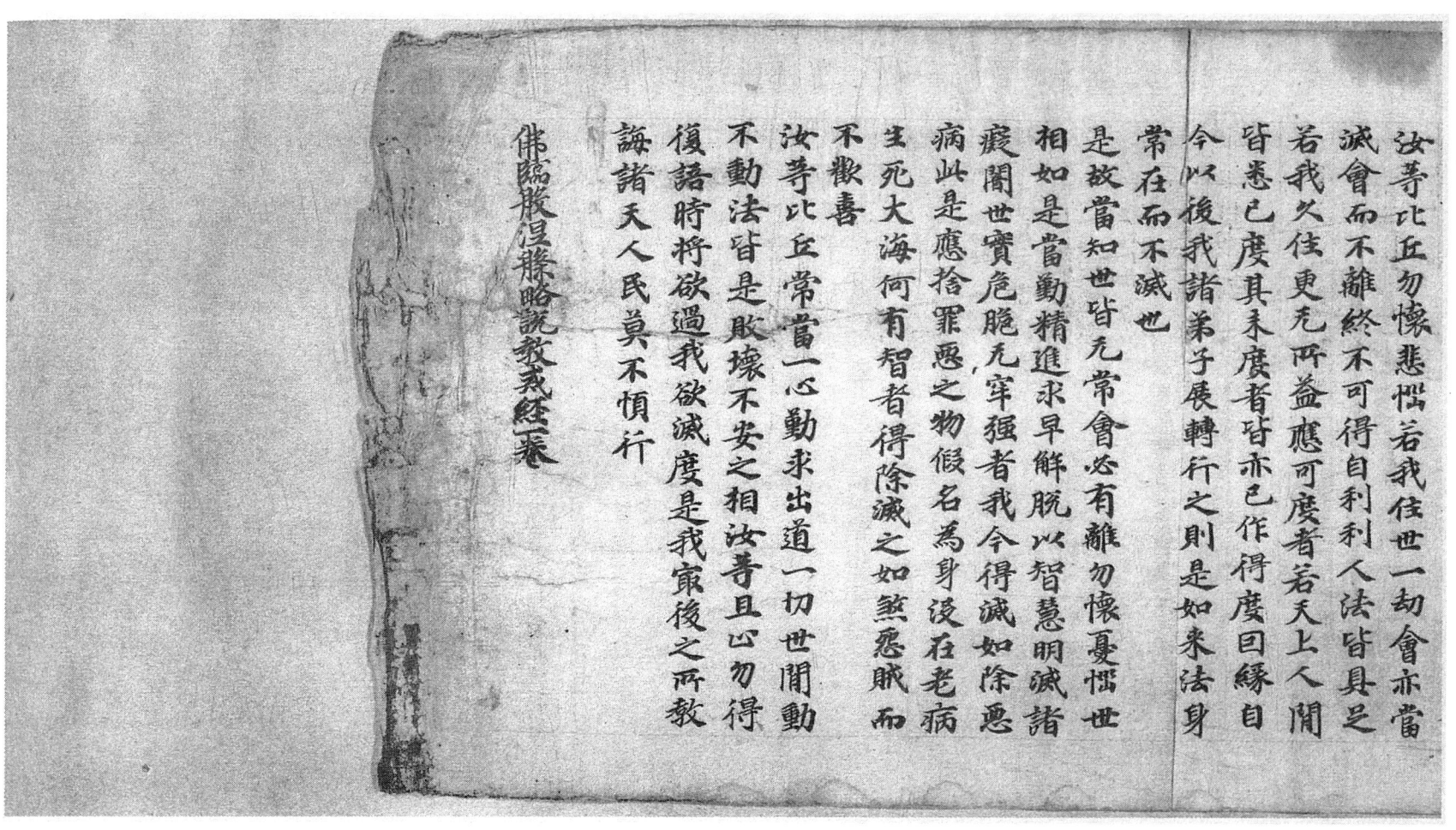

汝等比丘勿懷悲惱若我住世一劫會亦當
滅會而不離終不可得自利利人法皆具足
若我久住更无所益應可度者若天上人間
皆悉已度其未度者皆亦已作得度因緣自
今以後我諸弟子展轉行之則是如來法身
常在而不滅也
是故當知世皆无常會必有離勿懷憂惱世
相如是當勤精進求早解脫以智慧明滅諸
癡闇世實危脆无牢强者我今得滅如除惡
病此是應捨罪惡之物假名為身沒在老病
生死大海何有智者得除滅之如煞惡賊而
不歡喜
汝等比丘常當一心勤求出道一切世間動
不動法皆是敗壞不安之相汝等且止勿得
復語時將欲過我欲滅度是我最後之所教
誨諸天人民莫不慎行
佛臨般涅槃略說教戒經一卷

BD05847 號　佛垂般涅槃略說教誡經　（5–5）

名吉沙二名耆荼尸棄佛弟
一聲聞弟子一名勝自在毗舍浮佛弟
聞弟子一名星宿二名上拘留孫佛弟
子一名疾二名力拘那含牟尼佛
二名毗頭羅迦葉佛弟
二名頗羅墮我釋迦
一名舍利弗二名目
第一後神通第
名无憂尸棄佛侍者名離
畏毗舍浮佛侍者名寂拘留孫佛侍者名智
拘那含牟尼佛侍者名覲迦葉佛侍者名迦
夫我侍者名歡喜毗婆尸佛子名成陰尸棄
佛子名書智拘留孫
佛子名勝迦葉佛子
毗婆尸佛父名槃頭
無者槃頭意城名槃頭尸棄佛父名鈎那毋
名勝城名阿樓那跋提毗舍浮佛父名阿樓
那天子毋名稱意城名隨意拘留孫佛父婆

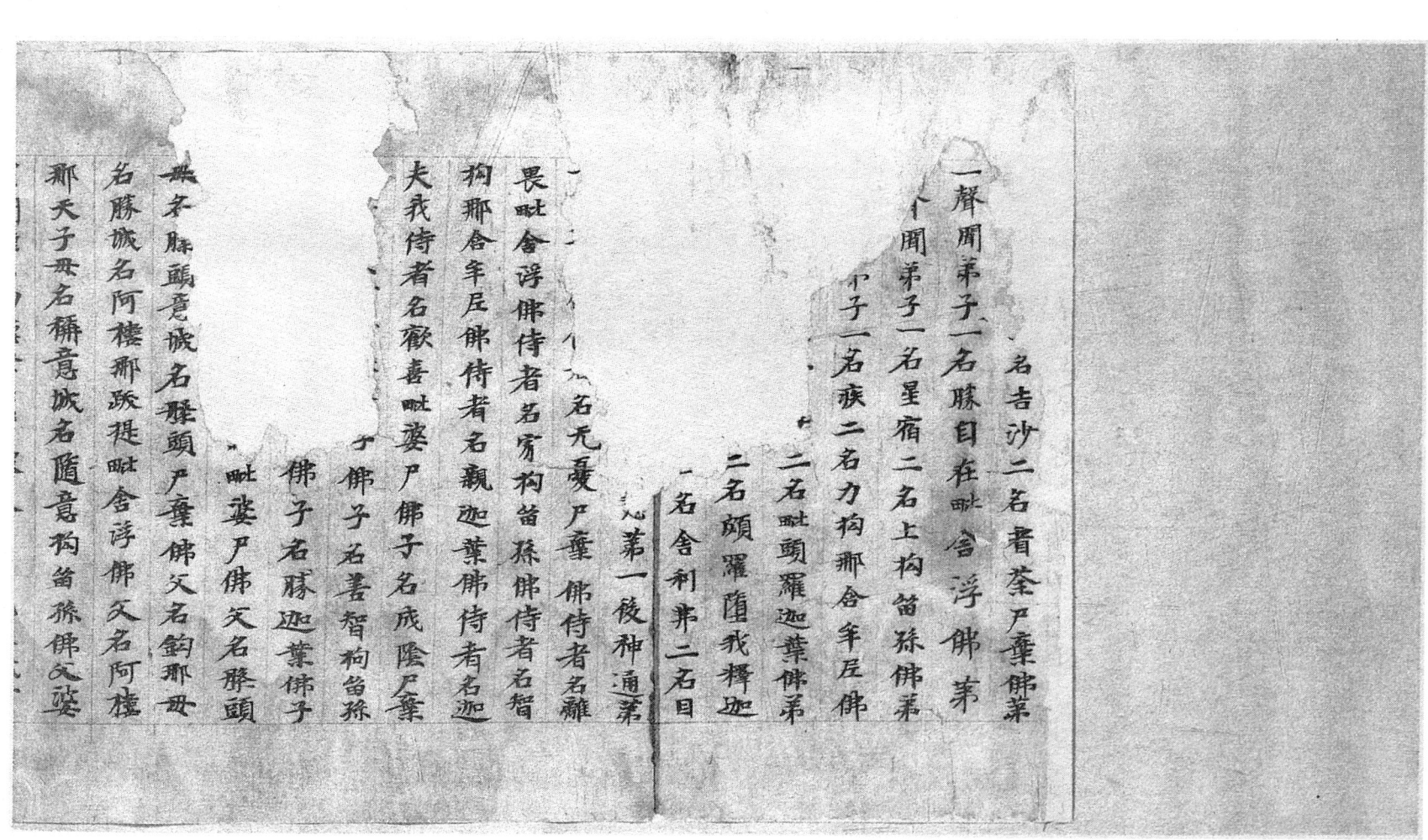

BD05848 號　佛名經（十六卷本）卷一一　（3–1）

毗婆尸佛父名槃頭
母名槃頭摩意城名槃頭尸棄佛父名鈎那母
名勝城名阿樓那跋提毗舍浮佛父名阿樓
那天子母名稱意城名隨意拘留孫佛父婆
羅門種名功德母名廣被天子名无畏城二名
无畏拘那含牟尼佛父婆羅門種名大德母
名難勝天子名莊嚴城二名莊嚴迦葉佛父
婆羅門種名淨德母名善才天子名知彼城
二名知彼今時波羅㮈城是我今父名輸頭
檀王母名摩訶摩耶城名迦毗羅
舍利弗應當敬礼我本師釋迦牟尼佛稱
妙佛　　　　　降伏一切佛
然燈光佛　　　无畏佛
法勝佛
如是等初一大阿僧祇劫有八十億佛最後
名釋迦牟尼佛第二阿僧祇劫初寶勝佛然
燈佛妙聲佛勝戒佛善見佛善眼佛持提羅
吒佛佛師子无畏自在不違善眼善山善意
旃檀降伏熱降伏闇師子奮迅妙聲无量威
德淨德大見第一義須有釋迦牟尼妙行勝
妙旁靜妙身功德梵梵命月降自在調山回
陁羅財此是第二大阿僧祇劫有如是等七
十二億佛應當敬礼
舍利弗大力大精進淨德大明陽炎須有釋
迦牟尼大龍大威德堅行旃檀寶山回陁羅

BD05848號　佛名經（十六卷本）卷一一　（3–2）

旃檀[illegible]
德淨德大見第一義須有釋迦牟尼妙行勝
妙旁靜妙身功德梵梵命月降自在調山回
陁羅財此是第二大阿僧祇劫有如是等七
十二億佛應當敬礼
舍利弗大力大精進淨德大明陽炎須有釋
迦牟尼大龍大威德堅行旃檀寶山回陁羅
幢无畏作留樓那寶髻彼頭摩勝妙勝无垢
興光明降伏惡波斯他大幢頗羅墮畢沙星
宿毗婆尸尸棄拘隣毗舍浮能作光明不可
勝須有尸棄善見最後釋迦牟尼第三大阿
僧祇劫中有如是等七十一億佛應當敬礼
舍利弗如是等過去无量佛汝等應當敬礼
南无歡喜譜長佛　　南无人自在王佛
南无不動佛　　南无大聖佛
南无歡喜佛　　南无自在佛
南无普光明佛　　南无滿足佛
南无拘隣佛　　[南]无安隱佛
南无大精進佛　　南[illegible]
南[illegible]　　南[illegible]

BD05848號　佛名經（十六卷本）卷一一　（3–3）

甲子十言 習

聖主法之王 安慰无量衆 我若
是德藏菩薩 於无漏實相 心已
号曰為淨身 亦度无量衆
佛此夜滅度 如薪盡火滅
比丘比丘尼 其數如恒沙
是妙光法師 奉持佛法藏
是諸八王子 妙光所開化
供養諸佛已 隨順行大道 相
最後天中天 号曰燃燈佛 諸
是妙光法師 時有一弟子 心常
求名利无猒 多遊族姓家
以是因緣故 号之為求名
供養於諸佛 隨順行大道
其後當作佛 号名曰弥勒 廣度諸衆
彼佛滅度後 懈怠者汝是 妙光法師
我見燈明佛 本光瑞如此 以是知今佛
今相如本瑞 是諸佛方便 今佛放光
諸人今當知 合掌一心待 佛當雨法

BD05849號　妙法蓮華經卷一

（15–1）

供養於諸佛 隨順行大道
其後當作佛 号名曰弥勒 廣度諸衆
彼佛滅度後 懈怠者汝是 妙光法師
我見燈明佛 本光瑞如此 以是知今佛
今相如本瑞 是諸佛方便 今佛放光
諸人今當知 合掌一心待 佛當雨法
諸求三乘人 若有疑悔者 佛當為除
妙法蓮華經方便品第二
尒時世尊從三昧安詳而起告舍
智慧甚深无量其智慧門難
聞辟支佛所不能知所以者
千万億无數諸佛盡行諸
精進名稱普聞成就甚深
說意趣難解舍利弗吾從成佛
緣種種譬喻廣演言教无數方
令離諸著所以者何如來方便
皆已具足舍利弗如來知見
无量力无所畏禪定解脫三昧
就一切未曾有法舍利弗如來
巧說諸法言辭柔軟悅可衆心
言之无量无邊未曾有法佛悉
弗不須復說所以者何佛所成就
難解之法唯佛與佛乃能究
謂諸法如是相如是性如是體
作如是因如是緣如是果如是
究竟等尒時世尊欲重宣此義而
世雄不可量 諸天及世人 一切衆生

BD05849號　妙法蓮華經卷一

（15–2）

弗不須復說所以者何佛所成就
難解之法唯佛與佛乃能究
謂諸法如是相如是性如是體
作如是因如是緣如是果如是
究竟等尒時世尊欲重宣此義而
世雄不可量　諸天及世人　一切衆生類
佛力无所畏　解脫諸三昧　及佛諸餘
本從无數佛　具足行諸道　甚深微妙
於无量億劫　行此諸道已　道場
如是大果報　種種性相義　我及十
是法不可示　言辭相寂滅　諸餘衆生
除諸菩薩衆　信力堅固者　諸佛弟子衆
一切漏已盡　住是最後身　如是諸人
假使滿世間　皆如舍利弗　盡思共
正使滿十方　皆如舍利弗　及餘諸弟
盡思共度量　亦復不能知　辟支佛
亦滿十方界　其數如竹林　斯等共一心　於億
欲思佛實智　莫能知少分　新發意菩薩　供養
了達諸義趣　又能善說法　如稻麻竹葦　充滿
一心以妙智　於恒河沙劫　咸皆共思量　不能
不退諸菩薩　其數如恒沙　一心共思求　亦復
又告舍利弗　无漏不思議　甚深微妙法　我今
唯我知是相　十方佛亦然　舍利弗當知　諸佛
於佛所說法　當生大信力　世尊法久後　要當
告諸聲聞衆　及求緣覺乘　我令脫苦縛　逮得
佛以方便力　示以三乘教　衆生處處著　引之

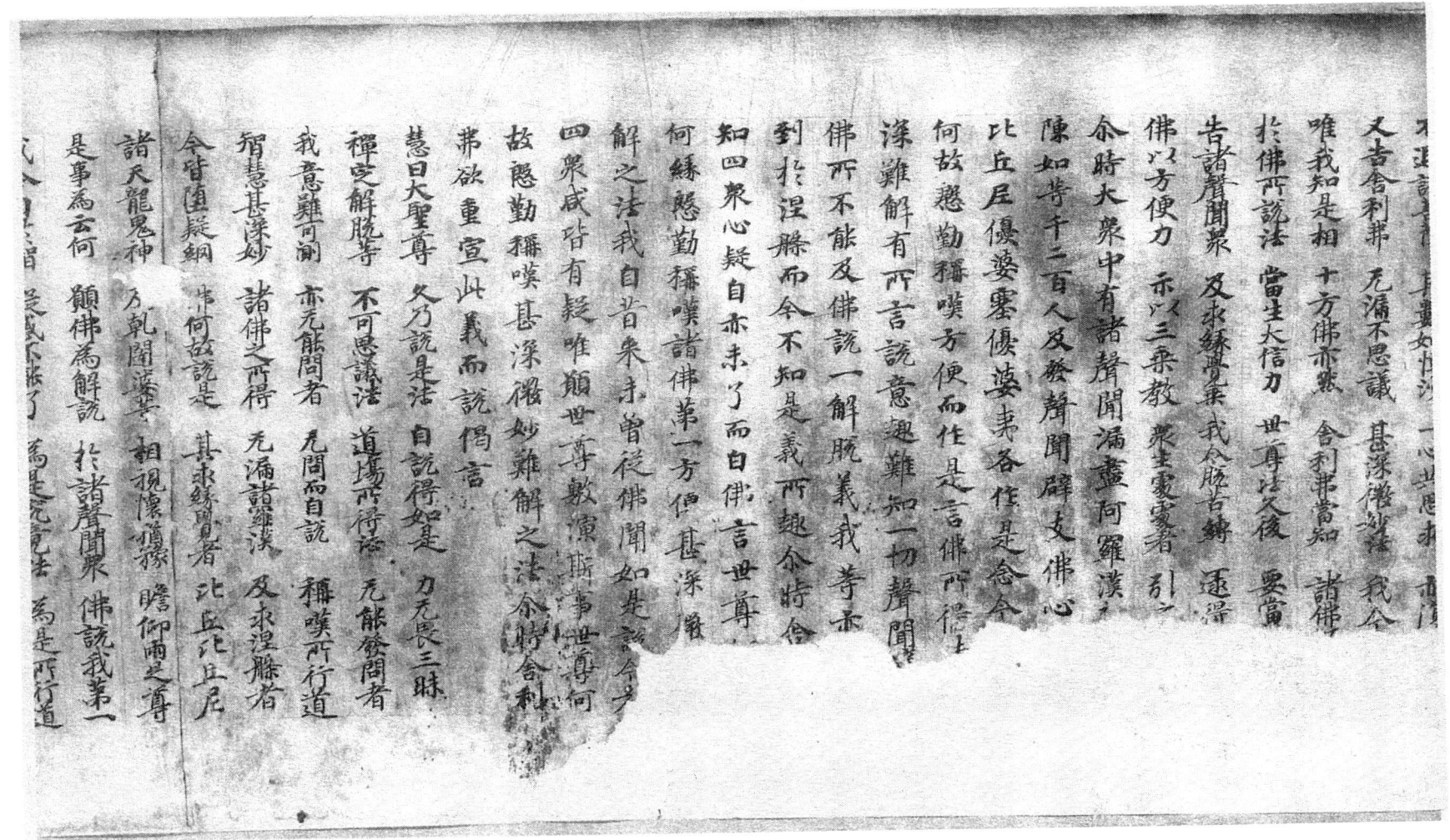

BD05849號　妙法蓮華經卷一　（15–3）

不退諸菩薩　其數如恒沙　一心共思求　亦復
又告舍利弗　无漏不思議　甚深微妙法　我今
唯我知是相　十方佛亦然　舍利弗當知　諸佛
於佛所說法　當生大信力　世尊法久後　要當
告諸聲聞衆　及求緣覺乘　我令脫苦縛　逮得
佛以方便力　示以三乘教　衆生處處著　引之
尒時大衆中有諸聲聞漏盡阿羅漢
陳如等千二百人及發聲聞辟支佛心
比丘比丘尼優婆塞優婆夷各作是念今
何故慇懃稱歎方便而作是言佛所得
深難解有所言說意趣難知一切聲聞
佛所不能及佛說一解脫義我等亦
到於涅槃而今不知是義所趣尒時舍
知四衆心疑自亦未了而白佛言世尊
何緣慇懃稱歎諸佛第一方便甚深微
解之法我自昔來未曾從佛聞如是說今
四衆咸皆有疑唯願世尊敷演斯事世尊何
故慇懃稱歎甚深微妙難解之法尒時舍利
弗欲重宣此義而說偈言
慧日大聖尊　久乃說是法　自說得如是　力无畏三昧
禪定解脫等　不可思議法　道場所得法　无能發問者
我意難可測　亦无能問者　无問而自說　稱歎所行道
智慧甚深妙　諸佛之所得　无漏諸羅漢　及求涅槃者
今皆墮疑網　佛何故說是　其求緣覺者　比丘比丘尼
諸天龍鬼神　及乾闥婆等　相視懷猶豫　瞻仰兩足尊
是事為云何　願佛為解說　於諸聲聞衆　佛說我第一
我今自於智　疑惑不能了　為是究竟法　為是所行道

BD05849號　妙法蓮華經卷一　（15–4）

智慧甚深妙　諸佛之所得　无漏諸羅漢　及求涅槃者
今皆墮疑網　佛何故說是　其求緣覺者　比丘比丘尼
諸天龍鬼神　及乾闥婆等　相視懷猶豫　瞻仰兩足尊
是事為云何　願佛為解說　於諸聲聞眾　佛說我第一
我今自於智　疑惑不能了　為是究竟法　為是所行道
佛口所生子　合掌瞻仰待　願出微妙音　時為如實說
諸天龍神等　其數如恒沙　求佛諸菩薩　大數有八万
又諸万億國　轉輪聖王至　合掌以敬心　欲聞具足道
尒時佛告舍利弗止止不須復說若說是事
一切世間諸天及人皆當驚疑舍利弗重白
佛言世尊唯願說之唯願說之所以者何是
會无數百千万億阿僧祇眾生曾見諸佛諸
根猛利智慧明了聞佛所說則能敬信尒時
舍利弗欲重宣此義而說偈言
法王无上尊　唯說願勿慮　是會无量眾　有能敬信者
佛復止舍利弗若說是事一切世間天人阿脩
羅皆當驚疑增上慢比丘將墜於大坑尒
時世尊重說偈言
止止不須說　我法妙難思　諸增上慢者　聞必不敬信
尒時舍利弗重白佛言世尊唯願說之唯願
說之今此會中如我等比百千万億世世已
曾從佛受化如此人等必能敬信長夜安隱
多所饒益尒時舍利弗欲重宣此義而
說偈言
无上兩足尊　願說第一法　我為佛長子　唯垂分別說
是會无量眾　能敬信此法　佛已曾世世　教化如是等

BD05849號　妙法蓮華經卷一　（15–5）

說之今此會中如我等比百千万億世世已
曾從佛受化如此人等必能敬信長夜安隱
多所饒益尒時舍利弗欲重宣此義而
說偈言
无上兩足尊　願說第一法　我為佛長子　唯垂分別說
是會无量眾　能敬信此法　佛已曾世世　教化如是等
皆一心合掌　欲聽受佛語　我等千二百　及餘求佛者
願為此眾故　唯垂分別說　是等聞此法　則生大歡喜
尒時世尊告舍利弗汝已慇懃三請豈得不
說汝今諦聽善思念之吾當為汝分別解說
說此語時會中有比丘比丘尼優婆塞優婆夷
五千人等即從坐起禮佛而退所以者何此輩
罪根深重及增上慢未得謂得未證謂證
有如此失是以不住世尊默然而不制止尒
時佛告舍利弗我今此眾无復枝葉純有貞
實舍利弗如是增上慢人退亦佳矣汝今善
聽當為汝說舍利弗言唯然世尊願樂欲聞
佛告舍利弗如是妙法諸佛如來時乃說之
如優曇鉢華時一現耳舍利弗汝等當信佛
之所說言不虛妄舍利弗諸佛隨宜說法意
趣難解所以者何我以无數方便種種因緣
譬喻言辭演說諸法是法非思量分別之所
能解唯有諸佛乃能知之所以者何諸佛世
尊唯以一大事因緣故出現於世舍利弗云
何名諸佛世尊唯以一大事因緣故出現於
世諸佛世尊欲令眾生開佛知見使得清淨
故出現於世欲示眾生佛知見故出現於世

BD05849號　妙法蓮華經卷一　（15–6）

譬喻言辭演說諸法是法非思量分別之所
能解唯有諸佛乃能知之所以者何諸佛世
尊唯以一大事因緣故出現於世舍利弗云
何名諸佛世尊唯以一大事因緣故出現於
世諸佛世尊欲令衆生開佛知見使得清淨
故出現於世欲示衆生佛知見故出現於世
欲令衆生悟佛知見故出現於世欲令衆生
入佛知見道故出現於世舍利弗是爲諸佛
以一大事因緣故出現於世
佛告舍利弗諸佛如來但教化菩薩諸有所
作常爲一事唯以佛之知見示悟衆生舍利
弗如來但以一佛乘故爲衆生說法无有餘
乘若二若三舍利弗一切十方諸佛法亦如
是舍利弗過去諸佛以无量无數方便種種
因緣譬喻言辭而爲衆生演說諸法是法皆
爲一佛乘故是諸衆生從諸佛聞法究竟皆
得一切種智舍利弗未來諸佛當出於世亦
以无量无數方便種種因緣譬喻言辭而爲
衆生演說諸法是法皆爲一佛乘故是諸衆
生從佛聞法究竟皆得一切種智舍利弗現
在十方无量百千万億佛土中諸佛世尊多
所饒益安樂衆生是諸佛亦以无量无數方
便種種因緣譬喻言辭而爲衆生演說諸法
是法皆爲一佛乘故是諸衆生從佛聞法究
竟皆得一切種智舍利弗是諸佛但教化菩
薩欲以佛之知見示衆生故欲以佛之知見

BD05849號　妙法蓮華經卷一　（15–7）

在十方无量百千万億佛土中諸佛世尊多
所饒益安樂衆生是諸佛亦以无量无數方
便種種因緣譬喻言辭而爲衆生演說諸法
是法皆爲一佛乘故是諸衆生從佛聞法究
竟皆得一切種智舍利弗是諸佛但教化菩
薩欲以佛之知見示衆生故欲以佛之知見
悟衆生故欲令衆生入佛知見故舍利弗我
令亦復如是知諸衆生有種種欲深心所著
隨其本性以種種因緣譬喻言辭方便力故
而爲說法舍利弗如此皆爲得一佛乘一切
種智故舍利弗十方世界中尚无二乘何况
有三
舍利弗諸佛出於五濁惡世所謂劫濁煩惱
濁衆生濁見濁命濁如是舍利弗劫濁亂時
衆生垢重慳貪嫉妬成就諸不善根故諸佛
以方便力於一佛乘分別說三舍利弗若我
弟子自謂阿羅漢辟支佛者不聞不知諸佛
如來但教化菩薩事此非佛弟子非阿羅漢
非辟支佛又舍利弗是諸比丘比丘尼自謂
已得阿羅漢是最後身究竟涅槃便不復志
求阿耨多羅三藐三菩提當知此輩皆是增
上慢人所以者何若有比丘實得阿羅漢若
不信此法无有是處除佛滅度後現前无佛
所以者何佛滅度後如是等經受持讀誦解
義者是人難得若遇餘佛於此法中便得決了
舍利弗汝等當一心信解受持佛語諸佛如來

BD05849號　妙法蓮華經卷一　（15–8）

上慢人所以者何若有比丘實得阿羅漢若
不信此法无有是處除佛滅度後現前无佛
所以者何佛滅度後如是等經受持讀誦解
義者是人難得若遇餘佛於此法中便得決了
舍利弗汝等當一心信解受持佛語諸佛如来
言无虛妄无有餘乘唯一佛乘尒時世尊欲
重宣此義而說偈言
比丘比丘尼　有懷增上慢　優婆塞我慢　優婆夷不信
如是四衆等　其數有五千　不自見其過　於戒有缺漏
護惜其瑕疵　是小智已出　衆中之糟糠　佛威德故去
斯人尠福德　不堪受是法　此衆无枝葉　唯有諸貞實
舍利弗善聽　諸佛所得法　无量方便力　而為衆生說
衆生心所念　種種所行道　若干諸欲性　先世善惡業
佛悉知是已　以諸緣譬喻　言辭方便力　令一切歡喜
或說脩多羅　伽陀及本事　本生未曾有　亦說於因緣
譬喻并祇夜　優波提舍經　鈍根樂小法　貪著於生死
於諸无量佛　不行深妙道　衆苦所惱亂　為是說涅槃
我設是方便　令得入佛慧　未曾說汝等　當得成佛道
所以未曾說　說時未至故　今正是其時　決定說大乘
我此九部法　隨順衆生說　入大乘為本　以故說是經
有佛子心淨　柔軟亦利根　无量諸佛所　而行深妙道
為此諸佛子　說是大乘經
我記如是人　来世成佛道　以深心念佛　脩持淨戒故
此等聞得佛　大喜充遍身　佛知彼心行　故為說大乘
聲聞若菩薩　聞我所說法　乃至於一偈　皆成佛无疑
十方佛土中　唯有一乘法　无二亦无三　除佛方便說

BD05849號　妙法蓮華經卷一　（15-9）

為此諸佛子　說是大乘經
我記如是人　来世成佛道　以深心念佛　脩持淨戒故
此等聞得佛　大喜充遍身　佛知彼心行　故為說大乘
聲聞若菩薩　聞我所說法　乃至於一偈　皆成佛无疑
十方佛土中　唯有一乘法　无二亦无三　除佛方便說
但以假名字　引導於衆生　說佛智慧故　諸佛出於世
唯此一事實　餘二則非真　終不以小乘　濟度於衆生
佛自住大乘　如其所得法　定慧力莊嚴　以此度衆生
自證无上道　大乘平等法　若以小乘化　乃至於一人
我則墮慳貪　此事為不可　若人信歸佛　如来不欺誑
亦无貪嫉意　斷諸法中惡　故佛於十方　而獨无所畏
我以相嚴身　光明照世間　无量衆所尊　為說實相印
舍利弗當知　我本立誓願　欲令一切衆　如我等无異
如我昔所願　今者已滿足　化一切衆生　皆令入佛道
若我遇衆生　盡教以佛道　无智者錯亂　迷惑不受教
我知此衆生　未曾脩善本　堅著於五欲　癡愛故生惱
以諸欲因緣　墜墮三惡道　輪迴六趣中　備受諸苦毒
受胎之微形　世世常增長　薄德少福人　衆苦所逼迫
入邪見稠林　若有若无等　依止此諸見　具足六十二
深著虛妄法　堅受不可捨　我慢自矜高　諂曲心不實
於千万億劫　不聞佛名字　亦不聞正法　如是人難度
是故舍利弗　我為設方便　說諸盡苦道　示之以涅槃
我雖說涅槃　是亦非真滅　諸法從本来　常自寂滅相
佛子行道已　来世得作佛
我有方便力　開示三乘法　一切諸世尊　皆說一乘道
今此諸大衆　皆應除疑惑　諸佛語无異　唯一无二乘

BD05849號　妙法蓮華經卷一　（15-10）

是故舍利弗 我為設方便 說諸盡苦道 示之以涅槃
我雖說涅槃 是亦非真滅 諸法從本來 常自寂滅相
佛子行道已 來世得作佛
我有方便力 開示三乘法 一切諸世尊 皆說一乘道
今此諸大眾 皆應除疑惑 諸佛語无異 唯一无二乘
過去无數劫 无量滅度佛 百千万億種 其數不可量
如是諸世尊 種種緣譬喻 无數方便力 演說諸法相
是諸世尊等 皆說一乘法 化无量眾生 令入於佛道
又諸大聖主 知一切世間 天人群生類 深心之所欲
更以異方便 助顯第一義 若有眾生類 值諸過去佛
若聞法布施 或持戒忍辱 精進禪智等 種種脩福德
如是諸人等 皆已成佛道 諸佛滅度已 若人善軟心
如是諸眾生 皆已成佛道 諸佛滅度已 供養舍利者
起万億種塔 金銀及頗梨 車璖与馬瑙 玫瑰琉璃珠
清淨廣嚴飾 莊校於諸塔 或有起石廟 栴檀及沈水
木櫁并餘材 塼瓦泥土等 若於曠野中 積土成佛廟
乃至童子戲 聚沙為佛塔 如是諸人等 皆已成佛道
若人為佛故 建立諸形像 刻彫成眾相 皆已成佛道
或以七寶成 鍮石赤白銅 白鑞及鉛錫 鐵木及與泥
或以膠漆布 嚴飾作佛像 如是諸人等 皆已成佛道
彩畫作佛像 百福莊嚴相 自作若使人 皆已成佛道
乃至童子戲 若草木及筆 或[illegible]中 而畫作佛像
如是諸人等 漸漸積功德 具[illegible]心 皆已成佛道
但化諸菩薩 度脫无量眾 若[illegible] 寶像及畫像
以華香幡蓋 敬心而供養 若[illegible] 擊鼓吹角貝
簫笛琴箜篌 琵琶鐃銅鈸 如[illegible] 盡持以供養

BD05849號 妙法蓮華經卷一 (15-11)

彩畫作佛像 百福莊嚴相 自作若使人 皆已成佛道
乃至童子戲 若草木及筆 或[illegible]中 而畫作佛像
如是諸人等 漸漸積功德 具[illegible]心 皆已成佛道
但化諸菩薩 度脫无量眾 若[illegible] 寶像及畫像
以華香幡蓋 敬心而供養 若[illegible] 擊鼓吹角貝
簫笛琴箜篌 琵琶鐃銅鈸 如[illegible] 盡持以供養
或以歡喜心 歌唄頌佛德 乃[illegible] 皆已成佛道
若人散亂心 乃至以一華 供[illegible] 漸見无數佛
或有人礼拜 或復但合掌 乃[illegible] 或復小低頭
以此供養像 漸見无量佛 自[illegible]道 廣度无數眾
入无餘涅槃 如薪盡火滅
若人散亂心 入於塔廟中 一稱南无佛 皆已成佛道
於諸過去佛 現在或滅後 若有聞是法 皆已成佛道
未來諸世尊 其數无有量 是諸如來等 亦方便說法
一切諸如來 以无量方便 度脫諸眾生 入佛无漏智
若有聞法者 无一不成佛 諸佛本誓願 我所行佛道
普欲令眾生 亦同得此道 未來世諸佛 雖說百千億
无數諸法門 其實為一乘 諸佛兩足尊 知法常无性
佛種從緣起 是故說一乘 是法住法位 世間相常住
於道場知已 導師方便說 天人所供養 現在十方佛
其數如恒沙 出現於世間 安隱眾生故 亦說如是法
知第一寂滅 以方便力故 雖示種種道 其實為佛乘
知眾生諸行 深心之所念 過去所習業 欲性精進力
及諸根利鈍 以種種因緣 譬喻亦言辭 隨應方便說
今我亦如是 安隱眾生故 以種種法門 宣示於佛道
我以智慧力 知眾生性欲 方便說諸法 皆令得歡喜

BD05849號 妙法蓮華經卷一 (15-12)

知第一寂滅　以方便力故　雖示種種道　其實為佛乘
知眾生諸行　深心之所念　過去所習業　欲性精進力
及諸根利鈍　以種種因緣　譬喻亦言辭　隨應方便說
今我亦如是　安隱眾生故　以種種法門　宣示於佛道
我以智慧力　知眾生性欲　方便說諸法　皆令得歡喜
舍利弗當知　我以佛眼觀　見六道眾生　貧窮无福慧
入生死險道　相續苦不斷　深著於五欲　如犛牛愛尾
以貪愛自蔽　盲瞑无所見　不求大勢佛　及與斷苦法
深入諸邪見　以苦欲捨苦　為是眾生故　而起大悲心
我始坐道場　觀樹亦經行　於三七日中　思惟如是事
我所得智慧　微妙最第一　眾生諸根鈍　著樂癡所盲
如斯之等類　云何而可度
尒時諸梵王　及諸天帝釋　護世四天王　及大自在天
并餘諸天眾　眷屬百千萬　恭敬合掌禮　請我轉法輪
我即自思惟　若但讚佛乘　眾生沒在苦　不能信是法
破法不信故　墜於三惡道　我寧不說法　疾入於涅槃
尋念過去佛　所行方便力　我今所得道　亦應說三乘
作是思惟時　十方佛皆現　梵音慰喻我　善哉釋迦文
第一之導師　得是无上法　隨諸一切佛　而用方便力
我等亦皆得　最妙第一法　為諸眾生類　分別說三乘
少智樂小法　不自信作佛　是故以方便　分別說諸果
雖復說三乘　但為教菩薩
舍利弗當知　我聞聖師子　深淨微妙音　稱南无諸佛
復作如是念　我出濁惡世　如諸佛所說　我亦隨順行
思惟是事已　即趣波羅奈　諸法寂滅相　不可以言宣
以方便力故　為五比丘說　是名轉法輪　便有涅槃音

BD05849號　妙法蓮華經卷一　（15–13）

少智樂小法　不自信作佛　是故以方便　分別說諸果
雖復說三乘　但為教菩薩
舍利弗當知　我聞聖師子　深淨微妙音　稱南无諸佛
復作如是念　我出濁惡世　如諸佛所說　我亦隨順行
思惟是事已　即趣波羅奈　諸法寂滅相　不可以言宣
以方便力故　為五比丘說　是名轉法輪　便有涅槃音
及以阿羅漢　法僧差別名　從久遠劫來　讚示涅槃法
生死苦永盡　我常如是說　舍利弗當知　我見佛子等
志求佛道者　无量千萬億　咸以恭敬心　皆來至佛所
曾從諸佛聞　方便所說法　我即作是念　如來所以出
為說佛慧故　今正是其時　舍利弗當知　鈍根小智人
著相憍慢者　不能信是法　[illegible]　於諸菩薩中
正直捨方便　但說无上道　[illegible]　疑網皆已除
千二百羅漢　悉亦當作佛　[illegible]　說法之儀式
我今亦如是　說无分別法　[illegible]　懸遠值遇難
正使出于世　說是法復難　无量无數劫　聞是法亦難
能聽是法者　斯人亦復難　譬如優曇華　一切皆愛樂　天人所希有　時時乃一出
聞法歡喜讚　乃至發一言　則為已供養　一切三世佛
是人甚希有　過於優曇華　汝等勿有疑　我為諸法王
普告諸大眾　但以一乘道　教化諸菩薩　无聲聞弟子
汝等舍利弗　聲聞及菩薩　當知是妙法　諸佛之祕要
以五濁惡世　但樂著諸欲　如是等眾生　終不求佛道
當來世惡人　聞佛說一乘　迷惑不信受　破法墮惡道
有慚愧清淨　志求佛道者　當為如是等　廣讚一乘道
舍利弗當知　諸佛法如是　以萬億方便　隨宜而說法

BD05849號　妙法蓮華經卷一　（15–14）

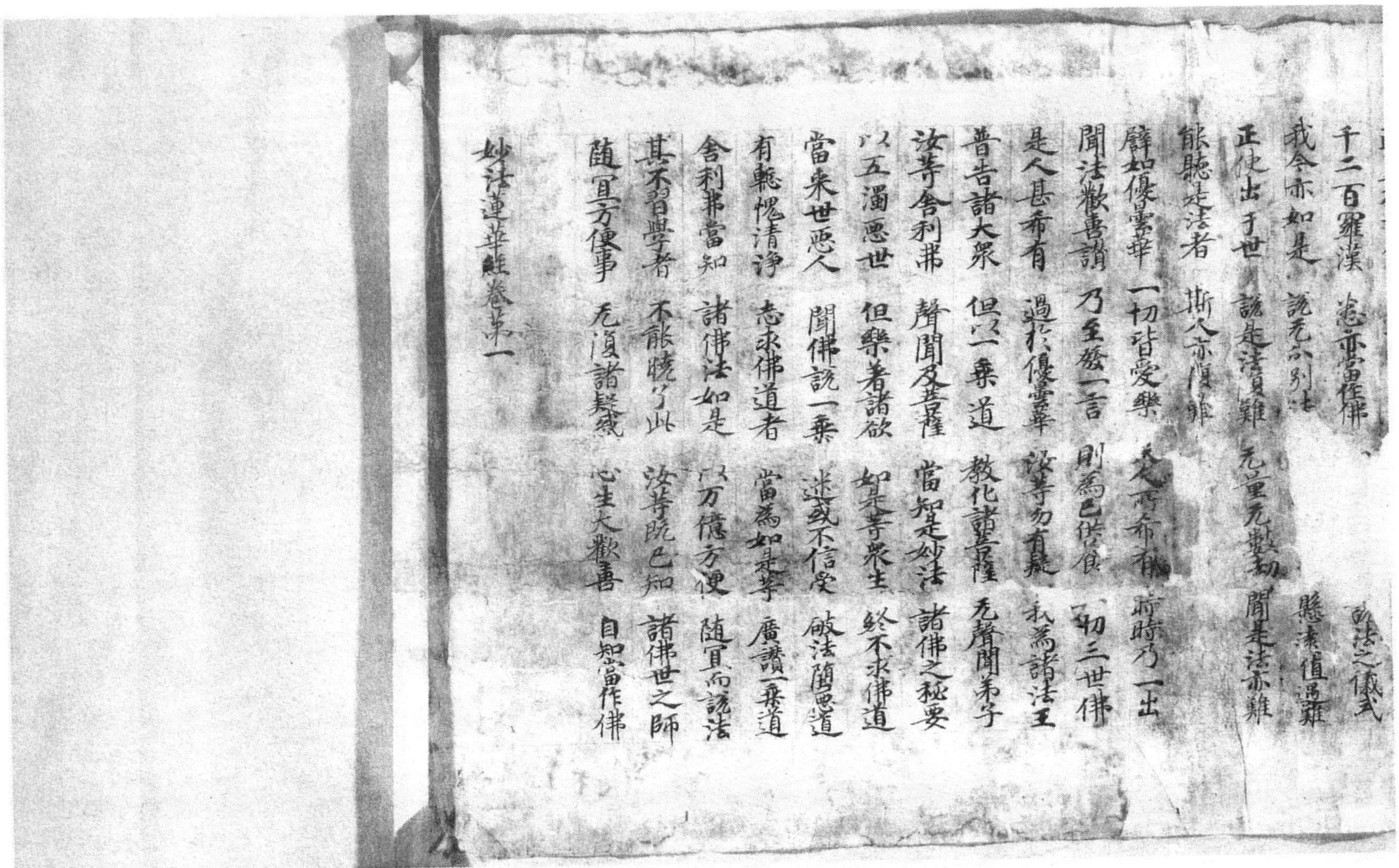

千二百羅漢 悉亦當作佛 說法之儀式
我今亦如是 說无分別法 懸遠值遇難
正使出于世 說是法復難 无量无數劫 聞是法亦難
能聽是法者 斯人亦復難
譬如優曇華 一切皆愛樂 天人所希有 時時乃一出
聞法歡喜讚 乃至發一言 則爲已供養 一切三世佛
是人甚希有 過於優曇華 汝等勿有疑 我爲諸法王
普告諸大衆 但以一乘道 教化諸菩薩 无聲聞弟子
汝等舍利弗 聲聞及菩薩 當知是妙法 諸佛之秘要
以五濁惡世 但樂著諸欲 如是等衆生 終不求佛道
當來世惡人 聞佛說一乘 迷惑不信受 破法墮惡道
有慚愧清淨 志求佛道者 當爲如是等 廣讚一乘道
舍利弗當知 諸佛法如是 以万億方便 隨宜而說法
其不習學者 不能曉了此 汝等既已知 諸佛世之師
隨宜方便事 无復諸疑惑 心生大歡喜 自知當作佛
妙法蓮華經卷第一

BD05849 號 妙法蓮華經卷一

（15–15）

今荒月令
示
件狀如
神沙百姓張元俊
右件人等

BD05849 號背 殘狀（擬）

（1–1）

可
生隨有說
齊以是故不應於
有一法能作能見能知
有業亦有果　无作業果者　此第一甚深　是法佛能說
雖空亦不斷　相續亦不常　罪福亦不失　如是法佛說
略說聞竟。一者今當說。問曰：佛法中數時等
法實无，陰持入所不攝，故何以故言一時？答
曰：隨世俗故有一時，无有咎。若畫泥木等作
天像，念天故礼拜无咎。說一時亦如是，雖實无
一時，隨俗說一時无咎。問曰：不應无一時，佛自
說言：一人出世，多人得樂。是者何人？佛世尊。如說偈：
我行无師保　志一无等侶　積一行得佛　自然通聖道
如是等佛處處說一，應當有一。復次一法和合
故，物名為一。若實无一法，何以故一物中一心
生，非二非三；二物中二心生，非一非三；三物中
三心生，非二非一。若實无諸數，一物中應二心
生，二物中應一心生。如是等三四五六皆爾。以
是故定一物中有一法，是法和合故，一物中一
心生。答曰：若一與物一，若一與物異，二俱有
過。問曰：若一有何過？答曰：若一瓶是一義，如
因提梨釋迦一義，若爾者，在在有一處處

BD05850號　大智度論卷一　（5-1）

生非二非三；二物中二心生，非一非三；三物中
三心生，非二非一。若實无諸數，一物中應二心
生，二物中應一心生。如是等三四五六皆爾。以
是故定一物中有一法，是法和合故，一物中一
心生。答曰：若一與物一，若一與物異，二俱有
過。問曰：若一有何過？答曰：若一瓶是一義，如
因提梨釋迦一義，若爾者，在在有一處處
應皆是瓶，譬如在在有因提梨，亦處處有釋
迦。今衣等諸物皆應是瓶，一瓶故，如是處處
皆應是瓶，如瓶衣等悉是一物，无有別。復
次一是數法，瓶亦應是數法；瓶體有五法，一
亦應有五法；瓶有色有對，一亦應有色有對。
若在在一不名為瓶，今不應瓶瓶一，若說一不
攝瓶，說瓶亦不攝瓶一不異故。又復欲說一
應說瓶，欲說瓶應說一，如是則錯亂。問曰：
一中過如是，異中有何咎？答曰：若一與瓶
異，瓶則非一；若瓶與一異，則非瓶。若瓶與
一合，瓶名一者，今一與瓶合，何以不名一為
瓶？是故不得言瓶一異。問曰：唯一數合故，瓶
為一，瓶一不作瓶。答曰：諸數初一，一與瓶異。
以是故瓶不作一，一无故多亦无。何以故？先
一後多故。如是異中一不可得，以是故二門
中求一法不可得，不可得故，云何陰持入攝？
但佛弟子隨俗語言名為一，心實不著，知數
法名字有。以是故佛法中言一人、一師、一時，
不隨邪見。略說一義竟。時者今當說。問曰：
天竺說時名有二種：一名迦羅，二名三摩耶。
佛何以不言迦羅而言三摩耶？答曰：若言迦
羅，俱亦有疑。問曰：輕易故，說應言迦羅，迦羅
二字，三摩耶三字，重語難故。答曰：除邪見故
說三摩耶不言迦羅有人言一切天地好醜皆

BD05850號　大智度論卷一　（5-2）

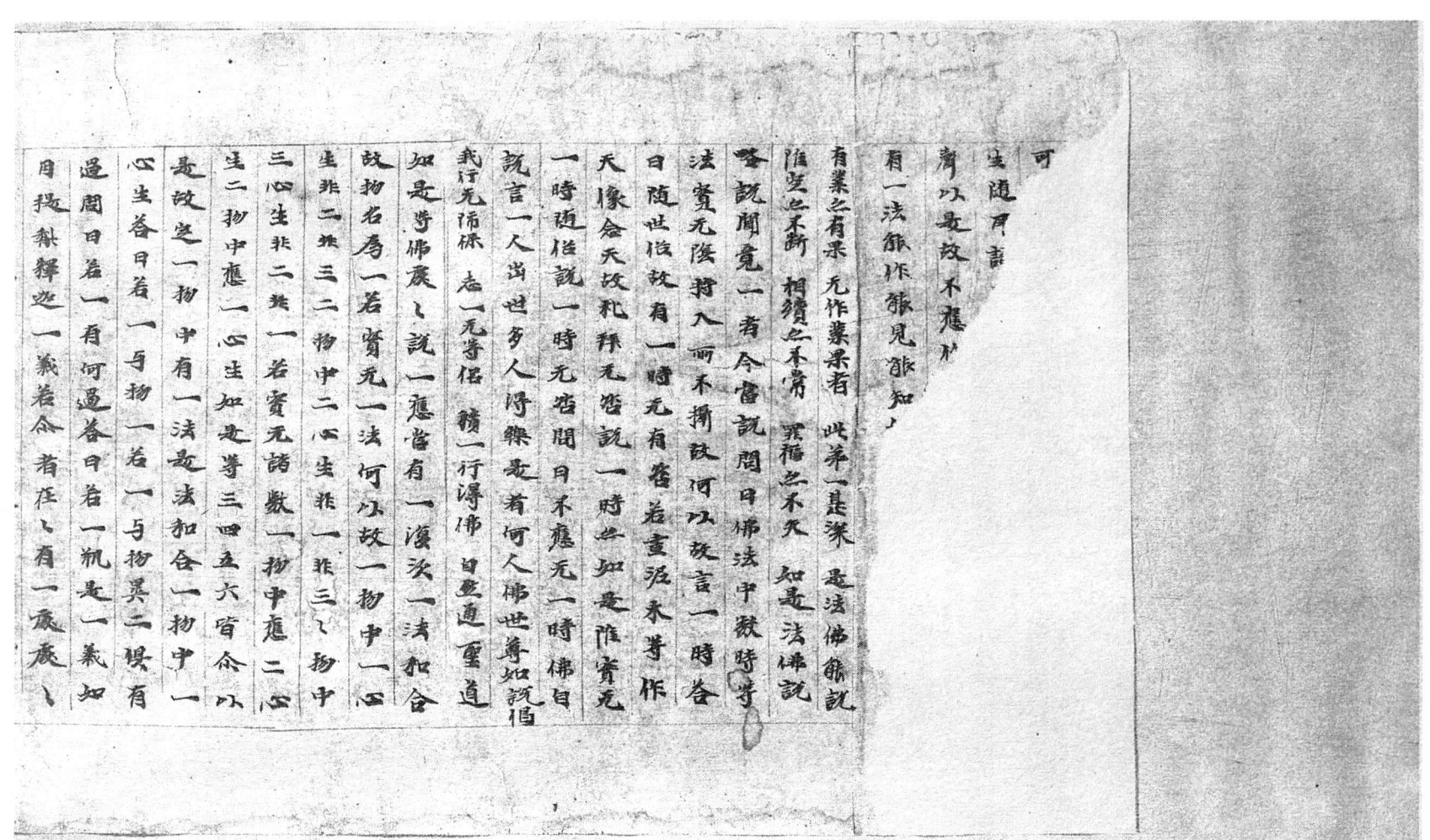

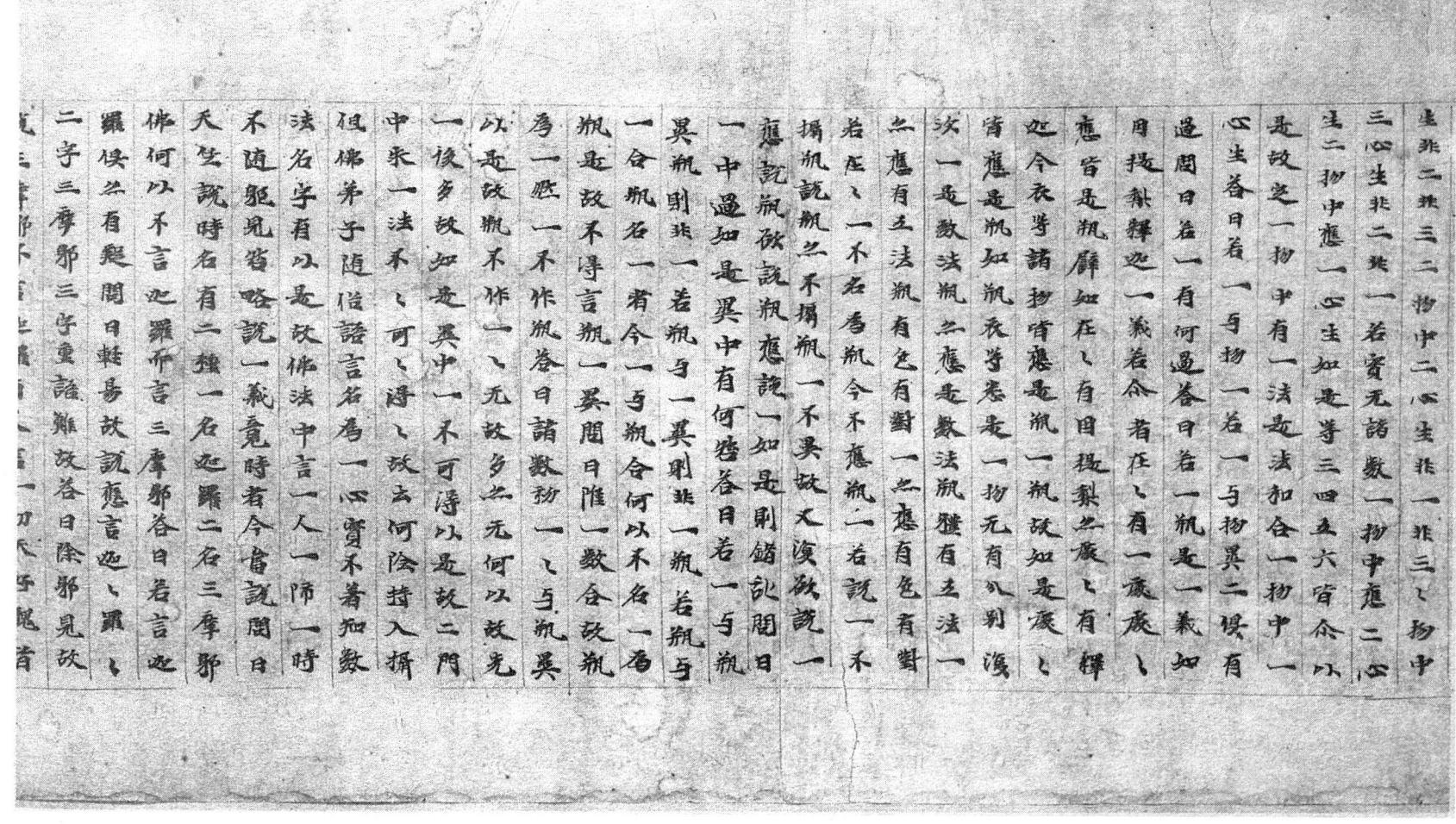

法名字有以是故佛法中言一人一師一時
不通驅見皆略說一義竟時若今當說問曰
天竺說時名有二種一名迦羅二名三摩耶
佛何以不言迦羅而言三摩耶答曰若言迦
羅俟亦有疑問曰輕易故說應言迦〻羅〻
二字三摩耶三字重語難故答曰除邪見故
說三摩耶不言迦羅有人言一切天好醜皆
以時為因如時經中說
時來衆生熟　時至則催促　時能覺悟人　是故時為因
世界如車輪　時變如轉輪　人亦如車輪　或上而或下
更有人言雖天地好醜一切物非時所作然
時是不變因是實有時法細故不可見不可
知以花菓等故可知有時往年今年近遠遲
疾見此相雖不見時可知有時何以故見果
知有因故以是故有時〻法〻不壞故常答曰
知泥丸是現在時土塵是過去時未來時相
常故過去時不作未來時如經書法時是一
物以是故過去世不作未來世亦不作現在
世雖過去故過去世中亦无未來世以是故
无未來世現在亦如是問曰汝受過去土塵
時若有過去時亦應有未來時是故實有時
法答曰汝不聞我先說過去世土塵
未來世不作過去世過未來世相中是未來
世相時云何名過去時以是故過去時亦无
問曰何以无時亦應有時現在有現在相過
去有過去相未來有未來相答曰若今一切
三世時有自相應盡是現在世无過去未來
時若今有不名未來應當名現在以是故是
事不然問曰過去時未來時非現在中行過
去時則過去世中行未來世未來世中行以

BD05850號　大智度論卷一　（5-3）

問曰何以无時亦應有時現在有現在相過
去有過去相未來有未來相答曰若今一切
三世時有自相應盡是現在世无過去未來
時若今有不名未來應當名現在以是故是
事不然問曰過去時未來時非現在中行過
去時則過去世中行未來世未來世中行以
是故答〻法相有時答曰若過去復過去則
破過去相若過去相不過去則无過去相何
以故自相捨未來世亦如是以是故時法无
實是云何能生天地好醜及花菓等諸物如
是等種〻除邪見故不說迦羅時但說三摩
耶時陰界入生滅故假名為時无別時所謂
有方時離合一異長短等名字出凡人心著
謂是實有法以是故除捨世界名字語言法
問曰若无時云何聽時食非時食戒答
曰我先以說世界名字法有時非實法汝不
應難亦是毗尼中結戒法是世界中實非第
一實法相吾我法相實不可得故亦為衆人
瞋呵故亦欲護佛法使久存定弟子礼法故
諸佛世尊結諸戒是中不應求有何實有何
名字等何者相應何有不相應何者是法如
是相何有是法不如是相以是故是事不應
難如是我聞一時五語各〻義略說竟問曰
如非時食時藥時衣皆是何緣何以不說三
摩耶答曰此毗尼中說白衣不得聞外道何
得聞而生邪見餘經通皆得聞是故說三摩
耶令其不生邪見三摩耶□〻時之是假
稱又佛法中多說三摩耶少說迦羅少故不
應以立難

摩訶衍經卷第一

BD05850號　大智度論卷一　（5-4）

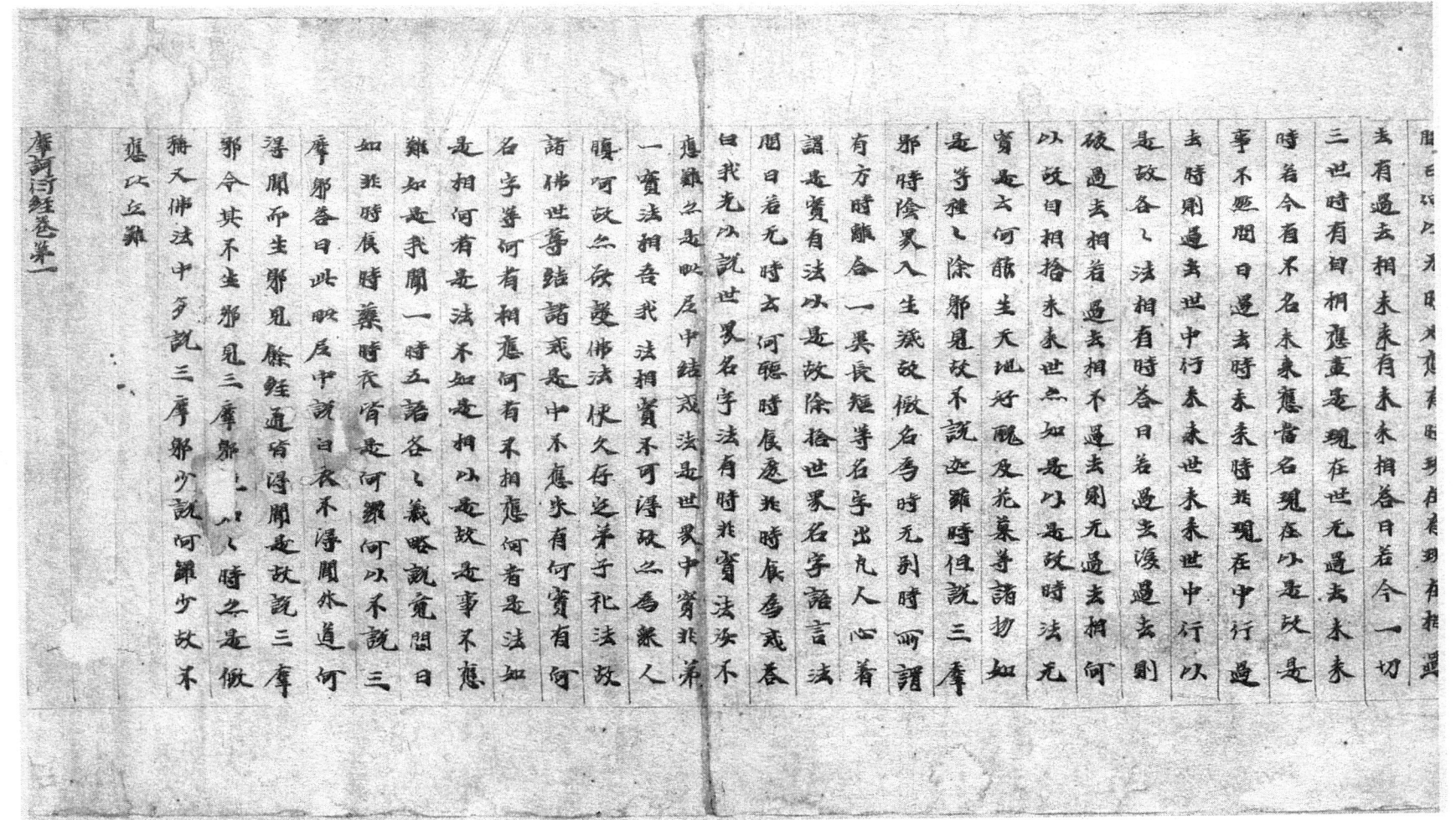

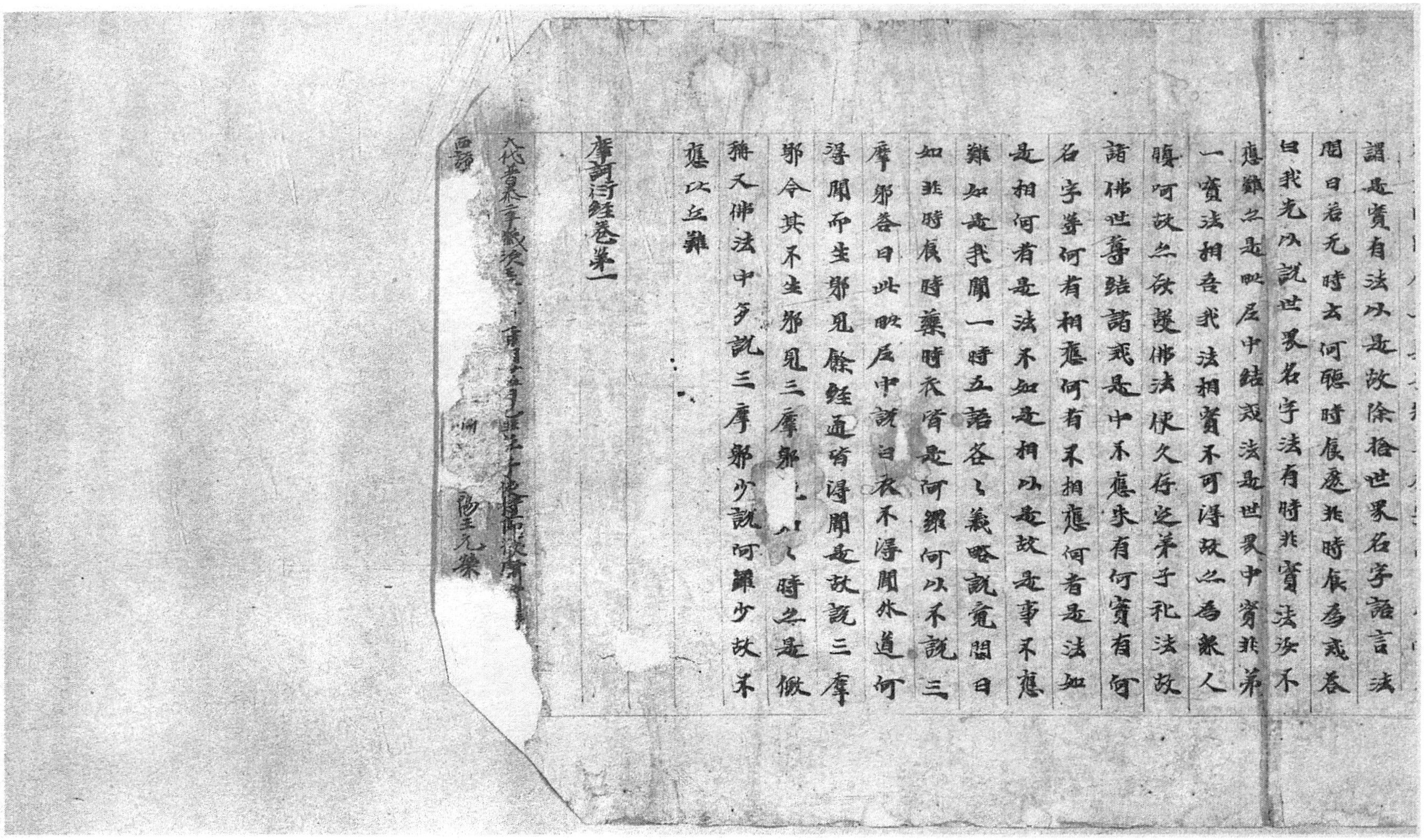

BD05850 號　大智度論卷一　（5–5）

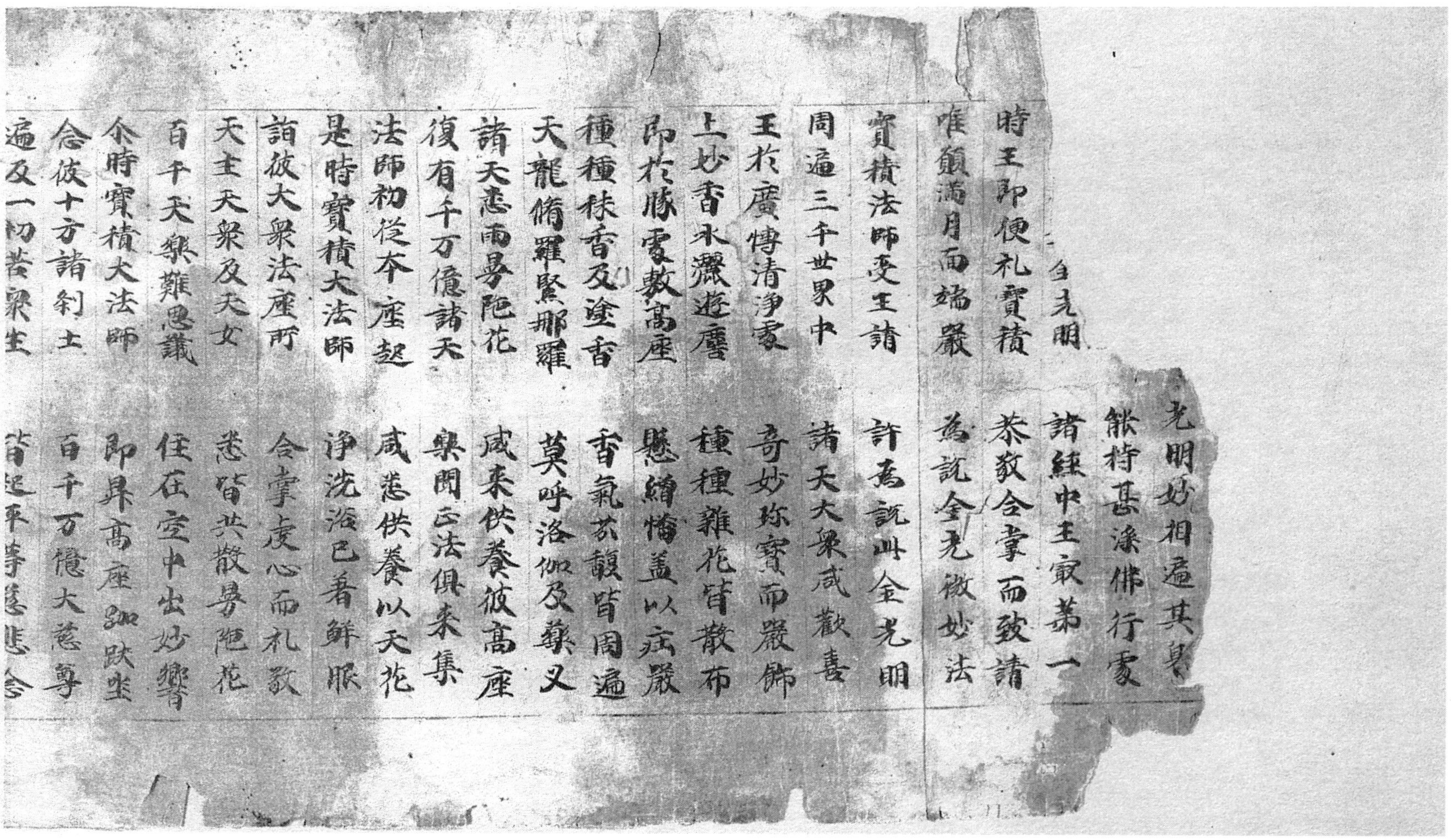

BD05851 號　金光明最勝王經卷九　（9–1）

詣彼大衆法座所　合掌虔心而稱歎
天主天衆及天女　悉皆共散曼陀花
百千天樂難思議　住在空中出妙響
尒時寶積大法師　即昇高座跏趺坐
念彼十方諸刹土　百千万億大慈尊
遍及一切苦衆生　皆起平等慈悲念
為彼諸主善生故　演說微妙金光明
王既得聞如是法　合掌一心唱隨喜
聞法希有淚交流　身心大喜皆充遍
于時國主善生王　為欲供養此經故
手持如意末尼寶　發願咸為諸衆生
今可於斯贍部洲　普雨七寶瓔珞具
所有匱乏資財者　皆得隨心受安樂
即便遍雨於七寶　悉皆充足四洲中
瓔珞嚴身隨所須　衣服飲食皆无乏
尒時國主善生王　見此四洲雨珎寶
咸持供養寶髻佛　所有遺教苾蒭僧
應知過去善生王　即我釋迦牟尼是
為於昔時捨大地　及諸珎寶滿四洲
昔時寶積大法師　為彼善生說妙法
因彼開演經王故　東方現成不動佛
以我曾聽此經王　合掌一言稱隨喜
及施七寶諸功德　獲此最勝金剛身
金光百福相莊嚴　所有見者皆歡喜
一切有情无不愛　俱胝天衆亦同然
過去曾經九十九　俱胝億劫作輪王
亦於小國為人王　復經无[illegible]

BD05851 號　金光明最勝王經卷九　（9–2）

以我曾聽此經王　合掌一言稱隨喜
及施七寶諸功德　獲此最勝金剛身
金光百福相莊嚴　所有見者皆歡喜
一切有情无不愛　俱胝天衆亦同然
過去曾經九十九　俱胝億劫作輪王
亦於小國為人王　復經无量百千劫
於无量劫為帝釋　亦復曾為大梵王
供養十力大慈尊　彼之數量難窮盡
我昔聞經隨喜善　所有福聚量難知
由斯福故證菩提　獲得法身真妙智
尒時大衆聞是說已歎未曾有皆願奉持
金光明經流通不絕
金光明最勝王經諸天藥叉護持品第二十二
尒時世尊告大吉祥天曰若有淨信善男子
善女人欲於過去未來現在諸佛以不可
思議廣大微妙供養之具而為奉獻及欲
解了三世諸佛甚深行處是人應當決定至心
隨是經王所在之處城邑聚落或山澤中廣
為衆生敷演流布其聽法者應除亂想攝
耳用心世尊即為彼天及諸大衆說伽他曰
若欲於諸佛　不思議供養　復了諸如來　甚深境界者
若見演說此　最勝金光明　應親詣彼方　至其所住處
此經難思議　能生諸功德　无邊大苦海　解脫諸有情
我觀此經王　初中後皆善　甚深不可測　譬喻无能比
假使恒河沙　大地塵海水　虛空諸山石　无能喻少分
欲入深法界　應先聽是經　法性之制底　甚深善安住

BD05851 號　金光明最勝王經卷九　（9–3）

若見演說此　最勝金光明　應觀詣彼方　至其所住處
此經難思議　能生諸功德　无邊大苦海　解脫諸有情
我觀此經王　初中後皆善　甚深不可測　譬喻无能比
假使恒河沙　大地塵海水　虛空諸山石　无能喻少分
欲入深法界　應先聽是經　法性之制底　甚深善安住
於斯制底內　見我牟尼尊　悅意妙音聲　演說斯經典
由此俱胝劫　數量難思議　生在人天中　常受勝妙樂
若聽是經者　應作如是心　我得不思議　无邊功德蘊
假使大火聚　滿百喻繕那　為聽此經王　直過无辭苦
既至彼住處　得聞如是經　能滅於罪業　及除諸惡夢
惡星諸變怪　蠱道邪魅等　得聞是經時　諸惡皆捨離
應嚴勝高座　淨妙若蓮花　法師處其上　猶如大龍坐
於斯安坐已　說此甚深經　書寫及誦持　并為解其義
法師捨此座　往詣餘方所　於此高座中　神通非一相
或見法師像　猶在高座上　或時見世尊　及以諸菩薩
或作普賢像　或如妙吉祥　或見慈氏尊　身處於高座
或見希奇相　及以諸天像　暫得覩容儀　忽然還不見
成就諸吉祥　所作皆隨意　功德悉圓滿　世尊如是說
最勝有名稱　能滅諸煩惱　他國賊皆除　戰時常得勝
惡夢悉皆无　及消諸毒害　所作三業罪　經力能除滅
於此贍部洲　名稱咸充滿　所有諸怨結　悉皆相捨離
設有怨敵至　聞名便退散　不假動兵戈　兩陣生歡喜
梵王帝釋主　護世四天王　及金剛藥叉　正了知大將
无熱池龍王　及以娑竭羅　緊那羅樂神　蘇羅金翅王
大辯才天女　并大吉祥天　斯等上首天　各領諸天眾
常供養諸佛　法寶不思議　恒生歡喜心　於經起恭敬

BD05851 號　金光明最勝王經卷九　（9–4）

於此贍部洲　名稱咸充滿　所有諸怨結　悉皆相捨離
設有怨敵至　聞名便退散　不假動兵戈　兩陣生歡喜
梵王帝釋主　護世四天王　及金剛藥叉　正了知大將
无熱池龍王　及以娑竭羅　緊那羅樂神　蘇羅金翅王
大辯才天女　并大吉祥天　斯等上首天　各領諸天眾
常供養諸佛　法寶不思議　恒生歡喜心　於經起恭敬
斯等諸天眾　皆悉共思惟　遍觀脩福者　共作如是說
應觀此有情　咸是大福德　善根精進力　當來生我天
為聽甚深經　敬心來至此　供養法制底　尊重正法故
憐愍於眾生　而作大饒益　於此深經典　能為法寶器
入此法門者　能入於法性　於此金光明　至心應聽受
是人曾供養　无量百千佛　由彼諸善根　得聞此經典
如是諸天主　天女大辯才　并彼吉祥天　及以四王眾
无數藥叉眾　勇猛有神通　各於其四方　常來相擁護
日月天帝釋　風水火諸神　吠率怒大自　閻羅辯才等
一切諸護世　勇猛具威神　擁護持經者　晝夜常不離
大力藥叉王　那羅延自在　正了知為首　二十八藥叉
餘藥叉百千　神通有大力　恒於恐怖處　常來護此人
金剛藥叉王　并五百眷屬　諸大菩薩眾　常來護此人
寶王藥叉王　及以滿賢王　曠野金毗羅　賓度羅黃色
此等藥叉王　各五百眷屬　見聽此經者　皆來共擁護
彩軍乾闥婆　葦王常戰勝　珠頸及青頸　并勃里沙王
大最勝大黑　蘇跋拏雞舍　半之迦羊足　及以大婆伽
小渠并護法　及以獼猴王　針毛及日支　寶髻皆來護
大渠諸拘羅　旃檀欲中勝　舍羅及雪山　及以娑多山
皆有大神通　雄猛具大力　見持此經者　皆來相擁護

BD05851 號　金光明最勝王經卷九　（9–5）

此等藥叉王　各五百眷屬　見聽此經者　皆來共擁護
彩軍乾闥婆　華王常歡勝　珠頸及青頸　并勃里沙王
大最勝大黑　蘇跋拏雞舍　半之迦羊足　及以大婆伽
小渠并護法　及以獼猴王　針毛及日支　寶髻皆來護
大渠護駒羅　旃檀欲中勝　舍羅及雪山　及以娑多山
皆有大神通　雄猛具大力　見持此經者　皆來相擁護
阿那婆答多　及以娑竭羅　目真騭羅葉　難陁小難陁
於百千龍中　神通具威德　共護持經人　晝夜常不離
婆稚羅睺羅　毗摩質多羅　母旨苫跋羅　大肩及歡喜
及餘蘇羅王　并无數天眾　大力有勇健　皆來護是人
訶利底母神　五百藥叉眾　於彼人睡覺　常來相擁護
旃荼旃荼利　藥叉旃稚女　昆帝拘屯齒　吸眾生精氣
如是諸神眾　大力有神通　常護持經者　晝夜恒不離
上首辯才天　无量諸天女　吉祥天為首　并餘諸眷屬
此大地神女　菓實園林神　樹神江河神　制底諸神等
如是諸天神　心生大歡喜　彼皆來擁護　讀誦此經人
見有持經者　增壽命色力　威光及福德　妙相以莊嚴
星宿現災變　困厄當此人　夢見惡徵祥　皆悉令除滅
此大地神女　堅固有威勢　由此經力故　法味常充足
地肥若流下　過百踰繕那　地神令味上　滋潤於大地
此地厚六十　八億踰繕那　及至金剛際　地味皆令上
由聽此經王　獲大功德蘊　能使諸天眾　悉蒙其利益
能令諸天眾　威力有光明　歡喜常安樂　捨離於衰相
於此南洲內　林菓苗稼神　由此經威力　心常得歡喜
苗稼皆成就　處處有妙花　菓實並滋繁　充滿於大地
所有諸菓樹　及以眾園林　悉皆生妙花　香氣常芬馥

BD05851號　金光明最勝王經卷九　（9–6）

此地厚六十　八億踰繕那　及至金剛際　地味皆令上
由聽此經王　獲大功德蘊　能使諸天眾　悉蒙其利益
能令諸天眾　威力有光明　歡喜常安樂　捨離於衰相
於此南洲內　林菓苗稼神　由此經威力　心常得歡喜
苗稼皆成就　處處有妙花　菓實並滋繁　充滿於大地
所有諸菓樹　及以眾園林　悉皆生妙花　香氣常芬馥
眾草諸樹木　咸出微妙花　及生甘美菓　隨處皆充遍
於此贍部洲　无量諸龍女　心生大歡喜　皆共入地中
種植鉢頭摩　及以分陁利　青白二蓮花　池中皆遍滿
由此經威力　虛空淨无翳　雲霧皆除遣　冥闇悉光明
日出放千光　无垢燄清淨　由此經王力　流輝遶四天
此經威德力　資助於天子　皆用贍部金　而作於宮殿
日天子初出　見此洲歡喜　常以大光明　周遍皆照耀
於斯大地內　所有蓮花池　日光照及時　无不盡開發
於此贍部洲　田疇諸菓藥　悉皆令善熟　充滿於大地
由此經威力　日月所照處　星辰不失度　風雨皆順時
遍此贍部洲　國土咸豐樂　隨有此經處　殊勝倍餘方
若此金光明　經典流布處　有能講誦者　悉得如上福
尒時大吉祥天女及諸天等聞佛所說皆大歡喜
於此經王及受持者一心擁護令无憂惱
常得安樂

金光明最勝王經授記品第二十三

尒時如來於大眾中廣說法已欲為妙幢菩
薩及其二子銀幢銀光授阿耨多羅三藐三
菩提記時有十千天子最勝光明而為上首
俱從三十三天來至佛所頂禮佛足却坐一
面聽佛說法尒時佛告妙幢菩薩言汝[illegible]

BD05851號　金光明最勝王經卷九　（9–7）

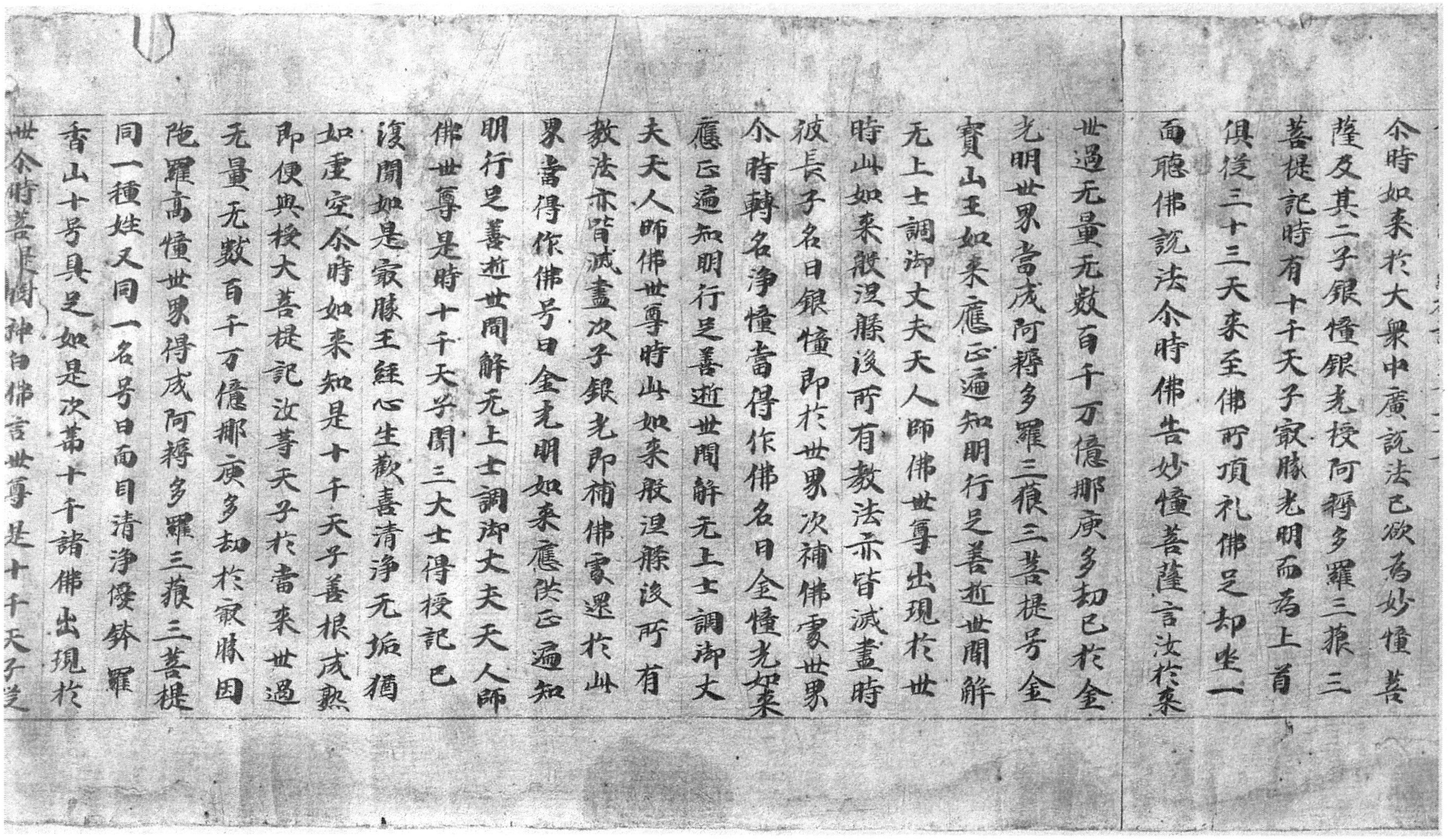
尒時如來於大衆中廣說法已欲爲妙幢菩
薩及其二子銀幢銀光授阿耨多羅三藐三
菩提記時有十千天子寂勝光明而爲上首
俱從三十三天來至佛所頂礼佛足却坐一
面聽佛說法尒時佛告妙幢菩薩言汝於來
世過无量无數百千万億那庾多劫已於金
光明世界當成阿耨多羅三藐三菩提号金
寶山王如來應正遍知明行足善逝世間解
无上士調御丈夫天人師佛世尊出現於世
時此如來般涅槃後所有教法亦皆滅盡時
彼長子名曰銀幢即於此界次補佛處世界
尒時轉名淨幢當得作佛名曰金幢光如來
應正遍知明行足善逝世間解无上士調御丈
夫天人師佛世尊時此如來般涅槃後所有
教法亦皆滅盡次子銀光即補佛處還於此
界當得作佛号曰金光明如來應供正遍知
明行足善逝世間解无上士調御丈夫天人師
佛世尊是時十千天子聞三大士得授記已
復聞如是寂勝王經心生歡喜清淨无垢猶
如虛空尒時如來知是十千天子善根成熟
即便與授大菩提記汝等天子於當來世過
无量无數百千万億那庾多劫於寂勝因
陁羅高幢世界得成阿耨多羅三藐三菩提
同一種姓又同一名号曰面目清淨優鉢羅
香山十号具足如是次第十千諸佛出現於
世尒時菩提樹神白佛言世尊是十千天子從

BD05851號　金光明最勝王經卷九　（9–8）

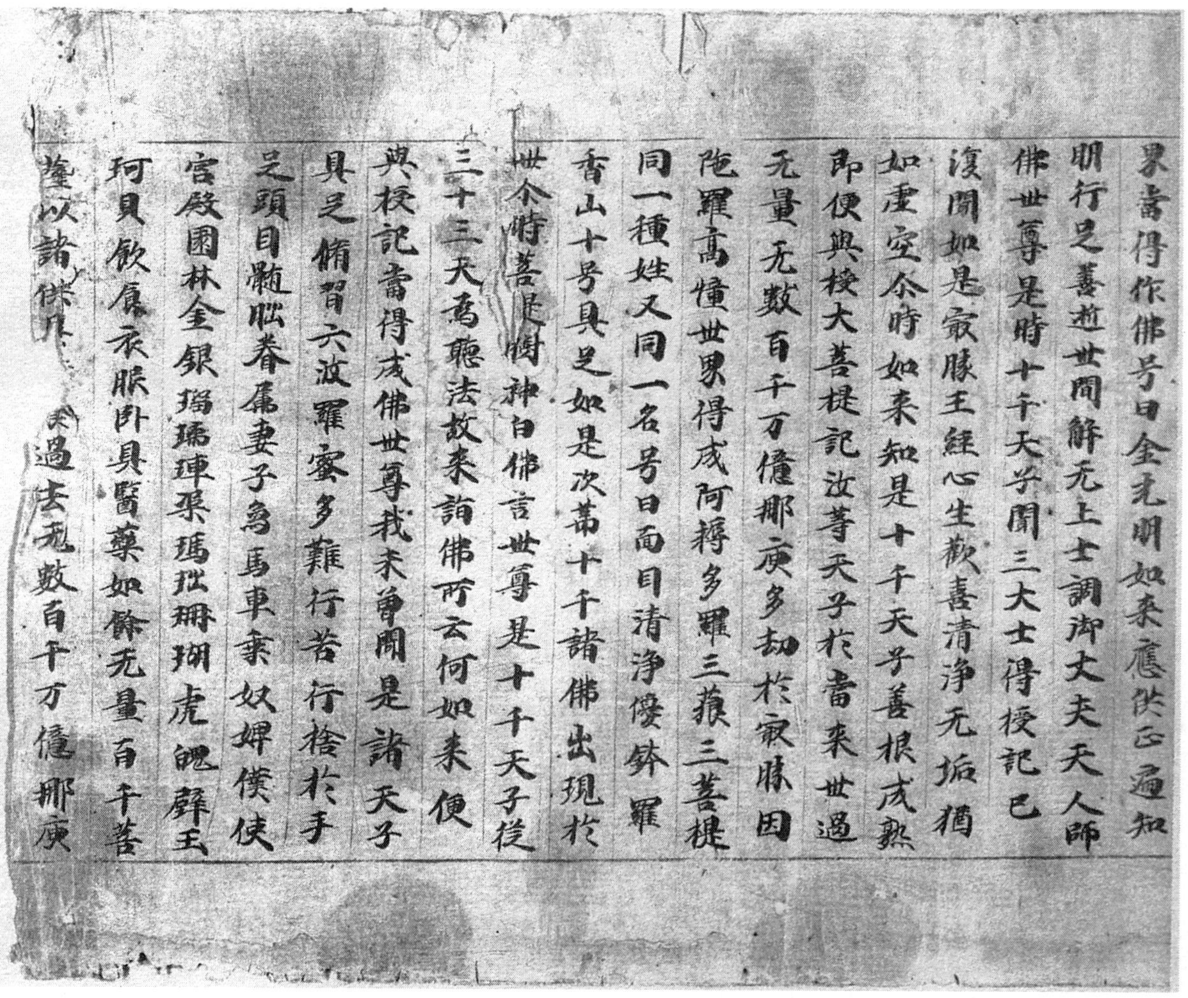
界當得作佛号曰金光明如來應供正遍知
明行足善逝世間解无上士調御丈夫天人師
佛世尊是時十千天子聞三大士得授記已
復聞如是寂勝王經心生歡喜清淨无垢猶
如虛空尒時如來知是十千天子善根成熟
即便與授大菩提記汝等天子於當來世過
无量无數百千万億那庾多劫於寂勝因
陁羅高幢世界得成阿耨多羅三藐三菩提
同一種姓又同一名号曰面目清淨優鉢羅
香山十号具足如是次第十千諸佛出現於
世尒時菩提樹神白佛言世尊是十千天子從
三十三天爲聽法故來詣佛所云何如來便
與授記當得成佛世尊我未曾聞是諸天子
具足修習六波羅蜜多難行苦行捨於手
足頭目髓腦眷屬妻子象馬車乘奴婢僕使
宮殿園林金銀瑠璃硨磲瑪瑙珊瑚虎珀璧玉
珂貝飲食衣服卧具醫藥如餘无量百千菩
薩以諸供具　過去无數百千万億那庾

BD05851號　金光明最勝王經卷九　（9–9）

苦切……
富有諸財物　五欲而自恣　我等亦如是　世尊於長夜
常愍見教化　令種无上願　我等无智故　不覺亦不知
得少涅槃分　自足不求餘　今佛覺悟我　言非實滅度
得佛无上慧　尒乃為真滅　我今從佛聞　受記莊嚴事
及轉次受决　身心遍歡喜
妙法蓮華經授學无學人記品第九
尒時阿難羅睺羅而作是念　我等每自思惟
設得受記不亦快乎　即從座起到於佛前頭
面礼足俱白佛言　世尊　我等於此亦應有分
唯有如来　我等所歸　又我等為一切世間天
人阿脩羅所見知識　阿難常為侍者護持法
藏　羅睺羅是佛之子　若佛見授阿耨多羅三
藐三菩提記者　我願既滿　衆望亦足　尒時學
无學聲聞弟子二千人　皆從座起　偏袒右肩
到於佛前　一心合掌　瞻仰世尊　如阿難羅睺
羅所願　住立一面　尒時佛告阿難　汝於来世
當得作佛　号山海慧自在通王如来應供正
遍知明行足善逝世間解无上士調御丈夫
天人師佛世尊　當供養六十二億諸佛護持

BD05852號　妙法蓮華經卷四　（11–1）

藐三菩提記者　我願既滿　衆望亦足　尒時學
无學聲聞弟子二千人　皆從座起　偏袒右肩
到於佛前　一心合掌　瞻仰世尊　如阿難羅睺
羅所願　住立一面　尒時佛告阿難　汝於来世
當得作佛　号山海慧自在通王如来應供正
遍知明行足善逝世間解无上士調御丈夫
天人師佛世尊　當供養六十二億諸佛護持
法藏　然後得阿耨多羅三藐三菩提　教化二
十千万億恒河沙諸菩薩等　令成阿耨多羅
三藐三菩提　國名常立勝幡　其土清淨　瑠璃
為地　劫名妙音遍滿　其佛壽命无量千万億
阿僧祇劫　若人於千万億无量阿僧祇劫中
筭數挍計　不能得知　正法住世倍於壽命　像
法住世復倍正法　阿難　是山海慧自在通王
佛　為十方无量千万億恒河沙等諸佛如来
所共讚歎　稱其功德　尒時世尊欲重宣此義
而說偈言
我今僧中說　阿難持法者　當供養諸佛　然後成正覺
号曰山海慧　自在通王佛　其國土清淨　名常立勝幡
教化諸菩薩　其數如恒沙　佛有大威德　名聞滿十方
壽命无有量　以愍衆生故　正法倍壽命　像法復倍是
如恒河沙等　无數諸衆生　於此佛法中　種佛道因緣
尒時會中新發意菩薩八千人　咸作是念　我
等尚不聞諸大菩薩得如是記　有何因緣而
諸聲聞得如是決　尒時世尊知諸菩薩心之
所念　而告之曰　諸善男子　我與阿難等於空
王佛所　同時發阿耨多羅三藐三菩提心　阿
難常樂多聞　我常勤精進　是故我已得成阿

BD05852號　妙法蓮華經卷四　（11–2）

尒時會中新發意菩薩八千人咸作是念我
等尚不聞諸大菩薩得如是記有何因緣而
諸聲聞得如是決尒時世尊知諸菩薩心之
所念而告之曰諸善男子我與阿難等於空
王佛所同時發阿耨多羅三藐三菩提心阿
難常樂多聞我常勤精進是故我已得成阿
耨多羅三藐三菩提而阿難護持我法亦護
將来諸佛法藏教化成就諸菩薩衆其本願
如是故獲斯記阿難面於佛前自聞受記及
國土莊嚴所願具足心大歡喜得未曾有即
時憶念過去无量千万億諸佛法藏通達无
礙如今所聞亦識本願尒時阿難而說偈言
世尊甚希有　令我念過去　无量諸佛法　如今日所聞
我今无復疑　安住於佛道　方便為侍者　護持諸佛法
尒時佛告羅睺羅汝於来世當得作佛号蹈
七寶華如来應供正遍知明行足善逝世間
解无上士調御丈夫天人師佛世尊當供養
十世界微塵等數諸佛如来常為諸佛而作
長子猶如今也是蹈七寶華佛國土莊嚴壽
命劫數所化弟子正法像法亦如山海慧自
在通王如来无異亦為此佛而作長子過是
已後當得阿耨多羅三藐三菩提尒時世尊
欲重宣此義而說偈言
我為太子時　羅睺為長子　我今成佛道　受法為法子
於未来世中　見无量億佛　皆為其長子　一心求佛道
羅睺羅密行　唯我能知之　現為我長子　以示諸衆生
无量億千万　功德不可數　安住於佛法　以求无上道
尒時世尊見學无學二千人其意柔軟寂然

BD05852號　妙法蓮華經卷四　（11–3）

欲重宣此義而說偈言
我為太子時　羅睺為長子　我今成佛道　受法為法子
於未来世中　見无量億佛　皆為其長子　一心求佛道
羅睺羅密行　唯我能知之　現為我長子　以示諸衆生
无量億千万　功德不可數　安住於佛法　以求无上道
尒時世尊見學无學二千人其意柔軟寂然
清淨一心觀佛佛告阿難汝見是學无學二
千人不唯然已見阿難是諸人等當供養五
十世界微塵數諸佛如来恭敬尊重護持法
藏末後同時於十方國各得成佛皆同一号
名曰寶相如来應供正遍知明行足善逝世
間解无上士調御丈夫天人師佛世尊壽命
一劫國土莊嚴聲聞菩薩正法像法皆悉同
等尒時世尊欲重宣此義而說偈言
是二千聲聞　今於我前住　悉皆與受記　未来當成佛
所供養諸佛　如上說塵數　護持其法藏　後當成正覺
各於十方國　悉同一名号　俱時坐道場　以證无上慧
皆名為寶相　國土及弟子　正法與像法　悉等无有異
咸以諸神通　度十方衆生　名聞普周遍　漸入於涅槃
尒時學无學二千人聞佛授記歡喜踊躍而
說偈言
世尊慧燈明　我聞授記音　心歡喜充滿　如甘露見灌
妙法蓮華經法師品第十
尒時世尊因藥王菩薩告八万大士藥王汝
見是大衆中无量諸天龍王夜叉乾闥婆阿
脩羅迦樓羅緊那羅摩睺羅伽人與非人及
比丘比丘尼優婆塞優婆夷求聲聞者求辟
支佛者求佛道者如是等類咸於佛前聞妙

BD05852號　妙法蓮華經卷四　（11–4）

妙法蓮華經法師品第十

尒時世尊因藥王菩薩告八万大士藥王汝
見是大衆中无量諸天龍王夜叉乹闥婆阿
脩羅迦樓羅緊那羅摩睺羅伽人與非人及
比丘比丘尼優婆塞優婆夷求聲聞者求辟
支佛者求佛道者如是等類咸於佛前聞妙
法華經一偈一句乃至一念隨喜者我皆與
受記當得阿耨多羅三藐三菩提佛告藥王
又如來滅度之後若有人聞妙法華經乃至
一偈一句一念隨喜者我亦與受阿耨多羅
三藐三菩提記若復有人受持讀誦解說書
寫妙法華經乃至一偈於此經卷敬視如佛
種種供養華香瓔珞末香塗香燒香繒蓋幢
幡衣服伎樂乃至合掌恭敬藥王當知是諸
人等已曾供養十万億佛於諸佛所成就大
願愍衆生故生此人間藥王若有人問何
衆生於未來世當得作佛應示是諸人
未來世必得作佛何以故若善男子善女
於法華經乃至一句受持讀誦解說書寫
種種供養經卷華香瓔珞末香塗香燒香繒蓋
幢幡衣服伎樂合掌恭敬是人一切世間所
應瞻奉應以如來供養而供養之當知此人
是大菩薩成就阿耨多羅三藐三菩提哀愍
衆生願生此間廣演分別妙法華經何況盡
能受持種種供養者藥王當知是人自捨清
淨業報於我滅度後愍衆生故生於惡世廣
演此經若是善男子善女人我滅度後能竊

BD05852號　妙法蓮華經卷四　（11-5）

應瞻奉應以如來供養而供養之當知此人
是大菩薩成就阿耨多羅三藐三菩提哀愍
衆生願生此間廣演分別妙法華經何況盡
能受持種種供養者藥王當知是人自捨清
淨業報於我滅度後愍衆生故生於惡世廣
演此經若是善男子善女人我滅度後能竊
為一人說法華經乃至一句當知是人則如
來使如來所遣行如來事何況於大衆中廣
為人說藥王若有惡人以不善心於一劫中
現於佛前常毀罵佛其罪尚輕若人以一惡
言毀呰在家出家讀誦法華經者其罪甚重
藥王其有讀誦法華經者當知是人以佛莊
嚴而自莊嚴則為如來肩所荷擔其所至方
應隨向礼一心合掌恭敬供養尊重讚嘆華
香瓔珞末香塗香燒香繒蓋幢幡衣服餚饌
作諸伎樂人中上供而供養之應持天寶而
以散之天上寶聚應以奉獻所以者何是人
歡喜說法須臾聞之即得究竟阿耨多羅三
藐三菩提故尒時世尊欲重宣此義而說偈言
若欲住佛道　成就自然智　常當勤供養　受持法華者
其有欲疾得　一切種智慧　當受持是經　并供養持者
若有能受持　妙法華經者　當知佛所使　愍念諸衆生
諸有能受持　妙法華經者　捨於清淨土　愍衆故生此
當知如是人　自在所欲生　能於此惡世　廣說无上法
應以天華香　及天寶衣服　天上妙寶聚　供養說法者
吾滅後惡世　能持是經者　當合掌礼敬　如供養世尊

BD05852號　妙法蓮華經卷四　（11-6）

若有能受持　妙法華經者　當知佛所使　愍念諸衆生
諸有能受持　妙法華經者　捨扵清淨土　愍衆故生此
當知如是人　自在所欲生　能扵此惡世　廣說无上法
應以天華香　及天寶衣服　天上妙寶聚　供養說法者
吾滅後惡世　能持是經者　當合掌禮敬　如供養世尊
上饌衆甘美　及種種衣服　供養是佛子　冀得須臾聞
若能扵後世　受持是經者　我遣在人中　行扵如來事
若扵一劫中　常懷不善心　作色而罵佛　獲无量重罪
其有讀誦持　是法華經者　須臾加惡言　其罪復過彼
有人求佛道　而扵一劫中　合掌在我前　以无數偈讚
由是讚佛故　得无量功德　歎美持經者　其福復過彼
扵十八億劫　以最妙色聲　及與香味觸　供養持經者
如是供養已　若得須臾聞　則應自欣慶　我今獲大利
藥王今告汝　我所說諸經　而扵此經中　法華最第一
尔時佛復告藥王菩薩摩訶薩我所說經典
无量千萬億已說今說當說而扵其中此法華
經最為難信難解藥王此經是諸佛祕要之
藏不可分布妄授與人諸佛世尊之所守護
從昔已來未曾顯說而此經者如來現在猶
多怨嫉況滅度後藥王當知如來滅後其能
書持讀誦供養為他人說者如來則為以衣
覆之又為他方現在諸佛之所護念是人有
大信力及志願力諸善根力當知是人與如
來共宿則為如來手摩其頭藥王在在處處
若說若讀若誦若書若經卷所住處皆應起

BD05852號　妙法蓮華經卷四　（11-7）

覆之又為他方現在諸佛之所護念是人有
大信力及志願力諸善根力當知是人與如
來共宿則為如來手摩其頭藥王在在處處
若說若讀若誦若書若經卷所住處皆應起
七寶塔極令高廣嚴飾不須復安舍利所以
者何此中已有如來全身此塔應以一切華
香瓔珞繒蓋幢幡伎樂歌頌供養恭敬尊重
讚歎若有人得見此塔禮拜供養當知是等
皆近阿耨多羅三藐三菩提藥王多有人在
家出家行菩薩道若不能得見聞讀誦書持
供養是法華經者當知是人未善行菩薩道
若有得聞是經典者乃能善行菩薩之道其
有衆生求佛道者若見若聞是法華經聞已
信解受持者當知是人得近阿耨多羅三藐
三菩提藥王譬如有人渴乏須水扵彼高原
穿鑿求之猶見乾土知水尚遠施功不已轉
見濕土遂漸至泥其心決定知水必近菩薩
亦復如是若未聞未解未能修習是法華經
當知是人去阿耨多羅三藐三菩提尚遠若
得聞解思惟修習必知得近阿耨多羅三藐
三菩提所以者何一切菩薩阿耨多羅三藐
三菩提皆屬此經此經開方便門示真實相
是法華經藏深固幽遠无人能到今佛教化
成就菩薩而為開示藥王若有菩薩聞是法
華經驚疑怖畏當知是為新發意菩薩若聲

BD05852號　妙法蓮華經卷四　（11-8）

三菩提所以者何一切菩薩阿耨多羅三藐
三菩提皆屬此經此經開方便門示真實相
是法華經藏深固幽遠无人能到今佛教化
成就菩薩而為開示藥王若有菩薩聞是法
華經驚疑怖畏當知是為新發意菩薩若聲
聞人聞是經驚疑怖畏當知是為增上慢者
藥王若有善男子善女人如來滅後欲為四
衆說是法華經者云何應說是善男子善女
人入如來室著如來衣坐如來座尒乃應為
四衆廣說斯經如來室者一切衆生中大慈
悲心是如來衣者柔和忍辱心是如來座者
一切法空是安住是中然後以不懈怠心為
諸菩薩及四衆廣說是法華經藥王我於餘
國遣化人為其集聽法衆亦遣化比丘比丘
尼優婆塞優婆夷聽其說法是諸化人聞法
信受隨順不逆若說法者在空閑處我時廣
遣天龍鬼神乾闥婆阿脩羅等聽其說法我
雖在異國時時令說法者得見我身若於此
經忘失句逗我還為說令得具足尒時世尊
欲重宣此義而說偈言
欲捨諸懈怠　應當聽此經　是經難得聞　信受者亦難
如人渴須水　穿鑿於高原　猶見乾燥土　知去水尚遠
漸見濕土泥　決定知近水　藥王汝當知　如是諸人等
不聞法華經　去佛智甚遠　若聞是深經　決了聲聞法
是諸經之王　聞已諦思惟　當知此人等　近於佛智慧

BD05852號　妙法蓮華經卷四　（11–9）

欲捨諸懈怠　應當聽此經　是經難得聞　信受者亦難
如人渴須水　穿鑿於高原　猶見乾燥土　知去水尚遠
漸見濕土泥　決定知近水　藥王汝當知　如是諸人等
不聞法華經　去佛智甚遠　若聞是深經　決了聲聞法
是諸經之王　聞已諦思惟　當知此人等　近於佛智慧
若人說此經　應入如來室　著於如來衣　而坐如來座
處衆无所畏　廣為分別說　大慈悲為室　柔和忍辱衣
諸法空為座　處此為說法　若說此經時　有人惡口罵
加刀杖瓦石　念佛故應忍　我千万億土　現淨堅固身
於无量億劫　為衆生說法　若我滅度後　能說此經者
我遣化四衆　比丘比丘尼　及清信士女　供養於法師
引導諸衆生　集之令聽法　若人欲加惡　刀杖及瓦石
則遣變化人　為之作衛護　若說法之人　獨在空閑處
寂漠无人聲　讀誦此經典　我尒時為現　清淨光明身
若忘失章句　為說令通利　若人具是德　或為四衆說
空處讀誦經　皆得見我身　若人在空閑　我遣天龍王
夜叉鬼神等　為作聽法衆　是人樂說法　分別无罣礙
諸佛護念故　能令大衆喜　若親近法師　速得菩薩道
隨順是師學　得見恒沙佛
妙法蓮華經見寶塔品第十一
尒時佛前有七寶塔高五百由旬縱廣二百
五十由旬從地踊出住在空中種種寶物而
莊校之五千欄楯龕室千万无數幢幡以為
嚴飾垂寶瓔珞寶鈴万億而懸其上四面皆
出多摩羅跋栴檀之香充遍世界其諸幡蓋
以金銀琉璃車𤦲馬瑙真珠玫瑰七寶合成

BD05852號　妙法蓮華經卷四　（11–10）

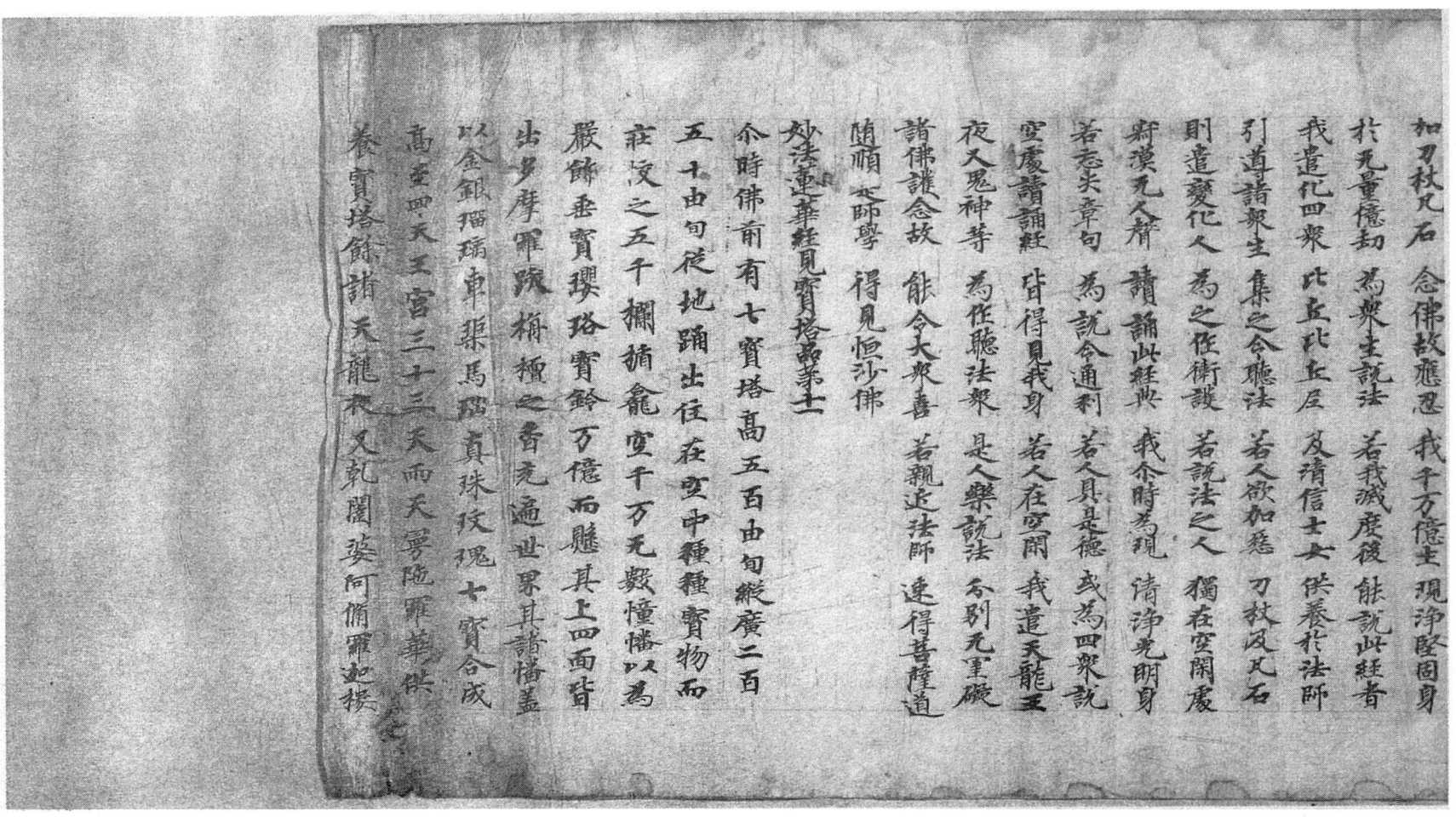

加刀杖瓦石　念佛故應忍　我千万億土　現淨堅固身
於无量億劫　為衆生說法　若我滅度後　能說此經者
我遣化四衆　比丘比丘尼　及清信士女　供養於法師
引導諸衆生　集之令聽法　若人欲加惡　刀杖及瓦石
則遣變化人　為之作衛護　若說法之人　獨在空閑處
寂寞无人聲　讀誦此經典　我尒時為現　清淨光明身
若忘失章句　為說令通利　若人具是德　或為四衆說
空處讀誦經　皆得見我身　若人在空閑　我遣天龍王
夜叉鬼神等　為作聽法衆　是人樂說法　分別无罣礙
諸佛護念故　能令大衆喜　若親近法師　速得菩薩道
隨順是師學　得見恒沙佛

妙法蓮華經見寶塔品第十一

尒時佛前有七寶塔高五百由旬縱廣二百
五十由旬從地踊出住在空中種種寶物而
莊校之五千欄楯龕室千万无數幢幡以為
嚴飾垂寶瓔珞寶鈴万億而懸其上四面皆
出多摩羅跋栴檀之香充遍世界其諸幡蓋
以金銀瑠璃車𤦲馬瑙真珠玫瑰七寶合成
高至四天王宮三十三天雨天曼陀羅華供
養寶塔餘諸天龍夜叉乾闥婆阿脩羅迦樓

著　録　凡　例

本目錄採用條目式著錄法。諸條目意義如下：

1.1　著錄編號。用漢語拼音首字"BD"表示，意為"北京圖書館藏敦煌遺書"，簡稱"北敦號"。文獻寫在背面者，標註為"背"。一件遺書上抄有多個文獻者，用數字1、2、3等標示小號。一號中包括幾件遺書，且遺書形態各自獨立者，用字母A、B、C等區別。

1.2　著錄分類號。本條記目錄暫不分類，該項空缺。

1.3　著錄文獻的名稱、卷本、卷次。

1.4　著錄千字文編號。

1.5　著錄縮微膠卷號。

2.1　著錄遺書的總體數據。包括長度、寬度、紙數、正面抄寫總行數與每行字數、背面抄寫總行數與每行字數。如該遺書首尾有殘破，則對殘破部分單獨度量，用加號加在總長度上。凡屬這種情況，長度用括弧標註。

2.2　著錄每紙數據。包括每紙長度及抄寫行數或界欄數。

2.3　著錄遺書的外觀。包括：（1）裝幀形式。（2）首尾存況。（3）護首、軸、軸頭、天竿、縹帶，經名是書寫還是貼簽，有無經名號，扉頁、扉畫。（4）卷面殘破情況及其位置。（5）尾部情況。（6）有無附加物（蟲繭、油污、線繩及其他）。（7）有無裱補及其年代。（8）界欄。（9）修整。（10）其他需要交待的問題。

2.4　著錄一件遺書抄寫多個文獻的情況。

3.1　著錄文獻首部文字與對照本核對的結果。

3.2　著錄文獻尾部文字與對照本核對的結果。

3.3　著錄錄文。

3.4　著錄對文獻的說明。

4.1　著錄文獻首題。

4.2　著錄文獻尾題。

5　著錄本文獻與對照本的不同之處。

6.1　著錄本遺書首部可與另一遺書綴接的編號。

6.2　著錄本遺書尾部可與另一遺書綴接的編號。

7.1　著錄題記、題名、勘記等。

7.2　著錄印章。

7.3　著錄雜寫。

7.4　著錄護首及扉頁的內容。

8　著錄年代。

9.1　著錄字體。如有武周新字、合體字、避諱字等，予以說明。

9.2　著錄卷面二次加工的情況。包括句讀、點標、科分、間隔號、行間加行、行間加字、硃筆、墨塗、倒乙、刪除、兌廢等。

10　著錄敦煌遺書發現後，近現代人所加內容，裝裱、題記、印章等。

11　備註。著錄揭裱互見、圖版本出處及其他需要說明的問題。

上述諸條，有則著錄，無則空缺。

為避文繁，上述著錄中出現的各種參考、對照文獻，暫且不列版本說明。全目結束時，將統一編制本條記目錄出現的各種參考書目。

本條記目錄為農曆年份標註其公曆紀年時，未進行歲頭年末之換算，請讀者使用時注意自行換算。

條　記　目　錄

BD05801—BD05852

1.1　BD05801 號
1.3　金有陀羅尼經
1.4　菜 001
1.5　254:7564
2.1　135.8×26.9 厘米；3 紙；72 行，行 18～21 字。
2.2　01：45.3，23；　02：45.3，28；　03：45.2，21。
2.3　卷軸裝。首尾均全。首題下方有藏文字迹。有烏絲欄。
3.1　首全→大正 2910，85/1455C16。
3.2　尾全→85/1456C10。
4.1　金有陀羅尼經（首）。
4.2　金有陀羅尼經一卷（尾）。
7.1　卷首背面有敦煌寺院寺名勘記"三界"；尾題下有題記"法照三界"；卷首寫藏文 Sam－ke。
8　8～9 世紀。吐蕃統治時期寫本。
9.1　楷書。
9.2　有刪除號。
11　圖版：《敦煌寶藏》，107/8B～10A。

1.1　BD05802 號
1.3　佛名經（十六卷本）卷五
1.4　菜 002
1.5　063:0636
2.1　(9.5＋1152.8)×29.8 厘米；28 紙；正面 643 行，背面 2 行，行 17 字。
2.2　01：9.5＋11，11；　02：43.0，24；　03：43.3，24；
04：43.3，24；　05：43.3，24；　06：43.3，24；
07：43.3，24；　08：43.3，24；　09：43.3，24；
10：43.3，24；　11：43.3，24；　12：43.3，24；
13：43.3，24；　14：43.3，24；　15：43.3，24；
16：43.3，24；　17：43.3，24；　18：43.3，24；
19：43.0，24；　20：43.3，24；　21：43.3，24；
22：43.3，24；　23：43.3，24；　24：43.5，24；
25：43.0，24；　26：43.0，24；　27：43.0，24；
28：17.0，08。
2.3　卷軸裝。首殘尾全。首紙上部破裂，下部殘缺；第 2 紙上部破裂。背有古代裱補，紙上有字，朝內粘貼，難以辨認。有烏絲欄。
2.4　本遺書包括 2 個文獻：(一)《佛名經》（十六卷本）卷五，643 行，抄寫在正面，今編為 BD05802 號。(二)《乙巳年八月盈德納柴曆》，抄寫在背面，2 行，今編為 BD05802 號背。
3.1　首 5 行下殘→《七寺古逸經典研究叢書》，3/218 頁第 11 行～219 頁第 15 行。
3.2　尾全→《七寺古逸經典研究叢書》，3/267 頁第 647 行。
4.2　佛說佛名經卷第五（尾）。
8　9～10 世紀。歸義軍時期寫本。
9.1　楷書。
11　圖版：《敦煌寶藏》，60/589A～605B。

1.1　BD05802 號背
1.3　乙巳年八月盈德納柴歷（擬）
1.4　菜 002
1.5　063:0636
2.4　本遺書由 2 個文獻組成，本號為第 2 個，2 行。餘參見 BD05802 號之第 2 項、第 11 項。
3.3　錄文：
乙巳年八月一日春柴五車，常住百姓造食人盈德手上，於南/南宅內送納。/
（錄文完）
7.3　背有《佛名經》經文雜寫、懺悔文雜寫共 4 處，不錄文。
8　945 年。歸義軍時期寫本。
9.1　楷書。

1.1　BD05803 號
1.3　大乘百法明門論疏（擬）
1.4　菜 003
1.5　209:7243

2.1 381.5×30 厘米；10 紙；258 行，行 30 餘字。
2.2 01：38.0，26； 02：43.0，30； 03：43.0，30；
04：43.0，30； 05：43.0，30； 06：43.0，30；
07：43.0，30； 08：32.5，22； 09：43.0，30；
10：10.0，素紙。
2.3 卷軸裝。首脱尾全。第 1、2 紙接縫處下邊開裂。有烏絲欄。
3.4 説明：
本文獻首殘尾全。未為歷代大藏經所收。
7.1 各紙接縫處背面有勘記"洪淨"2 字，其中 1 處爲"金光明寺洪淨"。
8 8～9 世紀。吐蕃統治時期寫本。
9.1 行楷。
9.2 有硃筆校改、行間校加字、點去及點標。有墨筆塗抹、校改、行間校加字。有倒乙及重文號。
11 圖版：《敦煌寶藏》，105/66B～71A。

1.1 BD05804 號
1.3 無量壽宗要經
1.4 菜 004
1.5 275:8045
2.1 (14＋148)×30.5 厘米；4 紙；106 行，行 30 餘字。
2.2 01：14＋22，22； 02.0：44.0，30； 03：44.0，30；
04：38.0，24。
2.3 卷軸裝。首殘尾全。卷首殘破嚴重，接縫處多有開裂。有烏絲欄。
3.1 首全→大正 936，19/82A17～B3。
3.2 尾全→19/84C29。
4.2 佛說無量壽宗要經（尾）。
8 8～9 世紀。吐蕃統治時期寫本。
9.1 行楷。
11 圖版：《敦煌寶藏》，108/599B～601B。

1.1 BD05805 號
1.3 無量壽宗要經
1.4 菜 005
1.5 275:7848
2.1 195×31.5 厘米；5 紙；127 行，行 30 餘字。
2.2 01：43.5，28； 02：43.5，29； 03：43.5，29；
04：43.5，29； 05：21.0，12。
2.3 卷軸裝。首尾均全。第 3 紙下部有殘洞，第 4、5 紙接縫處下部開裂。有烏絲欄。
3.1 首全→大正 936，19/82A3。
3.2 尾全→19/84C29。
4.1 大乘無量壽經（首）。
4.2 佛說無量壽宗要經（尾）。
7.1 首紙背面有敦煌寺院寺名勘記"永安"。
8 8～9 世紀。吐蕃統治時期寫本。
9.1 楷書。
11 圖版：《敦煌寶藏》，108/116A～118B。

1.1 BD05806 號
1.3 大般涅槃經（北本　思溪本）卷二八
1.4 菜 006
1.5 115:6477
2.1 (2＋407)×26 厘米；9 紙；208 行，行 17 字。
2.2 01：01.0，01； 02：1＋52，27； 03：53.5，28；
04：53.5，28； 05：53.5，28； 06：52.0，27；
07：52.5，27； 08：52.0，27； 09：38.0，15。
2.3 卷軸裝。首殘尾全。前 4 紙中部有等距離殘洞。有燕尾。有烏絲欄。
3.1 首 2 行上下殘→大正 374，12/532A3～4。
3.2 尾全→12/534B10。
4.2 大般涅槃經卷第廿八（尾）。
5 與《大正藏》本對照分卷不同。與《思溪藏》本、《普寧藏》本、《嘉興藏》本分卷相同。
8 6 世紀。南北朝寫本。
9.1 楷書。
11 圖版：《敦煌寶藏》，99/424B～430A。

1.1 BD05807 號
1.3 金剛般若波羅蜜經
1.4 菜 007
1.5 094:3575
2.1 (7.5＋420.7＋1.8)×25 厘米；10 紙；268 行，行 17 字。
2.2 01：7.5＋28.5，22； 02：45.0，28； 03：45.0，28；
04：45.0，28； 05：45.2，28； 06：44.7，28；
07：44.6，28； 08：44.7，28； 09：45.0，28；
10：33＋1.8，22。
2.3 卷軸裝。首尾均殘。第 5、7 紙有破裂，第 6 紙從中間斷開。背有古代裱補。有烏絲欄。已修整。
3.1 首 5 行下殘→大正 235，8/748C24～29。
3.2 尾行下殘→8/752A27。
5 與《大正藏》本相比，本卷經文無冥司偈，參見《大正藏》，8/751C16～19。
8 8 世紀。唐寫本。
9.1 楷書。
11 圖版：《敦煌寶藏》，78/614B～620A。

1.1 BD05808 號
1.3 小抄
1.4 菜 008
1.5 178:7101
2.1 (6.5＋360)×29 厘米；9 紙；205 行，行 19 字。

2.2 01：6.5+16.5，13；　02：42.5，24；　03：43.0，24；
04：43.0，24；　05：43.0，24；　06：43.0，24；
07：43.0，24；　08：43.0，24；　09：43.0，24。
2.3 卷軸裝。首殘尾脱。首紙下部殘缺，前3紙上下邊殘破。下邊有校補字，第2紙有一條墨迹。卷背有墨斑。有烏絲欄。
3.1 首4行中下部殘→《敦煌出土律典<略抄>の研究》（二），第89頁第3行～第4行。
3.2 尾全→《敦煌出土律典<略抄>の研究》（二），第104頁第9行。
8 9～10世紀。歸義軍時期寫本。
9.1 楷書。
9.2 有硃筆點標。有行間校加字。
11 圖版：《敦煌寶藏》，104/160A～164B。

1.1 BD05809號
1.3 妙法蓮華經卷三
1.4 菜009
1.5 105:5141
2.1 536.5×27.5厘米；11紙；307行，行17字。
2.2 01：48.9，28；　02：48.8，28；　03：49.0，28；
04：49.0，28；　05：49.1，28；　06：49.1，28；
07：48.9，28；　08：48.0，28；　09：48.9，28；
10：48.7，28；　11：48.1，27。
2.3 卷軸裝。首脱尾全。卷面多水漬，前端有破裂，接縫處多有開裂。有烏絲欄。
3.1 首殘→大正262，9/22C2。
3.2 尾全→9/27B9。
4.2 妙法蓮華經卷第三（尾）
8 9～10世紀。歸義軍時期寫本。
9.1 楷書。
11 圖版：《敦煌寶藏》，89/168A～174B。

1.1 BD05810號
1.3 大般涅槃經（北本　宮本）卷三八
1.4 菜010
1.5 115:6517
2.1 (24+727.6)×26厘米；16紙；436行，行17字。
2.2 01：24+13，11；　02：50.0，30；　03：50.0，30；
04：50.5，30；　05：50.5，30；　06：50.0，30；
07：50.3，30；　08：50.0，30；　09：50.2，30；
10：50.3，30；　11：50.2，30；　12：50.5，30；
13：50.3，30；　14：50.5，30；　15：50.5，30；
16：10.8，05。
2.3 卷軸裝。首殘尾全。卷首殘破嚴重，右下殘缺。卷面有破裂，接縫處有開裂。有烏絲欄。
3.1 首14行下殘→大正374，12/587B2～16。
3.2 尾全→12/592B26。
4.2 大般涅槃經卷第卅八（尾）。
5 與《大正藏》本對照，分卷不同。經文相當於《大正藏》卷三十八迦葉菩薩品第十二之六至卷三十九憍陳如品第十三之一。與日本宮内寮本分卷相同。
8 7～8世紀。唐寫本。
9.1 楷書。
11 圖版：《敦煌寶藏》，100/62A～72B。

1.1 BD05811號
1.3 法華經疏（擬）
1.4 菜011
1.5 108:6198
2.1 (20.8+1452.5)×28.3厘米；36紙；796行，行20餘字。
2.2 01：19.0，10；　02：1.8+39.3，22；　03：41.0，22；
04：41.2，23；　05：41.5，23；　06：41.3，23；
07：41.5，24；　08：41.5，23；　09：41.5，23；
10：41.5，23；　11：41.5，23；　12：41.5，23；
13：41.5，23；　14：41.5，23；　15：41.8，22；
16：41.5，23；　17：41.5，22；　18：41.5，23；
19：41.7，23；　20：41.7，23；　21：41.7，22；
22：41.7，22；　23：41.7，23；　24：41.5，23；
25：41.5，23；　26：41.8，23；　27：41.6，22；
28：41.7，22；　29：41.5，22；　30：41.7，21；
31：41.6，22；　32：41.7，21；　33：41.7，22；
34：41.7，21；　35：41.7，21；　36：41.7，22。
2.3 卷軸裝。首殘尾脱。第13、14紙接縫處開裂，卷上部有殘損。尾有原軸。已修整。
3.4 説明：
本文獻首11行上下殘，尾殘。未為歷代大藏經所收。似參考窺基《妙法蓮華經玄讚》撰成。
8 7～8世紀。唐寫本。
9.1 章草。
9.2 有硃筆校改、間隔號及硃點。有墨筆行間校加字、校改、倒乙、重文號及小圈。卷背有校補字。
11 圖版：《敦煌寶藏》，97/251B～270B。

1.1 BD05812號A
1.3 觀彌勒菩薩上升兜率天經
1.4 菜012
1.5 031:0314
2.1 (3.5+208.5)×25.8厘米；6紙；119行，行17字。
2.2 01：3.5+6，04；　02：42.5，24；　03：42.5，24；
04：42.5，24；　05：42.0，24；　06：33.0，19。
2.3 卷軸裝。首殘尾全。前3紙多處殘破。卷兩面多鳥糞。有烏絲欄。
3.1 首行下殘→大正452，14/419B14～15。
3.2 尾全→14/420C22。

4.2 佛說彌勒成佛經（尾）。
5 尾題與《大正藏》本不同。
8 7～8世紀。唐寫本。
9.1 楷書。
11 圖版：《敦煌寶藏》，58/28A～31A。

1.1 BD05812號B
1.3 彌勒下生成佛經（鳩摩羅什本）
1.4 菜012
1.5 033:0320
2.1 315.8×25.9厘米；9紙；177行，行17字。
2.2 01：09.5，05； 02：42.3，24； 03：42.0，24；
04：42.0，24； 05：42.3，24； 06：42.0，24；
07：42.0，23； 08：42.0，24； 09：11.7，05。
2.3 卷軸裝。首斷尾全。卷面多水漬，下部有破裂。有烏絲欄。
3.1 首全→大正454，14/423C8。
3.2 尾全→14/425C22。
4.2 佛說彌勒菩薩上生兜率天經（尾）。
5 尾題與《大正藏》本不同。
8 7～8世紀。唐寫本。
9.1 楷書。
11 圖版：《敦煌寶藏》，58/42A～46B。

1.1 BD05813號
1.3 大般涅槃經兌廢綴稿（擬）
1.4 菜013
1.5 119:6609
2.1 （3.5+302.5）×28厘米；7紙；161行，行17字。
2.2 01：3.5+15.5，09； 02：48.0，25； 03：49.5，27；
04：47.5，25； 05：47.5，25； 06：47.0，25；
07：47.5，25。
2.3 卷軸裝。首殘尾缺。前2紙上下邊殘損。背有古代褙補，為另一經護首，存經名簽，已殘，下有"舌，卅五"等字。卷中有餘空。有烏絲欄。
3.4 說明：
本遺書是將錯抄的7張《大般涅槃經》兌廢稿綴接在一起而成。情況如下：
第一紙：第1至9行：大正374，12/428C7～15，卷第十一；
第二紙：第10至34行：12/441B25～C22，卷第十三；
第三紙：第35至36行：12/441A18～19，卷第十三；
第36至61行：12/441A27～B22，卷第十三；
第四紙：第62至86行：12/483B21～C19，卷第二十；
第五紙：第87至109行：12/456C15～457A11，卷第十五；
第六紙：第109至111行：12/457A19～21，卷第十六；
第112至136行：12/466B9～C9，卷第十七；
第七紙：第137至161行：12/468B16～C13，卷第十八。
因係兌廢紙任意相粘接，故所抄文獻卷數順序有顛倒。

7.1 第2、3紙背和第4、6紙上邊有"兌"字。
7.3 第3紙背上邊有"素鞍一俱"4字。
8 8世紀。唐寫本。
9.1 楷書。
11 圖版：《敦煌寶藏》，100/543A～547A。

1.1 BD05814號
1.3 金光明經卷四
1.4 菜014
1.5 081:1411
2.1 （5.5+657.2）×25.5厘米；14紙；378行，行17字。
2.2 01：5.5+34.7，23； 02：49.0，28； 03：48.8，28；
04：49.0，28； 05：49.2，28； 06：49.1，28；
07：49.0，28； 08：49.0，28； 09：48.8，28；
10：48.7，28； 11：49.0，28； 12：48.9，28；
13：48.5，28； 14：35.5，19。
2.3 卷軸裝。首殘尾全。有烏絲欄。
3.1 首3行中殘→大正663，16/353A21～23。
3.2 尾全→16/358A29。
4.2 金光金（明）經卷第四（尾）。
8 9～10世紀。歸義軍時期寫本。
9.1 楷書。
9.2 有刮改。
11 圖版：《敦煌寶藏》，67/413A～421B。

1.1 BD05815號
1.3 金剛經疏（擬）
1.4 菜015
1.5 099:4441
2.1 930.5×27.5厘米；24紙；476行，行21～24字不等。
2.2 01：12.0，06； 02：40.0，20； 03：41.0，20；
04：41.0，21； 05：41.0，20； 06：41.0，21；
07：41.0，21； 08：41.0，21； 09：41.0，21；
10：41.0，20； 11：41.0，21； 12：41.0，21；
13：41.0，21； 14：41.0，21； 15：41.0，21；
16：41.5，21； 17：41.0，21； 18：41.0，22；
19：41.0，22； 20：41.5，21； 21：41.5，22；
22：41.0，22； 23：41.5，21； 24：15.5，08。
2.3 卷軸裝。首尾均殘。通卷上邊下邊破損，前5紙較爲嚴重，上邊有火燒痕跡，第3紙有等距離殘洞，第5、6紙接縫處開裂。有上下邊欄。
3.4 說明：
本文獻首尾均殘。未為歷代大藏經所收。
8 7～8世紀。唐寫本。
9.1 行楷。
9.2 通卷有硃筆斷句，有科分、校改、圈刪，有墨筆塗抹、倒乙。

11　圖版:《敦煌寶藏》,83/257A～268A。

1.1　BD05816 號
1.3　妙法蓮華經卷三
1.4　菜 016
1.5　105:5163
2.1　(22＋342)×26.2 厘米;8 紙;237 行,行 17 字。
2.2　01:22＋10.8,21;　02:47.4,31;　03:47.0,31;
04:47.6,31;　05:46.6,31;　06:47.5,31;
07:47.5,31;　08:47.6,30。
2.3　卷軸裝。首殘尾全。紙張砑光上蠟。首紙殘碎嚴重,上有 1 碎片脱落,已綴接。第 2 紙有多處殘損,3 紙下有 1 碎片脱落,已綴接。有烏絲欄。已修整。
3.1　首 14 行上下殘→大正 262,9/23C6～25。
3.2　尾全→9/27B9。
4.2　妙法蓮華經卷第三(尾)。
8　7～8 世紀。唐寫本。
9.1　楷書。
11　圖版:《敦煌寶藏》,89/278A～283A。

1.1　BD05817 號 1
1.3　妙法蓮華經卷一
1.4　菜 017
1.5　105:4496
2.1　650×27.5 厘米;14 紙;589 行,行 30 餘字。
2.2　01:49.8,45;　02:50.0,45;　03:50.5,43;
04:50.3,43;　05:50.5,43;　06:50.5,42;
07:50.4,43;　08:50.5,43;　09:50.5,44;
10:50.0,45;　11:50.5,43;　12:39.3,45;
13:39.5,45;　14:17.7,20。
2.3　卷軸裝。首尾均全。卷内有貼補。背有古代裱補。有烏絲欄。小字。
2.4　本遺書包括 2 個文獻:(一)《妙法蓮華經》卷一,286 行,今編為 BD05817 號 1。(二)《妙法蓮華經》卷二,303 行,今編為 BD05817 號 2。
3.1　首全→大正 262,9/1C14。
3.2　尾全→9/10B21。
4.1　妙法蓮華經序品第一(首)。
4.2　妙法蓮華經卷第一(尾)。
8　9～10 世紀。歸義軍時期寫本。
9.1　楷書。
9.2　有刮改。有行間校加字。
11　圖版:《敦煌寶藏》,83/379B～389A。
　　本件千字文編號應爲菜 17 號,《劫餘錄》將其編入第 7 帙《妙法蓮華經》項内第 1 號(見《劫餘錄》第 270 頁)。但拍攝縮微膠卷時,因其已與黄 36 號(《劫餘錄》之《妙法蓮華經》項内第 5 號)錯卷,故將本號編為黄 36 號(縮微膠卷號 105:4496)。《敦煌寶藏》亦誤。
　　參見 BD00136 號第 11 項。

1.1　BD05817 號 2
1.3　妙法蓮華經卷二
1.4　菜 017
1.5　105:4496
2.4　本遺書由 2 個文獻組成,本號為第 2 個,303 行。餘參見 BD05817 號 1 之第 2 項、第 11 項。
3.1　首全→大正 262,9/10B24。
3.2　尾全→9/19A11。
4.1　妙法蓮華經譬喻品第三,卷二(首)。
8　9～10 世紀。歸義軍時期寫本。
9.1　楷書。

1.1　BD05818 號
1.3　無量壽宗要經
1.4　菜 018
1.5　275:7849
2.1　215×32 厘米;5 紙;137 行,行 30 餘字。
2.2　01:43.5,27;　02:43.0,29;　03:43.0,29;
04:43.0,29;　05:42.5,23。
2.3　卷軸裝。首尾均全。接縫處多有開裂。有烏絲欄。
3.1　首全→大正 936,19/82A3。
3.2　尾全→19/84C29。
4.1　大乘無量壽經(首)。
4.2　佛說無量壽宗要經(尾)。
7.1　卷首背有敦煌寺院寺名勘記"永安"。
8　8～9 世紀。吐蕃統治時期寫本。
9.1　楷書。
11　圖版:《敦煌寶藏》,108/119A～121B。

1.1　BD05819 號
1.3　妙法蓮華經卷七
1.4　菜 019
1.5　105:5995
2.1　(15＋122)×29.5 厘米;4 紙;81 行,行約 25 字。
2.2　01:15＋23,22;　02:42.0,25;　03:42.0,25;
04:15.0,09。
2.3　卷軸裝。首尾均殘。卷首殘破,右下殘缺,卷面多有破裂及殘洞。有折疊欄。
3.1　首 9 行中下殘→大正 262,9/56C2～16。
3.2　尾殘→9/58B8。
7.1　第 3 紙背有題記"己巳年三月十六日懸泉學士郎武保會(?)、判官武保瑞自手書"。
8　969 年。歸義軍時期寫本。
9.1　楷書。

11　圖版:《敦煌寶藏》, 96/288B～290B。

1.1　BD05820 號
1.3　佛名經(二十卷本)卷二〇
1.4　菜 020
1.5　062:0598
2.1　(9+176.5+3)×28.6 厘米; 6 紙; 118 行, 行 17 字。
2.2　01: 04.0, 02;　02: 5+36, 26;　03: 41.0, 25;
04: 41.0, 26;　05: 41.0, 26;　06: 17.5+3, 13。
2.3　卷軸裝。首尾均殘。第 2、3 紙有破裂, 接縫處多有開裂。有烏絲欄。有劃界欄針孔。
3.4　説明:
本文獻首 5 行上中殘, 尾 2 行中下殘。為中國人所撰佛經, 未為歷代大藏經所收。
8　5～6 世紀。南北朝寫本。
9.1　隸書。
11　圖版:《敦煌寶藏》, 60/251B～254A。

1.1　BD05821 號 1
1.3　阿彌陀經
1.4　菜 021
1.5　111:6214
2.1　(6.5+399.1)×25.2 厘米; 10 紙; 235 行, 行 17 字。
2.2　01: 6.5+25, 19;　02: 46.8, 28;　03: 46.8, 28;
04: 46.8, 28;　05: 46.8, 26;　06: 46.8, 28;
07: 46.8, 28;　08: 31.6, 19;　09: 20.1, 12;
10: 41.6, 19。
2.3　卷軸裝。首殘尾全。卷面多水漬, 有殘破, 接縫處有開裂。有烏絲欄。自第 10 紙起紙質與前不同。
2.4　本遺書包括 3 個文獻:(一)《阿彌陀經》, 74 行, 今編為 BD05821 號 1。(二)《阿彌陀佛說咒及念誦功德》(擬), 36 行, 今編為 BD05821 號 2。(三)《觀世音經》, 125 行, 今編為 BD05821 號 3。
3.1　首 5 行下殘→大正 336, 12/347A21～26。
3.2　尾全→12/348A28。
8　7～8 世紀。唐寫本。
9.1　楷書。
11　圖版:《敦煌寶藏》, 97/370A～375A。

1.1　BD05821 號 2
1.3　阿彌陀佛說咒及念誦功德(擬)
1.4　菜 021
1.5　111:6214
2.4　本遺書由 3 個文獻組成, 本號為第 2 個, 36 行。餘參見 BD05821 號 1 之第 2 項、第 11 項。
3.1　首全→大正 369, 12/352A23。
3.2　尾全→12/352B3。
4.1　阿彌陀佛所說咒(首)。
5　與《大正藏》本對照, 咒末多說明一句:“咒中諸口傍字皆依本音轉舌言之, 無口者依字讀之。”
7.1　說明之後有念佛功德 26 行:
右咒已翻出流行, 於晨朝楊枝淨口, 散華/燒香, 佛像前胡跪合掌, 日誦七遍、若二七、若/三七遍, 滅四重五逆等罪, 現身不爲諸橫所惱, /命終生無量壽國, 永離女身。今更重勘梵/本, 並對問婆羅門僧毗尼佛陀僧伽等, 知此/咒威力不可思議云。旦暮午時, 各誦一百遍, 滅/四重五逆, 拔一切罪根, 得生西方; 若能精誠, /滿二十萬遍, 則菩提牙(芽)生, 得不退轉; 滿三十/萬遍, 則面見阿彌陀佛, 決定得生安樂淨土。/昔長安僧睿法師、慧崇、僧顯、慧通, 近至後/周實禪師、景禪師、西河鸞法師等數百人, /並生西方。西河綽禪師等, 因見鸞師得生[西方], 各/率有緣, 專修淨土之業。綽師又撰《西方記驗名》、/安樂集》流行。又晉朝遠法師入廬山三十年/不出, 乃命同志白黑百有二十三人, 立誓期於西/方, 鑿山銘願。至陳天嘉年, 廬山珍禪師於坐/時, 見人乘船往西方, 乃求附載。報云“師未/誦《阿彌陀經》, 不得去也。”因誦此經, 應二萬遍末/終, 四七日前夜四更, 有神人送一白銀臺來空/中, 明過於日, 告云:“法師壽終, 當乘此臺, 往生阿彌陀國。故來相示, 令知定生。”終時白墨咸聞異/香數日, 其夜峰頂寺僧, 咸見一谷內有數十/炬火, 大如車輪。尋驗古今, 生西方者非一, 多/見化佛徒衆來迎。靈瑞如傳, 不可繁錄。因/珍禪師於此經有驗, 故略述此, 以悟來喆, 助/成往生之志耳。/
8　7～8 世紀。唐寫本。
9.1　楷書。
9.2　有倒乙。

1.1　BD05821 號 3
1.3　觀世音經
1.4　菜 021
1.5　111:6214
2.4　本遺書由 3 個文獻組成, 本號為第 3 個, 125 行。餘參見 BD05821 號 1 之第 2 項、第 11 項。
3.1　首全→大正 262, 9/56C2。
3.2　尾全→9/58B7。
4.1　觀世音經一卷, /妙法蓮華經觀世音菩薩普門品第廿五/(首)。
4.2　觀世音經一卷(尾)。
8　7～8 世紀。唐寫本。
9.1　楷書。

1.1　BD05822 號
1.3　四分律第二分卷五
1.4　菜 022
1.5　155:6800
2.1　1207.3×26.4 厘米; 31 紙; 742 行, 行 17 字。

2.2 01：03.3，護首； 02：39.0，24； 03：40.5，25；
04：40.5，25； 05：40.5，25； 06：40.0，25；
07：40.0，25； 08：40.0，25； 09：40.0，25；
10：40.0，25； 11：40.0，25； 12：40.0，25；
13：40.0，25； 14：40.0，25； 15：40.0，25；
16：40.5，25； 17：40.0，25； 18：40.0，25；
19：40.0，25； 20：40.0，25； 21：40.0，25；
22：40.5，25； 23：40.5，25； 24：40.5，25；
25：40.5，25； 26：40.5，25； 27：40.5，25；
28：40.5，25； 29：40.5，25； 30：40.0，25；
31：39.0，18。

2.3 卷軸裝。首尾均全。卷面有破損，護首背有近代裱補。有燕尾。有烏絲欄。有劃界欄針孔。

3.1 首全→大正 1428，22/749B17。

3.2 尾全→22/758C28。

4.1 尼律藏第二分卷第五（首）。

4.2 尼律藏第二分卷第五（尾）。

5 與《大正藏》本對照，分卷不同。經文相當於《大正藏》四分律卷第二十六，一百七十八單提法之三至四分律卷第二十八，一百七十八單提法之五。

7.1 卷尾有題記“用紙卌張”。

8 5～6 世紀。南北朝寫本。

9.1 隸楷。

9.2 有倒乙、刮改及校改。有行間校加字。

11 圖版：《敦煌寶藏》，101/648A～663B。

1.1 BD05823 號

1.3 梵網經盧舍那佛說菩薩心地戒品第十卷下

1.4 菜 023

1.5 143:6701

2.1 67×25.4 厘米；2 紙；37 行，行 17 字。

2.2 01：51.0，28； 02：16.0，09。

2.3 卷軸裝。首脱尾殘。經黄紙。卷背有鳥糞。背有古代裱補。有烏絲欄。

3.1 首殘→大正 1484，24/1003B17。

3.2 尾殘→24/1003C28。

8 7～8 世紀。唐寫本。

9.1 楷書。

11 圖版：《敦煌寶藏》，101/238B～239A。

1.1 BD05824 號

1.3 妙法蓮華經卷五

1.4 菜 024

1.5 105:5584

2.1 90.8×24.9 厘米；2 紙；56 行，行 17 字。

2.2 01：45.6，28； 02：45.2，28。

2.3 卷軸裝。首尾均脱。經黄紙。背有古代裱補。有烏絲欄。

3.1 首殘→大正 262，9/40B18。

3.2 尾殘→9/41B13。

8 7～8 世紀。唐寫本。

9.1 楷書。

11 圖版：《敦煌寶藏》，93/194～195A。

1.1 BD05825 號

1.3 瑜伽師地論卷四八

1.4 菜 025

1.5 201:7212

2.1 54.4×32.1 厘米；2 紙；35 行，行 27～29 字。

2.2 01：44.9，29； 02：09.5，06。

2.3 卷軸裝。首脱尾全。卷面有水漬，接縫處上開裂。有烏絲欄。

3.1 首殘→大正 1579，30/564A16。

3.2 尾全→30/564C19。

4.2 瑜伽師地論卷第卌八（尾）。

7.1 卷尾有 2 行題記，分别爲：“大中十二年六日一日説畢，比丘明照本”；“大中十二年八月五日比丘明照隨聽寫記”。卷尾背面有 1 行題記：“大中十二年八月二日，尚書大軍發，討蕃開路，四日上磧。”

8 858 年。歸義軍時期寫本。

9.1 楷書。

11 圖版：《敦煌寶藏》，104/592A～B。

1.1 BD05826 號

1.3 金剛般若波羅蜜經

1.4 菜 026

1.5 094:3861

2.1 （2+391.3）×25.5 厘米；9 紙；237 行，行 17 字。

2.2 01：2+35.5，23； 02：46.0，28； 03：46.0，28；
04：46.5，28； 05：46.5，28； 06：46.3，28；
07：46.5，28； 08：46.5，28； 09：31.5，18。

2.3 卷軸裝。首殘尾全。經黄紙。卷面油污變色，第 8、9 紙間接縫處開裂。背有古代裱補。有烏絲欄。

3.1 首 1 行中下殘→大正 235，8/749B27～28。

3.2 尾全→8/752C3。

4.2 金剛般若波羅蜜經（尾）

5 與《大正藏》本相比，本卷經文無冥司偈，參見《大正藏》，8/751C16～19。

8 7～8 世紀。唐寫本。

9.1 楷書。

11 圖版：《敦煌寶藏》，80/631B～636B。

1.1 BD05827 號 1

1.3 四分律刪補隨機羯磨序

1.4 菜 027

1.5　160:6987
2.1　129×271厘米；3紙；69行，行21字。
2.2　01：43.0，23；　02：43.0，23；　03：43.0，23。
2.3　卷軸裝。首尾均脫。上下邊殘破，前2紙有殘洞，後2紙上下殘缺。
2.4　本遺書包括2個文獻：（一）《四分律刪補隨機羯磨序》，2行，今編為BD05827號1。（二）《四分律刪補隨機羯磨》卷上，67行，今編為BD05827號2。
3.1　首殘→大正1808，40/492B7。
3.2　尾全→40/492B9。
6.1　首→BD05830號。
8　9～10世紀。歸義軍時期寫本。
9.1　楷書。
11　圖版：《敦煌寶藏》，103/254B～256A。

1.1　BD05827號2
1.3　四分律刪補隨機羯磨卷上
1.4　菜027
1.5　160:6987
2.4　本遺書由2個文獻組成，本號為第2個，67行。餘參見BD05827號1之第2項、第11項。
3.1　首全→大正1808，40/492B14。
3.2　尾殘→40/493C9。
4.1　四分律刪補隨機羯磨一卷（首）。
8　9～10世紀。歸義軍時期寫本。
9.1　楷書。
9.2　有倒乙、校改。有行間校加字。

1.1　BD05828號
1.3　維摩詰所說經卷上
1.4　菜028
1.5　070:1000
2.1　294×26.5厘米；6紙；168行，行17字。
2.2　01：49.0，28；　02：49.0，28；　03：49.0，28；
04：49.0，28；　05：49.0，28；　06：49.0，28。
2.3　卷軸裝。首尾均殘。卷面有油污，上邊有破裂。背有近代裱補。上下邊及中間接縫處有縫縫針孔。
3.1　首殘→大正475，14/541C17。
3.2　尾殘→14/543C19。
8　9～10世紀。歸義軍時期寫本。
9.1　楷書。
11　圖版：《敦煌寶藏》，64/334B～338B。

1.1　BD05829號
1.3　金剛般若波羅蜜經
1.4　菜029
1.5　094:4257
2.1　（6.4+166.8）×25.2厘米；4紙；108行，行17字。
2.2　01：6.4+32.2，24；　02：44.9，28；　03：44.8，28；
04：44.9，28。
2.3　卷軸裝。首殘尾脫。經黄打紙。卷面多水漬，有殘破。有烏絲欄。
3.1　首4行上下殘→大正235，8/751A23～26。
3.2　尾殘→8/752B26。
5　與《大正藏》本相比，本卷經文無冥司偈，參見《大正藏》，8/751C16～19。
8　7～8世紀。唐寫本。
9.1　楷書。
11　圖版：《敦煌寶藏》，82/528B～530B。

1.1　BD05830號
1.3　四分律刪補隨機羯磨序
1.4　菜030
1.5　160:6988
2.1　（46.5+18）×26.3厘米；2紙；24行，行22字。
2.2　01：23.0，01；　02：23.5+18，23。
2.3　卷軸裝。首全尾殘。有護首，有紅柳棍天竿，中間繫麻繩。全卷上部破裂殘缺，尾端上部殘破嚴重。已修整。
3.1　首全→大正1808，40/492A1。
3.2　尾殘→40/492B7。
4.1　曇無德部四分律刪補隨機羯摩序，京兆崇義寺沙門集撰（首）。
6.2　尾→BD05827號1。
7.4　扉頁上有“衣藥受淨篇第四，受衣法時諸比丘多畜衣服”。
8　9～10世紀。歸義軍時期寫本。
9.1　楷書。
11　圖版：《敦煌寶藏》，103/256B～257A。

1.1　BD05831號
1.3　金剛般若波羅蜜經
1.4　菜031
1.5　094:3994
2.1　（26.5+353.1+8）×25厘米；10紙；209行，行17字。
2.2　01：26.5+3.5，14；　02：43.5，28；　03：43.5，28；
04：38.0，17；　05：41.2，21；　06：39.3，20；
07：42.0，21；　08：41.6，22；　09：40.5，23；
10：20+8，15。
2.3　卷軸裝。首尾均殘。紙張砑光上蠟。卷首殘破嚴重，通卷殘破，卷面多鳥糞。背有古代裱補。有烏絲欄。已修整。
3.1　首16行上、下殘→大正235，8/749C2～18。
3.2　尾4行下殘→8/752B1～4。
5　與《大正藏》本相比，本卷經文無冥司偈，參見《大正藏》，8/751C16～19。
8　9～10世紀。歸義軍時期寫本。

9.1　楷書。自第4紙起與前紙字體不同。
11　圖版:《敦煌寶藏》,81/434B～439B。
從該件上揭下古代裱補紙1塊,今編爲BD16148號。

1.1　BD05832號
1.3　無量壽宗要經
1.4　菜032
1.5　275:7850
2.1　214×31.5厘米;5紙;136行,行30餘字。
2.2　01:3.5+40,28;　02:43.5,30;　03:43.5,30;
04:43.5,29;　05:43.5,19。
2.3　卷軸裝。首尾均全。卷首右上殘缺,卷面多水漬,接縫處下部有開裂。背有古代裱補。有烏絲欄。
3.1　首全→大正936,19/82A5。
3.2　尾全→19/84C29。
4.2　佛説無量壽宗要經(尾)。
8　8～9世紀。吐蕃統治時期寫本。
9.1　行楷。
9.2　有校改。
11　圖版:《敦煌寶藏》,108/122A～125A。

1.1　BD05833號1
1.3　大般若波羅蜜多經第十會般若理趣分序
1.4　菜033
1.5　084:3373
2.1　(3.1+636.9)×27.1厘米;14紙;379行,行17字。
2.2　01:3.1+22.2,15;　02:47.2,28;　03:47.2,28;
04:47.2,28;　05:47.2,28;　06:47.3,28;
07:47.1,28;　08:47.3,28;　09:47.3,28;
10:47.3,28;　11:47.5,28;　12:47.3,28;
13:47.4,28;　14:47.4,28。
2.3　卷軸裝。首殘尾脱。卷面油污。有烏絲欄。
2.4　本遺書包括2個文獻:(一)《大般若波羅蜜多經第十會般若理趣分序》,7行,今編為BD05833號1。(二)《大般若波羅蜜多經》卷五七八,372行,今編為BD05833號2。
3.1　首2行上殘→大正220,7/986A15～16。
3.2　尾全→7/986A21。
8　9～10世紀。歸義軍時期寫本。
9.1　楷書。
11　圖版:《敦煌寶藏》,77/433B～441B。

1.1　BD05833號2
1.3　大般若波羅蜜多經卷五七八
1.4　菜033
1.5　084:3373
2.4　本遺書由2個文獻組成,本號為第2個,372行。餘參見BD05833號1之第2項、第11項。
3.1　首全→大正220,7/986A24。
3.2　尾殘→7/990B19。
4.1　大般若波羅蜜多經卷第五百七十八,/第十般若理趣分,三藏法師玄奘奉詔譯/(首)
8　9～10世紀。歸義軍時期寫本。
9.1　楷書。

1.1　BD05834號
1.3　十地經論卷六
1.4　菜034
1.5　216:7262
2.1　(17+230.5)×26.3厘米;7紙;148行,行17字。
2.2　01:17+12,18;　02:36.5,21;　03:36.5,22;
04:36.5,22;　05:36.5,22;　06:36.5,22;
07:36.0,21。
2.3　卷軸裝。首殘尾缺。首紙殘缺嚴重,卷面多有殘破並有殘洞。有烏絲欄。有劃界欄針孔。已修整。
3.1　首11行上下殘→大正1522,26/160C14～24。
3.2　尾缺→26/162B19。
7.3　卷尾上有2個"下"。
8　5～6世紀。南北朝寫本。
9.1　隸楷。
9.2　有行間校加字。
11　圖版:《敦煌寶藏》,105/159B～162B。

1.1　BD05835號
1.3　無量壽宗要經
1.4　菜035
1.5　275:7851
2.1　177×31厘米;4紙;129行,行30字不等。
2.2　01:45.0,32;　02:45.0,33;　03:45.0,33;
04:42.0,31。
2.3　卷軸裝。首尾均全。首紙有破裂殘損。有烏絲欄。
3.1　首全→大正936,19/82A3。
3.2　尾全→19/84C29。
4.1　大乘無量壽經(首)。
4.2　佛説無量壽宗要經(尾)。
7.1　首紙背面有敦煌寺院寺名勘記"修"。
8　8～9世紀。吐蕃統治時期寫本。
9.1　楷書。
11　圖版:《敦煌寶藏》,108/125B～127B。

1.1　BD05836號
1.3　佛名經(十六卷本)卷八
1.4　菜036
1.5　063:0683
2.1　(10+1255.9)×29厘米;31紙;632行,行17字。

2.2　01：10.0，05；　02：41.5，21；　03：41.5，21；
04：41.5，21；　05：41.4，21；　06：41.4，21；
07：41.4，21；　08：41.4，21；　09：41.4，21；
10：41.5，21；　11：41.5，21；　12：41.5，21；
13：41.5，21；　14：41.5，21；　15：42.0，21；
16：41.8，21；　17：42.0，21；　18：42.0，21；
19：42.0，21；　20：42.0，21；　21：42.0，21；
22：42.0，21；　23：42.3，21；　24：42.5，21；
25：42.5，21；　26：42.5，21；　27：42.5，21；
28：42.5，21；　29：42.5，21；　30：42.3，21；
31：41.5，18。

2.3　卷軸裝。首殘尾全。首紙上下邊殘破，卷面有水漬及破裂，接縫處下部多有開裂，卷尾有蟲繭，下端殘缺。有烏絲欄。

3.1　首5行下殘→《七寺古逸經典研究叢書》，3/381頁第16行。

3.2　尾全→《七寺古逸經典研究叢書》，3/427頁第614行。

4.2　佛名經卷第八（尾）。

5　與《七寺古逸經典研究叢書》對照，2行多“至心歸命常住三寶”幾字。

8　9～10世紀。歸義軍時期寫本。

9.1　楷書。

11　圖版：《敦煌寶藏》，61/236A～252B。

1.1　BD05837號

1.3　佛頂尊勝陀羅尼經（佛陀波利本）

1.4　菜037

1.5　229:7336

2.1　(1.3+76.8+2.1)×25.2厘米；3紙；49行，行17字。

2.2　01：1.3+16.5，11；　02：45.7，28；
03：14.6+2.1，10。

2.3　卷軸裝。首尾均殘。經黄紙。第2、3紙接縫處下開裂。卷背有鳥糞。有烏絲欄。

3.1　首行下殘→大正967，19/349C27。

3.2　尾行下殘→19/350B24。

8　7～8世紀。唐寫本。

9.1　楷書。

11　圖版：《敦煌寶藏》，105/518A～519A。

1.1　BD05838號

1.3　維摩詰所説經兑廢綴稿（擬）

1.4　菜038

1.5　070:1304

2.1　422.5×26.5厘米；9紙；251行，行17字。

2.2　01：46.5，27；　02：46.5，28；　03：46.5，28；
04：48.0，28；　05：49.5，28；　06：46.5，28；
07：46.5，28；　08：46.5，28；　09：46.0，28。

2.3　卷軸裝。首全尾脱。第5、6紙接縫處中部開裂，第7紙下邊有破裂。第7、8紙上各粘一簽條，上有硃筆“上”字。有烏絲欄。

3.4　説明：

本遺書是將錯抄的9張《維摩詰所説經》兑廢稿綴接在一起而成。情況如下：

第1紙，27行；首全尾殘→大正475，14/537A3～B6；

第2紙，28行；首尾殘→14/539B5～C7；

第3紙，28行；首尾殘→14/545B28～546A1；

第4紙，28行；首尾殘→14/548C8～549A11；

第5紙，28行；首尾殘→14/549B12～C25；

第6、7、8紙，84行；首尾殘→14/553C7～554C11；

第9紙，28行；首尾殘→14/555B14～C16。

因爲錯抄兑廢稿綴接，故各紙經文内容不相銜接。

4.1　維摩詰所説經，一名不可思議解脱佛國品第一，上（硃筆）（首）。

7.1　卷背上部有硃筆勘記“下一”。

8　9～10世紀。歸義軍時期寫本。

9.1　楷書。

9.2　有刮改。有硃筆行間加行、行間校加字及點祛。

11　圖版：《敦煌寶藏》，66/448B～453B。

1.1　BD05839號

1.3　妙法蓮華經卷二

1.4　菜039

1.5　105:4707

2.1　1017.8×27.5厘米；23紙；597行，行17字。

2.2　01：22.7，護首；　02：44.1，27；　03：46.2，28；
04：46.5，29；　05：46.8，28；　06：46.6，29；
07：46.4，29；　08：45.6，28；　09：46.1，28；
10：46.8，28；　11：46.5，28；　12：46.7，29；
13：46.8，29；　14：46.7，27；　15：46.7，28；
16：46.7，28；　17：46.7，28；　18：46.7，28；
19：46.7，28；　20：46.7，28；　21：46.6，28；
22：46.5，28；　23：20.0，06。

2.3　卷軸裝。首尾均全。有護首，護首有竹製天竿，繫有彩色縹帶，長15厘米；護首下有殘損。第3紙下邊有殘損。有燕尾。前5紙背面有古代裱補，紙上有字，朝内粘貼，似為佛名經殘卷。有烏絲欄。

3.1　首全→大正262，9/10B24。

3.2　尾全→9/19A12。

4.1　妙法蓮華經譬喻品第三（首）。

4.2　妙法蓮華經卷第二（尾）。

7.4　護首有經名“妙法蓮華經卷第二”。上有經名號。

8　7～8世紀。唐寫本。

9.1　楷書。

11　圖版：《敦煌寶藏》，85/362B～377B。

1.1 BD05840 號
1.3 第三階佛法廣釋（擬）
1.4 菜 040
1.5 461:8725
2.1 (321.2 +14.8) ×31.5 厘米；8 紙；正面 206 行，行 21 ~24 字；背面 34 行，行字不等。
2.2 01：44.6，27； 02：44.1，27； 03：44.0，27；
04：43.9，27； 05：44.1，27； 06：43.7，27；
07：43.7，27； 08：13.1 +14.8，17。
2.3 卷軸裝。首脫尾殘。卷上下多水漬，多有破裂殘損。卷尾殘破嚴重，有油污，上部殘碎。有烏絲欄。
2.4 本遺書包括 3 個文獻：（一）《第三階佛法廣釋》（擬），206 行，今編為 BD05840 號。（二）《外道大師名姓蕃字》，抄寫在背面，21 行，今編為 BD05840 號背 1。（三）《八自在我釋》（擬），抄寫在背面，13 行，今編為 BD05840 號背 2。
3.4 説明：
本文獻首殘，尾 9 行下殘。研究者或謂與斯 05668 號、斯 06344 號所抄《第三階佛法廣釋》為同一文獻，但次序錯亂。詳情待考。
本文獻為三階教經典，未為歷代大藏經所收。
8 8 ~9 世紀。吐蕃統治時期寫本。
9.1 楷書。
11 圖版：《敦煌寶藏》，111/308B ~314A。

1.1 BD05840 號背 1
1.3 外道大師名姓蕃字
1.4 菜 040
1.5 461:8725
2.4 本遺書由 3 個文獻組成，本號為第 2 個，21 行。餘參見 BD05840 號之第 2 項、第 11 項。
3.4 説明：
本文獻首尾均全。原文為藏文 20 行，但有首題漢文 1 行，作“外道大師名姓蕃字，出《無垢稱經》”，故知乃出自《維摩詰經》的外道大師姓名，被翻譯為藏文。
4.1 外道大師名姓蕃字，出《無垢稱經》（首）。
8 8 ~9 世紀。吐蕃統治時期寫本。
9.1 楷書。

1.1 BD05840 號背 2
1.3 八自在我釋（擬）
1.4 菜 040
1.5 461:8725
2.4 本遺書由 3 個文獻組成，本號為第 3 個，13 行。餘參見 BD05840 號之第 2 項、第 11 項。
3.4 説明：
本文獻解釋“八自在我”，可參見大正 1736，36/371B10 ~21。與《大正藏》本解釋不完全相同。未為歷代大藏經所收。
8 8 ~9 世紀。吐蕃統治時期寫本。
9.1 楷書。

1.1 BD05841 號
1.3 無量壽宗要經
1.4 菜 041
1.5 275:7931
2.1 (13 +100.5 +4) ×31.5 厘米；3 紙；80 行，行 30 餘字。
2.2 01：13 +31，29； 02：45，31； 03：24.5 +4，20。
2.3 卷軸裝。首全尾殘。卷面有污穢及水漬，多殘洞。有烏絲欄。已修整。
3.1 首全→大正 936，19/82A3 ~9。
3.2 尾全→19/84A14。
4.1 大乘無量宗要經（首）。
8 8 ~9 世紀。吐蕃統治時期寫本。
9.1 楷書。
11 圖版：《敦煌寶藏》，108/322B ~324A。

1.1 BD05842 號
1.3 大般若波羅蜜多經（兑廢稿）卷二一
1.4 菜 042
1.5 084:2061
2.1 47.5 ×27.3 厘米；1 紙；25 行，行 17 字。
2.3 卷軸裝。首尾均脫。卷面多水漬。尾有餘空。有烏絲欄。
3.1 首殘→大正 220，5/116C27。
3.2 尾缺→5/117A22。
5 與《大正藏》本對照，本件有缺文。參見大正 220，5/117A9“即三” ~10“世藥”。
8 8 ~9 世紀。吐蕃統治時期寫本。
9.1 楷書。
11 圖版：《敦煌寶藏》，71/536A。

1.1 BD05843 號
1.3 灌頂章句拔除過罪生死得度經
1.4 菜 043
1.5 250:7476
2.1 (23.3 +478.3) ×25.6 厘米；11 紙；302 行，行 17 字。
2.2 01：23.3 +14.1，22； 02：46.4，28； 03：46.5，28；
04：46.5，28； 05：46.4，28； 06：46.5，28；
07：46.6，28； 08：45.9，28； 09：46.4，28；
10：46.7，28； 11：46.3，28。
2.3 卷軸裝。首殘尾脫。經黄紙。卷首右下殘缺，卷面多水漬，個別紙下方有破損，接縫處上下有開裂。首紙背有古代裱補，上有殘字。有烏絲欄。
3.1 首 14 行下殘→大正 1331，21/532B15 ~28。
3.2 尾殘→21/536A2。
7.1 卷首背有勘記“藥師”及雜寫殘字。

8　7~8 世紀。唐寫本。
9.1　楷書。
11　圖版:《敦煌寶藏》,106/386B~393A。

1.1　BD05844 號
1.3　佛名經（十二卷本　異卷）卷八
1.4　菜 044
1.5　060:0508
2.1　(2.5+144.5)×25.2 厘米;4 紙;77 行,行 17 字。
2.2　01:2.5+20,12;　02:50.0,28;　03:50.5,28;　04:24.0,09。
2.3　卷軸裝。首殘尾全。第 3 紙上部破裂,下部殘缺;第 4 紙中下部破裂。有烏絲欄。已修整。
3.1　首 1 行中下殘→大正 440,14/162C28。
3.2　尾全→14/163C7。
4.2　佛說佛名經卷第八（尾）。
5　與《大正藏》本對照分卷不同,相當於《大正藏》本卷九。與歷代大藏經本分卷亦均不同。
8　5~6 世紀。南北朝寫本。
9.1　隸楷。
11　圖版:《敦煌寶藏》,59/431A~433A。

1.1　BD05845 號
1.3　觀無量壽佛經
1.4　菜 045
1.5　016:0208
2.1　47.5×25.5 厘米;1 紙;28 行,行約 17 字。
2.3　卷軸裝。首尾均脫。經黄紙。卷內有 1 個殘洞。有烏絲欄。
3.1　首殘→大正 365,12/342A28。
3.2　尾殘→12/342C1。
8　7~8 世紀。唐寫本。
9.1　楷書。
9.2　有刮改。
11　圖版:《敦煌寶藏》,57/184A~184B。

1.1　BD05846 號
1.3　金剛般若波羅蜜經
1.4　菜 046
1.5　094:4124
2.1　(1.8+29+9.4)×25.2 厘米;2 紙;22 行,行 17 字。
2.2　01:1.8+29,17;　02:09.4,05。
2.3　卷軸裝。首尾均殘。通卷有横、豎破裂。有烏絲欄。
3.1　首 1 行上殘→大正 235,8/750B26。
3.2　尾 5 行上殘→8/750C15~20。
8　7~8 世紀。唐寫本。
9.1　楷書。
11　圖版:《敦煌寶藏》,82/172B。

1.1　BD05847 號
1.3　佛垂般涅槃略說教誡經
1.4　菜 047
1.5　132:6647
2.1　(1+152.4)×25.2 厘米;4 紙;91 行,行 17 字。
2.2　01:1+36,23;　02:45.7,28;　03:45.7,28;　04:25.0,12。
2.3　卷軸裝。首殘尾全。經黄紙。卷首上中部有破裂,卷面有水漬及污穢;第 3、4 紙間接縫處開裂。背有古代裱補。有烏絲欄。
3.1　首 1 行上殘→大正 389,12/1111B18。
3.2　尾全→12/1112B22。
4.2　佛臨般涅槃略說教戒經一卷（尾）。
8　7~8 世紀。唐寫本。
9.1　楷書。
9.2　有硃筆行間校加字。
11　圖版:《敦煌寶藏》,101/73A~75A。

1.1　BD05848 號
1.3　佛名經（十六卷本）卷一一
1.4　菜 048
1.5　063:0724
2.1　(1.5+84.5+7)×25 厘米;3 紙;52 行,行 17 字。
2.2　01:1.5+10.5,07;　02:50.0,28;　03:24+7,17。
2.3　卷軸裝。首尾均殘。第 1、2 紙上中部各有一個大殘洞。有烏絲欄。已修整。
3.1　首 1 行上殘→《七寺古逸經典研究叢書》,3/568 頁第 391 行。
3.2　尾 3 行中下殘→《七寺古逸經典研究叢書》,3/572 頁第 443~445 行。
5　與《七寺古逸經典研究叢書》本對照,文字先後順序有顛倒,行文亦有不同,詳情待考。
8　7~8 世紀。唐寫本。
9.1　楷書。
9.2　有校改。旁邊有硃點。
11　圖版:《敦煌寶藏》,61/555A~556A。

1.1　BD05849 號
1.3　妙法蓮華經卷一
1.4　菜 049
1.5　105:4665
2.1　(121.9+384.2)×26.5 厘米;11 紙;正面 289 行,行 17 字;背面 5 行,行字不等。
2.2　01:39.4,21;　02:48.2,28;　03:34.3+13.9,28;　04:48.3,28;　05:48.4,28;　06:48.6,28;　07:48.6,28;　08:48.6,28;　09:48.3,28;　10:48.0,28;　11:31.5,16。

2.3 卷軸裝。首殘尾全，首 3 紙下邊殘缺，有水漬及黴爛，多有殘洞。尾有原軸，兩端鑲蓮蓬形軸頭，下軸頭上有螺鈿鑲嵌，上軸頭螺鈿鑲嵌脱落。背有古代褙補，其中有的正面有字，為《殘狀》(擬)；有的字跡向裏，難以辨認。有烏絲欄。已修整。
2.4 本遺書包括 2 個文獻：(一)《妙法蓮華經》卷一，289 行，抄寫在正面，今編為 BD05849 號。(二)《殘狀》(擬)，5 行，抄寫在背面褙補紙上，今編為 BD05849 號背。
3.1 首 69 行下殘→大正 262，9/5A16～6B10。
3.2 尾全→9/10B21。
4.2 妙法蓮華經卷第一（尾）。
8 7～8 世紀。唐寫本。
9.1 楷書。
11 圖版：《敦煌寶藏》，85/212A～218B。

1.1 BD05849 號背
1.3 殘狀（擬）
1.4 菜 049
1.5 105:4665
2.4 本遺書由 2 個文獻組成，本號為第 2 個，5 行。餘參見 BD05849 號之第 2 項、第 11 項。
3.3 錄文：

今荒月交□□□…□/

［處］分/

［牒］件狀如［前］/

神沙百姓張元俊負□…□/

右件人等各□…/

（錄文完）

8 7～8 世紀。唐寫本。
9.1 楷書。

1.1 BD05850 號
1.3 大智度論卷一
1.4 菜 050
1.5 219:7308
2.1 (8＋135.5)×26.2 厘米；5 紙；95 行，行 17 字。
2.2 01：08.0，04； 02：36.5，25； 03：36.5，25；
04：36.5，25； 05：26.0，16。
2.3 卷軸裝。首殘尾全。第 2 紙有破裂，第 2、3 紙接縫中下部開裂，尾紙有殘洞。有烏絲欄。已修整。
3.1 首 4 行中下殘→大正 1509，25/64C3～6。
3.2 尾全→25/66A16。
4.2 摩訶衍經卷第一（尾）。
5 與《大正藏》對照，經名不同，此卷爲《大智度論》卷第一。
7.1 卷尾有題記“大代普泰二年歲次壬子乙丑朔廿五日己丑弟子使持節散騎常侍□/西諸□…□東王元榮□…□/”。
8 532 年。南北朝寫本。
9.1 隸楷。
9.2 有重文號。
11 圖版：《敦煌寶藏》，105/421B～423A。

1.1 BD05851 號
1.3 金光明最勝王經卷九
1.4 菜 051
1.5 083:1915
2.1 (5.3＋295.4)×26.3 厘米；7 紙；173 行，行 17 字。
2.2 01：5.3＋3.8，05； 02：48.8，28； 03：48.8，28；
04：48.5，28； 05：48.5，28； 06：48.5，28；
07：48.5，28。
2.3 卷軸裝。首殘尾脱。卷尾有殘洞。有烏絲欄。
3.1 首 3 行上殘→大正 665，16/444B7～9。
3.2 尾行中殘→16/447B7～8。
8 9～10 世紀。歸義軍時期寫本。
9.1 楷書。
11 圖版：《敦煌寶藏》，70/655A～658B。

1.1 BD05852 號
1.3 妙法蓮華經卷四
1.4 菜 052
1.5 105:5251
2.1 (3.2＋366)×25 厘米；8 紙；210 行，行 17 字。
2.2 01：3.2＋29.8，14； 02：45.8，28； 03：46.0，28；
04：45.8，28； 05：49.5，28； 06：49.8，28；
07：49.8，28； 08：49.5，28。
2.3 卷軸裝。首殘尾脱。經黄紙。首紙有殘洞，卷前部有等距離殘缺，卷面有水漬，第 4 紙下邊殘損。有烏絲欄。
3.1 首 2 行中殘→大正 262，9/29B11～14。
3.2 尾殘→9/32B25。
8 7～8 世紀。唐寫本。
9.1 楷書。
11 圖版：《敦煌寶藏》，90/347B～353A。

新舊編號對照表

一、千字文號與北敦號、縮微膠卷號對照表

千字文號	北敦號	縮微膠卷號
菜 001	BD05801 號	254：7564
菜 002	BD05802 號	063：0636
菜 002	BD05802 號背	063：0636
菜 003	BD05803 號	209：7243
菜 004	BD05804 號	275：8045
菜 005	BD05805 號	275：7848
菜 006	BD05806 號	115：6477
菜 007	BD05807 號	094：3575
菜 008	BD05808 號	178：7101
菜 009	BD05809 號	105：5141
菜 010	BD05810 號	115：6517
菜 011	BD05811 號	108：6198
菜 012	BD05812 號 A	031：0314
菜 012	BD05812 號 B	033：0320
菜 013	BD05813 號	119：6609
菜 014	BD05814 號	081：1411
菜 015	BD05815 號	099：4441
菜 016	BD05816 號	105：5163
菜 017	BD05817 號 1	105：4496
菜 017	BD05817 號 2	105：4496
菜 018	BD05818 號	275：7849
菜 019	BD05819 號	105：5995
菜 020	BD05820 號	062：0598
菜 021	BD05821 號 1	111：6214
菜 021	BD05821 號 2	111：6214
菜 021	BD05821 號 3	111：6214
菜 022	BD05822 號	155：6800
菜 023	BD05823 號	143：6701
菜 024	BD05824 號	105：5584
菜 025	BD05825 號	201：7212
菜 026	BD05826 號	094：3861
菜 027	BD05827 號 1	160：6987
菜 027	BD05827 號 2	160：6987
菜 028	BD05828 號	070：1000
菜 029	BD05829 號	094：4257
菜 030	BD05830 號	160：6988
菜 031	BD05831 號	094：3994
菜 032	BD05832 號	275：7850
菜 033	BD05833 號 1	084：3373
菜 033	BD05833 號 2	084：3373
菜 034	BD05834 號	216：7262
菜 035	BD05835 號	275：7851
菜 036	BD05836 號	063：0683
菜 037	BD05837 號	229：7336
菜 038	BD05838 號	070：1304
菜 039	BD05839 號	105：4707
菜 040	BD05840 號	461：8725
菜 040	BD05840 號背 1	461：8725
菜 040	BD05840 號背 2	461：8725
菜 041	BD05841 號	275：7931
菜 042	BD05842 號	084：2061
菜 043	BD05843 號	250：7476
菜 044	BD05844 號	060：0508
菜 045	BD05845 號	016：0208
菜 046	BD05846 號	094：4124
菜 047	BD05847 號	132：6647
菜 048	BD05848 號	063：0724
菜 049	BD05849 號	105：4665
菜 049	BD05849 號背	105：4665
菜 050	BD05850 號	219：7308
菜 051	BD05851 號	083：1915
菜 052	BD05852 號	105：5251

二、縮微膠卷號與北敦號、千字文號對照表

縮微膠卷號	北敦號	千字文號
016：0208	BD05845 號	菜 045
031：0314	BD05812 號 A	菜 012
033：0320	BD05812 號 B	菜 012
060：0508	BD05844 號	菜 044
062：0598	BD05820 號	菜 020
063：0636	BD05802 號	菜 002
063：0636	BD05802 號背	菜 002
063：0683	BD05836 號	菜 036
063：0724	BD05848 號	菜 048
070：1000	BD05828 號	菜 028
070：1304	BD05838 號	菜 038
081：1411	BD05814 號	菜 014
083：1915	BD05851 號	菜 051
084：2061	BD05842 號	菜 042
084：3373	BD05833 號 1	菜 033
084：3373	BD05833 號 2	菜 033
094：3575	BD05807 號	菜 007
094：3861	BD05826 號	菜 026
094：3994	BD05831 號	菜 031
094：4124	BD05846 號	菜 046
094：4257	BD05829 號	菜 029
099：4441	BD05815 號	菜 015
105：4496	BD05817 號 1	菜 017
105：4496	BD05817 號 2	菜 017
105：4665	BD05849 號	菜 049
105：4665	BD05849 號背	菜 049
105：4707	BD05839 號	菜 039
105：5141	BD05809 號	菜 009
105：5163	BD05816 號	菜 016
105：5251	BD05852 號	菜 052
105：5584	BD05824 號	菜 024
105：5995	BD05819 號	菜 019
108：6198	BD05811 號	菜 011
111：6214	BD05821 號 1	菜 021
111：6214	BD05821 號 2	菜 021
111：6214	BD05821 號 3	菜 021
115：6477	BD05806 號	菜 006
115：6517	BD05810 號	菜 010
119：6609	BD05813 號	菜 013
132：6647	BD05847 號	菜 047
143：6701	BD05823 號	菜 023
155：6800	BD05822 號	菜 022
160：6987	BD05827 號 1	菜 027
160：6987	BD05827 號 2	菜 027
160：6988	BD05830 號	菜 030
178：7101	BD05808 號	菜 008
201：7212	BD05825 號	菜 025
209：7243	BD05803 號	菜 003
216：7262	BD05834 號	菜 034
219：7308	BD05850 號	菜 050
229：7336	BD05837 號	菜 037
250：7476	BD05843 號	菜 043
254：7564	BD05801 號	菜 001
275：7848	BD05805 號	菜 005
275：7849	BD05818 號	菜 018
275：7850	BD05832 號	菜 032
275：7851	BD05835 號	菜 035
275：7931	BD05841 號	菜 041
275：8045	BD05804 號	菜 004
461：8725	BD05840 號	菜 040
461：8725	BD05840 號背 1	菜 040
461：8725	BD05840 號背 2	菜 040